D1405616

1001 IDÉES DE GÉNIE

SÉLECTION DU READER'S DIGEST

1001
IDÉES DE GÉNIE

ASTUCES ET SOLUTIONS INGÉNIEUSES AUX PROBLÈMES QUOTIDIENS

Sélection
Reader's Digest

Sélection du Reader's Digest (Canada) Ltée
Montréal

L'ÉQUIPE DE SÉLECTION

Rédaction
Agnès Saint-Laurent

Préparation de copie
Joseph Marchetti

Recherche
Wadad Bashour

Graphisme
Andrée Payette
Lucie Martineau
Cécile Germain

Production
Holger Lorenzen

AUTRES COLLABORATEURS DE CETTE ÉDITION :

Rédaction
Geneviève Beullac
Lise Parent

Index
Sylvie Côté-Chew

1001 IDÉES DE GÉNIE est l'adaptation française de *PRACTICAL PROBLEM SOLVER*. Copyright © 1991 The Reader's Digest Association (Canada) Ltd.

Papier
Alpha Matte

Impression
Metropole Litho Inc.

Reliure
Volumex Ltée

ÉDITION ORIGINALE :

Rédaction
Jim Dwyer
Sally French
Andrew R. Byers

Graphisme
Evelyn Bauer
Perri DeFino

Illustrations
Stephen Gardner
John Gist
Linda Gist
Ed Lipinski
Marianne E. Markey
Ray Skibinski
Mario Stasolla
Victoria Vebell
Mary Wilshire

Élaboration et tests des recettes
Therese Hoehlein Cerbie
Ben T. Etheridge
Sandra Gluck
Ann L. Rafferty

Les crédits et remerciements de la page 448 sont par la présente incorporés à cette notice.

Copyright © 1993 Sélection du Reader's Digest (Canada) Ltée
215, avenue Redfern, Montréal, Qué. H3Z 2V9

Tous droits de traduction, d'adaptation et de reproduction, sous quelque forme que ce soit, réservés pour tous pays.

Données de catalogage avant publication (Canada)

Vedette principale au titre :
1001 idées de génie : astuces et solutions ingénieuses aux problèmes quotidiens
    Comprend un index.
    Traduction de : *Reader's Digest Practical Problem Solver.*

    ISBN 0-88850-201-X

    1. Économie domestique — Guides, manuels, etc. 2. Conseils pratiques, recettes, trucs, etc. I. Sélection du Reader's Digest (Canada) (Firme). II. Titre : Mille et une idées de génie.

TX158.R3814 1993   640'.41   C92-096888-0

Sélection du Reader's Digest et le pégase sont des marques déposées de The Reader's Digest Association Inc.

Imprimé au Canada — Printed in Canada

93 94 95 96 97/5 4 3 2 1

TABLE DES MATIÈRES

À PROPOS DE CE LIVRE

Vous prendrez rapidement l'habitude de vous référer à *1001 idées de génie* pour y trouver la réponse à une foule de problèmes que vous êtes sûr de rencontrer un jour ou l'autre. Ces situations familières, certaines très courantes et d'autres moins, ont été traitées en cinq chapitres différents pour vous aider à les repérer plus facilement.

Le **Dictionnaire des solutions** aborde, par ordre alphabétique, quelque 1 000 sujets qui touchent des domaines aussi variés qu'un robinet qui coule (page 200), les ventes par téléphone (page 228), la façon de retrouver un ami perdu de vue (page 15) et celle de réparer une fissure dans un mur (page 102).

Cherchez la solution à votre problème de la même façon que vous chercheriez la définition d'un mot dans le dictionnaire. Si le mot qui vous vient d'abord à l'esprit pour nommer le problème n'apparaît pas dans l'ordre alphabétique, allez voir dans l'index : il y a de fortes chances qu'on y fasse référence. Sinon, pensez à d'autres mots qui peuvent s'en approcher et vous finirez sans doute par trouver la rubrique appropriée.

Les **Listes et tableaux** présentent, de façon claire et concise, toutes les informations pertinentes reliées à un sujet donné, qu'il s'agisse, entre autres choses, de préparer un mariage, d'investir de l'argent ou de faire l'achat d'une automobile usagée. Vous trouverez également dans ce chapitre des questionnaires qui vous aideront à y voir plus clair (Êtes-vous amoureux ?, p. 262), à faire l'inventaire d'une question (La protection de votre maison, p. 270), à poser des choix judicieux (Planifiez votre retraite, p. 246) et bien d'autres encore.

Le chapitre intitulé **Utilisation inhabituelle d'objets courants** énumère, par ordre alphabétique, près de 200 objets que vous avez sans doute sous la main : alcool à friction, balle de tennis, couvercle de bocal, cravate, piscine gonflable, sac à poubelle, tuyau d'arrosage et ainsi de suite. Sous le nom de chaque objet, vous trouverez des suggestions originales sur la façon d'en tirer profit pour d'autres utilisations, que ce soit pour vous dépanner lorsqu'il vous manque le bon outil, pour vous faciliter l'accomplissement d'une tâche ou pour vous permettre de réaliser une économie de temps ou d'argent.

Sous la rubrique **Recycler et rénover,** vous trouverez des idées astucieuses pour reconvertir des articles que vous aviez mis au rancart ou pour leur donner une nouvelle finition qui permettra d'en prolonger l'usage. Qu'il s'agisse d'un projet de bricolage comme le vélo d'appartement (page 341) ou d'une technique spéciale comme celle de la marbrure (page 355) ou celle du pochoir (page 349), les explications sont fournies sous forme d'étapes faciles à suivre et illustrées de façon détaillée.

Le dernier chapitre, celui des **Formules et recettes,** renferme de nombreux secrets grâce auxquels vous réussirez à préparer vous-même des produits que vous avez coutume d'acheter dans le commerce. Produits de beauté, nettoyeurs pour la maison, préparations de base pour des repas-éclair occasionnent souvent des dépenses que l'on peut éviter avec relativement peu d'effort. Apprenez, par exemple, à faire votre propre crème pour les mains, votre lotion après-rasage, votre yogourt ou un nettoyant pour vos bibelots de porcelaine. Toutes ces recettes et ces formules ont été expérimentées avant de vous être livrées : elles font appel à des produits naturels et sont de qualité équivalente sinon supérieure à celles qu'on trouve dans le commerce.

À force d'avoir recours à *1001 idées de génie* pour régler vos problèmes, petits et grands, vous prendrez plaisir à le feuilleter pour y glaner des idées géniales qui vous en inspireront d'autres à votre tour. En feuilletant au hasard les pages de ce recueil éminemment pratique, vous dénicherez une foule de petits trucs qui vous aideront, le moment venu, à aborder 1 001 situations imprévues. Vous serez frappé par des idées toutes simples qui ne vous étaient curieusement jamais venues à l'esprit. Découvrez dans une seule et même page, la page 214 par exemple, comment nettoyer et entretenir vos tapis, les méthodes auxquelles vous pouvez recourir pour vous débarrasser des taupes, la façon la plus économique d'acheter des devises étrangères en voyage et la définition de l'écu européen qui deviendra monnaie commune de la CEE en 1999. À la page 328, vous trouverez des explications pour enlever des taches de bougie, nettoyer des fleurs artificielles, décrasser les objets de cuivre, fabriquer un coussin pour le cou, quoi faire si vous êtes à court de crème à raser ou de ficelle pour trousser la volaille, et comment fabriquer une niche pour votre chien ou séparer des photos collées ensemble.

Des succédanés ingénieux, des raccourcis peu banals, des solutions astucieuses, vous trouverez tout cela dans *1001 idées de génie*, un guide pratique pour tous les problèmes de la vie quotidienne qui s'avérera non seulement un ouvrage de référence fiable, mais aussi bien un livre de lecture divertissant et enrichissant.

1. DICTIONNAIRE DES SOLUTIONS

CE DICTIONNAIRE NE PRÉTEND PAS RENFERMER TOUTES LES SOLUTIONS À TOUS LES PROBLÈMES... CE SERAIT EN EFFET PEU RÉALISTE ! MAIS VOUS Y TROUVEREZ, EN LE FEUILLETANT, UNE FOULE DE CONSEILS ASTUCIEUX ET EMPREINTS DE BON SENS POUR FAIRE FACE AUX MENUS TRACAS DE LA VIE QUOTIDIENNE. PAR EXEMPLE : COMMENT PARER À UNE SITUATION D'URGENCE, PANNE, ACCIDENT OU BRIS ; OÙ TROUVER, À PORTÉE DE LA MAIN, QUELQUE CHOSE QUI PUISSE REMPLACER L'OUTIL QUI VOUS MANQUE ; ET UNE FOULE DE RACCOURCIS INGÉNIEUX POUR ACCOMPLIR LES TÂCHES LES PLUS COURANTES.

A

Abat-jour

Voici comment les rajeunir :

1. Avec une brosse à dents, appliquez des touches de peinture acrylique en tube. Faites un essai sur un carton.

2. Plus rustique : collez dessus des feuilles ou des fleurs séchées. Recouvrez d'un vernis satiné.

3. Créez des silhouettes reconnaissables ou des motifs libres en collant des grains de riz, des pâtes ou des étoiles de papier à l'intérieur de l'abat-jour. Attention, ces objets ne doivent pas toucher l'ampoule (de 60 W au maximum).

4. Personnalisez votre abat-jour avec des pochoirs.

5. Brodez des motifs sur un abat-jour en tissu avec du fil épais. Faites des nœuds doubles.

6. Replissez un abat-jour en regroupant régulièrement deux ou trois plis par des points décoratifs.

7. Pour ôter les taches d'un abat-jour en papier, utilisez une gomme à effacer. Les abat-jour en plastique ou en nylon peuvent se laver dans une cuvette avec un détergent liquide léger et de l'eau. Séchez tout de suite pour ne pas faire rouiller l'armature. Confiez les abat-jour en soie ou en autre tissu délicat au nettoyeur.

Abdominaux

1. Pratiquez les mouvements suivants : allongez-vous sur le dos,

Les genoux pliés, remontez le haut du corps pour renforcer les muscles de l'abdomen et du dos.

comme l'indique le dessin ci-dessus, et recourbez lentement la tête et les épaules vers le haut, en faisant glisser vos mains le long des cuisses en direction des genoux. À la limite du « confortable », inspirez et déroulez-vous lentement jusqu'à une position de repos, tout en gardant la tête levée. Expirez et recommencez 10 fois.

2. Chaque fois que vous faites un exercice, quel qu'il soit, contractez les muscles abdominaux pour être bien droit. Lorsque vous faites un exercice abdominal en position allongée, gardez le bas du dos sur le sol, sinon ce seront les muscles fléchisseurs de la cuisse qui feront le travail à la place de l'abdomen.

3. Une posture correcte peut faire des merveilles sur votre silhouette. Tenez-vous droit, les épaules en arrière, le ventre et les fesses bien rentrés.

4. Respirez profondément à partir du diaphragme.

5. Contractez les muscles abdominaux pendant plusieurs secondes. Prenez l'habitude de faire cet exercice systématiquement : pendant que vous vous brossez les dents, quand vous êtes assis à votre bureau, quand vous êtes bloqué dans un embouteillage, dans l'autobus...

6. Si vous n'avez pas de bicyclette, essayez cet exercice : allongé sur le dos, les bras tendus le long du corps et les genoux pliés sur la poitrine, étendez une jambe et, tandis que vous la pliez, tendez l'autre. Recommencez de 10 à 20 fois.

Abonnement

1. Vous n'avez pas reçu le dernier numéro du périodique auquel vous êtes abonné, bien que votre abonnement ne soit pas arrivé à son terme. Signalez-le par écrit au service des abonnements du journal, en joignant votre dernière étiquette d'envoi. En « lisant » l'étiquette, l'ordinateur pourra apporter une réponse précise : service suspendu, erreur d'adresse... Réclamez le numéro manquant ou encore son remboursement.

2. Un ami vous offre un abonnement à un journal que vous recevez déjà. Adressez-vous au service des abonnements pour suspendre votre propre abonnement, le temps que dure le cadeau.

3. Vous déménagez : signalez sans tarder votre changement d'adresse.

Accélérateur de voiture

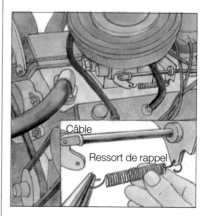

Câble

Ressort de rappel

Si vous lâchez l'accélérateur mais que le moteur continue à tourner rapidement, passez immédiatement au point neutre, pour une voiture automatique, et freinez doucement jusqu'à ce que vous trouviez un endroit pour vous arrêter. Dans une voiture manuelle, passez au point mort, puis en première. Coupez le contact. Appuyez sur la pédale, puis lâchez-la. Si elle reste au plancher, n'allez pas plus loin. Soulevez le capot et regardez si le câble n'est pas rompu. Sinon, vérifiez que rien n'entrave le mécanisme au pied du carburateur. Vérifiez ensuite le ressort de rappel. S'il est cassé, attachez-le provisoirement à un crochet.

Accident de baignade

Si vous vous sentez tout à coup fatigué alors que vous vous trouvez loin d'une rive :

1. Laissez-vous flotter sur le dos. S'il y a des gens à proximité, agitez lentement un bras d'un côté à l'autre pour attirer l'attention. Dirigez-vous vers la rive quand vous avez repris des forces, mais doucement, et faites la planche autant qu'il est besoin.

2. En mer, laissez les grosses vagues vous aider à revenir vers le rivage. Lorsqu'une vague approche, présentez-lui votre corps de côté, de façon à pouvoir suivre son avancée des yeux pendant que vous nagez. Laissez-la vous soulever. Si la vague se brise sur vous, retenez votre respiration jusqu'à ce qu'elle soit passée, puis faites la planche. Ou bien profitez de l'élan pour nager vers la rive.

3. Laissez-vous porter par les vagues plus petites. Commencez à nager lorsque vous voyez une vague s'approcher ; dès qu'elle vous rattrape, contractez vos muscles, lancez les bras hors de l'eau en rentrant le menton. Restez sur le sommet de la vague en battant des pieds. Reposez-vous lorsque la crête est passée. (Voir dessin ci-dessous.)

DANGERS PARTICULIERS

1. Si vous êtes pris dans une vague « à contre-courant », vous n'aurez guère de choix que de la laisser vous entraîner vers le large. Mais dès qu'elle ralentira, nagez en biais (ces vagues n'ont généralement que 5 à 7 m de large). Rejoignez le rivage en restant à bonne distance du danger. (Voir aussi Crampes, p. 69 ; Piqûres d'animaux marins, p. 175.)

2. Si vous êtes pris dans des algues, détendez-vous, agitez doucement les jambes et dégagez-vous lentement en suivant le courant. Si vous n'y parvenez pas, repoussez les algues le long de vos bras et de vos jambes, comme pour une manche ou une chaussette, sans vous débattre.

3. Si vous êtes happé par une lame de fond, inutile de vous débattre. Inspirez profondément, car vous allez être entraîné vers le fond, mais vous remonterez en surface à temps pour reprendre votre respiration.

SAUVETAGE

1. Ne vous placez jamais trop près d'un nageur qui panique (danger pour vous). De la rive, tendez-lui un grand bâton ou votre jambe, tout en restant fermement accroché à un point solide ; si possible, envoyez-lui une corde ou un objet qui flotte. Mieux : une bouée de sauvetage.

2. Si vous ne pouvez ni attraper la victime ni lui lancer une bouée, ou un autre objet, essayez d'aller vers elle sur un canot, ou une planche à voile ou, mieux, une barque à ra-

mes. Lorsque vous approchez de la victime, faites tourner l'embarcation et abordez la personne par la poupe. Laissez-la s'y accrocher et progressez vers le rivage.

3. Ne tentez le sauvetage direct que si vous êtes un excellent nageur. Emportez (entre les dents) une chemise ou une serviette. Lorsque vous êtes assez près de la victime, mais hors d'atteinte, tenez la chemise d'une main, lancez-lui l'autre bout et remorquez-la jusqu'au rivage. Si vous n'avez même pas cette possibilité, saisissez-lui, par-derrière, les cheveux, le cou ou le menton. Si la personne s'agrippe à vous, inspirez profondément et laissez-vous couler : elle lâchera prise. Dégagez-vous complètement avant de recommencer.

Achat

Choisissez le modèle d'appareil adapté à l'usage prévu ou la qualité correspondant à vos espérances. Un jouet d'enfant ne peut remplir les mêmes fonctions qu'un véritable outil de travail.

1. Étudiez les notices d'emploi et les possibilités de l'objet convoité. Vérifiez les garanties offertes ainsi que la facilité de fonctionnement. N'attendez pas du vendeur qu'il vous change un appareil qui remplit les fonctions pour lesquelles il a été construit, même si vous en espériez davantage.

2. Si, véritablement, l'appareil ne remplit pas les fonctions annoncées, informez-en le magasin. Si celui-ci est d'accord avec vous, rapportez l'appareil pour examen. Sinon, faites jouer la garantie du constructeur : précisez par écrit au fabricant les raisons de votre mécontentement. Joignez une photocopie de la facture d'achat, notez le numéro de série de l'appareil et celui de votre carte de garantie. Demandez la visite d'un technicien pour effectuer la réparation.

3. Si cela reste sans résultat, évoquez la garantie légale en précisant que vous informez une association

de consommateurs ou le Bureau d'éthique commerciale. (Voir aussi Cour des petites créances, p. 66 ; Garantie, p. 111.)

Achat par correspondance

Pratique pour choisir et réfléchir chez soi, cette forme d'achat a aussi ses inconvénients : délai de livraison, non-conformité à la commande ou à la description...

1. Ne commandez pas à n'importe qui, au risque de ne plus revoir votre argent, surtout si vous payez votre achat d'avance.

2. Lisez attentivement les descriptifs des articles : coloris, tailles, compositions doivent y être clairement énoncés, ainsi que les prix exacts (souvent annoncés « à partir de... »).

3. Vérifiez les conditions de vente : délais de livraison et politiques d'échange ou de remboursement.

4. Remplissez attentivement votre bon de commande en revérifiant tailles (voyez grand) et quantités commandées. En signant, vous vous engagez à en régler le montant, tel un contrat. Conservez-en une copie ainsi que le catalogue de référence.

5. En commandant par téléphone, la livraison est plus rapide. Faites-vous confirmer la commande par écrit, c'est utile en cas de litige.

6. Préférez le paiement sur livraison au chèque ou à la carte de crédit : vous ne paierez que ce que vous recevrez et votre argent ne travaillera pas pour la société de vente par correspondance.

7. Si vous devez échanger ou vous faire rembourser, faites-le vite : le délai est fréquemment de 15 jours.

8. En cas de retard de livraison exagéré, vous pouvez annuler votre commande.

Acné

1. Pour soigner des éruptions importantes, lavez-vous le visage à l'eau tiède et au savon doux. Rincez abondamment et séchez en ta-

potant. Appliquez du peroxyde de benzoyl en gel une fois par jour. Commencez avec un gel à 2,5 % et si, après deux semaines, vous ne voyez pas d'amélioration, appliquez le gel deux fois par jour ou utilisez une concentration à 5 %.

2. Un truc pour dissimuler un bouton unique : utilisez un peu d'ombre à paupières verte pour neutraliser la rougeur, puis recouvrez avec du fond de teint.

3. Lorsque vous achetez des produits pour la peau (qu'il s'agisse de crème hydratante, de crème solaire ou de fond de teint), choisissez-les à base d'eau et de glycérine : ils ne boucheront pas les pores de la peau. Bannissez tout produit à base de lanoline ou de myristate d'isopropyl. Si vous avez un doute, mettez un peu du produit sur un morceau de papier propre ; attendez 24 heures et regardez si une auréole grasse s'est formée.

PRÉVENTION

Si vous avez la peau fragile, voici quelques trucs :

1. Évitez de porter les mains à votre visage.

2. Ne consommez pas d'aliments riches en iode (asperges et coquillages, par exemple) ou en hormones (foie, rognons).

3. Pour prévenir les grosses éruptions, sachez vous relaxer. (Voir aussi Stress, p. 208.) Pratiquez une activité physique mais prenez une douche immédiatement après l'entraînement.

Acompte

Il est bon de payer ses achats comptant. Certains, pourtant, demandent réflexion ou l'avis d'un proche avant de s'engager.

Le vendeur qui vous propose de vous garder l'article contre un document signé (un bon de commande) vous réclame aussi une somme d'argent. Ne versez jamais plus de 10 p. 100 du prix.

Par contre, plus le paiement initial est important, moins vous

paierez d'intérêts. Prenons le cas d'une voiture de 12 000 $ sur laquelle vous versez 1 200 $ et empruntez le solde à 10,4 %. Cela vous coûtera 1 818,36 $ d'intérêts sur trois ans. Mais si vous versez au départ 6 000 $, soit la moitié du prix de la voiture, il ne vous en coûtera que 1 010,10 $ d'intérêts sur la même période, une économie de 808,26 $, soit près de 45 p. 100.

Admission au cégep ou à l'université

1. Il est nécessaire de préparer son admission au cégep très tôt, dès le début du secondaire parfois, pour éviter de voir restreints ses choix de cours et de manquer de crédits exigibles. On peut, bien sûr, changer d'idée en cours de route mais il est préférable d'avoir un éventail assez large d'avenues accessibles.

2. Dressez la liste des institutions offrant une formation dans la branche que vous avez choisie. Obtenez la documentation disponible pour éclairer votre choix et les informations requises sur les conditions d'admission, les formulaires et l'accessibilité aux bourses d'études. Téléphonez pour obtenir plus de détails.

3. Inscrivez-vous à des cours plus avancés dans votre domaine, si possible, et tâchez d'y obtenir les meilleurs résultats.

4. Si l'institution exige un examen de présélection, tentez d'obtenir les guides de préparation et vérifiez votre performance. Si vous vous décelez des points faibles, rencontrez un conseiller qui peut vous aider dans cette préparation.

POUR OBTENIR UNE BOURSE

1. Informez-vous auprès de vos professeurs des sources de financement disponibles dans le domaine qui vous intéresse.

2. Évitez de vous disperser : limitez vos démarches à trois ou quatre institutions.

3. Faites parvenir votre dossier complet à temps. Dans certains cas, il sera peut-être nécessaire de le constituer un an avant la date prévue pour votre admission.

Adoption

Adopter un enfant est une entreprise longue et difficile. La législation est très stricte et peu d'enfants d'origine canadienne sont véritablement adoptables (il faut pour cela qu'ils aient été légalement abandonnés par leurs parents ou que les père et mère aient valablement consenti à l'adoption). C'est auprès des services sociaux que l'on pose sa candidature.

Les adoptions pourraient être plus nombreuses si les parents adoptifs acceptaient des enfants déjà grands. Ceux-ci posent évidemment davantage de problèmes d'adaptation que les bébés ou que les tout jeunes enfants mais, souvent ballottés de foyer en foyer, ils ont besoin plus que d'autres d'amour et de stabilité.

On peut vouloir adopter un enfant né à l'étranger. Là aussi, les procédures sont longues et de plus en plus difficiles.

Adoucisseur d'eau

1. Les adoucisseurs d'eau à résines intégrées ne conviennent pas à tout le monde car ils ajoutent du sodium à l'eau (ils remplacent les sels de calcium par des sels de sodium). Si vous suivez un régime sans sel, ne consommez pas d'eau adoucie.

2. Éliminez les dépôts gris sur le linge en utilisant du détergent liquide fort et en ajoutant à l'eau de lavage ½ tasse de borax ou de bicarbonate de soude. Pour rendre le linge plus blanc, versez à l'occasion une tasse de vinaigre blanc dans la dernière eau de rinçage, mais pas trop souvent car cela pourrait abîmer l'émail de votre cuve.

Agence d'emploi

N'attendez pas d'une agence d'emploi qu'elle vous conseille dans votre carrière. Son rôle se limite à placer rapidement du personnel dans des entreprises.

1. Méfiez-vous d'une évaluation trop rapide de vos capacités par une agence. Ce peut être une tactique pour combler un poste qui est inintéressant.

2. Présentez-vous sous des auspices favorables de façon à donner une impression positive.

3. Notez vos objectifs de travail, les secteurs de vos compétences, le type, la taille des entreprises préférées, vos ambitions, les zones géographiques souhaitées, vos dates de disponibilité.

4. Mentionnez quelques réussites obtenues et les avantages engendrés pour l'entreprise.

5. Décrivez rapidement votre personnalité : traits de caractère marquants, esprit de décision, sens de l'organisation, du travail en équipe, des responsabilités...

6. Remplissez le formulaire d'embauche et laissez votre curriculum vitæ.

7. Lors d'une proposition de travail, négociez vous-même votre salaire, n'en laissez pas le soin à l'agence. Refusez nettement un travail qui ne vous plaît pas ou qui ne correspond pas à vos compétences car vous risqueriez de donner de vous une image négative. L'agence s'empressera de vous faire d'autres propositions. (Voir aussi Chasseur de têtes, p. 50 ; Entrevue de sélection, p. 91 ; Recherche d'emploi, p. 192.)

Agence de voyages

Avant de vous décider pour une formule de vacances ou pour une autre, informez-vous sur les possibilités offertes par les agences de voyages et comparez-les.

1. Consultez toutes les brochures et faites-vous une idée des prix sans obligation d'achat. Lorsque vous aurez à peu près décidé d'une destination, emportez chez vous les brochures des différents organismes qui peuvent vous y mener et étudiez-les à tête reposée. Com-parez longuement en observant bien les photos et le nom des hôtels. Vous retrouverez parfois le même hôtel au même endroit à un prix inférieur, cela dépendant du quota de chambres qu'a pu y retenir le tour-opérateur (l'agence n'étant qu'un intermédiaire). Soyez toujours très pointilleux.

2. Sachez que les agences ne proposent pas seulement des voyages de groupe. Vous pouvez parfaitement acheter un voyage individuel, un vol « sec » (sans hébergement à la clé) ou un simple billet de train.

3. Lisez attentivement le contrat qui vous sera remis, surtout ce qui concerne la clause d'annulation. Une assurance spéciale, pour une somme minime supplémentaire, peut vous permettre d'être remboursé si vous êtes empêché de partir pour raisons graves (décès d'un proche, accident, maladie...).

4. Enfin, en cas de litige à l'issue du voyage, c'est l'agence émettrice qui doit prendre en compte votre réclamation.

Agrafes

1. Si vous n'avez pas d'agrafeuse, attachez les feuilles de papier dans les coins avec un point de colle transparente ou du ruban adhésif double face.

2. Retirez des agrafes d'un mur ou d'un panneau d'affichage avec des pinces à bouts minces, une pince à épiler ou un coupe-ongles.

3. Pour le bricolage, à défaut de pistolet à agrafes, enfoncez les agrafes dans le bois ou la tapisserie avec un marteau de tapissier.

Agression

1. Si vous avez l'impression que vous êtes sur le point de vous faire attaquer, restez aussi calme que possible et examinez quelles sont vos possibilités, compte tenu de votre force physique : vous laisser faire, gagner du temps, vous en tirer en parlant, ou encore crier (plutôt « Au feu ! » que « Au secours ! »), éventuellement résister.

2. Vous choisissez la résistance ? Alors, allez-y carrément : tentez de provoquer une douleur maximale chez votre agresseur de toutes les façons possibles. Donnez-lui des coups de pied dans les parties génitales ou écrasez-lui les orteils, griffez-lui les yeux (des clés ou un peigne peuvent causer pas mal de dégâts) ; mordez-le ou cherchez à lui faire mal aux mains (le pouce et le petit doigt sont les plus vulnérables), mais ne vous laissez pas emporter dans la bagarre : l'essentiel reste de vous échapper.

PRÉVENTION

1. Vous êtes une femme et vous habitez dans un immeuble ? Ne faites figurer, tant sur l'interphone que sur votre boîte aux lettres ou sur votre sonnette, que l'initiale de votre prénom devant votre nom. Vous pouvez aussi rajouter un deuxième nom fictif. Si un inconnu vous suit indûment dans l'entrée de l'immeuble, appuyez énergiquement sur toutes les sonnettes pour alerter les voisins.

2. Tenez fermées fenêtres et porte d'entrée. Installez un judas optique (voir p. 134). Avant de les laisser entrer, demandez aux releveurs de compteurs et aux techniciens prétendant effectuer des réparations de vous montrer une carte d'identification. Si vous avez encore des doutes, appelez leur employeur pour vérifier.

3. La nuit, dans un quartier désert, marchez avec assurance et d'un pas régulier sur le trottoir de gauche. Si vous avez l'impression qu'on vous suit, traversez la rue. Si l'inconnu fait de même, marchez rapidement et dirigez-vous vers une zone plus animée et éclairée ; ou sonnez à la porte d'une maison occupée et appelez-y la police.

4. En voiture, si vous vous sentez en insécurité, conduisez portières verrouillées. En cas de panne dans un endroit désert, ou dans une zone réputée peu sûre, restez au volant, portes verrouillées, allumez vos feux de détresse, faites de fréquents appels de phares et klaxonnez longuement de temps à autre. Si des passants à l'air rassurant s'approchent, baissez un peu la vitre et demandez-leur d'appeler la police. Attendez son arrivée sans sortir de votre voiture.

5. Garez votre véhicule dans des emplacements bien éclairés. Regardez autour de vous avant d'en sortir et à l'intérieur avant d'y entrer. (Voir aussi Viol, p. 231.)

Aide maternelle

Si vous avez besoin de quelqu'un pour garder votre bébé ou votre tout jeune enfant à domicile — que ce soit à temps complet, quelques heures par jour ou seulement de temps en temps quand vous sortez le soir —, ne négligez aucun des points qui suivent :

1. Expliquez clairement à la candidate ou au candidat ce que vous attendez comme services. Précisez dans quelle ambiance et de quelle façon vous souhaitez que l'on s'occupe de votre enfant durant votre absence. La manière dont on vous écoutera et les réponses reçues vous permettront de voir si « le courant passe ».

2. Fixez clairement les tâches à accomplir, les horaires, le niveau de responsabilités et n'hésitez pas à mettre tout cela par écrit.

3. Vérifiez soigneusement les références que l'on vous aura données. Aucune personne sérieuse ne peut s'en froisser.

4. Faites un essai pour quelques heures, un après-midi ou un week-end pendant lesquels vous serez présent à certains moments mais où vous vaquerez aussi à d'autres occupations. Vous jugerez ainsi de l'entente entre votre enfant et la gardienne. Si bébé est grognon, agressif, stressé ou, au contraire, apathique, il vaut mieux chercher quelqu'un d'autre.

5. Vous hésitez ? Ce n'est pas bon signe. La première impression est souvent la bonne...

Ail

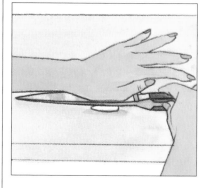

1. Pour peler une gousse d'ail, posez à plat dessus la lame d'un couteau ou des ciseaux et donnez un coup sec : la peau se brisera et vous pourrez la retirer aisément.

2. L'ail nouveau doit être consommé rapidement mais les tresses d'ail de conservation peuvent être gardées toute l'année dans un endroit sombre, frais et ventilé.

3. Si vous désirez un goût d'ail subtil, hachez-le au couteau. Le presse-ail ou la moulinette électrique broient l'ail, ce qui lui confère une saveur très forte.

4. Pour débarrasser l'haleine de la forte odeur d'ail, mâchez quelques brins de persil après le repas.

Alcool

Si votre boisson est trop forte en alcool et votre verre trop plein pour la diluer, plongez-y une fine tranche de concombre : celle-ci atténuera le goût agressif de l'alcool. De même, de longues lanières de concombre dans une jatte de punch l'adouciront.

Allaitement

S'il vous est impossible d'allaiter votre enfant complètement au sein pour des raisons physiologiques, la meilleure façon de procéder est de tirer votre lait et de le donner au biberon. La deuxième solution est le lait maternisé, en poudre ou en liquide, vendu dans les pharmacies et certains supermarchés. Il vaut mieux attendre que le bébé ait atteint l'âge de 4 à 6 semaines pour

LE SAVIEZ-VOUS ?

Les mythes sur l'allaitement

Depuis toujours, les mamans qui allaitent reçoivent des conseils ; ceux-ci sont très nombreux et bien souvent contradictoires. En voici quelques exemples donnés à diverses époques et dans différents pays.

Si vous mangez des arachides vous n'aurez plus de lait (à moins d'être en Afrique, où ces oléagineux sont censés en augmenter la quantité). Certains prétendent que manger du chocolat arrête la montée de lait, d'autres que cela la favorise.

On a longtemps cru que boire de la bière ou du lait accroissait la quantité de lait maternel, ainsi que consommer de l'avoine.

Dans certaines contrées, il est conseillé de s'alimenter en prenant exemple sur la vache, première productrice de lait et grande consommatrice de luzerne : parfumer son thé de cette plante et en manger les germes. En revanche, les pommes sont supposées empêcher la montée de lait.

On trouve encore toutes sortes d'exemples : si vous allaitez en voiture, le bébé aura des gaz ; de même si vous mangez de la laitue. De l'oignon dans l'estomac provoquera des coliques chez le bébé. Lorsque vous dansez, le lait est secoué aussi. Si une mère est nerveuse, en colère ou stimulée sexuellement, son lait tournera. En tout cas, elle transmettra ses émotions au bébé à travers son lait.

---

le passer au biberon. Certains nourrissons peuvent mettre deux semaines ou davantage à s'y habituer. Soyez patients.

1. Exercez-vous à tirer votre lait, à la main ou avec un tire-lait, avant de reprendre votre travail ou d'autres occupations en dehors de chez vous. Pour obtenir la bonne quantité, il vous faudra le tirer deux ou trois fois dans la journée.

2. Si vous n'êtes pas chez vous, emportez une bouteille thermos remplie de glaçons. Videz-la au moment d'y mettre le lait. À la maison, conservez le lait maternel dans des sacs à biberon en plastique d'une contenance de 120 ml environ. Si vous avez l'intention d'utiliser le lait dans les 48 heures, mettez-le dans le réfrigérateur. Si vous devez le garder plus longtemps, congelez-le, il se conservera jusqu'à trois mois. Au moment de l'utiliser, faites-le décongeler dans le réfrigérateur pendant quelques heures ou pendant quelques secondes dans le micro-ondes, ou passez-le sous l'eau chaude. Agitez bien le biberon avant de le donner au bébé.

Allée verglacée

1. Épandez du gros sel avant que la neige tombe ou que le verglas se forme. Cela empêche la glace de se fixer au sol.

2. Sablez ou répandez des cendres fines ou de la litière pour chat.

3. Votre allée sera relativement sèche et sans glace si vous creusez de petites tranchées peu profondes de chaque côté. Celles-ci récupéreront l'eau de pluie et la neige fondue.

Allergies

Les piqûres d'abeilles peuvent provoquer des réactions allergiques.

De nombreuses personnes peuvent présenter des réactions allergiques au pollen, à la poussière, à certains aliments, à la plume, aux squames d'animaux, aux piqûres d'insectes, à certains médicaments, etc. L'allergie peut se manifester de plusieurs façons.

RHUME DES FOINS

C'est la manifestation allergique la plus répandue. Ses symptômes habituels : éternuements, nez qui coule ou nez bouché. Il s'agit d'une réaction assez bénigne au pollen que l'on traite avec des antihistaminiques vendus avec ou sans ordonnance. Le meilleur remède demeure évidemment d'éviter l'allergène. Par exemple, à la saison du pollen, restez à l'intérieur, fenêtres fermées.

CHOC ANAPHYLACTIQUE

C'est la forme la plus grave d'une réaction allergique. Il peut survenir quelques minutes, voire quelques secondes après le contact avec un allergène, ou peut se produire plus de 30 minutes après ou faire suite à une réaction allergique apparemment bénigne. Le visage, la poitrine et le dos rougissent, démangent et brûlent. Parfois apparaissent de l'urticaire, un œdème du visage, de la langue et des lèvres. La respiration est difficile et sifflante, le pouls mal perçu, le teint pâle. Tout cela peut s'accompagner de vertiges, de nausées, de maux de tête, et évoluer vers le coma.

Le choc anaphylactique nécessite une injection d'adrénaline immédiate. Si la victime possède une trousse de secours avec une seringue d'adrénaline, faites-lui une piqûre intramusculaire en suivant les instructions de la trousse. Emmenez le malade à l'urgence d'un hôpital ou appelez le 911.

ALLERGIE AUX ANIMAUX DOMESTIQUES

1. Brossez votre animal domestique à l'extérieur ou demandez à quelqu'un de le faire.

2. Ne mettez pas la litière du chat directement dans une pièce car l'urine contient des allergènes. Mettez-la dans un placard vide, façon niche.

3. Chaque jour, essuyez l'animal avec une serviette humide et nettoyez son panier et son coin favori.

LE SAVIEZ-VOUS ?

Parlons d'or

Pour produire une seule once troy (30,59 g) d'or, il faut traiter près de 2,5 t de roche.

Tout l'or déjà exploité sur la terre pourrait tenir dans un cube de 16 m de côté.

La valeur de l'or est telle que les toits et les cheminées des raffineries sont nettoyés régulièrement afin de récupérer les poussières d'or qui s'y sont accumulées.

Les Romains fabriquaient de la monnaie serrate, c'est-à-dire avec le bord en dents de scie, pour empêcher les gens d'en gratter des petits bouts.

L'or ne se ternit pas et n'est pas corrosif. Les pièces d'or retrouvées dans des épaves au fond des mers brillent comme si elles étaient neuves, même après des siècles.

L'or est tellement malléable qu'une once peut être martelée en une feuille de 430 m² ou étirée en un fil extrêmement fin de 80 km de long.

L'or pur (de 24 carats) est tellement tendre qu'il faut le consolider avec un autre métal pour en fabriquer des bijoux. Allié au cuivre, il devient rougeâtre ; au fer, il prend une teinte bleuâtre, et il forme l'or blanc lorsqu'on lui ajoute du nickel.

L'or joue également un rôle tout à fait primordial dans le programme spatial. Ainsi, pour la promenade historique de l'astronaute Edward White dans l'espace, sa corde de sécurité était en or plaqué. Actuellement, il est indispensable que les fils et les tubages de la navette soient en or.

Si vous devez le faire vous-même, portez un masque antipoussière ou un masque de chirurgien. Lavez-vous les mains ensuite.

4. Si votre allergie aux chats et aux chiens persiste et que vous ne puissiez pas vous passer d'un animal, prenez un oiseau ou... des poissons.

ALLERGIE AUX BIJOUX

1. Pour éviter l'inflammation lorsque vous vous faites percer les oreilles, assurez-vous qu'on utilise une aiguille en acier inoxydable. Portez des boucles d'oreilles à tiges de ce même acier jusqu'à ce que le trou soit cicatrisé.

2. Si vous réagissez à une bague, des boucles d'oreilles ou des montures de lunettes métalliques, nettoyez-les avec de l'alcool à friction, puis passez une couche de vernis à ongles incolore sur les parties qui sont en contact avec la peau.

3. Le nickel, qui entre dans la composition de l'alliage de certains bijoux, déclenche des réactions allergiques chez beaucoup de personnes. Si c'est votre cas, portez

du métal pur ou des bijoux non métalliques.

4. Ne portez pas serré un bracelet en métal. Glissez un mouchoir dessous par temps humide et quand vous faites du sport.

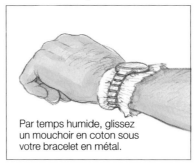

Par temps humide, glissez un mouchoir en coton sous votre bracelet en métal.

Allumage du charbon de bois

Essayez ce système d'allumage pour faire démarrer le barbecue : à l'aide d'un ouvre-boîtes, percez des petits trous tout autour de la partie inférieure d'un contenant métallique propre de 4 litres. Enlevez les deux fonds du récipient et percez deux trous en haut pour y fixer une poignée confectionnée avec du fil de fer ou un cintre.

Placez la cheminée ainsi obtenue dans votre barbecue et mettez une ou deux feuilles de papier journal chiffonnées à l'intérieur. Remplissez la cheminée de charbon de bois et mettez le feu au papier journal à travers les trous percés au bas. Lorsque le charbon est embrasé, retirez la cheminée du barbecue à l'aide de pinces en y laissant le charbon brûlant. Vous pouvez également remplir une boîte en carton avec des briquettes et en allumer le fond. Les briquettes auront pris avant que le carton ne soit entièrement brûlé.

Allumettes

Il n'est pas facile d'allumer un feu sans allumettes ; essayez donc d'en avoir en réserve. Mais si vous vous trouvez à court, plusieurs solutions s'offrent à vous.

1. Rassemblez tout ce qui est susceptible de prendre feu facilement, comme l'intérieur d'un nid abandonné, des peluches de vêtements, des bouts de corde ou de bois mort. Formez un petit tas à l'abri du vent et de l'humidité. Tenez une pierre dure et sèche aussi près que possible de vos combustibles. Avec le dos d'une lame de couteau ou un petit morceau d'acier, frappez la pierre vers le bas pour envoyer des étincelles au centre du tas. Soufflez pour faire venir une flamme ; ajoutez du bois petit à petit, en commençant par des brindilles bien sèches.

2. S'il y a du soleil, utilisez une loupe, un objectif d'appareil photo ou des verres de jumelles, ou de lunettes fortes, pour concentrer les rayons de soleil sur le bois mort.

3. Pour allumer un feu par temps venteux ou pluvieux, employez une petite bougie pour économiser les allumettes.

4. Séchez rapidement des allumettes mouillées en les passant dans vos cheveux.

5. Lorsque vous craignez de manquer d'allumettes, doublez votre réserve : fendez les allumettes à la base avec un couteau pointu et dédoublez-les tout doucement.

6. Imperméabilisez vos allumettes en les trempant dans de la cire ou de la paraffine fondue.

Altitude

Vous envisagez des vacances à la montagne ? Pour éviter les malaises liés à l'altitude, ne forcez pas trop le premier jour. Ne faites pas d'entraînement aérobic, par exemple. Buvez beaucoup d'eau mais pas de boissons alcoolisées. Si vous commencez à vous sentir mal (nausée, vertige, mal de tête), allez vous allonger et reposez-vous.

En cas d'affection cardiaque ou pulmonaire, consultez votre médecin avant de partir. Demandez-lui de vous prescrire un médicament à base d'acétazolamide pour prévenir le mal des montagnes.

Soyez encore plus prudent lorsque vous faites de la haute montagne. Si vous grimpez à plus de 3 000 m, passez le premier jour à une altitude intermédiaire. Montez ensuite progressivement à un rythme de 150 à 300 m par jour en vous reposant souvent et en buvant au moins 2 litres d'eau quotidiennement. Si vous habitez déjà dans une région en altitude, vous pouvez monter ou descendre jusqu'à 1 500 m par jour sans aucun problème.

En cas de malaise, les solutions sont l'oxygène pur et la descente à une altitude inférieure. S'il y a

maux de tête, nausées, vertiges, saignements de nez, redescendez entre 1 000 et 500 m et consultez immédiatement un médecin.

Ami perdu de vue

Vous aimeriez retrouver un ami que vous avez perdu de vue depuis longtemps. Voici comment faire.

1. Si vous avez encore sa dernière adresse, interrogez le gardien de l'immeuble ou les voisins. Peut-être a-t-il laissé une adresse ou, tout au moins, parlé de se rendre dans telle ville ou telle région.

2. Consultez les annuaires téléphoniques des villes où il serait susceptible de se trouver.

3. Si vous connaissez son ancienne école ou son ancien employeur, adressez-vous à eux. On refusera peut-être de vous comuniquer son adresse, mais pas de faire suivre une lettre.

4. Essayez de consulter les fichiers syndicaux de la profession exercée par votre ami.

5. Enfin, il vous reste la solution de passer une annonce dans différents journaux et magazines nationaux, locaux ou professionnels.

Amitiés enfantines

1. Si vous êtes vous-même d'un naturel très sociable, vous vous inquiétez peut-être de voir que votre enfant n'a pas beaucoup d'amis. N'en faites pas un problème mais, sans pour autant les forcer, incitez ses camarades de classe ou de sport à venir jouer chez vous. Rendez votre maison accueillante et facilitez leurs jeux.

2. Votre enfant a un ami, ou une amie, qu'il aime par-dessus tout mais qui le délaisse. Ne prenez pas ce chagrin à la légère. Expliquez-lui qu'il n'est pas unique au monde et que son ami, comme lui-même d'ailleurs, a le droit d'aller vers d'autres enfants.

3. Les enfants s'inventent parfois des amis imaginaires, leur font jouer des rôles et leur tiennent des discours. Laissez-les faire. Cette

tendance développe leur imagination et disparaîtra d'elle-même avec la croissance.

4. Même si vous n'appréciez pas certains amis de vos enfants, ne les critiquez pas. Au contraire, essayez de mieux les connaître, invitez-les à venir chez vous et tâchez de comprendre pourquoi vos enfants recherchent leur compagnie.

Ampoules électriques

1. Les ampoules à incandescence sont les plus répandues mais les moins performantes quant à leur durée de vie (2 000 heures environ) et à la quantité de lumière fournie par rapport à la consommation.

2. Pour une plus longue durée, essayez les ampoules halogènes. Elles coûtent beaucoup plus cher mais donnent deux fois plus de lumière et durent environ 3 500 heures. Beaucoup ne s'adaptent que sur des luminaires spéciaux. Pour éclairer des vitrines ou mettre en valeur une statuette, il existe des petits spots avec réflecteur incorporé. Ceux dits « dichroïques » ont l'avantage de ne pas renvoyer tous les rayons infrarouges sur l'objet à éclairer, donc de le faire chauffer beaucoup moins.

3. Les plus efficaces sont les tubes fluorescents. Ils sont chers à l'installation car ils nécessitent un appareillage spécial (transformateur, ballast et starter) mais ils durent (en moyenne) 9 000 heures et donnent trois fois plus de lumière par watt qu'une ampoule ordinaire. Autre avantage : ces tubes existent en diverses tonalités de lumière, chaudes ou froides.

4. Les lampes fluorescentes compactes unissent les avantages des tubes et la facilité d'utilisation des lampes à incandescence : elles se branchent simplement sur une installation existante et, pour une même quantité de lumière, consomment environ quatre fois moins qu'une ampoule ordinaire. Leur durée de vie est de 5 000 heures et leur prix élevé est largement com-

15

pensé par les économies d'énergie réalisées. Ces lampes existent sous deux formes : avec ballast incorporé (à monter à la place d'une ampoule ordinaire) ou sous forme de petits tubes à monter sur un culot spécial.

5. Pour pouvoir retirer facilement une ampoule d'extérieur, vaporisez un lubrifiant aux silicones sur le filetage avant de fixer l'ampoule.

6. Pour économiser l'énergie, évitez de laisser brûler une lampe à incandescence pour rien. À l'inverse, laissez les lampes fluorescentes allumées car elles ne consomment presque rien quand elles fonctionnent mais consomment beaucoup et s'usent au moment même où on les allume.

Analyse du sol

Le type de sol de votre jardin détermine combien d'eau et d'engrais il vous faudra apporter pour réussir la culture de plantes adaptées. En sol sableux ou léger, elles exigent beaucoup d'eau et de fertilisants. Les sols argileux sont asphyxiants et difficiles à remouiller lorsqu'ils sont desséchés. Pour mieux connaître votre sol, procédez à ce simple test :

1. Emplissez d'eau aux deux tiers un bocal d'une contenance d'un litre. Ajoutez une cuillerée à thé d'adoucissant.

2. Versez un échantillon de terre jusqu'à ce que l'eau atteigne le haut du bocal. Bouchez et secouez énergiquement pour mélanger.

3. Reposez le bocal et observez le mouvement des diverses composantes : les plus gros grains de sable tombent les premiers au fond. Suivent ensuite les particules moyennes d'argile, puis, au bout de plusieurs heures, les plus fines.

4. Lisez les différentes couches : si l'argile fine, l'argile plus épaisse et le sable se sont déposés en couches d'égale épaisseur, votre sol est gras et lourd. Une couche plus épaisse de sable indique un sol léger : donnez-lui plus de compacité

en lui apportant de la matière organique lors de vos bêchages d'automne. Si le sol est lourd, vous ajouterez du sable et de l'humus à la même époque.

Argile
Dépôt vaseux
Sable

Ancre

Vous allez faire du canot ou de l'aviron ? Emportez avec vous un filet à provisions ou un sac de toile solide et de la ficelle.

Lorsque vous parviendrez à l'endroit où vous désirez ancrer votre embarcation, remplissez le filet de pierres et fermez les extrémités avec la ficelle. Attachez-y une corde, reliez-la à l'embarcation et descendez le filet lentement jusqu'au fond.

Andropause

Beaucoup d'hommes font l'expérience d'une crise psychologique dans la quarantaine ou la cinquantaine. La soudaine prise de conscience que des objectifs n'ont pas été atteints, que des plaisirs restent encore inconnus et que le temps va manquer les saisit. Cela peut provoquer angoisse, dépression, doute de soi et aussi dissensions dans le couple.

Si vous connaissez ce genre de sentiments, dites-vous qu'ils sont parfaitement normaux et qu'ils passeront. Voici cependant quelques trucs qui vous aideront à franchir ce cap difficile.

1. Ne vous déguisez pas. Des vêtements d'adolescents ne vous feront pas paraître plus jeune et risqueront de vous donner l'air un peu ridicule.

2. Ne quittez pas votre épouse pour une femme plus jeune, elle n'est en rien la cause de votre insatisfaction.

3. Ne vous inquiétez pas pour votre vie sexuelle. Vous n'avez plus 17 ans, certes, mais votre corps fonctionne toujours. Les problèmes d'alcôve résultent souvent des inquiétudes que l'on nourrit à leur égard. Consultez un médecin si vous avez besoin d'être rassuré.

4. Si vous détestez votre travail, ne vous contentez pas de vous plaindre sans rien faire. Quittez-le, ou acceptez-le et vivez-le bien (voir aussi Changement de carrière, p. 48).

5. Investissez-vous dans des activités bénévoles. Enseignez, par exemple, la conversation française à des immigrants.

6. Contactez un psychologue et voyez s'il peut vous aider.

7. Faites du jogging, marchez ou inscrivez-vous dans un centre sportif de façon à effectuer environ 30 minutes d'endurance cardiaque au moins trois fois par semaine (avec l'accord de votre médecin, bien sûr). Vous vous sentirez mieux et vous ajouterez quelques années à votre espérance de vie.

Animal agressif

1. Un combat de chiens ? Ne criez pas, faites un bruit fort, klaxonnez, actionnez une sonnette ou tapez sur une poêle. Sans résultat, arrosez les adversaires avec un tuyau d'arrosage ou des seaux d'eau.

2. Les chiens agressifs sont potentiellement dangereux. Si votre chien ennuie, mais sans menacer

franchement, votre dernier-né, le facteur ou qui que ce soit, vous pouvez modifier son comportement par un dressage sans brutalité. Essayez d'être attentif et de le gâter quand la personne qu'il n'aime pas est présente. Il se peut que le chien se mette à apprécier la présence de la personne en question.

3. Votre oiseau vous donne-t-il des coups de bec quand vous remplissez son récipient à eau ? Utilisez une louche ou un arrosoir à long bec. Gardez vos doigts hors de la cage et essayez de l'apprivoiser pour l'habituer à votre présence.

4. Si votre chat essaie d'attaquer votre oiseau, suspendez la cage au plafond ou placez-la sur une sellette. Assurez-vous que la fermeture de la cage est solide et fiable.

5. Aspergez un chat agressif avec un vaporisateur pour plantes ou tapez le sol près de lui avec un journal roulé. Rappelez-le pour lui faire comprendre que vous êtes plus « sociable » que lui.

Animal domestique empoisonné

Bave, halètement, vomissements, diarrhées persistantes, brûlures sur la bouche, manque de coordination, convulsions ou coma sont des signes d'empoisonnement.

1. Soyez prêt. Achetez un livre sur les soins à prodiguer aux animaux domestiques indiquant les poisons les plus courants et leurs antidotes. Ayez toujours une réserve de charbon de bois officinal purifié, de l'huile de paraffine et du peroxyde d'hydrogène.

2. Essayez de savoir ce que l'animal a avalé. L'étiquette de l'emballage peut indiquer un antidote.

3. Appelez un vétérinaire immédiatement. S'il est absent, appelez une clinique vétérinaire ou un centre de contrôle antipoison (vous trouverez le numéro de téléphone dans l'annuaire).

4. À défaut de pouvoir joindre le vétérinaire et si vous ne connaissez pas l'antidote, donnez deux cuillerées à thé de charbon de bois officinal avec de l'huile de paraffine. Voyez un vétérinaire le plus vite possible.

5. Si la substance est corrosive (si elle contient des acides, des alcalis ou des dérivés de pétrole), ne faites pas vomir l'animal. Donnez-lui des blancs d'œufs battus ou de l'eau pour diluer cette substance.

6. Si vous êtes sûr que le poison n'est pas corrosif et qu'il vous faille faire vomir l'animal, donnez-lui du peroxyde d'hydrogène, à raison de 30 ml pour chaque tranche de 8 kg de poids. Ou faites-lui boire une cuillerée à soupe d'eau salée.

7. Laissez l'animal boire autant d'eau qu'il veut. Mais ne lui donnez rien par la bouche s'il est inconscient ou s'il a des convulsions.

8. Lorsque vous irez chez le vétérinaire, apportez, si vous la connaissez, la substance toxique et son emballage. S'il a vomi, apportez un échantillon du rejet.

9. Évitez de donner du lait à un animal empoisonné : c'est un contrepoison dans certains cas mais il a un effet contraire en cas d'absorption d'insecticide organochloré (lindane) ou à base de phosphore.

Animal familier

1. N'adoptez pas de chiot ou de chaton de moins de 8 semaines. S'ils sont séparés de leur mère avant cet âge, ils pourraient bien avoir par la suite des problèmes de comportement. Informez-vous sur les vaccins faits ou à faire.

2. Lorsque vous allez chercher le jeune animal, apportez un morceau de tissu doux que vous frotterez sur sa mère. Mettez ce chiffon dans le panier du petit, cela le rassurera pendant le transport et à l'arrivée dans un lieu inconnu.

3. Si votre nouveau pensionnaire couine pendant la nuit, installez dans son panier une bouillotte d'eau tiède contre laquelle il pourra se blottir ou un réveil qui fait tic-tac, roulé dans une serviette.

Animal familier et vacances

Les voyages sont très stressants pour les animaux, mais ils ne peuvent pas toujours être évités.

VOUS VOYAGEZ AVEC VOTRE ANIMAL

1. Les paniers d'osier pour animaux sont pleins de courants d'air. Par temps froid, tapissez le fond et les côtés avec des journaux. Mais ce ne sont pas les meilleurs choix, car les animaux s'en échappent.

2. Si votre animal n'a pas l'habitude d'être dans la voiture, emmenez-le faire de petites promenades avant le jour du départ.

3. Si l'animal est un voyageur angoissé, demandez au vétérinaire de lui prescrire un tranquillisant.

4. Pour les transports en commun, vérifiez que les compagnies autorisent un animal dans une niche de voyage.

VOUS N'EMMENEZ PAS VOTRE ANIMAL

1. Au cas où il se produirait un accident, donnez à la personne le nom de votre vétérinaire et de votre assureur.

2. Pour un chat, la meilleure solution est de le laisser chez vous avec quelqu'un qui passe chaque jour le nourrir.

3. Si vous laissez votre animal chez des amis ou dans un chenil,

apportez avec lui son couchage habituel, ses jouets, ses plats : il se sentira rassuré.

4. Enfermez votre chat pendant que vous faites les bagages car il peut s'affoler et s'enfuir.

5. Si vous avez l'intention de confier votre animal à un chenil, assurez-vous bien avant de partir qu'il a subi tous ses vaccins, sinon il ne sera pas accepté.

6. Si votre chat ou votre chien a tendance à être destructeur, achetez-lui une cage ou une niche de grande dimension. L'animal y séjournera chez la personne qui le garde, évitant ainsi les dégats.

EXPÉDITION D'ANIMAUX FAMILIERS

1. Fermez les portes des cages ou niches de transport avec des ficelles pour vous assurer qu'elles ne s'ouvriront pas. Mettez des tendeurs tout autour de la cage et de tous les côtés. N'expédiez pas l'animal dans un panier d'osier ou de carton, ce n'est pas assez solide.

2. Si le temps est froid, placez une couverture imprégnée de votre odeur dans la caisse. Pour de longs voyages, la fourrure de polyester vendue dans les animaleries est un très bon isolant.

3. Si la cage a un toit amovible, utilisez-la comme lit pour l'animal pendant les quelques jours précédant le voyage : il se sentira plus rassuré le jour de l'expédition.

4. Si vous partez à l'étranger, avant toute démarche auprès des transporteurs, assurez-vous que votre animal a tous ses vaccins.

Animal perdu

1. Faites graver vos nom, adresse et numéro de téléphone sur une plaque de collier. Ou fabriquez un collier qui fera office de carte d'identité : notez les renseignements sur une bande élastique blanche à l'encre indélébile. Cousez deux boutons-pression et attachez la bande élastique autour du cou de l'animal, de façon assez lâche mais solide. Ou encore, faites tatouer ces renseignements sur l'animal par le vétérinaire.

2. Au cas où il se perde, gardez une photographie en couleurs, nette, de votre animal et une liste de ses signes particuliers. Utilisez-les pour faire des affichettes à placer chez les commerçants ou à coller dans les lieux publics aux endroits autorisés.

3. Si votre animal disparaît, entreprenez des recherches dans le voisinage. Placez des notices avec photo et description chez les commerçants du quartier et regardez les colonnes « Perdu, Trouvé » du journal local. Contactez les vétérinaires de votre ville, la SPCA et, s'il s'agit d'un animal de race, le club de sa race.

4. Si vous trouvez un animal sans identification, prévenez la SPCA et la police de votre localité au cas où le propriétaire les aurait alertées. Recherchez les avis de perte dans les journaux. Faites paraître une annonce décrivant l'animal, mais en omettant un détail que seul le véritable maître connaîtra.

Animal en quarantaine

1. Beaucoup de pays – l'Irlande, la Grande-Bretagne, l'Australie, Israël... – exigent une quarantaine allant de deux à six mois avant de laisser entrer un animal domestique sur leur territoire. Si le vôtre est vieux ou malade, consultez un vétérinaire pour savoir s'il pourra supporter la quarantaine. Mais mieux vaut encore confier votre animal à un ami sur qui vous pouvez compter.

2. Si vous êtes absolument obligé d'emmener votre animal, contactez, longtemps à l'avance, le consulat du pays où vous vous rendez pour réserver un espace dans un établissement de quarantaine. Essayez d'en trouver un qui ne sera pas loin de chez vous et vous permettra des visites. Sachez qui contacter en cas de difficulté. Et laissez à l'animal des jouets ou des objets familiers.

3. Lorsque votre animal sort de quarantaine, emmenez-le chez le vétérinaire pour une visite. Tâchez de savoir ce qu'il a mangé : un changement brusque de nourriture pourrait le rendre malade. Le vétérinaire pourra prescrire un régime alimentaire de transition.

Antenne radio

1. Votre antenne est cassée ? S'il y a un bout creux apparent, vous pouvez la remplacer par un cintre en métal. Coupez le crochet, faites une tige avec le reste et glissez-la dans le trou de l'antenne.

2. Si la réception de votre radio d'automobile faiblit ou s'arrête et que la partie extérieure de l'antenne soit intacte, il s'agit d'une défectuosité de l'antenne ou de la radio. Pour vous en assurer, faites le test suivant : retirez le récepteur et débranchez le câble de l'antenne au dos ; insérez ensuite l'extrémité d'un cintre déplié ou un morceau de fil de fer de 90 cm à 1 m dans le trou de l'antenne et appuyez l'autre extrémité du cintre ou du fil contre le bord extérieur du trou de l'antenne. Si la radio capte les ondes AM, même mal, le problème provient de l'antenne (elle est mal montée ou mal fixée). S'il n'y a pas d'amélioration, le problème vient de la radio.

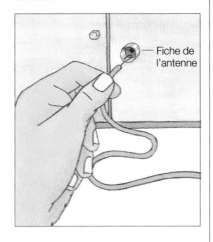

Fiche de l'antenne

Antenne satellite

Une antenne satellite est moins désagréable à l'œil qu'une antenne de télévision ordinaire, mais cela vaut la peine de l'habiller d'une façon ou d'une autre.

1. Peignez une parabole blanche dans un coloris de type « camouflage » pour l'aider à se fondre dans le paysage.

2. Dissimulez-la derrière des plantes ou une haie, mais assurez-vous que le feuillage, en s'étalant, ne gêne pas la réception de l'image.

3. Pour empêcher les enfants d'escalader, et d'endommager votre parabole, plantez tout autour des buissons à feuillage dense ou encore une haie de rosiers bien taillés et... bien piquants !

Antiseptiques

1. Lavez soigneusement les petites égratignures, brûlures, coupures et ampoules au savon et à l'eau tiède, c'est le premier rempart contre les microbes.

2. Appliquez directement sur la plaie le suc d'une feuille d'aloès : c'est un bon substitut aux antiseptiques habituels. Vous pouvez également utiliser de l'ail cru écrasé

ou du jus d'ail en en imbibant une compresse de gaze : l'ail contient de l'allicine, qui est un bactéricide puissant.

3. Le peroxyde d'hydrogène peut être utilisé à forte concentration. L'alcool à friction est irritant pour la peau et trop fort pour les plaies ouvertes.

4. Les pommades antibiotiques vendues sans ordonnance peuvent être appliquées sur les coupures et ont l'avantage d'empêcher le pansement de coller à la plaie. Utilisez-les cependant avec parcimonie, ces pommades pouvant provoquer une réaction locale et sensibiliser aux antibiotiques pris par voie orale. Elles peuvent aussi induire une résistance des bactéries aux antibiotiques. Si une blessure ne se cicatrise pas au bout de deux jours, consultez le médecin.

Antivol de bicyclette

Fabriquez-vous un antivol avec 2 m de câble en acier gainé de vinyle, deux serre-câble en U et un cadenas.

Faites une boucle à chaque extrémité du câble, fermez chaque boucle avec un des serre-câble et collez les écrous à l'époxy ou écrasez les filetages pour rendre les écrous indesserrables (voir Écrou, boulon, p. 86). Passez le câble dans le cadre, dans les roues, ainsi qu'autour du porte-bagages et d'un poteau solide, et cadenassez les

deux boucles ensemble. Si vous devez laisser votre vélo sans antivol, retirez le guidon ou la roue avant et prenez-les avec vous.

Aphtes

1. Pour éviter la douleur, supprimez les agrumes, les noix, le chocolat et les plats épicés.

2. Luttez contre les bactéries qui entretiennent le processus en faisant des bains de bouche avec du peroxyde d'hydrogène dilué dans une quantité égale d'eau.

3. Pour neutraliser l'acidité de la bouche, qui contribue au développement des bactéries, faites des bains de bouche avec de la magnésie ou un mélange de bicarbonate de soude et d'eau.

Attention ! N'avalez aucun des produits précités.

Appareil photo

1. Si vous n'utilisez pas votre appareil photo pendant une longue période, rangez-le à l'abri de la poussière dans son étui ou dans une boîte en carton. Retirez les piles s'il y en a, et mettez-les dans un sachet que vous attacherez sur la courroie de l'étui ou collerez à l'extérieur de la boîte. Un bon endroit pour conserver les piles est la porte du congélateur.

2. Pour le protéger de l'humidité (et de la poussière), enfermez votre appareil dans un sac en plastique. Glissez-y un sachet de cristaux déshydratants pour automobile (sur-tout pas des granulés blancs ordinaires) ou quelques bouchons de tubes de comprimés effervescents. Fermez bien le sac.

3. Une ou deux fois par an, dépoussiérez l'intérieur de votre appareil en soufflant les poussières avec une poire à air ou avec une bombe d'air comprimé (en vente chez la plupart des photographes).

4. Si votre appareil a été trempé dans l'eau de mer, ou s'il est tombé dans le sable, portez-le immédiatement en réparation, avant qu'il ne soit attaqué par le sel ou le sable.

Protégez votre appareil avec un sac en plastique.

Relevez le sac pour prendre une photo.

PROTECTION CONTRE LES INTEMPÉRIES

Pour protéger votre appareil par mauvais temps, ayez toujours des sacs en plastique dans votre fourre-tout. Coupez d'abord les coins du sac pour y faire passer la courroie, enfilez-le sur l'appareil. Laissez-le pendre, ouverture en bas, et relevez-le pour prendre une photo (voir dessins ci-dessus). Pour le protéger encore plus efficacement de la pluie, scellez avec du ruban adhésif autour des lanières.

Appât à poisson

1. Si vous n'avez pas d'appâts vivants, préparez des boulettes de fromage, de pain ou de pâté. Comme cuillère, prenez un morceau d'aluminium ou du papier d'emballage de gomme à mâcher.

2. Pour attraper les vers nocturnes — les meilleurs appâts —, enfoncez dans la terre un petit bâton

de bois et raclez le haut du bâton : les vibrations attireront les vers à la surface.

3. Assurez-vous une provision régulière d'appâts en créant votre propre élevage de vers de terre. Tapissez une caisse de 60 cm à 1 m de long de feuilles et d'herbes, puis remplissez-la de terre jusqu'à mi-hauteur. Ajoutez une nouvelle couche de feuilles et d'herbes sèches, puis un ou deux verres de déchets ménagers (comme du marc de café et des épluchures de légumes) : ils pourrissent rapidement. Ajoutez une dernière couche de feuilles et arrosez d'eau avant d'y mettre les vers. Nourrissez-les une fois par mois avec du chou haché et du lait tourné : ils vont vite se multiplier.

4. Les vers blancs et les vers de farine font également de bons appâts. Il est possible d'élever des vers de farine dans un bocal de 8 litres que vous aurez rempli aux trois quarts d'un mélange de farine et de sciure. Placez-y les vers et percez des trous minuscules dans le couvercle. Ne soyez pas surpris

de voir apparaître des scarabées dans le bocal : ce sont eux qui engendreront les vers de farine.

5. Congelez les ménés non utilisés. Ne les décongelez pas complètement au moment de vous en servir, ils resteront fermes et tiendront mieux sur l'hameçon.

Appel téléphonique

1. Vous n'entendez pas la sonnerie du téléphone lorsque vous êtes au sous-sol ou dans le jardin ? Pensez à placer le récepteur le plus près possible de la porte ou de la fenêtre et posez-le sur une surface lisse. Réglez la sonnerie au plus fort et, si cela ne suffit pas, installez un amplificateur.

2. Si vous recevez un appel par erreur et que la personne vous demande votre nom ou votre numéro de téléphone, ne répondez pas. On ne sait jamais. Demandez plutôt quel numéro elle a voulu rejoindre et indiquez-lui son erreur.

3. Si votre ligne permet la mise en attente d'un premier appel et que vous en recevez un second, il est de

---

LE SAVIEZ-VOUS ?

Histoire de poissons

Une scène typique de pêche comporte-t-elle nécessairement une canne avec un ver à un bout et un pêcheur, l'air ahuri, à l'autre ? Probablement plus depuis que les pêcheurs utilisent un matériel sophistiqué et toute une panoplie d'équipements à la fine pointe de la technique. Les poissons arrivent bien sûr encore à fuir mais, parmi ceux qu'on attrape, certains sont des prises records. Le plus gros poisson jamais capturé à la canne, au moulinet et selon les règles, fut un requin blanc de 1 208 kg. Alfred Dean le pêcha à Ceduna, en Australie du Sud, en avril 1959. Le 26 avril 1976, un autre requin blanc fut capturé par Clive Green. La prise ne fut pas homologuée car l'appât utilisé était de la viande de baleine. Mais ce requin, sportivement capturé à la canne, pesait plus de 1 500 kg.

Voici quelques records enregistrés en Amérique du Nord (les chiffres entre parenthèses indiquent le poids normal) :

- thon bleu (13,5-18 kg), 778,5 kg, Nouvelle-Écosse, 1979 ;
- truite de lac (0,9-2,7 kg), 29,5 kg, Grand Lac du Castor, Territoires du Nord-Ouest, 1970 ;
- morue (2,3-4,5 kg), 45 kg, New Hampshire, 1969 ;
- bar rayé (1,4-3,6 kg), 35,6 kg, New Jersey, 1982 ;
- ouananiche : a) record québécois : une femelle de 9,7 kg, d'une longueur de 1 m, lac Tremblant ; b) record mondial : une pièce de 12,9 kg, Finlande, 1976.

mise de dire au second que vous rappellerez à moins qu'il ne s'agisse d'une urgence.

4. Vous craignez d'être mobilisé par un bavard ? Prévenez d'entrée votre interlocuteur que vous étiez sur le point de partir.

5. Les jeunes enfants adorent répondre au téléphone. Apprenez-leur cependant à vous demander l'autorisation avant de décrocher.

Appel téléphonique importun ou obscène

Si vous êtes victime des appels téléphoniques d'un détraqué, une seule façon de le décourager : il faut raccrocher.

Vous privez ainsi ce personnage malveillant du plaisir d'entendre la colère, l'indignation ou l'inquiétude de ses victimes. Au besoin, donnez un coup de sifflet strident dans le combiné. Passez la consigne à tous les membres de la maison. Éventuellement, débranchez le téléphone pendant quelques heures. Si les appels persistent, notez les dates, les heures et portez plainte. Enfin, vous pouvez demander à la compagnie de téléphone de changer votre numéro et de l'inscrire comme confidentiel.

Aquarium

Même si votre aquarium est parfaitement équipé, il est conseillé de

remplacer le quart de son volume d'eau tous les trois mois par de l'eau propre ayant les mêmes caractéristiques (pH, dureté, température) que celle de l'aquarium. Pour siphonner l'eau :

1. Remplissez d'eau un morceau de tuyau d'arrosage (de 1,50 m environ) en bouchant les extrémités avec les pouces. Plongez un bout de tuyau dans l'aquarium et laissez pendre l'autre au-dessus d'un seau placé plus bas. Libérez l'ouverture plongée dans l'aquarium, puis celle au-dessus du seau. Pour arrêter le puisage, bouchez ou sortez l'extrémité plongée dans l'aquarium.

2. Placez une extrémité du tube dans l'aquarium et aspirez l'air à la bouche en vous plaçant en contrebas. Dès que l'eau arrive, lâchez très vite cette extrémité du tuyau pour que l'eau s'écoule dans le seau. Entraînez-vous avec de l'eau claire pour ne pas avoir par mégarde dans la bouche l'eau des poissons.

3. Débranchez la sortie du filtre à pompe extérieur et récupérez l'eau qui s'écoule dans un seau.

Araignée

Malgré la répugnance qu'elles peuvent susciter, les araignées sont des animaux très utiles car elles détruisent un grand nombre d'insectes indésirables. Ne supprimez que celles qui vous dérangent.

1. Les araignées sont les meilleures amies du jardinier. Si vous voyez une araignée-loup (ou lycose), ou toute autre espèce sur le mur du sous-sol, ne l'écrasez pas. Capturez-la (courageusement) dans un bocal à large goulot, puis lâchez-la dans le jardin, où elle se régalera de criquets, de chenilles et d'autres « nuisibles ».

2. Inutile d'écraser une araignée pour la tuer, pulvérisez un insecticide acaricide sur sa toile. Certaines araignées reconstruisent leur toile en mangeant l'ancienne : elles ingéreront le poison en même temps.

3. Ne vaporisez pas d'insecticide sur une araignée qui se trouve au-dessus de vous, elle risque de tomber.

Arbre de Noël

En général, le sapin baumier garde ses aiguilles plus longtemps que l'épinette. Pour prolonger la tenue de votre arbre, retaillez légèrement le bas du tronc et plongez-le dans un seau stable rempli d'eau chaude. Cela assouplira le bouchon de sève qui se forme après la coupe, permettant à l'arbre de mieux boire. Quelques heures avant de décorer le sapin, vaporisez de l'eau sur l'ensemble des branches et laissez bien sécher. Forez verticalement un trou dans le bas du tronc avec une perceuse et remplissez l'orifice avec du coton. Vous aiderez le sapin à boire. Au moment de placer l'arbre, choisissez un endroit éloigné du soleil, des radiateurs et de la cheminée. Maintenez le niveau d'eau dans le seau et ajoutez-y un cachet d'aspirine.

Si vous avez préféré un arbre à replanter, enveloppez la base de l'arbre, motte incluse, dans un chiffon que vous maintiendrez humide. Placez également l'arbre loin des sources de chaleur et des courants d'air.

Argenterie

En en prenant bien soin, vous pouvez empêcher votre argenterie de se ternir, de se piquer ou de s'érafler. Soyez particulièrement attentif au métal argenté car le plaqué s'en va assez facilement.

1. Lavez l'argent et le métal argenté à la main avec un détergent doux, jamais dans le lave-vaisselle. Séchez avec une peau de chamois ou un torchon doux.

2. Ne laissez pas des restes d'aliments sur de l'argenterie toute la nuit. Rincez les plats si vous ne pouvez pas les laver tout de suite.

3. Si votre coffre (ménagère) n'est pas spécialement traité, à défaut de sac de toile, enveloppez l'argenterie dans un sac en plastique étanche à l'air. Placez de l'alun ou du camphre à l'intérieur pour empêcher les ternissures. Gardez ces produits hors de portée des enfants et des animaux familiers.

4. Évitez le contact du caoutchouc et de l'argent.

5. Ne laissez pas de jus de fruits, d'olive, de parfum, d'eau de toilette, d'assaisonnement pour salade, de fer, de sauce pimentée ou de vinaigre sur de l'argenterie. Tout cela la tache et la corrode.

6. Nettoyez les couvercles des salières en argent régulièrement pour éviter la corrosion. Laissez-les tremper dans une solution de vinaigre chaud et de sel, lavez avec soin et séchez.

7. Si vous placez des fleurs coupées dans des coupes en argent, changez l'eau souvent pour éviter les dépôts à la ligne d'eau. Enlevez les fleurs sitôt fanées.

8. Glissez une protection entre les fruits et le métal quand vous les déposez dans un bol en argent.

9. Si vous n'avez pas de produit pour nettoyer l'argenterie, utilisez l'un de ces produits maison : une pâte faite d'eau et de fécule de maïs, de cendre de cigarettes ou de bicarbonate ; de la pâte dentifrice. Laissez l'argenterie se nettoyer seule pendant une nuit, dans du lait caillé ou du babeurre ou encore dans l'eau de cuisson des pommes de terre. Vous pouvez également utiliser 1 tasse de lait entier mélangé à 1 cuil. à soupe de vinaigre blanc ou de jus de citron.

10. Polissez avec des gestes rapides de haut en bas, mais ni en travers ni en cercle. Pour les endroits difficiles à atteindre, prenez un pinceau doux.

11. Nettoyez entre les dents des fourchettes avec un cure-pipes ou un coton-cige et un produit à argenterie, ou imbibez une ficelle de produit et passez-la entre chaque dent.

12. Pour enlever des éraflures, faites une pâte de mastic et d'huile

d'olive. Passez avec un chiffon doux et polissez avec un chamois.

Artistes indépendants

Vendre le produit de son propre talent artistique (peinture, écriture, photographie) peut constituer un emploi à plein temps ou à tout le moins un revenu d'appoint.

Un cours universitaire ou dans un centre d'éducation pour adultes vous mettra peut-être en contact avec un professionnel en mesure de reconnaître vos talents et de vous aider à percer le marché. Joignez-vous à un regroupement d'artistes, d'écrivains, de photographes. Faites passer une annonce pour vous associer à des gens qui partagent vos intérêts. Consultez le *Corpus Almanac and Canadian Sourcebook* à la bibliothèque locale pour y trouver les noms d'organismes appropriés.

Les journaux locaux financés par la publicité et les publications régionales constituent une excellente plate-forme pour débuter. Commencez par une collaboration gratuite. Plus tard, vous colligerez vos œuvres publiées pour les soumettre à un éditeur important.

Des journaux spécialisés pour écrivains et artistes contiennent les coordonnées des publications qui achètent des œuvres artistiques et donnent une idée de leurs tarifs. Vous pouvez obtenir des exemplaires et des suggestions en leur postant une enveloppe de retour préadressée et affranchie assez grande pour qu'on vous retourne le matériel requis. Abonnez-vous à des revues spécialisées pour obtenir de bons « tuyaux ».

Quand vous aurez choisi une publication, soumettez vos textes, vos photographies ou vos illustrations ; on pourrait vous offrir un contrat avec une avance de fonds.

Soyez professionnel. Utilisez une carte professionnelle et du papier à lettre avec en-tête. Faites du mieux possible sur chaque projet et joignez votre note d'honoraires à vo-

tre envoi. Demeurez courtois et ferme quand vous faites un suivi sur un travail soumis dont vous n'entendez plus parler ou dont le paiement se fait attendre.

Ascenseur

Presque tous les ascenseurs sont pourvus aujourd'hui d'un système électronique qui enregistre les appels au premier contact sur le bouton. Il est donc parfaitement inutile de maintenir enfoncé le bouton d'appel ou celui de l'étage, ainsi que d'appuyer de façon répétée.

Les ascenseurs ont un poids limite de charge et il arrive que l'un d'eux ne s'arrête pas à l'étage où vous l'avez appelé si cette charge est dépassée. Soyez patient, l'appareil a enregistré votre appel et il s'arrêtera au voyage suivant.

Si l'ascenseur s'arrête à tous les étages, c'est probablement qu'un plaisantin a appuyé sur tous les boutons avant de sortir. Certains modèles se programment au fur et à mesure et n'enregistrent qu'un nombre limité d'appels.

Aspirateur

1. Si votre aspirateur n'aspire plus aussi bien, vérifiez si le tuyau et les coudes rigides ne sont pas bouchés. Aidez-vous d'un cintre métallique, d'un manche à balai ou d'un mètre en bois.

2. N'aspirez jamais de mégots ni de cendres : s'ils sont mal éteints, cela pourrait être très dangereux.

3. Avant de jeter le sac de votre aspirateur vertical, essayez d'en réparer les accrocs avec des bandes de tissu thermocollant.

4. Si les accessoires de votre aspirateur se grippent lorsque vous voulez les séparer du tuyau, lubri-fiez les embouts avec de la paraf-fine ou du papier ciré.

5. N'aspirez jamais d'eau ou d'au-tre liquide avec un aspirateur qui n'est pas conçu pour cela. Vous risquez à coup sûr de provoquer un court-circuit dans l'appareil et (pi-re !) de vous faire électrocuter.

6. Lorsque vous vous servez d'un aspirateur-bidon équipé d'un sys-tème de nettoyage par injection et aspiration de détergent, ajoutez toujours un agent antimousse au produit de nettoyage. Videz et net-toyez la cuve aussitôt le nettoyage fini pour éviter que le contenu poussiéreux ne fermente et n'em-peste la maison.

Aspirine

Si l'aspirine (acide acétylsalicyli-que) était découverte aujourd'hui, il est probable qu'elle ne serait ven-due que sur ordonnance, en raison de la puissance de son action et de ses effets secondaires. Bien qu'elle ait des propriétés analgésiques, antipyrétiques, anti-inflammatoi-res et antiagrégantes plaquettaires très appréciées, elle peut engen-drer des troubles digestifs graves, notamment chez les ulcéreux, ou encore des réactions allergiques. C'est pourquoi on cherche souvent à la remplacer.

1. L'acétaminophène est le pro-duit de substitution de l'aspirine pour ses propriétés analgésiques et antipyrétiques. L'intérêt de l'acéta-minophène contre les douleurs et la fièvre est dû à son absence d'effets secondaires sur le tube diges-tif. Par contre, ce n'est pas un anti-inflammatoire comme l'acide acétylsalicylique. Dans ce cas, on aura recours à l'ibuprofène.

2. Le bain tiède peut être utilisé avec efficacité pour faire baisser la fièvre des nourrissons et des jeu-nes enfants. Sa température doit être contrôlée : 1°C au-dessous de la température de l'enfant ; puis laissez couler l'eau froide douce-ment jusqu'à amener le bain à

37°C. Il faut y laisser l'enfant 10 minutes au moins.

Attention : Il ne faut pas donner d'acide acétylsalicylique à des en-fants ou à des adolescents souf-frant d'un virus à cause du danger possible de syndrome de Reye, rare mais souvent mortel. Dans les cas d'affection virale, on leur donne toujours des substituts (acétami-nophène ou ibuprofène).

Assurance automobile

1. Vous pouvez réduire vos primes d'assurances à mesure que votre auto se déprécie en abaissant le montant de la couverture ou en augmentant celui de la franchise.

2. Vous pouvez faire valoir votre dossier vierge d'accidents, de récla-mations, ainsi que votre dossier de conducteur modèle.

3. Certains dispositifs de sécurité sur votre automobile peuvent ame-ner des réductions de primes. L'âge et l'expérience du conducteur sont aussi pris en considération.

4. Il peut être avantageux d'as-surer la maison et l'auto avec la même compagnie d'assurance.

5. Vos enfants peuvent être ins-crits sur votre police à titre de « conducteurs occasionnels ».

Assurance habitation

1. Le montant de la couverture de votre police d'assurance sur la maison devrait correspondre envi-ron à 80 p. 100 de la valeur de remplacement.

2. Généralement, les compagnies d'assurance émettent des contrats « multirisques » dits de « proprié-tai-re » ou d'« occupant », couvrant les risques d'incendie, de vol, de van-dalisme et aussi de responsabilité civile. Il faut souscrire une autre police pour vos biens mobiliers, ob-jets de valeur, vêtements, etc., de préférence avec la même compa-gnie qui assure l'immeuble pour éviter les conflits de responsabilité au moment du règlement de la réclamation.

3. Assurez-vous de dresser l'in-ventaire de tous vos biens (au be-soin avec des photos) et obtenez de la compagnie un avenant confir-mant le coût de remplacement.

4. Évaluez le coût de remplace-ment de votre propriété au besoin en ayant recours à un évaluateur certifié.

5. Magasinez non seulement en portant attention aux primes à payer mais aussi à la réputation de bon payeur de la compagnie. Les

---

LE SAVIEZ-VOUS ?

Histoire du premier médicament miracle

Avant l'aspirine, on connaissait les pouvoirs de l'écorce de saule. Vers 400 av. J.-C., Hippocrate, père de la médecine moderne, conseillait d'en mâcher pour calmer les dou-leurs de l'accouchement.

Pendant des siècles, dans le monde entier, on connut, sans en comprendre le fonctionnement, son action sur les maux de tête, la fièvre et l'inflammation.

Vint l'ère de la chimie. En Alle-magne, vers 1820, on isola le prin-cipe actif de l'écorce de saule. On le nomma salicocide ou salicine. Au cours du XIXe siècle, on produisit le salicylate de sodium, qui fut es-sayé par Buss, médecin suisse

spécialisé dans le traitement de la polyarthrite.

On doit la synthèse de l'acide acétylsalicylique, c'est-à-dire de l'aspirine, au chimiste allemand Félix Hoffmann, dont le père, rhu-matisant, ne supportait pas l'acé-tyle salicylate de sodium. Il fut produit en 1899 sous le nom d'As-pirin, probablement dérivé de *Spi-raea,* nom d'une plante qui, elle aussi, contient de la salicine.

Les premiers comprimés d'aspi-rine firent leur apparition dans les pharmacies au début du siècle. À part le tamponnage et l'enrobage pour en améliorer la tolérance, ils ont peu changé depuis.

entrepreneurs locaux en construction, les couvreurs, les laveurs de tapis constituent une bonne source d'information sur les comportements des compagnies d'assurance quand vient le temps pour elles de payer les réclamations plutôt que d'encaisser vos primes.

Assurance-vie

Comment évaluer le montant d'assurance-vie que chacun d'entre nous devrait souscrire ? Il n'existe sûrement pas de réponse simple et on peut difficilement se fier aux calculs du courtier. Les besoins varient en fonction de nos responsabilités financières et familiales à différentes périodes de notre existence. Voici quelques suggestions.
1. Établissez le niveau de revenus que vous voulez assurer à vos survivants — 70 p. 100 de votre salaire annuel, par exemple — et multipliez par le nombre d'années pendant lesquelles vous désirez assurer vos dépendants.
2. Faites un relevé de vos avoirs, épargnes, fonds de pension, obligations, biens immeubles ; tenez compte des revenus et des avoirs de vos dépendants.
3. La différence entre les besoins calculés et les avoirs correspond au montant d'assurance-vie dont vous avez besoin.

Asthme

La crise d'asthme se manifeste par de la toux, une respiration difficile et sifflante. Rassurez le malade et faites-lui garder son calme.
1. Pour lui faciliter la respiration, faites-le asseoir dans la salle de bains et se pencher légèrement en avant, appuyé sur les coudes. Faites couler l'eau chaude afin qu'il respire de l'air humide.
2. Donnez-lui son médicament habituel et une boisson pour éviter la déshydratation.
3. Si le médicament n'apporte pas un soulagement immédiat, appelez le médecin ou amenez-le sans énervement à l'urgence.

Bien que l'exercice soit souvent recommandé aux asthmatiques, il risque de déclencher une crise s'il est trop violent, notamment à l'extérieur par temps froid ou à la saison des allergies.

Parmi les activités aérobies, la plus adaptée aux asthmatiques est la natation en piscine couverte. La course à pied, en revanche, entraîne souvent des problèmes respiratoires. Les asthmatiques doivent, plus que quiconque, débuter une activité sportive par 15 minutes d'échauffement lent et la terminer par des exercices de retour au calme (voir aussi Échauffement musculaire, p. 84). Pour maintenir leurs voies respiratoires perméables, ils devraient faire des exercices par périodes de 1 à 2 minutes, en respirant par le nez pour filtrer l'air.

Attelle

Pour immobiliser un membre fracturé (ou supposé tel), vous pouvez utiliser divers objets (aussi légers que possible) en guise d'attelle.

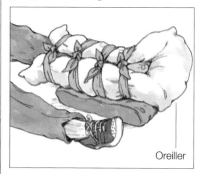

Oreiller

1. Un magazine, ou du carton ondulé, convient très bien, surtout pour l'avant-bras chez l'adulte (ensuite maintenu contre la poitrine). Placez-le en gouttière autour du membre blessé et maintenez-le avec des bandes de tissu, du ruban collant ou même de la ficelle.
2. Rouleau de carton, latte de bois, manche à balai, parapluie, bâton de ski (rembourré de tissu, voire d'herbe), et même des objets mous comme un oreiller ou une couverture feront l'affaire pour un

membre inférieur, mais veillez à ce que les articulations de chaque côté de la fracture soient comprises dans l'immobilisation (genou et hanche pour la cuisse...). Fixez ces « attelles » avec des liens (bandes de tissu...) préalablement glissés sous les creux naturels (plis du genou et de la cheville), et répartis ensuite (aucun sur l'endroit même de la fracture). S'il faut soulever la jambe, le faire prudemment en la soutenant au moins en deux points. Si vous n'avez qu'une seule attelle, placez-la sur le côté externe du membre blessé attaché au membre valide. En cas de fracture ouverte, enveloppez la plaie avec un linge parfaitement propre.
3. Si vous n'avez sous la main que de quoi faire des liens, vous pouvez quand même solidariser un bras fracturé avec le tronc, une jambe cassée avec l'autre (rembourrer entre les deux).
4. Dès que vous le pouvez, appelez les secours médicaux ou rendez-vous à un service d'urgence. (Voir aussi Fracture, p. 108.)

Augmentation de salaire

Vous voudriez bien obtenir de votre employeur une augmentation de salaire mais vous ne savez pas comment vous y prendre. Voici quelques conseils que vous pourriez suivre.
1. Établissez d'abord la valeur de votre poste en le comparant avec celui d'autres personnes qui exercent sensiblement les mêmes fonctions dans la même entreprise ou dans d'autres compagnies. Vérifiez dans la rubrique *Carrières et professions* ou autres offres d'emplois le niveau de rémunération offert. Consultez votre corporation professionnelle ou votre comité paritaire. Prenez en compte votre niveau de compétence, d'expérience et de responsabilités en termes de budget à gérer ou du nombre d'employés à superviser. Tous ces facteurs ont une influence sur le salaire que vous commandez.

2. Préparez votre dossier en faisant régulièrement état de vos activités, des bons résultats que vous avez obtenus et des marques d'appréciation reçues pour vos bons services.

3. Il vaut probablement mieux demander un peu plus que le montant que vous attendez. Sait-on jamais, vous pourriez l'obtenir. Sinon vous aurez quand même atteint votre objectif et votre employeur croira y avoir trouvé son compte aussi.

4. Si vous vous attendez à une promotion ou si vous êtes à la veille d'entreprendre un nouveau projet, il vaut sans doute mieux attendre d'avoir fait vos preuves avant de présenter votre demande.

5. Soyez diplomate, choisissez le moment le plus favorable à votre requête : soit une période de largesses, suite à des bons résultats pour l'entreprise, soit après une phase professionnelle particulièrement brillante. L'employeur attentif ne sera sans doute pas surpris de votre demande.

6. Proposez un rendez-vous sans attendre. Soyez clair et précis. Si vous n'obtenez pas ce que vous attendiez, suggérez de revoir la question dans six mois, par exemple.

Autocollant

1. Posez un autocollant sur votre voiture en commençant par le centre et en appuyant vers les bords pour chasser les bulles d'air.

2. Retirez un autocollant posé depuis peu (moins d'un mois) en l'arrachant à partir d'un angle.

3. Pour retirer un vieil autocollant, arrachez la surface en papier ou en vinyle. Éliminez l'adhésif qui résiste avec de l'alcool à friction ou de l'essence minérale. Si l'autocollant est posé sur une surface peinte, faites un essai sur un coin pour vous assurer que la peinture ne se dissout pas.

4. Autre méthode : chauffez-le au séchoir à cheveux pour ramollir la colle.

Avalanche

Il est impossible de lutter contre une masse de neige qui dévale une pente et entraîne tout sur son passage. Mais retenez ceci.

PRÉVENTION

1. Ne vous aventurez jamais sur une piste signalée par le drapeau à damier jaune et noir qui signifie « danger d'avalanche ».

2. Ne partez en haute montagne qu'après avoir noté en détail les prévisions météorologiques.

3. Emportez au moins l'un des dispositifs d'alerte suivants : cordelette d'avalanche, ballon de détresse éjectable, balise radio...

ENSEVELI DANS LA NEIGE

1. Localisez le haut et le bas : il suffit de cracher ou, mieux, d'uriner pour déterminer le sens de l'écoulement.

2. Agrandissez votre espace de survie tant que la neige est encore molle (en tournant sur vous-même, bras et jambes tendus, puis repliés) avant d'essayer de progresser vers l'air libre doucement, pour ne pas vous essouffler. Si vous avez un bâton de ski, pointez-le vers la surface en poussant et en vissant fortement.

3. Luttez contre la panique en vous répétant que les secours sont à l'œuvre. Gardez vos « cris et gémissements » pour répondre aux appareils d'écoute ou aux chiens d'avalanche, le moment venu.

Avocat

L'assistance d'un homme de loi peut être nécessaire, mais elle est souvent onéreuse.

1. Si vos ressources sont très modestes, vous pouvez obtenir l'aide juridique gratuite. Informez-vous auprès de votre palais de justice.

2. Des associations d'avocats dispensent des conseils, par téléphone ou sur rendez-vous, et peuvent vous aider à constituer un dossier ou vous assister au tribunal pour une somme modique.

3. Les publications et les livres spécialisés vous renseigneront sur les démarches à entreprendre ou les écueils à éviter pour acheter ou vendre votre maison, créer une association ou choisir votre forme de testament et le rédiger. Il est prudent cependant d'avoir recours aux conseils d'un notaire ou d'un avocat pour éviter une erreur d'interprétation et pour utiliser le vocabulaire juridique ou réglementaire approprié...

4. Exigez le détail des services rendus avec celui des honoraires. N'hésitez pas à négocier et demandez à échelonner le règlement.

Avocat (fruit)

1. Pour éviter qu'une purée d'avocats ne s'oxyde, enfouissez-y le noyau. Couvrez la surface d'une pellicule de plastique en appuyant du plat de la main pour faire le vide et laissez ainsi jusqu'au moment de servir.

2. Les avocats coupés en tranches ou en cubes s'oxydent aussi très rapidement. Arrosez-les abondamment de jus de citron ou de limette, mélangez délicatement pour bien les enrober de jus. Si les morceaux sont gros, enrobez-les de beurre fondu ou de mayonnaise avant de les réfrigérer ; ils devraient tenir trois ou quatre jours.

3. Les avocats mûrissent deux fois plus vite dans une atmosphère tiède et sombre. Laissez-les donc tout simplement à la cuisine dans un sac en papier brun.

B

Bac à fleurs en bois

Le bois offre de multiples styles de bacs à fleurs et évite aux racines des plantes les écarts de température que l'on retrouve avec le plastique et le métal. Le bois le plus résistant est le cèdre. Le pin et l'épinette, meilleur marché, seront traités après l'assemblage. Enduisez la boîte d'une couche de vernis marine ou de goudron.

Construisez vous-même vos bacs à fleurs.

Bac à peinture

1. Utilisez une vieille lèchefrite ni écaillée ni rouillée. Tapissez-la de quelques feuilles d'aluminium. Ou alors, utilisez un moule jetable en aluminium.

2. Habillez une boîte en carton peu profonde avec un sac en plastique solide.

3. Au pire, déposez la peinture sur le rouleau avec un pinceau.

Bagages perdus

Sur quelque 80 millions de bagages manipulés chaque année sur les lignes aériennes canadiennes, il se perd temporairement (24 heures) 240 000 valises et complètement 12 000, ce qui représente fort peu, soit 0,3 p. 100.

Il faut cependant savoir que la perte n'est officiellement admise par la réglementation internationale qu'au terme de 21 jours de recherches infructueuses ! Dans le meilleur des cas, soyez rassuré sur votre confort immédiat : la plupart des compagnies vous feront cadeau d'une petite trousse de toilette de dépannage. Mais advenant une perte véritable, ne vous faites pas trop d'illusions : le remboursement ne sera pas très important. Et gardez toutes les pièces justificatives pendant six mois.

Voici quelques précautions à prendre pour éviter ce genre de désagrément.

1. N'enregistrez pas vos bagages à la dernière minute, surtout s'il s'agit d'un gros porteur et d'une période chargée.

2. Trouvez un moyen de différencier votre valise (ruban adhésif de couleur par exemple), pour la repérer de loin sur le tapis roulant (un bagage peut être pris par mégarde... ou volé).

3. Écrivez bien lisiblement votre adresse complète à l'extérieur, mais aussi à l'intérieur de votre bagage.

4. Sur votre billet d'avion est agrafé le ticket comportant les numéros qui figurent sur les étiquettes accrochées à vos bagages. Avant le départ, ôtez les étiquettes des vols antérieurs.

5. Aucun objet de valeur ne doit être rangé dans une valise enregistrée ; mettez-les dans vos bagages à main. Dernière précaution : dressez une liste des objets et habits transportés. Elle vous sera utile pour un éventuel remboursement, surtout si vous avez souscrit une assurance perte ou vol... vivement recommandée.

Les serrures des valises se fracturent facilement. Utilisez plutôt un cadenas à chiffres.

Baguettes chinoises

Impossible pour vous de manger avec des baguettes ? Voici un truc ingénieux : attachez les deux ba-

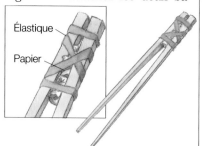

Élastique

Papier

guettes, côté le plus large, avec un élastique, puis glissez un morceau de papier froissé entre elles. Entourez à nouveau de l'élastique : vous aurez ainsi créé une charnière autour de laquelle vos baguettes pourront pivoter.

Balais et vadrouilles

1. Nettoyez toujours un balai à franges avant de le ranger. Pour éviter de créer un nuage de poussière, enveloppez-le dans un sac de papier humide avant de le secouer. Lorsqu'il est très sale, lavez-le dans de l'eau savonneuse et rincez-le à l'eau claire. Si vous pouvez enlever la tête, glissez-la dans un filet et lavez-la dans la machine. Faites-la sécher suspendue dans un endroit aéré.

2. Pour « revitaliser » un vieux balai, trempez-le dans l'eau chaude pendant quelques minutes, puis entourez-le de grosses bandes élastiques avant de le faire sécher.

3. Pour empêcher un manche à balai d'abîmer les meubles, enveloppez la partie inférieure du manche avec un ruban de velours.

4. Ne rangez pas un balai-éponge ou une vadrouille dans un seau, cela risquerait de le faire moisir ou de lui donner une mauvaise odeur. Le cas échéant, plongez le balai pendant quelques minutes dans un seau d'eau additionnée de ½ tasse d'eau de Javel. Rincez deux ou trois fois et faites sécher.

5. « Rafraîchissez » l'extrémité des mèches d'une vadrouille de temps à autre avec quelques coups de ciseaux.

6. Rincez et essorez la vadrouille après chaque usage. Rangez-la tête en haut. L'été, mettez à sécher un balai-éponge dehors à l'ombre, une vadrouille au soleil.

7. Lorsque vous rangez un balai, suspendez-le pour que les soies ou les mèches ne s'écrasent pas. Fixez un piton à l'extrémité du manche pour pouvoir le suspendre à un crochet mural.

Bande magnétique

1. Ne touchez pas les bandes audio ou vidéo avec les doigts, vous y laisseriez des taches de graisse et des particules de poussière.

2. Ne rangez jamais vos bandes sur le téléviseur, sur les amplificateurs, sur les haut-parleurs ou sur le magnétoscope. Tous ces appareils produisent des champs magnétiques qui risquent d'effacer les enregistrements.

3. Dans votre voiture, ne laissez pas vos cassettes sur le tableau de bord en plein soleil, car elles se déformeraient.

4. En hiver, si vous apportez une cassette vidéo de l'extérieur, laissez-la se réchauffer à la température ambiante avant de la passer, pour éviter toute condensation dans le magnétoscope ; cet appareil craint l'humidité excessive !

5. On peut réparer ou éditer une cassette de magnétophone très facilement avec un kit vendu dans les magasins d'électronique. Mais

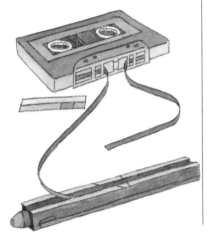

si la bande est très emmêlée, mieux vaut faire faire le travail par un spécialiste.

6. Réparer une bande vidéo n'est pas recommandé. Même les professionnels s'y refusent. Aussi, faites une copie des enregistrements auxquels vous tenez et ne passez qu'elle. Donnez de l'« exercice » à la bande mère trois ou quatre fois par an en la faisant passer à vitesse rapide, puis en la rembobinant.

7. Si une bande vidéo est emmêlée, faites sortir toute la partie en désordre. Passez-la derrière un objet rond dressé (une bouteille, par exemple), bloquez l'un des côtés avec le pouce et l'index et faites tourner l'autre bobine à l'aide d'un crayon.

Barbe, moustache

1. Pour vous aider à décider du style de barbe ou de moustache qui vous ira le mieux, faites-vous photographier en noir et blanc. Commandez plusieurs tirages en format carte postale, et dessinez différents styles de moustache et de barbe avec un feutre. Mais attention, la nature aura son mot à dire : sachez tirer le meilleur parti de la qualité du poil et de son implantation naturelle.

2. Les poils mouillés étant plus longs, taillez toujours votre moustache quand elle est sèche.

3. Pour donner à votre moustache une apparence plate, coupez les poils du haut plus court que ceux du bas.

4. Donnez une forme à votre moustache en y appliquant un peu de gel pour les cheveux.

5. Nettoyez-vous la barbe et la moustache avec une brosse à dents.

Barbecue

1. Vous pouvez transformer une vieille brouette métallique en barbecue mobile. Percez des trous de 1,5 cm de diamètre dans le fond et sur les côtés. Disposez une rangée de pierres sur le fond, puis couvrez

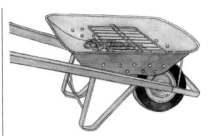

de charbon de bois. Utilisez une grille de four si vous le voulez, mais surtout pas d'anciennes clayettes de réfrigérateur, qui sont susceptibles de contenir du cadmium, un poison violent.

2. Pour tester la chaleur du charbon de bois, placez la main à environ 2 cm au-dessus des braises et comptez jusqu'à trois. Si la chaleur est insupportable, les braises sont parfaites pour les grillades !

3. Utilisez du charbon de bois mais pensez aussi aux bois parfumés : brindilles de pin, branches de noyer, de noisetier, de pommier, d'érable... Faites griller des fruits de mer ou des poissons sur un lit d'algues, ou utilisez des feuilles de vigne pour les aliments délicats : petits poissons, fromages...

4. Si vous vous venez d'acheter un hibachi, petit barbecue de table japonais en fonte et en acier, frottez la partie en fonte à l'huile végétale et faites-la chauffer dans un four très doux, à 75°C, pendant 30 minutes. Retirez ensuite l'hibachi du four, laissez-le refroidir et épongez-le avec du papier absorbant. Cette opération a pour but d'empêcher la fonte de se fendre à une forte chaleur. Faites la même chose avec un simple gril en fonte avant toute utilisation.

5. Pensez à faire cuire des légumes au barbecue : enfermez-les dans une double épaisseur de papier d'aluminium et enfouissez-les sous les braises avec une pince. Cette forme de cuisson est idéale pour des légumes entiers : pommes de terre, courgettes, aubergines, poivrons, épis de maïs...

6. Pour éviter les flammes en cours de cuisson, préparez de petites barquettes d'aluminium, que vous poserez là où la graisse s'écoule.

Barrière pour enfants

1. Si vous trouvez des inconvénients aux barrières de sécurité à la maison, remplacez la porte pleine de la chambre d'enfant par une porte vitrée ou grillagée. Vous pourrez ainsi voir ce que fait l'enfant lorsqu'il joue seul dans la pièce. Assurez-vous que le verrouillage est à l'extérieur.

2. Vous recevez des visiteurs avec un bébé qui commence à ramper ou à marcher et votre logement n'est pas équipé pour les petits. Improvisez des barrières de sécurité temporaires avec des matelas et des tables posés sur la tranche.

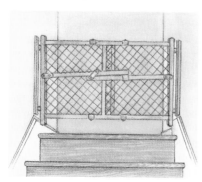

Une bonne barrière de sécurité pour enfants comprend un cadre rigide et rectiligne autour de croisillons.

Baseball

Voici quelques termes que les commentateurs sportifs utilisent.

Balle : balle lancée à l'extérieur de la « zone des prises », c'est-à-dire un espace au-dessus des limites du marbre (ou de la plaque) à une hauteur qui se situe entre les genoux et les épaules du frappeur. L'arbitre du marbre en est le seul juge. À la 4e balle, le frappeur gagne le premier but. Parfois on accorde un but sur balle « intentionnel » à un redoutable frappeur dans l'espoir de retirer le frappeur suivant.

Balle cassante : tout lancer qui change de trajectoire.

Balle courbe : vers l'intérieur ou l'extérieur à son arrivée au niveau du marbre.

Balle tire-bouchon, papillon, fourchette : toute une variété de lancers décevants (pour le frappeur) mais fort prisés par les patrons du lanceur, en raison de leur trajectoire capricieuse.

Buts remplis : lorsque des coureurs sont installés à chacun des trois coussins.

Choix du champ : l'équipe défensive choisit de retirer un coureur déjà installé sur les buts et en position de marquer. Le frappeur aurait dû être retiré avant d'atteindre le premier coussin, donc on ne lui compte pas un coup sûr.

Coup de circuit : la balle est frappée en jeu à l'extérieur des limites du terrain. Si un coup de circuit est frappé alors que les buts sont remplis, on parle de grand chelem ou d'un carrousel. Quatre points sont produits à la fiche du frappeur et de son équipe.

Coup retenu ou amorti : le frappeur au lieu de s'élancer touche la balle de façon à la laisser rouler faiblement à l'intérieur des limites de l'avant-champ. Il se « sacrifie » pour permettre au(x) coureur(s) déjà sur les sentiers d'avancer d'un but. Parfois il réussit lui-même à se rendre au premier coussin : c'est un coup sûr.

Court et frappe : le coureur sur les buts se dirige vers le coussin suivant en même temps que le lanceur s'élance forçant ainsi un joueur d'avant-champ à quitter son poste défensif contre le frappeur pour éviter un « vol de but ». Le frappeur peut ainsi frapper la balle dans l'ouverture créée.

Erreur : imputée à tout joueur qui manque la balle ou commet un mauvais lancer, permettant ainsi à un joueur rival d'être sauf ou d'avancer d'un ou plusieurs buts.

Fausse-balle : la balle frappée touche le sol à l'extérieur des lignes des buts. On compte une prise mais le frappeur n'est pas retiré

tant que la balle a été effleurée par son bâton.

Feinte illégale : de la part d'un lanceur qui effectue des mouvements illégaux selon une définition qui varie avec différents arbitres. Cette faute permet aux coureurs d'avancer d'un but.

Jeu d'attirer : avec un coureur au 3e but, le frappeur dépose un amorti qui déplace l'avant-champ, ce qui permettra peut-être au coureur en position de marquer de croiser le marbre.

Prise : lancer dans la « zone des prises » ;

• elle peut être appelée par l'arbitre du marbre.

• le frappeur ayant raté la balle « fend l'air » ou commet une fausse-balle.

• à la 3e prise, le frappeur est retiré.

Retrait sur décision : l'arbitre juge la balle à l'intérieur de la zone des prises alors que le frappeur la regarde passer pour une 3e prise.

Retrait sur élan : le frappeur fend l'air sur une 3e prise.

GANT ET MITAINE DE BASEBALL

Pour assouplir un gant neuf ou une mitaine de receveur encore raide, frottez-en l'intérieur avec quelques gouttes d'huile à cuisson ou un soupçon de crème à raser. Placez une balle dans la paume du gant, fermez le gant autour et attachez-le avec des lanières de caoutchouc. Glissez-le sous le matelas pour la nuit. Un gant en cuir véritable peut être malmené sans risque. Vous pourriez même, après l'avoir enveloppé dans une vieille serviette de bain, l'écraser sous les roues de la voiture.

Si un groupe d'amis organise une partie impromptue et que vous manquiez de gants, vous pouvez en fabriquer un avec du cartonnage taillé à la grandeur de votre paume et vous l'y fixez avec du ruban adhésif. Ou alors prenez des mitaines isolantes ou des gants de jardin que vous pouvez rembourrer avec des essuie-tout.

Basket-ball

Voici un lexique qui vous aidera à mieux comprendre ce sport.

Bras roulé : le tir s'effectue quand le bras passe au-dessus de la tête.

Descendant : sur un tir adverse, un joueur n'a pas le droit de toucher un ballon descendant.

Dribbler : faire rebondir le ballon sur le sol. Un joueur s'arrêtant de dribbler puis recommençant à le faire commet un double dribble.

Durée : le match se dispute en deux mi-temps de 20 minutes, séparées par un repos de 10 minutes. Les fautes, les entre-deux et les temps morts s'ajoutent à ce temps réglementaire.

Faute personnelle : infraction par contact, sanctionnée soit par la remise en jeu depuis la touche soit par deux lancers francs en cas de contact intentionnel.

Faute technique : infraction à l'esprit du jeu, sanctionnée par un ou deux lancers francs. La 5e faute élimine le joueur.

Hors-jeu : un joueur est hors jeu quand il touche la balle sur ou en dehors des limites du terrain.

Lancer franc : les joueurs se tiennent hors de la raquette tant que le ballon n'a pas touché son but et le tireur, derrière la ligne de lancer franc (à 5,80 m de la ligne de fond), dispose de 5 secondes pour tirer au panier.

Point : un panier réussi en cours de jeu fait deux points, un point sur lancer franc.

Raquette : partie du terrain située sous les paniers. Elle a la forme d'un trapèze de 3,60 m sur 6 m et elle est couronnée par un dernier cercle : là où les joueurs effectuent des lancers francs.

Secondes :

• 3 : temps maximal pendant lequel un joueur peut stationner dans la raquette adverse.

• 5 : un joueur qui a le ballon n'a pas le droit de le tenir plus de 5 secondes sans le jouer.

• 20 : temps maximal accordé pour un remplacement.

• 30 : l'équipe qui entre en possession de la balle dispose de 30 secondes pour tenter le tir au panier.

Temps mort : arrêt de jeu accordé par l'arbitre à la demande du capitaine de l'équipe en possession du ballon (2 temps morts peuvent être accordés par mi-temps).

Terrain : long de 28 m et large de 15 m.

Bateau

Bâche

1. Pour colmater une fuite importante, commencez par la boucher de l'intérieur avec des oreillers ou un matelas. Si cela ne suffit pas, posez une bâche comme le montre le croquis ci-dessus. Attachez une corde à chaque coin de la bâche. Fixez deux coins sur le côté endommagé du bateau, passez le reste des cordes sous le bateau et attachez-les sur l'autre bordage.

2. Vous pourrez peut-être parvenir à colmater provisoirement une petite fuite avec des chiffons, du coton hydrophile ou des serviettes, mais mieux vaut vous munir d'un kit de réparation, contenant de la colle époxy et des morceaux de fibre de verre.

3. Vous pouvez boucher un gros trou en plaquant dessus un matelas (côté extérieur) que vous maintiendrez avec deux cordes passant autour de la coque.

4. Les vibrations des moteurs de bateaux très puissants peuvent tasser la poudre des extincteurs secs et ils ne marcheront pas, même si la jauge de pression indique qu'ils sont prêts à fonctionner. Pour que votre extincteur reste utilisable, tapez-le de temps à autre du plat de la main, afin que la poudre reste meuble.

Batterie de voiture

1. Si votre batterie est déchargée, des câbles d'appoint et une voiture munie d'une batterie de même voltage que la vôtre vous dépanneront. Garez les voitures face à face ou côte à côte, sans qu'elles se touchent. Serrez le frein à main et mettez au neutre ou au point mort. Coupez le contact et toute fonction électrique. Branchez une pince d'un câble sur la borne positive de la batterie vide et l'autre sur la borne positive de la bonne batterie. Connectez une pince de l'autre câble sur la borne négative de la bonne batterie et l'autre pince sur une partie métallique de la voiture en panne (loin du carburateur). Assurez-vous que les câbles ne tou-

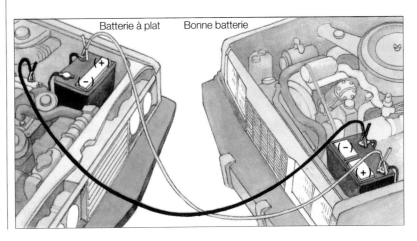

Batterie à plat   Bonne batterie

chent pas les ventilateurs ou les courroies. Faites démarrer la voiture qui fonctionne (maintenez le moteur en légère accélération), puis la voiture en panne. Retirez les câbles dans l'ordre inverse où vous les avez posés. Pour recharger la batterie, roulez au moins 30 minutes avec la voiture dépannée avant de couper le contact.

Attention ! Évitez de fumer ou de gratter une allumette durant ce genre de dépannage.

2. Si votre voiture n'a pas d'embrayage automatique, essayez de démarrer en vous faisant pousser (voir Démarrage de voiture, p. 75).

3. Si votre batterie ne tient pas la charge, elle est hors d'usage ou bien vous avez une perte de courant dans le circuit électrique de la voiture. Voyez un garagiste.

4. Vérifiez régulièrement, surtout l'été, le niveau de l'électrolyte : les plaques doivent être immergées. N'ajoutez que de l'eau distillée.

5. Si, en roulant, le témoin de charge reste allumé, c'est qu'un élément du circuit électrique est défectueux : l'alternateur, la courroie qui entraîne l'alternateur, le redresseur ou la batterie. Ou plus simplement, les cosses de la batterie sont très sulfatées. Dans ce cas, il faut les démonter pour les gratter. Si le problème persiste, consultez le garagiste.

6. Quand vous débranchez une batterie, commencez par démonter la borne +, puis la borne -. Remontez dans le sens inverse.

7. Vous pouvez charger votre batterie à l'aide d'un chargeur sans la démonter. Mais, auparavant, déconnectez la borne +. Préférez une charge lente (de 12 à 24 h), moins « fatigante » pour la batterie. Il faut réviser le niveau d'électrolyte après la charge, jamais avant.

Bébé en forme

Dans les premiers mois, à mesure que se développent la coordination motrice et les réflexes de base du bébé, les parents peuvent fournir des activités apaisantes ou stimulantes. Mais évitez de trop pousser votre bébé. Ses mouvements vous feront comprendre ce qui est bon pour lui.

Dès les premiers jours, les parents peuvent stimuler la coordination œil/tête et œil/main du bébé à l'aide de mobiles, de jouets de couleurs vives à regarder et également par l'interaction des personnes de l'entourage. À la fin du premier mois, vous pouvez l'aider à prendre conscience de son corps et lui donner de la confiance simplement en le tenant dans différentes positions. Soutenez votre enfant dans le bain de façon qu'il soit à l'aise dans l'eau et commence à se servir de ses muscles.

Vous pouvez le masser par des mouvements circulaires vers l'extérieur, mais avec une pression seulement égale à celle du poids de vos mains à plat. Cela relâche les tensions et apaise les contractures.

Pour étirer et renforcer les muscles des bras et des jambes, placez le bébé sur le dos, soulevez un bras doucement au-dessus de sa tête tandis que vous amenez l'autre le long de son corps, puis faites le contraire. Veillez à ce que la tête du bébé soit toujours bien soutenue.

Maintenez ses jambes allongées, pliez ensuite un genou tout doucement vers l'abdomen, puis étendez à nouveau la jambe. Faites de même avec l'autre jambe et laissez-le participer autant qu'il le veut.

Bénévolat

Vous souhaitez travailler avec un groupe mais vous ne savez pas comment vous y prendre.

1. Voyez à la bibliothèque municipale ou à la Maison de la Culture : des associations laissent souvent leurs prospectus.

2. Parcourez les pages du journal pour prendre connaissance des annonces publiées par les associations à but non lucratif.

3. Appelez le secrétariat de l'hôtel de ville, le bureau de l'école, l'hôpital local, une église, un temple, une synagogue... Dites que vous aimeriez faire du bénévolat et demandez si l'on peut vous orienter.

Beurre

1. Le beurre peut être remplacé par de la margarine dans la plupart des cas, y compris la pâtisserie, sauf pour les biscuits qui auront à s'étaler sur la plaque. En revanche, il ne peut être remplacé par le saindoux et les huiles végétales qu'en cuisine, pour faire dorer et sauter les aliments. Sachez que 1 cuil. à soupe de beurre peut être remplacée par 2 cuil. à thé de saindoux ou d'huile végétale.

2. Le beurre cuira sans brûler dans une poêle ou dans une sauteuse si vous y avez fait chauffer au préalable 1 cuil. à thé d'huile d'arachide ou de maïs. Évitez l'huile d'olive, trop forte en goût.

Bibliothèque

1. Vous pouvez facilement créer un ensemble d'étagères pour une chambre d'enfant en empilant des casiers de rangement en plastique de couleurs vives (y compris des boîtes de plastique pour le transport des cartons de lait).

2. Pour fabriquer rapidement une jolie bibliothèque, posez des planches sur des briques ou des blocs de ciment (que vous pouvez peindre pour uniformiser l'ensemble).

Billet d'avion

1. Même si les caractères sont dissuasifs, prenez la peine de lire, sur votre billet d'avion, les textes concernant la réglementation, les assurances et les bagages.

2. Photocopiez ledit billet dès qu'il est en votre possession. Cela facilitera grandement vos démarches en cas de perte ou de vol. Dans ce cas, remplissez immédiatement un formulaire de réclamation. Pour un vol intérieur, on vous demandera de racheter le billet au plein tarif ; mais vous pouvez demander à discuter avec un responsable de la compagnie aérienne. Sur un vol international, on donne souvent un billet de remplacement à condition que vous acceptiez de rembourser le billet si l'on retrouve l'ancien ou s'il est utilisé.

3. Si possible, payez votre billet avec une carte de crédit, ce qui permet souvent d'y inclure le prix de l'assurance-annulation.

Billet de banque endommagé

1. Votre chiot a-t-il mâchouillé un billet de 20 $? Votre banque devrait vous le racheter à condition qu'il ne soit pas trop détérioré. Si le billet est très sérieusement endommagé, vous pouvez le rapporter à votre banque avec une lettre explicative et la Banque du Canada procédera à l'évaluation. Ou bien, adressez votre lettre directement à L'Agence, Banque du Canada, 234, rue Wellington, Ottawa, K1A 0G9.

D'une manière ou d'une autre, le montant remboursé dépendra de la portion du billet qui aura été récupérée. Ainsi, un billet de 20 $ tout neuf vous sera remis si tout le billet peut être reconstitué ; vous devrez vous contenter de 15 $ s'il en manque un quart et de seulement 10 $ s'il n'en reste qu'une moitié.

2. Si votre magot est abîmé par le feu ou autrement détérioré, enveloppez les débris dans du coton pour éviter plus d'éparpillement et faites parvenir le tout, avec une lettre explicative, à la Banque du Canada à Ottawa, en recommandé.

3. Quant à vos pièces de monnaie oxydées ou détériorées, votre ban-

que de quartier vous les échangera. La banque expédie ces pièces à L'Hôtel de la Monnaie, 320 Sussex Drive, Ottawa, K1A 0G8, pour évaluation et nettoyage. Vous pouvez vous-même vous adresser à cette institution si vous êtes en possession d'une bonne quantité de pièces endommagées.

Bois de chauffage

1. Pour obtenir un feu « propre » et dégageant le plus de chaleur possible, brûlez du bois dur plutôt que du bois tendre. Le chêne, le hêtre, l'érable, le pommier, le merisier (ou bouleau jaune) font d'excellents bois de chauffage.

2. Si vous devez fendre du bois, réservez cette activité à un jour de gel car les bûches gelées éclatent bien plus facilement. En revanche, n'utilisez pas une hache à lame gelée, car l'acier pourrait se briser. Éloignez les enfants et les animaux domestiques.

3. Pour maintenir une bûche en place sur le billot, appuyez-la contre une branche fourchue solidement plantée dans le sol.

4. Si vous avez plusieurs cordes de bois à fendre, louez une fendeuse à essence. Vous épargnerez temps et fatigue.

5. Si vous n'avez pas d'abri à bois, rangez vos bûches dehors en alternant le sens à chaque rangée pour que le tas se tienne bien. Placez l'écorce sur le dessus pour empêcher l'humidité de pénétrer dans le bois. Ne couvrez pas le bûcher d'une bâche — le bois pourrirait — mais plutôt de tôle ondulée lestée par des pierres pour que l'air circule. Ayez une réserve de bûches au sec à l'intérieur.

6. Ne faites jamais brûler une grande boîte de carton dans la cheminée, vous risquez de provoquer un feu de cheminée. Pour allumer un feu, séparez le fond et les côtés de la boîte. Placez le fond sur les chenêts et posez les bûches dessus. Faites de même avec les côtés la fois suivante.

7. En été, faites des briquettes avec de vieux journaux déchiquetés ou des copeaux de bois trempés dans de l'eau additionnée d'amidon ou de colle à papier peint.

Bois gondolé

1. Si une planche se gondole ou se gauchit au point que les clous en ressortent ou se détachent, réinstallez-la avec des crampons et remplacez les clous par des vis.

2. Pour redresser une planche gauchie, placez-la sur une pile de serviettes mouillées, côté concave vers le haut, près d'un radiateur ou d'une autre source de chaleur. Posez des poids à chaque extrémité de la planche et laissez ainsi pendant plusieurs jours en remouillant régulièrement les serviettes. Si la planche est peinte ou vernie, poncez-la au préalable, de façon qu'elle absorbe l'humidité.

Boisson en canette

Si la languette qui sert à ouvrir la boîte se casse et que vous n'ayez pas d'ouvre-boîtes, ne vous désespérez pas. L'ouverture sur le dessus de la boîte étant prétracée, percez-la avec le manche d'une cuillère, un tournevis ou une clé (voir aussi Ouvre-boîtes, p. 163).

Bonsaï d'intérieur

S'il est tentant de placer sur la cheminée des bonsaïs de toutes espèces, autant savoir, pour éviter de perdre votre pin ou votre érable, que les bonsaïs d'intérieur proviennent tous de régions tropicales et équatoriales. Parmi eux, les ficus, schefflera, cycas, rhapis, déjà connus en taille réelle comme plantes d'intérieur, se prêtent bien à la miniaturisation. D'autres bonsaïs

31

(carmona, zelkova de Chine, sage-retia...) sont des espèces typiques d'intérieur et ressemblent à de petits arbres feuillus.

1. Toutes les essences citées exigent une température constante de 15 à 20°C. Placez-les près d'une fenêtre abritée du soleil pour leur faire profiter de la lumière vive et d'un peu de fraîcheur nocturne. Gare aux courants d'air froid : les bonsaïs tropicaux y sont sensibles.

2. Surveillez l'arrosage et l'humidité atmosphérique pour donner aux bonsaïs des conditions de vie proches de celles de leur pays d'origine. Laissez décanter l'eau du robinet dans un arrosoir à pomme fine. Portée à la température ambiante, l'eau de pluie est excellente. Vérifiez que la motte est totalement mouillée après l'arrosage. Si, par accident, elle a séché et s'est rétractée, faites-la tremper avec le pot pendant 5 à 10 minutes. Vaporisez le feuillage des bonsaïs au moins trois fois par semaine durant l'hiver. Maintenez une bonne humidité atmosphérique autour des petits arbres : vérifiez le niveau d'eau des saturateurs ou installez un humidificateur à proximité.

3. Rempotez votre bonsaï vers février ou mars dans un pot ou une coupe légèrement plus grande. Pour vérifier s'il en a besoin, tapotez le pot pour décoller la motte : si les racines font bloc, il est temps de rempoter. Mélangez terreau, terre de jardin, sable et tourbe à parts égales ; tamisez. Démêlez les racines sur le pourtour et sous la motte avec une fourchette ou un long clou. Réduisez-les d'un tiers. Placez alors une petite grille fine sur le trou de drainage du pot pour retenir la terre. Disposez une première couche de mélange, placez l'arbre : le haut de sa motte peut dépasser légèrement celui du pot. Répartissez bien les racines, puis comblez de terre en pressant avec les doigts pour ancrer l'arbre sans écraser les racines. Le rempotage terminé, la surface du mélange doit affleurer le bord du pot, haute vers le tronc, descendant en pente douce vers l'extérieur. Arrosez à la pomme fine ou plongez le pot dans de l'eau à température ambiante.

4. Comme vous avez taillé les racines, il faut ajuster les proportions extérieures du bonsaï. Elles représentent globalement les trois quarts ou les deux tiers du volume total de la plante, pot inclus. Taillez délicatement les rameaux de mars à septembre, en prenant soin de respecter la silhouette de l'arbre. Supprimez les pousses trop allongées pour conserver un port compact, et les grandes feuilles en laissant le pétiole sur la branche.

5. Donnez de l'engrais granulé à libération lente, de mars à octobre.

Bottes

1. Pour sécher des bottes rapidement, faites chauffer des petits cailloux ronds et propres dans le four (à 50 ou 60°C) ; versez-les ensuite dans les bottes et secouez jusqu'à ce que les pierres refroidissent. Auparavant, voyez si la doublure résiste en y maintenant un caillou chaud pendant quelques secondes.

2. Pour enlever les taches de calcium, frottez le cuir avec de l'eau additionnée de vinaigre blanc.

3. Frottez les taches d'eau sur des bottes en daim avec une lime à ongles en carton ou une brosse à dents dure.

4. Que faire si vous n'avez pas de bottes par mauvais temps ? Vaporisez un produit imperméabilisant sur une paire de chaussures. Si vous ne parcourez qu'une très courte distance, « chaussez » des sacs en plastique par-dessus vos chaussures en les maintenant avec de gros élastiques.

Bouche-pores à bois

1. Gardez la sciure quand vous travaillez le bois. Mélangée à de la colle blanche, cela fait un bouche-pores aussi bon que celui que l'on trouve dans le commerce.

2. Si vous devez teinter du bois, achetez un bouche-pores d'une couleur naturelle et ajoutez-y des colorants à l'huile, jusqu'à ce qu'il ait la nuance désirée.

3. Le bouche-pores en poudre tient mieux que le bouche-pores préparé, en tube.

Bouchons, capsules, couvercles

1. Pour desserrer un bouchon de carafe, entourez le goulot d'un chiffon mouillé très chaud. S'il le faut, laissez quelques gouttes d'eau tomber dans le goulot et autour du bouchon pour dissoudre ce qui l'empêche de se décoincer, mais enlevez l'eau rapidement de façon qu'elle n'atteigne pas le contenu de la bouteille.

2. Faites couler de l'eau très chaude pour dilater un couvercle de bocal qui résiste. Pour mieux le tenir en main, cerclez-le avec un gros élastique.

3. Pour ôter une capsule de bouteille sans décapsuleur, utilisez une pince à prise multiple ou la gâche d'une serrure (c'est la partie qui reçoit le pêne). Ou soulevez les dents de la capsule une par une avec une clé.

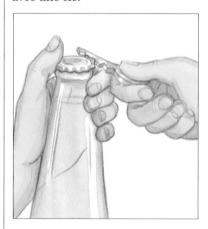

Boucles d'oreilles

1. Si vos boucles ont tendance à se balancer sur vos oreilles percées, fabriquez un bloque-boucle d'oreille. Pliez un morceau de bande adhésive transparente, côté col-

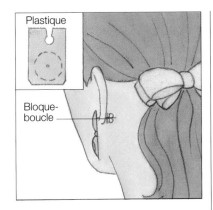

lant à l'intérieur, ou découpez un petit cercle dans une attache de plastique. Pratiquez un petit trou au centre. Placez ce bloque-boucle derrière le lobe, glissez-y la boucle d'oreille en même temps que dans le lobe et serrez l'ailette papillon.

2. Si vous perdez une boucle, portez celle qui vous reste en pendentif... ou à une oreille, c'est aussi la mode.

Bouée de sauvetage

Un pantalon transformé en bouée permet de se reposer.

1. Vos vêtements peuvent devenir des bouées : si votre pantalon est en fibres naturelles (coton ou laine) ou en nylon, nouez chaque bas de jambe. Faites-le tournoyer, en hauteur, en le tenant par un point de la ceinture, pour l'emplir d'air, puis rabattez-en la taille contre votre poitrine et coincez les jambes gonflées d'air sous vos aisselles. (Voir aussi Accident de baignade, p. 9.)

2. Tout ce qui peut flotter — une grande glacière en polystyrène, un contenant de 4 litres vide et fermé, etc. — peut aider quelqu'un à rester à la surface.

Bougie ou chandelle

1. Maintenez une bougie dans le fond d'un bougeoir en enveloppant le bas d'une bande de papier absorbant. Ne laissez pas le papier dépasser de l'orifice.

2. Pour enlever de la bougie fondue d'un bougeoir, placez celui-ci une ou deux heures au congélateur. Dégagez les blocs de cire avec un couteau à bout rond.

3. Récupérez la cire de bougie fondue et les restes de chandelle pour en mouler d'autres (voir aussi Moules à bougies, p. 152).

4. Pour faire tenir une bougie sans bougeoir, laissez couler quelques gouttes de cire chaude sur une surface plate et posez immédiatement la bougie dessus. Tenez-la droit tant que la cire n'a pas durci.

Bouillotte

1. Si vos draps sont glacés, remplissez à moitié d'eau chaude un sac en plastique étanche et solide. Faites un nœud bien serré, placez cette première « bouillotte » dans un second sac en plastique et entourez le tout d'un torchon ou d'une serviette.

2. Remplissez d'eau chaude un bocal ou une bouteille en verre. Fermez-les hermétiquement et emmaillotez-les dans une serviette.

3. Chauffez une brique dans le four et entourez d'une serviette.

Boule à mite

1. Pour chasser l'odeur d'antimite, suspendez vos vêtements à l'extérieur par grand vent. Attachez-les aux cintres avec des pinces à linge pour qu'ils ne s'envolent pas. Laissez-les s'aérer ainsi pendant plusieurs heures.

2. Placez des sachets ou des bouteilles de parfum vides dans les tiroirs et les placards.

3. En guise d'antimite, mettez ou suspendez dans vos placards des sachets de lavande ou des morceaux de cèdre, ou remplissez des pochettes de gaze ou des bas de nylon avec des copeaux de cèdre, de la lavande séchée, des grains de poivre ou un mélange à parts égales de menthe et de romarin séchés. Suspendez à un fil, ou dans un petit filet, une orange piquée de clous de girofle.

Bouquet de fleurs

Pour conserver longtemps vos bouquets de fleurs de jardin, préparez-les dans les règles de l'art.

1. Avant de mettre les fleurs dans l'eau, coupez la base des tiges à l'oblique, avec un couteau bien aiguisé. Évitez les ciseaux, ils écrasent les tissus de la tige et entravent la capillarité. Procédez sous l'eau chaude : elle désinfecte, évite la cicatrice de coupe qui empêche la fleur de boire et chasse l'air stagnant dans les tiges. Trempez la base nettoyée dans une casserole d'eau bouillante quelques secondes, puis immédiatement dans un seau d'eau froide.

2. Lavez le vase avec de l'eau chaude avant de le réutiliser et remplissez-le d'eau à peine tiède. Ajoutez-y un morceau de charbon de bois et une petite cuillerée de sucre. Éloignez les bouquets des rayons directs du soleil.

3. Autres façons de conserver les bouquets plus longtemps : ajoutez, pour chaque litre d'eau, 2 cuil. à thé de sucre, 1 cuil. à thé de vinaigre, 1 cuil. à thé de rince-bouche et 3 ou 4 gouttes de détergent à vaisselle ; ou encore, tout simplement, une goutte d'eau de Javel.

Bourrelets

FEMMES

1. Évitez les sous-vêtements serrés. Ils mettent les bourrelets en relief et sont souvent à leur origine. Aplatissez les bourrelets avec un sous-vêtement d'une seule pièce, comme une camisole.

2. Portez une écharpe vive et de gros bijoux pour détourner l'attention sur eux.

3. Si votre jupe est trop moulante, nouez-vous une large ceinture ou une écharpe autour des hanches. Si la jupe se boutonne devant, détachez un ou deux boutons du bas.

HOMMES

Portez des vêtements amples plutôt qu'ajustés. Un gilet assorti au costume peut avoir un effet amincissant. Ayez des poches sans rabat, évitez les tissus épais (gros tweeds) et les couleurs contrastées. En vacances et en week-end, portez des polos et des t-shirts larges.

Bourse d'étude

Le Service d'aide aux étudiants, au cégep ou à l'université où vous êtes inscrit, peut vous fournir toutes les informations requises pour faire une demande de bourse d'études.

1. Dressez une liste de toutes les subventions et bourses pour lesquelles vous croyez être éligible et faites une demande à chacune des ressources disponibles. En même temps, informez-vous des prêts et prêts-bourses accessibles à vous-même ou à votre famille. Au Québec, le système des prêts-bourses du ministère de l'Éducation est de loin le plus accessible.

2. Avez-vous songé à la carrière militaire ? Les forces armées fournissent des bourses et un salaire en échange de service militaire actif pendant les vacances et après le diplôme. Une grande diversité de carrières professionnelles peuvent être ainsi subventionnées. Consultez le bureau régional de recrutement de votre localité.

3. Des entreprises, des syndicats, des organismes sociaux auxquels vos parents peuvent appartenir fournissent parfois des bourses de mérite scolaire et d'excellence académique. Informez-vous.

4. Même si vous avez réussi à obtenir toute l'aide financière nécessaire, inscrivez-vous au Service d'emploi pour étudiants. Vous y trouverez une liste des emplois à temps partiel tant sur le campus que dans des entreprises locales.

Bouteille

1. Pour nettoyer une bouteille à goulot étroit, emplissez-la à demi d'eau chaude savonneuse. Ajoutez du riz cru et secouez jusqu'à ce que le verre soit propre.

2. S'il s'agit d'un dépôt calcaire, versez du vinaigre et du sel ; agitez jusqu'à disparition de la tache.

Bouton

1. Coupez des morceaux de Velcro thermocollants de la taille désirée pour réaliser rapidement la fermeture d'une jupe ou d'un pantalon.

2. Pour éviter de remplacer tous les boutons pour un seul perdu, piquez un galon pour cacher la rangée de boutonnières et utilisez des pastilles de Velcro. Mettez-les en place avec des épingles et fixez-les par une piqûre en croix.

3. Lorsque vous perdez un bouton, remplacez-le provisoirement par une épingle à ressort fixée à l'intérieur du vêtement. Une jolie broche fera aussi l'affaire.

Bouton de manchette

Vous n'avez pas de boutons de manchette pour fermer les poignets mousquetaires de votre chemisier ? Mais vous avez sûrement dans votre boîte à couture des boutons fantaisie.

1. Attachez-les par paires avec du fil solide en laissant une longueur de 2 cm entre les boutons.

2. Ou bien encore, cousez-les aux extrémités d'un morceau de ruban de 2 cm.

Bouton-pression

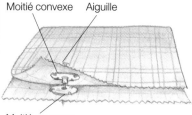

Moitié convexe   Aiguille

Moitié concave

1. S'il s'agit de poser une ou deux pressions, prenez le modèle classique. Positionnez la moitié convexe avec de la colle à tissu. Passez une aiguille au travers pour placer au bon endroit la moitié concave et procédez de la même façon, avec de la colle. Vous serez ainsi parfaitement face à face. Quand la colle est sèche, cousez.

2. Pour gagner du temps, utilisez des pressions sans couture qui se posent avec une pince. Marquez bien l'emplacement de chaque élément car, une fois fixées, ces pressions ne s'enlèvent plus.

3. Plutôt que de coudre laborieusement une longue série de pressions, achetez des pressions sur une bande vendue au mètre. Faites-la tremper au préalable pour la faire rétrécir puis, une fois bien sèche, piquez-la à la machine.

Bouturage des rosiers

Pour multiplier votre variété préférée de rosier, profitez des derniers jours calmes de fin d'été pour la bouturer. Cette technique, plus facile que la greffe en écusson généralement pratiquée, a l'avantage de produire des arbustes qui resteront exempts de rejets.

Préparez un emplacement abrité et ombragé. Creusez une tranchée de 20 cm de profondeur, couvrez le fond avec du sable. Pour préparer les boutures, prélevez des rameaux non fleuris avec un éclat d'écorce de la branche à laquelle ils étaient attachés. Raccourcissez chaque bouture à 30 cm de longueur en taillant son extrémité, puis trempez-en la base dans une poudre d'hormones de bouturage que vous trouverez en jardinerie.

Supprimez toutes les feuilles, sauf le bouquet supérieur. Plantez ce bâton presque nu dans la tranchée préparée, jusqu'au deuxième œil en partant du haut. Tassez le sable autour de la bouture, arrosez et couvrez d'un bocal renversé.

Si des gouttes d'eau se forment par suite de condensation, surélevez le bocal pour favoriser la circulation de l'air. L'apparition d'un deuxième bourgeon signifie que la

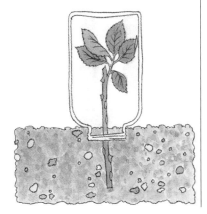

LE SAVIEZ-VOUS ?

La rose de tous les temps

En composant votre bouquet de roses du jardin, vous sacrifiez à un rite vieux de 5 000 ans ! Né avant l'homme préhistorique, cet arbuste témoigne de son ancienneté par les fossiles découverts et identifiés au début de notre siècle.

De tout temps, la rose tint la vedette : au VIe siècle av. J.-C., on rapporte que le roi Midas, exilé en Macédonie, prit le soin d'emporter ses rosiers des quatre saisons (*Rosa damascena* Semperflorens) pour fleurir son nouveau jardin. Le naturaliste grec Théophraste (372-287 av. J.-C.) vante les charmes de *Rosa canina,* notre églantier.

Tout au long de l'Antiquité, la rose est présente dans les fresques, les jardins botaniques et les décors exubérants des cérémonies officielles.

Mais c'est au XVIIIe siècle, en France, que naquirent les vrais ancêtres de nos rosiers modernes. Sous l'impulsion de l'impératrice Joséphine, botanistes, pépiniéristes et peintres (P. J. Redouté) entreprennent la classification des centaines de variétés connues, en créant ce qui fut alors la plus grande collection de roses au jardin de Malmaison. Depuis lors, les hybridations d'espèces naturelles se multiplient et comportent plusieurs milliers de variétés.

Le rosier sauvage, qu'on nomme aussi églantier, est abondant au Canada. Ses baies sont une bonne source de vitamine C.

bouture s'enracine. Laissez-la en place (en serre) pendant 8 à 9 mois avant de la mettre en terre. Par temps chaud, ôtez le bocal durant la journée.

Bouture

Pour votre bouturage, économisez du temps, de l'argent et de l'espace en utilisant des sacs de plastique remplis de terreau que vous pouvez suspendre dans un endroit bien aéré et éclairé.

Mélangez à parts égales votre terreau avec de la perlite ou de la vermiculite et remplissez votre sac. Mouillez bien ce mélange et percez des petits trous dans le fond du sac pour assurer le drainage.

Fermez votre sac solidement et suspendez à un crochet dans un solarium ou bien dans la fenêtre du garage. Percez des trous dans les côtés du sac pour y introduire vos boutures. Vaporisez régulièrement pour maintenir l'humidité à l'intérieur du sac. Lorsque les boutures auront pris racine, vous n'aurez plus qu'à éventrer le sac avec une bonne lame de rasoir et à les transplanter.

Brancard

Si vous devez sans attendre déplacer un blessé, vous pouvez utiliser un plateau de table, une porte, une planche à voile. Pour transporter couché un malade ou un blessé peu atteint, réalisez un brancard de fortune.

1. Étendez à terre une grande couverture. Placez un bâton au milieu (dans le sens de la longueur) et pliez la couverture en deux (dans sa largeur), en prenant le bâton comme axe. Posez un second bâton (dans le sens de la longueur) au milieu de la couverture ainsi pliée et rabattez dessus la moitié de la largeur restante. Le poids du blessé stabilisera le tout (le transport se fait à quatre, à trois, ou même à deux). Vous n'avez pas de bâtons ? Roulez simplement les bords de la couverture pour avoir plus de prise (le transport se fera à quatre, deux de chaque côté).

2. Vous pouvez aussi mettre à l'envers des blousons ou des vestes et passer deux piquets dans les manches. La victime reposera sur le dos des habits. Veillez à la solidité du boutonnage (que vous pouvez renforcer avec de la ficelle).

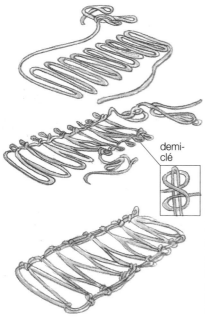

demi-clé

3. Installez environ 50 mètres de corde sur le sol et faites 16 boucles correspondant à la largeur et à la longueur approximatives du blessé à transporter. Laissez filer les bouts de la corde de chaque côté, comme sur l'illustration, puis fermez les boucles par un nœud demi-clé. Faites passer le restant de corde dans l'ouverture des boucles puis resserrez le tout.

Bras en écharpe

1. Faites passer à la victime une chemise ou une veste trop grande, et soutenez le bras blessé en re-

montant le bas du vêtement, comme le montre le dessin. Boutonnez en haut.

2. Mettez à la victime une veste assez serrée sans enfiler la manche du bras blessé. Pliez celui-ci en surélevant la main de 8 cm au-dessus du coude, puis remontez la fermeture éclair ou boutonnez le vêtement pour le refermer sur le bras.

3. Passez une serviette ou une grande écharpe autour du membre blessé, puis épinglez, ou nouez, les extrémités derrière le cou de la victime.

Bretelles de soutien-gorge

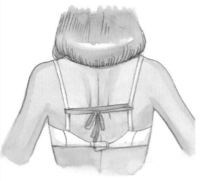

1. Pour empêcher vos bretelles de tomber, reliez-les dans le dos avec un ruban avant de mettre votre

soutien-gorge. Pour une solution définitive, reliez-les avec un élastique mince.

2. Lorsque vous portez un grand décolleté, cachez vos bretelles en les fixant à l'intérieur de votre robe ou de votre chemisier avec de petites épingles à ressort.

Brochettes

1. À la place des brochettes métalliques (qu'il faut laver...), utilisez des brochettes en bambou ou de fines branches vertes débarrassées de leur écorce et taillées en pointe.

2. Lorsque vous faites cuire des brochettes, assurez-vous que les braises soient très chaudes (voir aussi Barbecue, p. 27) pour que la viande soit bien saisie.

3. Le bœuf et l'agneau peuvent être rosés — comptez de 6 à 8 minutes de cuisson pour des cubes de 3 cm de côté en les retournant souvent —, mais le veau, le poulet et le porc doivent être bien cuits — comptez de 8 à 10 minutes.

Brosse

1. Une brosse à cheveux pour bébé est idéale pour nettoyer les abat-jour délicats et les rideaux fragiles.

2. Si vous n'avez pas de brosse spéciale pour dépoussiérer vos radiateurs, vous pouvez utiliser la brosse à déneiger la voiture, un goupillon à bouteilles, une brosse à cheveux ronde ou un pinceau plat. Placez une serviette ou des journaux humides sous le radiateur pour récupérer la poussière.

LE SAVIEZ-VOUS ?

La brosse à dents et les cure-dents

Il y a plus de 4 000 ans, les anciens Sumériens (qui vivaient dans la région correspondant à peu près à l'Irak d'aujourd'hui) furent parmi les premiers à développer des méthodes et des instruments pour traiter les maux de dents. Quand ils étaient à bout de ressources, ils avaient recours à des formules magiques. Ils utilisaient aussi, apparemment, des cure-dents en or fixés à des anneaux.

Au XIXe siècle, des fabricants de cure-dents moussaient la vente de leur produit en envoyant des gentlemen au restaurant réclamer à grands cris des cure-dents si on ne leur en avait pas présenté à la fin du repas. Ces fausses représentations eurent l'effet escompté, puisqu'il se vend aujourd'hui plus de 20 milliards de cure-dents dans les restaurants, les hôtels et chez les détaillants à la grandeur du continent américain.

C'est dans la Chine ancienne que les premières brosses à dents ont fait leur apparition pour n'arriver, semble-t-il, qu'au XVIIIe siècle en Occident. En 1780, William Addis, détenu à la prison Newgate de Londres pour avoir suscité des émeutes, se fabriqua une brosse à dents avec un morceau d'os qu'il avait trouvé dans sa soupe et quelques poils procurés par un gardien. Il perça des trous minuscules dans l'os et y inséra les poils. Une fois libéré, il mit sur pied une entreprise florissante.

---

3. Quand vous passez l'aspirateur ou que vous époussetez, utilisez une petite balayette ou un pinceau plat pour nettoyer les endroits difficiles d'accès. (Voir aussi Pinceaux, p. 174.)

4. Rangez vos brosses en les plaçant soies vers le haut pour éviter qu'elles ne s'écrasent ou ne se déforment.

Brosse à cheveux

Pour nettoyer les brosses à cheveux et les peignes, trempez-les dans 1 litre d'eau chaude additionnée d'un peu d'ammoniaque. Rincez et laissez sécher. Ou encore mélangez 1 cuil. à soupe de borax et 1 cuil. à soupe de détergent à lessive à 1 litre d'eau.

Brosse à dents

Pas de brosse à dents ? Utilisez un morceau de coton propre, un coin de serviette de toilette ou... votre doigt. Faites pénétrer le dentifrice avec la langue.

Broyeur à déchets

1. Désodorisez votre broyeur de détritus en y jetant de temps à autre des pelures d'orange ou de citron. Pour aiguiser les lames, fabriquez des glaçons avec du vinaigre blanc et passez-les dans le broyeur.

2. Ne glissez jamais la main dans un broyeur pour tenter de le déboucher. Commencez par couper le courant et prenez un bâton ou un manche à balai afin de tourner l'hélice dans les deux sens. Enlevez ensuite les débris avec des pinces à cornichons ou une longue pince à glaçons.

Hélice

Bruit

1. Si vous êtes réveillé tous les matins par les bruits de la circulation, le passage des éboueurs, le chien ou la tondeuse à gazon du voisin, vous pouvez couper le bruit en utilisant un bruit de fond : une musique douce en tout temps, un climatisateur en été, un humidificateur ou une chaufferette électrique en hiver. Un son continu et apaisant permet de tamiser le tapage nocturne.

2. Dans votre jardin, une fontaine peut produire ce bruit de fond.

3. La pollution par le bruit dans le milieu de travail est responsable du taux élevé de surdité professionnelle avec perte souvent irréversible de l'audition. Il vaut mieux prévenir ce risque en utilisant des boules sinon un casque protecteur.

4. Le bruit est source de fatigue nerveuse et peut être aussi la cause d'une perte de l'audition passagère ou permanente (Voir Perte de l'audition, p. 170). N'en ajoutez pas en abusant des baladeurs. L'écoute au casque de sons violents ne doit pas excéder trois heures consécutives.

Brûlures

La gravité d'une brûlure dépend de trois choses : son étendue en surface et en profondeur, l'âge de la victime et son état de santé. Les bébés, les enfants de moins de 5 ans et les adultes de plus de 60 ans sont particulièrement vulnérables. Les brûlures du premier degré sont superficielles. La peau est rouge et œdémateuse, la douleur est comparable à celle d'un coup de soleil. Les brûlures du deuxième degré traversent la première couche de la peau et atteignent la deuxième. La peau est rouge, marbrée et couverte d'ampoules. La douleur est intense.

Les brûlures du troisième degré touchent toutes les couches de la peau, laissant soit des marques calcinées, soit des placards blanchâtres de peau atrophiée. La dou-

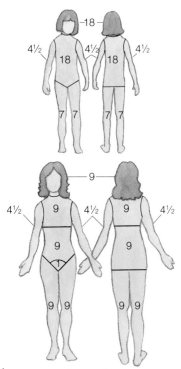

Évaluez le degré des brûlures subies grâce à ces schémas. Les régions du corps sont divisées en fractions ou multiples de 9 p. 100.

leur est très vive mais elle peut disparaître si les nerfs sont atteints. Ces brûlures sont toujours très graves car elles sont source d'infection et de déshydratation.

1. Recouvrez ou mouillez les vêtements qui continuent de se consumer, puis ôtez-les en les découpant s'il le faut. S'il y a du goudron, de la cire ou du gras, n'enlevez pas le vêtement, aspergez-le d'eau froide. Si la peau et les vêtements sont encore chauds et que la brûlure semble être du premier ou du deuxième degré, trempez la région dans de l'eau froide ou glacée ou appliquez des compresses mouillées pendant 10 minutes au plus. Si la brûlure est du troisième degré, trempez-la dans l'eau uniquement si la peau brûle encore.

2. Des brûlures sur le visage ou de la suie dans le nez et la bouche indiquent que la victime a inhalé de la fumée. Vérifiez qu'elle n'a pas de gêne respiratoire.

3. Appliquez une compresse sèche et de préférence stérile, sans comprimer. Si les brûlures sont très étendues, enveloppez la victime dans un drap propre et emmenez-la à l'urgence d'un hôpital. Si la brûlure est moins grave – deuxième degré sur moins de 9 p. 100 et sur des parties non critiques du corps, ou premier degré sur moins de 18 p. 100 –, appliquez des compresses trempées dans de l'eau fraîche pour calmer la douleur. Ne percez pas les cloques ; n'y touchez d'aucune façon.

BRÛLURE PAR PRODUIT CHIMIQUE

1. Par ingestion. L'ingestion d'un produit chimique (souvent par un jeune enfant) sera évidente – même si l'on n'en a pas été le témoin – devant des brûlures et des taches autour de la bouche, une respiration anormale, de la bave aux commissures des lèvres, une vive douleur dans la cavité buccale ou l'œsophage, des hoquets, voire des convulsions. Ne tentez surtout pas, dans ce cas, de faire vomir : l'œsophage et la bouche seraient brûlés une seconde fois. Appelez le 911 ou le centre antipoison de votre région en indiquant la taille, le poids, l'âge de la victime et, si possible, la substance ingérée.

2. Sur la peau. Si un produit caustique (acide, soude...) entre en contact avec la peau, lavez immédiatement et à grande eau jusqu'à disparition du moindre picotement (au moins 10 minutes). Enlevez tout vêtement éclaboussé et les chaussures, puis nettoyez la peau ainsi découverte. Consultez un médecin si une lésion est apparue.

3. Dans l'œil. Si un produit caustique atteint un œil, inondez-le d'eau froide pendant 15 minutes (la tête rejetée en arrière). Faites couler l'eau du coin interne vers l'extérieur en tenant les paupières écartées (voir aussi Yeux, p. 235). Attention de ne pas laisser couler l'eau dans l'autre œil. Si les deux yeux sont touchés, inondez-les en versant l'eau droit sur l'arête du nez. Après les avoir lavés, couvrez les yeux avec de la gaze (ou un mouchoir propre), puis rendez-vous dans un hôpital ou chez un ophtalmologue.

Bulbes

1. Ne pensez pas seulement aux bulbes de printemps, même si vous plantez chaque année les traditionnels narcisses, tulipes et jacinthes. Pour l'été, plantez en mai des glaïeuls, des dahlias. Pour l'automne, pensez aux colchiques, aux crocus précoces et aux perceneige. Ces bulbes se plantent à la fin de l'été et au tout début de l'automne. À l'intérieur, vous profiterez des amaryllis, des narcisses, des crocus forcés et des jacinthes, si parfumées.

2. Si vous appartenez à la race des jardiniers qui font des plans à long terme, multipliez en une opération votre collection de lis en récoltant, puis en semant les minuscules bulbilles noirs qui se développent sur les tiges, à l'aisselle des feuilles. Cueillez-les à la fin de la floraison. Repiquez-les dans du terreau, peu enterrés et suffisamment espacés pour éviter un repiquage avant la mise en place en pleine terre. Patience : ces bulbilles ne fleuriront pas avant trois ou quatre ans. Propagés de cette façon, les lis hybrides vous décevront. Leurs fleurs n'ont en effet aucune chance de ressembler à la plante mère. Réservez donc cette technique aux espèces sauvages.

C

Cachettes

Cacher son argent dans une boîte de savon ou dans le sac à poussière de l'aspirateur est une astuce désormais bien connue des cambrioleurs. À chacun donc d'imaginer une cachette dont il ne parlera à personne.

Mais la meilleure solution reste encore la location d'un coffret de sûreté à la banque : vos objets précieux y seront en sécurité. (Voir aussi Coffret de sécurité, p. 59.)

Cadeaux professionnels

C'est une pratique de certaines entreprises, qui peut surprendre au début. Sachez à quoi vous en tenir.
1. Vous recevez un cadeau d'une société avec laquelle vous travaillez régulièrement (livre, alcool, parfum ou gadget) : remerciez poliment, sans plus. C'est une forme de remerciement de la part de votre interlocuteur. Les agences de publicité et de promotion utilisent cette méthode pour faire connaître leurs produits. Acceptez de façon purement professionnelle.
2. Si les cadeaux deviennent trop fréquents, interrogez-vous sur le but de l'expéditeur et flairez peut-être une « invite » dissimulée. Parlez-en à votre patron et suivez les consignes de la compagnie.
3. Le comité d'entreprise peut prévoir des cadeaux au personnel en fonction des salaires, de l'âge des enfants... Soyez au courant de ce qui se fait dans votre entreprise.

Cadran solaire

Fabriquez-en un tout simple. Choisissez un jour où le soleil brille, et commencez à midi pile. Fixez un grand bâton droit dans le sol en l'inclinant à 45 degrés vers le nord de façon à obtenir une ombre. Déposez une petite pierre marquée du

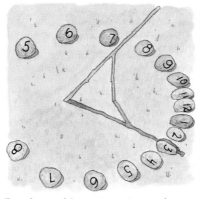
Pour être parfaitement exact, un cadran solaire devrait être installé le jour de l'équinoxe de printemps ou d'automne.

chiffre de l'heure où vous opérez à la limite de l'ombre, puis remontez la sonnerie d'un réveil pour qu'il sonne toutes les heures. À chaque sonnerie, placez une autre pierre là où l'ombre s'arrête et marquez l'heure. Recommencez jusqu'au coucher du soleil et, le lendemain, de l'aube jusqu'à midi.

Cadre à photo

1. Faites des cadres style « petite école » pour les portraits des enfants. Montez la photo sur un carton blanc bien rigide avec du ruban adhésif double face, en laissant tout autour une marge de 6 mm. Collez des crayons de bois dans les marges en guise de cadre.
2. Renforcez un cadre branlant avec une agrafeuse : piquez deux agrafes au travers du dos de chaque angle.
3. Pour encadrer la photo de votre animal favori, utilisez un panier d'osier peu profond dont vous aurez ôté le fond.

4. Pour donner de l'unité à des cadres de taille et de style différents, peignez-les de la même couleur avec une peinture en aérosol ou utilisez pour tous le même passe-partout.

Café

1. Le café instantané peut être excellent : il suffit, une fois l'eau versée dans la tasse, de couvrir celle-ci d'une soucoupe pendant une minute pour laisser les arômes se développer.
2. Le café moulu se conserve beaucoup mieux au réfrigérateur ou au congélateur, dans une boîte de métal ou un sac hermétique.
3. S'il reste du café fort, congelez-le dans un bac à glaçons. Lorsque vous en voudrez, mettez quelques glaçons dans une tasse, ajoutez de l'eau et faites chauffer le tout dans le four à micro-ondes.
4. Vous pouvez ajouter de 100 à 200 g de chicorée moulue à 250 g de café moulu pour en augmenter la quantité. Sachez toutefois que la chicorée apporte une petite pointe d'amertume.
5. Pour éviter la caféine, achetez un substitut de café — mélange de graines rôties et moulues, de fruits secs grillés et de chicorée. Vous pouvez y faire infuser vanille, cannelle ou noix de muscade et vous aurez une savoureuse boisson.

Cafetière

1. Improvisez une cafetière en mettant un filtre à café dans un entonnoir ou une passoire. Si vous n'avez pas de filtre, utilisez une serviette en papier blanche ou une double épaisseur de papier essuie-tout. Garnissez le filtre de 4 cuil. à soupe de café et posez l'entonnoir sur un récipient résistant à la chaleur et pouvant l'accueillir. Versez peu à peu 4 tasses d'eau bouillante (vous obtiendrez 4 tasses de café).

Autre façon : réchauffez à l'eau chaude une casserole ou un pot. Mettez-y le café et l'eau bouillante. Remuez, couvrez, et laissez reposer quatre minutes. Aspergez de gouttes d'eau froide pour entraîner le marc au fond.

2. Vous pouvez aussi préparer un café turc sans la traditionnelle petite cafetière : mettez 6 cuil. à thé bombées de café très finement et fraîchement moulu dans une petite casserole. Ajoutez 250 ml d'eau froide et de 4 à 6 cuil. à thé rases de sucre, selon votre goût. Portez à ébullition et retirez du feu. Recommencez l'opération trois fois, puis versez le café bouillant dans quatre petites tasses. Servez sans attendre ce café très fort et très sucré. Les Turcs boivent aussi le marc.

Calcul mental

1. Pour additionner mentalement de façon plus rapide, il faut enlever les zéros qui sont communs au même rang à la fin des nombres, puis les restituer au résultat final. Par exemple, pour additionner 120 et 90, ajoutez 12 + 9 (= 21) et ajoutez le 0 = 210.

2. De la même façon, pour multiplier, commencez l'opération par les centaines (ou les milliers). Par exemple, pour multiplier 348 par 6, multipliez d'abord 300 par 6 (ce qui donne 1 800), puis 40 par 6 (ce qui fait 240), additionnez les deux (ce qui donne 2 040). Ajoutez enfin le résultat de 6 x 8, soit 48. Vous obtenez 2 088. Considérez cela comme un sport et entraînez-vous.

3. Truc pour multiplier par 9 les nombres simples. Assignez à chaque doigt un nombre, en commençant par 1 avec le petit doigt de la main gauche et en finissant par 10 avec le petit doigt de la main droite.

Pour multiplier 9 par 3, par exemple, repliez le doigt n° 3 de la main gauche. Couplez les doigts à gauche (2) et les doigts à droite (7). Ce qui fait 27.

Calculatrice ou calculette

Votre calculatrice ou votre calculette ne doit pas vous servir uniquement à faire quelques additions ou à prévoir votre budget vacances, car ses possibilités sont multiples. Mais vérifiez d'abord son exactitude : tapez plusieurs fois de suite 9, puis divisez par 81, vous devez obtenir : 1, 2, 3, 4, etc.

EN VOITURE

Calculez votre consommation. Au départ d'un parcours, mettez l'odomètre (compteur de distance) de la voiture à zéro puis notez le nombre indiqué au plein suivant (deux fois de suite). En divisant le nombre de litres d'essence par le nombre de kilomètres parcourus, vous aurez votre consommation moyenne.

AU SUPERMARCHÉ

1. Redoutez les achats impulsifs. Additionnez au fur et à mesure les prix des articles qui vous tentent.

2. Comparez avant d'acheter. Les produits proposés en gros flacons ou en lots ne sont pas toujours meilleur marché. Ramenez-en le prix au litre, au kilo ou à l'unité.

AU MAGASIN

1. Calculez le prix exact d'un article soldé. Si vous n'avez pas la touche %, faites une règle de trois : pour une réduction annoncée de 30 p. 100, multipliez le prix (500 par exemple) par 70 et divisez le résultat par 100 (500 x 70 : 100).

2. Évaluez le coût de la moquette nécessaire pour refaire le salon en calculant la surface de la pièce (longueur par largeur) et en multipliant celle-ci par le prix au mètre carré. Pour repeindre les murs, vérifiez d'abord la surface des murs pour connaître la quantité de peinture à acheter.

Calfeutrage

1. Les appareils à air conditionné laissent souvent passer l'air à l'endroit où ils traversent le mur. Bourrez tous les interstices avec du papier d'aluminium et scellez avec du ruban de plombier.

2. Passez de temps à autre un peu d'huile de table sur les bourrelets en caoutchouc. Cela prolonge leur élasticité et les empêche de coller aux portes et aux fenêtres par temps chaud.

3. Calfeutrez les fentes qui peuvent apparaître entre la maçonnerie et les encadrements de porte ou de fenêtre avec des bandes que vous découperez dans un bloc de mousse d'ameublement. Ou bien utilisez de la laine isolante. Déclouez d'abord les baguettes couvre-joints, bourrez la mousse dans la fente avec un couteau à mastic ou une fine cale en bois, puis reclouez les baguettes.

Utilisez du ruban adhésif pour calfeutrer momentanément des fenêtres laissant passer l'air. Collez-le sur la fente entre l'encadrement de la vitre et le montant.

4. Pour bien fermer une cartouche de mastic entamée, laissez l'embout en place, faites sortir une goutte de mastic et glissez un clou dans l'orifice de l'embout. Protégez la jonction en entourant l'extrémité avec du ruban adhésif.

5. Effectuez un joint parfait de robinetterie ou autre : mettez une bande de ruban adhésif le long de la surface à mastiquer. Appliquez le cordon de mastic et lissez avec le doigt trempé dans de l'eau savonneuse. Lorsque c'est presque sec, retirez le ruban.

6. Pour placer du mastic dans les endroits difficiles à atteindre, fixez avec du ruban adhésif un morceau de tube en plastique transparent sur l'embout de la cartouche de mastic. Maintenez ce tube entre le pouce et l'index en appuyant sur la gâchette du pistolet.

7. En hiver, laissez les cartouches de mastic de calfeutrage tout près d'une source de chaleur, jusqu'à ce qu'elles soient prêtes à l'emploi. Réchauffez la surface à calfeutrer avec un sèche-cheveux ou un décapeur thermique à air chaud.

Calories

La ration alimentaire quotidienne ne doit pas apporter plus de 30 p. 100 de calories provenant des lipides (graisses). Consultez les étiquettes des produits emballés et tenez compte des indications données dans certaines recettes. Adoptez la formule 9, 4, 4 pour déterminer les sources de calories :
• 1 g de lipides, vaut 9 kcal ;
• 1 g de glucides vaut 4 kcal ;
• 1 g de protides vaut 4 kcal.

Calculez 30 p. 100 du total des calories pour connaître le nombre de calories provenant des lipides, qu'il vaut mieux ne pas dépasser.

Cambriolage

1. Si vous rentrez chez vous et découvrez votre porte ouverte ou des objets déplacés, repartez aussitôt sans faire de bruit. Prévenez la police de chez un voisin. Observez votre maison à bonne distance — ne tentez pas d'arrêter le cambrioleur s'il en sort. Observez-le plutôt pour pouvoir le décrire et notez le numéro de son éventuel véhicule. Ne retournez pas chez vous avant l'arrivée de la police. (Voir aussi Témoin d'un délit, p. 216.)

2. Vous entendez un cambrioleur entrer chez vous ou rôder autour de votre maison. Réunissez votre famille dans une pièce munie d'une porte solide et d'une bonne serru-

re, puis appelez la police si possible ou attendez que l'intrus soit parti avant de demander de l'aide.

3. Au cas où vous vous trouveriez face à face avec un cambrioleur ou que vous le surpreniez, en vous réveillant, dans votre chambre, restez calme et coopérez. Ne criez surtout pas : un cambrioleur aux nerfs fragiles pourrait alors devenir dangereux.

APRÈS UN CAMBRIOLAGE

La police aura besoin d'une description de tous les objets dérobés, rendue facile si vous avez pris soin de photographier tous vos objets de valeur et d'en faire une liste avec leurs éventuels numéros de série. (Voir aussi Assurance habitation, p. 23 ; Coffret de sûreté, p. 59 ; Objets de valeur, p. 156.)

POUR SE PROTÉGER DES CAMBRIOLEURS

1. Même si vous n'avez pas de chien, apposez une plaque « chien méchant » sur votre porte. Raccordez l'enregistrement d'un aboiement à votre sonnette.

2. Si vous n'avez pas les moyens de vous offrir une alarme, placez des autocollants indicateurs d'un système de sécurité sur vos fenêtres et enjoignez à vos enfants de ne pas révéler la supercherie.

Camping

Les terrains de camping sont souvent surpeuplés durant les fins de semaine d'été. Allez-y plutôt en semaine ; hors saison, vous les trouverez presque déserts et nettement moins chers. Mais certains services risquent d'être interrompus : l'eau peut être coupée et le ramassage des ordures suspendu. Apportez donc une réserve d'eau et quelques sacs à poubelle.

QUELQUES AMÉNAGEMENTS

La plupart des terrains de camping disposent d'un emplacement pour faire un feu. Prévoyez une hachette pour fendre le bois.

1. Ayez un petit réchaud à butane au cas où vous manqueriez de charbon de bois : c'est pratique pour réchauffer rapidement ou pour faire mijoter. Une bouilloire est ce qu'il y a de plus commode pour faire chauffer de l'eau.

2. Des chaises pliantes en toile sont plus confortables et plus maniables qu'un banc.

3. Tendez une bâche au-dessus du coin-cuisine pour vous protéger de la pluie et du soleil.

4. Utilisez les taies d'oreiller comme sac à linge au fur et à mesure qu'elles sont sales.

5. Un sac intérieur glissé dans le sac de couchage permet de le salir moins vite. Pour en faire un, pliez un drap en deux en longueur et cousez le bas et un des côtés.

6. Recouvrez les sacs et les valises avec un vieux drap pour les protéger contre la poussière.

7. Gardez, dans une boîte de pellicule photo, par exemple, de la menue monnaie qui servira pour le téléphone, les distributeurs, etc.

BRUIT

Il y a des campeurs qui semblent croire que les conversations à voix très haute sont admises en plein air et tiennent à ce que leur radio profite à tout le monde.

1. Faites poliment comprendre à ces individus que vous faites une étude sur le chant des alouettes et que vous seriez heureux d'être averti s'ils en entendaient une.

2. Insinuez, lors d'une soirée particulièrement bruyante, que vous projetez de vous lever à l'aube le lendemain mais que vous veillerez à ne faire aucun bruit...

CUISINE

1. Préférez un réchaud de camping au feu : c'est plus rapide, plus propre, plus simple, et cela abîme moins le site. Cependant, si vous faites un feu, vérifiez d'abord que cela est autorisé, cernez le foyer avec des pierres, enlevez l'herbe sèche et les brindilles tout autour et ayez une réserve d'eau à proximité pour l'éteindre rapidement.

2. Improvisez des casseroles avec des boîtes de conserve et maniez-les avec des pinces.

3. Rappelez-vous que les prix sont moins élevés dans les supermarchés que dans les boutiques du terrain de camping. Faites bonne provision de pâtes, de riz, de soupes en sachet à cuisson rapide et d'autres denrées non périssables : céréales, biscuits, fruits secs, sucre, huile, café, lait en poudre, etc.

4. La viande lyophilisée doit cuire plus longtemps que les autres ingrédients de même type. Mettez-la dans l'eau froide, faite bouillir pendant 5 minutes en salant, poivrant et épiçant, puis ajoutez le reste des ingrédients.

5. Si vous campez en altitude, n'oubliez pas que la température d'ébullition de l'eau baisse de 1°C environ chaque fois que l'on s'élève de 150 m. Prolongez le temps de cuisson en conséquence.

6. Il est dangereux de cuisiner au gaz sous la tente : outre les malaises et les maux de tête, vous risquez une asphyxie au monoxyde de carbone. En cas de pluie, placez le réchaud à l'extérieur, sous l'auvent, et placez-vous pour cuisiner à l'intérieur de la tente. Attention ! Changez toujours la recharge de gaz à l'extérieur de la tente, loin de toute flamme, et ne jetez jamais les recharges usagées dans le feu. (Voir aussi Barbecue, p. 27 ; Feu de camp, p. 99 ; Four de camping, p. 107.)

ÉCLAIRAGE

Si votre torche électrique vous lâche, utilisez ces moyens d'éclairage de secours :

1. Vous pouvez avoir recours aux phares de la voiture pendant 10 à 15 minutes sans faire mourir la batterie.

2. Fabriquez une lanterne de fortune avec une grosse boîte de conserve vide : percez quelques petits trous pour l'aération, fixez au fond

une petite bougie avec sa cire. Faites une poignée avec un fil de fer passé dans deux trous percés au sommet.

3. Éclairez-vous avec une torche en écorce : prélevez un morceau d'écorce de bouleau mort ou ramassé au sol de 30 cm de large sur 1 m de long. Pliez-le en trois dans le sens de la longueur. Fendez un bâton de 1 m de long sur une longueur de 20 cm. Glissez le morceau d'écorce dans la fente et enflammez l'extrémité. À mesure que l'écorce se consume, sortez-la de la fente. Pour obtenir plus de lumière, penchez légèrement la torche. Celle-ci peut durer de 15 à 20 minutes et éclaire à 5 m environ.

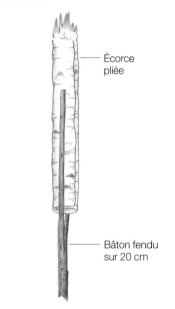

Écorce
pliée

Bâton fendu
sur 20 cm

LAVAGE

Par temps froid, mettez des gants de caoutchouc sur des gants de laine lorsque vous lavez du linge ou de la vaisselle.

1. Du temps des caravanes, les voyageurs mettaient de l'eau, du détergent et les vêtements à laver dans un tonneau. Ils accrochaient le tout dans la roulotte et laissaient les mouvements de la route faire le travail. Plus tard, ils procédaient au rinçage dans un torrent : là où, faute de caravane, vous laverez aussi vos vêtements.

2. Pour faire sécher des bas, attachez-les aux fenêtres de la voiture. Si vous êtes à pied, fixez le linge mouillé sur votre sac à dos.

3. Dans la mesure du possible, ne nettoyez pas les fonds noircis des ustensiles de cuisine. Ils chaufferont plus vite et la chaleur sera mieux répartie.

4. Les couches de bébé en coton, légères et absorbantes, font d'excellents torchons.

5. Le sable fin est une bonne poudre à récurer les casseroles et les poêles.

6. Rincez bien la vaisselle afin d'éviter les problèmes digestifs.

PROVISIONS

1. Enlevez les aliments en poudre de leur emballage d'origine et mettez-les dans des petits sacs en plastique double. Entre les deux épaisseurs, glissez une étiquette portant le nom du produit et son mode d'emploi.

2. Emplissez d'épices des petits flacons propres ou des boîtes de pellicules photos et marquez-les.

3. Transportez les œufs dans un récipient rempli de farine.

4. Une rivière ou un lac fait un excellent réfrigérateur. Plongez-y les aliments périssables dans des sacs étanches et, naturellement, bien arrimés.

5. Une fois arrivé sur le terrain de camping, retirez les provisions des sacs à dos et des tentes, et rangez-les à l'abri des rongeurs.

REPAS

1. Manger dehors fait partie des joies du camping mais nécessite un minimum de réflexion. Au-delà du poids et de l'encombrement des provisions, pensez aux calories qu'elles contiennent : en marchant sous un sac à dos toute la journée, vous brûlez environ 3 500 kcal, deux fois plus qu'en vous balançant sur un hamac...

2. Pensez à la conservation des aliments : certains se conserveront quelques jours sans réfrigération, comme les fromages secs, le saucisson sec, les carottes, le céleri, la margarine et bon nombre d'aliments emballés sous vide.

3. Planifiez les repas principaux à l'avance et réunissez tous les ingrédients dans une double épaisseur de pellicule alimentaire. Pour distinguer les ingrédients du déjeuner, du dîner et du souper, glissez des carrés de papier de couleurs différentes entre les plastiques ou marquez-les au feutre indélébile.

4. N'oubliez pas que la pluie est parfois la compagne du campeur. Prévoyez des plats uniques en boîte ou déshydratés, que vous préparerez sur le seuil de la tente.

TOILETTE

1. Emportez un sac solide en vinyle pour faire chauffer de l'eau par l'énergie solaire. Remplissez-le au matin, mettez-le en plein soleil et l'eau sera chaude pour la toilette du soir.

2. Improvisez une brosse à dents en mâchonnant le bout d'une petite branche verte. En guise de dentifrice, utilisez du bicarbonate de soude, du sel ou du savon.

Camping sous la pluie

1. Choisissez des vêtements de pluie amples qui, tout en assurant l'aération du corps, seront plus efficaces et plus confortables. Faites-les réimperméabiliser au besoin.

AU TEMPS JADIS

Les prévisions météorologiques

La plupart des dictons sur le temps ont été fondés au cours des siècles sur les observations des paysans et des marins. Certains sont encore valables aujourd'hui :
« Rouge le matin fait la pluie,
Rouge le soir fait le soleil »,
L'air sec contient en effet plus de poussière que l'air humide et, de ce fait, rougit la lumière. Lorsque le ciel est rouge à l'ouest, juste après le coucher du soleil, c'est souvent un signe de beau temps puisque, dans l'hémisphère Nord, le vent souffle plutôt d'ouest en est. Mais lorsque le ciel est rouge à l'est, juste avant l'aube, la pluie menace.
« Hirondelle volant haut,
le temps sera beau.
Hirondelle volant bas,
bientôt il pleuvra. »

La pression atmosphérique basse et le taux d'humidité élevé, tous deux signes de pluie, empêchent les insectes de voler haut. Aussi les hirondelles volent-elles près du sol pour les attraper. Il existe d'autres signes de basse pression et, par conséquent, de pluie, tels qu'un mauvais tirage de la cheminée, les nuages qui se forment à basse altitude et de fortes odeurs qui émanent des bouches d'égout et des marais.

Quand la lune est entourée d'un halo, on dit qu'elle « boit déjà la pluie qui viendra le lendemain ». En effet, les cristaux de glace des cirrostratus élevés reflètent le clair de lune, formant une sorte de halo. Ces nuages amènent un front froid qui annonce la pluie.

---

2. Tout campeur qui a connu des jours de pluie sait qu'un bon livre est une aide efficace contre l'ennui. Pensez à emporter des jeux de société (Scrabble, échecs, dames, backgammon, jeux de cartes). Ils vous distrairont de la morosité d'un terrain de camping détrempé. Profitez-en pour écrire vos lettres et envoyer vos cartes postales, cela vous obligera à vous remémorer les meilleurs moments de vos vacances et vous fera oublier la pluie.

3. Aménagez une salle de jeu aérée et accueillante en tendant un double toit au-dessus de la table de pique-nique. Fixez les coins avec des piquets en bois.

Cannes

Une canne est à la bonne taille quand la poignée arrive au niveau de l'os de la hanche.

15 cm

Pour plus d'efficacité, tenez la canne du côté opposé à la blessure et posez-la au sol à environ 15 cm à l'extérieur du « bon » pied.

Avec une canne réglable, si la personne est voûtée en marchant, c'est qu'elle est réglée trop bas. Si les épaules remontent à la marche, elle est réglée trop haut.

BÉQUILLES

Pour que la hauteur soit parfaite, il faut qu'il y ait trois doigts d'espace entre la traverse de la béquille et l'aisselle.

Ce sont les mains et les poignets qui doivent supporter le poids du corps, non pas les aisselles et les bras. Gardez les coudes légèrement pliés et n'appuyez les aisselles que brièvement, quand vous balancez la jambe valide vers l'avant.

AIDE D'URGENCE

1. Passez le bras valide du blessé au-dessus de votre épaule, tenez-lui fermement le poignet et enserrez sa taille avec votre autre bras.
2. Un balai dont on glisse la brosse sous le bras peut faire office de béquille. Un bâton solide, un parapluie ou un maillet de croquet remplacent une canne.

Capot de voiture

Si le capot de votre voiture se soulève brusquement, freinez mais sans panique. Ralentissez progressivement et arrêtez-vous dès que possible. Conduisez en sortant la tête par la portière ou en regardant dans l'ouverture entre le capot et le tableau de bord.

Préparez-vous à ce genre d'incident en ouvrant votre capot pour vérifier de quel endroit vous voyez le mieux.

Si la fermeture du capot est cassée, attachez le capot avec une corde et faites réparer aussitôt.

Carnet de chèques

1. Au moment où vous faites effectuer une mise à jour de votre carnet de compte-chèques, vérifiez immédiatement le solde. Le délai accordé pour correction des erreurs est parfois limité.
2. En recevant le relevé de la banque, comparez les chèques qui ont été tirés avec votre propre registre et marquez-les. Vérifiez les chèques émis qui n'ont pas été tirés, soustrayez les frais bancaires de votre compte, additionnez les intérêts qui ont été versés et faites le solde. Si vos chiffres ne concordent pas, faites vérifier rapidement.
3. Il peut arriver qu'un chèque ne soit pas parvenu au destinataire ; vous pouvez le faire arrêter avant d'en émettre un second.

Carotte

Mélangez un paquet de graines de carotte à du marc de café. Selon les jardiniers qui pratiquent les méthodes dites naturelles, son odeur tient en respect les parasites de la carotte. Le semis est également facilité car le marc de café donne du volume aux graines de carotte qui sont minuscules. Vous pouvez ajouter quelques graines de radis à ce mélange : alors qu'il faut environ de 10 à 20 jours aux graines de carotte pour lever, celles du radis germent en quelques jours, marquant ainsi l'emplacement du rang. En récoltant les radis, vous éclaircirez le semis de carottes et ameublirez le sol en même temps.

Carpette

1. Pour maintenir une carpette en place, mettez un tapis de bain en caoutchouc dessous ou collez des adhésifs pour baignoire sous les bords.
2. Afin que les carpettes restent bien à plat, passez de la gomme-laque en dessous. Après séchage, appliquez une solution légère d'amidon. Laissez sécher avant de les remettre en place.
3. Évitez que les carpettes en chenille ne gondolent en ajoutant un peu d'amidon à l'eau de rinçage.
4. Lavez les carpettes dans la baignoire avec de l'eau savonneuse chaude ; frottez avec un balai-brosse et rincez avec le pommeau de la douche. Mettez les petits tapis dans un baquet et agitez l'eau avec une ventouse à long manche. Faites sécher à plat.

Carrelage

CARREAUX DE CÉRAMIQUE

1. Pour nettoyer un carrelage encrassé, employez une vadrouille trempée dans de l'eau très chaude additionnée de détergent à lessive. Laissez agir 5 minutes, épongez et lavez à l'eau claire.
2. Sur les taches rebelles, appliquez une pâte faite de poudre à récurer (douce) et d'eau et laissez agir 5 minutes. Frottez avec un tampon gratteur en nylon pour émail. Rincez et essuyez.
3. Pour que les joints autour de la baignoire restent propres, lavez-les avec de l'eau de Javel diluée de moitié. Séchez complètement et, avec le doigt imprégné d'eau savonneuse, passez un « voile » de mastic aux silicones incolore.
4. Enlevez les traces de moisissure et rendez vos carrelages étincelants en passant une éponge imbibée d'une solution d'ammoniaque et d'eau.
5. Enlevez la suie du foyer avec un mélange de jus de citron et de sel. Rincez.

CARREAUX EN PLASTIQUE

1. Si les murs de la salle de bains sont ternes, lavez-les avec une solution de vinaigre et d'eau et faites briller avec une serviette. Donnez-leur du brillant en les frottant avec du poli pour carrosserie.
2. Pour recoller un carreau, collez un petit morceau de gomme à mâcher à chaque coin et utilisez un fer tiède pour le remettre en place.

CARREAUX ACOUSTIQUES

1. Nettoyez-les à l'aspirateur.
2. Enlevez les tâches et la saleté avec un savon doux et de l'eau sans laisser les carreaux devenir trop mouillés.

CARREAUX D'ASPHALTE

1. Pour ôter la saleté tenace, frottez avec de la laine d'acier très fine (n° 00) et du savon.

2. Pour les couper facilement, faites chauffer les carreaux pendant une à deux minutes avec une lampe à infrarouges.

Carrière : avancement

Vous souhaitez avoir de l'avancement ? Adoptez la bonne tactique.

1. Ne restez pas dans votre coin. Créez des relations qui peuvent vous avantager, au travail ou aux heures de détente : à la cafétéria, n'hésitez pas à engager la conversation avec vos supérieurs, le directeur du personnel, un chef de service. Un climat de sympathie est un atout favorable.

2. Sachez exactement qui est influent, qui transmet les appréciations sur votre travail et qui décide. Ce n'est peut-être pas votre supérieur hiérarchique direct...

3. Faites votre travail consciencieusement et essayez, autant que possible, de vous associer à ces « décideurs » lors d'un travail supplémentaire, d'une urgence à assurer. Soyez volontaire.

4. Bâtissez votre réputation sur une discipline de fer : sans relâchement, sans faille et régulièrement. Acceptez au besoin un travail de dernière minute. Vous finirez par être reconnu comme quelqu'un que le travail n'effraie pas.

5. Soyez compétent dans votre secteur, mais aussi dans des disciplines voisines. Soyez au courant du fonctionnement, des structures et des projets de l'entreprise.

6. Ayez de l'initiative. Proposez vos idées quand on vous les demande. Trouvez l'occasion de les exposer et de les faire entendre.

Carte de crédit

1. La carte de crédit peut devenir une arme dangereuse quand elle incite à la surconsommation ou si elle tombe dans les mains d'un voleur. Il est donc préférable de limiter le nombre de vos cartes de crédit au minimum.

2. Certaines compagnies exigent des frais annuels d'inscription. D'autres exigent le remboursement en entier de votre débit mensuel. Les délais de remboursement accordés varient et les taux d'intérêt sont appliqués de diverses façons sur un solde impayé.

3. Les cartes débitrices permettent d'exercer le retrait immédiat sur votre compte bancaire. Les cartes de débit ne sont pas des cartes de crédit.

MESURES DE SÉCURITÉ

1. Signez une nouvelle carte de crédit dès réception et détruisez l'ancienne.

2. Conservez dans un endroit sûr les numéros de vos cartes ainsi que les numéros de téléphone de chacune des compagnies.

3. Evitez de donner vos numéros de cartes de crédit par téléphone, surtout dans un endroit public.

4. Ne signez jamais un reçu en blanc.

5. Détruisez les carbones, ils gardent souvent la trace de votre numéro et de votre signature.

6. Conservez tous vos reçus pour vérifier votre relevé de compte. Le temps de contestation pour relevé inexact est parfois limité.

Avant tout, assurez-vous que le montant ou la fréquence de vos achats n'excèdent pas vos capacités de rembourser dans des délais raisonnables.

Cartes de vœux

1. Fabriquez des étiquettes pour vos cadeaux en découpant les cartes de vœux de l'année précédente, en les pliant, puis en pratiquant un trou dans le coin pour y passer un ruban.

2. Pour confectionner une jolie carte de vœux, prenez une feuille d'arbre comme pochoir. Posez-la sur une feuille de bristol (maintenez-la en place avec des petits objets lourds) et passez une couche

de peinture en aérosol. Après séchage, écrivez votre message sur la partie blanche.

3. Encadrez des cartes de vœux représentant des œuvres d'art pour composer un mur de tableautins.

Casse-noix

1. Enveloppez la noix dans une serviette et tapez dessus avec un marteau, un maillet ou une pierre.

2. Serrez la noix dans des pinces, un étau, une clé à molette...

3. Mettez la noix dans la charnière d'une porte et fermez doucement celle-ci.

4. Tenez la noix contre le bord supérieur d'un tiroir et fermez-le d'un coup sec. Attention aux doigts...

Casserole brûlée

1. Pour détacher des aliments brûlés dans une casserole, humectez-les et poudrez-les de sel. Laissez agir de 10 à 20 minutes puis frottez avec un tampon à récurer.

2. Appliquez sur une surface brûlée une pâte de bicarbonate de soude. Laissez agir toute la nuit, puis nettoyez. Attention, le bicarbonate ou les autres substances alcalines attaquent l'aluminium si on les laisse plus d'une heure.

3. Pour éliminer les parties brûlées qui résistent, détachez-en le plus possible avec une spatule en bois et remplissez le récipient d'eau jusqu'à moitié. Ajoutez 1 cuil. à soupe de détergent pour lave-vaisselle. Faites bouillir pendant 10 minutes, laissez reposer toute une nuit, puis frottez. (Voir aussi Eau de Javel, p. 306.)

Cellulite

Si la peau de vos genoux, de vos cuisses ou de vos fesses est plissée comme une orange bien que votre poids soit normal, vous avez de la cellulite. Exercice et régime équilibré sont les seuls moyens d'éliminer la graisse, cause de la cellulite, et de rendre du tonus à la peau.

RÉGIME

Évitez les régimes draconiens ; vous reprendriez vite du poids, la peau pourrait se détendre et la cellulite empirerait. Diminuez votre consommation d'aliments gras et de sel. Consommez plus d'aliments riches en fibres. Buvez 1,5 litre d'eau par jour, entre les repas.

ACTIVITÉS PHYSIQUES

Les sports aérobies sont les plus indiqués, surtout la marche et la natation. Des exercices spécifiques (voir ci-dessous) vous aideront à muscler et à modeler vos fesses.

Centrale nucléaire

Au Canada, il n'y a qu'au Nouveau-Brunswick, au Québec et en Ontario qu'on trouve des centrales nucléaires. Des sirènes spéciales, au Nouveau-Brunswick, et des patrouilleurs avec haut-parleurs, au Québec et en Ontario, avertiraient la population environnante en cas d'accident. Les usines, les écoles et autres lieux publics seraient avisés par téléphone. La Direction de la protection de l'environnement du Canada indique par dépliants aux résidents les stations radio qui diffuseraient les nouvelles et les instructions à suivre. La population est priée de n'utiliser le téléphone que pour des appels à l'aide.

Pied droit à angle droit, élevez et abaissez 10 fois la jambe supérieure. Recommencez, le pied en extension.

Pied à angle droit, élevez et abaissez 10 fois la jambe gauche. Recommencez, le pied en extension.

Dans la perspective d'une telle catastrophe, étudiez le plan d'urgence préparé pour votre localité en cas d'accident nucléaire ; révisez les voies d'évacuation et la liste des centres d'hébergement et des abris.

Certificat d'immatriculation

Cette petite carte émise par le Bureau des véhicules automobiles constitue la preuve que vous êtes propriétaire du véhicule que vous conduisez au moment d'un incident : interpellation pour excès de vitesse, accident de la circulation ou vol d'automobile. Le B.V.A. ne fournit plus les duplicatas.

En cas de perte ou de vol, il faut aviser immédiatement le B.V.A. pour obtenir les informations requises en vue du remplacement de votre certificat.

Si vous prêtez votre automobile à quelqu'un, vous devez lui laisser votre certificat d'immatriculation. Si vous empruntez un véhicule, assurez-vous que le certificat d'immatriculation vous a été remis. Il est essentiel de ne jamais le laisser à l'intérieur du véhicule.

Certificat de naissance

COMMENT OBTENIR UNE COPIE AUTHENTIFIÉE

En Ontario, les actes de naissance sont tenus par le Registraire général, Direction du ministère de la Consommation. Au Québec, ils sont enregistrés auprès du ministère de la Justice, Archives de l'état civil, dans le district judiciaire où l'enfant est né. (Ce bureau s'occupe également des avis de sépulture et de mariage.)

Pour obtenir une copie de votre acte de naissance, si vous êtes originaire du Québec, adressez-vous aux Archives de l'état civil du district judiciaire où vous êtes né. L'adresse et le numéro de téléphone sont inscrits dans l'annuaire sous la rubrique « Gouvernement du Québec, Justice ».

LE SAVIEZ-VOUS ?

La cellulite démystifiée

Tous ceux qui proposent des solutions coûteuses aux problèmes de la cellulite prétendent en général qu'il s'agit de graisse d'un type différent de celui que l'on trouve ailleurs dans l'organisme. Ils vont jusqu'à affirmer que c'est de la mauvaise graisse, spongieuse, piégée dans un tisssu sous-cutané inflammatoire où la circulation du sang et de la lymphe ne se fait pas normalement.

La cellulite est en réalité faite de tissu adipeux tout à fait normal qui se dépose de façon très irrégulière sous une peau fine. La couche de graisse apparaît ainsi d'épaisseur inégale.

Aucun traitement contre la cellulite ne peut être réellement garanti. Il n'existe pas de preuve de l'efficacité des crèmes dites spécifiques ni des massages. La liposuccion, quant à elle, retire de la graisse, mais risque d'accentuer les dépressions sous-cutanées. Le résultat est alors pire que l'état de départ. Seuls des activités physiques et un régime approprié peuvent améliorer la situation.

Obtenez d'abord par téléphone ou par écrit le montant à verser ; puis envoyez votre demande accompagnée d'un chèque visé ou d'un mandat.

Chaîne de bicyclette

1. L'essence est le meilleur produit pour nettoyer une chaîne graisseuse. Si elle grince, nettoyez-la et lubrifiez-la tous les deux mois avec une huile en burette.

2. Votre chaîne est cassée et vous ne pouvez pas la réparer tout de suite. Baissez la selle et poussez avec les pieds. (Voir aussi Antivol de bicyclette, p. 19 ; Crevaison, p. 71 ; Cyclisme, p. 74.)

Chaîne stéréo

1. Si vous remarquez une perte de qualité du son sur vos bandes magnétiques, nettoyez les têtes de lecture de votre magnétophone. Bien que l'alcool à friction fasse l'affaire, il est préférable d'acheter un produit spécial avec tampon applicateur en feutre ou, mieux, une cassette de nettoyage. N'utilisez jamais de coton : des fibres risquent toujours de rester accrochées aux têtes de lecture.

2. Pour nettoyer la tête de lecture du tourne-disque, versez de l'alcool sur un pinceau fin en poils de martre et passez-le doucement sur le diamant, de l'arrière vers l'avant, jamais le contraire, ni sur le côté.

HAUT-PARLEUR

Si un haut-parleur ne fonctionne plus, vérifiez que la fiche de branchement est bien en place. Si c'est le cas, débranchez-la de l'amplificateur et branchez à la place le haut-parleur qui marche. S'il fonctionne normalement, c'est que le premier est réellement en panne ou que le fil ou les fiches sont à changer. Mais s'il ne marche pas, le problème provient de l'amplificateur. Pour le savoir, rebranchez les haut-parleurs en inversant les fiches au dos de l'amplificateur. Si le haut-parleur auparavant muet

se remet en marche, c'est l'amplificateur qu'il faut faire réparer.

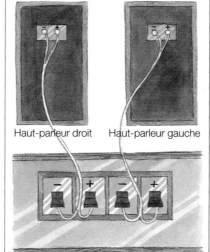

Haut-parleur droit   Haut-parleur gauche

PLATINE

1. Votre platine bourdonne ? Vérifiez si le fil de masse est toujours relié à l'amplificateur et si les fiches de connexion sont en bon état. Un fil peut être dénudé. Inversez le sens de branchement de la fiche d'alimentation électrique.

2. Essayez d'éloigner la platine des haut-parleurs et des autres composants de votre chaîne stéréo, elle perçoit peut-être des vibrations ou des interférences magnétiques. Si vous ne pouvez pas la déplacer, posez-la sur une plaque de caoutchouc-mousse.

Chaise cannée

Comme solution provisoire, vous pouvez renforcer le siège affaissé d'une chaise cannée en clouant une plaque de contre-plaqué en dessous. Ou encore, humectez le cannage pour qu'il se retende en rétrécissant.

Champignons

1. Pour empêcher les champignons de devenir spongieux, il ne faut pas les laver à l'avance. Enveloppez-les dans du papier absorbant, puis dans un torchon, et mettez-les au réfrigérateur. Utilisez-les dès que possible.

2. Au moment de l'utilisation, ôtez la partie terreuse du pied, puis rincez très rapidement les champignons. Épongez-les aussitôt.

3. Pour faire de jolies tranches de champignon, utilisez un hachoir à œufs : posez le champignon sous le hachoir, chapeau vers le haut, puis coupez.

Chandails

Les chandails en coton et en laine absorbent beaucoup d'eau quand on les lave. Cela les rend lourds et peut les détendre, les déformer ou les feutrer si l'on ne prend pas un minimum de précautions.

1. Lavez à la main, avec un savon doux, vos chandails en pure laine et t-shirts à incrustation fantaisie. Brassez et pressez sans frotter ni tordre. Ajoutez un adoucisseur dans la dernière eau de rinçage. Essorez-les en les plaçant sur une serviette, recouvrez-les d'une autre serviette et roulez le tout en pressant sans tordre. Pour le séchage, choisissez un endroit chauffé ou aéré selon la saison, posez-les bien à plat sur une serviette, retournez-les en cours de séchage. N'hésitez pas à changer la serviette.

2. Vous pouvez agir de même pour un lainage en mohair ou en angora, mais rien ne remplacera le nettoyage à sec.

3. Vous pouvez laver à la machine les chandails en coton ouaté et les tricots synthétiques en utilisant le programme « Délicat ». Mettez-les dans la sécheuse réglée sur « Aération » ou « Doux » pendant 15 minutes ou avec arrêt sur « Peu humide ». Sinon, laissez-les sécher à l'air et à plat sur une serviette.

4. Si votre chandail en synthétique ou en coton est déformé, humectez-le et placez-le dans la sécheuse pendant quelques minutes à température basse. Si seuls le col, le bas ou les poignets sont élargis, trempez-les dans de l'eau bien chaude et séchez-les avec un séchoir à cheveux réglé à température maximale.

5. Pour empêcher vos cotons ouatés de se déformer, tracez leurs contours avec des épingles sur une serviette avant de les laver. Disposez-les dans ces marques pour les faire sécher à plat.

6. Ne faites jamais sécher un chandail sur une corde, une tringle ou un cintre. Ne tirez pas le bas pour mettre au même niveau le dos et le devant. Étirez simplement les coutures pour les mettre droites et enlevez soigneusement les faux plis en les lissant.

7. Si votre chandail en laine angora perd ses poils, mettez-le dans un sac en plastique, puis laissez-le dans le congélateur pendant une heure avant de l'enfiler.

8. Rajeunissez un vieux chandail : cachez les trous en cousant des motifs brodés. Tricotez des bandes de laine de couleur contrastée pour renouveler les côtes du bas, le col ou les poignets, et cousez-les.

Changement de carrière

Vous voulez changer de carrière ? Posez-vous les bonnes questions avant de tout envoyer par-dessus bord.

1. Faites le point sur ce qui ne va pas actuellement : les aspects négatifs ou répétitifs ou ceux qui ne vous conviennent pas, les secteurs dans lesquels vous ne vous sentez pas compétent ou mal à l'aise.

2. Parallèlement, rédigez avec rigueur une définition aussi précise que possible de vos aspirations, du travail nouveau que vous aimeriez faire : travail indépendant, nouvelles responsabilités, création d'une entreprise... et dans quel secteur : mode, commerce, publicité, artisanat, enseignement...

3. Définissez de la même façon, sans tricher, vos réelles compétences et demandez-vous si votre tempérament est compatible avec le travail que vous désirez. Comparez pour savoir si vous possédez le profil correspondant à l'emploi.

4. Ne rêvez pas. Étudiez la conjoncture économique, les débou-

chés, les possibilités de réussite dans le secteur qui vous attire.

5. Suivez une formation sérieuse avant de vous lancer. (Voir aussi Formation permanente, p. 105.)

Chants d'oiseau

1. Il arrive que des oiseaux tiennent leur nom de leur chant : le coucou, bien sûr, mais aussi le pipit, l'engoulevent, le hibou...

2. Un bon moyen d'attirer les oiseaux est d'appliquer des petits baisers sur le dos de sa main.

3. La période où l'on entend le plus d'oiseaux chanter est celle des amours (la pariade). Parulines et bruants chantent aussi durant la migration. La plupart des oiseaux se taisent à midi et sont silencieux au milieu de l'été.

AU TEMPS JADIS

Quelques grands charlatans

« Le charlatanisme est né le jour où le premier escroc a rencontré le premier "gogo". » Depuis lors, d'innombrables gogos ont fait la fortune de multiples charlatans.

À Paris, au XVIIe siècle, les charlatans se retrouvaient sur le Pont-Neuf. De piécettes en piécettes, ils parvenaient à réunir des sommes fabuleuses en exploitant la crédulité populaire, accrue par la maladie. Parmi les plus célèbres, maître Arnauld avait fait tendre derrière lui une grande toile représentant le pape et les grands personnages de la chrétienté. Ces illustres malades montraient des visages tuméfiés qu'ils soignaient, bien sûr, avec l'emplâtre créé par le grand maître Arnauld.

La conquête de l'Ouest, tant au Canada qu'aux États-Unis, a nourri tout un peuple de vendeurs itinérants de potions, de remèdes, d'élixirs qui allaient de ville en ville, de campement en campement, sans jamais revenir sur leurs pas...

Les maladies graves, et surtout les épidémies, ont toujours fait le bonheur et la fortune des charlatans. Ainsi, au XIXe siècle, en Flo-

ride, un médecin, nommé Bosso, avait concocté un médicament capable de mettre ses patients à l'abri de la fièvre jaune, qui faisait alors des ravages. Il s'enrichit avec « la bénédiction de Bosso pour l'humanité » comme il avait baptisé son remède, jusqu'à ce qu'il meure lui-même du mal.

Au début du siècle, les premières publicités (appelées alors réclames) tombaient facilement dans l'excès : « Prolongation de la vie par l'élixir Gobineau » ; « La cire Iseptane efface les rides comme la gomme efface le crayon » ; « Grâce au miel de dentition Weber, l'enfant dort bien et perce ses dents sans souffrance » ; « Impuissance guérie radicalement et à tout âge par l'emploi du Siviril. »

Aujourd'hui encore, les magnétiseurs attirent de nombreux clients qui se pressent dans leur « cabinet de consultation » et repartent en portant avec respect sur la partie malade — ou sur leur cœur malmené par l'amour — un morceau de chiffon « magnétisé » censé les guérir, ou tout au moins les prémunir contre les coups du sort.

Chapelure

1. Préparez vous-même de la chapelure : émiettez finement entre vos doigts des biscottes, des restes de pain grillé, des flocons d'avoine ou de maïs... Vous pouvez ainsi varier les goûts ou préparer de subtils mélanges. Puis écrasez ces miettes à la moulinette ou au rouleau à pâtisserie. Cette chapelure se conservera 15 jours au réfrigérateur dans un petit bocal fermé.

2. Vous pouvez aussi préparer de la chapelure avec des biscuits à apéritif ; mais attention, ils sont très salés.

Charançons

1. Si un paquet de farine, de graines, de haricots ou de céréales est infesté, débarrassez-vous-en. S'il semble qu'il n'y ait que quelques vers, laissez le paquet dans le congélateur pendant quatre jours ou 30 minutes dans le four à 50°C.

2. Triez vos haricots ou autres céréales sèches infestés en les versant dans un récipient rempli d'eau ; toutes les graines qui flottent sont parasitées ; jetez-les et ne gardez que celles qui tombent dans le fond.

3. Pour éviter une nouvelle invasion, nettoyez les placards à la brosse et à l'aspirateur. Transvasez les paquets de céréales ou de farine dans des bocaux avec couvercle.

Charlatan

Le charlatanisme sévit encore de nos jours, surtout lorsqu'il est question de soulager les malades.
1. Un remède aux effets rapides, une guérison miraculeuse, un traitement sans douleur ne sont probablement que des miroirs aux alouettes destinés à piéger ceux qui souffrent.
2. Les journaux sont remplis d'annonces de gourous et autres guérisseurs qui promettent aussi bien la fortune que les retours d'affection instantanés. Demandez-vous pourquoi ils n'exercent pas leur « art » sur eux-mêmes...
3. Soyez très méfiant lorsqu'il est question d'« études scientifiques » non précisées et de témoignages de « patients satisfaits ».
4. Ne croyez pas qu'une annonce publicitaire passée dans une publication respectable soit un gage de sérieux. Nombreux sont les journaux ou les magazines qui ne filtrent pas leurs annonces.
5. Si vous vous posez des questions sur des médications douteuses, des gadgets vendus par correspondance, etc., appelez votre médecin ou consultez l'association de consommateurs de votre ville ou de votre région. Au niveau fédéral, vous pouvez vous adresser à Consommation et Corporations Canada ou à Santé et Bien-être social Canada.

Charnière

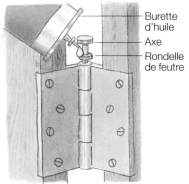

Burette d'huile
Axe
Rondelle de feutre

1. Voici une manière simple de faire taire une charnière qui grince. Coupez une rondelle dans du feutre et imbibez-la d'huile en burette. Retirez l'axe de la charnière, placez la rondelle en haut de celle-ci et réinsérez l'axe au travers. Ajoutez un peu d'huile sur la rondelle si cela recommence à grincer.
2. Pour une réparation rapide, clouez un morceau de ceinture ou de courroie en cuir à l'emplacement d'une charnière cassée. Le cuir est flexible et solide. Enduisez-le d'huile de paraffine pour l'empêcher de se dessécher.
3. Réparez une charnière dont l'axe manque avec un clou de même taille légèrement lubrifié.
4. Lorsque les vis retenant une charnière tournent dans le vide, démontez la charnière et resserrez les trous laissés par les vis en y

glissant quelques cure-dents en bois ou des allumettes. Lorsque la colle est sèche, arasez-les et revissez les charnières.

Chasse d'eau

Si la chasse d'eau fonctionne mal, retirez le couvercle du réservoir pour accéder au mécanisme.

LE VOLUME D'EAU EST INSUFFISANT

Le niveau d'eau du réservoir doit être à 2 cm plus bas que l'ouverture du trop-plein.
1. Pour le faire remonter, agissez sur le flotteur :
• si le flotteur coulisse sur la tige, rapprochez-le du robinet ;
• s'il est fixé au bout de la tige métallique, pliez légèrement la tige de façon qu'elle présente un « creux » vue de dessus ;
• si c'est un mécanisme en plastique, agissez sur la vis en nylon qui règle la hauteur du flotteur. Vérifiez la hauteur d'eau après chaque réglage.
2. Le réservoir ne se remplit pas : vérifiez que le robinet d'arrivée est ouvert. Si oui, c'est le clapet en caoutchouc du robinet d'arrivée ou celui commandé par le flotteur qui reste collé. Réparez ou changez le robinet fautif. Mais d'abord, versez du détartrant ou du vinaigre pur sur le mécanisme du flotteur : il est peut-être bloqué par le calcaire.

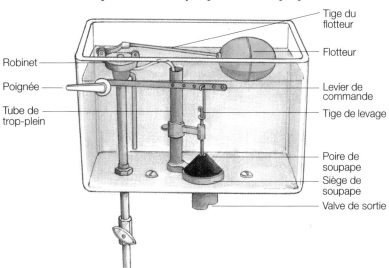

Robinet
Poignée
Tube de trop-plein
Tige du flotteur
Flotteur
Levier de commande
Tige de levage
Poire de soupape
Siège de soupape
Valve de sortie

L'EAU COULE EN PERMANENCE

1. Le flotteur est mal réglé et le niveau dépasse l'orifice du trop-plein. Réglez le flotteur comme indiqué précédemment, mais en inversant les réglages.

2. La poire ou le clapet ne retombe pas : son mécanisme est certainement entartré. Démontez-le et détartrez-le, sinon forcez-le à la main, remplissez le réservoir d'eau et ajoutez une tasse d'acide chlorhydrique. Laissez agir.

L'EAU FUIT SOUS LE RÉSERVOIR

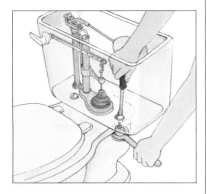

1. C'est la condensation qui peut être la cause d'une humidité entre le réservoir et la cuvette, ou encore les boulons desserrés. Pour vérifier, versez du colorant bleu dans le réservoir. Au bout d'une heure, tamponnez les boulons avec un papier absorbant. S'il se colore, fermez l'arrivée d'eau et videz le réservoir (voir aussi Fuite d'eau, p. 109) en tirant la chasse d'eau. Essuyez et resserrez les boulons.

Attention ! Si vous serrez trop, vous risquez de fendre la chasse. Si la fuite persiste, redémontez les boulons et remontez-les avec des joints neufs.

2. De l'humidité à la base de la cuvette peut signifier qu'elle est fendue ou que le joint d'étanchéité qui relie le réservoir à la cuvette est usé. En attendant le plombier, arrêtez la fuite en ceinturant le joint entre le réservoir et la cuvette de plusieurs tours d'étoupe imprégnée de suif ou de saindoux. Maintenez serré avec de la ficelle.

3. S'il s'agit d'une toilette reliée à un vieux réservoir mural, coupez l'arrivée d'eau et videz le réservoir en tirant la chasse. Dévissez les écrous et entourez les filetages de ruban de plombier. Revissez.

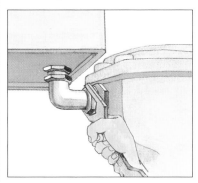

Chasse-clou

1. Pour fabriquer un chasse-clou, épointez un gros clou en acier à la lime ou au touret à meuler. Le méplat doit être à 90° par rapport au corps du clou et sa surface un peu inférieure à celle de la tête des clous que vous voulez enfoncer.

2. Pour les gros clous à tête plate, utilisez un chasse-goupille en guise de chasse-clou.

Chasseur de têtes

Spécialiste du recrutement des cadres, le chasseur de têtes n'est pas un employeur. Il « chasse » temporairement pour le compte d'une société qui renouvelle son personnel de direction ou de chefs de service, ou pour des candidats indépen-

dants à la recherche de postes à responsabilités ou spécialisés. Ses techniques vont du réseau de relations à l'écrémage systématique de listes « hautement confidentielles ».

VOUS EN CHERCHEZ UN

1. Consultez un ami ou un collègue du secteur industriel ayant déjà eu recours à l'un d'eux.

2. Épluchez les petites annonces des journaux de cadres, les offres d'emploi spécialisées. Le contact téléphonique est souvent celui d'un chasseur de têtes.

3. N'hésitez pas à téléphoner pour prendre rendez-vous. Recommandez-vous de X ou parlez de l'annonce. S'il accepte volontiers de vous recevoir, sans doute les détails captés lors de votre conversation correspondent-ils au profil de la personne qu'il cherche. Soyez clair sur vos objectifs et vos compétences. Demandez-lui ses tarifs.

DISCUTEZ D'ÉGAL À ÉGAL

1. Précisez quels sont votre bagage intellectuel, vos compétences professionnelles, votre expérience. Annoncez clairement vos objectifs et ambitions. Il pourra ainsi évaluer vos chances de rencontrer des entreprises « à votre taille ».

2. Demandez toutes les précisions sur les sociétés vers lesquelles il vous dirige et que vous ne connaîtriez pas.

3. Parallèlement, menez vos propres investigations.

UN CHASSEUR VOUS CONTACTE

1. Il vous passe un coup de téléphone discret au bureau. Demandez le nom, l'adresse, le numéro de téléphone de son agence. Vérifiez-en l'existence et la notoriété. S'il refuse de donner son numéro de téléphone, ne poursuivez pas.

2. Lors du rendez-vous, ne dévoilez rien de votre société. Recueillez toutes les précisions sur le poste proposé. Vous discernerez vite s'il y a supercherie. (Voir aussi Entrevue de sélection, p. 91.)

Chats

1. L'hiver, les chats aiment se pelotonner dans des endroits chauds comme sous les moteurs de voiture. Pour éviter des malheurs, tapez sur le capot ou klaxonnez avant de démarrer.

2. Passez un linge humide sur le pelage de votre chat pour récupérer les poils morts.

3. Pour empêcher votre chat de sauter sur le lit, le canapé et d'autres meubles, aspergez-le légèrement avec un vaporisateur à eau chaque fois que vous le surprenez sur le mobilier.

4. Une bûche de pin fait un bon grattoir. Essayez aussi un tapis-brosse roulé et ficelé. Les balles de ping-pong, les vieux bas noués, les sacs en papier, les bobines vides et les boîtes remplies de grains de riz sont d'excellents jeux. Évitez la ficelle, le fil, la laine et autres élastiques, que le chat risque d'avaler.

5. Si votre chat lèche ou mordille ses blessures, isolez-lui la tête en enserrant son cou d'une collerette de carton en forme d'entonnoir.

6. Une boîte en carton propre (décorée) lui fera un bon lit. Découpez une petite ouverture dans un des côtés puis, pour son confort, placez au fond une serviette, un vieux lainage ou un coussin.

7. Pour l'aider à digérer ses boules de poils, ajoutez à tous ses repas une cuillerée à thé d'huile végétale.

8. Votre chat refuse d'ingurgiter sa pilule ? Enrobez-la de beurre. Pour un médicament liquide, servez-vous d'un compte-gouttes.

Chaudière à gaz

Faites réviser votre installation avant chaque hiver par un technicien, mais procédez vous-même à quelques vérifications. Arrêtez et débranchez la chaudière avant de l'ouvrir.

1. Nettoyez les ouvertures d'arrivée d'air entre le tuyau à gaz et les brûleurs avec un pinceau plat pour enlever la poussière et les particules de carbone.

2. Le brûleur éteint, ouvrez la porte d'accès et examinez le foyer et l'échangeur de chaleur. Si de la suie s'est déposée, c'est que la combustion est incomplète. Appelez la société de gaz ou un spécialiste, qui enlèvera la suie et fera les réglages nécessaires.

3. Le thermostat positionné sur « chauffe » (« en marche » ou *On*) et les brûleurs ouverts, ceux-ci devraient s'allumer. Si ce n'est pas le cas alors que la flamme pilote fonctionne, ne tentez pas une seconde fois. Appelez le réparateur. Agissez de même si la chaudière reste éteinte ou ne s'allume qu'après trois ou quatre tentatives.

4. Une fois que les brûleurs se sont allumés normalement, examinez les flammes : elles doivent former un « mur » bleu. Si vous voyez beaucoup de jaune, surtout au sommet des flammes, cela indique que le mélange air-gaz se fait mal. Appelez la compagnie de gaz.

5. Examinez le volet du régulateur de tirage s'il y en a un. Allumez la chaudière et vérifiez qu'il s'ouvre normalement. S'il bloque, éteignez le brûleur et appelez le technicien.

Chauffe-eau

Voici les mesures à prendre si vous devez vider l'eau d'un réservoir d'eau chaude.

1. Fermez le gaz ou l'électricité.

2. Fermez la valve d'arrivée d'eau froide.

3. Ouvrez le robinet d'eau chaude le plus proche du chauffe-eau et laissez-le couler jusqu'à ce qu'il se tarisse.

4. Fixez un tuyau souple à la valve de sécurité – si elle n'est pas reliée au tout-à-l'égout –, dirigez-le dans un tuyau d'évacuation ou dans un évier situés en contrebas et ouvrez la valve.

5. Avant de remettre le chauffe-eau en marche, ouvrez la valve d'arrivée d'eau froide, et remplissez le réservoir jusqu'à ce que l'eau coule d'un robinet ouvert. Ne le remettez jamais à chauffer avant qu'il soit complètement plein.

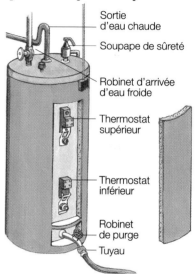

Sortie d'eau chaude

Soupape de sûreté

Robinet d'arrivée d'eau froide

Thermostat supérieur

Thermostat inférieur

Robinet de purge

Tuyau

Chausse-pied

Vous n'avez pas de chausse-pied ? Utilisez une cuillère à soupe ou une spatule en caoutchouc. Ou employez l'extrémité étroite d'une cravate en soie ou en rayonne pour faire glisser votre talon.

Chaussettes et bas

1. Si vos chaussettes ou vos bas se trouent toujours aux mêmes endroits, vérifiez donc l'intérieur de vos chaussures.

2. Vos chaussettes « tombent » sans cesse ? Peut-être les séchez-vous à une température trop élevée qui dénature les élastiques.

3. Où les chaussettes disparaissent-elles si mystérieusement ? On l'ignore, mais... certaines se « réfugient » dans des parties inaccessibles de la sécheuse ou de la

AU TEMPS JADIS

Les souliers magiques

Depuis la nuit des temps, les hommes et les femmes de différentes cultures ont considéré leurs chaussures comme des symboles de fertilité et de prospérité.

Dans l'Égypte ancienne, en Palestine et en Assyrie, le vendeur donnait une sandale à l'acheteur d'une maison comme signe de bonne volonté et pour sceller l'achat. En Inde, une vieille chaussure placée à l'envers sur le toit portait chance au couple.

Les Chinoises sans enfant empruntaient les chaussures de la déesse mère pour favoriser une grossesse.

Les Écossais lançaient un soulier derrière un marin partant pour son premier voyage, ou derrière toute personne en route vers une nouvelle aventure.

Dans les anciens mariages anglo-saxons, le père de la mariée transférait son autorité au nouvel époux en lui donnant l'un des souliers de sa fille. Ce rituel est à l'origine de la coutume moderne d'attacher une vieille chaussure à la voiture des nouveaux mariés.

---

machine à laver, sous l'agitateur par exemple. Informez-vous auprès du fabricant des cachettes que recèlent ses appareils et comment y accéder. Pour ne pas les perdre, enfermez vos chaussettes et vos bas dans un filet avant de les mettre dans la machine. En achetant plusieurs paires identiques, vous vous faciliterez la vie.

4. Si plusieurs personnes de la famille portent des chaussettes similaires, marquez les pointes avec des fils de couleur.

Chaussures

1. Pour l'hiver, confectionnez-vous des semelles intérieures avec des morceaux de feutre ou de moquette fine. Faites un gabarit de découpe en traçant votre pied sur du papier. Coupez-en une droite et une gauche en inversant le gabarit.

2. Vos chaussures de toile garderont fraîcheur et bonne odeur si vous en poudrez l'intérieur de talc parfumé.

3. Désodorisez vos souliers avec du bicarbonate de soude. Secouez bien pour éliminer le surplus.

4. Imperméabilisez vos chaussures en cuir avec une fine couche de cire à parquet, ou avec de la vaseline pour les chaussures montantes, bottines ou bottes.

5. Si la semelle de vos chaussures bâille, recollez-la avec de la colle contact ou de la colle polyuréthanne (à maintenir en pression pendant une nuit).

6. Pour empêcher les chaussures en cuir de craqueler après avoir été mouillées, passez-y une couche de savon pour cuir pendant qu'elles sont encore humides. Laissez sécher loin d'une source de chaleur, puis ôtez l'excédent de savon.

7. Redonnez leur souplesse à des chaussures de cuir desséchées en en mouillant l'extérieur avec de l'eau chaude et en frottant avec de l'huile de ricin ou de la glycérine.

Chaussures de marche

1. En cas d'urgence, vous pouvez imperméabiliser vos chaussures de marche en faisant couler la cire d'une bougie à la jonction de la semelle et du dessus. Cependant, le cirage à chaussures reste le produit le plus efficace : faites chauffer chaussures et cirage au soleil ou au sèche-cheveux et faites pénétrer le cirage de façon homogène avec vos doigts. Terminez par une couche épaisse. Faites chauffer à nouveau les chaussures jusqu'à ce que le cirage ait été complètement absorbé. Répétez l'opération, puis enlevez l'excédent de cirage avec un chiffon sec.

2. Lors de randonnées par temps pluvieux ou sur terrain humide, emportez du cirage dans une boîte de pellicule photo et appliquez-en fréquemment sur vos chaussures. (Voir aussi Bottes, p. 32.)

Chaussures de sport

1. Vous pouvez parfaitement jouer au tennis avec vos chaussures d'aérobic (elles sont parfaites pour les sauts de côté), mais ne faites surtout pas d'aérobic en chaussures de tennis ou de course : les semelles ne sont pas suffisamment rembourrées.

2. Choisissez vos chaussures assez grandes pour que vos orteils aient la place de s'étendre en supportant tout votre poids : il faut laisser un espace de 10 à 15 mm entre le bout de la chaussure et celui de votre gros orteil.

3. Les chaussures doivent être confortables et bien maintenir le talon sans pour autant serrer le pied. Si vous avez le cou-de-pied fin, nouez vos chaussures comme indiqué sur le dessin.

Cheminée

Les cheminées à feu ouvert chauffent peu parce qu'une grande partie de la chaleur s'échappe par le conduit.

1. L'installation de portes vitrées, avec une bouche d'aération réglable au-dessous de l'âtre pour stimuler la combustion, permet de maîtriser la déperdition de chaleur.

LE SAVIEZ-VOUS ?

L'évolution des chaussures de sport

Même si l'acteur Dudley Moore (dont les pieds ont des pointures différentes) en a commandé un jour 30 paires sur mesure ; même si le chanteur Mick Jagger en a chaussé pour aller se marier et si le comédien Woody Allen les a portées avec un smoking, les chaussures de course sont loin d'être des nouveautés. Selon le folklore indien, les premières chaussures sont nées lorsque des membres d'une tribu brésilienne ont trempé leurs pieds dans du latex liquide, il y a environ 300 ans.

C'est le procédé de vulcanisation, dans les années 1860, qui a rendu possible la fabrication de semelles de caoutchouc. Au début de ce siècle, les chaussures de sport, en toile et en caoutchouc, commencèrent à se répandre. En 1962 naissait la chaussure de course moderne : elle avait une empeigne large et confortable, une semelle antidérapante et des bords amortisseurs. Des innovations ont suivi : couleurs, nouveaux dessins sur la semelle et semelle en nylon.

De nos jours, la technologie a rattrapé la chaussure de course. Il existe même un modèle équipé d'une puce électronique mesurant la vitesse, la distance et les calories brûlées... Un autre modèle, relié à un ordinateur, est capable de mémoriser les performances à long terme...

2. Améliorez le rendement de votre cheminée à feu ouvert en plaçant une plaque en fonte contre le mur du fond. Elle renverra la chaleur dans la pièce. Installez également un obturateur de conduit réglable.

3. Pour rendre une cheminée existante très performante, ajoutez-y un appareil à circulation d'air avec portes vitrées. Cette installation doit être faite par un professionnel et exige souvent le tubage du conduit existant.

4. Si vous faites construire une cheminée, incorporez-lui d'office un foyer fermé.

5. Lorsque la cheminée n'est pas utilisée, fermez complètement l'obturateur du conduit de fumée.

LE CONDUIT

1. Pour éviter les feux de cheminée, faites ramoner le conduit de votre cheminée une fois par an ; celui de votre poêle à bois, deux fois par an. Dans ces deux types de cheminées, l'accumulation de goudron et de suie est cause de réels dangers. Si vous achetez un kit de ramonage de cheminée, choisissez une brosse adaptée à la section du conduit de fumée, avec une longueur de baguettes suffisante (vous pouvez également appeler un ramoneur professionnel). Ne brûlez que du bois sec pour éviter l'encrassement rapide du conduit. Ne brûlez pas de boîtes de carton ou d'autres matériaux qui produisent d'énormes flammes.

2. Empêchez les chauves-souris, les oiseaux et autres animaux de pénétrer par la cheminée. Coiffez-la avec un grillage galvanisé à mailles soudées de 10 ou 12 mm. Avec une pince coupante, échancrez les

Grillage galvanisé

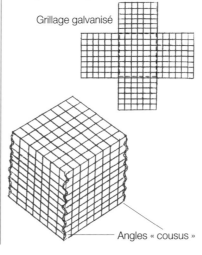

Angles « cousus »

angles, repliez pour faire une boîte aux dimensions de la souche (le bout de conduit qui sort). Cousez cette boîte avec du fil de fer. Placez-la sur la souche, côté ouvert vers le bas. Protégez le conduit de la pluie par un plateau à pieds, un cône ou un chapeau spécial vendu chez les marchands spécialisés. Fixez alors le grillage de façon qu'il ceinture les ouvertures latérales.

3. Ayez toujours un extincteur (voir p. 96) à portée de main au cas où un feu de cheminée se déclarerait. Dans un tel cas, si vous avez un foyer fermé, obturez toutes les arrivées d'air. Un vieux truc : jetez quelques oignons dans le feu. Mais appelez quand même les pompiers.

LE NETTOYAGE

1. Le bois brûle mieux sur une légère couche de cendres. Enlevez-en seulement une partie quand elles sont froides avec une petite pelle métallique et transportez-les dans un seau ou un bidon en métal.

2. Si vous nettoyez les cendres à l'aspirateur, assurez-vous qu'elles sont toutes éteintes (tièdes, elles présentent encore des risques). Par sécurité, utilisez un bidon « aspire-cendres » à placer dans le circuit d'aspiration. Nettoyez les chenets avec un chiffon humide ou avec un produit pour métaux. Nettoyez les portes vitrées avec du produit à vitres ou une solution d'ammoniaque (½ verre dans 1 litre d'eau).

Chèques

Il est possible de libeller un chèque sur une simple feuille de papier, à condition que les termes exigés sur cet instrument de paiement y figurent : date d'émission, nom et numéro de compte du signataire, nom du bénéficiaire désigné par la formule « Payez à l'ordre de... » ainsi que le nom complet de votre banque. Et, bien sûr, votre signature. Les formulaires remis par les banques sont toutefois plus pratiques et soulèvent moins de réticences de la part de celles-ci.

Inscrivez la somme en chiffres et en lettres, vérifiez que les montants coïncident, sinon c'est la somme en lettres qui prime. Écrivez-en le montant le plus près possible du signe de dollar ($). Après avoir inscrit la somme en lettres, tirez un trait continu jusqu'à la fin de la ligne. Datez et numérotez le chèque, puis signez.

Une fausse signature rend le chèque illégal et la banque ne peut être tenue de payer ce chèque. Ce qui ne veut pas dire que si vous en êtes la victime (chéquier volé et signature imitée) vous récupérerez la totalité des sommes escroquées.

VOUS RECEVEZ UN CHÈQUE

Vérifiez-en le montant et le libellé. Si vous n'avez pas à l'encaisser, inscrivez au dos « Pour dépôt seulement » et notez votre numéro de compte. Ne l'endossez qu'au moment de le présenter à la banque.

CHÈQUE SANS PROVISION

Vous ne devez pas émettre de chèque si votre compte n'est pas approvisionné ou s'il est bloqué. Le bénéficiaire a de toute façon droit au paiement du chèque qui lui est remis si la date d'émission est antérieure au blocage du compte.

Évitez les découverts, qui entraînent des frais parfois importants. Négociez avec votre banque une marge de crédit ou une provision donnant droit à un crédit permanent convenu, mais payant. Pour éviter le coût de ce service, vous pouvez aussi arranger avec votre banque un transfert automatique entre votre compte épargne et votre compte chèque en cas de besoin.

CHÈQUE VOLÉ OU PERDU

Faites opposition immédiatement en déclarant la perte à la police et en téléphonant à votre banque. Confirmez par écrit. La banque devient responsable de tout chèque honoré après votre opposition. (Voir aussi Carnet de chèques, p. 44.)

Cheveux

1. Pour vous débarrasser de l'accumulation de laque sur les cheveux, ajoutez une petite cuillerée de bicarbonate de soude à votre shampooing.

2. Rincez des cheveux gras avec du vinaigre ou du jus de citron à raison de 1 cuil. à soupe pour 1 litre d'eau.

3. Si vous n'avez plus de conditionneur, ajoutez un peu d'adoucissant pour le linge à votre eau de rinçage.

4. Si vos cheveux sont secs, utilisez de l'huile de maïs ou de tournesol tiède comme lotion capillaire. Couvrez-vous ensuite la tête avec une serviette mouillée très chaude et un sac en plastique. Vous pouvez aussi fabriquer une lotion avec du rhum et des jaunes d'œufs : fouettez 2 jaunes d'œufs, ajoutez 2 cuil. à soupe de rhum et fouettez à nouveau. Laissez agir 30 minutes avant de vous laver les cheveux.

5. Évitez les méfaits du soleil et de l'eau salée en appliquant une petite quantité d'huile de noix de coco ou un peu de vaseline sur la pointe de vos cheveux.

6. Si vos cheveux sont trop souples avec un conditionneur, rincez-les avec ¼ tasse de vinaigre dilué dans 1 tasse d'eau.

7. Pour les cheveux jaunis par l'eau chlorée des piscines : rincez-les avec de l'eau gazeuse, du jus de tomate ou de l'eau chaude dans laquelle vous aurez dissous quelques cachets d'aspirine. (Voir aussi Cheveux blancs, ci-dessous.)

Cheveux blancs

1. Les cheveux blancs ont tendance à être secs et épais. Il vaut mieux les couper régulièrement pour mieux les coiffer et éviter qu'ils ne fourchent. Pour paraître plus jeune, évitez les coiffures trop apprêtées.

2. Estompez l'effet des cheveux blancs en éclaircissant votre couleur naturelle d'un ton. De façon générale, il vaut mieux, en prenant de l'âge, éclaircir ses cheveux que les foncer. C'est moins dur et plus flatteur pour le visage.

3. Voici une méthode rapide pour masquer des cheveux blancs : versez 1 cuil. à soupe de vinaigre de cidre dans 4 litres d'eau et utilisez ce mélange pour le dernier rinçage.

4. En général, les cheveux blancs adoucissent les traits. Essayez de les apprécier au lieu de les teindre.

Chevreuils, cerfs

Pour empêcher les chevreuils de pénétrer dans votre jardin, tirez parti des odeurs, des sons, des goûts ou des images qui leur sont désagréables.

1. Tendez une corde aux endroits où ils ont l'habitude de passer et suspendez-y un seau métallique. Déposez des poignées de porte dans le seau et, sur les côtés, laissez pendre des objets métalliques : lorsque l'animal se heurtera à la corde, le vacarme l'éloignera.

2. Accrochez aux branches basses des arbres des sacs en tissu contenant des cheveux, de la graisse de bœuf, du sang séché (acheté en pépinière) ou du savon déodorant.

3. Suspendez des moules à gâteaux qui brilleront au soleil ou des bandes découpées dans la partie brillante des paquets de café : cela peut les éloigner un certain temps.

4. Arrosez la végétation qui les attire de sauce au piment à raison de 2 cuil. à table pour 4 litres d'eau.

Chiendent

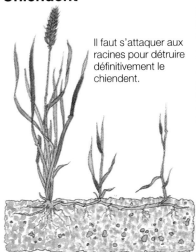

Il faut s'attaquer aux racines pour détruire définitivement le chiendent.

Les racines coriaces et envahissantes du chiendent s'étirent loin dans le sol et profitent de la tonte en surface pour redoubler de vigueur. Pour venir à bout du chiendent en sol très infesté, seule la chimie est efficace. Au lieu d'empoisonner la terre pour plusieurs mois en utilisant des désherbants totaux, optez pour les produits à base de glyphosate, une molécule qui entre dans la composition de plusieurs produits commercialisés. Son mode d'action particulier permet la mise en culture de la parcelle traitée sitôt les mauvaises herbes détruites : pulvérisé sur les feuilles, le produit circule dans la plante jusqu'aux racines et détruit toute la souche. Les désherbants à base de glyphosate exigent un doigté précis : un malheureux coup de vent qui transporte le produit pulvérisé sur les plantes voisines et c'en est fini ! Équipez la buse du pulvérisateur d'un cache de carton ou de plastique rigide pour éviter ces incidents.

Chiens

LE BAIN

1. Emmenez votre chien faire ses besoins avant de le baigner afin qu'il n'aille pas dehors mouillé.

2. Placez un tampon à récurer métallique sur l'évacuation de la baignoire : il retiendra les poils.

3. Appliquez une fine couche de vaseline sur les sourcils et autour des yeux de votre chien pour empêcher le savon d'entrer.

4. Du vinaigre ou du jus de citron ajouté à l'eau de rinçage rincera plus efficacement votre chien.

5. Vous empêcherez votre chien de vous éclabousser en lui lavant la tête en dernier. Essuyez-le avec une serviette immédiatement au sortir du bain.

6. Séchez votre chien avec un séchoir à cheveux réglé à température moyenne que vous n'approcherez pas de plus de 15 à 20 cm de son pelage.

LES POILS

1. Pour démêler des poils pleins de nœuds, imbibez les nœuds d'huile végétale, puis peignez en maintenant la base des poils avec l'autre main. Retirez de la même façon les graines de bardane prises dans les poils.

2. Pour débarrasser les poils de chien de substances collantes comme le goudron, enduisez-les d'huile végétale. Après 15 minutes, faites un shampooing.

3. Enlevez de la peinture en utilisant aussitôt le solvant approprié à cette peinture (eau ou essence minérale). Si la peinture est sèche, dégagez et grattez les poils un par un ou coupez-les. Pour retirer de la gomme à mâcher, durcissez-la avec un glaçon, puis coupez les poils collés.

4. Brossez votre chien avec une brosse dont chaque poil métallique se termine par une petite boule.

LE SAVIEZ-VOUS ?

Histoire de chiens

Certains experts pensent qu'on peut dresser un chien à comprendre jusqu'à 400 mots.

Les chiens ont une meilleure vision nocturne que les humains. La disposition de fibres au fond de l'œil et une membrane appelée tapetum agissent comme un réflecteur. Ainsi s'explique la lumière brillant dans leurs yeux lorsqu'ils regardent les phares d'une voiture.

Le vieux dicton disant qu'une année de chien équivaut à sept années d'un humain est faux. Un chiot d'un an est à peu près au même degré qu'un être humain de 15 ans ; un chien de deux ans, qu'un humain de 24 ans. Ensuite, au fur et à mesure que le chien vieillit, une année de chien vaudrait quatre années d'humain ; de sorte que 10 années de chien valent 56 ans humains. Cependant, ces chiffres varient d'une race à l'autre.

Une truffe froide et humide n'indique rien sur la santé d'un chien, mais, à l'inverse, une truffe brûlante et sèche est un symptôme de fièvre.

Le chien le plus rapide est le lévrier greyhound, qui peut courir jusqu'à 60 km/h et faire des foulées de 5,40 m.

Les plus petits chiens (pouvant peser de 1 à 2 kg) sont le chihuahua et le yorkshire nain. Et le plus gros est le saint-bernard, qui peut peser jusqu'à 100 kg.

L'ouïe d'un chien est beaucoup plus sensible que l'ouïe humaine, en particulier dans les hautes fréquences (ultrasons). Les chiens communiquent également avec leurs oreilles : différentes positions signalent la peur, la colère, etc.

Les chiots nouveau-nés ne voient ni n'entendent rien, mais ils sentent, et ce sens les conduit au lait maternel. Certaines études révèlent que l'odorat du chien est 100 fois plus développé que celui de l'homme.

LA LAISSE

En cas d'urgence, utilisez les éléments suivants :

1. Une ceinture de cuir : glissez l'extrémité sous le collier, puis bouclez la ceinture.

2. Une paire de collants : passez une jambe sous le collier et attachez les pieds ensemble par un nœud plat.

Chiens errants

Si vous êtes importuné par des chiens errants :

1. Surveillez la fermeture de vos poubelles. Mettez les déchets dans des sacs en plastique et ne les mettez dehors qu'au dernier moment.

2. Si la législation locale le permet, érigez une clôture électrique, en vente dans des magasins de jardinage ou de fournitures pour animaux, à monter soi-même.

3. Si vous pouvez attraper le chien fautif et qu'il soit médaillé, tâchez de retrouver son propriétaire (voir Animal perdu, p. 18). Évitez de porter plainte, mais persuadez le propriétaire de mieux surveiller son chien.

4. Dressez votre chien à demeurer chez vous ou dans votre jardin avec un appareil d'alarme électronique. Un fil enterré transmet un son d'avertissement inoffensif à un minuscule récepteur attaché au collier du chien. Les chiens reconnaissent vite cet avertissement.

VOUS ETES AGRESSÉ
PAR UN CHIEN

1. Parlez-lui d'un ton ferme et calme en le regardant fixement.

2. Tenez l'animal à distance avec un bâton. Ne le frappez pas ! Maintenez-le seulement éloigné de vous.

3. Aspergez-le avec un pistolet à eau que vous aurez rempli d'eau légèrement ammoniaquée.

4. Si vous êtes en vélo et que vous ne parveniez pas à semer un chien, descendez de votre vélo et utilisez celui-ci comme bouclier. Au besoin, projetez l'eau de votre gourde à la gueule du chien.

5. Ouvrez soudainement un parapluie automatique devant l'animal.

Chocolat

Dans une recette, 100 g de chocolat noir amer peuvent être remplacés par 3 cuil. à soupe rases de cacao amer mélangées à 15 g de margarine : cela vous donnera un délicieux chocolat fondu ! Si vous désirez un chocolat plus sucré, ajoutez de 1 à 3 cuil. à soupe de sucre ou utilisez du cacao sucré.

Cholestérol

Pour protéger vos artères, faites en sorte d'avoir un taux de cholestérol inférieur à 2 g/litre. Vous diminuerez les risques de problèmes cardiaques.

Votre taux de cholestérol peut facilement varier de 20 p. 100 : un résultat d'analyse révélant un taux de 2 g signifie que la quantité de cholestérol dans le système peut osciller entre 1,60 g et 2,40 g, selon les circonstances. Par ailleurs, les résultats de laboratoire ont une marge d'erreur d'environ 10 p. 100, ce qui peut faire toute la différence entre un taux limite et un problème sérieux. Dans les cas graves, faites au moins trois analyses et comparez les résultats.

En général, un régime alimentaire bien adapté suffit à diminuer un taux de cholestérol. Il sera pauvre en matières grasses (très pauvre en acides gras saturés), pauvre en cholestérol et riche en fibres. (Voir aussi Régime pauvre en matières grasses, p. 194.)

1. Faites en sorte que votre consommation de matières grasses ne dépasse pas 30 p. 100 de votre ration quotidienne. Par exemple, si votre alimentation vous apporte en moyenne 2 000 kcal, les graisses ne doivent pas en apporter plus de 600. Comme 1 g de lipides apporte 9 kcal, la ration journalière ne devrait pas dépasser 67 g de lipides.

2. Faites la cuisine avec des graisses mono-insaturées ou poly-insaturées. Préférez les huiles d'olive, de tournesol ou de maïs. Évitez les huiles d'arachide, de palme ou de noix de coco. Choisissez les produits laitiers maigres.

3. Ne consommez pas plus de 2,5 à 3 g de cholestérol par jour — ce qui correspond à 1 œuf — ou 1 g pour 1 000 kcal ingérées.

4. Mangez davantage de céréales complètes, de pommes et de légumes, chacun contenant des fibres de cellulose de type différent pour réduire le taux de cholestérol.

5. Enfin, une activité physique régulière fait baisser le taux de cholestérol. Mais, si tout cela reste insuffisant, sachez qu'il existe des médicaments efficaces.

Chrome

1. Nettoyez-le avec un de ces produits : de l'eau de Seltz, du nettoyeur à vitres, du bicarbonate de soude, du vinaigre de cidre ou blanc ou de l'écorce de citron. Ou encore, avec de l'ammoniaque diluée (½ verre pour 1 litre d'eau).

2. Faites-le briller en le frottant avec une pâte composée de blanc d'Espagne (carbonate de calcium) et d'alcool à brûler. Frottez vigoureusement avec un linge doux.

Cirage

1. Si vous n'avez rien d'autre sous la main, vous pouvez faire briller des chaussures de cuir avec de la cire à parquet ou un produit à polir pour les meubles en aérosol. Ou encore, imprégnez le cuir de jus de citron, après l'avoir ciré, puis faites-le briller. Vous pouvez aussi vous servir d'une peau de banane (voir p. 319). Sur des chaussures en caoutchouc, utilisez des matières grasses végétales. Sur du cuir verni, employez de la vaseline ou de l'huile de ricin.

2. Pour obtenir un beau brillant, ajoutez quelques gouttes d'essence à briquet à votre cirage : il s'étalera davantage et pénétrera mieux.

3. Obtenez un brillant homogène sur des cuirs blancs en les frottant avec de l'alcool avant de les cirer.

4. Pour éviter que du cuir fraîchement ciré ne tache des vêtements, laissez sécher le cirage, puis frottez-le avec du papier journal.

5. À défaut de linge doux pour étaler le cirage, utilisez du coton à démaquiller ou une serviette en papier jetable.

6. Si vous avez du mal à passer du cirage entre le bord de la chaussure et la semelle, employez une brosse à cirage ou une vieille brosse à dents.

7. Pour nettoyer des souliers en suède, ôtez la poussière avec un bas de nylon ou la brosse de l'aspirateur, puis maintenez les chaussures au-dessus de la vapeur d'eau pour soulever le poil. Brossez et laissez sécher.

8. Cachez les taches sur du suède noir en y passant un peu de café noir ou du feutre indélébile. Sur du suède blanc, utilisez de la craie.

9. Ôtez les taches sur des chaussures de toile avec un tampon de laine d'acier extra-fine trempé dans du détergent.

10. Nettoyez les brosses à cirage dans de l'essence minérale.

11. Si le cirage est trop dur, faites-le chauffer un peu au four puis ajoutez-y quelques gouttes de térébenthine ou d'essence minérale.

12. Pour ne pas vous salir les mains en cirant vos chaussures, enfilez de vieux gants ou des gants de toilette usagés.

Cire et poli à meuble

1. Ne laissez pas s'accumuler les couches de cire ou de poli sur les meubles. Nettoyez un meuble encrassé avec un tampon de laine d'acier extra-fine et du décirant. Laissez sécher avant de repolir.

2. Pour éviter les dépôts dans les rainures ou les reliefs des décors, appliquez la cire avec un pinceau plat. Égalisez au chiffon. S'il se fait un dépôt, frottez-le avec un linge doux imbibé d'essence minérale ou de térébenthine et remettez un peu de cire.

3. Ne cirez pas les bois gras comme le teck ou le palissandre. Nettoyez-les et nourrissez-les avec une huile minérale très fluide.

PRODUITS MAISON

1. Utilisez de l'huile minérale. Si vous désirez la parfumer, ajoutez-y 1 cuil. à thé d'huile de citronnelle pour 2 tasses d'huile ou encore quelques gouttes d'huile parfumée pour brûle-parfum.

2. Mélangez 1 litre d'huile de lin avec 2 tasses de térébenthine et mettez dans un récipient fermé.

3. Mêlez 1 part d'huile de citronnelle avec autant d'huile d'olive.

Ciseaux

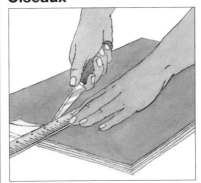

1. Vous n'avez pas de ciseaux ? Tenez fermement une règle à bord métallique sur le papier et faites courir la pointe d'un couteau ou une lame de rasoir le long du bord, en ayant pris soin de protéger la surface de la table.

2. Vos ciseaux coupent mal ? Vérifiez que la vis est bien serrée.

3. Ne coupez pas de papier avec des ciseaux de couture ou de coiffeur, cela émousse le fil de la lame.

4. Affûtez une paire de ciseaux en « coupant » le goulot d'une bouteille en verre. Faites courir les lames sur le verre de la base vers les pointes plusieurs fois de suite.

5. Autre méthode d'affûtage : coupez et recoupez plusieurs fois de la laine d'acier extra-fine.

Citron, lime

1. Vous pouvez remplacer le jus de citron ou de lime par la même quantité de vinaigre.

2. S'il ne vous faut que quelques gouttes de jus de citron, piquez le fruit à la fourchette et pressez-le doucement.

Citrouille

1. Il est bien plus facile de peler la citrouille une fois cuite. Coupez-la en gros cubes et faites cuire ceux-ci à la vapeur pendant environ sept minutes. Pelez les morceaux et utilisez la pulpe pour préparer de la purée ou de la soupe.

2. Autre méthode : faites cuire la citrouille en entier dans le four à 180°C pendant une heure à une heure et demie (pour une citrouille de 30 cm de diamètre) ou jusqu'à ce que la peau soit souple au toucher. Ensuite, coupez-la, retirez les graines et grattez la pulpe.

3. Régalez vos enfants avec les graines : étalez celles-ci sur une plaque à biscuits, parsemez-les de gros sel ou, au contraire, de sucre cristallisé, et faites-les sécher au four à 170°C pendant 15 minutes environ. Ou disposez ½ tasse de graines autour d'un moule à tarte en verre et faites cuire 2½ à 3½ minutes au four à micro-ondes.

Clés

1. Collez des marques de couleur sur vos clés pour les repérer au premier coup d'œil.

2. Ayez toujours sur vous deux jeux de clés de la voiture et de la maison au cas où vous en perdriez un. Laissez-en un troisième chez vous dans un endroit non fermé.

3. Si un double de clé grippe dans la serrure, limez les endroits qui accrochent avec une petite lime à ongles en carton.

4. Pour redresser une clé tordue, mettez-la sur un bloc de bois dur ou sur une pierre plate et martelez-la légèrement.

5. Si la clé de votre porte de maison est difficile à tourner, envoyez une giclée de poudre de graphite dans la serrure et actionnez la clé plusieurs fois. À défaut de graphite, frottez la mine d'un crayon sur les dents de la clé. Évitez l'huile, qui encrasserait la serrure.

6. Vous avez perdu la clé d'un tiroir de commode ? Essayez les clés des autres tiroirs : elles sont parfois identiques. Sinon, retirez le tiroir de dessus pour accéder au tiroir fermé. Si ce n'est pas possible, il faudra ou bien une nouvelle serrure ou bien une nouvelle clé.

7. Lorsqu'une clé se casse dans une serrure, essayez de l'extraire à l'aide d'une pince à épiler ou d'un fil de métal raide et fin. Une autre méthode consiste à insérer la lame d'une scie sauteuse dans la serrure comme indiqué ci-dessous.

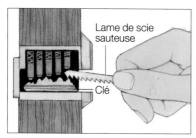

Attrapez la clé avec les dents de la scie, puis tirez en maintenant la lame parallèle à la partie supérieure de la serrure.

8. Notez le code imprimé sur la clé de votre voiture et gardez-le dans un endroit sûr. De cette façon, un serrurier pourra en faire un double en cas d'urgence ou votre concessionnaire vous en fournir un en cas de perte.

9. Pour des raisons de sécurité, n'accrochez jamais d'étiquette por-tant vos nom et adresse sur votre trousseau de clés. Ne mettez pas vos clés et vos papiers d'identité, ou portant votre adresse, dans un même sac : en cas de vol ou de perte, les malfaiteurs auraient votre adresse et les clés pour pénétrer... sans effraction.

Clôture

1. L'été, une haie naturelle de plantes grimpantes à fleurs est une solution bon marché pour remplacer une clôture conventionnelle. Définissez un tracé de 60 cm de large sur la zone à clôturer. Enfoncez des piquets en bois à environ 80 cm les uns des autres sur la ligne centrale. Agrafez-y une bande de grillage ou de filet en plastique de haut en bas. Au pied de chaque piquet, semez des plantes grimpantes à fleurs à croissance rapide (pois de senteur, capucines grimpantes). Au fur et à mesure qu'elles poussent, attachez-les au grillage avec du fil de fer.

2. Pour traiter le bois des piquets déjà peints, percez des trous en oblique sur les quatre côtés du piquet en haut, au milieu et en bas, avec une mèche de 20 à 25 mm de diamètre. Versez du produit anti-parasitaire dans les trous jusqu'au bord et attendez plusieurs heures. Bouchez ensuite les trous avec du mastic à bois.

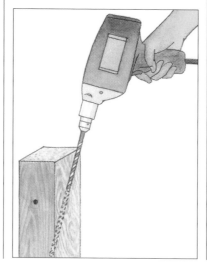

3. Lorsque vous peinturez un piquet au rouleau, posez un carton droit et épais à son pied, ce qui évitera au rouleau de toucher le sol et de se salir. Pour les finitions du bas, utilisez un pinceau.

4. Si vous voulez repeindre une clôture avec de la peinture en aérosol, protégez les plantes avec une bâche en plastique ou un morceau de carton, que vous déplacerez au fur et à mesure.

Clôture électrique

Les clôtures électriques empêchent les chiens, les lapins et autres petits animaux de pénétrer sur votre propriété. Avant d'en installer une, consultez la législation locale, certaines municipalités les interdisent ou les contrôlent.

1. Adaptez la clôture à la taille de l'animal que vous voulez éloigner. Pour les lapins, ce peut être un fil placé près du sol ou un filet bas.

2. Taillez les branches proches de la clôture pour éviter qu'elles touchent les fils et causent des courts-circuits. Enlevez les mauvaises herbes et empêchez-les de repousser avec de la pellicule plastique fixée au sol, ou avec un désherbant total à longue durée d'action.

3. Vérifiez de temps à autre s'il n'y a pas d'isolateur cassé ou fendu sur la clôture. Cela peut entraîner un court-circuit, surtout lorsque les piquets sont mouillés.

4. Signalez la présence de la clôture par des panneaux.

Cochenilles

Avant d'utiliser les insecticides anti-cochenilles du commerce, endiguez l'invasion en prodiguant ces simples soins à vos plantes exotiques : une fois que vous aurez localisé les minuscules casques qui cachent l'insecte au revers des feuilles, débarrassez-en les plantes avec un coton imbibé d'alcool. Placez ensuite les plantes dans un évier et lavez-les délicatement pour éliminer les insectes nouveau-nés qui ont échappé à votre vigilance.

Cocotte en fonte

1. Une cocotte en fonte dure toute une vie si vous en prenez soin. Lavez-la à l'eau très chaude savonneuse et essuyez-la bien avant de la ranger.

2. Si le fond de la cocotte noircit, faites-y bouillir de l'eau javellisée (comptez 1 cuil. à thé d'eau de Javel pour 1 litre d'eau).

3. La fonte va au four, mais vérifiez que les poignées tiendront aussi la chaleur.

Coffret de sûreté

La banque peut vous louer un coffret de sûreté. Le coût de location dépend de la taille du coffret. Chaque accès au coffret donne lieu à une vérification d'identité, qui est consignée dans un registre.

1. Mettez au coffret les documents difficiles à remplacer : contrat de mariage, certificat d'adoption ou de citoyenneté, de divorce ou de décès, actes immobiliers (achats et ventes d'immeubles), titres, actions, obligations ou bons d'épargne. Déposez-y une copie de votre testament et de tout autre engagement d'importance.

2. Prémunissez-vous des vols et incendies en y déposant vos bijoux et objets précieux avec l'inventaire et les factures de vos meubles ou tableaux.

3. Tenez à jour la liste du contenu du coffret et gardez-la chez vous.

4. Si vous perdez l'une des clés de votre coffret, la banque la remplacera sans qu'il vous en coûte trop cher. Toutefois, si vous perdez les deux clés, la banque devra remplacer la serrure, car elle ne conserve pas de double. Le prix de l'opération pourrait être très élevé.

5. Vérifiez si votre police d'assurance résidentielle couvre aussi le contenu de votre coffret de sûreté ; sinon informez-vous si la banque peut vous assurer.

6. Pour une plus grande intimité, plus d'espace ou d'accessibilité, on peut aussi louer un coffret dans une agence privée.

7. Au moment du décès du détenteur d'un coffret, des lois provinciales imposent un gel des biens. Il est utile de conserver à la maison, dans un endroit connu de l'exécuteur testamentaire, une copie de vos dernières dispositions. Il appartient à un homme de loi, en général votre notaire, de procéder à l'inventaire des biens et au règlement de la succession. En raison des délais encourus, le survivant doit posséder en son nom propre des liquidités qui lui permettront de tenir le coup financièrement.

Coiffure

1. Vous n'avez pas de rouleaux ? Découpez d'étroites bandes de tissu dans un chiffon propre et faites un nœud au milieu. Roulez une mèche de cheveux autour du nœud et fixez le tout en nouant la bande par-dessus ou en la fixant avec une pince à cheveux. Pour obtenir des boucles plus grosses, coupez le carton d'un rouleau de papier absorbant en quatre tronçons et enroulez vos cheveux autour de ces rouleaux improvisés.

2. Pour revigorer une permanente, vaporisez les cheveux d'eau et ébouriffez-les avec les doigts. Pour fixer une mise en plis, vaporisez de la bière sur les cheveux encore humides et faites-les sécher.

Colères enfantines

Des colères fréquentes, épuisantes pour l'enfant et son entourage, doivent être prises au sérieux. Elles sont souvent le signe d'insatisfactions rentrées.

1. Restez calme, vous énerver ne ferait qu'envenimer les choses.

2. Mieux vaut parfois ignorer la crise. Dites à votre enfant que vous voyez bien qu'il est en colère, que vous discuterez du problème plus tard. Vaquez à vos occupations en restant attentif. Quand la colère est tombée, allez vers lui et entamez un dialogue.

PRÉVENTION

1. Les frustrations d'un enfant lui viennent souvent de sa faiblesse. Il se met en colère devant ce qu'il ne

---

AU TEMPS JADIS

Le fléau de la calvitie

Les Égyptiens tentaient de stimuler la pousse des cheveux en s'enduisant la tête de graisse de serpent ou de crocodile. En Grèce, Hippocrate appliquait un mélange d'opium, d'huile de rose et d'olive verte pour « reboiser son crâne ». Les Romains trop peu fortunés pour acheter une perruque se peignaient des cheveux sur le crâne... Autant de surprenants exemples des mesures désespérées que les hommes sont prêts à prendre lorsque la calvitie les frappe.

Au cours des siècles, les hommes se sont massé le cuir chevelu avec du rhum, de la vodka, du piment, du gingembre, de la chair de taupe bouillie et du crottin de cheval. Malgré cette ingéniosité, leurs cheveux sont restés tout aussi clairsemés.

Même le minoxidil, dont l'efficacité en application locale a été reconnue à la fin des années 1980, est impuissant à garantir le résultat tant espéré par les chauves du monde entier.

peut pas maîtriser. Or, certaines choses peuvent être décidées par lui sans dommage : laissez-le choisir les vêtements qu'il va porter le lendemain, composer son petit déjeuner, acheter lui-même un jouet au magasin, etc.

2. Vous pouvez aussi remarquer que le fait d'avoir à prendre une décision déclenche chez lui une crise de colère. Si c'est le cas, simplifiez-lui la vie en lui parlant de façon positive. Dites : « Quand tu auras mis ton manteau bleu, nous irons faire les courses », plutôt que : « Préfères-tu mettre ton manteau bleu ou ta veste rouge ? »

3. Il se peut que certaines crises de colère surviennent quand l'enfant a faim ou quand il est fatigué. Apprenez à les repérer et appliquez le remède qui convient en lui donnant un verre de lait, un biscuit, en lui servant un repas plus tôt, en lui proposant une lecture ou un jeu calme. En évitant qu'apparaissent et s'installent les colères, on préserve l'équilibre de l'enfant.

4. Des colères répétées peuvent cacher un trouble physiologique ou psychique. Consultez votre médecin généraliste, un pédiatre ou un psychologue pour enfants.

Coliques

Les bébés qui souffrent de coliques semblent soulagés s'ils dorment dans un environnement silencieux et sont manipulés avec douceur. Certains sont calmés par le son d'une boîte à musique ou des bercements réguliers.

Une promenade en voiture fait souvent des merveilles ; les vibrations de l'auto soulagent le bébé qui s'endort. Vous pouvez aussi poser le bébé sur le dessus de la sécheuse à linge en marche.

Vous pouvez donner à bébé une infusion de fenouil ou d'anis : faites bouillir 100 ml d'eau, ajoutez 1 cuil. à thé de feuilles de fenouil séchées ou de graines d'anis. Laissez bouillir 1 minute. Filtrez, versez dans le biberon et laissez tiédir.

Colle

1. Remplacez le bouchon d'un tube de colle par un piton à œillet. Vous pourrez ainsi le suspendre pour le ranger.

2. Pour des matériaux aussi légers que du papier ou du carton fin à coller sur toute la surface, vous pouvez remplacer la colle par un mélange d'eau et de farine (consistance de la pâte à crêpes) ou par du blanc d'œuf légèrement battu appliqué au pinceau. Les adhésifs double face adhèrent à toutes les surfaces propres et sèches. La ganse et le ruban thermocollants conviennent à tous les tissus.

3. Lorsque vous démontez des meubles, ramollissez la colle sèche avec du vinaigre blanc chaud : insérez-le dans les rainures à l'aide d'un compte-gouttes.

4. La colle blanche à bois existe en version normale et en version à prise rapide. Utilisez la première pour faire des assemblages complexes qui doivent être mis en place en même temps. Utilisez la « prise rapide » dans les autres cas. Maintenez en pression pendant deux heures pour la normale et 15 minutes pour la rapide.

5. Pour des collages partiels sur du papier ou sur du carton, n'utilisez pas de colle à base d'eau : elle détrempe et déforme le papier.

DOIGTS COLLÉS

1. Les colles cyanoacrylates, telles que la Krazy Glue, prennent très vite. Si vos doigts se retrouvent collés ensemble, n'essayez surtout pas de les décoller « à sec ». Dissolvez la colle avec un peu d'acétone ou de dissolvant pour vernis à ongles (on peut aussi dissoudre de

cette manière les colles époxy avant qu'elles ne soient sèches). Si cela reste sans effet, plongez vos doigts dans l'eau pendant quelques minutes, en tirant très légèrement. Soyez patient.

2. Si vos doigts sont collés par de la colle contact, dissolvez celle-ci avec un diluant à vernis, de l'acétone ou du trichloréthylène. Laissez tremper pendant une ou deux minutes puis décollez doucement vos doigts. Ajoutez du dissolvant si cela est nécessaire.

3. Portez des gants en latex fin dans tous les cas où vous utilisez des colles « agressives ». C'est impératif pour les colles polyuréthannes ou les colles « marines », qui résistent à tous les solvants quand elles sont sèches.

Collection

1. Cherchez chez vous si vous n'avez pas les bases d'une collection « branchée » qui prendra de la valeur : héros de films à grand succès, peluches, 45-tours de rock originaux, etc.

2. Choisissez un thème pour votre collection : époque, région géographique, objets de même couleur, animaux, etc.

3. Une collection d'objets n'est pas bien mise en valeur sur fond blanc. Peignez d'une couleur sombre le fond et les rayonnages d'une étagère ou recouvrez-les de papier foncé. Éclairez-les avec des minispots halogènes en très basse tension. Optez pour des lampes avec réflecteur dichroïque : elles rayonnent moins de chaleur.

4. Timbres, pièces de monnaie et antiquités prennent souvent de la valeur mais sont plus faciles à acheter qu'à revendre. Les antiquaires les rachètent généralement pour la moitié de leur valeur.

5. Pour acquérir de nouvelles pièces, faites un tour au marché aux puces, dans les encans et visitez les ventes de garage. Présentez-vous tôt, car les « experts » raflent souvent les meilleures occasions. Lisez des journaux spécialisés et épluchez les annonces.

Collier

1. Pour empêcher vos bijoux fantaisie en métal de ternir, déposez un morceau de craie dans la boîte.
2. Vos colliers ne s'emmêleront plus si vous les suspendez à des crochets collés sur la coiffeuse, ou sur un râtelier à cravates.
3. Pour nettoyer vos bijoux fantaisie en métal, faites-les tremper dans de l'alcool pendant cinq minutes. Rincez-les à l'eau chaude et essuyez-les avec un chiffon non pelucheux. Faites tremper les colliers en pierres dures dans du détergent liquide non dilué pendant 15 minutes. Rincez et essuyez avec un chiffon de flanelle. Procédez de la même manière avec des bijoux de valeur, mais diluez le détergent de moitié avec de l'eau tiède.

Colocation

Partager un appartement avec un ami ou une amie peut être une bonne solution pour se loger à moindres frais.
1. Exposez votre point de vue sur les questions qui deviennent facilement des points épineux : ménage, cigarette, musique, télévision, etc.
2. Bonne éducation et courtoisie sont indispensables à une bonne entente. Dès le départ, établissez des règles précises pour l'usage de la salle de bains et de la cuisine, les amis que l'un et l'autre pourront inviter, les heures de sommeil à respecter, le partage des factures communes, les corvées.
3. Deux lignes téléphoniques évitent bien des malentendus.

4. Réglez les petites frictions inévitables en en discutant avec calme... et humour.

Compacteur de déchets ménagers

1. Évitez d'avoir à nettoyer souvent votre compacteur. Enveloppez les détritus mouillés, comme la pulpe de fruits, dans une ou deux épaisseurs de papier journal avant de les jeter.
2. Pour un meilleur compactage, chargez les objets rigides (boîtes de conserve, bouteilles...) au centre du tiroir, sur un coussin de papier.
3. Pour plus d'efficacité, attendez que le tiroir soit rempli au tiers avant de faire marcher l'appareil.
4. Ne jetez pas dans le compacteur les vêtements, les boîtes contenant un reste d'essence, de peinture ou de dissolvant, les bombes aérosols ou les récipients ayant contenu de l'insecticide, les produits pour faire démarrer les moteurs et tous produits nocifs ou explosifs.

Compas à calibrer

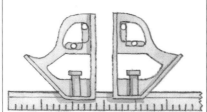

1. Mesurez le diamètre extérieur d'un objet rond avec une clé à molette : placez les mâchoires de la pince sur la largeur de l'objet et mesurez l'espace entre les mâchoires. Pour des tubes, cherchez la clé plate qui rentre exactement et relevez la valeur inscrite sur la clé. Si vous avez des équerres, glissez les deux pieds sur une règle, face à face, et amenez-les en butée contre l'objet. Lisez le nombre de centimètres sur la règle.
2. Pour mesurer la circonférence d'un tuyau ou d'un cylindre, utilisez un ruban à mesurer. Divisez le résultat obtenu par 3,14 pour calculer le diamètre.

Comportement au bureau

1. Une façon d'utiliser efficacement les rumeurs de couloir est de les écouter attentivement, mais de ne jamais les répéter. Vous aurez là une source importante d'informations tout en vous faisant apprécier pour votre discrétion. Votre crédit augmentera auprès des « bavards », qui se sentiront écoutés.
2. Évitez de divulguer à tous et à chacun vos idées concernant l'organisation ou l'évolution de votre travail. Discutez-en directement avec vos supérieurs.
3. Si un collègue vous est plutôt antipathique, restez discret, ne le faites pas sentir. Montrez-vous plus efficace professionnellement, vous assumerez mieux les contraintes de la vie collective.
4. Ne bâtissez pas votre carrière sur la flatterie. Avec des projets clairs et précis, vous ferez preuve d'une plus grande intelligence.

Compost

Vos épluchures ou autres déchets ménagers peuvent se transformer en compost. Fanes de légumes, feuilles mortes, brindilles broyées, cendre de bois et terre franche composent les « recettes » les plus simples. Dans tous les cas, évitez la viande, les os entiers et les mauvaises herbes en graines. Disposez tous ces déchets en tas de 1,20 m de large sur 1 m de haut. À chaque apport, mélangez les nouveaux ingrédients hachés finement, puis couvrez de terre de jardin. Arrosez régulièrement le tas avec de l'eau, additionnée ou pas d'un produit activateur de compost (qui se vend avec les produits de jardinage). Sitôt la hauteur totale atteinte, le tas doit être bâché pour se transformer sûrement en compost. Tant pis pour les oiseaux qui aiment venir y piquer quelques vers.

Pour éviter de propager des maladies dans le jardin, le compost doit être utilisé bien mûr. Toutes les quatre à six semaines, retournez le tas pour assurer l'homogénéité du mélange. Ramenez les couches périphériques vers l'intérieur, et vice versa, le haut en bas et inversement. Après cette manipulation, arrosez à nouveau et replacez la bâche sur le tas.

Composteur (bac à compost)

1. Un bidon de 200 litres peut servir de bac à compost. Supprimez le fond et le couvercle pour obtenir un cylindre ouvert et placez celui-ci dans un coin frais et discret du jardin, accessible avec la brouette. Avant de le remplir de déchets du jardin et de la cuisine, percez-le régulièrement pour favoriser l'aération du compost, indispensable à la vie microbienne. Obturez le fond avec un grillage fin pour permettre l'écoulement des liquides sans perdre les matières sèches, puis posez le bidon sur un socle de briques ou de blocs de béton. Prenez soin de le couvrir avec une planche : couvert et exposé au soleil sur tout son pourtour, il permet un compostage rapide (entre deux et quatre mois) grâce à la température élevée qui y règne. (Voir aussi Compost, p. 61.)

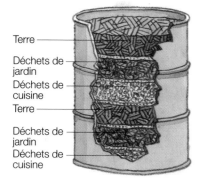

Terre —
Déchets de jardin
Déchets de cuisine
Terre —
Déchets de jardin
Déchets de cuisine

Comprimés

1. Pour ne pas vous étrangler, avalez toujours un comprimé avec un verre d'eau : vous éviterez qu'il ne se glisse dans la minuscule poche située entre le haut de la gorge et le larynx.
2. Évitez d'écraser les comprimés car ils sont souvent fabriqués de

façon que l'absorption du médicament s'étale sur une journée. Les écraser supprimera cette propriété.
3. Si votre enfant refuse d'avaler un comprimé, enrobez-le dans une cuillerée de confiture ou dans une bouchée de fromage fondu. (Voir aussi Médicaments, p. 146.)

Concentré de tomate

1. Préférez le concentré de tomate en tube, plus facile à conserver que les boîtes. Sinon, versez le contenu d'une boîte entamée dans une petite boîte de plastique alimentaire. Vous le conserverez un mois dans le réfrigérateur.
2. S'il vous manque du concentré, faites réduire de moitié du coulis nature à feu doux.
3. Vous pouvez aussi remplacer le concentré par autant de ketchup épicé relevé de quelques gouttes de vinaigre de vin vieux.

Concours

Vos chances de gagner à une loterie ou à un concours sont minimes (de 1 sur 50 si c'est un bingo, à 1 sur 10 millions, ou moins encore, pour les tirages et loteries officiels). Cependant, vous pouvez améliorer ce taux.
1. Si le règlement le permet, envoyez le plus de réponses possible, séparément et à différentes dates.
2. Participez à des concours à délais limités. La meilleure période est l'été car beaucoup de participants potentiels sont en vacances.
3. Suivez le règlement à la lettre et envoyez vos réponses à temps.
4. Choisissez des concours autorisant l'envoi de photocopies ou de copies manuscrites comme bulletins-réponses et rédigez vos réponses sur du papier de couleur, vous augmenterez peut-être vos chances au tirage. Ou bien pliez votre formulaire de façon compliquée afin qu'il ressorte parmi les autres pendant le tirage.
5. Adhérez à un club de concours : à plusieurs, il est plus facile de trouver les bonnes réponses.

Conducteurs âgés

Dans certaines provinces, on donne des cours de recyclage pour les conducteurs vieillissants. Ce service n'existe pas au Québec. Ici, à compter de leur 70e anniversaire, les conducteurs doivent subir un examen médical complet et un examen de conduite tous les deux ans pour renouveler leur permis.
1. Pour vos déplacements quotidiens, adoptez le chemin qui présente le moins de risque. Évitez si possible les intersections dangereuses, les voies rapides, les routes achalandées. Le choix de la couleur de votre auto a une certaine importance ; les couleurs claires sont plus facilement visibles pour les autres conducteurs.
2. Quand vous aurez décidé d'arrêter de conduire, il reste les transports publics, ou une compagnie de taxis fiable. Certains organismes communautaires offrent des services bénévoles pour aider les personnes âgées à se déplacer.

Consignes de sécurité

L'affichage de consignes de sécurité en cas d'incendie est obligatoire dans tous les établissements publics, dans ceux où sont manipulées des matières inflammables et dans les immeubles de grande hauteur. Néanmoins, il est vivement conseillé d'étendre cette pratique à tous les locaux de travail comme aux divers immeubles d'habitation, voire à votre maison individuelle dès qu'elle comprend deux étages. Doivent impérativement, et au minimum, y figurer :
1. L'indication du matériel d'extinction et de sauvetage sur lequel on peut compter dans les locaux ou leurs abords (suivie éventuellement de la désignation précise des responsables de sa mise en œuvre).
2. Le plan des locaux avec, clairement représentés, les chemins à emprunter pour quitter les lieux aussi rapidement que possible.
3. Le numéro de téléphone des secours d'urgence est le 911.

Constipation

Bien qu'ils soient largement utilisés, les laxatifs résolvent rarement le problème car ils engendrent une accoutumance et peuvent même constiper davantage.

1. Doublez votre consommation d'aliments riches en fibres de cellulose. Cependant, toutes les fibres n'ont pas les mêmes propriétés : celles des pâtes et du riz complet sont efficaces contre la constipation ; celles des fruits et des légumes le sont moins. Pour tirer tout le bénéfice des fibres, il faut qu'elles soient hydratées : buvez 2 litres d'eau par jour, tant entre les repas que pendant.

2. Marchez au moins 30 minutes par jour. Si vous le pouvez, faites de la natation ou du jogging.

3. Quelles que soient vos habitudes, allez à la selle dès que le besoin s'en fait sentir. Remettre cette opération à plus tard est à l'origine de bien des constipations. Enfin, certains médicaments peuvent être en cause : les pansements gastriques, les diurétiques, des produits contre l'hypertension et des antidépresseurs, entre autres.

Contre-plaqué

1. Stockez le contre-plaqué de préférence à plat afin qu'il ne se déforme pas. Si vous le rangez sur la tranche, posez-le sur des cales en bois de façon que le bord n'absorbe pas l'humidité du sol.

2. Pour préserver les bords contre l'humidité, frottez-les avec un morceau de paraffine ou de bougie.

3. Lorsque vous coupez du contre-plaqué avec une scie à main, placez la face lisse (c'est-à-dire l'endroit) vers le haut, de façon que tout éclatement de bois se produise sur l'envers. Si vous utilisez une scie circulaire ou une scie sauteuse, placez la face lisse vers le bas.

4. Afin d'éviter les éclats de bois, couvrez la ligne de coupe avec du ruban adhésif et marquez le ruban.

5. Vous pouvez aussi tracer la ligne de coupe avec un couteau, juste assez profondément pour pénétrer le placage supérieur : les éclats de bois se casseront proprement sur la ligne gravée.

6. Faites une finition au bord du contre-plaqué avec du ruban de placage en mélamine ou en plastique thermocollants.

7. Le contre-plaqué se gondole parfois lorsque la couche de placage supérieure se détache de la couche centrale. Pour y remédier, tranchez l'endroit gondolé avec un couteau universel et mettez un peu de colle à l'intérieur. Étalez-la avec un morceau de carton, puis recouvrez la zone avec du papier ciré. Lestez toute la nuit avec de gros livres (ou sous presse).

8. Ne jetez pas une feuille de contre-plaqué parce qu'elle est gauchie ou gondolée. Mouillez le côté concave, puis posez des poids sur la feuille bien à plat. Si cela est sans résultat, gardez la feuille pour les découpes de petites pièces.

Convulsions

Lorsque quelqu'un devient soudain rigide, puis agité de mouvements saccadés et violents, vous vous trouvez devant le début d'une crise de convulsions.

1. Allongez la personne sur le sol loin de tout objet contre lequel elle pourrait se blesser. Desserrez ses vêtements et ôtez ses chaussures.

2. Demeurez à ses côtés, mais ne tentez pas de la maintenir au sol ou de placer quoi que ce soit dans sa bouche. Peu de gens mordent ou avalent leur langue durant une crise mais ils risquent de se casser les dents ou de s'étouffer s'ils ont quelque chose dans la bouche. Les convulsions, d'origine épileptique ou autre, durent de deux à cinq minutes. La victime bave, son visage et ses lèvres bleuissent.

3. La crise terminée, rincez la bouche du malade s'il a vomi. Installez ensuite la personne confortablement sur le côté, la tête plus bas que le corps, pour lui permettre de respirer sans entrave.

Coquerelles

Les coquerelles (blattes ou cafards) s'installent dans les endroits sombres, humides et chauds : sous les éviers, derrière les cuisinières et les réfrigérateurs et même dans les plis des tentures ou à l'intérieur des tringles à rideaux. Leurs œufs sont portés par les femelles dans un petit sac (oothèque) et leurs larves sont dissimulées sous les baguettes et les plinthes ou dans les fentes du bois.

1. Aspirez les coquerelles avec l'embout suceur de votre aspirateur, puis brûlez le sac.

2. Maintenez une propreté rigoureuse dans vos placards et sous l'évier pour éliminer leurs réserves de nourriture. Utilisez un désinfectant ménager (eau de Javel diluée) dont vous remplirez un petit pulvérisateur pour atteindre tous les recoins, ou étendez de l'acide borique ou du gel de silice en cristaux.

3. On trouve dans le commerce des appâts à coquerelles à base d'hydramethylnon. Sachez que les insectes iront mourir dehors après s'en être nourri.

Corde à sauter

Dix minutes de sauts rapides à la corde équivalent à 30 minutes de jogging. Sautez avec une corde à linge de 3 m ; en guise de poignées, faites un nœud à chaque extrémité et enroulez du ruban adhésif sur une largeur de 7 à 10 cm avant chaque nœud. Si vous n'avez rien qui puisse servir de corde, remémorez-vous vos gestes d'enfant et amusez-vous à sauter avec une corde fantôme.

Entraînez-vous sur un tapis et portez des chaussures de sport ou de jogging avec un bon support de

la voûte plantaire. Commencez en laissant la corde traîner derrière vous, les bras à 15 à 25 cm de vos hanches. Faites passer la corde en avant à partir des coudes, sautez à pieds joints ou, si vous vous sentez plus à l'aise, sautez sur un pied après l'autre. Vos pieds ne doivent pas se lever trop haut.

Vous pouvez varier en montant bien les genoux ou en lançant les pieds loin derrière. Sautez 30 secondes et reposez-vous 30 secondes. Faites cela 10 fois de suite et augmentez peu à peu les temps de repos et de sauts, jusqu'à 1 minute par période pour une durée totale de 20 minutes. Diminuez ensuite progressivement les pauses pour sauter 20 minutes d'affilée à une fréquence cardiaque comprise dans une fourchette aérobie.

Cordon coulissant

1. Si un cordon sort fréquemment de sa coulisse, c'est que celle-ci est trop large. Resserrez-la en la piquant à la machine à l'aide du pied ganseur au ras du cordon, ou bien faites un double nœud à chaque extrémité du cordon.

2. Trempez les bouts de cordon dans du vernis à ongles incolore, cela évitera qu'ils ne s'effilochent.

3. Pour enfiler un cordon dans une coulisse, enfilez une des extrémités sur une épingle à ressort et poussez celle-ci dans la coulisse.

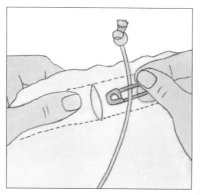

Cordons électriques

1. Pour ranger de façon ordonnée des rallonges électriques ou des cordons servant à des appareils électriques, pliez-les séparément en accordéon et maintenez-les avec un élastique ou une attache métallique. Étiquettez-les.

2. Rangez les cordons pliés dans des ronds de serviette ou des rouleaux vides de papier de toilette.

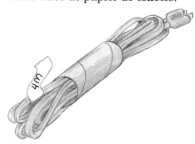

3. Lorsque vous rangez des appareils qui portent des cordons permanents, évitez qu'ils ne s'entortillent en les pliant en accordéon. Maintenez avec un élastique.

Cornet à crème glacée

Lorsque vous êtes en panne de cornet, improvisez !

1. Les tulipes : elles se préparent en un rien de temps. Fouettez 2 blancs d'œufs à la fourchette en y ajoutant 100 g de sucre, 60 g de farine et 60 g de beurre fondu. Étalez la pâte par cuillerées à table sur

une tôle non graissée et faites cuire les tulipes 10 minutes. Dès leur sortie du four, moulez-les dans des bols : elles durcissent très rapidement. Dès qu'elles sont froides, vous pouvez les garnir de crème glacée.

2. Les gâteaux : découpez-les en carrés, et enfermez une tranche de crème glacée entre deux carrés.

3. Les macarons et les meringues : légèrement creusés, ils font de parfaits réceptacles.

4. Le pain pita : placez la boule de crème glacée dans un cornet souple de pita. C'est meilleur que vous ne pouvez l'imaginer. Mais, s'il vous plaît, pas de pita à l'ail.

Coucher des enfants

La plupart des enfants adorent le rituel du coucher, qui assure la transition entre le jeu et le sommeil. Ils y voient une routine rassurante qu'il faut tenter de rompre le moins souvent possible.

1. En l'absence des parents, la personne qui garde les enfants doit connaître leurs habitudes. Mettez-les par écrit.

2. Avant de partir, fixez avec les enfants et la gardienne l'heure d'aller au lit et, si vous le pouvez, celle de votre retour. Promettez aux enfants de venir leur dire bonsoir en rentrant.

3. Si vous avez des invités, laissez les enfants leur dire bonsoir, puis couchez-les vite en les autorisant à lire ou à jouer dans leur lit un peu plus tard que d'habitude.

Couleurs dans la maison

La répartition des couleurs dans une pièce lui confère son atmosphère et peut créer des illusions. Des couleurs claires sur les murs agrandissent la pièce, des couleurs sombres la font paraître plus intime. Le rouge, l'orange et le jaune suscitent le dynamisme et la bonne humeur ; le bleu, le vert et le violet incitent au calme et à la sérénité.

1. Choisissez la couleur d'un objet décoratif que vous aimez : tapis, chaise, vase, tableau... Utilisez-la comme base de camaïeu, c'est simple et toujours harmonieux.

2. Vous préférez moins classique ? Ajoutez des couleurs. Des couleurs fondues, telles que bleu, bleu-vert et vert, créent une harmonie naturelle. Des couleurs opposées (le rouge et le vert, par exemple) font une combinaison complémentaire qui rend mieux lorsqu'une couleur prédomine et que l'autre n'apparaît que par petites touches. Les couleurs complémentaires étant difficiles à manier, faites des essais sur de petites surfaces.

3. Pour être sûr d'acheter la peinture, le papier mural, le tissu et la moquette assortis, rassemblez dans la pièce tous les échantillons qui la concernent.

4. Les peintures peuvent être additionnées de colorants universels pour obtenir la teinte exacte que vous désirez. Si vous devez utiliser plusieurs pots, versez-les dans un grand récipient et teintez toute la peinture en même temps pour être sûr d'avoir un coloris uniforme. Reversez ensuite dans les pots. Quelle que soit la couleur que vous utilisez, peignez d'abord une petite surface (un carton blanc) et laissez-la sécher une journée. Vous pourrez ainsi juger de son effet avant de l'utiliser.

5. Amusez-vous à teindre les tissus dans les coloris qui vous plaisent. Vous trouverez dans le commerce des teintures liquides ou en poudre à utiliser en machine à laver. Elles conviennent aux tissus en fibres naturelles tels que le coton, le lin, la rayonne, la soie, la laine, ainsi qu'au nylon, à l'acétate et aux tissus mélangés. Bien que le polyester et l'acrylique n'acceptent pas ces teintures, les tissus qui en contiennent se teignent à peu près correctement.

Coup de chaleur

À l'occasion d'un exercice physique intense et prolongé, surtout par temps chaud et humide et si l'on est trop couvert, il y a risque d'un épuisement par la chaleur. Les symptômes en sont une peau moite, froide et grisâtre, une transpiration abondante, des vertiges, des nausées et des maux de tête ; la respiration et le pouls deviennent rapides et faibles ; la victime a le sentiment qu'elle va s'évanouir et l'évolution peut aller vers la perte de connaissance.

Faites asseoir ou s'allonger la victime de ces symptômes dans un endroit aéré et frais et déshabillez-la. Si elle est consciente, faites-lui boire un litre d'eau mais n'essayez surtout pas de la faire boire si elle a perdu connaissance.

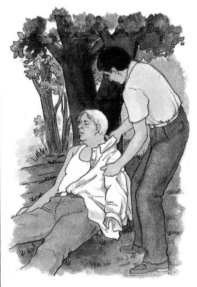

Au bout de 30 minutes sans amélioration, il y a risque de coup de chaleur et de perte de connaissance, avec pupilles dilatées et convulsions. Il faut tout mettre en œuvre pour refroidir rapidement le sujet : enveloppez-le dans des serviettes et des draps trempés dans de l'eau froide, placez-lui des sacs de glace derrière les genoux, à l'aine, aux poignets et de chaque côté du cou. Faites-le transporter à l'hôpital par un service d'urgence. Si l'hospitalisation ne peut se faire dans de très brefs délais, plongez le sujet dans de l'eau aussi froide que possible en le soutenant.

Coup de soleil

1. Pour un soulagement rapide, prenez un bain froid avec des flocons d'avoine (voir aussi Démangeaisons, p. 75) et étendez une crème hydratante et apaisante. Appliquez des compresses froides pendant 10 à 15 minutes plusieurs fois par jour. Repassez de la crème.

2. Buvez beaucoup d'eau pour empêcher la déshydratation.

3. Pour soulager le malaise général, prenez de l'aspirine ou un succédané (voir p. 23).

Attention ! Si vous souffrez beaucoup et si votre pouls bat de façon anormale, si vous avez des œdèmes ou de la fièvre, consultez absolument un médecin.

Coupe-fil

1. Vous pouvez couper du fil électrique ou du câble avec un ciseau à froid et un marteau.

2. Pour couper du câble très épais, utilisez une scie à métaux.

3. Si vous coupez du fil à la tronçonneuse à disque, protégez vos yeux.

4. Utilisez une pince universelle (conçue pour couper du fil mince).

5. Si vous n'avez rien d'autre, un sécateur coupera un fil de fer mince, mais vous abîmerez la lame. N'oubliez pas de le réaffûter avant de l'utiliser sur les rosiers et les buissons.

6. Pour couper un câble d'acier multibrins, faites fondre de la soudure à l'étain sur la partie à couper. Elle maintiendra les brins pendant et après la coupe.

Couple et travail

Vous travaillez tous les deux et trouvez que vous n'êtes pas assez souvent ensemble. Cherchez tous les moyens de concilier au mieux votre vie professionnelle et votre vie privée.

1. Choisissez le dimanche pour faire le point. Agendas en main, comparez vos contraintes professionnelles. Prenez rendez-vous pour un dîner en tête à tête au restaurant, un spectacle, ou tout simplement une soirée à deux à la maison, sans souci professionnel au programme. Inscrivez-le à votre agenda. N'annulez sous aucun prétexte, débranchez le téléphone. De par leur rareté, vous apprécierez d'autant plus ces moments à vous. Ils vous aideront à faire face à un emploi du temps chargé.

2. Répartissez les tâches domestiques et confiez des tâches simples aux enfants, même petits. Décrétez ensemble d'un tour de rôle pour débarrasser la table, vider le lave-vaisselle... (Voir aussi Tâches ménagères, p. 212.)

3. Groupez vos courses au supermarché (une seule fois dans la semaine) et, autrement, servez-vous du dépanneur. Stockez les produits de ménage et les denrées non périssables si vous avez la place. Faites-vous livrer les courses encombrantes ou lourdes.

Coupure d'électricité

Organisez-vous pour atténuer les inconvénients d'une coupure de courant inopinée et prolongée.

1. Gardez en réserve des lampes de poche (dont une lampe torche puissante) et des piles. Ayez toujours un poste de radio à piles sous la main.

2. Vérifiez régulièrement que vous détenez une bonne quantité de bougies (avec des supports), une lampe à pétrole et un réchaud de camping en état de marche.

3. À défaut de blocs réfrigérants (à l'ammoniaque), ayez toujours deux cartons à lait pleins d'eau dans le congélateur. Si la panne doit se prolonger, transférez rapidement l'un de ces cartons et la nourriture pour le lendemain du congélateur au réfrigérateur ; profitez-en pour prendre dans celui-ci des aliments frais destinés à la consommation du jour. Refermez bien et n'ouvrez plus que lorsque ce sera absolument nécessaire. Ainsi, vous maintiendrez plus longtemps le froid. Au retour du courant, n'hésitez

pas à jeter les aliments décongelés en surplus.

4. Veillez à ce que les appareils électroménagers, le téléviseur, l'ordinateur, etc., ne restent pas allumés (risque de surtension au rétablissement du courant).

Coupures et écorchures

La gravité d'une coupure dépend de sa taille, de sa profondeur et de l'importance de l'hémorragie. Même douloureuses, les petites coupures et les écorchures sont bien rarement dangereuses. Nettoyez-les doucement avec de l'eau et du savon non parfumé, puis appliquez une crème antibiotique et couvrez avec un pansement (voir p. 163).

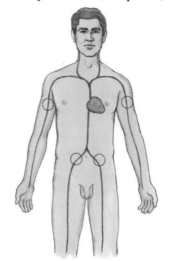

Les cercles rouges indiquent les points de compression permettant de stopper une hémorragie.

HÉMORRAGIE IMPORTANTE

Avant de soigner une coupure profonde, il faut commencer par stopper l'hémorragie.

1. Appuyez fortement et directement sur la blessure.

2. S'il s'agit d'un membre, il convient de le surélever, sauf en cas de fracture ou de présence de corps étranger. Si l'on suspecte un traumatisme de la colonne vertébrale, ne pas bouger le blessé du tout.

3. Si la pression directe et l'élévation ne suffisent pas à arrêter l'hémorragie, trouvez un point de

compression sur une grosse artère entre le cœur et la blessure (voir schéma). Là où vous pouvez palper le pouls, comprimez fermement l'artère avec le pouce.

4. Lorsque l'hémorragie a cessé ou fortement diminué, recouvrez totalement la blessure d'un linge propre, puis appliquez un gros pansement stérile. Entourez le pansement de larges bandes de tissu et appelez le médecin.

Coupures de journaux

1. Pour empêcher vos coupures de journaux de jaunir, préparez une solution avec un comprimé de lait de magnésie dans 1 litre d'eau gazeuse et laissez reposer toute la nuit. Agitez et laissez tremper vos coupures dans la solution pendant une heure ; épongez avec un essuie-tout et laissez sécher sur une moustiquaire.

2. Si vos coupures ont pris l'humidité, débarrassez-vous de l'odeur en les laissant sécher au soleil. S'il pleut, utilisez un séchoir à cheveux ou une chaufferette électrique au degré minimum. Puis saupoudrez-les avec de la fécule de maïs pour absorber le reste d'humidité. (Voir aussi Photo, p. 171.)

Cour des petites créances

Si le montant de votre réclamation est inférieur à 1 000 $ (au Québec, cette limite doit bientôt être majorée), vous épargnerez temps et argent en vous adressant à la Cour des petites créances.

1. Obtenez un formulaire de réclamation auprès du bureau régional de la Cour des petites créances, inscrit dans l'annuaire téléphonique. Vous devrez débourser des frais de 15 $ ou de 25 $ selon que le montant de votre réclamation est supérieur ou non à 250 $. Ces frais d'ouverture du dossier vous seront remboursés si vous gagnez votre cause.

2. Après avoir complété votre formulaire, le greffier vous assignera une date d'audition et un numéro de cause qu'il faudra noter pour référence ultérieure. Assurez-vous que votre avis de réclamation a bien été expédié à l'intimé. C'est vous qui devez produire son adresse. La cour ne peut procéder si l'intimé n'a pas été avisé.

3. Préparez votre dossier. Recueillez tous les documents pertinents : s'il s'agit d'un article endommagé, apportez-le, sinon une photo. Assignez vos témoins. En cas d'empêchement de la part de ceux-ci, informez-vous si la cour accepte des déclarations écrites.

4. Si possible, allez assister à d'autres auditions pour vous familiariser avec les procédures.

5. La cour peut vous proposer d'aller en arbitrage, devant un avocat généralement, de façon à éviter des délais d'audition et en arriver à un compromis acceptable. Le juge, quant à lui, ne fera qu'entendre les faits avant de rendre une décision.

6. En tant que requérant, c'est vous qui témoignerez en premier. Racontez les faits d'une façon simple et franche. Quand on vous interroge, répondez directement et honnêtement. N'en dites pas plus que nécessaire. Si vous ne vous rappelez pas bien quelque chose, dites-le. Ne vous laissez pas impressionner au point d'admettre des faits inexacts.

7. Dans certaines provinces vous pouvez en appeler d'une décision, pas au Québec.

8. Si vous gagnez et que l'intimé refuse de payer, le greffier émettra un bref d'exécution qui vous permettra de vous saisir de biens de l'intimé jusqu'à remboursement de votre réclamation.

Courant d'air

Le courant de convection froid, issu des fenêtres, des murs non isolés ou des portes vitrées, circule sur le sol. En isolant murs et plafonds au maximum et en ajoutant un double vitrage aux fenêtres, vous empêcherez sa formation. Un double vitrage en matière plastique est également efficace, ainsi que le voile thermorétractable collé en périphérie et tendu avec un sèche-cheveux.

Les fuites d'air sont les autres responsables de courants d'air dans une maison. Il existe au moins six points vulnérables :

BAS DE PLINTHE

Supprimez le jour entre mur et plancher avec un calfeutrant de silicone ou d'acrylique.

CHEMINÉE

Fermez l'obturateur de conduit et les bouches d'aération lorsque le feu est complètement éteint.

FENÊTRES ET PORTES

Calfeutrez les fenêtres et les portes donnant sur l'extérieur avec un composé de silicone d'acrylique ou des joints de calfeutrage adhésifs.

GRENIER

Calfeutrez la porte d'accès. Isolez le plancher ou la sous-toiture. Calfeutrez les fenêtres et toutes les ouvertures (évents, etc.).

SORTIES D'INTERRUPTEUR OU DE PRISE ÉLECTRIQUE

Retirez l'interrupteur et la plaque protectrice et emplissez les interstices encadrant la boîte avec un calfeutrant en mousse.

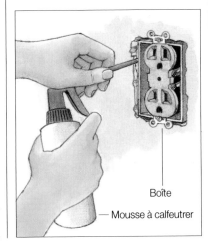

Boîte

— Mousse à calfeutrer

PIECE INUTILISÉE

Condamnez-la. Pour l'isoler du reste de la maison, calez une vieille bande de tapis sous la porte ou fixez un bas de porte.

Courgette

1. Pour empêcher les vers des courgettes d'endommager votre récolte, trempez les graines dans du kérosène pendant la nuit qui précède le semis. Une précaution valable aussi pour les graines de citrouille et de melon. L'odeur persistante du kérosène éloigne les mouches qui viennent habituellement pondre dans les graines.

2. En cas de surproduction de courgettes, goûtez les fleurs de courgette. Faites-les revenir à la poêle dans du beurre ou servez-les crues dans une salade verte.

Cours par correspondance

Vous pouvez compléter des études de différents niveaux sans bouger de la maison en vous inscrivant à des cours par correspondance ou à Télé-Université. Ces services sont généralement disponibles pour permettre aux personnes limitées dans leurs déplacements de compléter des études.

Vous pouvez obtenir des crédits universitaires, apprendre des méthodes de gestion ou réorienter une carrière de cette façon. Les coûts sont beaucoup moindres et vous travaillez à votre rythme.

Pour plus de détails, consultez le répertoire des cours par correspondance des universités canadiennes. Ce répertoire est disponible au Bureau des publications, Association des universités et collèges du Canada, 151, rue Slater, Ottawa, Ont. K1P 5N1, ou en téléphonant au (613) 563-1236.

Certains organismes professionnels et des institutions privées proposent des programmes de formation dans divers domaines comme la comptabilité, le marketing, les opérations bancaires. Consultez l'Association des universités et collèges à l'adresse donnée ci-haut.

Courtier

1. Au moment de choisir un courtier, ayez à l'esprit le type de placements que vous désirez réaliser. Si vous visez par exemple à vous constituer un portefeuille stable en investissant dans des valeurs sûres, vous ne vous sentirez pas à l'aise avec un courtier qui vous recommande des placements spéculatifs ou des valeurs volatiles. Cherchez le courtier qui vous convient et n'hésitez pas à en changer au besoin. Vos collègues ou amis peuvent peut-être vous en recommander un.

2. Au lieu de faire vos acquisitions par l'intermédiaire d'un courtier, tirez parti des programmes de réinvestissement des dividendes qu'offrent bien des grandes sociétés. Vous n'aurez pas à payer de commission et pourriez même bénéficier d'un escompte sur le prix des actions.

3. Vous pouvez aussi éliminer la commission à la vente en vous occupant vous-même de vendre vos actions. Apposez votre signature à l'endos du certificat d'action puis faites valider votre signature à votre banque à charte pour vous prémunir contre les faussaires. Inscrivez ensuite le nom, le numéro d'assurance sociale et l'adresse de l'acheteur.

Relevez, sur le certificat, le nom et l'adresse de l'agent des transferts de la société dont vous détenez des actions ou obtenez-le en communiquant avec le service chargé des relations avec les actionnaires de la compagnie. Expédiez le certificat à l'agent des transferts par courrier recommandé, en prenant soin d'en conserver une photocopie, et joignez-y une lettre expliquant votre transaction. L'agent émettra un certificat au nom du nouveau détenteur.

4. Si vous avez à la maison un ordinateur personnel, vous pouvez avoir accès, moyennant certains droits, à la base de données d'un courtier. Bien que vous ne puissiez pas acheter ou vendre des actions par l'entremise d'un tel service, vous pouvez suivre de près l'évolution du marché et rechercher les bonnes occasions.

LES ORDRES

Précisez clairement :

1. la nature de l'ordre : achat ou vente ;

2. la quantité des titres, sans confusion possible ;

3. la nature du titre : actions ou obligations et son code ;

4. le cours souhaité de la transaction ;

5. le temps ou la durée de validité de l'ordre : le jour même, la semaine, jusqu'à la fin du mois, jusqu'à liquidation pour les valeurs cotées.

Courtilière et scarabée

COURTILIÈRE

Débarrassez-vous des courtilières qui cherchent à grignoter les parties souterraines de vos légumes en sol humide.

1. Piégez-les ainsi, de mai à septembre : enterrez jusqu'au ras du sol des boîtes de conserve ; versez-y quelques gouttes d'essence de térébenthine pour les attirer. Les courtilières tomberont dans ces pièges durant la nuit sans pouvoir remonter. N'oubliez pas de vider les boîtes régulièrement.

2. Versez un insecticide végétal à base de pyréthrine ou de roténone dans les orifices verticaux qui abritent les insectes dans le sol.

3. Détruisez les nids avec une bêche : on les reconnaît à de petits monticules de terre cernés de débris végétaux. Creusez jusqu'au centre du nid, où se trouvent les œufs de courtilière, ramassez-les et brûlez-les.

SCARABÉE JAPONAIS

On peut contrôler ces insectes nuisibles aux plantations de différentes façons :

1. Faites-les tomber sur un drap tôt le matin avant qu'ils ne soient assez réveillés pour s'envoler et jetez-les dans un seau d'eau savonneuse ou de kérosène.

2. Servez-vous d'une boîte de salade de fruits en conserve pour en faire un piège. Ouvrez la boîte et laissez fermenter au soleil pendant une semaine. Installez-la ensuite sur des briques au milieu d'un seau de couleur pâle, placé à 10 m du plant à protéger. Remplissez le seau d'eau jusque sous le rebord de la boîte de conserve. Les scarabées, attirés par l'odeur sucrée des fruits, vont s'envoler vers le seau, tomber dans l'eau et se noyer. Recouvrez votre piège lorsqu'il pleut.

3. Vaporisez les scarabées avec un savon insecticide, de l'alcool ou de la pyréthrine.

4. Pour une solution définitive, utilisez un insecticide biologique (Bacillus papiliae) sur la pelouse ; en deux ans, les larves seront détruites.

Coussin

1. Récupérez chez un tapissier, un décorateur ou un rembourreur des liasses d'échantillons démodés qui n'ont plus d'usage et faites-en des coussins. La variété de ces superbes rectangles de soie, de coton ou de velours vous permettra de trouver une multitude de couleurs en harmonie avec chaque pièce de votre appartement.

2. Pour remplir des coussins rapidement sans que les plumes ou le kapok ne volent de tous côtés, utilisez un sac en plastique ouvert à chaque extrémité, dans lequel vous glisserez la main.

3. Redonnez du gonflant à un coussin aplati en le mettant dans une sécheuse avec des balles de tennis. Réglez la sécheuse sur « doux » ou « synthétique » et laissez tourner cinq minutes.

4. Maintenez en place les coussins de chaise en cousant des rubans aux coins arrière, ou du Velcro.

5. Confectionnez des coussins de chaise en coupant un morceau de mousse d'ameublement de 4 cm d'épaisseur à la taille du siège. Recouvrez ensuite de tissu. (Voir aussi Rembourrage, p. 195.)

Couverts de table

Il existe des ustensiles spécialement conçus pour les personnes handicapées : manches très épais pour ceux qui ont des problèmes de préhension, couteaux à roulette pour les manchots. Renseignez-vous auprès d'un magasin de fournitures médicales ou d'un institut de réhabilitation.

Pour un repas improvisé, un certain nombre d'objets peuvent servir de couverts après, bien sûr, avoir été soigneusement nettoyés.

1. Comme couteau, vous pouvez utiliser une lime à ongles en métal, un coquillage ou le bord tranchant d'une boîte de papier d'aluminium.

2. Comme assiette, un couvercle de boîte, de larges feuilles d'arbre recouvertes d'une serviette en papier, un filtre à café aplati.

3. Comme fourchette, une petite branche ou une épingle.

4. Comme cuillère, un coquillage, une pierre creuse, une « cuillère » moulée dans du papier d'aluminium et même un croûton de pain dont vous aurez enlevé la mie.

5. Comme tasse ou comme verre, une demi-orange ou un demi-pamplemousse débarrassés de leur pulpe, un jeu des enfants (un de leurs cubes creux empilables, par exemple), du papier d'aluminium, qui se prête très bien à toutes sortes de formes. Ou encore, prenez une feuille carrée de papier fort. Rabattez le coin A sur le coin B et formez la pliure. Rabattez le coin D sur le bord BC, puis rabattez le

coin C comme il est indiqué sur le schéma. Terminez en pliant vers l'extérieur les pointes restantes. Vous obtenez là un gobelet très honorable.

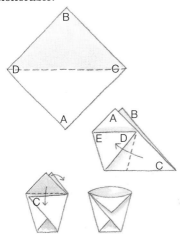

Couverture chauffante

1. Pour votre confort, branchez votre couverture chauffante une heure avant d'aller vous coucher. Débranchez-la au moment où vous vous glissez dans les draps.

2. Pour augmenter l'efficacité de la couverture, placez une doublure isolante dessus et masquez-la par un couvre-lit.

Covoiturage

Le covoiturage permet des économies de temps et d'argent et certains employeurs accordent des privilèges, tel un stationnement gratuit aux employés qui utilisent leur automobile à cette fin.

RECHERCHE D'UN CIRCUIT DE COVOITURAGE

1. Vérifiez auprès de votre employeur s'il existe déjà un tel circuit. Sinon essayez d'en organiser un avec d'autres employés.

2. Informez-vous auprès de la société municipale ou régionale de transport des façons de mettre sur pied un circuit de covoiturage.

3. Dans certaines provinces, en Ontario par exemple, des zones de stationnement sont spécialement réservées aux personnes qui pra-

AU TEMPS JADIS

L'évolution des couverts

Vraisemblablement, la première cuillère fut le creux de la main. Mais la découverte du feu, donc de la cuisine, obligea nos ancêtres à tailler des récipients dans du bois ou de la pierre ou à les mouler dans de l'argile.

Les couteaux les plus anciens — ils remontent à 35 000 ans — étaient taillés dans la pierre. Étant donné leur caractère rudimentaire, ils servaient plutôt à dépecer qu'à couper.

Les premières fourchettes ne possédaient qu'une dent. Bien que la fourchette à deux dents date des Romains de l'Antiquité, manger avec une fourchette était encore considéré comme un geste affecté au XVIe siècle. Et, jusqu'au milieu du XIXe siècle, les paysans d'Europe préférèrent ignorer son usage en faveur de celui du couteau.

tiquent le covoiturage. Ces endroits sont indiqués par des panneaux portant la lettre « P ».

RÈGLEMENTS DE COVOITURAGE

Il est préférable de fixer au départ un certain nombre de règles de base pour que le système de covoiturage fonctionne de façon harmonieuse : Musique ou non ? Si oui, quel genre ? Air conditionné ou non ? Fumeur ou non-fumeur ? Que fait-on si quelqu'un est toujours en retard ? Des règles du jeu précises et formulées dès le départ offrent les meilleures chances de réussite.

Crampes

CRAMPES NOCTURNES

Si vous êtes réveillé par une crampe douloureuse à la jambe, essayez d'abord de plier les orteils, puis le pied. Ou pliez le genou, attrapez vos orteils et pliez-les vers vous tout en poussant votre talon en avant. Si cela vous soulage un peu, massez la voûte plantaire en appuyant assez fortement. Si c'est une crampe au mollet, allongez la jambe et relevez le pied le plus possible ; ou posez les orteils sur le sol et abaissez doucement le talon.

1. Buvez beaucoup d'eau. Ayez une alimentation riche en calcium, en potassium et en complexes vitaminiques (voir p. 254).

2. Le soir, faites des étirements contre le mur : tenez-vous debout à à 1 m de distance et penchez-vous en avant sans lever les talons du sol. Tenez 1 minute.

3. Si vous dormez sur le dos, relevez les couvertures avec une boîte de carton ouverte, pour qu'elles n'appuient pas sur vos pieds. Si vous dormez sur le ventre, laissez vos pieds pendre librement sur le bord ou sur l'extrémité du lit.

CRAMPES À L'EFFORT

Pour soulager une crampe au mollet ou à la cuisse, faites des étirements : appuyez-vous contre un mur, écartez les pieds à 1 m environ l'un de l'autre et pliez le genou en gardant le talon au sol. Maintenez la position jusqu'à ce que la crampe disparaisse. (Voir aussi Point de côté, p. 180.)

1. En piscine, sortez et faites des étirements contre un mur.

2. En mer, faites la planche et étirez la jambe atteinte en ramenant le plus possible les orteils vers vous. Tenez la position en comptant lentement jusqu'à 30, puis relâchez. Recommencez jusqu'à disparition de la crampe.

Cravate

1. Ne jetez pas vos cravates sous prétexte que leur largeur ou leur style ne sont plus au goût du jour : elles reviendront sans doute à la mode. En attendant, une cravate large va mieux avec un col large...

2. Si vous avez du mal à faire votre nœud de cravate devant la glace, nouez-la d'abord autour de votre cuisse, faites-la glisser sur la jambe et enfilez-la par la tête.

LE SAVIEZ-VOUS ?

Fondre pour les glaces

Glaces, crèmes glacées, sorbets... on se perd entre toutes ces appellations et nul ne sait vraiment qui les inventa.

Partis de Chine, dit-on, arrivés en Italie via la Perse, grâce à Marco Polo, les sorbets furent introduits en France par Catherine de Médicis, à qui l'on doit nombre d'apports au savoir culinaire du monde occidental.

C'est au café Procope, à Paris, que l'on servit, au XVIIe siècle, la première crème glacée. Mais il fallut attendre le XIXe siècle pour que ce dessert se démocratise, et le XXe pour qu'il soit à la portée de tous, grâce à la mise au point des sorbetières domestiques.

Simples mélanges de jus de fruits et de sucre ou de sirop, très faciles à réaliser, les sorbets sont légers, désaltérants et parfaits à savourer en été.

À mi-chemin entre le sorbet et la boisson, se trouvent les granités. Ces paillettes glacées, que l'on déguste à la cuillère, sont un mélange de jus de fruits, de café ou de chocolat fondu et de sucre pris en glace, puis simplement remués à la fourchette au tout dernier moment avant d'être servis.

Les glaces, tout comme les crèmes glacées, contiennent des œufs, de la crème ou du lait et du sucre ; ce sont de véritables desserts élaborés, qui peuvent être moulés en formes diverses, et pas seulement en boules à poser sur des cornets.

Aujourd'hui, les grands chefs ont créé les sorbets salés : en entrée, ils ouvrent l'appétit ; entre deux plats — trou normand remis à l'honneur —, ils permettent une transition facile entre des goûts très différents.

---

3. Pour ranger des cravates dans une valise, enroulez-les autour d'un morceau de carton fort et maintenez-les avec un élastique.

Crayon

Vous devez noter quelque chose mais vous n'avez pas de crayon. Faites preuve d'ingéniosité :

1. Avec votre ongle, une pince à cheveux, un trombone, écrivez en grattant un papier un peu épais : par exemple, l'intérieur d'un carnet, la couverture d'un chéquier.

2. Écrivez avec du rouge à lèvres, un crayon pour les yeux, du vernis à ongles ou une allumette brûlée sur une serviette en papier, un coin de journal, de l'emballage...

3. Imitez le braille : percez des petits trous dans un papier pour former des chiffres et des lettres.

Crème fouettée

1. En guise de crème fouettée, battez 50 g de lait écrémé en poudre dans 250 ml d'eau glacée pen-

dant 5 minutes. Servez cette fausse crème avant qu'elle ne retombe.

2. Une crème trop battue peut être sauvée en la fouettant rapidement avec 1 à 2 cuil. à table de lait écrémé. Si cela reste sans résultat, continuez de battre : vous obtiendrez rapidement un excellent beurre doux qu'il suffira d'égoutter.

Crème fraîche

Pour remplacer la crème épaisse dans les préparations salées cuites, mélangez ⅔ de lait entier à ⅓ de beurre fondu.

Si vous êtes au régime, choisissez des crèmes allégées ou remplacez-les par la même quantité de lait concentré écrémé.

Crème glacée

1. Retirez les crèmes glacées du congélateur de 20 à 30 minutes avant de les déguster et mettez-les dans le réfrigérateur afin qu'elles s'amollissent légèrement. Si vous oubliez, passez-les au four à micro-ondes, sur la position décongélation, pendant 30 secondes par litre de crème glacée.

2. Les crèmes glacées sont très perméables aux odeurs. Faites attention de bien refermer les bacs.

Crème solaire

Les crèmes solaires devraient être utilisées de façon habituelle dès l'enfance pour empêcher les maladies de peau, les rides, la décoloration, la couperose et les lésions cancéreuses.

1. Jugez de l'efficacité des produits solaires : déterminez au bout de combien de temps d'exposition au soleil sans crème protectrice votre peau commence à brûler. Multipliez le temps obtenu (en minutes) par l'indice de protection indiqué sur l'emballage. Puis divisez par 60 pour trouver combien d'heures de protection vous pouvez espérer d'une crème. Si vous prenez un coup de soleil en 30 minutes, par exemple, une crème solaire d'indice 8 devrait vous protéger pendant environ quatre heures.

2. Les écrans les plus protecteurs sont aussi les plus chers. Une crème solaire d'indice 12 peut coûter quatre fois plus cher qu'une crème d'indice 6. Pour économiser, achetez une crème d'indice 6 et passez-la plus souvent. Si vous êtes sujet aux coups de soleil, consultez un dermatologue.

3. Tenez également compte de l'intensité du soleil. Plus il est haut dans le ciel, plus ses rayons sont forts. Il vous faut un indice de protection plus élevé à midi ou sous les tropiques que le matin et le soir, ou plus au nord.

4. Même garantie hydrofuge, une crème solaire s'élimine peu à peu au bain. Réappliquez-en.

5. N'utilisez jamais une crème solaire de plus de trois ans. Certaines ont des dates limites d'utilisation.

6. Ne vous fiez pas aux lotions dites « naturelles », du genre huile d'olive et citron : elles ne filtrent pas les rayons nocifs.

Crème sure

1. Remplacez la crème sure par du yogourt maigre additionné de quelques gouttes de jus de citron. Pour l'épaissir légèrement, versez ce yogourt dans une passoire tapissée d'une mousseline et laissez-le s'égoutter pendant deux à quatre heures selon la consistance désirée. En le laissant 12 heures vous obtiendrez du fromage.

2. Utilisez ce yogourt comme base de trempettes : ajoutez-y des fines herbes, des épices, des cubes de tomate, du concombre râpé... Ou encore, nappez-en des légumes, du poisson cuit à la vapeur, du poulet.

Crevaison
BICYCLETTE

Vous pouvez réparer rapidement un pneu avec deux cuillères, du papier émeri fin, de la colle contact, du talc et un mince morceau de caoutchouc. En guise de rustine pour rapiécer, découpez des petits carrés de caoutchouc dans une vieille chambre à air ou dans un bonnet de bain : étendez de la colle sur les deux faces et laissez sécher.

1. Enlevez la roue et passez les manches des cuillères, à 12 ou 15 cm de distance l'une de l'autre, entre le pneu et la jante métallique. Déplanchez-les autour de la roue en amenant le bord du pneu vers l'extérieur, par-dessus la jante.

2. Sortez la chambre à air. Regardez à l'intérieur du pneu s'il ne reste pas de petits cailloux pointus. Si la fuite n'est pas visible sur la chambre à air, gonflez celle-ci et immergez-la dans l'eau : des bulles se dégageront sur le trou.

3. Séchez la chambre à air et frottez le tour du trou avec du papier émeri. Étalez-y la colle et posez la rustine préencollée sur la chambre à air. Poudrez-la de talc de façon qu'elle ne colle pas au pneu.

4. Pour remonter la roue, gonflez légèrement la chambre à air. Insérez la valve dans la jante, puis glissez la chambre dans le pneu. Remettez le pneu en place avec les

pouces ou avec les cuillères en faisant attention de ne pas crever la chambre à air tout juste réparée. Lorsque le pneu est en place, terminez le gonflage et remontez la roue. (Voir aussi Antivol de bicyclette, p. 19 ; Chaîne de bicyclette, p. 47 ; Cyclisme, p. 73.)

VOITURE

1. Pour démonter une roue, serrez d'abord le frein à main, placez des cales sur les roues avant (si vous changez une roue arrière) et vice versa. Placez le cric sous la voiture et commencez à la soulever. Desserrez les boulons de la roue. Soulevez entièrement la voiture et finissez le démontage. À l'inverse, resserrez les boulons et bloquez-les quand la roue sera posée au sol. Puis retirez le cric (voir Cric de voiture, ci-dessous).

2. Vous n'arrivez pas à desserrer les boulons car ils sont grippés. À défaut de dégrippant, passez de l'huile de machine, du vinaigre ou du jus de citron. La prochaine fois que vous changerez les roues, passez les filetages des boulons au produit antirouille ou antigel.

3. Si une des roues a perdu ses boulons, empruntez un boulon à chacune des autres roues. Remplacez-les au plus vite (valable uniquement pour une roue fixée par quatre boulons ou plus).

4. Faites bien attention de tourner la clé (ou la manivelle) dans la bonne direction. Desserrez dans le sens contraire des aiguilles d'une montre et resserrez dans le sens inverse.

5. Pour avoir plus de force, poussez la clé vers le bas, en appuyant dessus avec le pied.

6. Une clé en croix ou à manche extensible demande moins d'efforts qu'une manivelle ordinaire. Pour plus de force, enfilez un morceau de tube sur l'un des bras de la clé.

Cric de voiture

Il vaut mieux utiliser un cric sur un terrain plan et ferme. Si vous

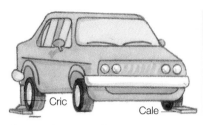

Cric

Cale

devez changer de roue sur une pente, placez de grosses pierres ou des cales sur le côté aval des pneus. En cas d'urgence, utilisez un enjoliveur pour soutenir le cric sur sol mou. Cela vaut la peine de sacrifier un enjoliveur pour poursuivre votre route.

Une bonne solution est de garder dans votre coffre une planchette carrée de 25 cm de côté et de 20 à 25 mm d'épaisseur (à utiliser comme base sous le cric) et un petit bloc de bois d'environ 15 x 20 cm de section. Celui-ci servira à caler la roue diagonalement opposée à celle que vous changez pour empêcher la voiture de tomber du cric. À défaut, prenez une brique ou une grosse pierre.

Crise de foie

Le saviez-vous... la « crise de foie » n'existe que dans la francophonie. Non pas que nos organismes soient sujets à des maladies différentes des autres, mais il s'agit d'un abus de langage pour désigner des troubles du fonctionnement de l'appareil digestif dus à un repas trop riche, à un excès de boisson ou à une contrariété. Ce n'est donc pas une maladie du foie.

Ses symptômes associent nausées, vomissements alimentaires ou bilieux, sueurs profuses, maux de tête, parfois même diarrhées. Pour en guérir :
• gardez le lit pendant 24 heures ;
• buvez une infusion de camomille ou de verveine, un citron pressé dans un bol d'eau chaude ;
• quand les vomissements ont cessé, buvez de l'eau de Vichy et reprenez une alimentation légère à base de bouillon de légumes et de purée.

Crochet adhésif

1. Pour fixer un crochet adhésif, nettoyez l'endroit où il sera collé avec de l'alcool. Retirez la feuille de protection au dos du crochet (ne mettez pas les doigts sur l'adhésif) et appliquez en appuyant.

2. Pour enlever un crochet adhésif, laissez couler quelques gouttes d'essence minérale sur le collage. Ramollissez la colle qui reste avec un sèche-cheveux. Sur surfaces non peintes, utilisez de l'alcool, de l'essence minérale ou (si elles ne sont pas en plastique) du diluant cellulosique, du trichloréthylène, de l'acétone ou du dissolvant à vernis à ongles. Faites d'abord un test sur une partie cachée.

Cuir

CONFECTION

1. Pour faire des jupes, des pantalons, des vestes ou des gilets, achetez du cuir ou du daim (suède) de 60 ou 80 g. Il se coud facilement à la machine (avec des points espacés) avec du fil de coton solide et une aiguille n° 14. Pour faire des vêtements d'extérieur, procurez-vous du cuir plus épais et louez une machine à coudre industrielle ou bien percez des trous le long des bords avec une alène et passez des lacets en cuir dans les trous pour assembler les pièces.

2. Avant de couper du cuir ou de la peau, vérifiez s'il s'y trouve d'éventuelles marques (cicatrices) afin de ne pas les retrouver dans les parties visibles. Si vous remarquez des endroits plus minces, renforcez-les au dos avec une pièce de tissu thermocollant.

3. Passez la main sur le suède pour déterminer la direction du poil. Marquez-la au dos par une flèche faite à la craie. Coupez ensuite le patron de façon que tous les morceaux soient dans le sens du poil, sinon vos morceaux côte à côte n'iront pas ensemble. Ou, au contraire, faites alterner volontairement le sens des pièces pour créer des effets.

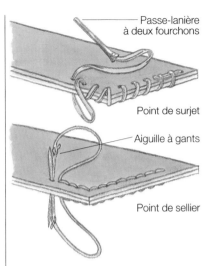

Passe-lanière à deux fourchons

Point de surjet

Aiguille à gants

Point de sellier

ENTRETIEN

1. Suspendez un manteau de cuir mouillé sur un cintre capitonné et laissez-le sécher loin de toute source de chaleur directe. Les plis partiront en une nuit. Si tel n'est pas le cas, repassez à sec sur l'envers avec un fer réglé sur « laine » en interposant une feuille de papier brun épais.

2. Nettoyez les taches légères sur du cuir lisse et luisant avec une éponge humide et une goutte de savon doux. Rincez l'éponge et éliminez la mousse. Après séchage, appliquez une crème d'entretien.

3. Effacez les éraflures avec un crayon feutre de même couleur que le cuir. Passez ensuite une crème d'entretien. Sur le suède, utilisez une gomme à effacer ou une petite brosse métallique douce et fine.

4. Recousez des chaussures ou des gants en cuir avec du fil dentaire : il dure très longtemps.

5. Pour nettoyer un sac ou un vêtement moitié tissu, moitié cuir, commencez par les parties en tissu. Faites une eau savonneuse avec du détergent liquide pour lave-vaisselle et frottez la partie à nettoyer avec une éponge ou un chiffon doux en ne prenant que la mousse. Nettoyez les endroits très sales avec une brosse douce. Rincez, en humectant l'éponge d'eau chaude, jusqu'à disparition de la mousse. Nettoyez les parties en cuir avec du savon doux, puis appliquez une crème d'entretien.

Cuisinière

1. Nettoyez le dessus de la cuisinière chaque fois qu'une casserole déborde. Utilisez des couvercles contre les éclaboussures si vous préparez des aliments frits ou sautés et couvrez les éléments que vous n'utilisez pas avec des moules à tartes jetables.

2. Nettoyez les protège-plaques des cuisinières électriques en les trempant dans de l'eau chaude savonneuse. Si elles sont émaillées, faites-les tremper dans une solution de bicarbonate de soude et d'eau, puis frottez avec un abrasif très doux.

3. Les plaques électriques exigent des récipients à fond parfaitement plat. Placez une règle sur le fond d'une casserole retournée. S'il n'est pas en contact partout avec la règle, il est déformé : la cuisson sera lente et irrégulière.

4. Pour que les plaques en fonte ne rouillent pas, nettoyez-les après chaque usage. Faites-les chauffer à feu moyen pendant deux minutes et appliquez de l'huile végétale.

5. Si la flamme d'un brûleur à gaz est inégale, c'est que des trous sont bouchés. Nettoyez-les avec un trombone déplié, une épingle ou un cure-pipes. N'utilisez rien qui puisse se casser et rester bloqué dans les trous, tel un cure-dents.

Cuivre et laiton

1. Pour faire briller des objets en cuivre non verni, laissez-les tremper toute la nuit dans une solution à parts égales d'eau et d'ammoniaque et frottez-les ensuite avec un tampon de laine d'acier extra-fine.

2. Décrassez et désoxydez les vieux cuivres avec du vinaigre additionné de sel fin ou des écorces de citron saupoudrées de sel. Nettoyez le cuivre verni avec un savon doux, puis rincez et séchez. N'utilisez pas d'abrasifs.

3. Dans tous les cas, rincez à l'eau claire, séchez et astiquez avec un chiffon doux ou bien une peau de chamois.

4. Avant d'utiliser le chaudron à confiture ou les casseroles en cuivre que vous venez d'acheter, éliminez d'abord la couche de vernis de protection avec de l'alcool à brûler.

Cyclisme

1. Portez un sifflet en pendentif et utilisez-le en guise de sonnette : l'avertissement n'en sera que plus strident.

2. Vous peinez dans les côtes ? Ne vous penchez pas trop sur le guidon : cela gêne la respiration.

3. Sur route mouillée, freinez de temps en temps pour faire sortir l'eau de vos freins, surtout après une flaque ou en haut d'une pente.

4. Si vous dérapez, ne tentez pas de tourner votre roue. Même sur surface glissante, maintenez-la sur sa trajectoire, quelle que soit la direction prise par la bicyclette.

5. À la campagne, les virages serrés sont souvent truffés de gravillons et de trous. Freinez avant la courbe et surtout pas sur les gravillons. Roulez le plus à droite possible pour éviter les voitures en sens inverse, qui risquent d'être déportées dans le virage.

6. Par temps froid, mettez une doublure de casque de chantier dans votre casque de cycliste. Pour avoir plus chaud encore, glissez une ou plusieurs feuilles de journal pliées en deux sous votre chemise : c'est un excellent coupe-vent. (Voir aussi Antivol de bicyclette, p. 19 ; Chaîne de bicyclette, p. 47 ; Crevaison, p. 71.)

D

Décalage horaire

Atténuer les effets, difficiles à supporter, du décalage horaire est tout à fait possible.

1. Commencez par choisir votre heure de départ en fonction de votre destination. Si vous allez vers l'est, prenez de préférence un vol du matin. Vous arriverez ainsi l'après-midi à l'heure de votre organisme, mais en début de soirée pour votre lieu d'atterrissage. Mangez et couchez-vous le plus tard possible (dans le temps local) : vous passerez une bonne nuit. À l'inverse, si vous allez vers l'ouest, prenez un avion tard le soir et ne cherchez pas à dormir pendant le vol puisque vous allez arriver en fin de journée. Couchez-vous relativement tôt (pour l'heure locale) pour vous réveiller frais et dispos.

2. Préparez votre organisme durant la semaine qui précède votre départ : préajustez votre heure de coucher en vous mettant au lit progressivement un peu plus tôt si vous allez vers l'est, un peu plus tard si vous allez vers l'ouest. Faites alterner un jour de repas normaux, comportant de la viande notamment, et un jour « maigre » avec soupe et salade. Le jour du vol, mangez légèrement, évitez le café le matin si vous allez vers l'ouest, entre 18 et 21 heures si vous allez vers l'est.

3. Deux jours avant le départ, il est tout à fait conseillé de prendre un léger sédatif, homéopathique de préférence. (Voir aussi Mal de l'air, p. 142.)

Déchets toxiques

Un simple reste de peinture, de nettoyant ménager, d'insecticide ou d'herbicide constitue un déchet toxique. Le vider dans les toilettes peut endommager les tuyaux (voire l'égout). Le jeter à la poubelle, c'est prendre le risque qu'il atteigne la nappe phréatique.

Si vous ne parvenez pas à l'utiliser vous-même, pensez à ceux que pourrait intéresser votre trop-plein de peinture, votre insecticide ou votre nettoyant. Pour vous débarrasser de matières dangereuses en grande quantité, adressez-vous au service d'hygiène de votre municipalité. Assurez-vous entre-temps que les récipients contenant l'un ou l'autre de ces produits sont étanches. En cas de rouille ou de fuite, déposez-les dans d'autres, plus grands et plus sûrs.

Décoration de fête

1. Pour un anniversaire, décorez la pièce avec des agrandissements de photos de l'invité d'honneur.
2. Si vous servez de la cuisine étrangère, procurez-vous des affiches et des dépliants touristiques et décorez-en les murs. Ajoutez quelques drapeaux aux arrangements floraux.
3. À défaut de véritables décorations, un plat de fruits ou de légumes colorés donnera un air de fête à votre table.
4. Pour une réception d'enfants, pourquoi ne pas faire une composition d'animaux en peluche ou de jouets au milieu de la table, même si elle ne résiste pas longtemps.
5. Pour une pendaison de crémaillère, un rideau de douche remplacera une nappe et des fleurs dans un arrosoir, un bouquet élaboré.

Décoration murale

Tout ce qui se suspend à plat peut prendre la place d'un tableau.
1. Les canevas, les patchworks et les petits tapis font une décoration murale très agréable à l'œil.
2. Appréciez-vous les casse-tête ? Lorsque vous en avez fini un, glissez-le entre deux plaques de contre-plaqué de 5 à 6 mm d'épaisseur aux dimensions du casse-tête (placez une feuille de papier ciré entre la plaque et le côté illustré). Main-

tenez l'ensemble avec des grosses pinces à dessin ou à sous-verre et retournez-le de façon que l'envers du casse-tête soit au-dessus. Retirez la plaque de contre-plaqué du dessus. Vérifiez que toutes les pièces (vues de dos) sont bien en place et que l'ensemble est bien d'équerre. Encollez une face du contre-plaqué retiré avec de la colle spéciale pour casse-tête ou de la colle à bois blanche à prise rapide. Étalez-la au pinceau pour obtenir une couche fine et très régulière. Posez aussitôt la face encollée contre le dos du casse-tête. Vérifiez bien le positionnement et placez des livres, des poids, ou des objets pesants sur le contre-plaqué. Au bout de 15 à 20 minutes, retournez le tout et retirez la plaque qui recouvre l'image. Nettoyez délicatement avec une éponge bien essorée les éventuelles bavures de colle qui auraient pu filtrer entre les pièces. Après séchage, pulvérisez un vernis de protection (mat ou satiné) sur l'image, et encadrez-la.
3. Laissez la fonction de la pièce vous suggérer les décorations appropriées. Dans le vestibule, par exemple, vous pourriez utiliser des chapeaux et des cannes. Dans le salon, des instruments de musique, des journaux historiques, d'anciens ouvrages de broderie. Dans la salle à manger, des napperons, des corbeilles ou des paniers et des ronds de serviette. Dans la cuisine, suspendez des pots en grès décoratifs, un râtelier à épices ou une étagère pour exposer des bocaux.

Découdre

1. Dans une couture réalisée au point de chaînette, coupez la première boucle et déroulez toute la chaîne.
2. Utilisez un outil à découdre pour défaire rapidement une couture au point droit machine. Une lame de rasoir fera aussi l'affaire. Attention cependant, ces deux accessoires sont « virulents » pour le

tissu. La façon la plus sûre, mais un peu plus lente, de défaire une couture est de couper chaque point avec des petits ciseaux pointus.
3. Certaines coutures à quatre ou cinq fils semblent parfois impossibles à défaire. Passez l'outil à découdre dans les boucles du bord du tissu et tout ira pour le mieux.

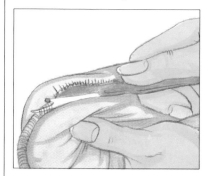

Dégâts d'eau

1. Avant de vous préoccuper de ce qui a pu provoquer l'afflux d'eau, coupez le courant.
2. Écopez avec pelles à poussière, seaux, cuvettes, vadrouilles, balais, bidons de plastique ou, si le dégât est plus important, louez une pompe à essence submersible.
3. Pour que la pièce sèche vite (une fois l'eau évacuée), placez des ventilateurs dans l'embrasure de deux fenêtres opposés, l'un pour faire entrer l'air, l'autre pour l'évacuer ; ou utilisez des radiateurs portatifs au butane.
4. Si de l'eau stagnante a provoqué le gonflement d'un plafond, percez des trous d'écoulement aux endroits les plus marqués avec une aiguille ou un tournevis.

Dégâts d'incendie

1. Photographiez ou filmez en vidéo, immédiatement après l'incendie, tous les dégâts. Vous aurez ainsi un document sur l'étendue du sinistre.
2. Si des portes ou des fenêtres ont été cassées, barrez les entrées avec des planches.
3. Réunissez les factures des objets endommagés ou détruits.

4. S'il fait froid, louez des radiateurs à gaz type butane. À défaut, videz les tuyaux et versez un antigel dans les toilettes et les tuyaux d'évacuation d'eaux usées.

5. Avant d'utiliser l'électricité, faites vérifier votre installation par un professionnel.

6. Mettez les objets de valeur abîmés dans un endroit à la fois sûr et accessible afin que l'expert de l'assurance puisse les inspecter.

7. Faites fonctionner des ventilateurs ou des déshumidificateurs pour assécher la maison.

8. Suspendez tapis et moquettes (y compris les thibaudes) à l'extérieur pour les sécher et supprimer les odeurs.

9. Essuyez le mobilier en bois ; aspirez la suie déposée sur les meubles rembourrés et autres surfaces horizontales.

10. Ne laissez pas les tissus humides sécher là où ils se trouvent. Installez-les à la température ambiante d'une pièce épargnée par l'incendie.

11. Enfermez tableaux, beaux livres et autres objets de valeur dans votre congélateur (s'il est trop petit, tentez de les confier à un entrepreneur spécialiste du surgelé), jusqu'à ce que vous ayez la possibilité de les faire restaurer.

12. Jetez tous les aliments, boissons et médicaments qui ont été exposés à des températures élevées ou atteints par l'eau des lances d'incendie.

13. Portez les vêtements chez le nettoyeur en lui signalant qu'ils sont imprégnés d'odeur de fumée.

Déguisement

Créez des déguisements peu coûteux avec des objets inutilisés et des vêtements usagés.

1. Transformez des passoires, des cuvettes et d'autres vieux récipients en plastique en casques et en chapeaux. Découpez un ballon de volleyball en deux et vaporisez de la peinture argentée dessus, il se changera en casque de robot, d'astronaute ou de chevalier. Transformez de gros gants de jardin en gantelets en les peignant avec de la peinture argentée.

2. Les morceaux de cellophane déchiquetés des emballages feront des perruques colorées.

3. Un casque de skieur fait une bonne base pour beaucoup de déguisements. Attachez-y de fausses oreilles d'animaux, du fil ou des bijoux fantaisie. Pour un bébé, utilisez un pyjama de la même façon.

4. Pour faire des décorations faciales, découpez des étoiles, des fleurs ou des cœurs dans du papier crêpe de couleur vive. Collez-les sur la peau avec de la colle pour postiches (faux cils, moustaches).

5. Si vous avez besoin d'un rembourrage supplémentaire pour un costume, portez un grand collant et bourrez-le de coussins ou de chiffons.

6. Fabriquez le maquillage blanc du clown en mélangeant 2 cuil. à table de fécule de maïs à 1 cuil. à table de shortening. Pour faire des couleurs, teintez de petites quantités de la mixture avec des colorants alimentaires.

Démangeaisons

1. Soulagez rapidement des démangeaisons en plaçant un sachet de thé humide ou une compresse froide d'hamamélis directement sur la zone piquée.

2. Si la peau n'est pas excoriée, utilisez une lotion rafraîchissante faite de ½ verre d'alcool, ½ verre d'eau et trois ou quatre gouttes d'alcool de menthe. Conservez-la dans une bouteille fermée et secouez bien avant usage.

3. Prenez un bain calmant. Versez deux verres de flocons d'avoine écrasés dans un bain tiède (attention en entrant dans la baignoire et en en sortant, elle sera extrêmement glissante). Restez dans le bain pendant 15 à 20 minutes et séchez-vous en tapotant doucement afin qu'une pellicule d'avoine reste sur la peau.

4. Lorsque la peau est sèche, se crevasse et démange, préparez un bain d'eau salée en ajoutant une tasse de gros sel dans la baignoire (le sel rend également la baignoire glissante). Après le bain, passez-vous du suc de feuilles d'aloès fraîches sur la peau.

Démarrage par temps froid

1. Si votre voiture démarre mal par temps froid, il s'agit probablement d'un problème d'allumage. Faites vérifier votre batterie. Assurez-vous que les cosses ne sont pas sulfatées (voir Batterie de voiture, p. 29). Nettoyez les bougies ainsi que leurs câbles et les capuchons isolants, qui doivent être en parfait état. Traitez toutes les parties électriques avec un produit hydrofuge en aérosol.

2. Si, l'hiver, le démarrage devient une corvée quotidienne, songez à faire l'acquisition d'un chauffe-moteur et branchez chaque soir votre voiture.

Démarrage de la voiture

Si votre voiture ne démarre pas :

1. Vérifiez tout d'abord le niveau d'essence.

2. Essayez les phares. S'ils sont faibles ou ne fonctionnent pas du tout, la batterie est déchargée ou hors d'usage. Ce problème arrive généralement en hiver mais peut se produire à d'autres moments. Si la batterie est faible mais pas totalement morte, dans une voiture à transmission manuelle, essayez de faire démarrer la voiture manuellement en vous faisant pousser par une autre voiture. Celle-ci doit avoir des pare-chocs de même taille que ceux de votre voiture. Mettez le contact, passez au point mort et, dès que vous aurez pris un peu de vitesse, embrayez doucement en seconde. Si la voiture ne démarre pas, même après plusieurs tentatives, vous avez certainement un défaut d'allumage.

3. Avec une voiture à transmission automatique, assurez-vous que le levier est sur P ou au point mort (N). Si le démarreur ne tourne pas, faites faire une révision.

4. Si vous noyez le moteur en essayant de démarrer la voiture (vous sentirez une odeur d'essence), attendez 5 minutes, puis faites fonctionner le démarreur pendant 10 secondes en tenant l'accélérateur au plancher. S'il n'y a pas de résultat la première fois, attendez au moins 5 minutes et recommencez. Ne pompez surtout pas l'accélérateur, vous noieriez encore plus le moteur.

5. Vérifiez les cosses de la batterie. Si elles sont enrobées d'une croûte de sulfate, le courant ne peut parfois plus passer. Nettoyez-les. (Voir aussi p. 29.)

Démission

Vous êtes tout à fait libre de démissionner. Toutefois, faites-le de manière à ne pas vous mettre tous vos supérieurs à dos. Vous aurez besoin de références.

1. Donnez un préavis d'au moins deux semaines, sinon trois ou quatre si vous avez occupé votre poste pendant quelques années. Si vous quittez au milieu d'un projet important, demandez à votre nouvel employeur la permission de le rendre à terme. Qu'il acquiesce ou non, il appréciera sûrement votre implication dans le travail.

2. Votre lettre de démission fait partie intégrante de votre dossier d'emploi. Soyez simple et concret même si vous avez envie de faire des récriminations.

3. Offrez d'initier votre remplaçant. S'il n'a pas encore été désigné, dressez, avant de partir, une liste de la routine que vous suivez, avec une copie pour le remplaçant et une pour le patron.

4. Annoncez votre départ aux personnes avec lesquelles vous êtes en contact régulièrement et donnez-leur le nom de votre remplaçant.

Dentiste

Aujourd'hui, aller chez le dentiste ne devrait plus soulever la moindre appréhension car les techniques permettent des soins beaucoup plus rapides et moins douloureux. Si, malgré tout, vous êtes victime de peur incontrôlée, parlez-en à votre dentiste : un bon praticien saura vous écouter et vous amener à vous détendre en vous expliquant ce qu'il envisage de faire.

Une fois allongé dans le fauteuil, détendez-vous complètement ; la crispation à elle seule peut engendrer la douleur. Provoquez consciemment cette détente en partant des jambes jusqu'à la tête. Respirez lentement et profondément. Appliquez-vous à penser à autre chose : faites des plans, fredonnez mentalement une chanson, récitez un poème, ou comptez.

Lorsque c'est le tour de vos enfants, essayez de ne pas leur transmettre votre angoisse.

Dents

RAGE DE DENTS

1. Imbibez un petit morceau de coton stérile d'huile de clou de girofle, ou faites une pâte avec des clous de girofle en poudre et de l'eau. Placez le coton ou la pâte dans la carie ou sur la dent.

Attention ! Un clou de girofle entier risque de vous piquer les joues et la langue.

2. Si la douleur vient de commencer, buvez un liquide très chaud ; si elle est plus ancienne, un liquide glacé.

3. Faites un bain de bouche d'eau chaude salée toutes les heures et

prenez de l'AAS ou de l'acétaminophène toutes les quatre heures (voir p. 23).

4. Essayez la pression des zones gâchettes : de l'index, pressez doucement sur toute la surface du visage, du cou et de la tête et, quand vous trouvez un point sensible, appuyez plus fort pendant 10 secondes et relâchez.

5. Massez avec un glaçon le repli cutané situé entre le pouce et l'index. En frottant la main droite, vous diminuerez la douleur du côté droit de votre bouche et en frottant la main gauche, du côté gauche. C'est très efficace.

OBTURATIONS

1. Pour remplacer temporairement une obturation qui a sauté, bouchez la cavité avec une pâte faite d'eugénol et d'oxyde de zinc en poudre (ces deux produits sont disponibles en pharmacie). Mordez fort pour faire entrer la pâte et lui donner la bonne forme. Allez chez le dentiste au plus vite.

DENTS COLORÉES

1. Pour blanchir les dents, frottez-les avec du bicarbonate de soude et rincez abondamment.

2. Si vos dents se tachent facilement, évitez le café, le thé, le vin rouge, le jus de raisin, les mûres, le curry et le tabac.

Déodorant

1. Après le bain ou la douche, tamponnez-vous les aisselles de bicarbonate de soude. Il adhérera à la peau encore humide. Si vous ne trouvez pas cela assez doux, mélangez le bicarbonate avec de la fécule de maïs.

2. Écrasez une feuille de romaine afin d'en extraire des gouttes de suc, passez ce liquide sous vos aisselles et laissez sécher.

3. Si votre odeur corporelle persiste, changez de marque de savon. En effet, certains savons contiennent des produits chimiques qui réagissent aux sécrétions du corps.

Dépoussiérage

1. Comme chiffons, de vieux sous-vêtements en coton ou de vieilles serviettes de toilette vaporisées de silicone feront l'affaire. De la mousseline humide trempée dans du citron dilué dépoussière aussi très bien. Évitez les chiffons duveteux. Faites des gestes lents, amples et réguliers du haut vers le bas.

2. Portez un tablier à poches ou munissez-vous d'un plateau, d'un panier ou d'une boîte dans lesquels seront disposés tous les objets nécessaires au nettoyage. Ayez aussi un sac à portée de la main pour récupérer divers objets.

3. Enfilez comme un gant une vieille chaussette imprégnée de produit dépoussiérant pour nettoyer rapidement les pieds de tables et de chaises.

4. Plutôt que de dépoussiérer les bibelots un par un, trempez-les tous dans une cuvette avec du détergent, puis séchez-les à l'aide d'un sèche-cheveux.

5. Utilisez un petit pinceau plat en soies de porc pour épousseter les moulures des cadres.

6. Pour les objets compliqués à dépoussiérer tels que les abat-jour plissés, les meubles sculptés, les niches..., délogez la poussière avec un pinceau et aspirez-la en maintenant l'embout du tuyau de l'aspirateur à proximité du pinceau.

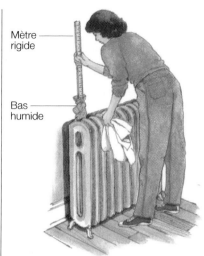

Mètre rigide

Bas humide

7. Pour les endroits difficiles d'accès, comme derrière les radiateurs, les persiennes ou sous le réfrigérateur, glissez un vieux bas humide sur un mètre rigide ou un manche à balai en bois. Attachez-le avec un élastique.

8. Utilisez l'aspirateur muni de sa brosse ronde pour dépoussiérer les fentes de ventilation des appareils de son et de vidéo, de l'ordinateur ou du poste de télévision.

Dérapage

Freinez brutalement ne fait qu'accentuer le dérapage. Levez le pied de la pédale d'accélération et tournez le volant dans la direction du dérapage. Quand les roues avant commencent à accrocher, redres-sez le volant mais préparez-vous à contrer un nouveau dérapage dans le sens opposé : n'appuyez que très légèrement sur l'accélérateur.

Désherbage

1. Évitez l'emploi d'herbicide en retournant profondément la parcelle à l'automne. Ne cassez pas les grosses mottes : elles permettront à l'air et surtout au gel de s'enfoncer profondément dans le sol, détruisant ainsi quantité de racines indésirables. En fin d'hiver, retournez à nouveau, plus superficiellement cette fois, et cassez les mottes à la fourche. Tendez alors un film de plastique noir sur le sol et maintenez-le en place sur les côtés par des monticules de terre ou des cales de bois. La chaleur accumulée sous la bâche activera la levée des graines restées dans le sol qui, ne pouvant se développer, s'étoufferont toutes seules. Fin mai, début juin, découvrez, nettoyez les débris végétaux et plantez en sol propre.

2. Pour ne pas propager les mauvaises herbes, ne jetez pas des résidus de fauche ou de désherbage sur le compost. Gare au foin frais que vous utiliserez comme paillis : il contient souvent des plantes sauvages qui dispersent leurs graines robustes. Préférez la paille finement hachée, l'écorce de pin broyée ou la tourbe.

3. Désherbez en plusieurs étapes. Retournez une première fois le sol en éliminant le plus de racines possible. Laissez reposer la terre 10 jours. D'autres mauvaises herbes auront alors apparu, qu'il sera aisé d'extraire avec leurs racines. Passez ensuite à la fourche, puis nivelez au râteau et plantez. Par la suite, éliminez les quelques herbes indésirables qui pointent avec la binette.

Déshydratation

La chaleur, l'effort physique, les vomissements et les diarrhées qui se prolongent provoquent toujours une déshydratation avec perte de

---

AU TEMPS JADIS

L'éternelle obsession des odeurs corporelles

C'est l'action des bactéries développées par la transpiration qui est la cause des mauvaises odeurs corporelles.

Autrefois, les gens s'aspergeaient de parfums pour masquer ces odeurs. Les Égyptiens se parfumaient régulièrement ou s'enduisaient d'huile d'agrumes, d'épices ou de résine et s'épilaient (les poils accueillent les bactéries).

Plus tard, d'autres sociétés copièrent les formules égyptiennes en y ajoutant des poudres et du bicarbonate de soude.

À quelques exceptions près, la propreté fut longtemps négligée par la majorité du genre humain. Au début de ce siècle, il était même de bon ton dans certains milieux que les femmes répandent leur odeur corporelle, appelée « bouquet de corsage ». Elles pensaient ainsi attirer les hommes. Pourquoi pas, mais cette mode passa très vite...

sel. Les nourrissons, les jeunes enfants et les personnes âgées y sont particulièrement vulnérables.

Si vous éprouvez une sensation de déshydratation, buvez de grandes quantités d'eau ou de jus de fruits. En été, après un effort intense et prolongé, ajoutez un peu de sel dans l'eau.

Dessous de pieds de meubles

Fabriquez des dessous de pieds de meubles insonorisants avec des morceaux de moquette aiguilletée ou des échantillons de liège récupérés chez un marchand de couvre-planchers. Dessinez les formes à découper en suivant le contour des pieds.

Détecteur de fumée

L'installation de détecteurs de fumée dans les maisons et appartements privés est obligatoire dans les nouvelles constructions et recommandée dans les anciennes.

1. Les meilleurs emplacements pour un détecteur sont : sur ou près d'un plafond ; à proximité des chambres ; loin des fenêtres et des portes ; en haut de l'escalier.

2. Si votre détecteur se déclenche quand vous faites la cuisine, couvrez-le d'un bonnet de douche (que vous enlèverez ensuite) pendant les opérations de cuisson.

3. Ne peignez jamais un détecteur. Deux fois par an (aux passages à l'heure d'été et d'hiver), époussetez-le ou soumettez-le à l'aspirateur, et changez la pile.

Dettes

Vous vivez à crédit avec des dettes ici ou là. Attention au dérapage !

1. Vos dépenses courantes de consommation dépassent 40 p. 100 de vos revenus. Alerte !

2. Établissez un budget précis, avec dépenses réelles, crédits en cours et rentrées effectives.

3. Prenez les mesures pour faire face aux dépenses obligatoires : dettes immédiates diverses, crédits en cours, vie quotidienne.

4. Supprimez pour un temps vos cartes de crédit.

5. Remettez à plus tard l'achat d'une voiture ou d'un ensemble de salon tout cuir.

6. Réduisez ou annulez votre marge de crédit.

7. Profitez de votre retour d'impôt ou de votre boni pour réduire le plus possible vos dettes.

8. Payez vos achats comptant. Les comptes « ouverts » créent les plus mauvaises surprises.

9. Après quelques mois d'efforts, tentez de négocier un prêt de dépannage auprès de votre banque. L'apport d'argent frais avec un échelonnement bien calculé peut vous sauver.

Diabète

L'hypoglycémie (pas assez de sucre et trop d'insuline dans le sang) est brutale. Les symptômes peuvent associer sueurs, pâleur, vertiges, maux de tête, sensation de faim, agressivité, convulsions, perte de connaissance, puis coma. Donnez immédiatement à la victime du sucre, du miel, une boisson sucrée (assurez-vous qu'elle contient bien du sucre et non un édulcorant). Si elle est inconsciente, n'essayez pas de lui faire avaler quoi que ce soit. Emmenez-la à l'hôpital ou appelez Urgences-santé (911).

Le coma diabétique (pas assez d'insuline dans le sang) apparaît moins vite que l'hypoglycémie. Il se développe en plusieurs heures ou même plusieurs jours. Les symptômes en sont : la soif, des douleurs abdominales, des nausées, des vomissements, une attitude agitée. La peau rougit, se dessèche et devient chaude. Le malade tombe peu à peu dans le coma et dégage souvent une odeur d'acétone. Qu'il soit ou non conscient, emmenez-le à l'hôpital ou appelez Urgences-santé (911).

Lorsque vous ignorez si un diabétique entre dans un coma diabétique ou souffre d'hypoglycémie et qu'il est encore conscient, demandez-lui son avis. La plupart des diabétiques savent faire la différence. En cas de doute, donnez-lui du sucre et appelez de l'aide.

Diapositives

1. Vous pouvez classer des diapositives à plat dans des planches spéciales en polyéthylène transparent. Il existe des feuilles pour 20 diapositives de 24 x 36 mm ou pour 12 diapositives de 6 x 6 cm. Toutes sont perforées de façon à pouvoir être rangées dans des classeurs ou comportent une glissière pour y passer une barrette plate afin de les suspendre dans des meubles classeurs.

2. Pour conserver des diapositives en bon état, mettez-les dans un endroit frais, sec et à l'abri de la lumière (surtout pas le grenier ou le sous-sol) : la chaleur et l'humidité sont les ennemis de la couleur des diapositives et des tirages.

3. Sont-elles poussiéreuses ? Pour éviter de les rayer, utilisez une brosse douce avec soufflette, comme celles qui sont utilisées pour les objectifs, ou un compresseur à air (voir p. 301).

Diarrhée

Une diarrhée peut être causée par une infection virale ou bactérienne, une intoxication alimentaire ou une maladie inflammatoire de l'intestin. Elle peut encore être due à un état d'anxiété et à des excès alimentaires ou de boisson.

Un nourrisson se déshydrate rapidement en cas de diarrhée. Appelez immédiatement le médecin. S'il s'agit d'un bébé nourri au sein, il doit rester au même régime. Pour un bébé élevé au biberon, il faut arrêter son lait pendant 48 heures et le remplacer par un lait artificiel d'origine végétale. Donnez-lui également du bouillon de légumes. À mesure que la diarrhée diminue, présentez-lui des aliments plus solides : carottes, riz, banane, compote de pommes.

Un adulte peut suivre le même régime. Si la diarrhée persiste plusieurs jours et que le malade n'a ni bu ni mangé, il risque également la déshydratation. Au bout de deux jours de symptômes et s'ils sont accompagnés de fièvre et de vomissements, appelez le médecin.

Difficultés scolaires

Certains enfants, même d'intelligence moyenne ou supérieure à la moyenne, peuvent avoir des difficultés à suivre l'enseignement scolaire traditionnel. On s'en aperçoit dès l'école maternelle : l'enfant fait souvent preuve d'hyperactivité, il est incapable de se concentrer longtemps ou de rester tranquille, d'où des problèmes de discipline. Il a du mal à parler, n'a pas beaucoup de mémoire et éprouve des difficultés à lire et à écrire.

Si votre enfant présente certains de ces symptômes, consultez votre médecin de famille ou le pédiatre : la raison est peut-être médicale.

Le plus souvent, ces problèmes sont d'ordre psychologique. Dans ce cas, un bon psychologue pour enfants vous aidera à faire le point et à trouver une solution. Contactez également le psychologue de l'établissement scolaire.

Enfin, si votre enfant semble dyslexique, menez-le chez un orthophoniste, la dyslexie (l'inversion des lettres, des syllabes ou des chiffres) étant la cause la plus fréquente de difficultés scolaires.

Dinde

1. Lorsque vous achetez une dinde, comptez, à cru, environ 500 g par personne. Si vous devez la farcir, comptez 400 g.

2. Cherchez une volaille à la peau lisse, sans taches ni blessures.

3. Les dindes, tout comme les oies ou les chapons, peuvent être cuites à la broche ; elles n'en seront que plus légères et plus savoureuses car le gras s'écoule à la cuisson. Salez et poivrez la volaille à l'intérieur et à l'extérieur et huilez légèrement la peau.

4. Pour dégeler rapidement une dinde ou une grosse volaille, plongez-la entièrement dans de l'eau froide et portez à ébullition sur feu doux. Laissez frémir 1 heure environ pour une volaille jusqu'à 3 kg et 2 heures pour une volaille jusqu'à 10 kg. Ensuite, égouttez la volaille et épongez-la. Faites-la ensuite cuire normalement.

5. Pour une cuisson rôtie parfaite, faites saisir la volaille dans un four préchauffé à 230°C, puis, au bout de 30 à 45 minutes, baissez la température du four à 140°C et laissez la cuisson se poursuivre entre 1 heure et 3 heures, selon la taille de la volaille.

6. Les dindes et autres grosses volailles pochées sont excellentes : préparez un bouillon parfumé avec carottes, céleri, poireaux, aromates, ail et épices. Plongez-y la volaille et laissez-la cuire 4 heures si elle pèse plus de 8 kg.

Dîner original

Vous organisez un dîner et vous le voulez teinté d'originalité.

1. Lancez un thème dont dépendront plats, boissons, décor ou musique. Organisez un buffet « international ». Élaborez des menus composés de l'entrée au dessert uniquement de poisson et de fruits de mer, de légumes, de champignons (si vous êtes expert en cette matière), etc.

2. Demandez à chaque invité de cuisiner un plat en secret et de l'apporter. Votre participation consistera à « orchestrer » la composition du menu tout en gardant le secret.

3. Pour un grand barbecue, fournissez entrées et boissons et chacun apportera sa pièce de viande.

LE SAVIEZ-VOUS ?

Des célébrités ont eu des difficultés scolaires...

Léonard de Vinci. Il écrivait à l'envers de façon à être lu dans un miroir. Certains disent que ce n'était pas de façon délibérée, mais parce qu'il était dyslexique.

Hans Christian Andersen. Dans les manuscrits de cet écrivain danois, les mêmes mots sont orthographiés de cinq ou six façons différentes.

Thomas Edison. Ce brillant inventeur n'eut que sa mère pour précepteur car les enseignants des écoles où il fut inscrit renoncèrent à lui enseigner quoi que ce soit.

Albert Einstein. À 4 ans, celui qui fut le génie des mathématiques ne savait toujours pas parler. Il ne sut lire qu'à 9 ans !

Woodrow Wilson. La famille de celui qui fut président des États-Unis le considérait comme « retardé »... il ne sut lire qu'à 11 ans.

Auguste Rodin. Le père de ce sculpteur s'inquiétait des mauvais résultats scolaires de son fils, dont l'œuvre la plus célèbre est pourtant le *Penseur*.

Winston Churchill. Sa demande d'inscription fut envoyée de façon anonyme à son ancienne école, alors qu'il était adulte et célèbre. Il fut refusé : son niveau de connaissances était trop inférieur à celui exigé par l'école !

Discours en public

1. N'essayez pas d'apprendre tout votre discours, votre mémoire n'y suffirait pas. Rédigez un texte précis aussi simple que possible, adapté à l'auditoire. Dégagez un plan clair, il aidera à alimenter vos défaillances.

2. Adaptez la longueur du texte au temps qui vous est imparti : 10 pages dactylographiées avec double interlignage correspondent à un discours de 20 minutes environ. Tapez le texte de façon aérée en mettant en évidence les têtes de chapitres. Cela vous guidera. Conservez le plan à portée de la main.

3. Entraînez-vous en privé. Répétez votre conférence une ou deux fois à haute voix. Notez et corrigez les points faibles : mauvaises intonations, défauts de prononciation, rapidité excessive.

4. Avant la séance, assurez-vous que le dispositif de sonorisation est au point. Gardez votre calme en prenant quelques profondes respirations, puis entrez en scène, installez-vous et calez-vous bien droit dans votre siège, dans une attitude confortable. Prenez votre temps avant de commencer votre conférence. Observez le public discrètement et dites-vous qu'il attend votre message. Cela vous donnera du courage.

5. Les premiers mots donnent le ton. Vous pouvez commencer d'emblée par une boutade, à condition qu'elle soit particulièrement bien choisie, ou avouer modestement que le public distingué qui vous fait face vous impressionne. Il y a de fortes chances pour que cela vous détende. Mais, tout simplement, présentez-vous.

6. Vous pouvez alors rentrer dans le vif de votre sujet. Concentrez-vous sur ce que vous avez à dire et à faire passer. Soyez convaincant et sûr de votre propos. Ne jouez pas avec votre stylo, ne vous laissez pas distraire par les regards inquisiteurs. Dites-vous que cela n'a pas d'importance.

Disputes d'enfants

Les enfants aiment parfois se disputer, surtout entre frères et sœurs. Ces chamailleries sont l'apprentissage de la vie en société. Ceux qui ont dû y faire face sont peut-être mieux armés pour affronter les défis du monde extérieur. Des considérations qui ne vous empêchent pas, néanmoins, de souhaiter des moments de paix ! Mieux vaut, cependant, résister à l'envie d'intervenir dans les disputes, vous saurez difficilement qui a commencé et comment. Mais si la querelle paraît sérieuse, si l'un des enfants se fait agresser physiquement, séparez les adversaires. La bagarre a lieu dans la voiture ? Arrêtez-vous, expliquez que vous ne pouvez pas conduire dans ces conditions et ne repartez que lorsque les enfants seront calmés.

Si ces disputes sont fréquentes, essayez de comprendre pourquoi elles éclatent. Un des enfants peut souffrir d'insécurité. Peut-être est-ce son moyen d'attirer l'attention ? Si les bagarres commencent toujours à des moments creux, est-ce parce que les enfants s'ennuient ?

Pour les bagarreurs chroniques, essayez les trucs suivants :

1. Faites-leur laver une vitre ensemble, chacun d'un côté, en se faisant des grimaces.

2. Demandez-leur de vous écrire le récit de la bagarre. Répondez à chacun d'entre eux.

3. Amenez-les à définir la meilleure façon d'arrêter les disputes. Affichez leurs suggestions et prenez-les comme références lorsque la bagarre éclate.

Disque compact

1. Si un disque compact est gondolé, faites-le chauffer à l'aide d'un sèche-cheveux jusqu'à ce qu'il devienne souple, puis mettez-le entre deux feuilles de contre-plaqué épais doublées de papier ciré. Placez par-dessus un ou deux gros livres et laissez pendant plusieurs heures. Recommencez au besoin.

2. Repolissez un disque compact rayé avec de la pâte à polir les métaux. Frottez du centre vers les bords et inversement, jamais dans le sens des sillons.

3. Identifiez vos disques compacts avec une marque au crayon-feutre indélébile faite au dos et non avec des étiquettes adhésives : elles risquent de s'arracher et déséquilibrent le disque, qui tourne à grande vitesse.

Dos

Mal de dos, mal du siècle ? La sédentarité et le stress sont peut-être responsables de la fréquence de ce mal dans nos sociétés.

PRÉVENTION

1. Évitez tout effort brutal. Faites des exercices régulièrement pour assouplir votre dos et renforcer vos muscles abdominaux qui le soutiennent.

2. Si vous restez assis longtemps, assurez-vous que votre dos est maintenu correctement. Placez un petit boudin dans le bas de la colonne vertébrale, à hauteur de la ceinture, pour maintenir sa courbe en S.

3. Lorsque vous soulevez un objet, ne penchez jamais le tronc à partir de la taille. Baissez-vous en pliant les genoux. Gardez le dos droit et tenez l'objet près du corps.

4. En voyage, répartissez vos affaires dans deux valises ou prenez un sac à dos.

5. Si possible, dormez sur le dos, les genoux soulevés par un coussin. Si vous dormez sur le côté, placez un oreiller entre vos genoux.

6. Pour avoir un lit ferme, placez une planche de 20 mm d'épaisseur entre le matelas et le sommier.

DOULEURS AIGUËS

1. Réduisez votre activité ou restez 48 heures au lit.

2. Selon ce qui vous convient le mieux, appliquez soit une bouillotte bien chaude, soit un linge trempé dans de l'eau glacée, pen-

AU TEMPS JADIS

Les corsets diaboliques

Songez aux corsets du siècle dernier. Faits de toile épaisse, avec des baleines verticales en fanon de baleine ou en acier, ils emprisonnaient les femmes dans une cage rigide, des hanches au buste. Beaucoup de petites filles mettaient un corset dès l'âge de 3 ou 4 ans ; à l'adolescence, elles portaient le modèle adulte, lacé très serré dans le dos ; le but était de garder une taille de guêpe.

On croyait les femmes si faibles que leurs muscles ne pouvaient suffire à les maintenir droites. Le corset fit de ce mythe une réalité. Au moment où les jeunes filles étaient prêtes pour les corsets d'adultes, leurs muscles étaient tellement atrophiés que beaucoup ne pouvaient effectivement ni s'asseoir ni se tenir debout sans leur soutien.

dant 15 minutes toutes les 2 heures durant deux jours (gardez au congélateur un sac de type cold pack utilisé par les sportifs ou un sac de petits pois : les deux prennent facilement la forme du corps).
3. De l'aspirine ou de l'ibuprofène vous aidera à combattre à la fois la douleur et l'inflammation. (Voir aussi Aspirine, p. 23.)
4. Pour calmer une douleur lombaire qui dure depuis longtemps, basculez le bassin en arrière, puis en avant, jusqu'à ce que vous trouviez la position dans laquelle vous souffrez le moins. Gardez ensuite cette position.

EXERCICES POUR LE DOS
Renforcer et assouplir les muscles du bas du dos vous aidera à prévenir les douleurs. Les exercices qui suivent vont du plus simple au plus difficile. Si un exercice fait naître une douleur, arrêtez-vous et ne recommencez pas. Si vous souf-

frez du dos, consultez un médecin avant de commencer.

Bascule du bassin. Allongez-vous sur le dos, genoux repliés sur l'abdomen. Tout en gardant la colonne au sol, contractez les muscles fessiers le plus possible, rentrez le ventre, plaquez le bas du dos au sol et tenez la position pendant 5 secondes. Votre pubis remontera tout seul, ne le soulevez pas de vous-même. Recommencez 10 fois.

Gros dos. Mettez-vous à quatre pattes, puis arquez le haut du dos, contractez les muscles abdominaux et laissez tomber la tête. Tenez la position 5 secondes. Relevez ensuite la tête et refaites la même chose en sens inverse pour retrouver la position de marche à quatre pattes du départ. Évitez de pousser votre bassin en avant pour créer une lordose lombaire. Recommencez de 5 à 10 fois.

Bascule latérale des genoux. Étendu sur le dos, les bras écartés pour un bon appui au sol, soulevez les genoux vers la poitrine, puis basculez-les doucement vers la droite puis vers la gauche en gardant si possible les épaules au sol. Roulez de 10 à 20 fois.

Extension des jambes. Allongé à plat ventre, la tête sur vos bras pliés, le bassin au sol, soulevez doucement une jambe à partir de la hanche, jusqu'à ce que le pied soit à 15 cm du sol. Recommencez de 5 à 10 fois avec chaque jambe.

Élévation alternative des jambes. Genoux repliés sur l'abdomen, bras croisés sous la tête, coudes au sol, allongez une jambe au ras du sol et soulevez-la lentement le plus haut possible. Tenez la position 5 secondes, puis reposez la jambe au sol. Repliez-la sur l'abdomen. Recommencez de 5 à 10 fois avec chaque jambe.

Étirements croisés. À quatre pattes, étendez lentement le bras droit devant vous ; en même temps, allongez la jambe gauche derrière, étirez et tenez la position 5 secondes ; revenez à votre position initiale et allongez le bras gauche et la jambe droite. Répétez 10 fois.

Dosseret de lit
Si votre lit est du style « sommier-matelas », fabriquez un dosseret et fixez-le au mur à la tête du lit.
1. Découpez la forme en fonction de la largeur du sommier dans une

Le gros dos : mettez-vous à quatre pattes, puis arquez le haut du dos, contractez les muscles abdominaux et laissez tomber la tête. Tenez la position 5 secondes.

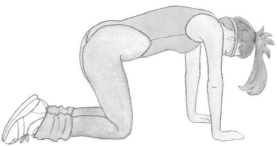

Ensuite, relevez la tête et refaites la même chose en sens inverse pour retrouver la position de marche à quatre pattes du départ. Évitez de pousser votre bassin en avant.

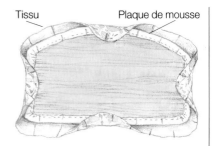

Tissu   Plaque de mousse

plaque de contre-plaqué de 15 à 20 mm d'épaisseur.

2. Pour fabriquer un dosseret capitonné, agrafez une plaque de mousse d'ameublement sur le contre-plaqué et recouvrez de tissu en l'agrafant également.

3. Pour un effet plus moelleux, montez derrière le lit une tringle ronde de laiton en haut et une autre en bas. Tendez du tissu entre les deux tringles. Pour avoir de grands plis, cousez ensemble des lés de tissu pour obtenir un panneau trois fois plus large que la longueur des tringles.

4. Si vous avez des talents artistiques, peignez un dosseret en trompe-l'œil sur le mur.

Dossier de crédit

Avant d'emprunter, vérifiez votre dossier de crédit afin d'éviter de mauvaises surprises.

Il en coûte peu de s'informer du niveau de confiance que vous inspirez à d'éventuels créanciers.

Consultez sous la rubrique des Pages jaunes « Crédit — Agences de renseignements » et choisissez une agence susceptible d'établir votre dossier de crédit. Votre banque peut vous donner le nom de l'agence qu'elle utilise. Faites une demande écrite à l'agence expliquant vos intentions et fournissant votre adresse, date de naissance et numéro d'assurance sociale ; joignez un chèque couvrant les frais.

Un dossier de crédit comporte la liste de toutes les banques et institutions de crédit et donne en détail votre façon de vous acquitter de vos dettes, y compris les retards et les défauts de paiement.

Corrigez toute erreur dans votre dossier immédiatement. Retournez par écrit vos corrections à l'agence qui effectuera d'autres recherches et corrigera les erreurs, s'il y a lieu.

Quant aux informations contenues dans votre dossier, rien ne pourra les éliminer, mais vous pouvez inclure votre version des faits. Votre déclaration devra accompagner votre dossier de crédit partout où il est requis.

Les associations fédérales ou provinciales de consommateurs peuvent aussi être une bonne source d'informations à cet égard.

Douane

À L'ÉTRANGER

En règle générale, les douanes de tous les pays admettent sans formalités les objets à usage personnel, y compris les bicyclettes et engins ou articles de sport qui ne traduisent pas par leur nature et leur nombre une préoccupation d'ordre commercial.

Attention cependant si vous transportez certaines marchandises soumises à une réglementation particulière, telles que des produits animaux et végétaux, des médicaments autres que personnels, des armes, des munitions et des objets de collection. Quant aux animaux, chaque pays a ses règles. Renseignez-vous auprès de l'office du tourisme concerné.

1. Le passage d'une douane avec un véhicule motorisé (vélomoteur, moto, voiture) est parfaitement autorisé à condition que vous la repassiez dans un délai qui peut varier selon les pays. N'oubliez pas, avant de voyager en Europe, de vous procurer un permis de conduire international.

2. Si, en voyage, vous emportez des objets de valeur fabriqués à l'étranger (fourrures, bijoux, caméras, jumelles, etc.), munissez-vous de vos reçus. Faites enregistrer les objets qui portent un numéro de série au poste frontière ou à l'aéroport avant de quitter le pays.

3. Si vous utilisez des médicaments prescrits, apportez-en une quantité suffisante pour la durée de votre séjour. Gardez-les dans leur contenant d'origine et conservez votre ordonnance dans vos documents de voyage.

DE RETOUR AU PAYS

1. Plusieurs objets disponibles aux boutiques « hors taxes » sont taxables en rentrant au Canada, si vous dépassez la limite d'exemption personnelle annuelle de 300 $ par individu.

2. Certains objets sont détaxés mais avec des restrictions. Les antiquités par exemple doivent être réputées plus que centenaires. Les œuvres d'art doivent être des originaux ou des éditions limitées et elles doivent être signées.

3. Le Canada admet sans taxes certains produits provenant de pays en voie de développement et qui possèdent un statut de taux préférentiel. Informez-vous à votre bureau régional de Douanes et Accise Canada.

4. Si vous croyez avoir été lésé à la douane, payez les frais demandés et écrivez au bureau régional en incluant une copie de vos reçus.

5. Si vous voyagez en famille, chacun des membres doit remplir son propre exemplaire d'exemptions personnelles.

6. Si vos biens sont endommagés pendant la fouille, faites une réclamation au bureau de la douane.

7. Afin d'éviter la confusion au comptoir de douane, rassemblez tous vos achats avec vos reçus dans un sac à part.

Double vitrage

1. Si la vitre d'une contre-fenêtre est brisée, enlevez délicatement les morceaux pour ne pas vous couper, et agrafez une feuille de polyéthylène de 4 mm tout autour du cadre. Vous pouvez faire la même chose en utilisant la moustiquaire, ce qui vous permettra d'apporter la contre-fenêtre à réparer.

2. Réparez temporairement un double vitrage dont une vitre est cassée en posant une feuille de plastique transparent thermorétractable. Collez-la sur les bords et tendez-la avec un sèche-cheveux.

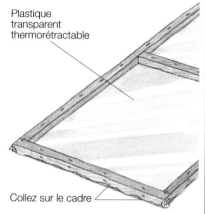

Plastique transparent thermorétractable

Collez sur le cadre

3. Si vous collez des films transparents thermoréflecteurs sur des doubles vitrages, collez-les toujours du côté extérieur, sinon les vitres risquent de sauter.

4. Pour une meilleure isolation phonique (phénomène de la résonance), pensez à poser des doubles vitrages ayant des verres d'épaisseurs différentes.

Douche

Si le jet de votre douche n'est plus régulier et que l'eau éclabousse partout, c'est signe que les orifices sont entartrés. Faites tremper la tête de douche toute une nuit dans un récipient rempli de vinaigre blanc pur ou de détartrant pour cafetière ou fer à repasser.

Douleur

1. Riez. Mais oui ! une bonne crise de rire fait sécréter des endorphines qui sont les antalgiques naturels du corps. S'il n'y a pas assez d'humour dans votre vie, lisez des livres drôles ou allez voir des films comiques.

2. L'anxiété et le stress ont tendance à intensifier la douleur. Mettez-vous au yoga. Faites-vous donner des massages ou effectuez des exercices de relaxation. Dans tous les cas, veillez à ne pas forcer la partie douloureuse de votre corps. (Voir aussi Stress, p. 208.)

3. Essayez l'hypnothérapie. Elle vous apprend à éliminer la douleur en suscitant des images agréables. (Voir aussi Aspirine, p. 23.)

Drainage du jardin

Pour vérifier le bon drainage de votre jardin, testez la terre : creusez des trous de 50 à 90 cm de profondeur en différents endroits de la pelouse. Remplissez-les d'eau et observez son écoulement. Si elle s'infiltre très rapidement, votre sol est sablonneux. À moins d'aimer les plantes de sol sec, apportez-lui du compost, de la tourbe ou autres matières organiques lors du prochain bêchage. Si l'eau stagne entre une demi-heure et une heure, le drainage est parfait pour les légumes et les fleurs. Si elle persiste plusieurs heures, votre sol est mal drainé, trop riche en argile et en limons fins. Ajoutez-y du sable, quelques gravillons propres, ou surélevez les plates-bandes avec de la terre de jardin rapportée.

Servez-vous des plantes sauvages de votre jardin pour identifier la terre. Le saule, la massette et les primulacées, par exemple, prospèrent dans les sols mal drainés. Quant aux sols secs, bien drainés, ils accueillent facilement les genévriers et les asclepias.

Durite de radiateur

Si du liquide de refroidissement s'écoule de votre voiture par une durite percée, vous pouvez parfois effectuer une réparation temporaire qui tiendra au moins jusqu'à la première station-service.

1. Laissez refroidir le moteur (ouvrir le bouchon de radiateur prématurément libérerait un jet de vapeur et d'eau bouillante). Lorsque le bouchon est frais au toucher (soit au bout de 20 à 30 minutes), dévissez-le doucement et entourez d'un linge épais ou de ruban d'électricien. Cela relâchera la pression restante tandis que le linge ou le ruban absorbera la vapeur et protégera votre main.

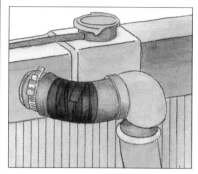

2. Si la fuite est au point de jonction d'une durite, resserrer le collier peut régler le problème : vous pourrez rentrer chez vous tranquillement. Sinon, recherchez la durite qui est percée. Si c'est une durite située au-dessus du moteur, mettez-y une pièce en utilisant du ruban adhésif d'électricien ou autre ruban solide ou nouez des chiffons autour. Mettez le moteur en marche. Remplissez le radiateur d'eau et replacez le bouchon. Allumez le chauffage sur « fort » pour évacuer la chaleur du moteur (voir Moteur surchauffé, p. 148) et conduisez à allure modérée jusqu'au prochain garage. Si c'est une durite située en partie basse, la réparation de fortune est plus hasardeuse (toute l'eau risque de se vider). Faites-vous remorquer.

3. Lorsque vous remplacez une durite, trouvez-en une neuve identique. Il arrive souvent que le collier soit encastré dans la vieille durite ou que celle-ci reste collée sur son embout. Commencez par huiler le collier et, si c'est un modèle serti, ôtez-le avec des pinces. Pour un collier à vis, desserrez la vis et insérez le bout du tournevis sous le collier pour le décoller. Le cas échéant, décollez la durite en la faisant tourner dans les deux sens jusqu'à ce qu'elle se détache. Sinon, tranchez-la au ras du « goulot » et retirez le reste à la pointe du couteau. Nettoyez les embouts avant de fixer la durite neuve.

E

Éblouissement de nuit

1. Prenez soin de garder votre pare-brise bien propre pour éviter qu'il ne forme un écran luminescent au travers duquel vous ne verriez plus rien.

2. Ne fixez pas les phares, regardez légèrement sur le côté.

3. Avertissez par un très bref appel pleins phares, mais surtout ne vous vengez pas en aveuglant à votre tour celui qui vous éblouit.

4. Lorsque vous êtes suivi par une voiture qui persiste à rouler pleins phares, placez votre rétroviseur en position de nuit et déréglez momentanément votre rétroviseur extérieur pour qu'il ne vous renvoie pas le faisceau dans les yeux. Si vous êtes par trop incommodé, ralentissez et laissez-vous doubler.

Écharde

1. Vous n'arrivez pas à extraire une écharde ? Utilisez une loupe pour la localiser, placez une goutte d'alcool iodé pour la teinter, puis enlevez-la avec une pince à épiler. Nettoyez avec un antiseptique, ou avec de l'eau et un savon doux.

2. L'écharde résiste ? Il en reste un petit éclat ? Trempez la peau dans de l'eau et séchez. Puis appliquez de la colle blanche sur l'écharde et appuyez-y doucement un petit morceau de gaze. Lorsque la colle est sèche, ôtez la gaze : elle devrait entraîner l'écharde.

Échauffement musculaire

Si vous commencez votre séance de sport brutalement, sans échauffement, vous risquez des accidents musculaires. Si vous finissez votre entraînement sur des exercices violents sans période de retour au calme, vous risquez de subir une brusque chute de tension avec vertiges et nausées, voire de perdre

Échauffement

connaissance. Cela peut être fatal pour quiconque souffre d'une fragilité cardiaque. Faites un bilan médical avant de vous lancer dans une nouvelle activité sportive.

1. La première phase de l'échauffement consiste à augmenter la température corporelle et la souplesse musculaire. Vous pouvez donc trottiner sur place et faire des mouvements de gymnastique assez lents. Une marche rapide, à pas cadencés, peut aussi faire l'affaire. Balancez les bras et faites des mouvements tout en marchant pour stimuler la circulation. Allongez le pas et accélérez vos mouvements à mesure que vous vous échauffez.

2. Une fois que vos muscles sont chauds, faites au moins 5 minutes d'exercices d'assouplissement (voir p. 95). Avant de courir, faites des étirements des adducteurs, des ischio-jambiers, des quadriceps, des mollets.

Avant de faire de la musculation, étirez les muscles du tronc, des bras, et surtout des épaules. Un bon livre sur le sport que vous pratiquez proposera des exercices d'assouplissement spécifiques.

RETOUR AU CALME

Après un effort physique, le meilleur retour au calme est de rester en mouvement et de diminuer progressivement l'intensité de l'effort. Marchez rapidement ou courez de plus en plus lentement pendant 5 à 10 minutes pour stabiliser votre tension et normaliser progressivement votre fréquence cardiaque.

Retour au calme

Échelle

1. Peignez de couleur vive le bas d'une échelle afin de ne pas buter dedans.

2. Par mesure de sécurité, ne montez jamais jusqu'au dernier barreau ; arrêtez-vous quand il est au niveau de vos hanches.

3. Avant de grimper sur une échelle, sautez plusieurs fois sur le barreau du bas pour vous assurer que les pieds sont bien plantés dans le sol.

4. Si vous êtes perché haut pour travailler sur la maison, attachez l'échelle à l'intérieur par une fenêtre ouverte en nouant une corde à un objet fixe et solide comme un radiateur. Ou placez un chevron de bois en travers de la fenêtre (côté intérieur) et attachez-y l'échelle.

ATTENTION !

Les risques du sport

Si l'on fait trop de sport ou dans de mauvaises conditions, on risque de se blesser. En course de fond, les blessures sont particulièrement fréquentes quand l'entraînement dépasse 50 km par semaine. Les spécialistes de médecine sportive considèrent que 30 à 40 km par semaine suffisent à apporter les bienfaits du sport pour la santé.

Pas de progrès sans douleur ? C'est faux. Les efforts intenses entraînent une sensation pénible qui est normale, mais une douleur véritable ne doit jamais être considérée comme normale. Il faut cesser l'activité dès qu'elle apparaît.

Une bonne souplesse articulaire et musculaire est un facteur important de prévention des blessures chroniques que sont les tendinites. Si l'on est incapable de toucher ses pieds avec les mains sans plier les genoux, il va vraiment falloir améliorer sa souplesse en faisant davantage d'étirements.

La déshydratation favorise, entre autres, les claquages musculaires. Il faut avaler un verre d'eau environ toutes les 20 minutes avant et pendant l'entraînement, sans attendre de ressentir la soif.

Par temps chaud et humide, la régulation de la température du corps est plus difficile et l'on s'expose à un coup de chaleur. Il faut donc diminuer la fréquence et l'intensité de l'entraînement.

Si vous êtes resté longtemps sans faire de sport, reprenez-en l'habitude très progressivement.

Le sport peut avoir le même effet qu'une drogue et créer un certain degré de dépendance. C'est peut-être le cas si vous vous sentez obligé de vous entraîner malgré une blessure, si l'entraînement entrave votre travail et votre vie sociale et si vous culpabilisez lorsque vous manquez une séance. En pareille situation, il vaut mieux consulter un médecin.

bres du même objet avec des spots de couleurs différentes légèrement décalés les uns par rapport aux autres. Vous verrez apparaître des couleurs que vous n'avez pas projetées (le vert et le rouge donnent du jaune en se superposant, le rouge et le bleu donnent du rose, le bleu foncé et le vert donnent des tons bleu ciel...).

5. Enfoncez de grosses chevilles en bois dans les barreaux creux et vissez des crochets pour suspendre des outils ou des pots de peinture.
6. Si le terrain est instable, boueux ou gelé, enfoncez un solide piquet dans le sol, derrière l'échelle. Liez le deuxième barreau au piquet par une corde.

Éclairage

Donnez de la vie à une pièce en la « peignant » avec de la lumière.
1. Pour une atmosphère insolite, variez les sources de lumière de la pièce. Fixez des petites lampes sous une étagère de vitrine murale. Dirigez les lumières vers le haut et vers le bas.
2. Variez également les intensités : une ampoule de 25 W ici ou là ajoute une touche nuancée. Pour une véritable variation, remplacez les interrupteurs de vos lampes à incandescence par des gradateurs d'intensité.
3. Des lampes éclairant seulement des tableaux, des statuettes, des niches fleuries valorisent ces objets et donnent une douce luminosité.
4. Tirez partie d'un mur nu en y projetant l'ombre des feuilles d'une grande plante avec un spot blanc ou coloré. Un effet garanti : sur un mur blanc, projetez plusieurs om-

Économies

Sur le plan personnel comme sur le plan écologique, économiser signifie toujours qu'il faut modifier ses habitudes.
1. Commencez par réfléchir aux petites économies que vous pouvez réaliser chaque jour sans grand effort : le bon réglage du chauffage, le lave-vaisselle à ne faire fonctionner qu'à plein, le remplacement du joint de robinet ou les courants d'air à éviter dans la maison.
2. Prévoyez toujours une réserve sur votre compte courant pour des imprévus ou des urgences.
3. Différez un achat non indispensable (chaîne stéréo, ordinateur) plutôt que de le payer à crédit.
4. Ne laissez pas pour autant votre argent se faire rogner par l'inflation : épargnez intelligemment. Souscrivez des placements garantis à court ou à long terme après comparaison des taux d'intérêt et

en fonction de votre situation familiale. Un seul point de taux d'intérêt en plus fait fructifier d'autant vos économies.

5. Apprenez à vos enfants à gérer leur budget, même s'il est modeste.

Économies d'eau

1. Chaque fois que vous tirez la chasse d'eau, vous consommez une trentaine de litres d'eau. Réduisez le volume d'eau dans la chasse en y mettant une brique, des pierres ou un bidon de plastique empli de sable.

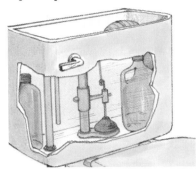

2. N'emplissez pas complètement la baignoire quand vous prenez un bain et douchez-vous rapidement. Utilisez un pommeau de douche équipé d'un réducteur de débit.

3. Rincez la vaisselle dans un bac plutôt que sous l'eau courante.

4. Recueillez l'eau de pluie pour assurer l'irrigation du jardin.

5. Si l'eau d'un puits est impropre à la consommation parce que trop riche en nitrates, elle est excellente par contre pour arroser les plantes et les légumes (les nitrates sont des engrais).

Écrou, boulon

1. Pour empêcher un écrou de se desserrer, placez une rondelle fendue, ou de blocage, en dessous ou bien vissez un deuxième écrou de blocage par-dessus le premier.

2. Autres méthodes : donnez un coup de pointeau sur le filetage au ras de l'écrou ou enduisez-le d'un produit du commerce pour bloquer les écrous, mais qui permet le démontage.

3. Pour desserrer un écrou rouillé, employez de l'huile dégrippante. Laissez-la s'infiltrer puis, avec une clé assez longue pour donner plus de force, enlevez l'écrou en imprimant une série de coups brefs et secs plutôt qu'une pression continue. (Voir aussi Huiles lubrifiantes, p. 123.)

4. Vous pouvez aussi chauffer l'écrou (surtout s'il est gelé) avec un chalumeau à propane ou avec un briquet. Cela peut le dilater suffisamment pour vous permettre de le dévisser.

5. Pour éviter que les écrous ne rouillent ou ne se collent aux boulons, trempez-les dans du dégrippant hydrofuge avant de les poser. Ils seront ainsi toujours facilement démontables.

6. S'il n'y a aucun moyen d'enlever l'écrou, détruisez-le. Coupez-le à la scie à métaux, louez ou achetez un casse-écrou (sorte de ciseau à froid tenu dans un anneau) ou utilisez un ciseau à froid. Tenez ce dernier contre l'écrou et frappez à coups de marteau puissants. Même fendu, l'écrou devra peut-être être arraché avec un pied-de-biche.

7. Voici comment raccourcir un boulon avec une scie à métaux sans abîmer le filetage : vissez un écrou jusqu'à la tête du boulon ; posez une pince à linge sur le filetage pour le protéger et bloquez le boulon dans un étau ; sciez le boulon, adoucissez la coupe à la lime et dévissez l'écrou pour retrouver le filetage.

Écureuil

1. Pour protéger une mangeoire à oiseaux contre ces acrobates, installez-la sur un piquet de 2 m de haut environ, après l'avoir glissé dans un tube à gouttière en PVC de 30 cm de long. Fixez ce tube sous la mangeoire : les écureuils ne pourront pas l'escalader ni le franchir en sautant. Ne placez pas les mangeoires trop près des arbres : ils trouveraient un moyen de s'y laisser tomber.

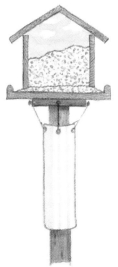

2. Suspendez la mangeoire à oiseaux à un fil de fer tendu entre deux piquets. Coupez le fond de huit bouteilles en plastique et passez le fil à travers les bouteilles (quatre de chaque côté de la mangeoire). Elles tourneront sur elles-mêmes quand un écureuil voudra passer dessus et précipiteront l'intrus sur le sol.

Éducation sexuelle

1. Donnez des réponses simples et courtes aux questions que votre enfant vous pose et observez-le pour savoir s'il désire des explications complémentaires. Ne le surchargez pas d'informations qu'il n'a pas demandées.

2. Écoutez attentivement les questions. S'il demande d'où il vient, tâchez de savoir, avant de vous lancer dans une conférence sur la manière de fabriquer les bébés, s'il ne veut pas simplement connaître le nom de l'hôpital où il est né...

3. Au fur et à mesure que l'enfant grandit, étayez vos réponses. Au besoin, procurez-lui un livre sur l'éducation sexuelle et discutez-en avec lui.

4. Pour les enfants âgés de plus de 8 ans, utilisez les intrigues des feuilletons télévisés ou des paroles de chanson comme tremplin à une conversation.

5. Si un adolescent éprouve des difficultés à aborder le sujet, faites le premier pas et décrivez les risques et les responsabilités liés au comportement sexuel. N'hésitez pas à lui exposer votre opinion.

Élastique

1. Mesurez sur la personne le tour de la partie du corps (taille, hanches) où ira l'élastique et déduisez 6 cm. Vous obtiendrez la longueur d'élastique permettant de froncer sans trop serrer.

2. Pour remplacer un élastique à la taille, ouvrez une couture dans la coulisse et retirez-le. Déduisez 2,5 cm de votre tour de taille pour couper une bande élastique à côtes verticales (qui ne roulera pas). Épinglez-en un bout sur la couture tandis que vous faites passer l'autre à travers la coulisse en utilisant une épingle de sûreté. Cousez fermement les deux bouts l'un sur l'autre et refermez la coulisse.

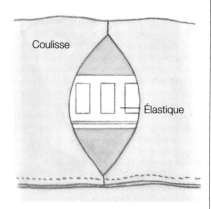

Électricité statique

1. « Désactivez » votre moquette ou vos tapis en vaporisant un mélange fait d'une part d'adoucisseur pour linge et de cinq parts d'eau.

2. Pour lutter contre l'électricité statique sur les vêtements en tissu synthétique, ajoutez de l'adoucissant à l'eau du dernier rinçage.

3. Si vous êtes déjà habillé, frottez vos sous-vêtements, votre combinaison ou vos bas avec un cintre métallique, ou bien vaporisez-les d'un peu de laque à cheveux.

4. Réduisez l'électricité statique d'une habitation en maintenant un taux d'humidité de l'air de 60 à 65 p. 100 au minimum (voir Humidificateur, p. 123). En hiver, pensez à remplir les humidificateurs et à mettre des soucoupes d'eau sur les radiateurs.

Emballage

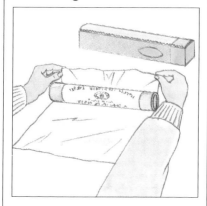

1. Vous voulez expédier des documents étroits mais longs sans les plier ? Enroulez-les autour du tube en carton d'une boîte de papier d'aluminium. Recouvrez-les de papier, remettez dans la boîte, emballez et postez.

2. Si vous voulez qu'un paquet soit ficelé bien serré, mouillez la ficelle avant de la poser : elle se tendra en séchant.

3. Pour envoyer un paquet par la poste, utilisez une ficelle solide et serrez-la bien ; ou employez du gros ruban adhésif d'emballage et non pas du simple ruban adhésif de bureau.

4. Si vous manquez de papier d'emballage pour faire un paquet, vous pouvez découper un grand sac en papier brun.

5. En guise de rembourrage pour un paquet d'objets fragiles, utilisez des feuilles de papier journal froissées, de vieux vêtements en laine ou... du pop-corn.

Emballage cadeau

1. Lorsque vous recouvrez de grands paquets, collez différents morceaux de chutes de papier, cela donnera à votre emballage un côté patchwork.

2. Pour savoir quelle longueur de papier vous est nécessaire, passez une ficelle autour du paquet et servez-vous-en pour mesurer la longueur à découper sur le rouleau (en ajoutant de 5 à 10 cm).

3. Demandez à vos enfants de dessiner leur propre papier d'emballage à main levée ou avec des stencils ; ils seront ravis.

4. Le papier d'aluminium peut servir de papier d'emballage et vous pouvez en agrémenter la texture en le pressant légèrement sur un mur de stuc ou de briques par exemple.

5. Vous pouvez aussi vous servir de restes de papier peint ou de retailles de tissus. Les bandes dessinées en couleur des journeaux de fin de semaine font de magnifiques emballages pour les cadeaux de vos enfants. Utilisez aussi du papier brun ordinaire que vous attacherez avec des rubans de couleur, des choux élaborés.

6. Fabriquez des blocs pour imprimer avec une barre de savon ou une pomme de terre coupée en deux dans laquelle vous aurez dessiné une figurine de votre choix (voir p. 378). Vous imprimerez votre papier d'emballage en utilisant un tampon encreur ou un peu de peinture que vous aurez versée dans une assiette en carton ou en plastique.

7. Si votre papier d'emballage est un peu trop court, vous pouvez vous en tirer en plaçant votre paquet de biais.

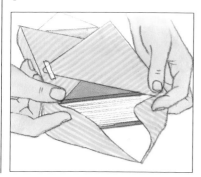

Emploi temporaire

Les agences spécialisées dans le travail temporaire fleurissent un peu partout. Les offres sont larges, et quelques-unes assurent une certaine part de formation.

Pensez-y si vous voulez gagner un peu d'argent tout en vous réservant du temps disponible ou si vous avez une grande faculté d'adaptation. Changer d'entreprise souvent n'est pas si facile.

Pour du travail saisonnier, visez les lieux touristiques : hôtels, restaurants, magasins, ou encore la campagne : cueillette des fraises, des pommes, vendanges...

Les grands magasins emploient surtout pour les Fêtes. Le secrétariat, la restauration rapide ont un roulement à l'année. (Voir aussi Travail d'appoint, p. 223.)

Endurance

Vous vous sentez fatigué après une maladie ? Récupérez peu à peu votre forme par la marche. Commencez avec 2 minutes le premier jour, puis un peu plus longtemps cinq jours de suite, jusqu'à ce que vous puissiez marcher 15 minutes sans vous arrêter. Augmentez progressivement votre vitesse jusqu'à pouvoir faire 1 km en 10 minutes.

Commencez votre séance en marchant d'un pas normal pour vous échauffer. Terminez en ralentissant progressivement. Complétez avec des étirements pour améliorer la souplesse. (Voir aussi Échauffement musculaire, p. 84.)

Augmentez progressivement la vitesse et la distance pour parcourir 5 km en moins de 45 minutes (à partir du jour où vous faites 1 km en 10 minutes, cela devrait prendre 12 semaines).

Maintenant, vous êtes prêt à faire du jogging, de la gymnastique aérobique ou de la bicyclette de trois à cinq fois par semaine pendant 30 minutes. Si vous préférez continuer la marche, prenez comme but de faire 6 km en une heure. Quand vous atteindrez les 30 km par semaine, vous serez en bonne forme. Ultérieurement, il faudra que votre fréquence cardiaque pendant l'entraînement atteigne de 70 à 90 p. 100 de votre fréquence cardiaque maximale (220 moins votre âge). Si vous êtes sédentaire, ne faites monter votre fréquence cardiaque qu'à 60 p. 100 de votre fréquence maximale.

Attention ! Si vous avez plus de 35 ans, ou si vous avez une surcharge pondérale et s'il y a dans votre famille des cas d'hypertension ou de maladie cardiaque, consultez un médecin avant de commencer un programme d'activité physique. Dans tous les cas, si votre pouls est irrégulier, si vous ressentez des douleurs ou une oppression dans la poitrine, si vous avez des vertiges ou des vomissements pendant ou après l'exercice ou si vous êtes encore très essoufflé une minute après l'effort, arrêtez tout et consultez le médecin.

Pour évaluer la distance parcourue à pied, portez un podomètre à la ceinture.

Enfant adulte à la maison

Soit parce qu'ils suivent de longues études, soit parce que leur salaire ne leur permet pas de s'offrir un loyer, les enfants adultes habitent parfois chez leurs parents, ce qui peut être une source de conflit.

1. Délimitez des règles. Tous ceux qui vivent sous le même toit doivent prendre part aux travaux domestiques et ceux qui gagnent leur vie doivent participer aux dépenses (loyer, nourriture, etc.).

2. Établissez à l'avance un calendrier de réceptions et de sorties. Par exemple, les enfants recevront leurs amis lorsque les parents sortiront pour la soirée.

3. Les enfants adultes devraient avoir, si possible, leur propre ligne de téléphone et en payer la facture.

4. Enfin, fixez des limites : il faudra bien que l'enfant adulte se décide un jour ou l'autre à quitter la maison familiale...

APRÈS LE DÉPART DES ENFANTS

1. Transformez une chambre en bureau, en atelier de bricolage ou de couture, bref, en l'endroit bien à vous dont vous avez toujours rêvé.

2. Si vous redoutez le silence d'une grande maison vide, louez une chambre à un étudiant ou à un jeune travailleur. Au préalable, définissez bien, ensemble, les impératifs que votre locataire devra respecter : horaires, visites, usage des parties communes, etc.

3. Consacrez quelques heures de bénévolat à des associations sociales ou culturelles de votre ville.

4. Ne faites pas une fixation sur les visites de vos enfants. Trouvez-vous d'autres occupations, des activités manuelles ou culturelles. Élargissez votre cercle d'amis et profitez de votre nouvelle liberté.

Enfant fugueur

1. Les petits fugueurs, généralement des enfants de 8 ou 9 ans qui ont acquis un peu d'indépendance en allant à la « grande » école, se cachent souvent chez un ami ou dans les bois à proximité de chez eux et rentrent à l'heure du souper. Cette « fugue » risque de vous échapper complètement si vous avez pensé qu'il était à jouer chez un copain. Habituez votre enfant à vous faire part de ses sorties et à rentrer à une heure fixée d'avance entre lui et vous.

2. Un enfant plus âgé qui fait une fugue pose un problème plus grave. Si la communication entre vous et votre enfant s'est interrompue depuis ses années de préadolescence, vous n'aurez peut-être aucun indice pour savoir ce qui a pu le pousser à s'enfuir. Soyez donc vigilant si vous dénotez certains troubles : perte d'intérêt pour le travail scolaire, crises de solitude, de dépression, explosions de colère... Faites particulièrement attention aux adolescents quand il se produit un changement important dans la famille : décès, séparation, divorce, remariage ou même simple déménagement peuvent sérieusement perturber un adolescent.

3. Quand faut-il prévenir la police et doit-on le faire systématiquement en cas de disparition ? Après avoir bien fait le tour des parents et des amis chez lesquels votre enfant a pu se rendre, il est indispensable de signaler une disparition au poste de police de votre quartier ou de votre municipalité. Les policiers ont l'habitude de ce genre de problème et pourront vous aider. Cela ne veut pas dire qu'ils lanceront automatiquement des recherches, mais ils pourront faire certaines vérifications et vous conseiller sur la meilleure conduite à adopter.

Enfant perdu

N'importe quel enfant risque de se perdre. Apprenez au vôtre à ne pas paniquer si cela lui arrive.

1. Donnez-lui un sifflet ou un petit harmonica et apprenez-lui un air facile. S'il est perdu dans la foule, ou même dans un bois, cela vous aidera à le retrouver.

2. Enseignez-lui son numéro de téléphone et, quand il sera un peu plus grand, apprenez-lui à téléphoner d'un téléphone public à frais virés.

3. Si vous venez de déménager, faites-lui faire le tour du quartier. Aidez-le à repérer les rues, les immeubles importants et indiquez-lui les gens (policiers, surveillants du parc, Parents-Secours qu'il repérera par l'affiche sur leur porte) pour qu'il puisse, le cas échéant, demander de l'aide.

4. Les tout-petits sont capables de retenir correctement leur nom et leur adresse. Faites-les-leur répéter jusqu'à ce qu'ils les connaissent par cœur.

Enfant seul à la maison

Nombreux sont les enfants contraints de rester seuls à la maison après l'école. Si c'est le cas du vôtre, prenez quelques précautions élémentaires qui le rassureront et vous tranquilliseront l'esprit.

1. Lorsque vous sortez ensemble de la maison, exercez l'enfant à fermer lui-même la porte à clé, puis à l'ouvrir quand vous rentrez. Laissez-le seul, d'abord pour de courtes périodes, veillez à ce qu'il mette bien le verrou derrière vous et qu'il n'ouvre à personne. Les premières fois, revenez plus tôt que prévu.

2. Quelques jours avant la rentrée des classes, jouez au petit jeu de « que ferais-tu si... » (par exemple, si on sonne à la porte, si un inconnu téléphone...). À travers ses réponses, vous comprendrez ce qui peut l'inquiéter.

3. Tâchez de connaître ses sympathies et ses antipathies envers les voisins avant de décider à qui confier la clé de la maison et demander éventuellement d'assurer une surveillance à distance.

4. Téléphonez-lui tous les jours à la même heure. La régularité de vos appels lui permet d'avoir des repères qui le rassurent. Si cela vous est impossible, arrangez-vous pour qu'un parent, un ami ou un voisin le fasse à votre place et bavarde un peu avec lui.

5. Notez près du téléphone (ou, mieux, entrez en mémoire) les numéros où votre enfant peut vous appeler ou joindre rapidement quelqu'un de sûr.

6. Enfin, veillez à ce qu'il ne reste pas inoccupé. Confiez-lui une ou plusieurs petites tâches ménagères à accomplir après son travail de classe : vider le lave-vaisselle, laver la salade, mettre la table... et ne manquez pas de l'en remercier.

Enfant surdoué

1. Surdoué ou seulement très doué, il se peut qu'un enfant s'ennuie dans une classe dont le niveau est trop faible pour lui. Bien

que la base de l'enseignement soit la même dans toutes les écoles du cycle primaire, des différences de niveau peuvent exister entre les établissements, qu'ils soient publics ou privés.

2. Recherchez les regroupements d'enfants surdoués. Votre enfant se sentira probablement plus à l'aise parmi ses pairs. Joignez, ou formez au besoin un groupe de parents. Il existe peut-être dans l'organisation scolaire de votre région un consultant affecté aux enfants surdoués. Renseignez-vous.

3. Les compagnons de classe et même les adultes peuvent trouver votre enfant bizarre. Faites-lui savoir à quel point vous êtes fier de lui et que ses talents ne doivent pas l'intimider. À la maison, donnez-lui le champ pour s'épanouir.

4. Bien des parents d'enfants doués ou « en avance » souhaitent que les leurs sautent une classe ou entrent en primaire avant l'âge requis. Cette décision ne peut être prise de façon unilatérale. Les enseignants de maternelle, par exemple, ont suffisamment d'expérience pour juger si l'enfant a la maturité nécessaire pour s'adapter au cycle primaire avec un an d'avance. En effet, si cela est possible sur le plan de l'intelligence, ce n'est pas forcément souhaitable au niveau du développement : un petit enfant se construit également par le jeu.

5. Ne retournez jamais l'intelligence d'un enfant surdoué contre lui avec des réflexions telles que : « Comment un enfant aussi intelligent que toi peut-il agir de façon aussi stupide ? »

6. Un enfant très doué est parfois trop exigeant vis-à-vis de lui-même. N'abondez pas dans son sens. Faites en sorte qu'il sache que vous l'aimez pour lui-même et non pour ses performances.

7. Même si les attitudes et les propos de votre enfant ressemblent parfois à ceux d'un adulte, n'oubliez pas que c'est un enfant et ne le laissez pas défier votre autorité.

Enfant unique

1. L'enfant devrait avoir le plus d'occasions possible de jouer avec d'autres enfants. Invitez souvent vos amis avec leur progéniture et faites en sorte que cousins et copains aient l'impression de faire partie de la maison. De temps en temps, laissez votre enfant dormir chez un ami que vous inviterez en retour à dormir chez vous.

2. Les parents d'un enfant unique doivent éviter de lui faire tous les deux des reproches. Si, éventuellement, les grands-parents s'en mêlent, l'enfant aura l'impression que le monde entier est contre lui et il enviera ceux qui ont des frères et sœurs pour les soutenir !

3. Trouvez le temps de vous lancer dans des jeux un peu fous. De temps à autre, une bataille de coussins ou un combat au pistolet à eau peuvent être très drôles, même pour les parents...

Engelure

1. Une engelure superficielle peut s'étendre rapidement lorsque le vent est froid. La peau devient blanchâtre, tachetée et ferme au toucher. Réchauffez la partie touchée en la mettant directement en contact avec une autre partie du corps. Ne restez pas dehors.

2. Si la chair est froide, se durcit et si la peau devient jaunâtre ou grisâtre, appelez immédiatement un médecin. Ne frottez pas la peau gelée, n'essayez pas de la réchauffer, ne la comprimez pas.

3. Si vous êtes en montagne, cherchez un refuge et appelez de l'aide. Dans l'intervalle, plongez la zone gelée dans de l'eau à 40°C au maximum, en faisant attention qu'elle n'entre pas en contact avec le récipient. Lorsque la peau commence à rougir ou à bleuir, séchez-la en la tapotant doucement et couvrez-la d'un linge propre. Fabriquez de petits tampons à insérer entre les doigts et les orteils s'ils sont gelés. (Voir aussi Hypothermie, p. 124.)

Engrais

1. Pour fabriquer un tonique pour vos plantes, mélangez 1 cuil. à thé de magnésie, 1 cuil. de bicarbonate de soude et 1 cuil. de poudre d'os dans 4 litres d'eau chaude. Épandez ce mélange dilué sur sol mouillé pour fertiliser vos rosiers.

2. Récupérez les déchets de tonte de la pelouse : compostés entre deux couches de terre que vous brasserez régulièrement, ils produisent un terreau très apprécié par les plantes d'intérieur.

3. Pour fertiliser naturellement votre jardin, semez un engrais vert. Cette technique ancienne est à la portée de tous les jardiniers amateurs : sur une parcelle inoccupée du potager, griffez superficiellement le sol pour l'ameublir. Semez à la volée seigle, moutarde, trèfle incarnat ou épinards. Donnez un léger coup de fourche pour enfouir les graines et maintenez le sol humide. Lorsque les plantes ont atteint leur hauteur, et avant leur floraison, fauchez-les et broyez-les sur place à la tondeuse. Laissez sécher 15 jours, puis enfouissez à

15 cm de profondeur à la bêche ou au motoculteur. Le sol sera à la fois enrichi grâce à l'énergie de ces plantes riches en éléments nutritifs et ameubli par leurs racines.

Entonnoir

1. Prenez une boîte de conserve et faites une ouverture sur le côté, près du fond. Inclinez légèrement la boîte quand vous versez le liquide dedans.

2. Coupez le fond d'une bouteille en plastique. En la retournant, le goulot (sans bouchon) deviendra un entonnoir.

LE SAVIEZ-VOUS ?

L'évolution des engrais

Avant la naissance des engrais de synthèse, les jardiniers devaient se débrouiller avec ce qu'ils avaient sous la main. Par exemple, les cendres de bois et de végétaux entreposées au sec étaient incorporées à la terre avant les semis. Cette recette est toujours valable car ces cendres contiennent entre 25 et 40 p. 100 de potasse, un élément indispensable aux fruits et aux légumes-racines.

Sur les côtes, les jardiniers ramassaient des algues et en nourrissaient leurs terres. Aujourd'hui broyées, elles constituent un précieux engrais, riche en oligo-éléments, qui permet de corriger un sol pauvre.

Le guano, issu des fientes des oiseaux de mer, est un bon engrais azoté riche en phosphore. Mais l'engrais de base de nos campagnes est toujours venu de la ferme : le fumier, composé des litières des animaux herbivores et de leurs déjections, doit subir une fermentation avant d'être incorporé au sol sans risquer de brûler les plantes. Selon sa provenance, il sera plus ou moins riche en éléments fertilisants. En tête vient le fumier de mouton, puis celui de cheval et enfin le fumier mélangé.

On trouve aujourd'hui du fumier déshydraté en sac, plus pratique à utiliser que celui de ferme en vrac. Précieux pour fertiliser le sol l'espace d'une saison, le fumier ne sert pas à corriger durablement les carences d'une terre car son action dans le sol est fugace.

Entorse

Immobilisez et surélevez le membre atteint. Appliquez de la glace aussi souvent que la victime le supporte pendant les 24 premières heures.

Consultez un médecin s'il y a eu craquement au moment de l'accident ou si l'œdème et la douleur persistent au bout de 24 heures. (Voir aussi Douleur, p. 83 ; Fracture, p. 108.)

Entretien des tissus

1. Lisez et suivez les instructions de nettoyage du fabricant. Si vous achetez du tissu, notez sa composition et servez-vous uniquement des nettoyants recommandés.

2. Lavez ou faites nettoyer toutes les pièces d'un ensemble en même temps. Par exemple, pantalon et veston, jupe et veste, jeu complet de housses des fauteuils du salon, toutes les tentures de la chambre, etc. Seuls peuvent s'en dispenser les ensembles en tissus aux couleurs résistantes.

3. En général, les produits décolorants blanchissent et redonnent de l'éclat aux tissus lavables, mais vérifiez tout d'abord sur l'étiquette s'il vaut mieux prendre de l'eau de Javel ou un mélange à base d'eau oxygénée, plus doux. Attention, les tissus blancs ayant subi un traitement contre le froissement ont tendance à jaunir lorsqu'on les plonge dans un décolorant chloré.

4. Enlevez toujours les taches avant de laver à la machine. Le parfum peut ne pas avoir laissé de traces sur les vêtements mais, sous l'effet de la chaleur, il risque de faire des auréoles foncées ou de ne plus partir au lavage. Essuyez immédiatement les taches faites par des aliments. En portant un vêtement taché chez le nettoyeur, dites-lui l'origine de la tache.

Entrevue de sélection

Prévoyez deux formules de curriculum vitæ : l'un par ordre chronologique des emplois que vous avez occupés, que vous destinerez aux agences et aux chasseurs de têtes ; l'autre, promotionnel, faisant état de vos talents, de vos accomplissements d'ordre professionnel et de vos capacités d'adaptation : animation de groupe, conduite de réunions, etc. Destinez ce genre de c.v. à un employeur.

AVANT L'ENTRETIEN

1. Notez l'heure, le lieu, le nom de la personne que vous rencontrez. Soyez exact.

2. Informez-vous sur l'entreprise et adoptez la tenue et le langage adéquats : ni trop élégant, ni négligé, ni contraint. Soyez à l'aise dans vos vêtements et vos mots.

3. Rappelez-vous quelques faits précis de réussite ou d'organisation dans votre travail. Vous éviterez ainsi les questions-pièges. Sur le plan psychologique, montrez-vous détendu et sûr de vous, vous impressionnerez favorablement. Si le trac vous gagne quelques minutes avant l'entretien, inspirez profondément en fermant les yeux et expirez longuement.

PENDANT L'ENTRETIEN

1. Ne soyez ni familier ni distant. Informez-vous précisément du travail proposé.

2. Sachez vendre votre savoir-faire, décrivez brièvement votre intérêt pour le poste proposé, ou pour l'entreprise, vos ambitions et vos projets. Coupez court, mais poliment, si la définition du poste ne vous convient pas.

Environnement salubre

1. N'enterrez pas de restes de nourriture à l'endroit où vous avez campé, surtout s'il y a des ours dans la région. Ceux-ci les ressortiront et prendront l'habitude de déranger d'autres campeurs. Emportez tout avec vous, y compris les boîtes de conserve et les bouteilles vides ainsi que les déchets alimentaires, aussi minimes soient-ils.

2. Enterrez les matières fécales à 30 cm de profondeur et recouvrez-les bien de terre.

3. Pour plusieurs personnes, élargissez le trou des latrines plutôt que de l'approfondir. Ne placez pas celles-ci à moins de 30 m des cours d'eau, des sentiers et des sites de camping.

4. Employez du papier de toilette biodégradable (en vente chez les détaillants de véhicules récréatifs) ou brûlez le papier après usage.

Épluche-légumes

1. Faites glisser l'épluche-légumes sur un morceau de chocolat tenu verticalement : des copeaux se détacheront. Pour que le chocolat ne soit pas trop dur et que les copeaux ne se brisent pas, procédez près d'une casserole d'eau frémissante pour y plonger l'épluche-légumes entre chaque copeau.

2. Si votre épluche-légumes est à lame tournante, pelez avec un mouvement vers l'extérieur ; si la lame est rigide, faites le contraire.

3. Coupez de fines lamelles de légumes (carottes ou courgettes) qui, une fois ébouillantées, feront de jolies décorations.

Epuisement professionnel

Votre emploi vous pèse, il ne vous plaît plus. Cherchez pourquoi.

1. Vous avez trop de travail et n'arrivez plus à faire face. Entre vos tâches de bureau, votre conjoint et vos enfants, vous accumulez trop de stress.

2. Au contraire, vous avez si peu d'occupations au bureau que vous vous ennuyez.

3. Faites le point : redéfinissez le contenu de votre travail et vos responsabilités. Discutez-en avec un supérieur ou avec votre employeur. Présentez-lui quelques projets et initiatives intéressantes.

4. Pensez à vous-même. Allez à la piscine, au cinéma. Faites-vous du sport, de la musique ? Non ? Alors, il est temps de vous y mettre !

5. Si votre emploi vous pèse toujours, peut-être est-ce le signe qu'il est temps d'en changer. (Voir aussi Changement de carrière, p. 48.)

Équerre

Vous n'avez pas d'équerre ? Utilisez l'une des méthodes suivantes pour obtenir un angle droit.

1. Pour vérifier si des étagères sont d'équerre, mesurez la diagonale du coin gauche supérieur au coin droit inférieur, puis du coin droit supérieur au coin gauche inférieur. Si les étagères sont droites, les mesures seront identiques.

2. Placez un grand livre dans un angle. Si le travail est d'équerre, les deux bords du livre seront parallèles aux bords qu'ils touchent.

3. Sur un mur, tracez une ligne horizontale à l'aide d'un niveau à bulle ou à fioles. Du haut du mur, laissez pendre un fil à plomb : les deux lignes forment un angle droit.

Éraflures dans le bois

1. Pour que les lampes ou d'autres objets un peu lourds ne rayent pas les meubles, collez un morceau de liège ou de feutre en dessous. Utilisez du ruban adhésif double face pour moquette.

2. Une rayure sur du bois naturel peut être adoucie avec du papier de verre grain fin. Poncez dans le sens du bois et non pas en travers.

3. Pour cacher des éraflures sur un meuble, prenez un crayon-feutre ou un bâton de gomme-laque de la même couleur que la peinture ou le vernis.

4. Pour des éraflures légères sur un plancher, poncez très légèrement la zone avec une laine d'acier extra-fine en allant dans le sens du bois. Appliquez ensuite deux couches de cire en pâte et frottez après chaque couche avec un chiffon doux. Repassez de la cire trois ou quatre fois par an pour empêcher de nouvelles éraflures.

Escalier

1. Pour rendre la surface des marches antidérapante sur un escalier en béton, mélangez du sable fin et tamisé à de la peinture à béton et passez-en une couche. Remuez souvent le mélange.

2. Sur des escaliers sans tapis, mettez une bande antidérapante autocollante à environ 2,5 cm du bord extérieur de chaque marche.

3. Lorsque vous portez un gros objet, comme un panier de linge, descendez les marches en reculant. Tenez la charge devant vous d'une main et la rampe de l'autre.

4. Pour empêcher des marches de grincer, clouez le bord supérieur de la contremarche avec des clous à tige en spirale, mais percez d'abord des avant-trous. Si l'escalier est accessible par le dessous, injectez un lubrifiant à base de silicone ou de téflon dans les lignes d'assemblage des marches et contre les marches.

Espace de rangement

1. Installez deux tringles l'une au-dessus de l'autre dans une partie de votre garde-robe avec un écartement de 90 cm environ. Utilisez-les pour des vêtements courts comme des chemises ou des jupes.

2. Glissez des crochets de rideaux de douche sur les tringles pour accrocher les sacs, les ceintures, les foulards et les cravates.

3. Placez des boîtes de rangement dans l'espace perdu sur le plancher du placard. Confectionnez-les vous-même en ajoutant des couvercles fixés avec des charnières sur des tiroirs en bois.

4. Vous pouvez placer des boîtes sous le lit. Posez-les sur des plateaux à roulettes (à faire soi-même) pour les déplacer facilement.

5. Rangez les objets dont vous vous servez constamment dans des boîtes en plastique transparent ou des paniers ajourés en plastique ; posez-les sur les étagères de la penderie.

6. Fixez des crochets, des porte-serviettes ou des sacs à souliers dans la penderie ou à l'intérieur de la porte pour y ranger des objets.

7. Dans les placards des enfants, placez des tringles à leur hauteur et utilisez l'espace supérieur pour ranger les vêtements hors saison.

8. Pour encourager les enfants à être ordonnés, employez des boîtes de rangement en plastique ou des boîtes étiquetées avec des images de ce qu'elles contiennent.

9. Utilisez la première marche du bas d'un escalier en bois : avec des charnières, transformez-la en coffre pour y ranger bottes, chaussures et parapluies.

10. S'il y a de l'espace au-dessus ou au-dessous de vos placards de cuisine, fermez-le par des portes à glissières. Rangez les articles que vous utilisez rarement dans le mini-placard du haut, et les choses usuelles en bas.

11. `Dans votre maison de campagne, utilisez des compartiments de rangement en métal pour protéger vos objets des souris et autres bestioles nuisibles.

12. Au grenier, construisez des rangements triangulaires pour les adapter aux pentes mansardées.

13. Dans la salle à manger, transformez un rebord de fenêtre en bar et construisez un coffre de rangement en dessous.

14. Au sous-sol, faites des casiers qui se logeront sous les marches et utilisez-les pour ranger les accessoires et les jeux de jardin.

Essence

1. Votre jauge à essence est au plus bas, mais vous savez qu'il y a une station à quelques kilomètres. Allumez vos feux de détresse, rangez-vous sur la voie de droite de l'autoroute ou sur le bord de la route et roulez « à l'économie », c'est-à-dire en employant le moins souvent possible votre accélérateur. Relâchez-le, si vous avez une transmission automatique, dès que vous avez atteint 50 km/h et n'appuyez de nouveau sur la pédale qu'à partir de 15 km/h. Revenez doucement à 50 km/h, puis reprenez le cycle. Avec une voiture manuelle, roulez de façon que le moteur tourne au plus bas régime possible sans caler. Normalement, quand le voyant indiquant que vous puisez dans la réserve s'allume, vous pouvez encore parcourir de 15 à 20 km.

2. Si votre moteur tousse, garez-vous au bord de la route et allumez vos feux de détresse. Utilisez un signal de détresse supplémentaire, tel que le capot soulevé. Si vous avez accès au téléphone, appelez pour vous faire dépanner ou rendez-vous à pied ou en auto-stop à la prochaine station-service. Sur une autoroute, vous pouvez aussi attendre le passage de la patrouille de police.

3. Ayez toujours un bidon vide dans le coffre de votre voiture. En cas de panne d'essence, vous pourrez aller le remplir dans une station-service en stop ou à pied. Ne transportez jamais d'essence dans votre auto, le risque d'incendie ou d'explosion est trop grand. Si vous avez une barre de remorquage, vous pourrez vous faire tracter jusqu'au prochain poste à essence.

4. Emportez une pompe à siphon, afin de vous faire dépanner par un autre automobiliste (si toutefois son réservoir n'est pas protégé contre ce type de puisage). Vous pouvez, sans inquiétude, utiliser une petite quantité d'essence qui n'est pas du type habituel.

5. Après la panne, le plein fait, il se peut que vous ayez du mal à redémarrer. Appuyez plusieurs fois sur l'accélérateur, puis actionnez le démarreur sans accélérer.

Essuie-glace

Vos essuie-glace ne fonctionnent pas comme ils le devraient ? Avant d'en acheter des neufs, nettoyez le pare-brise et les lames des balais.

1. Si vous avez fait laver votre voiture au garage, on a pu appliquer de la cire liquide sur le pare-brise. Nettoyez-le avec de l'eau additionnée d'ammoniaque.

2. Décollez les essuie-glace du pare-brise gelé avec un antigel ou de l'eau tiède avant de les mettre en marche. Si une épaisse couche de neige recouvre le pare-brise, dégagez-la et décollez les essuie-glace de la même façon. Si vous les actionnez avant de décoller les balais, vous ferez sauter le fusible.

3. Si, à grande vitesse, les essuie-glace se décollent du pare-brise, équipez-les de déflecteurs.

4. Nettoyez régulièrement les orifices de gicleurs du lave-glace avec une grosse épingle. Réglez la direction des jets avec cette épingle après en avoir enfoncé l'extrémité dans le trou des gicleurs. (Certains gicleurs ne sont pas ajustables, ne les forcez pas.)

5. Lorsque l'essuie-glace du côté du conducteur est endommagé, changez-le avec celui du passager.

Établi

Pour fabriquer un établi, vous pouvez coller un panneau de fibre de bois dur de 6 mm d'épaisseur sur une plaque d'aggloméré de 3 cm d'épaisseur mesurant 90 x 240 cm. Clouez-les sur deux tréteaux solides. Empêchez cette surface de bouger pendant que vous rabotez dans le sens de la longueur en attachant le dessous du plan de travail à des consoles murales (deux ou quatre équerres en acier).

Étagère

1. Les planches d'étagères ont une longueur limitée en fonction de la nature du matériau, de son épaisseur et de la charge à supporter. Du pin clair de 25 mm d'épaisseur (en 30 cm de large) peut avoir une portée de 1,20 m entre deux points d'appui pour supporter vêtements, jouets ou casseroles, mais pas plus de 70 cm s'il s'agit de livres ou de disques. Les marchands de bois vous renseigneront sur les qualités « mécaniques » des planches qui s'utilisent pour les étagères.

2. Pour fabriquer une étagère mobile, fixez des consoles pliantes sur le mur. Vous placerez une planche dessus quand vous en avez besoin.

3. Construisez une série d'étagères à partir de planches et de boîtes de conserve vides. Vous pouvez peindre les boîtes ou les recouvrir de papier assorti à la tapisserie ou au bois.

4. Les pots de fleurs en argile sont très bien comme supports pour des charges moyennes. Pour un joli effet, couronnez chaque colonne de pots avec une plante verte.

5. Pour mettre de la couleur, utilisez de grands bocaux comme montants. Remplissez-les de billes ou d'autres objets brillants.

6. Vous pouvez aussi suspendre des planches avec des cordes accrochées à une poutre ou à des crochets fixés au plafond. Percez deux trous aux extrémités des planches à 2,5 cm des bords. Faites un nœud au bout d'une longueur de corde pour chaque trou et glissez une rondelle sur la corde. Passez les cordes dans les trous de l'étagère du bas, et faites des nœuds par-dessus. Assurez-vous, quand vous suspendrez l'étagère, que les cordes sont bien attachées, surtout si elles ont à supporter de lourdes charges.

7. Plutôt qu'avec des cordes, suspendez les étagères avec des chaînes à gros maillons en plastique coloré. Fixez des pitons plastifiés au bout des planches et accrochez ceux-ci dans les maillons.

Étain

1. A défaut de nettoyant spécial, utilisez des cendres de bois imbibées d'eau ; ou frottez avec des feuilles de chou cru et faites briller avec un chiffon doux.

2. Ôtez les traces de corrosion sur un vieil étain avec un tampon de laine d'acier extra-fine trempé dans de l'huile végétale.

3. Si, après un nettoyage à l'eau chaude savonneuse, un plat en étain n'est pas très propre, essayez une pâte faite d'alcool à brûler et de blanc d'Espagne (carbonate de calcium).

Étendage du linge

1. Il vous manque quelques pinces à linge ? Utilisez des gros trombones ou des capuchons de stylo pour suspendre des pièces légères.

2. Stockez les épingles à linge dans un pot de fleurs accroché à proximité de la corde à linge. Le trou de vidange du pot empêchera la pluie de noyer les pinces.

3. Pour ne pas avoir froid aux mains lorsque vous étendez du linge tôt au printemps ou tard à l'automne, placez une bouillotte dans le panier à linge et pressez-la de temps à autre. Ou alors, portez des gants de coton sous des gants de caoutchouc.

Étiquetage des plantes

Au lieu de marquer les rangs potagers avec les traditionnels paquets de graines fichés sur des tuteurs, récupérez les couteaux en plastique du dernier pique-nique pour confectionner des étiquettes beaucoup plus durables.

Choisissez-les blancs et lisses : la forme de leur lame offre une surface plate commode pour les inscriptions. Reportez le nom de la plante et la date de semis avec un marqueur indélébile, puis plantez le couteau par le manche au début de chaque rang.

Étiquette autocollante

Vous ne parvenez pas à ôter une étiquette autocollante ? Chauffez-la avec le séchoir à cheveux et soulevez-la avec l'ongle. Ou bien, arrachez-la en surface et nettoyez l'adhésif avec du lait démaquillant ou de l'essence minérale.

Si l'objet n'est pas en plastique, essayez du diluant pour vernis à ongles ou du diluant à peinture.

Études

Même si un jeune semble parfaitement déterminé à embrasser telle ou telle carrière, il est indispensable qu'il fasse le point avant de se décider à poursuivre des études et qu'il ait le maximum de renseignements sur les diverses branches qui lui sont offertes. Un conseiller d'orientation est attaché à chaque cégep (si ce n'est pas le cas, le directeur de l'établissement vous indiquera où en rencontrer un). Son expérience peut aider l'élève à trouver une orientation correspondant à son tempérament, à ses goûts et à ses capacités.

Avant d'entreprendre des études collégiales ou supérieures, il faut avoir une approche concrète de la carrière envisagée et non une vue idéalisée. Comprendre, par exemple, que les pilotes de ligne ne voient pas souvent grand-chose des pays où ils font escale, que beaucoup d'ingénieurs vivent sur des chantiers parfois fort éloignés, qu'infirmier, ou infirmière, est un métier difficile mais qu'on peut y gagner des horaires aménagés, etc. Il est bon de présenter un dossier dans différentes écoles. N'oubliez pas que le Centre d'information et de documentation jeunesse peut vous aider.

Évanouissement

Un évanouissement peut être causé par la peur, l'angoisse, la douleur, la vue du sang ou encore une atmosphère surchauffée. En faisant asseoir une personne qui a un malaise, vous lui éviterez peut-être l'évanouissement. Faites-lui placer la tête entre les genoux, sauf si elle souffre de problèmes cardiaques, respire difficilement ou a subi une blessure grave. Dans ces cas, allongez-la, pieds surélevés.

Si une personne évanouie ne revient pas à elle au bout de 3 minutes, appelez un médecin.

Une personne âgée qui se trouve mal doit être immédiatement examinée par un médecin. Cela peut être le signe de problèmes de santé assez graves.

Examens

1. La veille, décontractez-vous : fermez vos livres, faites du sport ou allez au cinéma voir un film drôle. Couchez-vous tôt.

2. Le jour même, prenez un petit déjeuner copieux et emportez du chocolat ou des bonbons, excellents en cas de « coup de pompe ».

3. Lisez et relisez les questions avant de commencer, surtout si vous êtes de ceux qui partent facilement sur une fausse piste. Soulignez les mots clés, faites attention aux « non » et aux « excepté ».

4. Si vous êtes en face d'un QCM (questionnaire à choix multiples), commencez par répondre aux questions dont vous êtes sûr, puis traitez les autres. De même, lorsque vous avez à régler différents problèmes de mathématiques, débarrassez-vous des plus simples ; il serait dommage de ne pas pouvoir les terminer à cause du temps perdu sur les plus difficiles.

5. Enfin, si vous n'avez pas le temps de terminer une dissertation, donnez le plan de la conclusion en précisant que le temps vous manque pour la développer.

Excès de table

Si vous avez des raisons de craindre des excès de table ou d'alcool dans une réception, voici quelques conseils préventifs.

1. Ne vous rendez jamais à une soirée sans avoir mangé au préalable un peu de mets riches en hy-

drates de carbone (une salade de pâtes ou du pain de blé entier). Cela coupera vos élans.

2. Dans un buffet, prenez seulement un mets à la fois en débutant par une salade. Vous n'aurez peut-être plus faim au dessert.

3. Quand on vous offre un verre, demandez une petite quantité d'alcool dans un grand verre d'eau ou de jus de fruits ; prenez une bière ou un vin sans alcool ou un soda avec un zeste de citron.

4. Quand votre verre est à moitié vide, faites le plein avec de la glace.

Exercices d'assouplissement

Pour diminuer la tension musculaire et vous décontracter, essayez les exercices suivants d'étirement. Exécutez-les lentement. Arrêtez-vous quand vous sentez une tension dans le muscle et avant qu'une douleur ne se fasse sentir. Maintenez la position sans forcer, vous pourriez vous faire mal.

Bras, épaules et dos. Assis sur les talons, penchez-vous en avant et posez le front sur un avant-bras, sur le sol. Avec l'autre bras en avant, attrapez un pied de lit ou tout autre objet solide, en tirant. Il faut que vous ressentiez une tension dans les bras, les épaules et le haut du dos. Tenez la position pendant 15 secondes et relâchez. Recommencez avec l'autre bras.

Bras et épaules. Levez les bras tendus au-dessus de la tête, les

mains croisées à l'envers (la paume de la main droite tournée vers la droite et celle de la main gauche vers la gauche). Inspirez tout en étirant les bras vers le haut et vers l'arrière. Tenez la position pendant 5 secondes, puis baissez les bras et détendez-vous. Répétez 10 fois.

Taille. Mettez-vous debout, pieds écartés à l'aplomb des épaules. Tendez un bras au-dessus de la tête, paume de la main vers l'intérieur. Tenez l'autre main paume contre la cuisse. Penchez-vous sur le côté à partir de la taille en glissant la main le long de la cuisse et en maintenant votre bras levé au-dessus de la tête, jusqu'à ce que vous sentiez un tiraillement de la hanche à l'épaule. Comptez jusqu'à cinq et reprenez la position. Répétez cinq fois en changeant de côté.

Cuisses. Debout, les pieds écartés à l'aplomb des épaules et les genoux légèrement fléchis, penchez-vous doucement vers l'avant en laissant les bras et la tête souples. Rentrez le ventre. Arrêtez dès que vous sentez une tension dans le dos et derrière les cuisses et les genoux. Tenez la position pendant 30 secondes, tout en relaxant et en imaginant que vos cuisses deviennent très molles.

Adducteurs. Allongez-vous sur le dos, jambes levées, les fesses à 10 cm du mur et les talons reposant dessus. Écartez lentement les jambes en laissant les talons glisser doucement contre le mur, jus-

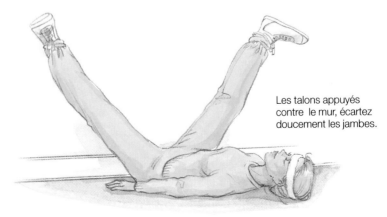

Les talons appuyés contre le mur, écartez doucement les jambes.

95

qu'à ce que vous sentiez tirer dans l'aine et à l'intérieur des cuisses. Tenez la position pendant 30 secondes, puis relâchez, resserrez les jambes et répétez trois fois.

Mollets. Placez-vous debout, bras tendus, les mains à plat contre le mur. Pliez les bras et approchez-vous du mur en gardant le corps bien droit, jusqu'à ce que vous sentiez la tension dans les muscles des mollets. Tenez la position pendant 20 secondes, puis reprenez la position initiale. Recommencez trois fois. Le but est de tenir une minute la tête contre le mur.

Exercices respiratoires

En mobilisant complètement la cage thoracique et toutes les alvéoles pulmonaires, la respiration lente et profonde a un effet bénéfique sur les états de stress et de tension. Pratiquez régulièrement les exercices suivants :

Respiration profonde. Debout bien droit ou allongé sur le dos, posez les mains à plat sur le diaphragme, le petit doigt le long de la taille. Inspirez lentement par le nez en faisant descendre l'air profondément dans les poumons. Quand ceux-ci sont remplis, soufflez par la bouche. Recommencez cinq fois.

Mouvement en Y. Debout ou allongé sur le dos, les bras croisés devant vous et chaque paume de main appuyée sur la cuisse opposée, inspirez par le nez en levant lentement les bras au-dessus de la tête tout en les décroisant et en mettant les paumes face à face. Tandis que vos épaules s'ouvrent et que vos poumons se dilatent, écartez les bras à angle droit. Soufflez en faisant le mouvement en sens inverse.

Extincteur

COMMENT LE CHOISIR ; OÙ LE PLACER

Un code alphabétique indique à quelles matières est destiné l'extincteur : A s'adresse aux combustibles solides comme le bois, le papier et les déchets ; B, aux liquides inflammables et à la graisse ; et C, au système électrique.

Le chiffre qui précède la lettre (1-A ou 5-B) précise l'importance de l'incendie que peut maîtriser l'extincteur. Plus le chiffre est élevé, plus il est puissant. La lettre C, qui identifie des substances non conductibles, n'est pas précédée d'un chiffre.

Ayez de préférence un extincteur polyvalent dont la cote est d'au moins 2-A 10-B:C. Recherchez le label ULC des Laboratoires des assureurs du Canada ou celui du Syndicat professionnel (FM) ; vérifiez que les instructions sont bien claires. Les extincteurs jetables ou sans manomètre sont peu fiables ; remplacez-les. Ne jetez pas d'eau sur les feux de catégories A et B.

Placez des extincteurs dans la cuisine et près du salon, des chambres, du sous-sol et du garage. Posez-les bien à la vue, dans des endroits sûrs, mais facilement accessibles. Assurez-vous que toute la famille sait où ils sont et comment s'en servir. Vérifiez le manomètre régulièrement. Si la pression tombe ou si quelqu'un se sert de l'extincteur, même pour un court instant, faites-le recharger.

PAS D'EXTINCTEUR ?

1. Dans une maison individuelle, à la campagne par exemple, pensez tout de suite au tuyau d'arrosage du jardin : s'il est de longueur suffisante (c'est-à-dire pouvant atteindre le grenier par l'escalier), enroulé sur un dévidoir, équipé d'un embout diffuseur, branché en permanence, il convient tout à fait pour lutter contre un début de feu de classe A.

2. À l'extérieur, au garage ou au sous-sol, face à un feu dit « gras » (classe B), projetez du sable ou de la terre en nappes épaisses, à la pelle ou, à défaut, avec une plaque solide, large et légère.

3. Dans votre logement, étouffez le feu (s'il n'est pas encore disséminé) avec des couvertures ou des tentures (non synthétiques). S'il est déjà trop tard et qu'il s'agisse d'un feu de classe A, emplissez d'eau à moitié un seau (ou tout autre récipient). Saisissez-le du même côté par le dessus et le dessous et projetez son contenu sur les flammes d'un mouvement vif, ample et ascendant pour que l'eau tombe en large nappe. Répétez la manœuvre en agissant vite.

4. Dans la cuisine, en cas de feu dans le four, coupez la source d'alimentation (gaz ou électricité) et refermez la porte de l'appareil. Si c'est l'huile qui s'enflamme dans une poêle, mettez un large couvercle dessus. Si le feu prend sur la cuisinière, éteignez les brûleurs, laissez les casseroles en place et tentez d'étouffer les flammes avec un ou plusieurs couvercles. Autre moyen : lancez sans violence, par poignées, du gros sel de cuisine ou du bicarbonate de soude. Si après une minute de lutte effective contre le feu avec un agent extincteur, vous n'êtes pas sur le point d'en venir à bout, ne vous exposez pas davantage : appelez les pompiers en composant le 911.

Attention : Ne jetez jamais de poudre à pâte, de sucre ou de farine sur un feu.

F

Factures courantes

1. Réglez vos factures courantes avant leur date d'échéance, sinon vous aurez à payer de l'intérêt. Mais ne vous empressez pas de les régler dès réception : vous vous privez de l'usage de votre argent et des intérêts qu'il pourrait accumuler dans l'intervalle.

2. Si vous oubliez souvent de régler vos factures, fixez-vous deux dates dans le mois — généralement à la veille d'une paie — pour les passer en revue et décider lesquelles sont à régler en priorité.

3. Les factures une fois payées, n'oubliez pas de ranger en sécurité les reçus qui concernent de la marchandise sous garantie.

Farine

Il vaut toujours mieux tamiser la farine, cela apporte de la légèreté à toutes les pâtisseries.

1. Les farines déjà tamisées sont en général très fines et il suffit de les remuer pour les alléger.

2. Les farines de blé, blanches ou complètes, comme les farines d'autres céréales (telles que le riz ou le sarrasin), doivent être passées à travers un tamis ; ou, plus simplement, utilisez une passoire fine.

3. Si vous n'avez pas sous la main de tamis ou de passoire fine, passez-les deux fois 5 secondes au robot muni du couteau métallique.

Fatigue

1. Consultez votre médecin ; il peut découvrir une cause spécifique qui provoque votre fatigue.

2. Faites de la gymnastique. Les exercices soulagent la fatigue causée par l'anxiété, l'insomnie, le stress, les changements hormonaux mensuels et, croyez-le ou non, la fatigue qui naît de l'inactivité. Ils tonifient l'organisme, envoient de l'oxygène au cerveau et stimulent la production des substances chimiques qui donnent la sensation d'être en forme.

3. Buvez moins de café et d'alcool, surtout le soir. La caféine semble redonner de l'énergie alors qu'elle énerve et empêche de dormir. L'alcool endort mais modifie le rythme normal du sommeil.

4. Revoyez vos habitudes alimentaires. Une mauvaise alimentation peut engendrer de la fatigue par des carences nutritionnelles. Optez pour un régime équilibré.

5. Passez vos médicaments en revue : les antihistaminiques, les diurétiques, les tranquillisants, les analgésiques et les antihypertenseurs peuvent parfois provoquer une sensation de fatigue. Il en est de même avec les interactions médicamenteuses (voir aussi Médicaments, p. 146). Discutez-en avec votre médecin.

6. Si vous faites partie des personnes qui « cognent des clous » au milieu de l'après-midi, programmez vos activités importantes le matin et les travaux de routine l'après-midi. Mangez un lunch léger, riche en protéines et sans alcool, pour mieux combattre la somnolence.

Faufiler

1. Pour éviter de faufiler, coupez le tissu régulièrement et épinglez les coutures en plaçant les épingles horizontalement. Vous pourrez piquer en passant sur celles-ci sans endommager votre machine.

2. Si vous le cousez ensuite à la main, faufilez un ourlet avec un bâton de colle, de la bande adhésive ou un ruban thermocollant.

Fenêtre

1. Quand les vitres ont tendance à s'embuer, essuyez-les avec un linge humide frotté sur un morceau de savon. Rincez, laissez sécher et passez un chiffon imbibé de glycérine. Pour prévenir le givre, passez une éponge imbibée d'eau salée, puis essuyez avec un linge sec.

2. Vos fenêtres se coincent ? Repérez les parties qui frottent et lubrifiez-les avec du silicone en aérosol, un morceau de savon ou même une bougie.

3. Peignez ou vernissez une fenêtre en la maintenant ouverte tant que la peinture n'est pas parfaitement sèche (surtout sur les parties qui sont en contact : feuillures, rainures...). Si vous peignez les ferrures sans démonter les parties ouvrantes, ouvrez et fermez la fenêtre de temps à autre pour éviter que la peinture ne bloque les articulations en séchant.

4. Si vous avez peint, puis refermé une fenêtre avant que la peinture ne soit sèche, elle est coincée. Tentez de glisser dans les fentes une lame de couteau chauffée à la flamme pour cisailler la peinture.

Fermeture à glissière

1. Votre fermeture s'est-elle défaite dans le bas ? Décousez-la soigneusement, retirez le curseur et séparez complètement la fermeture. Glissez ensuite chaque côté dans le rail du curseur et remontez celui-ci. Pour éviter que cela ne se reproduise, faites un solide point d'arrêt dans le bas de la fermeture.

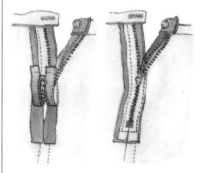

2. Avant de coudre une nouvelle fermeture à glissière sur un vêtement, retirez soigneusement les petits morceaux de fil laissés par l'ancienne et repassez en conservant la pliure de l'ouverture.

3. Avant de poser une fermeture à glissière en coton, faites-la tremper pendant deux ou trois minutes dans l'eau chaude, puis laissez-la sécher et repassez-la. Ainsi traitée, elle ne rétrécira plus au lavage.

4. Lorsqu'une fermeture à glissière a des dents en nylon, elle est montée sur des rubans polyester. Faites attention au repassage : une chaleur excessive du fer pourrait la faire fondre.

Fête d'enfants

L'importance que les jeunes enfants accordent à leur anniversaire mérite que vous invitiez tous leurs amis pour ce grand jour.

1. Vous pouvez, avec votre enfant, dessiner des cartes d'invitation représentant un objet ou un animal (un lapin, par exemple), sur du carton léger et les découper. Si vous les expédiez par la poste, pensez à les faire correspondre à un format d'enveloppe. Vous pouvez aussi les rédiger sur une feuille de papier, plier celle-ci pour en faire une enveloppe et la cacheter avec un gros cercle de couleur autocollant. (Voir aussi Ballons, p. 288.)

Jules
t'invite
à sa fête
le 15 avril
de 2 à 4 h.
R.S.V.P
234-3344

2. Pour épargner votre intérieur, faites une fête au parc ou cherchez à louer une pièce à l'école, au « Y », à l'église ou au temple de votre quartier. Il existe aussi des salles expressément conçues pour les fêtes d'enfant. Si la fête a lieu chez vous, ôtez tapis et meubles fragiles.

3. Prévoyez un buffet simple : poulet froid, mini-pizzas et gâteau peuvent être préparés à l'avance ou achetés tout faits. Évitez les salades composées et les crèmes, qui

LE SAVIEZ-VOUS ?

Croyances autour de l'anniversaire

Souffler ses bougies serait une tradition des anciens Grecs qui, en l'honneur d'Artémis, déesse protectrice de la jeunesse, demandaient à celle-ci de veiller sur le nouveau-né en lui dédiant, entre autres présents, un gâteau de miel surmonté d'une bougie.

C'est au Moyen Âge que les boulangers de Germanie remirent à l'honneur le gâteau qui célébrait la naissance en l'entourant d'une couronne de bougies. Peu à peu, la coutume évolua avec une bougie par année d'âge. On ajoute parfois « une bougie de plus », gage que le fêté verra l'année qui s'annonce...

Saviez-vous que, dans les pays nordiques, il était coutume d'administrer aux tout jeunes enfants la « fessée d'anniversaire », sans leur faire grand mal, afin de chasser les esprits malins et d'attirer les bienfaits du ciel sur leur tête pour l'année ? Peut-être peut-on trouver là l'origine de la « bascule » de notre enfance.

ne demandent qu'à se renverser. Coupez le gâteau en petits cubes et adjoignez-lui des petits desserts individuels (yogourts, mousses), sans oublier les bonbons.

4. Changez souvent de jeu. Annoncez-le, ne demandez pas l'avis des enfants. Encouragez les timides mais ne les faites pas participer de force : ils finiront bien par s'y mettre. Si vous avez un jardin et que le temps s'y prête, combinez jeux d'intérieur et jeux d'extérieur.

Feu dans un appareil électroménager

Pour prévenir tout accident, ne laissez jamais un appareil fonctionner en votre absence.

1. Si des flammes, ou de la fumée, s'échappent d'un appareil électrique — ou même s'il s'en dégage une odeur de brûlé —, débranchez-le immédiatement ou coupez le courant au tableau de distribution. Si l'appareil continue à brûler, attaquez le feu avec un extincteur de type ABC (voir p. 96), mais surtout n'utilisez pas d'eau. Si vous ne l'avez pas éteint au bout de deux minutes, appelez les pompiers (en composant le 911) et sortez immédiatement de chez vous.

2. De la fumée sort de votre four ? Vérifiez d'abord que ce ne sont pas des aliments qui s'y consument. Sinon, procédez à son nettoyage.

3. Vous passez des aliments sous le gril et ils se mettent à fumer ? Ils sont peut-être trop proches de la source de chaleur, ou la graisse ne s'écoule pas correctement. Si vous employez du papier d'aluminium, pratiquez des fentes pour que la graisse puisse s'égoutter dans une lèchefrite placée au-dessous.

4. Si de la fumée sort du microondes, arrêtez-en le fonctionnement (sans ouvrir tout de suite la porte), retirez l'aliment en cause et remettez le programmateur à zéro.

Feu d'artifice de jardin

Employer des pétards, c'est manipuler des explosifs : respectez ces conseils à la lettre.

1. N'achetez que des pétards de marque et de première qualité. Stockez-les dans un endroit frais et sec, loin de toute flamme.

2. Avant de tirer un feu d'artifice, vérifiez les règlements de votre municipalité et prévenez les voisins.

3. Allumez les pièces d'artifice dehors et une à la fois. N'allumez jamais de pétards à l'intérieur, ou dans une boîte de conserve.

4. Mettez les pièces en place de jour, en respectant le plan de tir fourni avec le feu. Repérez chaque poste de tir par un numéro inscrit sur une feuille de papier blanc : vous les repérerez mieux dans le noir. Si la pluie menace, recouvrez chaque pièce d'un sac en plastique (à retirer pour le tir).

5. Éloignez les spectateurs lorsque vous allumez les feux. Orientez les fusées et fixez les chandelles, les roues et les serpentins de telle sorte qu'ils ne puissent atteindre ni les gens ni les habitations. Prévoyez seaux d'eau et extincteurs (voir Extincteur, p. 96).

6. Ne ramassez jamais un pétard ou une pièce qui n'a pas explosé : il risque de le faire à tout moment.

7. Utilisez le goulot d'une bouteille pour maintenir les fusées (pièces aériennes avec baguette de bois qui retombe) et tirez les bombes dans des mortiers (tubes en carton fort) enterrés aux trois quarts dans du sable. Accroupissez-vous et allumez-les avec le bras tendu. Ne vous placez jamais au-dessus, ou debout sur le côté ! Respectez les consignes et conseils de sécurité fournis avec chaque feu.

8. Pour vous simplifier la vie, tirez un feu d'artifice compact livré en carton prêt à tirer : une seule mèche à allumer et toutes les pièces s'allument d'elles-mêmes et dans l'ordre de tir. Ou bien remplacez le feu d'artifice par des jeux d'eau. (Voir Jeux d'eau, p. 132.)

Feu de camp

Aussi romantiques soient-ils, les feux de camp sont interdits dans beaucoup d'endroits et, même autorisés, restent source de dangers et de désagréments. Si vous devez absolument allumer un feu, utilisez si possible un emplacement réservé à cet effet. À défaut, aménagez soigneusement un creux de 1,50 m de diamètre. Disposez-y des pierres en un cercle légèrement plus grand que les ustensiles de cuisine que vous comptez utiliser.

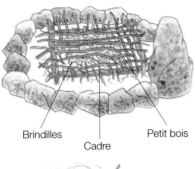

Brindilles   Cadre   Petit bois

Ramassez quelques dizaines de petites branches mortes bien sèches et faites-en des bouts de 30 cm de long environ. Ramassez aussi deux grosses poignées de brindilles très fines. Mettez le tout dans le foyer au milieu d'un cadre constitué de quatre bonnes branches de 3 cm de diamètre, comme il est indiqué sur le dessin. Allumez quelques brindilles du côté du vent et ajoutez-en peu à peu, jusqu'à ce que le feu prenne bien. Par vent violent, posez une pierre plate et haute devant le foyer. Dressez ensuite quelques branches plus grosses en cône sur le foyer.

Avant de partir, remettez les pierres où vous les aviez trouvées, côté noirci dessous. Arrosez d'eau les cendres jusqu'à ce qu'elles soient complètement froides, puis recouvrez-les de terre. Emportez toujours des allumettes de sécurité dans un étui imperméable et quelques bouts de chandelles qui pourront alimenter le feu sous la pluie.

Feu dans une habitation

Si vous tentez d'éteindre un début d'incendie, placez-vous entre le feu et une porte de sortie. Si vous n'êtes pas parvenu à réduire le feu

au bout de deux minutes, inutile de perdre un temps précieux : fermez les fenêtres afin de diminuer l'apport d'oxygène, faites venir les pompiers et sortez de la maison.

EN ATTENDANT LES SECOURS

1. Les pompiers ont été alertés, mais vous êtes « coincé » par le feu (ou la fumée) à l'étage : enfermez-vous dans une pièce donnant sur la voie publique, puis bouchez les interstices autour de la porte, des tuyaux et des conduits d'aération avec des draps ou des rideaux, humides de préférence (surtout pas de papier). S'il y a un robinet à proximité, remplissez un récipient et arrosez les portes et murs situés entre vous et le feu.

2. Mettez-vous près d'une fenêtre et signalez votre présence en agitant vivement un tissu de couleur vive ou une torche électrique, ou en faisant clignoter une ampoule. Laissez les fenêtres fermées pour éviter les appels d'air, qui attiseraient les flammes. Au besoin, faites un trou dans la vitre, en haut de la fenêtre pour faire sortir la fumée, en bas pour laisser pénétrer de l'air frais.

À DÉFAUT DE SECOURS

1. Appliquez le dos d'une main sur toutes les portes pour sentir si elles sont chaudes. Porte chaude ou fumée dessous : n'ouvrez pas. Si la porte n'est pas chaude et que vous

LE SAVIEZ-VOUS ?

Pompiers volontaires : les héros du village

La plupart des unités de pompiers volontaires se retrouvent dans les campagnes où il serait trop onéreux d'entretenir un service à plein temps. Mais c'est dans les villes, et plus précisément à Montréal en 1763, que se constituèrent les premières compagnies de pompiers volontaires. Dès 1765, la ville de Montréal se dotait de sa première voiture à incendie.

Au XIXe siècle, en Amérique du Nord, les compagnies de pompiers volontaires étaient confinées aux régions urbaines. Le prestige et souvent l'argent allaient à l'unité qui était arrivée la première sur les lieux. Il est arrivé, parfois, que des pompiers volontaires aient manqué de discipline. Lors de l'incendie des édifices du Parlement au cours d'une émeute à Montréal en 1849, le leader de la foule en colère était un pompier volontaire et il refusa de poser le moindre geste pour éteindre le brasier.

On devait actionner les premières voitures à incendie à force d'homme. Au début du XIXe siècle,

on utilisa des voitures à chevaux. Aujourd'hui les pompiers volontaires disposent de camions sophistiqués, de pompes à grand débit, de bonbonnes d'air comprimé, de masques, de radios émetteur-récepteur, etc. Un camion aussi bien équipé coûte des centaines de milliers de dollars, si bien que les pompiers volontaires doivent consacrer autant de temps à recueillir des fonds qu'à combattre les incendies.

Environ 85 p. 100 des pompiers du pays sont des pompiers volontaires. Malheureusement, il existe des problèmes de recrutement dans beaucoup de municipalités. La formation exige une centaine d'heures de travail et bien des candidats se défilent. Et pourtant l'esprit de camaraderie, la satisfaction du travail bien fait et, surtout, la fierté d'avoir contribué à protéger les biens, et même la vie de ses concitoyens, peuvent représenter un salaire attrayant pour les hommes et les femmes qui veulent relever ce défi.

2. N'empruntez pas l'ascenseur si un incendie se déclare : la chaleur ou une interruption de courant peuvent l'arrêter entre deux étages ou à un niveau déjà enfumé.

DANS UN HÔTEL

1. Après avoir vu votre chambre, repérez dans le couloir les issues de secours et le boîtier « alarme incendie » le plus proche. Comptez le nombre de portes qui séparent votre chambre de la première issue de secours pour pouvoir la repérer même dans l'obscurité.

2. Si la sonnerie d'évacuation retentit, roulez du lit au sol, puis progressez sur les genoux et les mains jusqu'à la porte. Assurez-vous qu'elle n'est pas chaude, puis ouvrez avec précaution (refermez derrière vous) et dirigez-vous vers l'issue de secours. Si le couloir est déjà envahi par la fumée, retournez dans votre chambre et alertez les pompiers (en composant le 911 si vous êtes en Amérique du Nord) : trop d'appels valent mieux que pas du tout !

Feu de voiture

Si vous soupçonnez un début d'incendie dans votre voiture, garez-vous correctement, puis coupez le contact (et éteignez éventuellement les phares). Vous empêcherez ainsi l'arrivée d'essence et cela peut suffire à arrêter le feu. Faites sortir tout le monde de la voiture.

N'ouvrez pas le capot (ce qui causerait un apport brutal d'oxygène). Contentez-vous de dégager les alentours et d'écarter les badauds. Appelez les pompiers, ou demandez à un témoin de le faire.

DANS L'HABITACLE

Toutes les voitures devraient être équipées d'un extincteur à poudre de type ABC (voir p. 96) d'au moins 1 kg. Gardez-le sous le siège avant ou dans le compartiment à gants pour enrayer au besoin un début d'incendie provoqué par une cigarette ou le circuit électrique.

ne puissiez faire autrement que d'emprunter cette issue, allez-y franchement, mais avec précaution, en progressant près du sol sous la nappe de fumée.

2. Si l'odeur de la fumée vous surprend au lit, roulez sur le sol (ne vous redressez pas) et rampez jusqu'à la porte. Procédez comme

en 1. Couvrez-vous la bouche et le nez avec un linge humidifié.

3. Si vous ne pouvez faire autrement que de fuir par une fenêtre du premier étage — à la limite, du deuxième — et que vous ne disposiez ni de corde ni même de draps (noués), enjambez la barre d'appui et suspendez-vous par les mains avant de vous laisser tomber sur le sol. Un témoin pourra coucher sous votre fenêtre des poubelles en plastique, qui amortiront le choc. Pour casser une vitre, utilisez une chaise, un tiroir ou autre chose, mais jamais vos mains.

Feu dans un lieu public

1. En entrant dans un lieu public, grand magasin, théâtre ou restaurant, repérez les issues de secours, même si vous ne comptez pas rester longtemps.

Feuilles mortes

Pour épargner la corvée de vous débarrasser des feuilles mortes, faites-en de l'humus. Empilez-les dans un coin discret du jardin, accessible à la brouette, mouillez le tas et piétinez-le. Entre chaque apport, jetez quelques pelletées de bonne terre. Durant l'hiver, cet empilement se tassera pour former une masse compacte. Le printemps venu, divisez le tas en petits morceaux avec une bêche bien affûtée. Mettez-en au pied des arbustes à fleurs, sur le sol du potager et des massifs. Enfouissez en bêchant superficiellement. À mesure qu'il se décomposera, cet humus fertilisera le sol et l'allégera.

Ficelle

1. Pour défaire un nœud, tournez la ficelle sur elle-même pour la rendre plus rigide, puis poussez-la dans le nœud. Vous pouvez demander à quelqu'un d'ouvrir le nœud en glissant un clou dedans pendant que vous poussez.

2. Pour ne pas emmêler une pelote de ficelle, mettez-la dans un distributeur. Faites-en un avec une boîte métallique ou un bocal en perçant un trou dans le couvercle pour y faire passer la ficelle. Ou encore, utilisez un petit arrosoir ou une théière et tirez la ficelle par le bec. Si vous prenez une boîte en plastique, percez-la à l'aide d'un clou chauffé à la flamme.

3. Pour que les extrémités d'une ficelle en matière synthétique ne s'effilochent pas, chauffez-les à la flamme d'un briquet et soudez les brins en les roulant entre vos doigts... vite et sans serrer pour ne pas vous brûler.

4. Vous avez quelque chose à attacher et vous n'avez pas de ficelle ? Nouez vos lacets de chaussures ensemble et vous aurez de 1,20 à 1,80 m de cordon.

5. Utilisez des lacets ou une ceinture de cuir pour attacher le pot d'échappement de votre voiture jusqu'à votre arrivée au garage.

Fièvre

Une température de 38°C est généralement sans gravité, sauf chez les bébés et les personnes âgées. De l'aspirine ou un substitut (voir p. 23) permet le plus souvent de retrouver une température normale (37°C). Si la température monte au-dessus de 39°C, il vaut mieux consulter un médecin.

Bien qu'un nourrisson ou un enfant malade subissent fréquemment des poussées de fièvre à plus de 40°C, appelez chaque fois le médecin.

Fil et aiguille

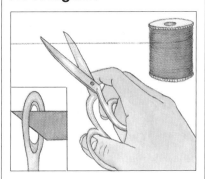

1. Pour enfiler plus facilement une aiguille, coupez le fil de biais avec des ciseaux.

2. Achetez des aiguilles de bonne qualité en acier inoxydable. Piquez-les dans une pelote à épingles bourrée de son, de sciure ou de bouts de laine.

3. Difficile d'avoir chez soi tous les coloris de fil. Procurez-vous une bobine de fil invisible : il convient à tous les tissus.

4. Si vous ne trouvez pas de fil de la couleur exacte du tissu, prenez-en un de teinte plus claire plutôt que plus foncée.

5. Au dépourvu, utilisez un bout de soie dentaire ou de fil de pêche.

6. Une petite reprise sera tout à fait invisible si vous l'exécutez avec un fil prélevé sur le bord du tissu.

7. Fil et aiguille sont inutiles avec le ruban thermocollant. Utilisez un ruban de 0,5 cm de large pour faufiler (voir p. 97) et de 2 cm pour un ourlet définitif (voir p. 162).

Fil électrique

1. Redressez un mince fil électrique en le lissant entre le pouce et le manche d'un outil, comme quand on peigne de longs cheveux.

2. Avant de percer un mur ou d'y planter des clous, localisez les fils électriques encastrés avec un petit détecteur de métaux. Il s'allumera simplement s'il passe au-dessus d'un clou, d'une vis, d'un tube de cuivre ou d'un fer d'armature de béton et il clignotera s'il s'agit d'un fil électrique où passe le courant. Les fils électriques se situent en général à 30-60 cm du sol.

Fil à plomb

1. Fabriquez un fil à plomb avec une petite boîte de conserve vide. Faites un trou, bien centré, dans le fond de la boîte et insérez-y un clou : ce sera votre point de repère. Percez deux autres trous diamétralement opposés en haut de la boîte, juste sous le bord, et formez une anse avec un cordon solide. Lestez la boîte avec du sable et suspendez-la à une ficelle.

2. Utilisez une toupie d'enfant suspendue pointe en bas à une ficelle. Lestez-la en enfilant des rondelles de métal sur la ficelle.

Filtres d'appareil photo

1. Un filtre anti-ultraviolets évite les dominantes bleutées. Il donne du contraste aux photos de paysage. Il est indispensable en montagne ou au bord de la mer.

2. Le filtre polarisant assombrit des ciels bleus ; il atténue les effets de brume et les reflets sur les parois vitrées. Avec un appareil reflex, tournez le filtre jusqu'à ce que vous obteniez le meilleur effet. Avec un viseur sportif, tournez le filtre devant vos yeux et placez-le sur l'objectif en gardant la même orientation quand vous jugez l'effet bon.

3. Un filtre de diffusion auréole les portraits et les paysages. Vous n'en avez pas ? Passez un léger voile de vaseline sur un filtre ultraviolet ou polarisant en laissant le centre intact. Nettoyez le filtre aussitôt les photos prises.

4. Ne superposez pas plus de deux ou trois filtres sur l'objectif pour ne pas nuire au piqué des photos.

5. Rangez et entretenez les filtres avec autant de soin que les objectifs : s'ils sont sales ou rayés, vos photos seront mauvaises.

Finition du bois

1. Pour teinter du bois naturel, laissez tremper une tablette de tabac à chiquer dans un litre d'ammoniaque pendant une semaine. Filtrez le liquide à travers un bas de nylon avant de l'appliquer au pinceau.

2. Vous pouvez conférer au chêne la teinte grisâtre du bois dépoli en le frottant avec de l'ammoniaque. L'acide oxalique que renferme le bois réagira de façon instantanée... et permanente.

3. N'appliquez jamais une couche de vernis par temps humide. La condensation fera ternir votre fini.

4. Pour cacher une éraflure sur un meuble, comblez-la avec des brisures de pacanes ou de noix du Brésil. (Voir aussi Éraflures dans le bois, p. 92.)

Fissure

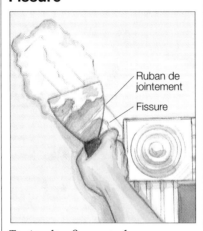

Ruban de jointement

Fissure

Toutes les fissures dans un mur sont suspectes. Elles sont parfois normales dans une maison neuve (c'est la construction qui se tasse) mais, dans tous les cas, il faut les surveiller en plaçant des témoins.

1. Posez une bande de plâtre à cheval sur la fissure à plusieurs endroits et gravez la date de la pose dans le plâtre avec un clou. Si, dans les mois qui suivent, les témoins ne se fissurent pas, la maison est stabilisée. Mais si un seul témoin se brise, vous avez affaire à une fissure « vivante » : la maison bouge ! Cherchez-en les causes avec le constructeur ou un architecte et remédiez au plus vite à ces mouvements de maçonnerie.

2. Masquez les fissures qui peuvent apparaître entre le haut des murs et les bords du plafond en les remplissant de mastic aux silicones après les avoir élargies et dépoussiérées. Masquez la réparation en posant une bordure de papier peint, une corniche ou une moulure d'angle.

3. Pour reboucher une petite fissure, commencez par l'élargir avec

la pointe d'un couteau. Dépoussiérez, mouillez le sillon à l'éponge, puis remplissez-le avec de l'enduit à séchage rapide. Lissez avec un couteau à mastic et poncez quand l'enduit est sec.

4. Réparez les larges fissures un peu de la même façon, mais recouvrez d'abord la fissure avec un ruban de jointement en fibre de verre à surface adhésive. Puis, avec un couteau à mastic de 10-12 cm de large, faites pénétrer, en tassant, un composé à joints prémélangé, au lieu d'un enduit à séchage rapide. Laissez sécher et refaites l'opération en employant, cette fois, un couteau de 20 cm. Terminez en sablant avec un papier abrasif de grain moyen.

5. Ne laissez aucune fissure ouverte du côté extérieur d'un mur d'habitation, les eaux de pluie s'infiltreraient dans les murs.

6. Recouvrez les murs très endommagés de panneaux de bois, de placoplâtre ou de papier-tenture à reliefs : les défauts seront moins visibles que sur l'uni. (Voir aussi Revêtement mural, p. 199.)

Fixation dans du béton

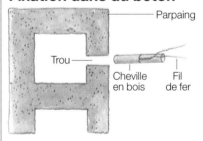

Parpaing

Trou

Cheville en bois

Fil de fer

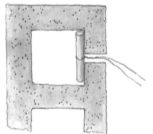

1. Pour fixer un objet à un mur en parpaings (blocs de béton), prenez une cheville en bois et ceinturez-la en son milieu avec du fil de fer ;

percez la paroi à un diamètre légèrement supérieur à celui de la cheville ; glissez la cheville entièrement dans le trou, puis tirez le fil de fer et faites une boucle pour y attacher un objet.

2. Pour clouer dans du béton, il vous faut d'abord faire des trous. Utilisez une perceuse à percussion avec mèches à pointe renforcée au carbure de tungstène ou, mieux, un perforateur électro-pneumatique avec des mèches renforcées spéciales. Dans du béton vibré haute densité, seul un perforateur pourra faire des trous.

3. Dans du béton plein, vous pouvez utiliser des chevilles en bois, en plastique, en plomb ou en fibres pour toutes les fixations courantes soumises à des contraintes modérées. Pour des fixations très fortes, utilisez des tampons à ancrage ou à double ancrage. Tous s'accrochent par friction sur les parois du trou où ils sont enfoncés.

4. Pour limiter la transmission des bruits dans les parois, fixez les colliers des tuyauteries et les accessoires ou les appareils bruyants avec des chevilles élastomères : leur corps en caoutchouc semi-dur s'écrase et se bloque dans les trous.

5. Sur du béton nu et propre, vous pouvez fixer les plinthes, les moulures ou les tasseaux de bois employés comme supports avec une colle-mastic au Néoprène.

6. Dans du béton moyen ou granuleux comme celui des parpaings, utilisez des clous en acier pour béton, droits ou torsadés. Enfoncez-les à coups de marteau francs, rapides et secs.

7. Pour le béton cellulaire, utilisez des chevilles spéciales avec ailettes (à enfoncer au maillet) ou avec un large filetage (à visser).

Fixation dans du bois

1. Frottez le filetage des vis à bois sur du savon ou une bougie pour faciliter leur pénétration.

2. Avant de poser des vis dans le bois, faites des avant-trous d'un

diamètre inférieur à celui des vis. Employez une vrille à main, une mèche très fine ou un clou sans tête fixé dans le mandrin d'une perceuse.

3. Pour une fixation solide en bord de panneau, renforcez le vissage avec une grosse cheville en bois dur enfoncée comme indiqué sur le croquis.

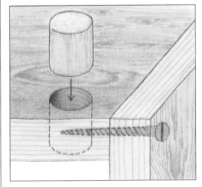

4. Si une vis à bois ne tient plus, remplacez-la par une vis plus grosse ou insérez des allumettes ou des cure-dents dans le trou et remettez la vis. Mieux, agrandissez le trou, appliquez un peu de colle et insérez-y de force une cheville en bois. Arasez la cheville, faites un avant-trou et revissez.

5. Si vous plantez un clou dans du bois pour y suspendre un objet, clouez-le légèrement en biais, pointe vers le bas, pour augmenter sa puissance de soutien. Enfoncez-le d'au moins un tiers de sa longueur.

Fixation dans du métal

1. Si une vis à tôle ne tient plus bien, remplacez-la avec une vis de diamètre légèrement plus grand, ou écrasez les bords des trous avec un marteau avant de replacer la vis d'origine.

2. Les écrous soumis à des vibrations se desserrent souvent. Évitez cet ennui en déposant du vernis à ongles sur le filetage des boulons quand vous vissez les écrous.

3. Pour fixer un écrou de façon permanente, arasez la partie filetée qui dépasse, puis écrasez-la avec un marteau.

4. Une vis à métaux possède un filetage régulier. Pour la mettre en place, percez le métal et faites un filetage dans ce trou avec un taraud (à chaque diamètre de vis correspond un diamètre de perçage et un pas de filetage). Une vis à tôle, elle, ressemble à une vis à bois. Elle se met en place sans préparation préalable : si on veut assembler deux tôles, il suffit de percer la première tôle à un diamètre suffisant pour y introduire la vis sans qu'elle frotte, et la seconde tôle à un diamètre légèrement inférieur.

5. Assemblez deux tôles avec des rivets ordinaires (écrasés au marteau) si les deux côtés sont accessibles. Autrement, utilisez des rivets aveugles à poser avec une pince à riveter.

6. Suspendez des objets légers à une poutre métallique avec des taquets de placard aimantés et du cordonnet. Pour suspendre des objets lourds, repérez l'emplacement de la poutre avec un aimant, percez un trou et enfoncez un crampon à ailettes.

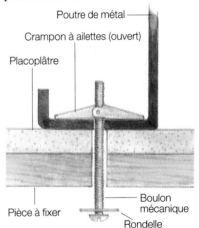

Poutre de métal

Crampon à ailettes (ouvert)

Placoplâtre

Pièce à fixer

Boulon mécanique

Rondelle

Fixation sur placoplâtre

1. Pour fixer un objet sur du placoplâtre, si vous ne trouvez pas appui dans un montant, prenez des chevilles pour murs creux ou spéciales pour ce matériau.

2. Fixez des crochets, des petits objets, des moulures électriques ou décoratives avec un pistolet à colle.

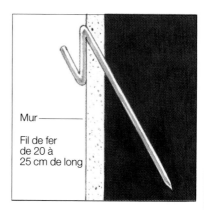

Mur

Fil de fer
de 20 à
25 cm de long

3. Pour suspendre un objet léger, comme un cadre ou un calendrier, fabriquez un crochet avec du fil de fer fort ou un morceau de cintre métallique de 20 cm. Effilez l'une des extrémités et, avec des pinces, pliez l'autre bout comme indiqué sur le dessin. Entrez l'extrémité pointue dans la paroi en oblique vers le bas.

Flash

1. Pour un éclairage plus doux (qui convient aux portraits), confectionnez un diffuseur avec un sac d'emballage de plastique blanc ou un couvercle en plastique. Fixez-le sur le flash avec un ruban adhésif ou un élastique.

2. Éclairez en indirect en orientant la tête du flash vers un grand carton blanc placé sur le côté, devant ou au-dessus du sujet.

3. Pour photographier vos invités sans que certains soient « grillés » au premier plan et d'autres noyés dans l'ombre, dirigez le flash vers le plafond blanc.

4. Pour ne pas obtenir des photos partiellement exposées avec un appareil à obturateur à rideau, ne dépassez pas le temps de pose limite pour les photos au flash avec votre appareil (généralement le 1/60°).

Fleurs séchées

Pour profiter tout l'hiver des fleurs du jardin, mettez votre four à micro-ondes à contribution. Roses, géraniums, soucis, zinnias et bien d'autres fleurs colorées y sèchent

facilement. Leurs teintes toutefois s'assombrissent au cours de l'opération : les roses rouges deviennent presque noires, les roses corail virent au rouge. Cueillez les fleurs en fin de matinée, lorsque la rosée a disparu.

1. Tapissez le fond d'un plat allant au micro-ondes de cristaux de gel de silicate (en vente dans les quincailleries) et faites chauffer 3 minutes à pleine puissance afin que les cristaux soient bien secs.

2. Versez 2,5 cm de cristaux bien chauds dans un bocal assez grand pour recevoir la fleur à sécher.

3. Coupez la tige à 2,5 cm de la fleur et plantez-la dans les cristaux de façon à maintenir la fleur droite.

4. Versez peu à peu le reste des cristaux chauds le long des parois du bocal, jusqu'à ce que la fleur soit complètement recouverte.

5. Passez au micro-ondes à pleine puissance pendant 1 m 45 s pour les boutons de rose et jusqu'à 4 ou 5 minutes pour les grandes fleurs épanouies. Faites d'abord un essai avec des fleurs abîmées pour apprécier le temps nécessaire.

6. Laissez refroidir 20 minutes, puis videz doucement les cristaux. Nettoyez délicatement les pétales des fleurs avec un pinceau fin et fabriquez une nouvelle tige avec du fil de fer de fleuriste.

Fleurs en tissu

1. Pour avoir un meilleur rapport qualité-prix et plus de souplesse dans vos arrangements floraux, achetez des tiges comportant plusieurs fleurs. Coupez les fleurs et confectionnez une tige pour chacune en tortillant du fil de fer sur la partie coupée et en la recouvrant avec du ruban toilé fin vert.

2. Pour nettoyer les fleurs, défaites le bouquet et passez rapidement chaque fleur dans de l'eau chaude additionné d'un détergent léger. Rincez bien et faites sécher debout dans des vases ou des bocaux. Parfumez chacune avec l'essence qui lui est propre.

3. Vous pouvez aussi dissimuler dans le vase un morceau de buvard imprégné de parfum.

Forçage des arbustes à fleurs

Pour obtenir en hiver quelques rameaux fleuris de forsythia ou de saule, voici comment faire.

1. À n'importe quel moment après février, choisissez des rameaux qui portent de gros bourgeons (les petits ne donneront que des feuilles). Coupez-les avec des cisailles.

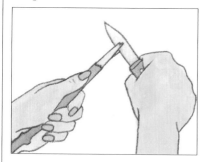

2. Une fois les rameaux prélevés, grattez l'écorce avec un couteau, à la base de chaque branche, sur 10 à 15 cm. Fendez le bois sur 5 à 8 cm dans le sens de la longueur.

3. Immergez la branche pendant quelques heures dans un bain d'eau à la température ambiante.

4. Arrangez ensuite les branches dans un vase d'eau froide et placez celui-ci dans une pièce ensoleillée : la température idéale de la pièce se situe autour de 15 à 20°C pour favoriser l'éclosion des boutons déjà formés. Retaillez la base des rameaux deux ou trois fois par semaine pour empêcher les boutons de se dessécher. Ils écloront deux semaines plus tard.

Vous pouvez aussi forcer les rameaux de pommier, de poirier et de lilas : ils mettront de deux à quatre semaines pour fleurir. Mais ne les prélevez pas plus de six semaines avant leur période normale de floraison car leurs boutons n'ont pas achevé de se former.

Formation permanente

1. Rares sont les commissions scolaires, les cégeps ou les universités qui n'offrent pas aujourd'hui un programme d'éducation permanente spécialement conçu pour permettre aux personnes sur le marché du travail de terminer leur secondaire ou leur cégep ou d'accumuler des crédits universitaires. Certains employeurs accordent un congé à ceux et celles qui désirent suivre des cours reliés à leur travail et remboursent les frais de scolarité. Quelques sociétés ont même une politique pour encourager comptables, dentistes, médecins, ingénieurs et autres spécialistes à garder leurs connaissances à jour et à les perfectionner.

Les services d'éducation permanente offrent aussi des cours de culture générale, de langues étrangères ou d'artisanat. Il est rare toutefois que ce type de formation donne droit à des crédits.

2. De plus en plus d'établissements d'enseignement accordent des crédits pour l'expérience et les habiletés acquises en dehors de la filière scolaire. Une activité en rapport avec le travail donnera droit à ce type de crédit si elle répond aux deux critères suivants : d'abord, l'expérience en question doit vous avoir permis d'améliorer vos connaissances ; ensuite vous devez dé-

montrer que ces connaissances équivalent celles que l'on dispense dans tel ou tel cours. Si vous avez appris, par exemple, la programmation sur le tas, les compétences acquises peuvent très bien équivaloir à un cours du profil collégial ou universitaire.

Pour obtenir des « crédits d'expérience », vous devez en général monter un dossier pour documenter le type de connaissances que vous avez acquis de la sorte ; ce dossier doit être suffisamment détaillé pour convaincre ceux qui seront chargés d'évaluer vos équivalences scolaires.

Forme des personnes âgées

1. Si vous ne pratiquez pas d'exercice et que vous ayez envie de vous y mettre, demandez d'abord l'avis de votre médecin. Choisissez ensuite une activité qui ne fatiguera pas vos articulations et vos tendons (marche à pied, bicyclette ou natation) et progressez par étapes (voir aussi Endurance, p. 88).

Vous pouvez vous inscrire à des séances collectives de gymnastique dans un club du troisième âge ou dans un club de santé de votre quartier. Quelle que soit l'activité choisie, prenez soin de bien vous échauffer avant l'exercice et d'arrêter progressivement celui-ci afin de réduire les risques de blessures (voir aussi Échauffement musculaire, p. 84).

2. Si vous avez des problèmes articulaires ou vertébraux, il vaut mieux vous adresser à un centre de loisirs pour adultes où un spécialiste en conditionnement physique pourra vous recommander les exercices appropriés. Il existe également des exercices spécialisés sur vidéocassettes.

3. Pour garder l'esprit en forme, ne vous isolez pas du monde : famille, bénévolat, activités paroissiales, travaux manuels, jeux et cercle d'amis contribueront à entretenir votre bonne santé mentale.

Forme en voyage

EN VOITURE

1. Arrêtez-vous toutes les deux heures, faites des étirements et des exercices d'assouplissement. Marchez pendant quelques minutes.

2. Faites une marche de santé de 15 minutes avant de vous mettre à table.

À L'HÔTEL

1. S'il n'y a ni piscine ni salle de gymnastique, demandez à la réception la liste des activités sportives locales et un plan de la ville pour pouvoir marcher et courir.

2. Il fait mauvais ? Marchez à vive allure dans les couloirs de l'hôtel ; ou courez sur place dans votre chambre en écoutant la radio.

3. Pratiquez des exercices d'assouplissement et d'étirement matin et soir pendant 10 minutes. Ou encore, jetez au sol une poignée de trombones ou de pinces à cheveux et ramassez-les un par un, sans plier les jambes.

EN ALTITUDE

Le premier jour, contentez-vous de faire une promenade à pied. Pratiquez ensuite vos exercices habituels mais réduisez-en la durée de 15 p. 100 à chaque palier de 1 500 m : 15 p. 100 à 1 500 m, 30 p. 100 à 3 000 m.

S'il fait très chaud, ne faites pas d'exercice à l'extérieur entre 10 et 16 heures.

Fosse septique

Quand l'herbe est plus verte au-dessus de la fosse septique ou que celle-ci dégage des odeurs ou que, en tirant la chasse, l'eau est soudainement aspirée, c'est signe que la fosse fonctionne mal et commence à se boucher.

Si le système est complètement bloqué, n'y versez pas d'eau, elle sera refoulée dans les tuyaux en bas dans la maison. Si le service de nettoyage ne peut pas venir tout de suite, un plombier pourra peut-être casser ou creuser la couche de saletés semi-solides qui bloque le tuyau d'arrivée, ce qui vous autorisera au moins un usage temporaire de l'évacuation.

PRÉVENTION

1. Si possible, mesurez le niveau des déchets solides dans la fosse septique en ôtant le couvercle et en sondant avec un piquet recouvert d'un chiffon. Les matières semi-solides laisseront une tache sombre à l'extrémité. Une épaisseur de plus de 30 à 40 cm exige un pompage. En général, une fosse doit être vidée tous les deux à cinq ans, mais cela dépend de sa taille et de son utilisation.

2. N'utilisez aucun produit chimique, y compris les nettoyants pour toilettes, si la mention « sans danger pour les fosses septiques » ne figure pas sur l'emballage.

3. Pour que le processus de décomposition reste actif, versez une fois par mois 30 g de levure sèche dans la toilette et tirez la chasse.

4. Ne videz pas de matière grasse liquide dans l'évier ni de graisse chaude fondue : en se refroidissant, elle se solidifierait et boucherait les canalisations.

5. Ne jetez jamais de papier absorbant, de journal, de tampon, de coton ou tout autre produit de ce genre dans les toilettes.

6. N'hésitez pas à tirer la chasse d'eau à chaque usage : c'est l'air entraîné par l'eau qui active les bactéries de la fosse.

7. Pour nettoyer la cuvette des toilettes, au lieu d'employer des produits chimiques, versez 4 litres de vinaigre et laissez reposer quelques heures avant de tirer la chasse.

Foudre

1. Si vous êtes surpris à pied par un orage en rase campagne, choisissez un abri dans cet ordre :
- bâtiment surmonté d'un paratonnerre (rare) ;
- vaste bâtiment à armature métallique (tenez-vous au milieu) ;
- vaste bâtiment sans protection particulière (de préférence, pas sur une hauteur).

Si l'orage est au-dessus de vous et qu'aucun abri ne soit en vue (une étroite cabane n'en est pas un !), souvenez-vous que la foudre frappe ce qu'il y a de plus élevé aux alentours. Accroupissez-vous (de préférence sur un terrain bas et sec), faites la boule et couvrez votre tête. Les fatalités viennent du fait que la foudre frappe la tête et sort des extrémités. Tenez-vous à distance des clôtures ou des étendues d'eau. Ne restez pas à l'entrée d'une grotte. N'ayez ni parapluie ni outil en main.

2. En voiture, vous ne risquez rien, mais garez-vous (contact coupé, phares éteints) loin des bâtiments et des câbles électriques (principe de la cage de Faraday, comme le bâtiment métallique).

3. Chez vous, ne manipulez pas d'appareils électriques, fermez les fenêtres pour éviter les courants d'air et n'employez le téléphone que pour les urgences.

Four

1. Si votre four électrique ne marche pas, vérifiez d'abord s'il n'est pas programmé pour la cuisson automatique (en général, il faut presser sur un bouton pour le remettre en position « manuel »). Vérifiez ensuite le coupe-circuit ainsi que le fusible à l'intérieur du panneau.

2. N'utilisez jamais de produit décapant dans un four autonettoyant ou à nettoyage continu. Si vous le faites accidentellement, passez du vinaigre sur toutes les parois et rincez à l'eau chaude. Ensuite, pour un four autonettoyant, faites fonctionner le cycle pendant une heure ; pour un four à nettoyage continu, chauffez à 205° pendant une heure. Épongez ensuite à l'eau chaude dans les deux cas.

3. Limitez les projections de graisse et l'encrassement : placez une lèchefrite ou une feuille d'aluminium sous le plat de cuisson.

LE SAVIEZ-VOUS ?

La foudre : ennemie et alliée !

Contrairement à la croyance populaire, la foudre peut très bien frapper plusieurs fois au même endroit. Statistiquement, une maison de taille moyenne, sur un terrain modérément plat, dans une région sujette à des orages moyennement actifs, risque le foudroiement une fois par siècle. Une structure de 400 mètres encaisse la foudre en moyenne 20 fois l'an.

Dans un avion de ligne, vous ne risquez rien.

Pour savoir à quelle distance se trouve un orage, comptez les secondes entre un éclair et le coup de tonnerre qui suit, puis multipliez par 300 : vous obtiendrez la distance (en mètres) à laquelle le danger est maximal.

Il n'y a aucun danger à toucher une personne venant d'être frappée par la foudre : elle ne contient plus de charge électrique.

La foudre fertilise la terre : elle transforme l'azote en un oxyde qui, mélangé à l'eau de pluie, formera un acide nitrique faible (composé d'hydrogène, d'azote et d'oxygène). Ajouté aux sels minéraux du sol, celui-ci induit les nitrates qui nourrissent les plantes.

Four de camping

Un moule en couronne bon marché d'une contenance de 500 ml et un réchaud de camping suffisent pour improviser un four qui vous permettra de faire cuire un gâteau de temps en temps. Procurez-vous une préparation pour gâteau de votre choix et procédez selon les indications portées sur l'emballage. Beurrez le moule avant utilisation.

Posez le moule sur le réchaud en centrant le trou sur le brûleur et réglez la flamme aussi bas que possible. Couvrez avec une poêle à l'envers ou un moule d'aluminium.

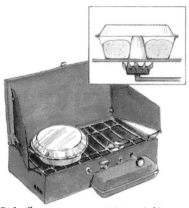

Si la flamme ne peut être réglée assez bas, utilisez deux moules identiques glissés l'un dans l'autre pour mieux répartir la chaleur. Si le vent pousse toujours la flamme dans la même direction, faites tourner le « four » sur lui-même.

Le temps de cuisson varie selon les réchauds, mais comptez environ 80 p. 100 du temps indiqué sur l'emballage, un peu plus si vous enlevez souvent le couvercle pour surveiller la cuisson.

Vous pouvez également utiliser ce « four » pour décongeler ou faire réchauffer.

Four à micro-ondes

1. Pour voir si votre four à micro-ondes cuit régulièrement, faites-y cuire des tranches de pain de mie à pleine puissance pendant 1 minute : vous verrez, d'après la façon dont le pain brunit, les endroits qui chauffent le mieux.

2. Vérifiez qu'un plat supporte les micro-ondes en le glissant au four à côté d'un bol rempli d'eau. Mettez une minute à pleine puissance. Si l'eau est chaude (donc le four fonctionne) et que le plat reste froid, vous pouvez l'utiliser au micro-ondes. S'il devient brûlant, il ne vaut mieux pas.

3. Nettoyez l'intérieur du four avec une éponge douce et un détergent léger. S'il y a des éclaboussures séchées, faites bouillir un bol d'eau dans le four afin que la vapeur les ramollisse, puis essuyez à l'éponge.

4. Le four à micro-ondes étant hermétique, certaines odeurs peuvent persister. Pour les éliminer, posez une épaisse tranche de citron sur du papier absorbant et faites chauffer le four de 1 à 2 minutes à pleine puissance. Éteignez le four et laissez agir le citron toute la nuit.

5. Si un aliment prend feu dans le four, éteignez celui-ci immédiatement sans ouvrir la porte. Débranchez-le ou, si la prise n'est pas accessible, coupez le compteur. Attendez que la flamme ait disparu pour ouvrir la porte.

6. Faites des économies en utilisant le four à micro-ondes : chauffage et cuisson sont si rapides qu'ils utilisent très peu d'énergie. (Voir aussi p. 257.)

Fourmis

Les fourmis entrent dans les maisons à la recherche de nourriture, de chaleur et d'un abri. Lorsqu'elles trouvent de la nourriture, elles établissent une piste qui conduit à leur fourmilière, enterrée à l'extérieur ou sous la maison. Pour les combattre, commencez par supprimer leurs sources d'alimentation en maintenant une bonne hygiène dans la cuisine.

Aux endroits fréquentés par les fourmis, placez des boîtes de produit antifourmilière. Les ouvrières emporteront cette nourriture empoisonnée au cœur de la fourmilière, qui sera rapidement détruite.

Vous pouvez également verser de l'eau bouillante dans la fourmilière ou souffler, avec une petite pompe à main, de la poudre d'acide borique dans l'entrée de la fourmilière et dans les fentes où vous voyez des fourmis.

De nombreux produits organiques sont efficaces contre les fourmis : le talc, la crème de tartre, le borax, le soufre en poudre, l'huile de clou de girofle. Enfin, pensez à planter quelques pieds de menthe autour de la maison.

Fourmis à bois

Ces bestioles, qui ne font pas plus de 5 mm, ne rongent pas le bois comme le font les termites, mais elles peuvent causer de sérieux dégâts à une maison. Elles s'infiltrent dans le bois humide pour y faire des nids entrelacés. Au centre du nid, la reine pond une énorme quantité d'œufs. Les ouvrières circulent dans toutes les directions à la recherche de nourriture.

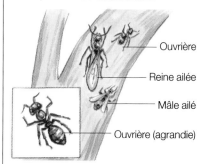

Ouvrière

Reine ailée

Mâle ailé

Ouvrière (agrandie)

La présence de ces fourmis est un indice que, quelque part dans votre maison, il y a du bois pourri. Vous trouverez des petits tas de sciure à proximité de leur nid. Elles s'éliminent à peu près de la même façon que les autres fourmis.

Percez des trous obliques et profonds dans leur repaire et insufflez-y un insecticide commercial ou de l'acide borique en poudre. Il y a des appâts efficaces contre les fourmis, en particulier certains qui comportent des virus que les ouvrières vont rapporter dans le nid, infestant la reine et la progéniture.

Vous devrez ensuite effectuer les réparations nécessaires. Puis, pour prévenir une nouvelle invasion, débarrassez-vous de tout le bois humide et pourri qui traîne dans la cour, même des vieilles souches. Vérifiez votre bois de chauffage avant de l'entrer ; les fourmis se cachent souvent sous l'écorce.

Fracture

Une contrainte, même modérée, est susceptible de provoquer une fracture. La victime sent son os se briser et entend un bruit sec. La douleur est intense et diffuse, plus nette si l'on appuie au niveau de la fracture. La peau est décolorée et gonflée. Le membre apparaît déformé et peut présenter une angulation anormale. Il se peut aussi que le gonflement et la douleur apparaissent après plusieurs heures.

Beaucoup de fractures sont impossibles à déceler sans radiographie. Si vous présentez l'un de ces symptômes, consultez un médecin.

EN ATTENDANT LES PREMIERS SOINS

1. Soulagez la douleur en plaçant une poche de glace près de la fracture et non directement dessus.
2. Immobilisez la partie blessée et bougez le moins possible.
3. S'il s'agit d'une cheville ou d'un pied, retirez chaussure et chaussette et surélevez la jambe.
4. Si l'os a transpercé la jambe, couvrez la blessure avec un pansement sec et propre en le comprimant pour stopper l'hémorragie. (Voir aussi Attelle, p. 24 ; Bras en écharpe, p. 36.)

AU TEMPS JADIS

L'art de maintenir la fraîcheur

Sous tous les climats où la chaleur est difficilement supportable, les hommes ont construit des habitations qui les mettaient à l'abri des rayons du soleil.

Les peintures découvertes dans les tombeaux égyptiens montrent que, à cette époque, on édifiait sur le toit des maisons des sortes de capteurs de vent qui rafraîchissaient l'intérieur. Cette méthode est encore utilisée au Pakistan. Il y a des milliers d'années déjà, en Inde, on accrochait, la nuit, des tapis d'herbe mouillée dans les ouvertures des huttes : le vent en passant au travers rafraîchissait toute la maison.

En Afrique, dans divers pays méditerranéens et dans le sud-ouest des États-Unis, les maisons traditionnelles construites en adobe, en pierre et en stuc assuraient ce que l'on nomme maintenant un pont thermique. Murs et toiles étaient en outre suffisamment épais pour absorber et retenir la chaleur de la journée. La nuit, lorsque l'air se rafraîchissait, les pierres restituaient leur chaleur à l'intérieur de la maison.

En Occident, les mieux nantis ont toujours trouvé des solutions : les empereurs romains faisaient venir de la glace directement des Alpes, idée reprise plus tard par Louis XIV à l'occasion des fêtes de Versailles.

La fin du XIXe siècle vit toutes sortes d'inventions astucieuses et raffinées, telles des statues de déesses couronnées d'une urne. Celle-ci était remplie de glace pour refroidir l'air chaud accumulé sous le plafond et s'écouler ensuite dans un bassin rafraîchissant.

Fraîcheur dans la maison

1. Par temps de canicule, l'air du grenier devient brûlant et une partie de cette chaleur irradie vers les étages inférieurs. En installant un ventilateur dans le grenier, vous abaisserez la température générale.
2. L'air chaud a tendance à monter. Laissez entrer de l'air frais par la porte de la cave, puis créez un courant d'air en ouvrant toutes les portes jusqu'au grenier. Il se créera un courant naturel qui, en chassant l'air chaud par l'évent de la toiture, rafraîchira toute la maison.
3. Des ventilateurs portatifs ou fixés dans les fenêtres chasseront l'air chaud. L'air circulera davantage si vous ouvrez les fenêtres par le haut et par le bas, et de tous les côtés de la maison, sauf en période de canicule.
4. Les ventilateurs à pales reviennent à la mode. Outre leur charme rétro, ils sont très efficaces pour rafraîchir l'atmosphère.
5. Protégez les fenêtres, côté extérieur, par des auvents ou des volets. Les stores intérieurs, les vitres teintées et les tentures ne donnent pas le même résultat.
6. Isolez au maximum les bouches d'aération (sans supprimer celles qui sont nécessaires à l'évacuation des vapeurs nocives).
7. Les arbres à feuilles caduques placés autour de la maison aident à entretenir la fraîcheur. Veillez cependant à ne pas vous couper des vents les plus favorables.

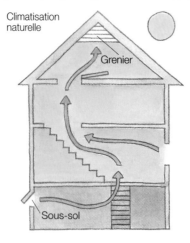

Climatisation naturelle

Grenier

Sous-sol

Freins de voiture

1. Vous êtes en train de rouler, vos freins vous lâchent et la pédale reste collée au plancher : ce n'est pas catastrophique si vous êtes seul sur la route. Lâchez l'accélérateur, allumez vos feux de détresse et tassez-vous sur la droite. Avec une transmission automatique, mettez-vous sur *Low* (avec une manuelle, utilisez le frein moteur en rétrogradant jusqu'en première), serrez le frein à main, coupez le contact et garez-vous.

2. Si vous desserrez votre frein à main et que le voyant reste allumé, c'est que le contacteur électrique situé à sa base est défectueux. Faites réparer sans attendre.

3. Vérifiez régulièrement la réserve de liquide de freinage. Ajustez le niveau avec du liquide identique. Si le liquide disparaît trop rapidement, faites vérifier le circuit.

4. Il vous faut appuyer deux ou trois fois sur la pédale pour freiner ? Faites rapidement purger le circuit de freinage et contrôler le maître-cylindre.

5. Au cas où vous n'avez plus de frein du tout, tâchez de repérer une petite côte, un talus, une haie ou, au pire, une voiture garée pour vous arrêter. Klaxonnez et allumez vos phares pour avertir les autres.

Fromage cottage

Voici une excellente recette éclair : portez 1 litre de lait à ébullition. Ajoutez 1 cuil. à soupe de jus de citron ou de vinaigre : le lait se caillera en formant de petits blocs. Filtrez le caillé dans une passoire tapissée d'une toile à fromage : vous obtenez un fromage souple que vous pouvez utiliser tout de suite. Vous pouvez également le laisser s'égoutter plusieurs heures. Pour cela, nouez la toile à fromage et suspendez-la : le petit lait va continuer de s'écouler et le fromage va durcir au fil des heures. Selon l'utilisation que vous désirez en faire, arrêtez l'égouttage au moment où vous le jugerez bon.

Ce fromage est excellent tel quel, avec du sucre et des fruits, ou salé avec des fines herbes. Égoutté, il convient à toutes sortes de farces.

Fruits

1. Vous en avez acheté beaucoup et vous craignez qu'ils ne mûrissent tous en même temps ? Enfermez-en quelques-uns dans un sac de papier brun percé de petits trous : le dégagement d'éthylène les fera mûrir deux fois plus vite que les autres laissés à l'air libre.

2. La plupart des fruits se conservent au réfrigérateur, sauf ceux qui ne sont pas encore mûrs, que vous garderez dans une corbeille à température ambiante.

3. Si vous avez des fruits un peu trop mûrs pour être consommés crus (mais non abîmés), faites-en des coulis en les passant au mélangeur, sucrez-les légèrement et servez-vous-en pour napper des crèmes glacées ou des flans. Ou bien faites-les cuire avec du sucre et vous aurez de délicieuses compotes pour le petit déjeuner.

Fuite d'eau

SUR LE RÉSEAU D'ALIMENTATION

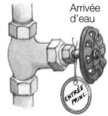

Arrivée d'eau

Étiquetez les robinets d'arrivée d'eau de telle sorte qu'on puisse les fermer rapidement en cas d'urgence.

Ces fuites se situent toujours au niveau des jonctions (entre deux tuyaux ou entre un tuyau et l'appareil qu'il alimente). S'il s'agit d'un évier ou d'une toilette, coupez l'alimentation d'eau en fermant le robinet d'arrêt situé immédiatement dessous. Autrement, fermez le robinet d'arrêt général pour stopper l'inondation pendant que vous cherchez la fuite. En ville, le robinet d'arrêt principal est celui qui se trouve le plus près de la rue ; si votre eau vient d'un puits, c'est celui qui se situe le plus près du réservoir. Sitôt la fuite localisée, fermez à fond le robinet d'arrêt secondaire qui l'alimente. Ainsi pourrez-vous effectuer la réparation nécessaire sans priver d'eau le reste de la maison.

SUR UN TUYAU EN PARTICULIER

Avant tout, fermez le robinet d'alimentation. La plupart des éviers et des toilettes sont équipés de robinets d'arrêt.

1. La colle à l'époxyde obture les fuites de raccords. Appliquez-en deux couches après avoir gratté à la laine d'acier. Laissez sécher après chaque couche.

2. Pour une fissure minuscule le long d'un tuyau, utilisez du ruban isolant et appliquez-en sur environ 15 cm de chaque côté du trou.

3. Si la fuite est plus importante, faites un « pansement » en utilisant un bout de boyau de caoutchouc que vous enroulez autour du tuyau et que vous fixez avec des collets à tous les 3 ou 4 cm ou avec une bride boulonnée.

Attention ! Toutes ces manœuvres représentent des mesures d'urgence. Il faudra veiller à remplacer tuyaux, soupapes ou autres pièces défectueuses dès que possible.

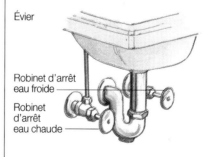

Évier

Robinet d'arrêt eau froide

Robinet d'arrêt eau chaude

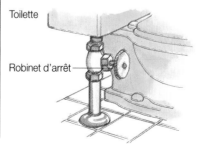

Toilette

Robinet d'arrêt

Fumée de cigarette

Vous êtes allergique à la fumée de cigarette ? Ne mettez aucun cendrier à la vue et expliquez-en la raison sans agressivité. Et n'hésitez pas à interdire la cigarette dans votre bureau et dans votre auto : c'est votre droit absolu.

VOUS FUMEZ OU VOUS VIVEZ AVEC UN FUMEUR

Achetez des cendriers spéciaux qui absorbent la fumée et les odeurs nauséabondes. Mieux encore, investissez dans des purificateurs d'air. Installez un ionisateur d'air permanent ou un filtre à fumée et nettoyez le système de filtrage régulièrement. Disposez des pots-pourris et beaucoup de plantes d'intérieur à feuillage touffu. Videz les cendriers souvent et aérez le plus possible.

POUR LES ODEURS DE TABAC TEMPORAIRES

Pendant une réception, allumez des bougies parfumées qui dissiperont l'air enfumé. Mettez des blocs désodorisants près des bouches d'aération. Après la réception, ouvrez portes et fenêtres ; chassez l'odeur de fumée persistante en agitant une serviette imbibée de vinaigre. Mettez en marche les ventilateurs et, bien sûr, videz et lavez tous les cendriers.

DANS LA VOITURE

Videz régulièrement le cendrier et mettez-y une couche de bicarbonate de soude ou de cailloux qui absorbera l'odeur des mégots et des cendres.

Fusible

1. Lorsqu'un fusible (ou un coupe-circuit) saute quand vous mettez un appareil en marche, plusieurs causes sont possibles.
• Si cela n'arrive qu'avec ce seul appareil, il est trop puissant pour le « calibre » du fusible ou il y a un court-circuit dans l'appareil.
• Si cela arrive quand d'autres ap-

AU TEMPS JADIS

Pour l'amour d'un gant

Le pouvoir, la richesse, l'amour, la noblesse furent autrefois symbolisés par les gants. Ils semblaient détenir l'aura des mains qui les portaient.

Ce n'est qu'au début du XVIIe siècle que les femmes de la classe moyenne se mirent à porter des gants, alors que les dames de haut rang en mettaient depuis le Moyen Âge. On donnait son gant, encore imprégné de la chaleur d'une douce main, à un chevalier comme gage d'amour. Et le chevalier de partir guerroyer, le gant de sa belle dans son haubert.

Avec sa délicatesse, le gant féminin devenait pour lui un symbole de force, une amulette pour détourner le mal, un encouragement à ses actes de bravoure et un rappel de la douce récompense qui l'attendait s'il survivait.

Quant à son gantelet, un gant de métal, c'était une tout autre affaire. Il personnifiait la force, le pouvoir et l'honneur et tenait lieu de serment dans un tribunal. Jeter le gant à un autre homme revenait à le défier lors d'un combat souvent mortel.

La signification de cet acte s'est perpétuée pendant des siècles. Bien après que le gantelet du chevalier eut disparu, des dandys parfumés se provoquaient en duel en se lançant un gant de chevreau souple, aussi délicat que celui des dames de l'époque.

---

pareils sont déjà en fonction, c'est la ligne ou votre installation qui n'est pas assez forte pour les alimenter tous en même temps. Installez alors un délesteur (simple ou horaire) que vous programmerez pour alimenter les appareils prioritaires au détriment des autres.

2. Ne remplacez jamais un fusible par un autre de puissance plus élevée.

Fusible cartouche   Fusible à visser

3. Ne prenez jamais un sou noir, un morceau de papier d'aluminium ou tout autre objet métallique pour renforcer un fusible. Vous risquez de provoquer un incendie et de faire sauter les installations électriques en amont du compteur.

4. Si vos fusibles sautent souvent sans raison, votre installation électrique est peut-être vétuste (fils de trop faible calibre, fils dénudés par endroits...). Appelez un électricien.

G

Gant

1. À court de gants chauds : enfilez une chaussette de laine sur votre main. Écartez le pouce de l'index, coupez le tissu à cet endroit, ôtez la chaussette et cousez le long des bords coupés pour former le pouce et la main.

2. Enlevez des taches récentes sur des gants de cuir ou de daim en les frottant avec du pain rassis.

3. Nettoyez des gants de cuir blanc avec de l'amidon en poudre ou de la craie de couturière. Appliquez ces produits à l'aide d'un tissu en soie et secouez.

4. Pour une tache sur du cuir noir, passez dessus un marqueur noir indélébile, puis frottez avec quelques gouttes d'huile d'olive.

5. Lorsque vous faites des travaux salissants mais précis, remplacez les gants en plastique ou en caoutchouc par du latex liquide (vendu dans les quincailleries) qui forme en séchant une mince couche protectrice ; pour vous en défaire, il suffira de vous laver les mains.

6. Pour nettoyer des gants en caoutchouc ou en latex fin, enfilez-les, lavez et essuyez vos mains, retirez les gants et talquez-les.

Garantie

Tout achat d'appareil ménager, de matériel, de véhicule ou de tout autre article entraîne des garanties pour l'acheteur.

1. Une garantie légale – gratuite, obligatoire et illimitée. C'est l'assurance qu'un appareil vendu remplit ses fonctions : une machine à laver doit laver, un four chauffer, un véhicule avancer. Elle s'applique à un défaut caché, antérieur à la vente et responsable de la panne. Elle ne joue pas si vous utilisez mal l'article. Conservez votre preuve d'achat (facture) ainsi que toute pièce précisant l'identité de l'appareil (livret technique).

2. Une garantie contractuelle ou garantie commerciale – contrat librement passé entre le vendeur et l'acheteur. Le premier s'engage à réparer gratuitement l'article pendant un temps donné ou à remplacer des pièces défectueuses.

3. Si un marchand refuse d'honorer sa garantie ou si, après réparation, l'objet ne fonctionne toujours pas, adressez-vous à votre bureau d'éthique commerciale, à l'organisme de protection du consommateur de votre province ou à la ligne ouverte aux consommateurs de votre ville.

4. Le questionnaire qu'on vous demande de remplir et de poster à l'achat n'est pas une condition de la garantie. Il sert tout au plus à vous signaler un rappel de produit en cas de défaut majeur de fabrication. Pour bénéficier de la garantie sur un objet, l'essentiel est de fournir une preuve d'achat datée.

Garde-robe d'hiver

1. N'allez pas vous équiper d'un pantalon de ski dernier cri si vous ne pratiquez ce sport qu'occasion-

nellement. Contentez-vous d'imperméabiliser une paire de vieux jeans avec un produit hydrofuge et enfilez vos caleçons longs en dessous. En laine ou en polypropylène, ils absorbent la transpiration et vous tiendront au chaud.

2. Pour couper le vent, enfilez sous votre veste un grand sac à ordures en plastique dans lequel vous aurez percé des trous pour la tête et les bras. Des petits sacs sur les chaussettes et sur les gants peuvent couper le vent. Attention à la transpiration ! Vous pouvez aussi employer comme isolant du papier journal ou du caoutchouc mousse et un bonnet de bain sous votre couvre-chef.

3. Si votre enfant fait une éruption à cause de la laine ou de la matière synthétique de son bonnet d'hiver, doublez-en l'intérieur avec une pièce de coton ou nouez un grand mouchoir de coton sur sa tête.

Gâteaux

1. Pour étaler facilement du beurre dans un moule, glissez la main dans un sac en plastique. Pour fariner le moule, versez-y 2 cuil. à soupe de farine et faites-le tourner entre vos mains pour bien répartir la farine sur le beurre ; retournez alors le moule pour faire tomber l'excédent de farine.

2. Si vous n'avez pas de tamis, utilisez une simple passoire fine et tamisez toujours la levure avec la dernière cuillerée de farine. Sucre en poudre et cacao doivent également être tamisés.

3. Vérifiez la cuisson d'un gâteau en piquant en son centre une brochette en métal ou un cure-dent, qui doit ressortir sec. Si ce n'est pas le cas, laissez la cuisson se poursuivre quelques minutes. Vous pouvez aussi presser légèrement le centre du gâteau avec un doigt : il doit être ferme et ne pas garder l'empreinte du doigt.

4. Pour que les gâteaux contenant des blancs en neige ne s'affaissent pas à la sortie du four, laissez-les

reposer 10 minutes dans le four éteint, porte entrouverte. Retirez du four, laissez refroidir et démoulez. Une autre méthode consiste à renverser le moule dès sa sortie du four et à le laisser refroidir ainsi. La plupart des moules tubulaires sont équipés de pattes dans cette intention. Si le vôtre ne l'est pas, renversez-le sur le goulot d'une bouteille. N'ayez aucune crainte ! Il vous faudra quand même détacher le gâteau refroidi à l'aide d'une spatule.

5. Les gâteaux cuits au four à micro-ondes en ressortent souvent plats ; ils sont parfaits pour être glacés (glaçage au chocolat ou au sucre) ou décorés (crème fouettée, fruits confits, sucre en poudre...).

6. Pour décorer au sucre en poudre, posez un napperon en papier sur le gâteau et parsemez de sucre en poudre tamisé. Retirez délicatement le napperon : vous obtenez un joli motif.

7. Les gros gâteaux, les pains sucrés et les gênoises se conservent deux semaines au frais, emballés dans plusieurs épaisseurs d'aluminium. Ils resteront plus moelleux si vous y enfermez en même temps un quartier de pomme crue. S'ils contiennent des noix, consommez-les plus rapidement car ils risquent de rancir.

Gel au jardin

1. Pour protéger vos plantes de pleine terre contre les gelées nocturnes, réglez votre programmateur d'arrosage automatique sur une ou deux aspersions durant la nuit. La vaporisation se cristallisera en surface, isolant le feuillage de la plante. Si, au matin, vous constatez des dégâts du gel inattendus, vaporisez de l'eau sur les feuillages avant la venue du soleil. Sachez enfin que, en cas de forte gelée, les plantes à feuillage persistant souffrent de la soif avant de mourir de froid. Le gel bloque l'eau du sol dont elles ont besoin et vous les trouverez définitivement déshydratées au dégel. Il faut donc isoler le sol avant de protéger la ramure.

2. Protégez les jeunes pousses des plantes vivaces et bulbeuses contre les gelées tardives de printemps. Couvrez l'ensemble du massif avec un sac de jute ; ou servez-vous d'une bouteille vide en plastique dont vous aurez coupé le fond et enfoncez-la au quart de sa hauteur. Découvrez les pousses par journée ensoleillée, mais s'il fait très froid, contentez-vous de déboucher les bouteilles.

Genoux

Le genou est l'articulation la plus grosse du corps humain. Sous une apparente simplicité, sa mécanique est très compliquée, d'où sa fragilité et les conséquences graves de ses blessures. Pour éviter celles-ci, voici quelques conseils.

1. Si vous avez un excès pondéral, tâchez de maigrir afin de réduire les pressions sur le cartilage articulaire. C'est très important avant d'entamer un entraînement de tennis ou de course à pied.

2. Lorsque vous restez longtemps assis, bougez fréquemment vos jambes. Levez-vous le plus souvent possible et marchez un peu.

3. Évitez de monter les escaliers ou de plier les genoux plus souvent que nécessaire. Si vous travaillez sur une table basse, asseyez-vous sur un tabouret bas ou sur le sol.

4. Évitez les chaussures à talons hauts et à semelles fines.

5. Pour jardiner, agenouillez-vous sur un vieux coussin ou sur un carré de mousse et faites passer régulièrement le poids de votre corps d'un genou sur l'autre.

6. Ménagez vos genoux quand vous faites du sport : préférez la terre battue pour jouer au tennis et un terrain souple pour la marche et le jogging. En natation, le port de palmes fait travailler davantage les chevilles et moins les genoux. À bicyclette, réglez la selle un peu plus haut que la normale et allez à une vitesse qui ménage vos efforts.

7. Renforcez les muscles de la cuisse qui agissent sur le genou en pratiquant chaque matin l'exercice suivant : allongez-vous, sur le ventre, sur un banc ou un lit étroit de façon que les jambes dépassent des bords. Tournez un pied vers l'intérieur à environ 45° et pliez lentement la jambe à 90°. Soulevez-la ensuite le plus haut possible. Maintenez la position pendant 10 secondes, puis baissez lentement la jambe et dépliez-la. Faites ceci 10 fois avec chaque jambe.

8. Ne négligez jamais une blessure du genou. Appliquez de la glace sur le genou blessé, laissez-le au repos et consultez un médecin.

Germination des graines

Pour accélérer la levée des graines, pratiquez ces deux techniques très simples.

1. Videz chaque paquet dans une soucoupe en plastique et laissez tremper toute une nuit dans de l'eau tiède. La levée sera encore plus rapide si vous ajoutez à l'eau de trempage une ou deux gouttes de détergent pour réduire la tension de la surface de l'eau.

2. La deuxième solution consiste à utiliser un germoir pour faire lever les graines hors de terre. Cet ustensile est composé de plusieurs soucoupes de terre cuite. Percées, elles s'empilent au-dessus d'une soucoupe pleine d'eau et sont surmontées d'un couvercle. L'humidité constante qui y règne ainsi que l'obscurité représentent les conditions idéales à la germination. Elle s'effectue vite, et l'on peut alors repiquer les plantules. (Voir aussi Graines en ruban, p. 114.)

Gingivite

1. Pour éviter cette affection, qui peut entraîner la chute des dents, brossez-les après chaque repas et le soir au coucher en vous servant d'une brosse à poils souples et à bouts arrondis. Placez la brosse en angle contre les dents au niveau de la jonction des gencives et exécutez un léger mouvement vibratoire avant de descendre le long des dents. Vous pouvez remplacer le dentifrice par un mélange de bicarbonate de soude et d'eau de la consistance d'une pâte.

2. Si vous ne pouvez pas vous brosser les dents après chaque repas, rincez-vous la bouche avec un rince-bouche ou avec un verre d'eau additionné ou non de 1 cuil. à thé de bicarbonate de soude.

3. Passez un fil dentaire entre vos dents au moins une fois par jour, de préférence au moment du coucher, pour enlever les particules alimentaires et limiter la formation de la plaque dentaire.

4. Massez-vous les gencives régulièrement avec votre brosse à dents ou avec votre doigt recouvert d'un doigtier propre : cela aide à stimuler la circulation.

5. Suivez une alimentation pauvre en sucre mais riche en vitamines A et B.

6. Si vos gencives sont gonflées et douloureuses, si elles saignent ou ont tendance à suppurer, consultez rapidement un dentiste. (Voir aussi Dentiste, p. 76 ; Dents, p. 76.)

Glaçons

1. Vous avez besoin d'une grande quantité de glaçons ? Préparez-en à l'avance dans des cartons d'œufs et stockez-les dans de grands sachets de congélation.

2. Les glaçons seront brillants et transparents si vous utilisez de l'eau de source ou de l'eau du robinet bouillie et refroidie.

3. Un congélateur fonctionne bien mieux s'il est bien plein ; emplissez les espaces vides par des glaçons ! Vous les éliminerez au fur et à mesure de votre besoin de place.

Golf

Voici un lexique qui vous aidera à mieux comprendre les retransmissions sportives.

Allée : partie du parcours tondue entre le départ et le vert.

Approche : coup de golf destiné à atteindre le vert — lorsqu'on en est proche — avec un mouvement d'amplitude réduite.

Bâton : canne utilisée pour envoyer la balle en la frappant.

Birdie : réussite d'un trou en un coup en dessous du par.

Bois : bâton dont la tête est en bois massif ou en métal. Numérotés de 1 à 7, les bois sont utilisés pour faire parcourir de longues distances à la balle.

Cocheur d'allée (wedge) : bâton assez lourd à la face très ouverte. Il est très utilisé dans les approches pour faire des coches (la balle reste où elle est tombée).

Cocheur de sable (sandwedge) : c'est le bâton le plus lourd du sac mais aussi celui dont la face est la plus ouverte. Il est très utilisé dans les fosses de sable à proximité du vert avec la technique de l'explo-

sion. On s'en sert également sur le gazon pour lever la balle sur une approche.

Fer : bâton dont la tête, étroite, est en métal. Les fers sont numérotés de 1 à 10.

Fer droit (putter) : bâton à face verticale servant à faire rouler la balle sur le vert en direction du trou.

Fosse de sable : obstacle en dépression recouvert de sable. Il en existe à proximité du vert, mais aussi sur le parcours pour le rendre plus difficile et pour pénaliser les mauvais coups.

Par : nombre idéal de coups pour atteindre un trou. Il n'existe que des pars 3, 4 ou 5.

Position : position des pieds sur le sol. Il en existe trois :
• la position carrée : la ligne qui joint le bout des pieds est parallèle à la ligne de jeu ;
• la position fermée : la pointe du pied gauche est légèrement en avant de la ligne de jeu ;
• la position ouverte : la pointe du pied droit est légèrement en avant de la ligne de jeu.

Rough : partie du parcours située près du vert et qui borde l'allée de chaque côté. C'est une partie de terrain non tondue d'où il est parfois très difficile de sortir la balle.

Vert : partie du terrain entourant le trou où le gazon est finement tondu et roulé. Pousser la balle vers le trou sur cette surface est un putting.

Gomme à effacer

1. Lorsque vous travaillez avec du papier de couleur (invitations ou affichettes pour l'école, par exemple), recouvrez les fautes avec de la peinture acrylique mate en tube de même couleur que le papier.

2. Effacez les traces de crayon ou de fusain avec une boule de mie de pain (rassise, mais souple) pétrie.

3. Gommez une trace d'encre sur du papier avec une pierre ponce.

4. Si vous dessinez sur du papier, n'utilisez que des gommes blan-

ches : les gommes colorées laissent des marques indélébiles.

5. Nettoyez une gomme à effacer en la frottant sur un tissu en coton ou sur un jean.

Gomme à mâcher

1. Pour retirer de la gomme à mâcher d'un tapis, faites-la durcir avec un glaçon glissé dans un sachet en plastique, puis raclez avec un couteau émoussé.

2. Pour détacher de la gomme à mâcher prise dans les cheveux, massez l'ensemble avec de l'huile, puis enlevez la gomme avec les doigts ou un peigne. Ou encore, faites durcir la gomme à mâcher avec de la glace et retirez-la de la chevelure en la cassant. Effectuez ensuite un massage léger à l'huile.

Gourde

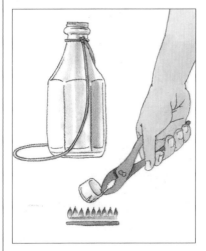

Une bouteille en plastique ayant contenu de l'eau ou un aliment liquide fait une gourde légère et bon marché. Choisissez-la d'une forme qui évite de la confondre avec une bouteille de détergent.

Si le bouchon laisse passer un peu d'eau, faites fondre légèrement le bouchon au-dessus d'une flamme et fermez en vissant.

Attachez une corde à la gourde et gardez-la autour du cou lorsque vous la remplissez dans un torrent, car elle risque de vous échapper des mains.

Gouttière

1. Nettoyez une gouttière et un tuyau de descente bouchés par des débris avec un tuyau d'arrosage. Introduisez celui-ci par le bas du tuyau de descente et ouvrez l'eau à pleine pression. Enfoncez le tuyau au fur et à mesure que les débris se désagrègent. Montez ensuite sur une échelle et poussez les autres débris vers le tuyau de descente avec le jet.

2. Évitez que vos gouttières ne se bouchent en les recouvrant d'une moustiquaire de métal : l'eau passera, mais pas les débris ni les feuilles. Découpez-en une bande dont vous insérerez les extrémités dans le tuyau.

3. Afin de détourner l'eau de pluie d'une partie de toit dépourvue de gouttière et située au-dessus d'une porte d'entrée (de la remise, par exemple), placez une bande d'aluminium pliée en L sous la seconde rangée de bardeaux et légèrement de biais afin que l'eau s'écarte de la porte. Maintenez-la avec deux clous et recouvrez-les de colle à toiture. Assurez-vous que la bande est bien posée : elle doit dépasser de l'embrasure de la porte d'au moins 50 cm de chaque côté.

Gradateur ou rhéostat

Pour remplacer un gradateur, coupez d'abord le courant au tableau de distribution. Retirez le bouton et enlevez la plaque. Dévissez les vis de fixation à la boîte et enlevez l'interrupteur, en vérifiant la disposition des connections. Comme dans tout circuit électrique, seuls les fils noirs ou rouges porteurs de courant doivent être reliés à l'interrupteur. Détachez les fils de courant des pôles de l'ancien interrupteur pour les fixer aux pôles du neuf avec des connecteurs de fils. Revissez le nouvel interrupteur et remettez la plaque. Puis, repoussez le bouton sur son pivot.

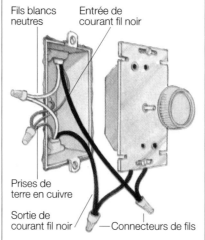

Fils blancs neutres

Entrée de courant fil noir

Prises de terre en cuivre

Sortie de courant fil noir

Connecteurs de fils

Graines potagères

Prenez l'habitude de lire attentivement les directives sur les sachets de graines potagères avant de choisir les légumes que vous allez cultiver. Votre succès en dépend.

1. Préférez d'abord les marques qui stipulent la date d'expiration sur le sachet de graines. Effectuez vos achats tôt en saison pour obtenir des semences fraîches et profiter d'un plus grand choix. Conservez-les au frais et au sec en attendant le semis.

2. Écartez les variétés destinées aux maraîchers : leurs caractéristiques — peau épaisse, adaptation aux aléas de la distribution... — ne conviennent pas au particulier et prennent souvent le pas sur le goût. Optez pour les variétés destinées au potager familial : hybrides pour la majorité, elles sont parfaitement adaptées à vos conditions de culture, aux divers climats, résistantes aux insectes et aux maladies des potagers ama-teurs. Leur prix élevé est justifié par une plus grande productivité et une vigueur supérieure à celle des variétés classiques.

3. L'emballage spécifie la mention *hâtive*, *tardive* ou *saisonnière* et donne le nombre de jours requis pour la germination. Si la saison est courte dans votre région, choisissez la variété qui convient pour que la récolte se fasse avant le gel.

4. Conservez les sachets de graines entamés dans des boîtes en fer, à l'abri de l'humidité et de la chaleur. Évitez les tiroirs en bois aggloméré : ils dégagent des vapeurs de colle qui nuisent au pouvoir germinatif des graines.

Graines en ruban

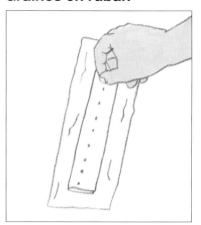

Pour éviter d'avoir à éclaircir vos semis de pleine terre, fixez les graines sur un ruban que vous installerez directement en place.

Étalez une bande de papier absorbant humidifié sur un morceau de pellicule plastique. Déposez-y les graines à intervalles conseillés sur le paquet : ils diffèrent d'une plante à l'autre. Recouvrez d'une autre bande de papier humide. Roulez ensemble pellicule plastique et papier absorbant, glissez le tout dans un sac en plastique et placez au chaud, sur le réfrigérateur, par exemple.

Dès que la germination se produit, portez la bande ensemencée au jardin et déroulez-la sur un sol bien retourné. Enlevez la pellicule plastique. Couvrez l'emballage de papier absorbant avec une mince couche de terre fine, ou de sable, puis arrosez copieusement avec un arrosoir à pommeau fin. Le papier absorbant retient l'eau et la restituera aux plantules selon leurs besoins. Il se dissoudra bientôt pour révéler une ligne de jeunes plants parfaitement espacés. (Voir aussi Germination des graines, p. 112.)

Grands-parents

C'est un peu à vous qu'il appartient de maintenir l'union dans la famille et de faire le lien entre le passé et l'avenir.

1. À la maison, consacrez une pièce ou un coin de la maison aux souvenirs familiaux : les jeunes enfants adoreront voir le livre reçu en prix par une arrière-grand-mère ou le cahier de musique de l'oncle Alexandre. Lettres, photos, jouets d'antan peuvent s'y trouver pêle-mêle avec bonheur.

2. Si vous habitez loin de vos petits-enfants, téléphonez-leur, écrivez-leur ou, mieux, enregistrez une histoire sur une cassette à leur intention. C'est à vous de combler la distance qui vous sépare pour ensuite les habituer à penser et à venir à vous. Trop de personnes âgées pensent que les petits-enfants sont obligés d'aimer leurs grands-parents : on ne reçoit que ce que l'on a donné.

3. Attention aux cadeaux ! Il est naturel que des grands-parents soient généreux envers leurs petits-enfants, mais il faut que les parents soient consultés (mettez-vous donc d'accord avec eux avant de faire un cadeau important) et qu'il n'y ait pas de favoritisme ou de rivalité entre frères et sœurs.

Grenier

1. Qu'y a-t-il dans votre grenier ? Si vous ne vous en souvenez pas, il est temps d'en faire l'inventaire. Faites une liste et affichez-la près de l'entrée. Ainsi, chaque fois que vous rangerez des objets dans le grenier ou que vous en enlèverez, vous y inscrirez les changements.

2. Si vos combles ne sont pas habitables, ils peuvent quand même vous être utiles. Clouez un parquet léger et bon marché sur les solives : vous pourrez y marcher et y déposer des charges légères bien réparties (mais pas de meubles lourds).

Attention ! Ne détériorez pas l'isolant placé entre les solives.

3. Vous manquez de placards ? Installez une tringle entre des chevrons et suspendez-y vos vêtements « hors saison ».

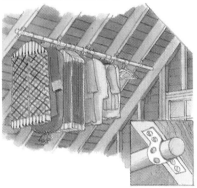

4. Il n'y a pas d'éclairage dans le grenier ? Accrochez à l'entrée, à portée de la main, une torche ou une lampe de camping.

VENTILATION

Un grenier mal ou non ventilé peut causer de graves problèmes d'humidité dans les murs et les plafonds. Vous pouvez installer dans

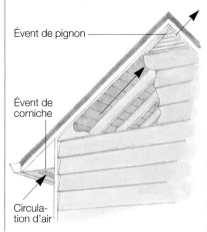

Évent de pignon

Évent de corniche

Circulation d'air

l'avant-toit des évents de corniches que vous vous procurerez chez un marchand de matériaux de construction, ou que vous fabriquerez vous-même en utilisant du grillage métallique. Percez des trous entre les chevrons et la solive puis recouvrez-les d'un grillage qui débordera des trous d'environ 1,5 cm. Fixez le grillage avec des agrafes. Fabriquez un cadrage en bois pour la finition.

Il faut garder les évents propres. Les évents de pignon sont un lieu de prédilection pour les oiseaux, les guêpes, etc. Bloquez-les de l'extérieur avec un bout de grillage.

Gril

1. Une grille à gâteau remplacera un gril de camping. Des grilles de cuisinière ou de réfrigérateur peuvent supporter des casseroles sur un feu. Mais n'y mettez pas directement les aliments.

2. Comme les scouts, fabriquez-vous un gril en forme de raquette de tennis. Trouvez une branche verte fourchue et attachez les extrémités de la fourche avec du fil de fer. Maintenez la viande dans la raquette avec des bouts de bois vert. Si la viande doit cuire longtemps, disposez des pierres qui maintiendront le gril au-dessus du feu.

3. Frottez le gril avec des morceaux de gras ou de lard pour empêcher la viande d'y coller.

Gril en fonte

1. Le gril en fonte permet de faire griller les aliments sans ajouter de matière grasse. Faites chauffer le gril 10 minutes à feu vif, puis parsemez-le de gros sel de mer. Faites griller les aliments sur le sel, en les retournant à mi-cuisson.

2. Laissez refroidir le gril avant de le brosser sous l'eau chaude.

Grille-pain

1. Votre grille-pain est-il cassé ? Utilisez le gril du four ou tenez le pain avec des pinces au-dessus de l'élément ou du brûleur, selon le type de cuisinière.

2. Mettez le pain contre un radiateur électrique, thermostat « fort », aussi près des résistances que possible, mais sans les toucher.

3. Enveloppez des tranches de pain dans de l'aluminium et repassez-les des deux côtés : il ne brunira pas, mais il sera chaud et croustillant.

Grippe

1. Contre la fièvre et les maux de tête, prenez de l'aspirine (acide acétylsalicylique) ou de l'acétaminophène (voir p. 23).

2. Buvez un verre d'eau, de jus de pomme dilué ou de ginger ale dégazéfié toutes les deux heures pour empêcher la déshydratation due à la fièvre.

3. Même si vous manquez d'appétit, ne jeûnez surtout pas : absorbez en petites quantités des pommes de terre vapeur ou au four, du pain, du fromage cottage, du yogourt, de la compote de pommes et des bananes. Il vous faut un régime riche en protéines et en vitamines B et C. (Voir aussi La valeur nutritive des aliments, p. 254.)

4. Si vous avez mal à la gorge (voir aussi Mal de gorge, p. 142), buvez des boissons chaudes, gargarisez-vous à l'eau salée et mâchez des clous de girofle.

5. Pour décongestionner le nez, buvez du thé chaud sucré au miel.

6. En cas de toux sèche, mettez un humidificateur (voir p. 123) dans la chambre et sucez des pastilles pour la toux et des bonbons clairs. (Voir aussi Toux, p. 223.)

7. Gardez le lit ou restez chez vous jusqu'à ce que la fièvre soit tombée. Si vous reprenez vos activités trop tôt, vous risquez une rechute.

8. Ne conduisez pas. La fièvre diminue les réflexes au même titre que l'absorption d'alcool.

9. Si la fièvre dure plus de quatre jours ou si elle s'accompagne de torticolis et de gros maux de tête, appelez le médecin. Si vous avez plus de 65 ans ou si vous souffrez d'une maladie chronique, appelez-le dès les premiers symptômes. (Voir aussi Rhume, p. 199.)

Groupes d'entraide

Qu'il s'agisse de faire face aux problèmes d'un handicapé, de soigner une personne âgée ou tout simplement de rencontrer des gens qui veulent , comme vous, suivre un régime pour maigrir, sachez qu'il existe de nombreux organismes d'entraide regroupés souvent en associations bien organisées. Vous y trouverez non seulement la compréhension de personnes ayant les mêmes problèmes que vous, mais également une aide efficace sur le plan pratique.

1. Les grandes associations, celles des parents d'enfants handicapés, par exemple, ont une adresse qui regroupe les adhérents ; d'autres fonctionnent dans les locaux des CLSC ou d'une église. Vérifiez dans les premières pages de votre annuaire téléphonique les numéros de téléphone des divers services communautaires, des centres de secours et de référence. Si vous ne trouvez pas l'organisme précis que

vous recherchez, un des centres mentionnés pourra sans doute vous informer si cette ressource existe dans la région.

2. Certains organismes importants ont une inscription détaillée par services dans l'annuaire. Les paroisses, les hôpitaux et les bureaux de service de santé et de services sociaux peuvent fournir une autre liste plus complète.

3. Vous pouvez aussi mettre sur pied votre propre groupe après avoir consulté certaines personnes ressources. Recrutez des personnes en mesure de vous aider dès le départ ; n'essayez pas de tout faire tout seul.

Grumeaux

Pour éliminer les grumeaux d'une sauce (sauce liée à la farine ou crème anglaise), filtrez-la dans une passoire fine ou battez-la au malaxeur à grande vitesse.

Pour sauver une sauce hollandaise, ajoutez-y 2 cuil. à soupe d'eau bouillante et fouettez vivement au fouet à main ou au batteur à œufs.

Guêpes

Les guêpes sont attirées par les boissons sucrées, les fruits et les viandes. Elles ne sont pas agressives, mais elles peuvent piquer si on les bouscule par mégarde.

1. Prévenez les enfants quand vous leur servez une eau gazeuse ou un jus de fruits : une guêpe peut venir se poser sur le bord de leur verre ou dedans, et une piqûre dans la bouche est toujours très grave. Faites attention aux gâteaux et aux grappes de raisin : n'y mordez pas à pleine bouche car une guêpe peut s'y cacher. Méfiez-vous aussi des fruits très mûrs sur l'arbre ou tombés au sol : ils peuvent être habités par des guêpes. (Voir aussi Piqûres d'insectes, p. 175.)

2. Quand vous mangez sur la terrasse, placez des pièges à eau sucrée aux alentours pour attirer les guêpes loin de la table.

3. Si des guêpes survolent des brochettes en attente de cuisson, laissez-les faire : elles ne les souilleront pas et elles empêcheront les mouches de s'en approcher.

4. En cas d'invasion, repérez le nid (dans le grenier, sous le rebord du toit, dans des terriers au sol) et détruisez-le la nuit, quand les guêpes sont endormies, avec un produit approprié, en aérosol.

Gueule de bois
PRÉVENTION

1. Les jours précédant une soirée de festivité, prenez quotidiennement 1 g de vitamine C. Celle-ci aide à éliminer l'alcool.

2. Juste avant de sortir et pendant la soirée, protégez votre estomac en consommant des produits laitiers.

3. Mangez des aliments solides, tels que du pain ou des pâtes, pour ralentir le passage de l'alcool dans le sang.

4. Évitez les alcools colorés comme le whisky, le cognac et le rhum brun. Ils contiennent des substances qui favorisent la gueule de bois.

5. Ajoutez du jus de fruits ou de l'eau non gazeuse à vos boissons alcoolisées ou avalez un verre d'eau après chaque verre d'alcool. Les boissons gazeuses accélèrent l'assimilation de l'alcool.

TRAITEMENT

1. Avant de vous coucher, prenez un supplément de vitamine B complexe (50 à 100 unités) et buvez au moins deux verres d'eau ou de jus de fruits.

2. Au lever, buvez encore de l'eau, du jus de fruits ou... du jus de choucroute, qui neutralise les tanins. Évitez la caféine, qui déshydrate. Au petit déjeuner, mangez des aliments faciles à digérer : lait écrémé, pain, confiture, céréales.

3. Outre l'acide acétylsalicylique et l'acétaminophène, le miel est un remède efficace contre le mal de tête dû à l'alcool. Prenez-en 2 cuil. à thé. Si vous avez un embarras gastrique, absorbez du thé à la menthe ou un anti-acide.

Guichet automatique

Les transactions bancaires via un guichet automatique plongent parfois dans l'embarras.

1. Lisez attentivement les consignes que vous donne la machine. Agissez sans précipitation. Au besoin, réclamez l'aide d'un employé de la banque la première fois.

2. Mémorisez parfaitement votre numéro d'identification personnel (NIP). C'est votre seul accès aux diverses fonctions de la machine. Ne l'écrivez surtout pas sur votre carte bancaire.

3. N'oubliez pas votre reçu ni votre carte avant de quitter les lieux.

4. Vérifiez sur vos relevés de compte l'exactitude des opérations effectuées par guichet. Avertissez votre banque dans les 30 jours si vous constatez des erreurs.

5. Si, par fausse manipulation, la machine avale votre carte, avertissez immédiatement votre succursale bancaire si le guichet est à la même adresse.

6. Si vous perdez votre carte d'accès au guichet automatique, avertissez immédiatement la banque. Vous ne serez pas pénalisé sauf si votre NIP était écrit dessus.

Gymnastique douce
EN FAUTEUIL ROULANT

1. Levez d'abord un bras, puis l'autre, au-dessus de la tête et, en maintenant les bras en l'air, étirez la main droite, puis la main gauche. Faites ce mouvement cinq fois de chaque côté. Puis, détendez-vous complètement.

2. Laissez votre tête tomber en avant, puis faites-la tourner en l'amenant lentement vers la droite, ensuite vers l'arrière et la gauche, en veillant à ne pas forcer. Revenez en position avant et recommencez en sens contraire.

3. Haussez les épaules le plus haut possible, puis laissez-les tomber. Faites cela quatre fois. Tirez-les vers l'arrière et poussez-les en avant, quatre fois également.

4. Les pieds posés, tendez les bras bien droits devant vous. Penchez-vous en avant aussi loin que possible et revenez à la position de départ. Faites la même chose vers la droite et vers la gauche.

5. En vous tenant au fauteuil, soulevez la jambe droite à partir du genou, bougez les orteils et remuez le pied en traçant des cercles, d'abord dans un sens, puis dans l'autre. Reposez doucement la jambe et faites les mêmes mouvements avec l'autre.

6. Soulevez un genou aussi haut que vous le pouvez, puis laissez-le tomber et soulevez l'autre. Recommencez et « marchez » ainsi sur place pendant 10 minutes.

SI VOUS ÊTES ALITÉ

1. Allongé sur le dos, approchez le menton le plus possible de la poitrine et tournez lentement la tête de droite à gauche, puis de gauche à droite.

2. Sur le dos, les bras posés le long du corps, levez un bras au-dessus de votre visage, puis laissez-le retomber. Faites cela quatre ou cinq fois avec chaque bras.

3. Allongez-vous sur le côté gauche, les jambes droites, la tête posée sur le bras gauche et la main droite à plat sur le matelas au niveau de la poitrine. Pliez le genou droit et ramenez-le vers la poitrine. Tenez la position pendant deux ou trois minutes, puis reposez-vous. Recommencez de l'autre côté.

Gymnastique pendant la grossesse

1. Durant cette période, vos articulations sont laxes et votre centre de gravité est déplacé. Évitez les activités fatigantes comme l'aérobie, le squash et la corde à sauter.

2. Pratiquées avec modération, la natation, la marche et la bicyclette

Étirement félin : expirez en glissant en avant et en laissant tomber le torse vers le bas.

sont de bons exercices. Vérifiez le rythme de votre pouls.

3. Vous pouvez continuer le jogging si vous en faisiez avant d'être enceinte, mais attention au mal de dos. Buvez beaucoup d'eau. Arrêtez-vous avant d'avoir trop chaud ou d'être épuisée. N'allez pas au-delà de la fréquence cardiaque conseillée par votre médecin.

4. Voici un exercice pour effacer la lordose lombaire, renforcer les abdominaux et étirer les muscles paravertébraux. Allongez-vous sur le dos, les jambes pliées et les pieds relâchés. Posez les mains sur le bas du ventre. Inspirez, vous sentirez le sol avec le bas du dos. Tout en expirant, contractez doucement les muscles abdominaux, serrez les fesses et soulevez le pubis en gardant le haut du dos bien au sol. Remettez-vous à plat, inspirez et recommencez 10 fois. Vous pouvez aussi effectuer des circumductions avec les jambes pliées (voir aussi Abdominaux, p. 8).

5. Après quatre mois de grossesse, ajoutez l'exercice d'étirement félin. Mettez-vous à genoux et asseyez-vous sur les talons. Inclinez-vous vers l'avant, la poitrine reposant sur les cuisses, les bras allongés vers l'avant. Inspirez, puis expirez en glissant en avant et en laissant tomber le torse vers le bas tout en gardant appui sur les genoux. Revenez lentement à la position initiale et refaites cet exercice d'étirement cinq fois.

6. L'exercice suivant est destiné à redonner du tonus à vos muscles pelviens. Faites-le tant que vous ne sentez pas d'inconfort. Asseyez-vous sur le sol, jambes croisées, dos bien droit (contre un mur si vous le désirez), mains mollement posées sur les genoux. Fermez les yeux, détendez votre mâchoire et contractez les muscles à l'intérieur du pelvis. Tenez cinq secondes, relâchez et recommencez de cinq à 10 fois. Pratiquez cet exercice de 30 à 40 fois par jour.

7. Ne faites que des exercices qui sont recommandés aux femmes enceintes. Et bien sûr, avec l'accord de votre médecin, vous pouvez effectuer de la gymnastique d'étirement et de préparation à l'accouchement pendant toute la durée de votre grossesse.

8. Si vos jambes et vos chevilles gonflent, portez des chaussures à talons plats et surélevez légèrement le pied de votre lit.

Gymnastique dans la vie quotidienne

1. Si possible, rendez-vous au bureau en marchant, en joggant ou à bicyclette. Pour ce faire, portez des chaussures et des vêtements confortables, quitte à vous changer en arrivant. Si la distance est longue et que vous devez emprunter l'autobus ou le train, descendez quelques arrêts à l'avance.

2. Employez les escaliers au lieu des ascenseurs.

3. Faites une marche d'un ou deux kilomètres avant de manger.

À LA MAISON

1. En regardant la télévision, pédalez sur un vélo d'appartement, faites des bonds sur un mini-trampoline, sautez à la corde ou courez sur place.

2. Faites un ménage « sportif » : échauffez-vous en rangeant et en époussetant, puis passez vigoureusement l'aspirateur ou le balai. Cirez les parquets en musique.

3. Mettez des poids à vos chevilles et à vos poignets pour faire de la musculation pendant que vous parlez au téléphone.

4. Pour ramasser des objets légers, mettez-vous debout, jambes écartées, penchez-vous lentement en avant et touchez le sol en pliant les genoux si nécessaire. Comptez jusqu'à 10 avant de vous relever.

5. Pour épousseter en hauteur, écartez les jambes, tenez le chiffon à deux mains et oscillez le buste d'un côté à l'autre en essuyant.

6. Lorsque vous êtes assis devant une table, penchez-vous légèrement en avant en tenant les bords de la chaise. Levez alternativement le genou droit et le genou gauche jusqu'à hauteur de la poitrine.

AU BUREAU

Faire des exercices devant votre ordinateur fera baisser votre tension nerveuse. Pratiquez l'un des exercices suivants chaque fois que vous en avez le temps.

1. Six fois de suite, inspirez profondément par le nez, et expirez par la bouche.

2. Pour les mains, les poignets et les doigts, allongez les bras devant vous, paumes des mains tournées vers le sol. En gardant les doigts tendus, amenez doucement les mains vers l'arrière le plus loin possible, puis ramenez-les vers l'avant. Tendez les doigts le plus possible pendant 10 secondes, puis serrez les poings.

3. Joignez les mains derrière la tête pour la maintenir immobile, puis appuyez le cou vers l'arrière pour en détendre les muscles et les étirer. Tenez la position 10 secondes, puis relâchez. Recommencez cinq fois.

4. Bras le long du corps, repoussez les épaules vers l'arrière comme si vous tentiez de faire se toucher vos omoplates. Tenez 5 secondes et relâchez. Ensuite, poussez les épaules vers l'avant du corps pendant 5 secondes et relâchez. Recommencez trois fois.

5. Si vous êtes en train de lire, glissez un pied dans l'anse de votre sac à main et soulevez la jambe à l'horizontale. Recommencez 10 fois avec chaque jambe.

6. Levez les bras le plus haut possible au-dessus de la tête et étirez une main, puis l'autre, puis les deux ensemble vers le plafond. Relâchez et recommencez trois fois.

7. Bras tendus vers l'avant, paumes des mains vers le haut, faites des petits cercles devant vous, puis sur les côtés, 20 fois de suite.

H

Hache, hachette

Une hache ou une hachette bien aiguisée est moins dangereuse que si elle est émoussée : une hache non affûtée peut riper sur une bûche et frapper votre jambe. Servez-vous d'une lime plate, d'une meule ou d'une ponceuse à disque (ne faites pas bleuir le métal !). Avant chaque usage, passez un coup de pierre à aiguiser sur le tranchant. Rangez votre outil après avoir nettoyé et huilé la lame et protégez-la d'une des façons suivantes :

1. Fabriquez un étui en bois ou en cuir épais et attachez-le à la lame avec un gros élastique ou un morceau de chambre à air.

2. Plantez la lame dans un solide bloc de bois tendre.

3. Incisez en long un morceau de tuyau d'arrosage pour couvrir le tranchant de la lame.

Haie

Pour rendre de justes proportions à votre haie, procédez par étapes : vous éviterez ainsi de la défigurer pour plusieurs années.

1. Si votre haie est devenue très épaisse, taillez-la à la cisaille ou au taille-haie jusqu'aux ramifications principales sur une seule face. Laissez-la se regarnir durant l'année suivante avant d'en rabattre l'autre face.

2. Pour raccourcir une haie trop haute, procédez en plusieurs étapes. En début de printemps, rabattez le tronc principal au sécateur ou à la scie sur environ un tiers de sa hauteur totale. Égalisez les autres branches au sécateur ou à la cisaille. L'année suivante, rabattez à nouveau le tronc dans les mêmes proportions et à la même époque. Arrosez généreusement du printemps à l'automne.

3. Pour éviter que votre haie ne se dégarnisse au pied, ne la taillez pas plus sévèrement à la base qu'en haut : une fois dans l'ombre, la partie inférieure dépérit au profit des branches supérieures. La base de la haie doit au contraire être plus large que son sommet.

Le buis, l'if, le cèdre blanc, l'épinette, le forsythia, le rosier, la spirée, le troène supportent tous des élagages sévères à condition d'être entretenus durant l'année qui suit

la taille. Bêchez au pied, maintenez le sol propre et arrosez par temps sec pour aider les arbustes à supporter le choc. En revanche, évitez de rabattre très court les conifères d'une haie : non seulement offrent-ils un spectacle lamentable durant plusieurs années après la coupe, mais vous ne parviendrez jamais à leur donner une seconde jeunesse. Soignez donc l'entretien pour leur éviter cette amputation.

Hameçon

Pour pêcher de gros poissons, un petit canif peut faire office d'hameçon : maintenez la lame à demi ouverte avec une petite cale de bois et ficelez le tout. Fixez de la même façon l'autre petite lame du canif pour former un ardillon.

Pour de petits poissons, prenez une épingle à ressort, du fil de fer, un clou plié, un trombone ; ou découpez un hameçon dans de l'os ou du bois dur et fixez-y une épine ou une éclisse en guise d'ardillon.

Harcèlement sexuel
DANS LA RUE

Les gestes déplacés et les obscénités en passant sont désagréables... Être suivi n'est pas plus rassurant. Ne tenez pas compte de ces provocations. Si l'obsédé continue sa filature, entraînez-le vers un poste de police ou appelez la police.

Si vous êtes sans cesse interpellé au même endroit (près d'un chantier, par exemple), avertissez le responsable et changez de chemin.

SUR LE LIEU DE TRAVAIL

Si un membre du personnel vous fait des avances répétées, faites face ouvertement et ne laissez pas s'installer une attitude équivoque. Faites-lui comprendre que ni ses compétences professionnelles ni son sexe ne lui donnent un droit quelconque sur votre personne ou sur votre liberté.

Si votre employeur, ou un supérieur hiérarchique, évoque l'avancement ou d'autres avantages, ou encore des sanctions en cas de refus, dites-lui qu'il s'expose à l'accusation de chantage.

Si le harcèlement devient plus insistant, constituez un dossier. Notez avec précision lieux, heures et circonstances de chaque agression ou incitation. Adressez une plainte par écrit au service des ressources humaines. Si vous faites partie d'un syndicat, votre représentant s'en chargera pour vous.

Surtout, ne donnez pas votre démission sans en faire connaître la véritable raison. Vous aiderez d'autres victimes.

En désespoir de cause, portez plainte auprès de la Commission des droits de la personne ou entamez une poursuite pour discrimination sexuelle.

Hébergement

1. Hôtels et motels offrent toutes sortes de tarifs spéciaux. Votre âge, votre poste dans l'entreprise, votre statut de membre d'une corporation ou d'une association professionnelle, votre club automobile, votre carte de crédit d'une compagnie aérienne peuvent vous faire bénéficier d'un escompte. (Informez-vous des autres conditions.) Il y a aussi des tarifs de fin de semaine ou spéciaux hors saison.

2. Pour loger au centre-ville à bon marché, adressez-vous au YMCA ou au YWCA. Si vous avez moins de 21 ans, il y a toujours les auberges de jeunesse.

3. L'option actuellement à la mode est celle des *bed and breakfast*

dont on trouve généralement la liste dans les offices de tourisme. Le logement peut varier entre une chambre dans une maison privée, avec salle de bains à l'étage, et un condo au cœur de Manhattan.

4. Outre le séjour à la ferme déjà offert en Amérique du Nord, on peut trouver à loger en Europe sur une péniche ou dans un château.

5. Pour un séjour prolongé, songez à un échange d'appartements. Faites paraître une annonce dans le journal de la ville où vous comptez demeurer. Certaines agences de voyage s'occupent aussi de ce genre d'hébergement.

Hématome

Une petite ecchymose ne demande aucun soin particulier. Pour un hématome ou une contusion importants, il faut glacer et comprimer la blessure, puis surélever et immobiliser le membre blessé.

1. Placez de la glace ou des compresses froides sur la contusion pour stopper l'hémorragie et l'œdème, et soulager la douleur.

2. Comprimez fermement la zone blessée à la main.

3. Surélevez la partie blessée à un niveau légèrement supérieur à celui du cœur.

4. Si la contusion est très grave, immobilisez le membre avec une attelle (voir p. 24).

Hémorroïdes

1. Il faut d'abord éviter la constipation (voir p. 63). Une alimentation riche en fibres comprenant des fruits, des légumes frais, des céréales complètes, du pain de blé entier et beaucoup de boissons devrait ramollir les selles et faire disparaître la nécessité de forcer.

2. Lavez-vous et séchez-vous avec du linge de toilette doux.

3. Appliquez un linge trempé dans de l'eau froide ou de l'hamamélis sur la zone douloureuse pendant 5 à 10 minutes. Pour soulager une crise violente, apposez une poche de glace.

4. Procurez-vous des suppositoires qui calment les hémorroïdes et aident à les résorber.

Herbe à la puce, sumac à vernis, sumac vénéneux

C'est par contact direct de la peau avec ces plantes que se produit une réaction urticaire : rougeur, gonflement, sensation de démangeaison ou de brûlure, parfois formation de petites bulles ou de vésicules qui éclatent. Il est rare que l'éruption se propage et que la réaction se généralise.

1. Dès que possible, nettoyez généreusement la région affectée à l'alcool à friction, sinon avec de l'eau. Vous réduirez ainsi la quantité de sucs couvrant la peau.

2. Nettoyez de la même façon les vêtements et les outils contaminés.

3. Dès l'apparition de l'éruption, appliquez des compresses d'eau froide ou de solution de Burrow (dilution 1:40) pendant 10 minutes, trois fois par jour. N'épongez pas avec une serviette ; laissez sécher à l'air et appliquez de la lotion de calamine ou une crème à faible concentration d'hydrocortisone.

4. Si la figure ou les zones génitales sont atteintes ou si l'éruption est très étendue, allez consulter un médecin.

Herbe à la puce

Sumac à vernis

Sumac vénéneux

L'herbe à la puce et le sumac à vernis appartiennent à la même espèce sous des aspects différents. Ils peuvent avoir la forme d'une plante rampante, d'un arbuste ou d'un arbrisseau. Le sumac vénéneux est un arbuste ou un arbrisseau qui croît en terre humide.

ÉRADICATION

1. Fabriquez une saumure avec 1,5 kg de sel dans cinq litres d'eau savonneuse et arrosez les feuilles et les troncs.

2. Arrachez les petites pousses en vous couvrant la main d'un sac de plastique, rabattez le sac sur la plante et jetez-le aux ordures.

3. Attention de ne pas brûler ces plantes et leurs feuilles ; la fumée transporte la substance irritante.

Herbes aromatiques

1. Pour réaliser rapidement un bouquet garni, enfermez quelques tiges de persil, du thym et du laurier dans un carré de mousseline. Vous pouvez ajouter une lanière de zeste d'orange, des graines de fenouil, un éclat d'anis étoilé... À vous de varier les goûts et de créer des alliances savoureuses.

2. Les herbes séchées sont plus fortes en parfum que les fraîches : 1 cuil. à thé d'herbes séchées vaut 1 cuil. à soupe d'herbes fraîches.

3. Émiettez les herbes séchées entre vos doigts au-dessus d'un plat, elles dégageront plus de goût.

4. S'il vous manque une herbe, remplacez-la par une autre : estragon et cerfeuil sont proches ; la menthe et la coriandre ont toutes deux un violent parfum ; la ciboulette peut être remplacée par des tiges d'oignon frais hachées...

5. Si vous avez trop de fines herbes fraîches, ciselez-les et congelez-les par petits sac. Vous pouvez aussi préparer une base de pistou en passant basilic et huile d'olive au robot : cette pâte parfumée relèvera soupes et pâtes.

6. Les herbes comme le thym et le romarin sont meilleures si vous les

Couronne de fleurs et d'herbes séchées

faites sécher au soleil, par petits bouquets, la tête en bas. Conservez-les dans des bocaux à l'abri de la lumière.

Heure de rentrée des enfants

Dès qu'ils commencent à avoir de l'autonomie, les jeunes ont tendance à rentrer à la maison bien après l'heure limite. Il est compréhensible que cela vous agace : essayez de discuter calmement avec vos enfants en leur démontrant que les horaires à respecter sont une sécurité pour eux et pour vous. N'usez pas d'arbitraire mais, une fois l'heure fixée, faites-la respecter.

Si vos grands enfants trouvent que vous leur demandez de rentrer trop tôt le soir, parlez-en avec les parents de leurs amis pour savoir quelle est la règle généralement adoptée. En tout cas, exigez que vos enfants vous téléphonent en cas de retard : 10 minutes, ce n'est rien, une heure serait inadmissible sans explication. Mais, dans tous les cas, la chose principale est la confiance. Si vous ne voulez pas attendre toute la soirée, placez près de votre chambre une feuille de papier blanc. Votre enfant la glissera sous la porte à son retour.

Histoires pour les enfants

Si vous avez l'habitude de faire la lecture chaque soir à vos enfants, ranimez leur intérêt en inventant des histoires dont les membres de

la famille sont les héros : animaux, fées et esprits malins ressemblent étrangement à papa, à maman, au petit frère, à tante Agathe ou à grand-mère. Les intrigues sont inépuisables et le succès est garanti.

Hockey sur glace

Voici un lexique qui vous aidera à mieux comprendre les retransmissions sportives.

Banc des pénalités : banc où le joueur pénalisé peut passer 2 minutes pour une infraction mineure ou 5 minutes pour une infraction majeure.

Bâton : instrument principal du jeu, dont le manche est d'une longueur maximale de 135 cm et la lame de 37 cm. Le bâton du gardien de but a une lame plus large.

But : compté quand la rondelle frappée par un opposant ne peut pas être contrée par le gardien de but et tombe derrière la ligne rouge des buts.

Cinglage : quand un joueur frappe un opposant avec le manche de son bâton ; infraction punissable par au moins 2 minutes au banc des pénalités.

Dardage : quand un joueur frappe un opposant avec l'embout de son bâton ; infraction punissable par au moins 2 minutes au banc des pénalités.

Dégagement refusé : lorsqu'un joueur lance la rondelle de sa zone défensive à la zone de but de l'équipe opposée, si cette rondelle est d'abord touchée par un joueur de l'équipe adverse, le dégagement est refusé, sauf si le jeu se fait en désavantage numérique.

Hors-jeu : infraction commise quand un joueur de l'équipe attaquante traverse la ligne bleue et précède la rondelle dans la zone offensive ; on procède alors à une nouvelle mise au jeu.

Jeu de puissance (ou avantage numérique) : quand un joueur de l'équipe adverse se trouve au banc des pénalités ; l'attaque se fait donc à cinq joueurs contre quatre.

Ligne de but : lignes rouges sur la largeur de la patinoire, derrière lesquelles se situe la cage des buts.

Lignes bleues : à 18 m de la ligne de but, elles divisent la glace en zone offensive, zone défensive et zone neutre.

Masque : porté par le gardien de but et décoré d'après son goût personnel ; certains préfèrent porter une grille de protection par-dessus.

Mise en échec ou plaquage : consiste à empêcher l'opposant de procéder au jeu en le frappant au-dessus des genoux de côté ou de face en moins de deux enjambées.

Mise au jeu : pour engager le jeu, l'arbitre jette la rondelle entre deux opposants. Ceux-ci doivent avoir les pieds derrière le point de mise au jeu et la lame de leur bâton sur la glace de chaque côté de ce point. Tous les autres joueurs sont à l'extérieur du cercle de mise au jeu.

Patinoire ou glace : d'une longueur de 60 m et d'une largeur de 25 m, surface sur laquelle se dispute un match de hockey.

Période ou engagement : 20 minutes qui composent le tiers d'une rencontre. Si, après trois périodes, les équipes sont toujours à égalité, une période de prolongation de 15 minutes s'ajoute à la partie.

Punition ou penalty : infraction pour laquelle un joueur passe un temps déterminé au banc des punitions. Son équipe joue donc en désavantage numérique.

Rondelle : disque en caoutchouc dur, d'une épaisseur de 2,5 cm et d'un diamètre de 7,5 cm, qu'un joueur doit lancer avec son bâton dans le but de l'équipe adverse.

Rudesse : infraction qui est punissable par 2 minutes au banc des pénalités.

Tour du chapeau : un joueur qui réussit à compter trois buts dans une même rencontre.

Zone de but (ou embouchure du but) : surface de 1,20 m sur 2,40 m en face du but où le gardien évolue. Un attaquant ne peut y patiner que s'il manipule la rondelle.

LE SAVIEZ-VOUS ?

Le hoquet, faut-il en rire ou en pleurer ?

Il n'est jamais agréable d'avoir le hoquet. Il prête souvent à rire, mais une crise qui se prolonge peut être douloureuse et épuisante.

Les médecins prétendent que c'est à l'occasion d'une anesthésie générale qu'il est le plus gênant ! Impossible de faire peur au patient endormi, de le faire respirer dans un sac en papier, de lui faire boire un verre d'eau sans respirer...

On rapporte l'histoire d'un individu qui eut de longues et fréquentes crises de hoquet pendant 22 ans ! Lors d'une de ses crises, il ne put ni manger ni dormir pendant quatre semaines et perdit 12 kilos. Il entra alors à l'hôpital, où l'on découvrit que ses spasmes étaient un effet secondaire de médicaments absorbés pour soigner une autre maladie.

Zone neutre : surface entre les deux lignes bleues qui contient la ligne centrale et le cercle central.

Hoquet

Il est parfois très difficile de se débarrasser d'un hoquet. Si tous vos trucs habituels ont échoué, essayez donc ceux-ci :

1. Tenez-vous debout devant un miroir et faites des inspirations brèves et superficielles. Glissez un manche de cuillère froid dans votre bouche et restez en contact avec la luette, au fond de la gorge, jusqu'à ce que le hoquet cesse. Allongez-vous sur le dos, bouche ouverte, en étirant la tête le plus possible.

3. Demandez à quelqu'un d'appuyer doucement sur les saillies situées en avant du conduit auditif pendant que vous buvez un verre d'eau. Le hoquet devrait céder dans la minute.

4. Si le hoquet est dû à l'absorption d'alcool, avalez un quartier de citron trempé dans du bitter.

Hospitalisation

1. Si possible, choisissez votre hôpital en fonction de vos besoins. Un hôpital universitaire offre des services de pointe, mais pour une intervention mineure vous préférerez peut-être les services plus personnalisés d'une petite institution. Avant d'en décider, consultez votre médecin et des relations qui ont fréquenté l'institution en question.

2. Avant de signer un formulaire de consentement, lisez-le attentivement. Vous avez le droit d'obtenir du médecin et du personnel concernés les explications nécessaires à un « consentement éclairé ». Au Québec, mais nulle part ailleurs au Canada, vous avez accès à votre dossier médical. Vous êtes libre de refuser ou de modifier certaines dispositions du formulaire de consentement, mais, l'hôpital peut, de son côté, refuser vos modifications ou, le cas échéant, refuser de vous dispenser le traitement.

3. Informez-vous s'il y a un ombudsman dans l'hôpital et comment communiquer avec lui.

4. Apportez avec vous vos preuves d'assurance et autres documents pertinents.

5. Emportez aussi quelques petits sacs de plastique pour conserver vos objets personnels en ordre.

6. Demandez à votre conjoint, à un parent ou à un ami de rester à vos côtés pour vous aider à obtenir des attentions particulières, ou même vérifier la pertinence de certaines procédures ou médications prescrites ; en plus, sa présence vous apportera un soutien moral.

7. Ne vous sentez pas obligé de recevoir les visiteurs importuns. Invitez-les à revenir une autre fois ou à appeler avant de se présenter.

8. Grâce aux nouvelles technologies, il n'est plus toujours nécessaire de demeurer longtemps hospitalisé. Certaines chirurgies peuvent se pratiquer en externe. Vérifiez si l'hôpital offre un service de « court séjour ». (Voir aussi Intervention chirurgicale, p. 128.)

Housse de siège

1. Jetez un grand tissu sur un fauteuil ou un canapé. Faites-lui épouser la forme du siège en le glissant entre l'assise et le dossier. Maintenez-le avec trois ou quatre épingles de sûreté. Froncez les retombées extérieures et maintenez-les par un ruban. Taillez le tissu excédentaire au ras du sol.

2. Lorsque vous confectionnez des housses de canapé ou de fauteuil, choisissez des tissus lavables et optez pour une couleur neutre qui s'assortira avec votre intérieur.

3. Vous pouvez également utiliser de grands châles ou, avec tous vos restes de laine, tricoter des carrés que vous assemblerez ensuite.

Huiles alimentaires

Indispensables à notre alimentation, les huiles sont extraites de végétaux : tournesol, carthame, soja, olive, arachide, pépin de raisin, maïs...

Toutes les huiles ont la même valeur calorique, mais pas les mêmes qualités diététiques. Consommez de préférence celles qui sont riches en acides gras insaturés, telles que l'huile de maïs et l'huile de tournesol.

Chaque huile a un goût particulier. La plus forte est l'huile d'olive, les plus neutres sont l'huile d'arachide et l'huile de maïs.

Toutes les huiles peuvent être consommées crues et toutes supportent la cuisson. Mais pour les fritures, où la température monte à 200°C, utilisez de préférence de l'huile d'arachide ou de l'huile d'olive (mais attention à son goût très prononcé), qui résistent le mieux aux hautes températures.

Toutes les huiles figent au froid, excepté l'huile de pépin de raisin. Utilisez-la si vous faites mariner des aliments au réfrigérateur.

Huiles lubrifiantes

1. Pour lubrifier des mécanismes non délicats (charnières, par exemple), utilisez de l'huile alimentaire.

2. Pour lubrifier des parties fonctionnant sous l'eau (robinet, par exemple), utilisez de la vaseline ou de la graisse aux silicones.

3. Dans votre moteur, n'utilisez que de l'huile faite pour cet usage, jamais d'huile quelconque. Utilisez une huile épaisse (20-50) en été et plus fluide (5-10) en hiver... ou une multigrade « toutes saisons ».

Huîtres

1. Vous pouvez manger des huîtres toute l'année, et pas seulement pendant les mois dits « en r ». Vérifiez simplement leur provenance et leur état de fraîcheur.

2. Une huître est fraîche lorsque sa coquille est bien fermée. Sinon, frappez-la légèrement et, si elle ne se referme pas, éliminez-la.

3. Pour ouvrir facilement une huître, faites-la tremper 5 minutes dans de l'eau additionnée de quelques pincées de bicarbonate de soude : ses muscles se détendent et l'huître s'ouvre.

4. Faites pocher les huîtres dans leur eau : ouvrez-les au-dessus d'un bol, filtrez l'eau récupérée dans une petite casserole et posez sur feu doux. Laissez frémir et plongez les huîtres 10 secondes dans l'eau frémissante. Égouttez-les et faites réduire le jus de cuis-

son à feu vif, jusqu'à ce qu'il soit de consistance sirupeuse : ajoutez ensuite crème et fines herbes.

5. Si vous êtes au bord de la mer, sans couteau et si vous pouvez allumer un feu, faites chauffer de gros cailloux ou des galets et posez les huîtres dessus : elles s'ouvriront très rapidement sous l'action de la chaleur.

6. Faites rôtir les huîtres : ouvertes sur un lit de gros sel pour plus de stabilité, glissez-les dans un four très chaud et faites cuire 3 à 4 minutes. Dégustez aussitôt avec une pointe de poivre.

Humidificateur

Un manque d'humidité provoque des déformations des meubles en bois, détériore les tableaux et occasionne des rhino-pharyngites et des maux de tête... Maintenez un taux d'humidité « confortable » de 60 à 65 p. 100 et contrôlez ce taux avec un hygromètre.

1. Vous pouvez installer un appareil relié à votre sécheuse comme humidificateur en hiver. Vous obtiendrez ainsi plus de 4 litres de vapeur d'eau par cuvée sans compter la chaleur supplémentaire. Ne décrochez surtout pas le tuyau

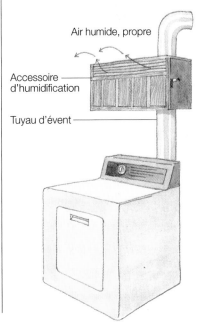

Air humide, propre

Accessoire d'humidification

Tuyau d'évent

d'évent, vous vous retrouveriez avec de la mousse dans toute la pièce et le flot de chaleur humide ferait gondoler vos boiseries et décoller vos papiers peints.

2. Placez des récipients d'eau sur vos radiateurs ou à proximité des sources de chaleur.

3. Pour humidifier l'air de la maison, prenez votre bain avec la porte ouverte ou faites bouillir de l'eau dans la cuisine.

4. Si l'air est vraiment trop sec, vaporisez un brouillard d'eau dans la pièce avec un petit pulvérisateur. Dirigez-le vers le plafond.

5. En été, placez un récipient plat rempli d'eau devant un ventilateur.

Humidité

L'excès d'humidité entraîne la moisissure, décolle les papiers peints et favorise les rhumatismes...

1. Installez une hotte aspirante avec refoulement extérieur ou un évacuateur d'air à poser sur une vitre de fenêtre dans la cuisine ou dans d'autres pièces produisant beaucoup de buée.

2. Dès que le temps le permet, ouvrez tout grand portes et fenêtres pour aérer les pièces humides.

3. Dans les petits espaces tels que les placards ou les cagibis, suspendez un bloc déshumidificateur à base de cristaux de silicate pouvant être régénérés au four.

4. Dans les pièces humides, placez des absorbeurs d'humidité à base de chlorure de calcium. Ce produit absorbe l'eau et fond au fur et à mesure. Jetez l'eau saumâtre qui s'écoule dans le bac.

5. Un déshumidificateur électrique représente une dépense importante et il faut vider l'eau au moins une fois par jour à moins qu'il ne soit raccordé à un tuyau d'évacuation. Récupérez l'eau de condensation, filtrez-la et utilisez-la dans votre fer à repasser.

6. Si vos murs extérieurs sont humides, coupez les branches qui leur font de l'ombre. Le soleil pourra les atteindre et les assécher.

Hypertension

1. Prenez votre tension vous-même avec un tensiomètre, en vente dans toutes les pharmacies.

2. Notez vos chiffres tensionnels sur un petit carnet destiné à votre médecin. Pour chaque prise, précisez la date, l'heure, la position du corps — debout, assis —, les circonstances, les médicaments en cours et autres faits particuliers.

3. Ayez une alimentation équilibrée et faites de l'exercice régulièrement pour conserver un poids convenable.

4. Limitez votre consommation de sel à 1 g/jour (un plat cuisiné en contient à peu près 1 g).

5. Limitez vos boissons alcoolisées à deux petites bières, deux verres de vin ou 80 ml d'alcool par jour.

6. Supprimez le café et le thé pendant 15 jours pour voir si cela fait baisser votre tension.

7. Ayez un animal de compagnie : s'en occuper, jouer avec lui, le regarder diminuent le stress et, par là même, la tension.

Hypothèque

Avant de vous engager, informez-vous des questions suivantes auprès de l'institution prêteuse :

1. Quel est le taux d'intérêt et sur quoi est-il basé ? En principe, il devrait être l'équivalent du taux préférentiel.

2. Dans quelle proportion votre maison sera-t-elle hypothéquée ?

3. Combien de fois et dans quelles proportions le taux d'intérêt peut-il varier au cours d'une même année ? Le taux demeure-t-il variable pour toute la durée du contrat ?

4. Y a-t-il des frais à la signature ? (Certaines banques les absorbent.)

5. Y a-t-il d'autres frais qui viendront s'ajouter ?

6. Bénéficiez-vous d'une clause qui vous permet de convertir votre taux d'intérêt variable en taux fixe pour parer à l'inflation ?

7. Aurez-vous à payer une indemnité si vous remboursez l'emprunt avant la date d'échéance ?

RETARD DANS LES VERSEMENTS HYPOTHÉCAIRES

Vous avez toujours remboursé votre hypothèque régulièrement, quand une maladie, une mise à pied vous empêchent tout à coup d'honorer vos engagements. Avisez votre créancier. Essayez de renégocier votre emprunt pour réduire vos versements mensuels en augmentant la période de remboursement. Informez-vous des délais accordés pour les défauts de paiements. Les délais varient selon l'institution et la province.

Certains délais vous seront impartis avant que le créancier prenne possession de votre immeuble, pour la valeur du solde d'hypothèque et les frais légaux encourus. Si vous prévoyez une saisie, il est plus prudent de vendre votre maison rapidement, pour rembourser le créancier et verser le reste dans un compte d'épargne stable ou un dépôt à terme.

PRÊT SUR VALEURS DOMICILIAIRES

Semblable à une deuxième hypothèque, le prêt sur la valeur nette de la maison est le mode d'emprunt sans doute le plus avantageux parce que la banque prend votre maison en garantie. Mais précisément pour cette raison, c'est aussi le plus dangereux.

Le prêt sur valeur domiciliaire est une excellente façon de financer des travaux de réfection, ou encore des études universitaires de vos enfants, mais ne l'employez jamais pour faire un placement à risque. Si vous dérogiez à vos paiements, vous vous exposeriez à perdre votre toit.

Hypothermie

Si vous êtes pris dans le froid et qu'un de vos compagnons se met à grelotter violemment puis devient somnolent et léthargique, appelez rapidement du secours.

En attendant, mettez la personne à l'abri, protégée du vent. Remplacez ses vêtements mouillés par des vêtements secs. Si elle est suffisamment éveillée, encouragez-la à manger des sucreries et à boire un breuvage chaud sucré et non alcoolisé si possible. Couvrez-la avec des couvertures ou un sac de couchage. Si vous pouvez vous glisser auprès d'elle, serrez-la dans vos bras ; une personne de chaque côté d'elle fera encore mieux l'affaire. (Voir aussi Engelure, p. 90.)

Imperméable

1. En cas d'urgence, transformez un grand sac à poubelle en poncho. Coupez une ouverture dans le fond pour la tête et une ouverture de chaque côté pour les bras.

2. Ôtez les taches des cirés avec du détergent, du bicarbonate de soude ou de la poudre à récurer sur un linge humide ; rincez bien.

3. Pour qu'une imperméabilisation dure plus longtemps, lavez les imperméables à la main plutôt que de les faire nettoyer à sec. Réimperméabilisez-les dès qu'une pluie, même légère, transperce le tissu. Le nettoyeur peut s'en charger.

Impôt foncier

Vous pouvez obtenir une réduction de vos taxes foncières, à condition de prouver que l'évaluation de votre maison est exagérée.

1. Examinez bien votre facture. Vérifiez l'exactitude des éléments qui ont servi au calcul. Notez le délai accordé pour contester.

2. Cherchez dans le voisinage des maisons semblables à la vôtre (n'allez pas trop loin : le prix des maisons varie facilement d'un coin de rue à l'autre). Obtenez si possible copie de leur évaluation pour fins de comparaison.

3. Si vous êtes toujours d'avis que l'évaluation de votre maison est trop élevée, informez-vous de la procédure à suivre dans votre municipalté pour faire entendre votre cause.

4. Préparez bien votre plaidoyer. La plupart des gens trouvent que leur compte de taxes est trop élevé. Présentez des arguments concrets comme quoi votre évaluation est supérieure à celle d'autres maisons semblables, ou qu'elle a été constituée sur la base de renseignements erronés : dimensions fautives, par exemple, ou salle de bains en trop.

Impôts sur le revenu

Remplissez bien votre déclaration de revenus avant de l'envoyer. Cela évite les malentendus ultérieurs.

1. Vérifiez attentivement toutes les mentions déjà portées par l'administration concernant votre état civil et votre situation de famille ; corrigez-les le cas échéant. N'omettez aucune réponse.

2. Faites le relevé de vos « rentrées » : salaires (comparez avec les T4 fournis par vos employeurs), pourboires, prestations, sans oublier les valeurs et capitaux mobiliers et, le cas échéant, pensions, retraites, rentes diverses...

3. Calculez avec précision toutes les déductions auxquelles vous pouvez prétendre : cotisations de retraite, intérêts sur emprunts, charges, frais professionnels, frais d'études, dons à des œuvres caritatives, etc. Fournissez tous les justificatifs (certificats de scolarité, frais professionnels, etc.).

4. Ne réclamez pas comme personne à charge un enfant dont vous n'assurez pas au moins la moitié des dépenses. Vous pouvez toutefois partager la déduction avec votre ex-conjoint, si le jugement de séparation ou de divorce stipule la garde partagée.

5. Signez et faites signer les annexes, le cas échéant, par votre conjoint avant d'expédier votre déclaration, affranchie, dans l'enveloppe fournie. Faites-le avant le 30 avril, même si vous ne pouvez pas payer le solde dû, sans quoi vous risquez d'avoir à payer une amende en plus de l'intérêt. Le cachet de la poste fait foi.

Incontinence

Ce sujet, autrefois tabou, met aujourd'hui beaucoup moins mal à l'aise. Dans la plupart des cas, on arrive à limiter les problèmes d'incontinence ou même à la guérir.

1. La première chose à faire est de diagnostiquer médicalement l'origine de l'incontinence par un examen urodynamique spécialisé. Si la cause vient d'une faiblesse des muscles pelviens, il est possible de les renforcer par une rééducation qui fait intervenir des méthodes de biofeedback. Si c'est la prostate qui est trop grosse, une intervention chirurgicale restituera la fonction normale de la vessie. Il existe également des médicaments efficaces contre certaines formes d'incontinence et des appareils pour contrôler l'activité du sphincter vésical.

2. Pour ceux dont l'incontinence ne peut être guérie, il existe des couches spéciales disponibles en pharmacie et dans la plupart des grands magasins. On les utilise avec des sous-vêtements imperméables. Les poches pour collecter l'urine sont recommandées après une ablation de la vessie. Des associations informent leurs membres des nouveautés dans ce domaine et les aident à vivre le plus confortablement possible.

Influences sur l'enfant

1. Encouragez vos enfants à fréquenter des amis qui ont les mêmes valeurs que vous. Une fois qu'il s'est intégré à un groupe, un enfant le quitte difficilement pour en rejoindre un autre.

2. Ne faites pas un drame des petites choses. Une coupe de cheveux plus ou moins bizarre ne doit pas mobiliser votre énergie. Gardez-la pour des choses plus importantes.

3. Il est difficile de se souvenir de l'état d'esprit que l'on avait au même âge. Essayez pourtant de raconter à vos enfants vos propres expériences, même si vous n'avez pas le beau rôle.

4. Faites connaissance avec les parents de leurs amis. Si un groupe semble « mal tourner », discutez-en entre parents et proposez des sorties et des activités.

5. Sachez interdire. Dites à votre enfant de répondre : « Mes parents ne veulent pas » si on veut l'entraîner sur une mauvaise pente.

6. Un divorce, la mort d'un proche sont des circonstances qui peuvent traumatiser un enfant et le rendre plus perméable à de mauvaises influences. Faites le maximum pour l'entourer, soyez à l'écoute, aidez-le à exprimer ce qu'il ressent et à dédramatiser les événements.

Informations gratuites

1. Pour obtenir plus d'informations sur un organisme quelconque, consultez la rubrique *Associations* dans les pages jaunes de l'annuaire téléphonique ou allez à votre bibliothèque municipale, au rayon des ouvrages de références, consulter le *Corpus Almanac and Canadian Sourcebook*. Cet ouvrage de référence en deux volumes fournit des renseignements à propos d'institutions couvrant un vaste champ d'activités dans le domaine des affaires, de l'éducation, de la santé, de la religion et des sports.

Le *Canadian Almanac and Directory* et le *Répertoire des Associations du Canada* sont aussi de très bonnes sources d'informations.

Vous avez toutes les chances d'obtenir d'un des regroupements inscrits dans ces volumes l'information requise et la référence à la ressource spécifique. La plupart de ces organismes fonctionnant sur de maigres budgets, accompagnez votre demande d'une enveloppe pré-adressée et affranchie.

2. Adressez-vous aux bureaux régionaux des ministères fédéraux ou provinciaux. Leurs numéros apparaissent dans les pages bleues

de votre annuaire téléphonique ou, si vous connaissez le nom de l'agence désirée, demandez l'aide de la téléphoniste ; une fois en communication, demandez le service de renseignements au public.

3. Si vous désirez des informations touristiques sur une ville, adressez-vous au bureau local d'informations ou à la Chambre de Commerce. Pour un pays étranger, contactez l'office du tourisme ou l'ambassade de ce pays.

4. Pour vous familiariser avec un sujet donné, consultez à la bibliothèque les ouvrages destinés à la jeunesse, livres et revues. Vous obtiendrez ainsi des indications vous permettant d'explorer plus à fond le sujet. Le *Canadian News Index* et l'*Index d'Actualité* (pour le Québec) fournissent une foule d'informations sur des sujets d'actualité.

Inondation

LORS DE LA MONTÉE DES EAUX

1. Obturez portes et fenêtres (avec torchons, serviettes, éponges, etc.).

2. Montez à l'étage supérieur vivres, objets utiles et de valeur.

3. Mettez à l'abri tous les produits toxiques.

4. Coupez gaz et électricité, puis emplissez d'eau potable lavabos, cruches, cuvettes, etc.

5. Conduisez les animaux d'élevage sur des hauteurs.

6. Constituez un nécessaire de survie (provision d'eau, vêtements chauds, couvertures, lampes de poche, médicaments importants).

PENDANT L'INONDATION

1. Demeurez chez vous (à l'étage) tant que les autorités publiques ne donnent pas l'ordre d'évacuation.

2. Si cet ordre est donné, quittez les lieux au plus vite, en emportant votre nécessaire de survie. Assurez-vous que vos voisins ont bien compris l'avertissement.

3. Si vous prenez place à bord d'une embarcation, faites attention à ne pas perdre l'équilibre. Veillez plus particulièrement aux enfants.

4. Ne vous aventurez pas à pied dans un courant d'eau qui vous arrive aux genoux.

SI VOUS AVEZ ÉTÉ SURPRIS

1. N'emportez que l'essentiel : au moins de quoi signaler votre présence (lampe, étoffe claire).

2. Prévenez les pompiers si vous en avez le temps.

3. Rejoignez immédiatement un lieu élevé (toit, butte...).

4. Si vous êtes en voiture, quittez-la sans tarder. Ne circulez pas sur une route recouverte d'eau !

APRÈS L'INONDATION

1. Si vous décelez une odeur de gaz, ouvrez toutes les fenêtres et les portes et contactez les responsables de la compagnie de gaz.

2. Ne consommez aucun aliment qui a été en contact avec les eaux.

3. Faites vérifier l'état de la construction.

Insectes nuisibles

1. Les insectes nocturnes sont attirés par la lumière. Remplacez les ampoules blanches extérieures par des ampoules jaunes. Équipez les fenêtres de moustiquaires. Si vous soupez dehors, allumez des bougies de jardin : les insectes s'y précipiteront et se brûleront les ailes.

2. Les mites peuvent endommager de nombreuses sortes de tissus.

Aspirez à fond les tapis, les recoins, les moulures et le dessous des meubles, puis retirez le sac de l'aspirateur et brûlez-le. Nettoyez souvent les paniers des animaux domestiques et colmatez toutes les fissures du sol.

3. Après les avoir fait nettoyer, rangez les vêtements avec de l'antimite, ou mettez-les dans des sacs ou des housses en plastique soudé, ou dans des boîtes hermétiques.

Insectes nuisibles du jardin

Vous avez chez vous tout ce qu'il faut pour lutter contre les insectes nuisibles.

1. Les pucerons, mouches blanches, cochenilles de serre et autres insectes à corps mou succomberont instantanément à une aspersion d'alcool à friction non dilué. N'aspergez pas les jeunes plants, ils seraient endommagés.

2. Le ver du poireau est redoutable. Détruisez-le en arrosant vos poireaux d'eau de Javel diluée (un verre par arrosoir de 10 litres), après avoir coupé le feuillage à 10 cm du sol.

3. Pour venir à bout des vers des oignons, des petites limaces et des noctuelles (chenilles qui sortent la nuit), éparpillez des cendres de bois sur la terre autour des plants.

4. La carotte sauvage, le fenouil, la sauge et le sarrasin attirent les insectes prédateurs des insectes parasites des légumes : laissez-les faire le travail d'extermination.

5. Au milieu des légumes, placez des plantes comme la menthe ou l'herbe-aux-chats (cataire) : elles repoussent beaucoup d'insectes.

6. Protégez les melons et les courges sur le point de mûrir en les enveloppant dans des morceaux de collant ou de bas de nylon noués aux extrémités.

Insomnie

1. Supprimez ou réduisez votre consommation de tabac, de boissons caféinées, de chocolat et d'al-cool, surtout en fin d'après-midi et dans la soirée.

2. Évitez les repas copieux juste avant d'aller dormir. Préférez un bol de lait chaud et quelques biscuits. Ne vous relevez pas la nuit pour manger.

3. Méfiez-vous du sport, particulièrement des séances d'entraînement pratiquées le soir. Elles ont, certes, chez certains un effet sédatif qui favorisera un bon sommeil mais elles peuvent avoir chez d'autres un effet excitant qui troublera leur sommeil. Étudiez donc vos réactions et tenez-en compte.

4. Passez moins de temps au lit. Si vous avez du mal à vous endormir, retardez votre coucher de 30 minutes pendant quelques jours, puis continuez à le repousser, jusqu'à ce que vous trouviez l'heure à laquelle le sommeil vous vient naturellement. Levez-vous toujours à la même heure et ne faites pas la sieste l'après-midi.

5. Tournez votre réveil vers le mur afin de ne pas regarder l'heure quand vous vous réveillez la nuit.

Instruments de musique

Les instruments faits à la maison sont à la fois amusants et faciles à réaliser. Fabriquez-les avec vos amis et formez un petit orchestre : ce sera peut-être votre passeport pour la gloire !

1. Fabriquez une basse rythmique (comme dans les orchestres de musique Country) avec une bassine en métal, un manche à balai et une ficelle solide. Retournez la bassine, percez un trou au centre du fond. Placez-y un boulon et des rondelles après avoir attaché la ficelle sous la tête du boulon. Faites une encoche en bas du manche à balai et une rainure à 2,5 cm du haut. Coincez l'encoche sur le bord de la bassine et attachez l'extrémité libre de la ficelle bien tendue autour de la rainure du manche tenu bien droit.

Posez un pied sur le bord de la bassine et pincez la corde en tirant plus ou moins sur le manche pour

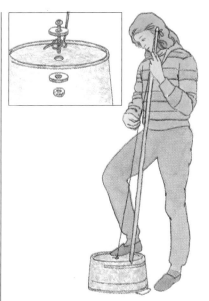

changer la tension et faire varier le son. Lorsque vous serez un virtuose, vous pourrez changer de ton en pinçant la ficelle à des endroits différents le long du manche.

2. Construisez une cithare toute simple avec une plaque de contre-plaqué de 15 cm x 20 cm en 20 mm d'épaisseur. Au centre, découpez une ouverture circulaire de 5 cm de diamètre. Au milieu d'un des petits côtés, plantez un gros clou à tête plate, à 2 cm du bord. De l'autre côté, vissez partiellement 3 clous de 6d à 5 cm d'écartement et à 2 cm du bord. Tendez des élastiques de grosseurs différentes entre le clou et les vis ou, mieux, des gros fils de pêche en nylon. Attachez-les sur les têtes de vis ; pour les accorder, serrez ou desserrez les vis afin de varier la tension des fils. Pour jouer, posez l'instrument sur un moule à tarte ou sur un grand bol qui fera chambre de résonance. Vous pouvez, bien sûr, construire une plus grosse cithare en y mettant plus de cordes.

3. Quelques stylos à bille peuvent se transformer en flûte de Pan. Retirez les cartouches d'encre et utilisez les tubes vides. Bouchez les petits trous du côté de la pointe avec du mastic. Mettez-en plus pour une note haute et moins pour

127

une note basse. Alignez les tubes vers le haut, et attachez-les à deux bâtonnets de popsicle avec du ruban adhésif double face épais ou des élastiques, puis jouez un air en soufflant du bout des lèvres dans les tubes. Avec un peu de pratique, vous y arriverez.

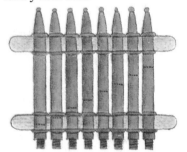

4. Savez-vous jouer de la cruche ? Bien qu'une cruche en terre offre plus de résonance, une bouteille en verre pourra faire l'affaire. Tenez la bouteille bien droite et placez la bouche contre le goulot. Passez la lèvre supérieure légèrement au-dessus de l'ouverture, puis soufflez doucement en ajustant les lèvres, jusqu'à ce que vous obteniez un son. Pour obtenir d'autres notes, préparez d'autres bouteilles plus ou moins remplies d'eau. On peut aussi passer un doigt humide sur le rebord de verres remplis d'eau. (Voir aussi Xylophone, p. 235.)

Interrupteur de courant

Il est important de connaître l'emplacement et le fonctionnement de la boîte de contrôle électrique de votre maison. Elle est habituellement installée au sous-sol, dans le garage ou dans une pièce de débarras. L'accès à la boîte doit être maintenu libre. Il existe trois modèles de panneaux électriques.

PANNEAU D'INTERRUPTEURS (DISJONCTEUR)

Il s'agit d'un tableau comprenant des rangées verticales d'interrupteurs individuels et, dans le coin supérieur, un interrupteur de plus grande dimension qui est qualifié de *principal*.

BOÎTE À FUSIBLES

Si votre système est constitué d'une série de fusibles de type Edison, il est peut-être muni d'un levier, placé sur le côté de la boîte, que vous pouvez mettre en position *fermée*. S'il n'y a pas de levier, désamorcez l'interrupteur principal en haut de la boîte.

BLOCS DE FUSIBLES

Par séries de quatre, les fusibles sont enchâssés dans une boîte en bakélite avec une poignée devant facile à tirer et à repousser en place. Il n'y a aucun risque à moins d'aller se mettre les doigts dans les douilles.

Intervention chirurgicale

1. Assurez-vous qu'il n'y a pas d'autre solution que l'opération. Parlez-en avec votre médecin traitant et prenez un second avis auprès d'un spécialiste qui ne soit pas chirurgien.
2. Choisissez votre chirurgien avec soin. Un spécialiste réalise une opération courante de 100 à 200 fois par an et des opérations plus délicates de façon régulière. Renseignez-vous sur l'importance de l'opération, ses risques et ses chances de réussite.
3. Lors de l'entretien avec l'anesthésiste avant l'opération, signalez-lui bien tous les médicaments que vous prenez et vos allergies éventuelles. Si vous fumez, dites-le-lui, car cela peut affecter votre respiration au cours de l'opération.
4. Si vous savez à l'avance que l'on vous transfusera pendant l'opération, faites-vous prélever votre propre sang à cette intention.
5. Demandez que les perfusions soient placées dans le bras non dominant et loin du coude de façon à rester libre de vos gestes.

Intoxication alimentaire

S'il ne s'agit pas d'une banale indigestion due à des excès de table, des vomissements répétés, de la diarrhée, de vives douleurs abdo-

minales, voire de la fièvre, des vertiges et des troubles nerveux sont les signes d'une intoxication alimentaire (produit avarié, microbe). Ces symptômes apparaissent entre 2 et 18 heures après l'absorption de l'aliment contaminé.
1. Faites boire abondamment le malade, pour éviter qu'il ne se déshydrate, de l'eau, de la tisane, une boisson gazeuse, sans caféine et non glacée (après l'avoir battue pour éliminer les bulles) et donnez-lui un charbon pharmaceutique.
2. Douleur intense, température élevée (plus de 38,5°C), confusion ou symptômes persistant au-delà de 48 heures nécessitent l'intervention du médecin.

CHAMPIGNONS

1. Ne consommez pas de champignons sauvages si vous n'êtes pas un connaisseur averti.
2. Forme mineure d'empoisonnement : symptômes de l'indigestion, avec sensation d'ivresse (entre une et quatre heures après le repas). En cause : la muscarine. Appelez un centre antipoisons.
3. Forme majeure d'empoisonnement : déshydratation, perte de connaissance (survenant 12 heures et plus après l'ingestion). En cause : la phalloïdine. Appelez un centre antipoisons.

CONSERVES

N'ouvrez jamais une boîte de conserve bombée car elle peut être source de botulisme ou d'autres intoxications alimentaires.

Invitations

Vous aimez réunir des amis. Pour que vos réceptions soient réussies, appliquez ces quelques recettes.
1. Classez en trois catégories les gens que vous voulez inviter : les personnalités qui se démarquent, les gens qui savent écouter et les relations moins proches que vous devez recevoir pour des raisons personnelles ou sociales. Choisissez des invités sur les trois listes

pour équilibrer les échanges et les centres d'intérêt.

2. Si vous avez un invité d'honneur, établissez la liste des autres invités en fonction de lui afin qu'il n'y ait pas de fausse note.

3. Quand vous voulez présenter une nouvelle relation à des amis plus anciens, donnez de part et d'autre des renseignements sur le travail, les goûts, les enfants : cela facilite le départ des conversations.

4. À moins que vous ne souhaitiez une soirée où l'on parle uniquement « boutique », n'invitez pas en même temps tous vos collègues de travail ou tous les membres de votre club sportif !

5. Si, en revanche, vous réunissez effectivement vos collègues ou les membres de votre club, faites-le savoir aux amis non invités pour qu'ils ne s'en vexent pas.

6. Pour une réception à six ou huit, faites votre plan de table de façon que puissent dialoguer les gens ayant les mêmes centres d'intérêt. Ne placez côte à côte des gens d'opinions divergentes que si vous êtes sûr qu'ils sont tolérants.

7. Ne vous sentez pas obligé d'inviter systématiquement les enfants de vos amis. Soyez précis tout en restant courtois lorsque vous formulez votre invitation.

Invités à la campagne

1. Quand vous invitez des amis pour le week-end, précisez : « du samedi telle heure au dimanche telle heure. » Ne croyez pas que cela soit impoli : mieux vaut être clair dès le départ. Si l'un de vos invités a la réputation de s'incruster, précisez que vous avez tel jour à telle heure un rendez-vous important ou un travail urgent.

2. N'oubliez pas de préciser, lors de l'invitation, les vêtements particuliers à prévoir pour le canot, la baignade, le tennis, etc.

3. Demandez également à vos invités s'ils sont soumis à un régime alimentaire particulier ou s'ils souffrent d'une allergie.

LES DEVOIRS DE L'INVITÉ

1. Apportez un petit cadeau : des fleurs, un gâteau, du vin ou bien des jouets pour les enfants.

2. Conformez-vous aux horaires de la maison. Même si vous êtes un lève-tôt, restez dans votre chambre jusqu'à ce que vos hôtes soient debout. De même façon, évitez d'émerger à midi quand les autres s'apprêtent à boire l'apéritif.

3. Ne demandez pas : « Puis-je vous aider ? » Regardez ce qui se passe et vous serez à même de donner un coup de main efficace toujours apprécié. Aidez à débarrasser la table et participez éventuellement à l'achat des provisions.

4. Si vous êtes là pour plus de deux jours, emmenez vos amis au restaurant ou annoncez d'avance que vous allez préparer un repas.

5. Même si la porte reste fermée, rangez votre chambre. Le dernier jour, enlevez les draps, pliez-les, remettez en place couverture et dessus-de-lit.

6. Il est toujours délicat de faire des appels interurbains. Servez-vous de votre carte de téléphone ou, à défaut, rendez-vous à une cabine publique ; sinon, arrangez-vous pour rembourser votre hôte.

Isolation

1. Fabriquez des coupe-froid pour le bas des portes et des fenêtres en bourrant des chaussettes aux trois quarts avec du gros sable ou de la litière pour chat. Nouez-en les extrémités et déguisez-les, si vous le désirez, en souris, en chien, etc.

Coupe-froid

2. En prévision d'une nuit très froide, doublez vos vitres avec du plastique transparent ou même de la pellicule pour aliments. (Voir aussi Courant d'air, p. 67.)

Isolation acoustique

Ce type d'isolation est très complexe, car il faut distinguer les bruits qui se réverbèrent sur les parois et produisent un effet d'écho des bruits transmis au travers des murs et des cloisons. Comme il est toujours plus facile d'empêcher les sons de sortir d'une pièce que de faire barrage à leur entrée, l'isolation doit être faite à l'intérieur des pièces bruyantes. On dit souvent : « Si votre voisin fait du bruit, ne posez pas l'isolation acoustique chez vous, mais chez lui ! »

1. Dans une salle de jeu, mettez de la moquette ou un revêtement plastique avec sous-couche en mousse épaisse sur le sol. Couvrez les murs de liège et installez un plafond en dalles acoustiques ou recouvrez les parois sensibles avec des plaques d'emballage à œufs, collées et peintes.

2. Isolez les tuyaux de chauffage et de climatisation. Ne les scellez pas dans les murs : faites-les passer dans des gaines. Fixez-les avec des chevilles élastomères. (Voir aussi Fixation dans du béton, p. 102.)

3. Placez les appareils produisant des vibrations (laveuse, sécheuse, lave-vaisselle...) sur des coussins de caoutchouc ou de moquette.

4. Calfeutrez le pourtour des portes et fenêtres et le bas des portes.

5. Posez des doubles vitrages ou des survitrages dont les vitres ont des épaisseurs différentes : ils éviteront la transmission et l'amplification des sons par résonance.

6. Posez les haut-parleurs sur des coussins épais de feutre ou de mousse de caoutchouc.

7. Installez des tentures doublées.

8. Posez de la moquette sur les escaliers pour amortir le son.

Ivresse au volant

1. Lors d'une soirée, si vous avez l'intention de consommer de l'alcool, choisissez un autre conducteur. Si vous êtes seul, prévoyez de rentrer en taxi ou de vous faire reconduire chez vous.

2. Quand une personne ivre a l'intention de conduire, raisonnez-la. Si vous ne parvenez pas à la faire changer d'avis, prenez-lui les clés de son véhicule et appelez un taxi, ou trouvez quelqu'un qui la reconduira chez elle.

3. Si une voiture arrive en face de vous en zigzaguant, c'est que le chauffeur est ivre... ou malade. Arrangez-vous pour l'éviter et prévenez la police au plus vite.

J

Jardin en hiver

La neige, qui est un bon isolant thermique, peut vous servir à protéger les plantes contre les gels et dégels répétés, qui sont la plus grande menace de l'hiver. Au début de l'hiver et par temps de dégel, empilez-la sur les parterres de plantes vivaces, les rocailles et les plants de fraisiers, framboisiers, pour les maintenir à une température constante, même basse. En fondant, la neige fournit non seulement de l'humidité, mais aussi un peu d'engrais sous forme de minéraux et de composés azotés dont elle s'est chargée en traversant l'atmosphère. Pensez à secouer les branches des conifères et des arbustes à feuillage persistant : le poids de la neige peut les briser.

Jardin d'intérieur

Mettez de la verdure dans votre maison sans dépenser des fortunes en plantes exotiques. Certains légumes-racines peuvent être remis en végétation : vos enfants adoreront les entretenir.

1. Tranchez 2 à 4 cm de la partie supérieure d'une betterave, d'un navet ou d'un rutabaga. Retirez toutes les feuilles. Remplissez une soucoupe avec des cailloux et de l'eau. Posez la tranche de légume à plat sur les cailloux. Changez l'eau dès qu'elle se trouble. Vous obtiendrez rapidement une petite forêt de feuilles qui restera verte un mois et plus s'il ne fait pas trop chaud.

2. Coupez la tête feuillue d'un ananas avec 3 cm de chair. Posez-la à plat sur un lit de sable humide, dans une soucoupe. Une fois les racines formées, transplantez dans un pot individuel garni de terreau additionné de tourbe. Vous obtiendrez une plante robuste et durable.

3. Transformez une carotte en une étonnante suspension : coupez de 6 à 8 cm au-dessous de la tête feuillue. Évidez cette portion sans abîmer la paroi externe, puis pas-

sez un fil solide avec une aiguille à laine dans les bords de ce récipient improvisé et suspendez-le, feuilles en bas, devant une fenêtre exposée au soleil. Remplissez d'eau et maintenez le niveau pour éviter le dessèchement du feuillage. Il se développera sous la carotte, puis se redressera à la verticale.

4. Faites germer les pépins de citron, d'orange et de pamplemousse : plantez-les dans du terreau, maintenez au chaud et arrosez régulièrement. Lorsque les jeunes plants auront atteint quelques centimètres, transplantez-les dans des pots plus grands, garnis de terre de jardin et de terreau horticole. Placez-les à la lumière, dehors, de mai à octobre. Ne comptez pas sur les fruits : les agrumes productifs sont toujours greffés.

5. Faites raciner un noyau d'avocat en laissant tremper sa base dans un verre d'eau. Patience... cela peut prendre plusieurs mois ! Une fois les racines formées, plantez le noyau sans le briser dans un pot de terre cuite. Dès que le jeune avocatier atteint 20 cm de hauteur, taillez la tige presque à ras pour le forcer à se ramifier. Faute de quoi, votre plante se réduira à une tige effilée, surmontée de maigres feuilles. Taillée régulièrement, la plante offre un port buissonnant.

Jardin mobile

En complément des bacs et des massifs fleuris, pourquoi ne pas prévoir un décor mobile qui ornera le patio, le temps d'une soirée passée sous les étoiles, puis le perron au matin ? Posez quelques bacs vides sur un planche de bois montée sur des roulettes ou utilisez de grands cache-pots sur roulettes. Optez pour des matériaux légers : le bois, la résine de synthèse ou la fibre de verre valent mieux que le ciment ou la pierre reconstituée lorsqu'il faut pousser le décor. Inutile de mettre trop de terre : la plupart des annuelles se contentent de 30 cm de terreau.

ATTENTION !

Les plantes toxiques

Gardez-vous de goûter ou de laisser à proximité des enfants et des animaux domestiques les plantes à baies décoratives. Certaines d'entre elles sont si toxiques, des graines jusqu'aux racines, qu'elles peuvent provoquer de très graves accidents.

Parmi les plus connues, le strelitzia, le laurier-rose, le datura, le lis grimpant, le pommier d'amour et le dieffenbachia ornent nos intérieurs. Placez-les en hauteur, hors de portée des touche-à-tout. Au jardin, l'if, le gui, l'aristoloche, le muguet, le colchique, l'arum, le coquelicot, le laurier palme, le ricin ornemental, la digitale et bien d'autres plantes familières renferment dans leurs bulbes, leurs feuilles ou leurs fruits des principes hautement toxiques.

En cas d'ingestion et dès l'apparition des premiers troubles, contactez d'urgence un centre antipoison ou l'hôpital le plus proche. Nettoyez les outils de coupe et vos mains après le jardinage et placez ces végétaux hors de portée des gourmands.

Pour alléger la charge, emplissez le fond avec des billes d'argile expansée ou de polystyrène jusqu'à 25 cm du bord. Étendez une couche de litière pour chats sur 5 cm et comblez avec un mélange de terreau horticole, de terre de jardin et de tourbe en parts égales. Il ne vous reste plus qu'à planter. Aménagez de la même façon une vieille brouette de bois ou une charrette.

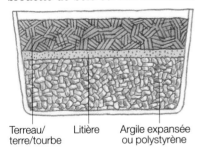

Terreau/ terre/tourbe — Litière — Argile expansée ou polystyrène

Jardin à l'ombre

Si votre jardin est très ombragé, vous pouvez tout de même réussir à l'égayer en pensant à des feuillages plutôt qu'à des fleurs.

Les coléus, qu'on connaît comme plantes d'intérieur, produisent une belle masse de couleur dans un coin sombre. Les impatiens se développent bien à l'ombre et à la mi-ombre. Utilisez les variétés les plus claires dans les coins sombres. Les bégonias tubéreux exigent assez peu de lumière.

Parmi les annuelles, on peut utiliser à l'ombre la torenia, la nicotiana (qui offre plusieurs variétés colorées) et le pétunia, si le jardin n'est pas trop sombre. Les pensées peuvent survivre à l'hiver dans la majeure partie du Canada et elles refleuriront au printemps. Les hostas, des vivaces robustes de la famille des liliacées, possèdent une grande variété de feuillages dans les tons de bleu, de doré, de vert et de blanc. Elles prospèrent dans les lieux humides et boisés. Leurs fleurs sont attrayantes et certaines dégagent un parfum agréable.

Jardin en pente

Pour retenir la terre et meubler vos talus, utilisez des plantes couvre-sol, résistantes au sec et dotées d'un puissant système racinaire. Il en coûte moins cher de stopper l'érosion en utilisant des plantes et elles risquent d'être plus durables qu'un mur de soutènement.

1. Choisissez parmi les végétaux qui ont une réputation d'envahisseurs : l'ivraie vivace, l'égopode, le génévrier rampant. D'autres plantes à feuillage décoratif peuvent allier l'utile à l'agréable sans exiger beaucoup d'entretien. Bannissez le gazon : sa tonte sur talus est acrobatique et nécessite un matériel adapté.

2. Préparez soigneusement le sol : inutile de rajouter des graviers en vue du drainage. Les talus sont naturellement plus secs que le reste du jardin et vous transformeriez cette qualité en défaut en croyant bien faire. En ameublissant la terre, veillez à relever le niveau vers le sommet du talus. Lors de vos plantations d'automne et des pluies qui les précèdent, la terre a tendance à redescendre toute seule. Placez çà et là quelques roches à moitié enfouies pour donner au talus des allures de rocaille. Les plantes se chargeront de leur habillage.

3. En automne, mettez vos plants en terre : comptez-en 8 à 10 par mètre carré : leur intervalle sera vite comblé. Tassez soigneusement et servez-vous d'un arrosoir pour éviter le ruissellement. Terminez par la couverture du sol nu : une couche d'écorce de pin finement concassée empêchera le ravinement du sol causé par les pluies d'automne, tout en apportant sa touche de couleur. Au printemps suivant, arrosez régulièrement en privilégiant les systèmes de balancier : ils diffusent l'eau en pluie fine, évitant ainsi à la terre de dégringoler le talus. Les plantes grandissant, vos arrosages seront de moins en moins nécessaires.

TALUS À DÉNIVÈLEMENT MOYEN

Plantez un couvre-sol : semez tout d'abord de l'ivraie annuelle qui va s'étendre rapidement, puis plantez des vivaces à croissance rapide comme « l'herbe d'évêque » ou un arbuste rampant comme le genévrier de Bar Harbor. Au printemps, traitez l'ivraie avec un herbicide de façon à favoriser la croissance du couvre-sol.

TALUS À PENTE ABRUPTE

Clayonnez, c'est-à-dire fabriquez des « palissades » avec des boutures de 75 cm à 1 mètre de longueur, de différentes plantes qui prennent racine facilement (saule, aulne, chèvrefeuille, forsythia, lier-

re, etc.). Attachez ces boutures en faisceaux de 15 cm de diamètre en prenant soin d'alterner les bouts taillés et les bouts des branches. Vous devez coucher les faisceaux dans une tranchée étroite creusée dans le talus aux endroits où se manifestent des signes d'érosion. Recouvrez le tout de 2 ou 3 cm de terre et fixez les faisceaux en place avec des pierres. En peu de temps, vous obtiendrez un treillis de racines et de tiges qui retiendront le sol du talus.

Jardin sec

Si votre terrain est sec et que votre alimentation d'eau soit rationnée, mieux vaut choisir des plantes adaptées plutôt que de voir votre jardin souffrir de la soif.

Si vous habitez une zone aride et que votre jardin soit privé d'eau, cultivez des plantes résistantes à la sécheresse. Ces xérophytes consomment de 50 à 75 p. 100 moins d'eau. La plupart des espèces proviennent des déserts ; votre jardin prendra un air exotique.

Les espèces les plus colorées et les mieux adaptées comprennent les liatris, les linaires vulgaires (Linaria vulgaris), les mirabilis (M. multiflora), deux variétés de lins vivaces (Linum perenne lewisii et L. p. alpinum) et trois de penstemons rustiques (P. rydbergii, P. strictus et P. whippleanus).

Jardin suspendu

Avant de vous lancer dans l'installation d'un jardin sur le toit de votre immeuble, consultez vos copropriétaires et faites expertiser la terrasse pour éviter les conséquences catastrophiques d'une surcharge ou d'infiltrations.

1. Posez sur le sol une épaisse bâche de plastique pour bassin artificiel. Construisez un cadre de bois de 20 cm de hauteur, placez-le sur la bâche dont vous relèverez, puis fixerez les bords. Renforcez aux angles et prévoyez un écoulement des eaux relié aux gouttières.

2. Emplissez le cadre avec de la terre enrichie d'une matière organique : herbe coupée ou épis de maïs finement concassés. La vermiculite ou la perlite feront l'affaire mais la tourbe, en absorbant l'eau, deviendrait trop lourde.

3. Arrosez généreusement ; ajoutez 2,5 kg d'engrais 10-10-10 pour une surface de 30 m² ; arrosez de nouveau légèrement.

4. Nivelez, tassez légèrement et semez gazon et fleurs annuelles. Réservez un emplacement aux herbes aromatiques et aux légumes achetés en plants. Ils s'y plairont autant qu'au jardin. Évitez les plantes qui exigent un tuteurage : en plantant leur support, vous risquez de percer la bâche et de causer des fuites.

5. Maintenez la surface humide jusqu'à la germination. Arrosez ensuite quotidiennement avec 20 litres d'eau, additionnée, une fois sur quatre, d'un engrais liquide.

6. Pensez à vérifier les orifices d'écoulement des eaux au moins trois fois par an pour éviter que votre jardin suspendu ne se transforme peu à peu en piscine.

Jeux d'eau

À défaut de feux d'artifice, vous pouvez offrir un spectacle « son et lumière » pour amuser vos enfants et leurs amis en produisant des jeux d'eau nocturnes. Invitez les enfants à venir en maillot de bain et fournissez-leur des lampes de poche que vous aurez recouvertes de cellophanes multicolores. Mettez en marche vos gicleurs et demandez aux enfants d'éclairer le jet d'eau dans toutes les directions. Faites varier la pression d'eau, donc la hauteur du jet, sur des airs de marche, de la musique de Haendel ou de Marc-Antoine Charpentier qui accompagnait les jeux d'eau à la cour d'Angleterre ou à Versailles. Ou bien encore l'*Ouverture 1812* de Tchaikovsky qui se termine au son du canon.

Jeux de grands

1. Badminton volley-ball. Jouez au badminton en équipes avec un filet et en suivant les règles du volley-ball.

2. Golf avec un frisbee. Servez-vous d'arbres, de piquets, de pierres comme « trous » et désignez des lieux hors jeu. Lancez un frisbee, allez le ramasser, relancez-le et continuez jusqu'à ce que vous atteigniez le « trou ». Celui, ou celle, qui touche tous les « trous » avec le moins de lancers est le gagnant.

3. Orthographe. Un des joueurs annonce d'abord une lettre et le joueur suivant en ajoute une autre en pensant à un mot existant (il doit être en mesure de le dire si on le lui demande). Le jeu se poursuit ainsi de joueur en joueur, le but étant de ne pas terminer un mot. Le premier à former un mot reçoit un point de pénalité ; au bout de cinq points, il est éliminé.

4. Dictionnaire. Un des joueurs choisit un mot au hasard dans un dictionnaire. Il l'annonce et écrit la définition sur une fiche. Les autres joueurs doivent écrire leur propre définition (ce qu'ils croient être la définition du mot), puis on mélange les notes. Le joueur « dictionnaire » lit à voix haute toutes les définitions et chaque joueur doit deviner la définition exacte parmi celles qui sont alors données. On donne un point à celui qui choisit la définition correcte et un point à celui qui réussit à convaincre un ou plusieurs joueurs de la véracité de sa définition (ce même joueur reçoit cinq points si personne ne trouve la bonne définition). Et le jeu continue, chaque joueur devenant « dictionnaire » à son tour.

Jeux de société

1. Les capsules de bouteilles et les pièces de monnaie font d'excellents jetons. Marquez-les avec des pastilles adhésives de couleurs.

2. Au besoin, improvisez des dés. Tracez des cercles sur un morceau de carton, divisez chacun en six sections égales et numérotez les sections. Assurez-vous que la somme des nombres des faces opposées fait bien 7 : 1 opposé à 6, 2 à 5 et 3 à 4. Découpez des flèches et piquez-les au centre de chaque cercle avec une épingle droite ou un trombone. Faites tourner les flèches et relevez les nombres qu'elles indiquent en fin de course.

3. Fabriquez le jeu de société « Indien et lapins ». Dessinez cinq rangs de cinq petits cercles sur un carré de carton. Placez 10 pièces (les lapins) sur les deux rangées du bas et une à chaque bout de la rangée centrale. Mettez une pièce différente (l'Indien) au milieu de la rangée centrale. Un joueur a l'Indien, l'autre les lapins. À chaque tour, un lapin ou l'Indien passe d'un cercle à l'autre dans n'importe quelle direction. Pour gagner, les lapins doivent encercler l'Indien ou l'Indien doit capturer tous les lapins, sauf un (les lapins ne peuvent pas capturer l'Indien). L'Indien cap-

ture les lapins en sautant par-dessus, comme aux dames, et peut faire plus d'un saut par tour si tous les sauts sont en ligne droite.

Jeux télévisés

Pour participer à votre émission favorite, surveillez les annonces de journaux ou téléphonez à la station qui le diffuse et demandez les coordonnées du producteur.

1. Si vous êtes convoqué à une audition, vous devrez sans doute passer un test écrit. La fois suivante, on vous fera jouer le jeu.

2. Aux épreuves de sélection, faites preuve de décontraction, voire d'humour, car le choix tient surtout compte de la tenue « télévisuelle » des candidats.

3. Si vous travaillez, assurez-vous que vous pourrez vous libérer pour participer aux émissions.

4. Jusqu'à ce que vous soyez convoqué pour de bon, regardez souvent le jeu pour développer une stratégie et faites de fréquentes répétitions à la maison.

5. Le jour venu, attendez-vous à ce que la journée de travail soit longue : 10 ou 12 heures peut-être. Les émissions qui se déroulent sur plusieurs jours sont généralement enregistrées en une seule journée. Emportez plusieurs tenues pour vous changer entre chaque prise et préparez-vous à jouer le jeu quand on vous demandera : « Comment ça va depuis hier ? » alors qu'une heure vient à peine de passer.

Jogging

1. Avant d'acheter une nouvelle paire de chaussures de jogging, vérifiez les semelles de votre paire usagée. Selon l'usure du talon, vous verrez si vous courez les pieds tournés vers l'intérieur ou vers l'ex-

---

ATTENTION !

Les dangers du jogging

Tous les sports présentent des risques, mais le jogging est sans doute le seul où les buses sont une menace. Selon une lettre écrite à un journal médical, 12 coureurs suisses furent attaqués par des buses en deux ans. Ces oiseaux ne semblent être une menace que durant la période de couvaison. Cette anecdote mise à part, bien d'autres dangers menacent les adeptes du jogging. Consultez un médecin avant de pratiquer ce sport et prenez les précautions suivantes pour éviter les blessures.

Portez des chaussures de course à semelles épaisses et souples. Si vous avez les pieds plats ou une voûte plantaire très arquée, questionnez votre médecin sur l'utilité des semelles orthopédiques. Remplacez les chaussures tous les 1 000 km. Courez sur un terrain souple comme l'herbe ou la terre pour éviter les maux de dos.

Renforcez les muscles des mollets et des cuisses pour éviter les douleurs aux genoux.

Pour ne pas avoir de tendinite achilléenne — inflammation du talon très douloureuse — faites des exercices d'assouplissement des muscles et tendons des mollets.

Augmentez très progressivement les distances de course pour éviter les « fractures de fatigue » qui surviennent, sans accident, au niveau des os du pied ou de la jambe quand la sollicitation est devenue trop importante.

térieur. Mieux encore, emportez votre ancienne paire au magasin et demandez à un vendeur compétent le modèle le mieux adapté à votre façon de courir.

2. Si vos chaussettes en coton sont doublées de ratine, portez-les à l'envers pour limiter la friction et empêcher la formation d'ampoules. Vous pouvez aussi enduire vos pieds de vaseline avant de courir. Passez-en également sur l'intérieur de vos cuisses, elles ne s'irriteront pas en frottant l'une contre l'autre.

3. Si vous trouvez que le jogging est trop éprouvant, essayez de marcher rapidement à un rythme régulier, les résultats sont les mêmes. Démarrez doucement : parcourez, par exemple, 1 500 m en 15 à 20 minutes cinq fois par semaine. Puis augmentez petit à petit la distance et la durée au cours des semaines suivantes. (Voir aussi Endurance, p. 88.)

Joint de mortier

1. Enlevez de vieux joints avec un ouvre-boîtes à jus de fruits en prenant soin de ne pas endommager le carrelage. Nettoyez à la brosse métallique, puis à l'aspirateur, et refaites les joints avec du mortier à jointoyer. Étalez-le avec une raclette en caoutchouc et enlevez l'excédent avec une grosse éponge quand il commence à prendre.

2. Au diable la morosité ! Mettez les joints de carrelage en valeur en utilisant des mortiers colorés ou en ajoutant à du mortier blanc des co-lorants universels en poudre. Si vous posez un carrelage en plusieurs fois, préparez tout de suite la quantité de mortier à joint nécessaire pour l'ensemble afin de garder la même couleur. À chaque étape, gâchez juste ce qu'il faut.

Jouets

Ne croyez pas que seuls les jouets coûteux font le bonheur des enfants. La plupart d'entre eux adorent les jouets improvisés.

1. Les tout-petits aiment les boîtes. Gardez les plus colorées et faites-leur une « boîte de boîtes » pour les ranger. À partir de 4 ans, ils seront ravis de découvrir et d'utiliser aimants, clochettes, lampes de poche, loupes...

2. Une tente ? Un drap jeté par-dessus la table. Un tunnel ? Des chaises alignées. Une caverne ? Un morceau de bâche ou autre que vous aurez cousu à demi.

3. Si un jouet en plastique s'est déformé, plongez-le dans de l'eau très chaude pendant quelques minutes, puis remodelez-le pour lui redonner sa forme initiale.

4. N'hésitez pas à passer les jouets en peluche ou en chiffon à l'aspirateur muni de la brosse ronde. S'ils ne sont pas lavables à la machine, nettoyez-les régulièrement à sec : mettez-les dans un sac rempli de sciure, secouez vigoureusement, puis brossez.

5. Prolongez la vie des jeux en carton avec une ou deux couches de vernis.

6. Mettez de côté certains jouets pour les ressortir plus tard : vos enfants les redécouvriront sûrement avec plaisir.

7. Offrez à votre enfant une poupée à son image. Prenez le patron de sa silhouette en le faisant se coucher, bras écartés, sur une grande feuille de papier. Coupez ensuite deux épaisseurs de toile blanche ou chair : ce sera le corps. Cousez en laissant une ouverture pour le rembourrage. Dessinez ou brodez les traits du visage, les che-

veux, etc. Vous n'avez plus qu'à habiller la poupée jumelle avec des vêtements de votre enfant.

Judas optique

La chaîne de sécurité de votre porte n'est pas assez solide pour empêcher une intrusion en force. Le meilleur système : un judas.

1. Vous pouvez simplement installer un petit couvercle susceptible de basculer sur un petit trou pratiqué dans la porte. Mais mieux vaut un « œil » à grand angle, qui vous donne une vision à près de 180°. Placez-le à une hauteur commode pour l'adulte le plus petit de la famille.

2. Dans une maison individuelle, vous pouvez installer un miroir au-dessus ou à côté de la porte, selon un angle qui permette de renvoyer l'image du visiteur vers une fenêtre de la façade.

Jumeaux

Certains jumeaux souffrent d'être trop souvent traités « par deux » et non pas individuellement. Aidez-les à se distinguer.

1. Donnez-leur des prénoms bien différents, par exemple Anne et Julie plutôt que Karine et Corinne (cela se voit !). Parlez toujours d'eux en les nommant par leur prénom plutôt que de dire « les jumeaux » (ou « les triplés »).

2. Dès l'âge d'un an, ne les habillez plus de la même façon. Chacun des enfants a sûrement un style qui lui est propre : respectez-le. Cependant, s'ils veulent être semblables, laissez-les faire, mais constituez à chacun une garde-robe variée dans des armoires séparées.

3. Chaque enfant aime avoir ses propres jouets, veillez-y.

4. Passez chaque jour un peu de temps en tête-à-tête avec chacun.

5. Faites un gâteau d'anniversaire par jumeau : chacun aura vraiment le sien.

Jumelles

1. Pour voir clairement sans jumelles un objet ou un site éloigné, fermez un œil et, avec l'autre, regardez l'objet au travers d'un tube en carton ou en formant un tube avec la main. Votre regard, guidé et concentré sur l'objet, sera beaucoup plus perçant.

2. Soignez vos jumelles comme votre appareil photo. Si les lentilles sont sales ou se décollent à cause de l'humidité ou de la chaleur, vous ne verrez que des images pâles et noyées dans le brouillard.

Juron

1. Vous avez tendance à dire des gros mots et estimez que « zut » et « flûte » ne sont pas assez expressifs... Au lieu d'avoir recours à des mots plus violents, pourquoi ne pas créer de toutes pièces un juron qui vous appartienne en propre ? Dans Tintin, le capitaine Haddock s'exclame toujours : « Mille millions de mille sabords ! »

2. Si, de temps à autre, vous vous autorisez un gros mot, gardez présent à l'esprit qu'une (mauvaise) habitude est vite prise et qu'une trop fréquente répétition diminue le pouvoir des mots.

3. En revanche, si c'est vous qui n'aimez pas les gros mots, essayez d'échapper aux propos qui vous offensent. Dites avec humour : « Je ne sais pas si mes oreilles vont supporter un tel langage. » Si cela ne suffit pas, demandez gentiment à votre interlocuteur de châtier ses propos.

4. Votre enfant a-t-il pris la fâcheuse habitude de dire des gros mots ? Essayez d'en discuter avec lui, démontrez-lui que les gros mots sont une béquille pour les gens incapables de trouver le mot juste pour exprimer leur point de vue ou leurs émotions. S'il continue, sévissez. Mais si vous entreprenez de lui faire payer une amende à chaque gros mot, il risque de prendre goût rapidement à ce petit jeu.

K L

Klaxon

Si le klaxon se bloque en marche :

1. Arrêtez-vous, coupez le moteur, soulevez le capot et repérez-le — le bruit vous guidera !

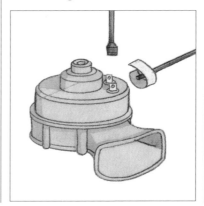

2. Déconnectez ou coupez le fil qui alimente le klaxon. Enroulez du ruban-cache autour des bouts de métal mis à nu.

3. Si vous ne pouvez pas atteindre le fil électrique du klaxon, cherchez la boîte à fusibles et ôtez le fusible correspondant (procédez par essais successifs si vous n'avez pas le plan de répartition).

Lait

1. Vous voulez préparer un gâteau et vous n'avez plus de lait ? Remplacez-le par du jus de fruits. Cette technique fonctionne aussi pour faire du pain.

2. Lorsque le lait est sur le point de tourner, utilisez-le pour préparer de la pâte à pain ou toute autre pâte levée. Vous pouvez aussi le faire bouillir avec quelques gouttes de jus de citron afin d'obtenir un lait caillé très agréable à déguster sucré ou salé et poivré.

Lait de babeurre

Remplacez le lait de babeurre (ou babeurre) par l'un des substituts suivants : une tasse de yogourt écrémé ; du lait additionné d'une cuillérée à soupe de jus de citron ou de vinaigre ; une tasse de lait additionné de 1¾ cuil. à soupe de crème de tartre ; ou encore de la crème sure — celle-ci est toutefois trop riche pour un gâteau.

Lampe

1. Si une ampoule éclate, fermez l'interrupteur correspondant ou débranchez la lampe. Cassez la tige centrale, puis appuyez une balle de mousse ou une pomme de terre tranchée sur les bords coupants et tournez pour enlever les débris de l'ampoule.

2. Ne touchez pas une ampoule halogène avec les doigts : elle pourrait éclater en cours de fonctionnement. Mettez-la en place avec son papier de protection, puis enlevez-le. Si vous avez touché l'ampoule, nettoyez-la à l'alcool avant de l'allumer.

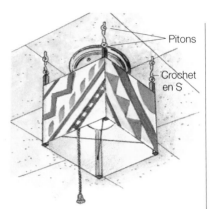

Pitons

Crochet en S

3. Habillez une lampe de plafond avec un cerf-volant cellulaire. Une fois le cerf-volant assemblé, réduisez la longueur des baguettes des angles et insérez des pitons à œillet à leur extrémité pour passer une ficelle et l'accrocher au plafond. Les parois du cerf-volant doivent être au moins à 6 à 8 cm de l'ampoule.

Lampe de poche en camping

1. Une lampe de poche à court mais large rayon suffit aux besoins du camping. Les trop longs rayons épuisent les batteries rapidement.
2. Pour éviter que votre lampe de poche ne s'allume accidentellement dans vos bagages ou dans le coffre à gants, retournez une des piles ou collez un morceau de ruban adhésif sur le contact.
3. Fixez une corde à votre lampe de poche pour la suspendre dans la tente ou à une branche.
4. Il est parfois plus utile d'avoir une lampe attachée à son casque qu'une lampe de poche. On peut alors utiliser ses deux mains.
5. Le froid affaiblit les batteries. Réchauffez-les en les plaçant près de votre corps ou dans le sac de couchage pendant la nuit.
6. Même si votre lampe est à l'épreuve de l'eau, apportez toujours une lampe de rechange dans une enveloppe de plastique.

Langue collée

Si votre enfant se colle la langue sur le métal froid de son traîneau ou d'un autre objet métallique gla-

cé, il faut d'abord le calmer et l'empêcher de décoller sa langue.

Versez un liquide suffisamment chaud sans être brûlant au point de jonction de la langue avec le métal jusqu'à ce que la langue se libère d'elle-même.

Vous pouvez aussi dire à l'enfant de souffler par la bouche jusqu'à ce que l'air chaud fasse fondre la glace. S'il s'agit d'un très jeune enfant, faites-le vous-même.

Laryngite

1. Reposez votre voix : ne répondez pas au téléphone et écrivez ce que vous avez à dire plutôt que de parler. Ne fumez pas.
2. Mangez des aliments doux et faciles à avaler. Buvez beaucoup.
3. Restez dans une atmosphère humide. Installez un humidificateur ou inhalez de la vapeur : emplissez un bol d'eau bouillante, penchez-vous dessus, enfermez votre tête et le bol dans une serviette et inspirez la vapeur.
4. Si la maladie dure plus de 48 heures ou s'accompagne de fièvre, appelez le médecin. (Voir aussi Mal de gorge, p. 142.)
5. Un enfant atteint de laryngite striduleuse respire mieux assis.

Lavabo bouché

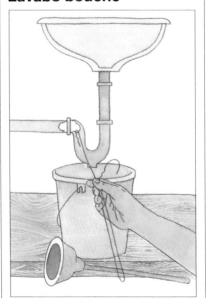

Débouchez-le avec une ventouse. Si cela reste sans résultat, placez un seau sous le siphon et dévissez le dessous ou le bouchon du siphon. Nettoyez à fond et refermez. Si le siphon est d'une seule pièce, utilisez un déboucheur chimique ou biologique (à base d'enzymes).

Laveuse automatique

Votre laveuse ne fonctionne pas ? Vérifiez l'état de la prise et le coupe-circuit (ou le fusible). Regardez ensuite si les robinets d'eau sont ouverts. Si l'eau n'arrive pas, démontez le tuyau : son mini-filtre est peut-être bouché par des dépôts calcaires. Mais tout d'abord... l'avez-vous bien mise en marche ?

PROBLÈME D'ÉVACUATION DE L'EAU

1. Le tuyau d'évacuation est peut-être écrasé, tordu ou bouché ; une petite pièce de linge perdue entre le tambour et la cuve peut avoir bouché l'orifice d'évacuation. Vérifiez dans votre manuel ce qu'on vous suggère de faire.
2. Il y a peut-être eu une baisse de courant. Attendez 20 minutes, puis remettez le moteur en marche.
3. Si la pompe est muette, appelez un technicien.

VIBRATIONS SONORES

1. De bruyantes vibrations à l'essorage indiquent une charge mal équilibrée. Arrêtez le cycle, répartissez la charge et remettez la laveuse en marche.

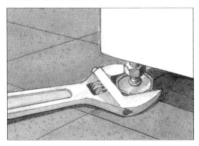

2. Votre machine est-elle bien horizontale ? Sinon, réglez ou calez les pieds pour assurer sa stabilité.
3. Si votre machine est neuve, vérifiez qu'il ne reste pas d'emballage

à l'intérieur, ou que les brides de maintien (s'il y en a) ont bien été enlevées par l'installateur.

4. Resserrez au besoin les vis de la plaque de fermeture au dos.

5. Si les vibrations persistent, un élément intérieur est peut-être desserré. Appelez le technicien.

PANNE TOTALE

Vous allez devoir vider votre machine à laver.

1. Remplissez l'évier ou la baignoire de l'eau additionnée de détergent. Pour remplacer l'agitateur, créez un effet de succion avec une ventouse à déboucher l'évier.

2. Faites bouillir le linge blanc et grand teint 15 minutes dans une marmite d'eau savonneuse.

3. Essorez à la main ou placez le linge mouillé entre deux serviettes et essorez avec un rouleau à pâte. Pour essorer de la fine lingerie, enveloppez-la dans une serviette.

Lave-vaisselle

Votre lave-vaisselle ne fonctionne plus ? Vérifiez si la porte est bien verrouillée et si la position du programmateur est correcte. Inspectez les fusibles et l'interrupteur du tableau d'alimentation. Assurez-vous que l'eau n'a pas été coupée.

FUITES PAR LA PORTE

1. Le joint de porte est encrassé par des déchets : nettoyez-le et remettez en marche. Ou bien il est défectueux ou déformé : faites-le remplacer.

2. Votre détergent produit trop de mousse ; il n'est pas adapté ou vous en avez trop mis. Arrêtez la machine et ajoutez un verre de vinaigre, il neutralisera la mousse. Si cela ne donne aucun résultat, videz le lave-vaisselle de son contenu et écopez.

PROBLÈMES D'ÉVACUATION DE L'EAU

Il reste un peu d'eau au fond de la machine, c'est normal : c'est ce qui permet aux joints de ne pas se des-

sécher. En revanche, s'il y en a beaucoup, assurez-vous que le filtre n'est pas bouché, que le tuyau d'évacuation n'est pas tordu ou écrasé. La pompe est peut-être bloquée par des déchets qui ont traversé le filtre. Si elle est accessible, nettoyez-la après avoir écopé l'eau dans la machine.

VERRES SALES

1. Faites tremper les verres marqués dans du vinaigre blanc pendant cinq minutes ; si les taches disparaissent, il s'agit de dépôts calcaires. Pour empêcher leur formation, assurez-vous que l'eau est à 60°C, augmentez la quantité de détergent et remplissez régulièrement le réservoir de liquide de rinçage. Faites parfois un cycle à vide avec un produit de nettoyage.

2. L'aspect laiteux peut être dû à la projection d'eau chargée de déchets (nettoyez le filtre) ou à un détergent trop agressif (changez-en). Ou encore, les verres ne sont pas de qualité « spécial lave-vaisselle ».

VAISSELLE MAL LAVÉE

1. Nettoyez régulièrement le filtre à déchets.

2. Ne confondez pas lave-vaisselle et vide-ordures. Passez rapidement vos pièces de vaisselle sous le robinet avant de les placer dans les paniers.

3. Les paniers sont peut-être trop remplis ou la vaisselle mal rangée (assiettes ou cuillères collées ensemble, bols emboîtés...). Si vous placez des casseroles ou des grands plats, vérifiez, après avoir chargé, que les tourniquets peuvent fonctionner sans obstacle.

Lecture

1. Vous avez peu de temps pour lire ? Parcourez le dernier paragraphe d'un article, la première et des pages intermédiaires d'un livre et voyez si cela vaut la peine de lire le reste.

2. Fixez des limites au temps que vous allez consacrer à ce que vous

avez à lire et faites un tri. Une « première priorité » pour les journaux et les périodiques dont les informations tournent vite. Une pile de « priorité d'urgence moyenne » pour les ouvrages et les communiqués que vous devez lire pour votre travail ou vos investissements, et une dernière pile « non prioritaire » pour des ouvrages qui ne sont pas d'actualité comme les livres de cuisine ou de voyages.

3. N'essayez pas de tout lire. Il est parfois suffisant de savoir que l'on possède un article dans un dossier au cas où l'on aurait besoin d'un renseignement spécifique.

4. Prenez rendez-vous avec vous-même pour vos séances de lecture. Levez-vous une demi-heure plus tôt ou couchez-vous une demi-heure plus tard, ou lisez lors de vos moments de tranquillité.

5. Ne jetez pas les livres de poche ; créez une bibliothèque tournante, avec vos collègues ou amis.

6. Si votre enfant est réfractaire aux livres, consultez un libraire sympathique et bien informé, il pourra peut-être éveiller l'intérêt de votre enfant pour la lecture avec des livres bien choisis.

LECTURE RAPIDE

Lire rapidement est une question d'éveil d'esprit et d'entrainement.

1. Exercez-vous à vous concentrer sur une ligne entière et non sur un mot à la fois. Déplacez de plus en plus vite votre doigt ou marque-page sous chaque ligne pour empêcher votre esprit de vagabonder.

2. En lisant, marquez les passages à retenir avec un crayon ou un feutre fluorescent, ou notez les numéros des pages sur un signet ou une feuille glissée dans le livre.

3. Parcourez vite le texte des yeux et mémorisez seulement les mots essentiels à sa compréhension.

Lentilles de contact

Beaucoup de savons laissent une pellicule un peu grasse sur les mains : elle se dépose ensuite sur vos lentilles lorsque vous les touchez. Passez un doigt sur le miroir après vous être lavé les mains : s'il y a une trace, changez de savon.

Pour désinfecter vos lentilles, utilisez du peroxyde ordinaire qui a les mêmes propriétés que les produits spéciaux tout en étant beaucoup moins cher. Laissez tremper pendant six heures et rincez ensuite avec votre produit de rinçage habituel.

EN CAS DE PERTE

Si une lentille tombe dans un évier, démontez le siphon en mettant une cuvette dessous : la lentille y tombera. (Voir aussi Lavabo bouché, p. 136.)

Si la lentille est tombée par terre, éteignez toutes les lumières et passez une lampe ou une lampe de poche lentement et méthodiquement sur le sol : la lentille apparaîtra dans le rayon lumineux, même si elle se trouve sur un tapis ou une moquette épaisse.

Lettre

À l'époque du téléphone et du télécopieur, l'art d'écrire une lettre ne se pratique plus comme autrefois. Il reste cependant des circonstances où la lettre s'avère mieux appropriée. (Voir aussi Les lettres de courtoisie, p. 284.)

LETTRE PERSONNELLE

1. Si vous envoyez un mot de pure forme à quelqu'un avec qui vous souhaitez entretenir de bonnes relations, veillez à ne pas trop parler de vous ou de choses qui vous sont personnelles. Même si vous n'attendez pas de réponse, posez des questions montrant de l'intérêt pour la santé ou les activités de votre correspondant.

2. Lorsque vous avez été reçu par quelqu'un qui n'est pas un de vos intimes, remerciez par un mot bref disant le plaisir que vous avez éprouvé.

3. Pour une lettre de condoléances, choisissez une carte unie de couleur blanche. Évitez les grands épanchements, mais soulignez que vos pensées sont avec votre correspondant affecté par ce deuil. Rappelez un souvenir heureux que vous avez partagé avec le défunt. Éventuellement, offrez votre aide.

4. Attendez 24 heures avant de poster une lettre que vous avez écrite sous le coup de l'émotion, de la colère... ou de l'amour. Relisez-la « à froid » avant de l'envoyer.

LETTRE COMMERCIALE

1. Quand vous adressez une lettre à une société, à une administration ou à toute autre organisation, téléphonez auparavant au siège social pour obtenir le nom de la personne responsable du service que vous désirez contacter.

2. Les lettres de demandes de renseignements ou de propositions de service doivent être claires mais brèves, les lettres de réclamation précises, fermes mais polies. Une touche d'humour sert souvent à faire avancer sa cause.

Limaces, escargots

Pour lutter contre les limaces et les escargots, voici comment remplacer les granulés chimiques, dangereux pour vos animaux.

1. Établissez des remparts autour de la ligne ou de la plante à protéger avec de la poussière de marbre, de la sciure ou de la cendre de bois : le corps mou des mollusques ne s'y frotte que rarement.

2. Enterrez des soucoupes au ras du sol et remplissez-les de bière. Les mollusques s'y noieront.

3. Disposez çà et là des tuiles ou des planchettes surélevées par un caillou : durant la journée, les mollusques s'y réfugient pour échapper à la chaleur. Vous n'aurez plus qu'à les cueillir avant leur sortie nocturne.

4. Aspergez les limaces de sel pour les tuer. Procédez le soir en saupoudrant chaque limace, et renouvelez cinq minutes après. Ou bien, vaporisez un mélange de vinaigre et d'eau à parts égales. (Voir aussi Cendres, p. 299.)

Limes, râpes

Fabriquez une lime (à métaux) ou une râpe (à bois) en collant sur un morceau de tasseau plat, avec de l'adhésif double face, une bande de carbure de tungstène sur fond métallique ou de papier de verre en oxyde d'aluminium. Vous pouvez aussi aplatir le côté d'une boîte de conserve et le trouer avec des clous 6d ; clouez-le ensuite, pointes vers le haut, sur un bloc de bois.

Linge de table

1. Évitez de faire sécher du linge de couleur en plein soleil : celui-ci « mange » les couleurs.

2. Si du linge se décolore, ravivez les couleurs par rinçage dans de l'eau avec très peu d'eau de Javel.

3. Ajoutez du vinaigre blanc à l'eau du premier rinçage pour éviter que les couleurs du linge ne déteignent (dans ce cas-là, n'utilisez pas d'eau de Javel).

4. Le linge jaunira s'il n'a pas été parfaitement lavé avant d'être rangé. S'il n'a pas servi depuis longtemps, relavez-le avant de l'utiliser.
5. Pour enlever de la bougie sur une nappe, détachez-en le maximum avec l'ongle, puis placez des mouchoirs en papier blanc pliés en quatre sur et sous la tache et repassez à fer très chaud. Recommencez plusieurs fois avec des mouchoirs propres. Enlevez les marques avec du trichloréthylène, puis lavez la nappe normalement.

Lingerie

1. Si le haut de votre jupon est usé, coupez-le à la taille et fixez un élastique.
2. Lorsque la lingerie blanche a tendance à grisailler, c'est souvent dû au calcaire de l'eau. Ajoutez un produit anticalcaire à votre détergent et, en quelques lavages, le blanc initial aura réapparu.
3. Même lorsqu'il s'agit de fibres synthétiques, ne mélangez jamais les couleurs et le blanc au lavage et séparez les couleurs claires des couleurs foncées.
4. Votre jupon remonte-t-il sans arrêt ou colle-t-il à la peau ? Mettez un produit adoucissant dans l'eau de rinçage. (Voir aussi Électricité statique, p. 87.)

Lit

Vous attendez de la visite et vous n'avez pas assez de lits ?
1. Si le canapé ne suffit pas à résoudre le problème, pensez aux sacs de couchage, aux matelas pneumatiques ou aux plaques de mousse épaisses. Tous sont faciles à ranger lorsque vous ne vous en servez pas. Ou posez le matelas d'un lit par terre et utilisez également le sommier.
2. Alignez des coussins (ceux du canapé, par exemple), enveloppez-les dans un drap et calez le tout dans un coin.
3. Pour les enfants, placez deux fauteuils face à face.

4. Pour les bébés, pensez au parc. Ou enlevez un tiroir de commode et rembourrez-le (en veillant bien à ce qu'il n'y ait rien qui puisse blesser l'enfant). Ou encore, rembourrez une corbeille à linge en plastique.

Litière pour chat

1. En guise de litière, vous pouvez utiliser du sable sec, des copeaux de bois ou de la tourbe (sauf si vous avez un chat à poils longs : la tourbe se colle aux poils).
2. Désodorisez toute litière en mélangeant une mesure de bicarbonate de soude à trois mesures de litière et poudrez le fond du bac de bicarbonate de soude pur.
3. Pour faciliter le nettoyage du bac à litière, tapissez le fond avec des sacs en plastique épais.
4. Mieux encore : glissez le bac vide dans un grand sac en plastique solide et versez la litière dessus. Pour vider le bac, retournez le sac sur la litière et jetez le tout.

Litiges

Votre nouvelle automobile est-elle devenue un « cancer » pour vous ? Avez-vous « frappé » un « citron » ? Votre nouveau tapis mur-à-mur lâche-t-il dans les coutures ? Plutôt qu'à un avocat, adressez-vous à l'Office de la protection des consommateurs qui vous renseignera sur les démarches à entreprendre.

Il peut devenir nécessaire de recourir à un mécanisme de médiation ou d'arbitrage. Le médiateur rencontre ensemble les deux parties à la recherche d'une solution. En arbitrage, les deux parties rencontrent séparément l'arbitre et s'en remettent à sa décision.

Dans les Pages Jaunes, sous les rubriques *Arbitrage-services* et *Médiation-services*, vous trouverez ce dont vous avez besoin, sinon appelez le service de référence du Barreau de votre région. Il existe un Centre canadien d'arbitrage et d'arrangement à l'amiable au Service de droit civil, Université d'Ottawa, K1N 6N5.

AU TEMPS JADIS

L'évolution du lit à travers les âges

Un lit n'est pas seulement le lieu où notre vie commence et se termine, c'est surtout un endroit où nous passons environ un tiers de notre existence.

Les premiers lits n'étaient probablement que des trous tapissés de feuilles ou de roseaux. Plus tard, pour se mettre à l'abri des insectes et des animaux rampants, l'homme attacha des lanières de cuir entrecroisées à un cadre de bois surélevé sur lequel il étala des peaux de bête.

Les Égyptiens firent beaucoup mieux : leurs lits avaient un matelas, des draps et des couvertures tissées. La tête de ces lits, assez courts, était relevée et, au pied, un panneau empêchait les dormeurs de glisser. Un repose-tête dur et séparé protégeait la coiffure.

C'est seulement vers 3500 av. J.-C., dans les palais royaux de Babylone, que le lit eut sa propre pièce. Un tel luxe était cependant réservé au maître de maison. Il occupait la chambre à coucher ; sa femme, ses enfants, ses serviteurs et les invités dormaient ailleurs, sur des divans ou sur le sol.

Les Grecs créèrent le lit plat à extrémités relevées formant des accoudoirs qui faisaient office de pied de lit et de dosseret. Réalisés en bois ou en marbre, ce n'est que grâce à des empilements de coussins que ces lits offraient un peu de confort.

Les Romains, en bons agriculteurs qu'ils étaient, inventèrent le premier vrai matelas : tout simplement un sac de toile rempli de paille, de laine ou de plumes.

En Europe, c'est à l'époque de la Renaissance, au XVIe siècle, que les lits devinrent des meubles décoratifs créés par des artistes.

Livre

1. Les pages de vos livres sont cornées ? Posez une feuille de papier sur la page, placez un carton dessous et repassez au fer chaud.

2. Réparez les pages déchirées avec de la toile adhésive ou collez du papier de riz ou du papier oignon sur les endroits déchirés ; séparez les pages réparées avec des feuilles de papier ciré pour les empêcher de coller aux autres pages.

3. De l'eau a détrempé les pages d'un livre ? Placez-le debout et entrouvert dans un congélateur sans givre. Le froid sec absorbera l'humidité et décollera les pages.

4. Nettoyez les reliures en cuir avec du savon pour cuir, de l'huile de pied de bœuf ou de la vaseline. Mettez-en peu et frottez doucement avec un morceau de feutre, de coton à fromage ou de peau de chamois. Attendez plusieurs heures, puis recommencez. Teintez les craquelures avec des crayons-feutres de même couleur que le cuir, puis appliquez une crème de protection.

5. Nettoyez les livres avec la brosse ronde de l'aspirateur, un blaireau ou un pinceau doux.

6. Maintenez entre 65 et 70 p. 100 d'humidité dans la pièce où sont vos livres. Combattez l'excès avec des papiers absorbeurs d'humidité et les carences avec des humidificateurs (voir p. 123).

7. Pour vous rappeler de rendre des livres de bibliothèque avant la date limite, ayez une liste des dates de retour sur votre réfrigérateur. N'enlevez pas la fiche de circulation du livre pour l'utiliser comme pense-bête, car si vous la perdez, vous serez obligé de payer le livre.

8. Si vous prêtez un livre à un ami, écrivez : « Prière de retourner à … » sur la page de garde.

9. Si le feu a endommagé la couverture d'un livre, enlevez la suie avec une éponge traitée qu'on emploie en nettoyages industriels.

10. Pour identifier vos livres, mettez vos initiales (ou autre signe personnel) dans l'angle bas près du pli des trois pages correspondant à votre date de naissance : par exemple, si vous êtes né le 4 juillet 1952, marquez les pages 4, 7 et 52.

Loupe

1. Versez un peu d'eau dans un verre ballon, penchez-le sur le côté et tenez-le au-dessus du matériel que vous voulez examiner. Approchez-le plus ou moins pour la mise au point.

2. Percez un petit trou dans une feuille de papier noir et approchez-le tout près de l'œil (en fermant bien l'autre œil) : les choses vous paraîtront alors plus grandes. (Voir aussi Jumelles, p. 135.)

Luge

1. Improvisez une luge avec des cartons d'emballage. Pour glisser à plusieurs, trouvez un carton de réfrigérateur, par exemple.

2. Vous pouvez aussi dévaler une pente enneigée sur un plateau en plastique, un couvercle de poubelle ou une grosse chambre à air.

3. Même si votre bateau gonflable est crevé, ne le jetez pas : dégonflé, il fera une très bonne luge.

4. Des feuilles de plastique épais, comme des rideaux de douche, peuvent également servir à glisser sur la neige.

5. Par temps très froid, vous pouvez plonger une vieille couverture dans l'eau et la faire geler pour qu'elle raidisse. Avant de commencer à mollir, elle sera parfaite pour effectuer quelques descentes.

6. Pour une luge à la fois amusante et rapide, attachez-vous un grand sac à poubelle autour des hanches, comme une couche.

Lunettes

1. Lorsque vous faites faire des lunettes à verres correcteurs, n'oubliez pas que ceux-ci se raient moins quand ils sont en verre mais qu'ils sont cassables et plus lourds que les verres en plastique.

2. Si l'un de vos verres se casse de façon nette, il est possible de le maintenir en place temporairement en fixant en haut et en bas de la cassure du ruban adhésif.

3. Nettoyez vos verres à l'eau savonneuse, au vinaigre, à la vodka ou à l'alcool à friction. Pour éviter de les rayer, ne les essuyez pas sans les avoir préalablement lavés et rincés.

4. Vos verres se couvrent-ils de buée lorsque vous passez d'un endroit froid à un endroit chaud ? Avant de sortir, enduisez-les d'une fine couche de savon, puis frottez-les jusqu'à ce qu'ils redeviennent clairs. L'effet antibuée est assuré.

5. Vos verres ont-ils tendance à tomber de la monture de vos demi-lunettes ? En dépannage, utilisez de la colle blanche ou de la gomme à mâcher pour les tenir en place.

6. Pour remplacer temporairement la vis de la charnière qui relie la branche des lunettes à la monture, utilisez une petite épingle à ressort ou un trombone.

7. Pour que vos lunettes ne vous tombent pas sur le nez, resserrez les vis des charnières avec un petit tournevis de bijoutier ou de machine à coudre, ou la pointe d'un coupe-papier ou d'un couteau.

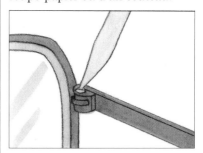

Lunettes de ski

Pour empêcher les verres de s'embuer, étalez un des produits suivants à l'intérieur des verres, et essuyez ensuite soigneusement.

1. De la crème à raser ou de la cire à meubles.

2. Un mélange à parts égales de détergent liquide et d'eau.

3. Une fine couche de dentifrice.

4. Frottez avec une pomme de terre crue coupée.

Lunettes de soleil

1. En cas de forte luminosité, à défaut de vraies lunettes, fabriquez-vous des lunettes de secours, style inuit : pliez une bande de carton dans sa longueur, découpez deux fentes le long du pli pour les yeux et une encoche pour le nez. Attachez avec un ruban ou une ficelle et laissez le carton plié pour faire de l'ombre à vos yeux.

2. Assurez-vous que vos verres absorbent bien les rayons ultraviolets, avec un minimum de 400 nm.

Lustre en cristal

Il est inutile de décrocher un lustre pour le nettoyer. Fermez d'abord le commutateur, laissez les ampoules

se refroidir et enlevez-les. Enveloppez les douilles dans des petits sacs en plastique fixés avec des élastiques. Recouvrez la moitié du lustre d'une feuille de plastique et posez-en une autre sur le sol. Vaporisez du produit à vitres sur la partie découverte et essuyez chaque pendeloque. Faites de même pour l'autre moitié.

Ou aspergez le lustre d'une solution d'eau et d'alcool à friction (2 c. à thé d'alcool dans 1 tasse d'eau) et laissez égoutter sur une bonne épaisseur de papier journal.

LE SAVIEZ-VOUS ?

Le plus petit maillot de bain du monde

En 1946, le célèbre couturier Jacques Heim inventa le plus petit maillot de bain du monde : deux minuscules triangles de tissu reliés sur les hanches et un soutien-gorge très étroit. La même année, les États-Unis annonçaient le début des essais nucléaires en faisant sauter une bombe atomique sur une minuscule île du Pacifique. Cette île s'appelait Bikini.

Bien qu'ils n'aient aucun rapport, ces deux événements inspirèrent le fabricant français Louis Réard, qui devait commercialiser le modèle de Jacques Heim. En baptisant son maillot bikini, il espérait que l'impact de celui-ci serait tout aussi explosif que celui de la bombe atomique.

Les G.I. stationnés en Europe rapportèrent des bikinis aux États-Unis. Porté par leurs épouses ou leurs petites amies, ce maillot fit d'abord scandale et ses adeptes furent chassées des plages.

Il fallut attendre les années 1960 pour que ces mini-maillots soient enfin acceptés sur les plages de l'Amérique du Nord.

M

Magnétoscope

Le mieux que vous puissiez faire pour votre magnétoscope est un entretien préventif. Quand un problème surgit, il n'y a pas de remède de bricolage : portez l'appareil à faire réparer.

1. Enregistrez uniquement sur des bandes vidéo de bonne qualité. Les bandes bon marché abîment les têtes, tout comme n'importe quelle autre bande avec plus de 100 heures d'utilisation.

2. L'humidité abîme tout magnétoscope. Ne mettez pas de vase ou de verres pleins dessus. Pour le nettoyer, ne pulvérisez pas de produit, employez un linge non pelucheux juste imprégné de nettoyant. Si vous habitez une région humide, placez un absorbeur d'humidité dans la pièce.

3. L'image est neigeuse, le son manque de netteté : nettoyez les têtes de lecture avec une cassette de nettoyage. Si vous utilisez beaucoup de bandes de location, il faut nettoyer les têtes souvent. (Voir aussi Télévision, p. 216.)

4. Rangez les cassettes dans leur boîtier à l'abri de la poussière. Avant de les utiliser, essuyez-les au besoin avec un chiffon à nettoyer les disques.

Maillot de bain

Confectionnez rapidement un bikini avec trois foulards de couleur, du fil, une aiguille et... un peu d'ingéniosité. Avec une machine à coudre, cela ira encore plus vite.

LE HAUT

Pliez une première fois en triangle un foulard, puis, toujours par pliage, faites une bande plus ou moins large. Placez cette bande dans le dos et nouez-la devant. Si le foulard est assez long, placez-le autour du cou. Croisez sur la poitrine et nouez dans le dos.

Pour mieux épouser la silhouette, enroulez l'avant à l'extérieur, l'arrière à l'intérieur.

LA CULOTTE

Pliez deux foulards en deux pour former des triangles. Repliez les pointes (celles qui forment le bas du V) à environ 5 cm et cousez-les ensemble pour fermer l'entrejambes. Les autres extrémités seront nouées sur les hanches.

Mains

1. Si vous avez les mains sèches, enduisez-les de vaseline ou d'huile d'amande douce avant le coucher et dormez avec des gants de coton.

2. Pour vous nettoyer les mains après une séance de jardinage ou de gros ménage, poudrez-les de sucre avant de les savonner.

3. Lorsque vous mettez de l'ordre dans votre congélateur, protégez-vous les mains du froid en enfilant des gants pour le four.

4. Atténuez les effets de l'alcalinité du savon en vous rinçant les mains à l'eau vinaigrée.

5. Si vos mains sont très sensibles, remplacez le savon par un mélange de fécule de maïs et de jus de citron.

6. Nettoyez-les à fond avec un morceau d'écorce de pamplemousse ou de citron ou frottez-les avec de la poudre de pierre ponce et du jus de citron.

7. Si vous avez tendance à avoir le bout des doigts gercé, protégez-les avec des doigtiers (disponibles en pharmacie) pour accomplir les tâches quotidiennes. Passez de la crème pour les mains sur chaque doigt avant de les enfiler.

Maison de retraite

Placer une personne chère dans une résidence ou un foyer pour personnes âgées est un choix difficile et douloureux. Cependant, garder chez vous une personne âgée non indépendante peut causer de graves perturbations dans votre vie familiale.

Le plus délicat est probablement d'aborder le sujet. Mieux vaut le faire calmement, d'une façon ferme et directe, en essayant de placer la discussion sur un plan objectif et non passionnel. Écoutez bien ce que dit votre parent. Il sera rassuré si vous tenez compte de ses craintes. Sa principale inquiétude est probablement de se faire abandonner. Soyez tout à fait rassurant à ce sujet : ce n'est pas parce qu'il va habiter un établissement spécialisé que vous cesserez de le voir.

Les réticences peuvent autant venir de vous. On éprouve souvent un fort sentiment de culpabilité à l'idée de placer ses parents dans une résidence.

Visitez-en plusieurs dans votre région. Examinez la façon dont le personnel s'occupe des pensionnaires, tant sur le plan des soins et du confort quotidien que sur le plan affectif. Emmenez-y ensuite votre parent et tenez compte aussi bien de ses réflexions favorables que de ses objections. Il sera peut-être plus agréablement surpris que vous ne le supposez.

Enfin, dans la mesure du possible, choisissez une résidence à proximité de chez vous. La certitude d'avoir des visites est une condition indispensable pour qu'une personne âgée accepte de quitter son environnement habituel. (Voir aussi Personnes âgées, p. 169.)

Mal de l'air

1. Si vous êtes sujet au mal de l'air, réservez un siège au niveau de l'aile. Partez bien reposé, portez des vêtements amples, mangez légèrement avant et pendant le vol et, bien entendu, évitez de fumer et de consommer de l'alcool.

2. Si c'est votre enfant qui souffre de ce genre de malaise, évitez de lui en parler avant le départ, ne lui montrez pas les médicaments que vous emporterez éventuellement. Prenez des jouets.

3. Évitez les médicaments qui font dormir et qui diminuent les réflexes si vous devez conduire à la descente d'avion. Choisissez de préférence des préparations phytothérapiques comme de la poudre de gingembre en gélules. Prenez-en deux avant le départ et une autre en cours de vol.

Mal de gorge

1. Évitez les irritants. Si vous fumez, profitez-en pour arrêter.

2. Pour calmer la douleur, préparez une boisson glacée au miel et au citron : pressez le jus d'un citron dans ½ tasse d'eau et ajoutez 1 cuil. à soupe de miel. Mettez des glaçons, remuez bien et buvez avec une paille. Autres calmants : gargarisez-vous à l'eau salée (½ cuil. à thé pour 1 tasse d'eau) trois fois par jour et sucez régulièrement des pastilles à la tétracaïne.

3. Pour garder les muqueuses humides, buvez abondamment des boissons non alcoolisées et vaporisez de l'eau dans votre chambre.

4. Prenez de l'aspirine ou l'un de ses substituts (voir p. 23) pour soulager la douleur.

5. Consultez le médecin si votre température atteint ou dépasse 38,5°C, si vous avez des points blancs sur les amygdales, des ganglions depuis deux semaines et du mal à avaler ou à respirer, si vous avez eu mal à la gorge récemment ou si vous avez des antécédents de rhumatisme articulaire aigu. (Voir aussi Douleur, p. 83.)

AU TEMPS JADIS

Les personnes âgées

Le sort réservé aux personnes âgées à travers le monde et les civilisations est très variable. En Afrique, les vieillards ont toujours été appréciés pour les sages conseils qu'ils donnent aux membres actifs de la communauté.

À Bali, les personnes âgées occupaient le rang le plus élevé. Dépositaires vivants de la tradition, les vieux transmettaient oralement les us et coutumes, les pratiques religieuses et les devoirs sociaux, ce qui leur conférait une autorité incontestée.

Certains nomades de Sibérie ne traitaient pas aussi bien leurs vieillards. Vivant à la limite de la famine, les parents avaient tendance à négliger les jeunes enfants. Plus tard, ceux-ci devenaient à leur tour insensibles aux besoins de leurs parents vieillissants.

Dans son très beau film *La Ballade de Narayama*, le réalisateur Shohei Imamura montre le départ d'une vieille femme japonaise pour la montagne où elle va se laisser mourir afin de ne pas être à la charge de sa famille. Cette coutume se pratiquait aussi chez les Amérindiens et les Inuits.

Dans notre contexte actuel, les personnes âgées récoltent le bénéfice de leurs années de travail grâce aux cotisations obligatoires versées à un organisme d'État, complétées souvent par des versements à un organisme privé.

C'est l'Allemagne qui fut le premier pays à créer, en 1889, ces « pensions de vieillesse ». Au Canada, la première législation sur les retraites date de 1927 ; mais ce n'est qu'en 1951 qu'elle s'est appliquée à tous les citoyens.

Mal de la route

Vous avez tendance à être malade en voiture ? Reposez-vous avant de partir. Prenez un repas léger et facile à digérer. Portez des vêtements confortables. Prévoyez des sacs en papier ou en plastique, une débarbouillette humide et des serviettes. Emportez avec vous des boissons (eau minérale, jus de fruits) et un goûter facile à digérer (popcorn nature, biscuits soda).

Asseyez-vous à côté du chauffeur. Si vous sentez venir la nausée, ouvrez une fenêtre et respirez profondément. (Voir aussi Mal de l'air, p. 142.)

Mal de tête

1. Dès l'attaque du mal (céphalée), allongez-vous dans une pièce sombre et calme pendant 30 à 45 minutes avec une poche de glace ou une compresse froide sur le front.
2. Détendez-vous. Demandez qu'on vous masse le cou, les épaules et le haut du dos. Prenez un bon bain chaud. (Voir aussi Stress, p. 208.)

3. Prenez de l'acide acétylsalicylique ou un substitut (voir p. 23). Évitez de prendre d'autres médicaments pendant que vous avez mal à la tête, attendez la disparition de la douleur.
4. Faites des repas légers et abstenez-vous de tout alcool.
5. Pour trouver la cause de maux de tête à répétition, notez la date et l'heure du début de chaque crise, les circonstances, tout ce que vous aviez bu et mangé et tout changement récent dans vos habitudes. La plupart du temps, les maux de tête ne sont pas graves. Mais s'ils ne sont pas calmés par ces méthodes simples, s'ils s'accompagnent de fièvre, de douleurs faciales ou d'écoulement nasal, s'ils font suite à un accident ou si le mal est aigu ou localisé, consultez le médecin. (Voir aussi Migraine, p. 149.)

Malade à l'étranger

1. Quand vous projetez de partir à l'étranger, commencez par vous renseigner auprès de votre agence de voyages, de votre transporteur aérien ou de l'office du tourisme étranger concerné quant aux vaccinations nécessaires. Recevez ces éventuels vaccins le plus longtemps possible avant le départ.
2. Au besoin, munissez-vous d'un carnet médical qui résume votre état de santé et mentionne toute particularité importante comme une allergie à des médicaments.
3. Demandez à votre médecin de vous écrire les noms génériques de vos médicaments habituels afin qu'un pharmacien étranger puisse les identifier le cas échéant. Si vous portez des lunettes, emportez un double de votre ordonnance.
4. Vous pouvez, bien entendu, souscrire, le temps de vos vacances à une assurance spéciale. Vérifiez que vous ne bénéficiez pas déjà d'un tel service par le truchement de votre assurance médicale, de votre carte de crédit ou de votre club automobile.
5. Pour une somme modique, vous pouvez confier votre dossier médical à la Canadian Medic-Alert Foundation, 293 Eglinton Avenue, Toronto M4P 2Z8 ; (416) 481-5175. Vous recevrez une carte de membre et un bracelet ou un collier gravé comportant votre numéro de membre, la mention de toute anomalie à signaler dans votre état de santé et les coordonnées de l'association. Si vous tombez malade à l'étranger, le médecin soignant pourra appeler l'association à frais virés pour obtenir des directives.
6. À l'étranger, adressez-vous à l'ambassade du Canada pour obtenir le nom d'un médecin. Ou bien abonnez-vous à IAMAT, l'association internationale d'assistance médicale aux étrangers, en écrivant au 188 Nicklin Road, Guelph, Ontario N1H 7L5. Vous recevrez l'annuaire des 500 centres IAMAT du monde que vous pouvez contacter en cas de besoin pour obtenir le nom d'un médecin approuvé, connaissant l'anglais, qui vous facturera selon les barèmes de l'IAMAT.

Maladie des arbres

L'ORME

La maladie hollandaise de l'orme s'est propagée un peu partout au pays et, dans les régions affectées, il reste peu de survivants. Si vous avez chez vous un arbre sain, vous pourriez le protéger par des injections d'un fongicide au niveau du tronc. Malheureusement, cela représente une dépense d'une centaine de dollars par arbre et il faut répéter l'opération chaque année. Quand la maladie s'est manifestée, on peut en retarder l'évolution mais on peut difficilement empêcher l'arbre de mourir. Consultez l'organisme municipal ou régional susceptible de vous renseigner sur les soins à donner à vos arbres ou de vous référer à un arboriculteur.

Une autre maladie fatale pour l'orme se manifeste par un jaunissement subit du feuillage et une décoloration de l'intérieur de l'écorce. Cette maladie est transmise par un insecte et on peut protéger un arbre sain par des arrosages répétées au Malathion. Les arbres déjà atteints ne sauraient être sauvés.

LE FRÊNE

Un arbre rabougri, une coloration automnale prématurée du feuillage et l'apparition de « balais de sorcière » (paquets de feuilles en grappes serrées) sont les premiers symptômes d'une maladie qui est en train de s'étendre sur le nord-est du continent et pour laquelle on ne connaît pas de remède. On peut protéger les arbres sains en leur fournissant beaucoup d'eau pendant une sécheresse et une fertilisation équilibrée tard en automne ou tôt au printemps.

LE CORNOUILLER

Fertilisez et abreuvez vos cornouillers comme il a été décrit plus haut pour les frênes afin de les protéger contre l'anthracnose. Ce champignon qui s'attaque d'abord aux rameaux et aux branches inférieures gagne bientôt l'arbre en entier.

Coupez les branches affectées pour stopper la progression de la maladie en prenant soin de désinfecter votre sécateur à l'alcool entre chaque coupe. L'automne venu, ramassez les feuilles et brûlez-les ; elles portent les spores de la maladie. Coupez les rameaux du tronc et des branches maîtresses pour réduire l'infestation.

L'ÉRABLE

Le dépérissement de l'érable touche l'érable rouge, l'érable de Norvège et l'érable à sucre. Un défaut de croissance dans les rameaux, un feuillage épars, des branches qui meurent dans la tête de l'arbre de même qu'une coloration automnale précoce du feuillage, tous ces indices sont le résultat d'assauts environnementaux tels que l'exposition des racines au sel de déneigement, l'envahissement d'insectes rongeurs, des traumatismes mécaniques aux racines par des travaux de construction. Une intervention rapide peut sauver la situation. Arrosez abondamment, fertilisez, éliminez les branches mortes. Vous pouvez aussi tenter de détourner les eaux d'écoulement du printemps chargées de sels.

Maladies de la pomme de terre

Si d'année en année, la rouille ou le mildiou atteint vos plants de pomme de terre, choisissez un nouvel emplacement. Retardez la date de plantation de quelques jours à deux semaines. L'humidité est responsable de la prolifération de ces moisissures sur les feuilles. En profitant des pleines chaleurs, vous viendrez à bout de la maladie parce que le feuillage sera plus sec. Utilisez une variété qui pousse bien en plein été comme la Homestead Hybrid. Il existe aussi des variétés résistantes à la maladie, la Kennebec venant en tête de liste. Vous pouvez essayer d'autres variétés moins résistantes telles la Cherokee, l'Alamo et la Sebago.

Malaxeur

1. Si le liquide fuit autour du couvercle, placez sur les bords du récipient des bandes de papier d'aluminium avant de mettre le couvercle ; ou entourez le récipient avec un large élastique.

2. Prolongez la vie de votre mélangeur en ôtant toutes les particules alimentaires prises sous les lames (si elles sont solidaires du bol). Versez quelques gouttes de détergent doux avec une tasse d'eau chaude dans le bol et faites tourner pendant quelques secondes ; répétez avec de l'eau claire pour le rinçage. S'il reste des résidus, débranchez l'appareil, puis pliez le bout d'un goupillon et passez-le sous les lames.

3. Quand un mélangeur ne coupe plus mais fonctionne encore, utilisez-le à l'atelier pour mélanger de la peinture ou de l'engrais.

Manche d'outil

1. Pour qu'une pelle ou une bêche tienne bien en main, glissez deux morceaux de chambre à air de vélo sur le manche aux endroits où vous posez vos mains.

2. Vous réparerez provisoirement un manche d'outil cassé en biseau en clouant et collant les deux parties. Renforcez avec deux ou trois colliers à vis.

3. Huilez légèrement les manches en bois neufs des outils de jardin et ne laissez pas les outils à la pluie.

Mangeoire à oiseaux

1. Pour remplir une mangeoire, improvisez un entonnoir en découpant le fond d'une bouteille en plastique.

2. Attachez une ficelle à la pointe d'un cône de pin bien ouvert. Roulez le cône de pin (à température ambiante) dans du gras de bacon ou du beurre d'arachide puis dans des graines pour oiseaux ou des miettes de pain. Suspendez à une branche.

Marchette

1. Pour transporter des petites choses, attachez un panier d'osier sur le devant de votre marchette. Passez un élastique ou une bande de caoutchouc à travers l'osier pour retenir un verre de jus solidement à l'intérieur du panier. Pour plus de sécurité, prenez un contenant avec un couvercle ou une gourde de cycliste.

2. Attachez un sac en plastique sur le montant de la marchette pour transporter des mouchoirs de papier ou d'autres menus objets : placez-en un autre sur l'autre côté pour les déchets.

3. Si vous avez de la difficulté à refermer les portes, installez une corde de la poignée jusqu'à un œillet fixé du côté des charnières ; vous n'aurez qu'à tirer sur la corde pour fermer la porte derrière vous.

4. Pour améliorer le confort et la prise de vos mains, enroulez un ruban adhésif sur la barre supérieure de la marchette.

5. Pour atteindre les objets, servez-vous d'une longue pince ; attachez-la au cadre de la marchette.

Mariage

Voici quelques idées pour organiser un mariage à peu de frais et laisser de merveilleux souvenirs aux mariés et aux invités.

1. Essayez d'arrêter une date en été : il sera plus facile de réunir tout le monde par beau temps pour une réception à l'extérieur. Si vous avez la chance d'habiter la campagne, organisez un grand pique-nique tout en soignant les détails de votre fête. Des tenues élégantes s'accommodent très bien d'un cadre champêtre.

2. La robe de la mariée sera d'autant plus remarquée qu'elle est originale. Soit cette tenue s'harmonise avec la personnalité de la mariée, son style de vie, sa profession (des skieurs se sont mariés en fuseau et en anorak blancs), soit elle est franchement audacieuse et crée un effet de surprise. N'oubliez pas aussi que des magasins « rétro » vendent des robes de mariée dans le style d'autrefois.

3. Au lieu de louer une salle de réception pour un repas assis, songez à une réception plus simple, chez vous, au milieu de l'après-midi.

4. Pour le buffet, préparez vous-même des paniers de crudités et trempettes et de petits canapés de formes diverses. Pensez que le punch revient moins cher que le champagne et qu'un vinier est pratique et très convivial.

5. Chargez de la décoration florale quelqu'un qui pourra se rendre au marché le matin même et en rapporter des fleurs fraîches. Ou faites cueillir, le matin même, des fleurs sauvages. Elles feront très bel effet, mais ne dureront que la journée.

6. Dans vos relations, vous trouverez certainement un jeune qui joue de la musique et qui peut recruter des amis musiciens. Un petit orchestre crée une ambiance sympathique. Faites alterner avec des morceaux enregistrés.

Marmite à vapeur

1. Improvisez une marmite à vapeur : versez 2,5 cm d'eau dans une marmite et posez au centre un petit moule d'au moins 3 cm de haut, qui servira d'assise à un plat supportant la cuisson. Portez à ébullition et mettez les aliments à cuire dans le plat. Couvrez en laissant s'échapper la chaleur afin d'éviter que la vapeur ne retombe en eau sur les aliments.

2. Autre possibilité : emplissez à demi une grande casserole d'eau. Posez dessus une double épaisseur de papier d'aluminium et fixez-le tout autour de la casserole. Faites de petits trous avec une fourchette, puis portez l'eau à ébullition. Posez les aliments dans ce berceau improvisé et couvrez.

Marteau

1. Vous pouvez enfoncer un clou avec l'extrémité d'une hachette ou un petit pied-de-biche. Mettez un morceau de métal plat sur la tête du clou si vous ne voulez pas marquer l'outil.

2. Pour ne pas vous écraser les doigts, tenez le clou avec une pince à cheveux ou à épiler, une pince à cornichons, une pince à linge ou piquez-le dans une languette de carton jusqu'à ce qu'il tienne dans le mur.

3. Des générations de femmes ont utilisé cette solution rapide pour enfoncer des crochets de cadres dans du plâtre : le talon à bout d'acier d'une chaussure.

4. Ne prenez ni clé, ni rabot, ni aucun autre outil de l'atelier en guise de marteau, vous risqueriez de les rendre inutilisables. Un clou peut rayer une surface métallique lisse et ébrécher la fonte.

Masque de plongée

1. Pour empêcher votre masque de plongée de s'embuer, crachez dessus, frottez le verre et rincez.

2. Pour expulser l'eau du tuba lorsque vous remontez d'une plongée en apnée, penchez la tête en arrière et expirez au moment où votre masque parvient à la surface de l'eau. Continuez à souffler tout en replongeant la tête pour nager.

3. Si votre tuba se remplit d'eau, n'aspirez pas. Attendez que le haut du tuba soit en surface, puis soufflez pour expulser l'eau.

Matelas

1. Pour maintenir un matelas en place, insérez une thibaude (ou sous-tapis) entre le matelas et le sommier.

2. Pour répartir l'usure, retournez un matelas en le plaçant tête au pied ou dessus dessous toutes les trois semaines pendant trois mois et tous les deux mois par la suite.

3. Exposez un matelas à l'air et au soleil pour l'assainir.

4. Tous les trois mois, passez l'aspirateur sur votre matelas ; insistez au niveau des plis, des creux ou des boutons pour bien déloger les peluches.

Matériel de sport

1. Pour renforcer vos chevilles, remplissez des chaussettes avec du sable, du riz ou des légumes secs. Commencez par 1 kg. Placez la charge au milieu de la chaussette et enserrez-la par un nœud

de part et d'autre. Attachez les chaussettes autour de vos chevilles. Allongez-vous sur le dos, une jambe allongée et l'autre repliée. Levez la jambe tendue aussi haut que possible. Changez de jambe et recommencez.

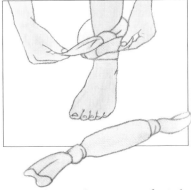

2. Des boîtes de conserve font de bonnes petites haltères, de même que les bouteilles d'eau en plastique. Tenez-en une dans chaque main et levez alternativement les bras à hauteur de l'épaule.

3. Malaxez une balle de tennis dans chaque main pour développer votre poigne.

4. Pour étirer vos mollets, asseyez-vous sur le sol, jambes tendues. Passez une serviette de bain sous un pied et tirez la serviette à deux mains en résistant du pied. Faites de même avec l'autre jambe.

5. Debout, tenez une serviette de toilette roulée au-dessus de votre tête et tirez sur les extrémités.

6. Mettez un pied devant vous sur le dossier d'une chaise en gardant la jambe tendue. Penchez-vous en avant en tenant votre cheville à deux mains et en essayant de toucher le genou avec le front. Maintenez la position cinq secondes ; recommencez avec l'autre jambe.

Mauvaise haleine

1. Brossez-vous les dents avec une pâte composée de bicarbonate de soude et d'eau pour garder l'haleine fraîche. Le bicarbonate neutralise les acides qui contiennent les bactéries à l'origine de la mauvaise haleine et des caries dentai-

res. Un bain de bouche d'eau additionnée de peroxyde est également bactéricide.

2. Mâchez du persil frais après les repas : il contient un antiseptique qui tue les bactéries dans la bouche. Il est également efficace pour lutter contre les odeurs d'ail ou d'oignon. Ou encore, mâchez des feuilles de menthe ou sucez un clou de girofle.

3. Passez quotidiennement le fil dentaire pour déloger les particules de nourriture entre les dents.

Médicaments

Pour faire le meilleur usage des prescriptions de votre médecin, évitez les interactions médicamenteuses néfastes et respectez l'horaire de prise de vos remèdes.

INTERACTIONS MÉDICAMENTEUSES

Une personne qui prend plus d'un médicament (prescription ou automédication) ou qui boit de l'alcool pendant le traitement risque de présenter des effets secondaires dus à l'interaction des médicaments. Les personnes âgées y sont particulièrement vulnérables. Voici comment éviter ce risque.

1. Tenez la liste de tous vos médicaments à jour et demandez à votre médecin de vérifier l'absence d'interactions médicamenteuses à chacune de vos visites de routine.

2. Si vous ressentez des effets secondaires avec un nouveau médicament, apportez en même temps tous vos médicaments au médecin pour qu'il identifie l'origine de ces symptômes.

3. Chaque fois que vous consultez un nouveau médecin, apportez-lui la liste de vos médicaments.

4. Achetez toujours vos médicaments à la même pharmacie dont l'informatisation permet de garder trace de tous ceux qu'on vous a déjà prescrits et de vos allergies éventuelles. En cas de prescription d'un nouveau médicament, le pharmacien saura tout de suite s'il y a une incompatibilité.

PLANIFICATION HEBDOMADAIRE

1. Confectionnez un horaire pour la semaine. Inscrivez verticalement les jours de la semaine et horizontalement les heures de la journée. Notez les prises aux heures correspondantes. À chaque prise, cochez.

2. Si vous n'êtes pas à la maison, emportez une montre-réveil que vous ferez sonner aux heures des prises. Transportez le tableau et les médicaments dans votre poche ou dans votre sac à main. Quand la montre sonne, consultez le tableau et prenez le remède.

3. Numérotez les compartiments d'un bac à glaçons de sorte qu'ils correspondent à vos heures d'éveil. Chaque matin, placez les pilules ou un morceau de papier (pour les médicaments liquides) dans les compartiments appropriés. Retirez le morceau de papier dès que le médicament est pris.

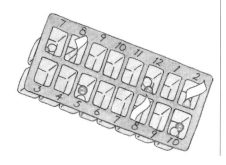

Mémoire

1. Pour mémoriser le nom d'une personne que l'on vient de vous présenter, utilisez une petite astuce. Répétez tout haut le nom, en vous exclamant par exemple : « Oh, M. Delahaye, je suis ravi de vous rencontrer. » Une méthode efficace si, comme beaucoup de gens, vous avez du mal à retenir immédiatement un nom de famille.

2. Pour vous souvenir du prénom des enfants de vos amis, inscrivez-les dans votre carnet d'adresses à côté du nom de leurs parents.

3. Beaucoup de gens croient avoir une mauvaise mémoire, alors qu'ils n'ont en réalité qu'une mauvaise organisation ! Mieux vaut prendre l'habitude de toujours ranger au même endroit clés, gants, etc.

4. Ayez toujours un carnet et un crayon sur vous, dans la voiture, dans un tiroir de la maison et près du téléphone. Notez tout ce qui est important et prenez l'habitude de consulter la liste tous les matins.

5. N'ayez pas peur de parler tout seul. Si le téléphone sonne au moment où vous alliez sortir, posez vos clés de voiture et dites à haute voix : « Clés, je vous mets sur la table de la cuisine. » Bien sûr, cela a peut-être l'air un peu idiot, mais cela vous évitera de chercher fébri-

lement lesdites clés une fois que aurez raccroché.

6. Utilisez la même technique pour les médicaments. Dites à haute voix : « Il est 8 heures, je prends mon comprimé. » Ou alors passez votre montre du poignet gauche au poignet droit.

7. Exercez votre mémoire en suivant les émissions de radio ou de télévision qui la sollicitent ou en jouant à des jeux de cartes qui la font travailler, comme le bridge.

8. Notez vos sorties dans votre agenda, les films que vous avez vus, les achats que vous avez faits, les gens que vous avez rencontrés.

Mémoire défaillante

Bien que les personnes âgées aient tendance à perdre la mémoire, la vieillesse elle-même n'est pas la seule cause de cette défaillance. Elle peut aussi être causée par des médicaments, la maladie, l'alcool, la dépression, le stress ou l'isolement. Si quelqu'un de votre entourage souffre de pertes de mémoire, suggérez-lui de consulter un médecin pour savoir si la cause est physique et s'il existe un remède.

Vous pouvez rendre la vie plus facile à quelqu'un de votre entourage qui perd la mémoire.

1. Placez des étiquettes sur la porte des placards et sur les tiroirs en indiquant ce qu'ils contiennent.

2. Accrochez une étiquette bien visible aux clés et suspendez-les toujours à la même place.

3. Affichez un calendrier mural et inscrivez-y les dates importantes.

4. Ne répétez pas : « Je te l'ai déjà dit », même si c'est vrai. En revanche, annoncez les dates des fêtes, des anniversaires, des rendez-vous, etc., suffisamment à l'avance et rappelez-les au besoin.

Ménopause

Pour des femmes, ce « changement de vie » s'effectue rapidement et relativement sans douleur. D'autres subissent plusieurs années de bouffées de chaleur, de malaises

---

LE SAVIEZ-VOUS ?

La mémoire peut se développer

« Mais où est donc Ornicar ? » Cette phrase a fait la joie de nombreux écoliers qui, ainsi, se souvenaient sans peine de toutes les conjonctions de coordination : mais, ou, et, donc, or, ni, car. C'est ce que l'on appelle un moyen mnémotechnique. Il en existe bien d'autres, très utiles pour ceux qui retiennent difficilement les noms et certaines règles élémentaires.

Ainsi, pour se souvenir que l'adret est le versant ensoleillé de la montagne et l'ubac le versant sombre et humide, pensez *ubac* : *humide*. Pour amont et aval, pen-

sez *amont* et *mont*agne, a*val* et *val*lée. Pour babord et tribord, retenez *droite* : *tribord*.

Toutes sortes d'exercices sont excellents pour le développement de la mémoire : apprendre des poèmes, des membres de phrase que l'on trouve intéressants, faire l'effort de répéter à haute voix ce que l'on vient de lire dans le journal ou d'entendre à la radio. On peut également participer de façon active aux jeux radiophoniques ou télévisés, s'amuser à réciter à l'envers des phrases de plus en plus longues, etc.

divers accompagnés parfois de légers troubles psychologiques. Si vous rencontrez ce genre de difficultés, n'en ayez pas honte et parlez-en aux gens de votre entourage afin qu'ils comprennent votre problème. Pensez à en discuter avec une femme plus âgée : son expérience pourra vous aider.

1. Restez calme pendant vos bouffées de chaleur. Réduisez le chauffage et, plutôt qu'un gros lainage, portez plusieurs vêtements en coton amples et faciles à enlever. Dormez dans des draps et des vêtements de nuit en coton et prévoyez un thermos d'eau fraîche sur la table de nuit.

2. Conservez dans le congélateur deux poches de froid du type de celles qu'utilisent les sportifs. Appliquez-les sur vos joues quand survient une bouffée de chaleur.

3. Après avis médical, entreprenez des séances régulières de gymnastique et de relaxation.

4. Demandez l'avis de votre médecin sur la possibilité de suivre une hormonothérapie de substitution. (Voir aussi Ostéoporose, p. 161.)

Mesurer

1. Si vous n'avez personne pour vous aider à mesurer une longueur importante, maintenez l'extrémité du ruban à mesurer avec un objet lourd ou de l'adhésif.

2. Voici comment procéder pour diviser une planche en parties égales dans le sens de la longueur. Placez une règle en diagonale sur la surface à diviser de façon que le

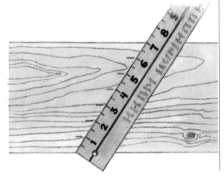

0 de la graduation coïncide avec le bord gauche, puis ajustez l'autre bout de la règle, jusqu'à ce que le bord droit de la planche s'aligne sur une graduation égale au nombre de divisions voulues (ou à un multiple). Marquez les divisions.

3. À défaut de ruban pour mesurer la circonférence d'un objet, ceinturez-le avec une ficelle ou une bande de papier que vous mesurerez ensuite à plat avec une règle.

4. Pour tracer un angle à 90°, construisez un triangle dont les côtés sont dans les rapports 3, 4 et 5 (par exemple, 30, 40 et 50 cm, ou 60, 80 et 100 cm, ou encore 3, 4 et 5 m). Utilisez des ficelles ou des baguettes. L'angle formé entre les côtés de rapports 3 et 4 est toujours à 90°.

5. Mesurez rapidement en utilisant votre propre corps. Si vous êtes de taille moyenne, la première articulation de votre index fait environ 2,5 cm et la largeur de votre poing est d'environ 10 cm. Relevez ainsi plusieurs longueurs : votre empan (entre les extrémités du pouce et de l'auriculaire quand vos doigts sont écartés), votre longueur de bras, votre « envergure », votre hauteur à la taille, vos pas normaux et longs...

Mesures culinaires

1. Une chopine équivaut à 2 tasses ou 16 oz liquides ou 450 ml.

2. Un demiard équivaut à 1 tasse ou 8 oz liquides ou 225 ml.

3. Vous n'avez pas de tasse à mesurer ? Employez un carton de lait ou un bocal de 1 litre pour mesurer grosso modo 4 tasses ; de 500 ml pour 2 tasses ; une boîte de conserve de 250 ml pour 1 tasse.

4. Une tasse à thé contient normalement 8 oz liquides, 1 tasse ou 225 ml. Un verre à jus ordinaire contient 4 oz, soit 1 demi-tasse ou 112 ml.

5. En guise de mesure dans la cuisine, pensez au godet de votre pot à café : il contient environ 2 cuillerées à soupe (30 ml).

Meuble branlant

1. Vérifiez que toutes les vis et tous les écrous sont bien serrés.

2. Pour réparer un joint décollé, d'un barreau de chaise, par exemple, retirez le bout du barreau de la cavité en évitant de décoller les autres. Faites ramollir l'ancienne colle (voir p. 60) et grattez tant le bout du barreau que l'intérieur de la douille. Appliquez de la colle à bois sur le bout du barreau, étendez-la tout autour et enfoncez le barreau dans la cavité. Essuyez l'excédent de colle avec un linge humide. Appliquez un tourniquet pour bien serrer les morceaux jusqu'à ce que la colle soit sèche.

3. Si une vis ou une cheville se desserre parce que le bois a séché et que le trou est trop grand, saucez des cure-dents dans de la colle et glissez-les dans le trou. Ou bien bourrez avec du papier ou installez deux bandes de tissu sur la cheville avant de la glisser dans la douille que vous aurez préparée avec de la colle. Avec un rasoir, vous couperez les bouts de tissu qui débordent.

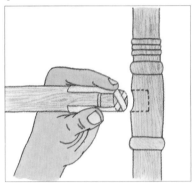

4. Si un pied de table ou de chaise est plus court que les autres, posez le meuble sur une surface plane et placez une boule de mastic à bois ou de bois plastique sous le pied trop court (placez une feuille de papier ciré entre le sol et le mastic). Quand le mastic est sur le point de prendre, découpez le surplus au couteau. Pour une bonne adhérence sur le bois, dépoussiérez et striez le dessous du pied.

LE SAVIEZ-VOUS ?

La mystique des miroirs

L'image reflétée par une fontaine a fait tomber Narcisse en extase et, depuis, l'image de soi-même n'a rien perdu de sa fascination. Mais les miroirs ne sont pas uniquement au service de la vanité. Ils ont inspiré bien des superstitions et stimulé les imaginations.

Les Chinois suspendaient des miroirs au-dessus de leur porte d'entrée pour que les mauvais esprits soient si effrayés à la vue de leur horrible image qu'ils passent leur chemin.

Le savant grec Archimède, pour sauver Syracuse, sa ville natale, inventa d'énormes miroirs qui reflétèrent et concentrèrent la lumière du soleil sur la flotte romaine qui attaquait la ville... et les bateaux brûlèrent sous l'intense chaleur produite.

Les propriétaires des palais vénitiens du XVIe siècle stimulaient la vigilance de leurs domestiques en leur disant que casser un miroir leur vaudrait sept ans de malheur... et ils faisaient en sorte de rendre vraie leur malédiction.

Que se passe-t-il de l'autre côté d'un miroir ? Qui est cette personne qui nous regarde ? Les miroirs réfléchissent, mais parlent-ils ? Toutes ces interrogations ont été (et seront encore) les thèmes de romans, de nouvelles et d'histoires fantastiques. Jean Cocteau nous a laissé cette pensée : « Les miroirs feraient bien de réfléchir un peu avant de renvoyer les images. »

Migraine

Cette affection consiste en une douleur pulsative intense sur un seul côté de la tête. Les signaux d'alerte en sont : éclairs lumineux, vertiges et nausées.

1. Dès que les signes précurseurs se manifestent, prenez votre remède et buvez une tasse de café bien chaud.

2. Quand la douleur s'est installée, versez-vous un verre d'eau froide sur la tête, prenez une douche froide ou posez une poche de glaçons sur votre tête.

3. Allongez-vous dans une pièce sombre et calme et imaginez quelque chose de beau ; écoutez de la musique douce. (Pour développer vos facultés de relaxation, faites cet exercice trois fois par semaine pendant 30 minutes, que vous soyez en crise ou pas.)

4. Faites un massage léger du cuir chevelu, du cou et des épaules.

PRÉVENTION

1. Recherchez la cause de vos migraines en tenant un journal (voir Mal de tête, p. 143). Les grands coupables sont souvent le vin blanc, la charcuterie, le chocolat, les fromages fermentés et le tabac.

2. Ayez un mode de vie régulier : levez-vous tous les jours à la même heure, mangez à heures fixes et faites de l'exercice.

3. Portez des verres teintés quand vous êtes au soleil et évitez de regarder directement les lumières vives. (Voir aussi Douleur, p. 83.)

Miroir

1. Ne vaporisez jamais un produit pour les vitres directement sur un miroir, les coulées pourraient s'infiltrer au dos et endommager le tain. Versez le produit sur un chiffon doux et propre et essuyez.

2. Masquez une éraflure dans le tain d'un miroir avec de la soudure blanche pour réparer les circuits électroniques.

3. Fixez un miroir au mur avec des attaches comportant un coussinet souple (mousse ou liège). Laissez un jeu de 1 ou 2 mm entre les bords du miroir et les attaches latérales.

4. Pour décoller un miroir fixé par des pastilles en mousse adhésives double face, glissez un fil en nylon ou un fil dentaire entre le miroir et son support. Imprimez au fil un mouvement de va-et-vient.

5. Agrandissez une petite pièce en recouvrant un mur de miroirs.

Mode

1. Faites des essais avec les couleurs. Mettez des échantillons près de votre visage pour voir quelles couleurs vous flattent le plus.

2. Ne soyez pas esclave de la mode ; si elle ne vous convient pas, ne la suivez pas. Pour être sûr de ne pas faire de bêtises, choisissez un style classique pour les vêtements coûteux comme les manteaux. Suivez la mode pour les habits moins chers, comme les chemisiers ou les vêtements de sport.

3. Une autre façon de suivre la mode est d'en acheter uniquement les accessoires : chaussures, ceintures, sacs et bijoux fantaisie. Les foulards ou les écharpes donnent facilement un second souffle à un vêtement : portez-les autour du cou, de la taille ou encore en turban ou en châle. Fabriquez-les vous-même dans une pièce de tissu léger.

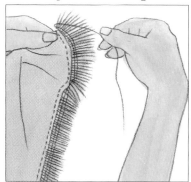

Pour la frange, effilochez les bords en tirant sur le fil.

Moisissure

Pour éviter les taches de moisissure, ne rangez rien qui ne soit parfaitement sec.

SOUS-SOL

1. Ouvrez les fenêtres aussi souvent que possible et procurez-vous un déshumidificateur si vous ne pouvez pas aérer.

149

2. Vérifiez qu'il n'y a pas d'infiltrations d'eau ni de fuites sur les canalisations d'amenée et d'évacuation d'eau. Si l'eau s'infiltre par les murs, appliquez un produit d'étanchéité. Si elle remonte par le sol, creusez un drain et abaissez le niveau d'eau à l'aide d'une pompe de puisard équipée d'un mécanisme de marche-arrêt automatique.

SALLE DE BAINS

1. Éliminez les traces de moisi sur les joints du carrelage mural avec un tampon à récurer doux. Rincez avec de l'eau additionnée d'eau de Javel. Recouvrez les taches résistantes d'une pâte faite de poudre à récurer et d'eau de Javel ; laissez agir, frottez et rincez.
2. Après avoir utilisé la douche, essuyez les murs et laissez la porte coulissante ou le rideau ouvert pendant qu'ils sèchent. Fermez ensuite la porte ou tirez le rideau pour qu'ils sèchent à leur tour.
3. Pour nettoyer une cabine de douche aux parois en polycarbonate ou autre vitrage synthétique, frottez doucement avec du bicarbonate de soude sur une éponge humide, rincez et essuyez.
4. Trempez un rideau de douche moisi dans la baignoire ou dans un grand bac rempli d'eau javellisée. Frottez les taches avec une brosse à ongles et du détergent.

VÊTEMENTS

1. Enlevez les taches de moisi sur un tissu lavable en le mouillant et en le frottant avec du détergent. Lavez à l'eau chaude additionnée d'eau de Javel, si le tissu le permet, et rincez.

PLACARDS

1. Améliorez la circulation d'air en entrouvrant les portes. Remplacez une porte pleine par une porte-persienne ou placez des grilles d'aération en haut et en bas des portes.
2. Rangez les objets susceptibles de moisir, comme les chaussures et les bagages, sur des clayettes métalliques ou sur des étagères perforées, afin que l'air circule. Ne rangez jamais souliers, vêtements, linge, objets mouillés ou humides dans des placards fermés.

LIVRES

1. Dans les placards et les bibliothèques, placez des blocs désodorisants inodores pour réfrigérateur. Le charbon de bois purifié et activé qu'ils contiennent éliminera les spores de moisissure.
2. Saupoudrez les pages humides de farine de maïs. Laissez agir plusieurs heures et brossez : l'humidité doit avoir été absorbée. Si la moisissure est installée, brossez dehors pour éviter que les spores restent sur place.

MATELAS

1. Transportez le matelas dehors et brossez les moisissures. Aspirez, puis jetez le sac de l'aspirateur. Exposez le matelas au soleil pendant plusieurs heures de chaque côté, jusqu'à ce qu'il soit complètement sec. À l'intérieur, utilisez un radiateur soufflant.
2. Le dessous d'un matelas installé sur une base pleine peut moisir. Posez-le sur un sommier à lattes ou percez des trous dans la base pour l'aérer. Laissez-le à l'air avant de faire le lit et retournez-le toutes les semaines.

RÉFRIGÉRATEUR

1. Essuyez régulièrement les parois du réfrigérateur à l'aide d'une éponge imbibée d'une solution de bicarbonate de soude, puis rincez-les avec de l'eau vinaigrée.
2. Si votre réfrigérateur possède un plateau de récupération en dessous, nettoyez-le périodiquement et aspergez-le d'une solution de bicarbonate de soude.
3. Inspectez régulièrement le bac du récupérateur d'eau de dégivrage et nettoyez-le à l'eau javelisée : les poussières qui s'y accumulent peuvent former une couche de moisissures malodorantes.

Morsure de chien et de chat

La morsure d'un chat est parfois plus dangereuse que celle d'un chien car sa gueule contient davantage de bactéries et ses dents acérées font des blessures difficiles à désinfecter.

Lavez la morsure du chien ou du chat avec de l'eau et du savon, rincez-la sous l'eau courante pendant au moins cinq minutes et couvrez-la d'un pansement. Ne tentez pas de refermer la zone avant qu'elle ne soit examinée par un médecin.

LA RAGE

Elle peut être transmise aux animaux domestiques à travers des animaux sauvages et des chiens errants.

À moins d'un traitement immédiat, la maladie est mortelle. Il est donc essentiel d'identifier l'animal responsable d'une morsure, même si son comportement paraît normal. Recherchez son propriétaire et demandez-lui si son chien a bien subi la vaccination antirabique, y compris les injections de rappel. Si l'animal est inconnu, informez le service de surveillance des animaux de votre municipalité pour qu'on l'attrape et qu'on le fasse examiner par un vétérinaire.

Morsure de serpent

En cas de morsure par un serpent venimeux, voici ce qu'il faut faire :
1. Lavez à l'eau et au savon le site de la morsure en prenant soin d'essuyer vers la périphérie. N'appliquez pas de glace.
2. Immobilisez le membre touché dans une éclisse et maintenez le membre sous le niveau du cœur.
3. Transportez la victime vers un centre médical d'urgence si possible, et s'il est absolument nécessaire de faire marcher la victime, allez-y lentement.
4. Un garrot n'est utile que s'il est impossible d'obtenir une assistance médicale avant un délai de deux heures. Il ne faut surtout pas blo-

quer la circulation sanguine puisque c'est directement sous la peau que le venin se propage. Vous devez être en mesure de glisser un doigt sous votre garrot. Placez-le au poignet pour un doigt atteint ou juste au-dessus de l'articulation pour un membre. Laissez-le en place jusqu'à ce que vous trouviez du secours.

5. Si des symptômes d'intoxication se manifestent alors que vous êtes encore dans un coin reculé, appliquez le garrot, pratiquez une entaille au niveau des points de morsure avec une lame stérilisée et retirez le venin avec une poire à succion qu'on trouve dans les trousses de premiers soins. Une douleur importante, de la faiblesse, des nausées et de la difficulté à respirer sont les premières manifestations d'une intoxication grave.

Mortier

1. Pour empêcher que le mortier ne s'effrite, enduisez-le au pinceau d'imperméabilisant invisible de maçonnerie. Cela écartera l'eau, qui l'endommage en gelant.

2. Du mortier frais ne colle pas sur du mortier ancien (il accroche seulement sur les aspérités). Pour que le nouveau mortier accroche solidement, nettoyez l'ancien avec un jet d'eau puissant pour ôter les parties friables. Sur du mortier lisse, appliquez une couche primaire d'accrochage liquide à étaler au pinceau.

3. Si vous mélangez votre propre ciment, ne préparez que des petites quantités à la fois car il durcit vite.

Moteur surchauffé

Une surchauffe peut très rapidement abîmer un moteur, et de façon irrémédiable. Dès que la jauge de température commence à monter, agissez immédiatement (quand le signal d'alarme s'allume, le problème est déjà sérieux !).

1. Fermez le climatiseur, le cas échéant, et allumez le chauffage pour enlever de la chaleur au mo-

teur. Si vous vous arrêtez une minute ou plus dans un embouteillage, passez au neutre et accélérez légèrement le moteur pour activer le passage du liquide de refroidissement. Ne collez pas de trop près la voiture qui vous précède car elle dégage de la chaleur.

2. Si la température monte toujours, garez-vous sur le côté. Soulevez le capot (attention, le capot et le moteur sont très chauds). N'ôtez surtout pas le bouchon du radiateur, car la vapeur sous pression pourrait vous occasionner de graves brûlures. Recherchez l'anomalie : courroie ou ventilateur cassés, durite ou radiateur percés, insectes dans le condenseur de l'air conditionné, radiateur bouché par des saletés, niveau du liquide de refroidissement trop bas... (Voir aussi Durite de radiateur, p. 83.)

3. Si vous ne trouvez aucune cause évidente, laissez refroidir le moteur pendant une heure, puis vérifiez le niveau du liquide dans le radiateur. Si celui-ci n'a pas de bouchon, ajoutez de l'eau dans le vase d'expansion. Consultez votre garagiste au plus vite.

Mouche noire

Bon nombre de produits commerciaux sont efficaces pour chasser les mouches noires ; mais des campeurs et des travailleurs au grand air leur préfèrent une huile de bain nommée Skin-So-Soft. Appliquez-la, diluée avec un peu d'eau, sur toutes les parties exposées. Mais vous devrez souvent répéter l'opération. L'huile de citronnelle est aussi disponible dans toutes les pharmacies.

Si vous êtes assailli de toutes parts en travaillant dans le jardin, portez un chapeau garni d'un filet à mailles serrées que vous attacherez sous les épaules. Veillez à ne laisser aucune ouverture dans votre habillement en entrant vos pans de chemise dans votre pantalon et les jambes du pantalon dans vos chaussettes.

Mouches

À défaut de tue-mouches, un journal enroulé est un mauvais substitut car il déplace de l'air et les mouches sont sensibles aux courants d'air. Essayez plutôt ceci. Remplissez d'alcool à friction un vaporisateur pour plantes et aspergez-en les mouches, qui seront tuées aussitôt... Mais attention aux taches sur les murs et les meubles. Ou pulvérisez de la laque à cheveux sur les mouches pour leur coller les ailes. Après quoi vous pourrez les assommer facilement avec votre papier journal.

Mouches à fruits

Ces mouches minuscules sont attirées par les fruits et les légumes fermentant ou trop mûrs, par le vinaigre, les jus de fruits ou le pain au levain. Pour les piéger, posez un entonnoir dans l'ouverture d'un bocal dans lequel vous aurez mis des morceaux de fruits gâtés. Les mouches, appâtées, entreront dans le bocal par l'entonnoir mais ne pourront plus en ressortir.

Dehors, ramassez chaque jour tomates et autres fruits tombés sur le sol. Maintenez le couvercle de la poubelle bien fermé.

Mouffettes

Si les mouffettes fréquentent votre région, vous pouvez vous attendre à ce que votre animal favori vous revienne un jour à la maison dégageant une odeur mémorable.

Le jet de la mouffette contient des sécrétions irritantes pour les yeux de votre animal. Vous devez d'abord les lui arroser abondamment à l'eau chaude, puis lui appliquer des gouttes d'huile d'olive tiédie.

1. Si tout le corps a été aspergé, brossez-le d'abord vigoureusement avec du jus de tomates.

2. Pour éliminez l'odeur, rincez abondamment avec une solution de vinaigre ou d'eau de Javel à 1 pour 10. Ajoutez un peu de détergent comme agent moussant.

151

Moules

1. Si une moule est ouverte, véri-fiez qu'elle est bien vivante : insé-rez la pointe d'un couteau ; elle doit se rétracter immédiatement. Si ce n'est pas le cas, jetez-la. Si une moule reste fermée après la cuis-son, éliminez-la.

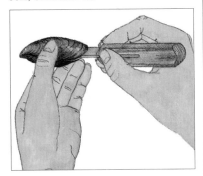

2. Pour nettoyer les moules, bros-sez-les sous l'eau courante, puis retirez le byssus en tirant dessus avec un petit couteau ou en le cou-pant avec des ciseaux. Frottez les moules une dernière fois dans de l'eau très froide.

Moules à bougies

Des boîtes de conserve ou de lait en carton, des gobelets en carton peu-vent servir de moules à bougies. Renforcez les moules en carton en fixant une bande adhésive tout au-tour. Pour la mèche, collez au mi-lieu du fond un morceau de tresse en coton, tendez-la et nouez-la au-tour d'un crayon posé en travers sur le rebord du moule. Remplissez celui-ci de paraffine ou de cire à bougie chauffée dans une casserole pour qu'elle soit juste liquide. Démoulez la bougie quand elle est totalement solidifiée. Pour obtenir des effets décoratifs, coulez plu-sieurs couches de paraffine de cou-leurs différentes.

Moulin à café

1. Si vous faites partie de ceux qui aiment moudre leur café, sachez qu'il vaut mieux moudre chaque fois juste la quantité nécessaire.
2. Selon le type de cafetière uti-lisée, la mouture sera différente :

très fine pour les cafés filtres, un peu plus grosse pour les percola-teurs ou les expressos.
3. Le moulin électrique doit être réservé au seul café. Ayez soin de le brosser après chaque usage.
4. Vous pouvez moudre le café dans les vieux moulins manuels de nos grand-mères, ils donnent d'ex-cellents résultats.
5. N'essayez jamais de moudre du café dans un robot : les grains se-raient broyés et vous risqueriez d'abîmer la lame.
6. Si vous n'avez ni moulin, ni mortier, essayez le rouleau à pâtis-serie sur les grains enfermés dans un linge.

Moustiquaire

1. Pour vous soustraire au regard des passants sans vous obstruer la vue, appliquez sur les moustiquai-res une couche de peinture blan-che diluée avec de la térébenthine.
2. Prévenez la pourriture de vos cadres de bois en calfeutrant le joint sous la moulure avec un pro-duit imperméabilisant. Remettez la moulure en place et retirez l'excé-dent de calfeutrage.
3. Protégez le fini de vos cadres métalliques en appliquant une cou-che de vernis incolore.
4. Si quelques brins seulement sont brisés, quelques couches de vernis peuvent boucher le trou.
5. Pour réparer un plus gros trou, découpez une pièce de moustiquai-re débordant de 2 ou 3 cm le pour-tour de l'entaille, démaillez les

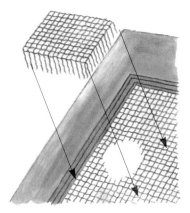

bords de la pièce sur 1 cm environ et repliez les mailles dégagées à an-gle droit. Faites passer les mailles à travers la moustiquaire et repliez-les vers le centre du trou. Cousez la pièce en place avec un fil de nylon et scellez avec un vernis clair.
6. Raccommodez une longue dé-chirure en utilisant un fil de métal très fin ou du fil de nylon.
7. Utilisez des pièces du même matériau pour vos réparations.
8. On peut découper des pièces dans des bas de nylon pour des ré-parations provisoires.
9. Remettez en place une bosselu-re dans votre moustiquaire en uti-lisant une pointe de crayon ou un objet pointu quelconque.

Moustiques

1. Méfiez-vous de ce bouillon de culture qu'est l'eau des vases de fleurs. Changez-la tous les jours en y ajoutant quelques gouttes d'eau de Javel. En été, videz les humidifi-cateurs des radiateurs et le bac de dégivrage sous le réfrigérateur. Mé-fiez-vous aussi des citernes où l'eau stagne. Pour en éliminer les larves de moustiques, placez-y un ou deux petits poissons rouges.
2. Si vous campez dans une ré-gion infestée de moustiques, vous aurez peut-être intérêt à vous pro-curer un costume anti-insectes qu'on trouve dans les magasins de sport. Fabriqué en filet de nylon imprégné de produit insecticide, il se porte sur vos autres vêtements.
3. La nuit, en camping, laissez une lampe allumée devant la porte de la tente : les moustiques, rete-nus à l'extérieur, ne vous importu-neront pas.
4. Protégez-vous des moustiques en plantant des géraniums dans des boîtes à fleurs sur le balcon.

Musculation

Pour les bras et les épaules. Al-longez-vous sur le côté, soulevez le haut du corps en vous appuyant sur un bras. Levez le bassin de façon à aligner votre corps, puis

Allongez-vous sur le côté, soulevez le haut du corps en vous appuyant sur un bras. Levez le bassin de façon à aligner votre corps, puis pliez le bras pour vous rapprocher du sol.

pliez le bras pour vous rapprocher du sol. Exécutez cela 10 fois de chaque côté.

Mettez-vous debout à 1 m d'un meuble solide au bord arrondi. Penchez-vous en avant, mains posées sur le meuble, et appuyez-vous de tout votre poids en gardant les bras tendus. Pliez ensuite les bras en gardant le corps bien droit, jusqu'à ce que votre poitrine touche le bord du meuble. Revenez doucement à la position de départ et recommencez de 15 à 20 fois.

Pour les cuisses. Essayez la position demi-accroupie : posez une chaise derrière vous, mettez-vous debout, les mains sur les hanches. Pliez lentement les genoux, en tendant les bras, jusqu'à ce que vos cuisses effleurent le siège de la chaise. Remontez à la position initiale et recommencez cinq fois ou, mieux, jusqu'à 30 fois. Repoussez la chaise au fur et à mesure que vous progressez.

Pour les mollets. Faites des sauts, d'abord à pieds joints, ensuite à cloche-pied sur une jambe, puis sur l'autre. Sautez alors d'une jambe sur l'autre comme si vous couriez sur place. Exécutez une série qui enchaîne cinq sauts de chaque type, en augmentant progressivement le nombre de sauts à 25.

Pour plus d'endurance. Marchez avec un sac à dos assez lourd et augmentez-en le poids à mesure que vous progressez. Mettez-y, par exemple, des sacs de litière de chat de plus en plus lourds.

N

Neige
AUTOUR DE CHEZ VOUS

1. Juste avant une chute de neige, répandez du sable, du sel gemme ou de la litière pour chat sur vos trottoirs, allées, marches, perron et descente de garage pour empêcher la neige de tenir. (Voir aussi Allée verglacée, p. 13.)

2. Commencez à pelleter dès que la couche de neige atteint 4 à 5 cm et ne laissez jamais plus de 10 cm s'accumuler.

3. Pour éviter toute élongation des muscles du dos ou de l'épaule, faites des échauffements à l'intérieur, et quelques minutes d'exercices légers. (Voir aussi Exercices d'assouplissement, p. 95.)

4. Utilisez une petite pelle (voir p. 167) ou n'emplissez qu'à moitié une grande. Pour la neige tassée, employez une pelle de jardin.

5. Pour empêcher la neige de coller sur la pelle, appliquez-y un corps gras ou bien une couche épaisse de cire pour voiture.

6. Dans la mesure du possible, ne soulevez pas la neige, poussez-la. Si vous devez la soulever, pliez les genoux et gardez le bas du dos bien droit. Transportez la pelle chargée près du corps.

VOITURE BLOQUÉE

Si vous êtes bloqué dans la neige, restez dans votre voiture et attendez de l'aide.

1. Avant que la neige ne devienne trop haute, dégagez un espace tout autour du pot d'échappement, de

---

LE SAVIEZ-VOUS ?

Propos rafraîchissants sur les igloos

La langue inuit comporte au moins une douzaine de termes différents pour décrire les différentes qualités de neige.

Lorsqu'il s'agit de construire un igloo, une seule sorte de neige convient, celle qui, après une tempête, a formé une bonne couche de glace solide au sol. L'Inuit nettoie la neige poudreuse qui recouvre le site choisi et trace un cercle de 3 ou 4 m de diamètre là où il construira l'igloo.

Debout à l'intérieur de ce cercle il découpe des blocs de glace qu'il place sur le pourtour pour édifier un mur en spirale ; les blocs sont soigneusement tassés les uns contre les autres pour assurer l'étanchéité. Il bouche les fentes à l'extérieur avec de la neige poudreuse. Après avoir pratiqué l'ouverture pour l'entrée, il complète la finition avec une ouverture d'aération et une fenêtre de glace translucide pour l'éclairage.

façon que le monoxyde de carbone puisse s'échapper pendant les périodes de chauffage.

2. Prenez tout ce dont vous aurez besoin dans le coffre et emportez-le dans l'habitacle. Cherchez un outil (manche de cric, parapluie, etc.) pour creuser un passage à l'air si la neige venait à recouvrir entièrement votre voiture.

3. Maintenez votre chaleur : mettez tous les vêtements dont vous disposez et couvrez-vous avec des couvertures et des tapis. Pour une meilleure isolation, glissez des journaux à l'intérieur de vos vêtements. Faites fonctionner le chauffage 10 minutes chaque heure ; entrouvrez la vitre du côté opposé à celui où la neige s'entasse, pour éviter la saturation de l'habitacle en gaz carbonique.

4. Restez éveillé. Ne buvez pas d'alcool, cela fait somnoler, et activez-vous, étirez-vous, fléchissez vos muscles, remuez les doigts.

5. Limitez l'usage de la radio et des lumières pour ménager la batterie de la voiture.

6. Si d'autres voitures sont également bloquées, groupez-vous : plus il y a de personnes dans une voiture, plus il y fait chaud et... meilleur est le moral.

Nettoyage

1. Le détergent pour lave-vaisselle est excellent pour nettoyer les dépôts de gras sur le réfrigérateur, la cuisinière, les surfaces vitrées, les murs et les planchers. Faites-en dissoudre ¼ de tasse dans 4 litres d'eau très chaude ; essuyez ensuite avec un linge sec. Portez toujours des gants de caoutchouc et faites un essai pour vous assurer que ce que vous nettoyez ne perdra pas sa couleur.

2. Du dentifrice ou un chiffon imbibé d'ammoniaque effacent les marques de crayon de couleur sur les murs. Rincez et asséchez.

3. L'alcool à brûler nettoie les joints autour des baignoires et fait briller le chrome et le verre.

4. L'eau de Javel nettoie et désinfecte les carrelages et toutes les surfaces lisses qui ne craignent pas l'eau. Un quart de tasse d'eau de Javel désinfectera et nettoiera la cuvette de vos toilettes. Versez et laissez agir une nuit. N'utilisez pas en même temps un détartrant ou tout autre produit acide (voir aussi Eau de Javel, p. 306.)

Nettoyage de la baignoire

Pour ne pas avoir de marque dans la baignoire, rincez-la immédiatement après le bain.

1. Si des traces se forment, frottez-les avec de l'ammoniaque pur (portez des gants en caoutchouc et aérez la pièce) ou une éponge saupoudrée de bicarbonate de soude. Rincez bien.

2. Frottez les taches avec du détergent pour lave-vaisselle ou avec un chiffon trempé dans du vinaigre. Rincez abondamment.

Nettoyage d'une baignoire en fibre de verre

N'utilisez jamais de nettoyant abrasif ni de tampon à récurer métallique sur ce type de baignoire. Ils rayent la surface et la rendent plus difficile à entretenir.

1. Employez une poudre spéciale ou frottez la baignoire avec une éponge humide poudrée de bicarbonate de soude. Rincez abondamment puis essuyez avec un linge sec pour faire reluire.

2. Pour enlever les taches tenaces, frottez-les avec du diluant pour peinture ; essuyez avec un chiffon sec et rincez abondamment.

Nettoyage des briques et des pierres

1. Frottez les taches de peinture et les souillures de mortier sur les murs en briques avec un morceau de brique cassée, de couleur identique à celles que vous désirez nettoyer. Ne vous servez pas des bords de la brique, ils sont plus durs que le centre et peuvent faire des éra-

flures. Frottez du côté de la cassure. Cette technique convient aussi pour d'autres surfaces de maçonnerie : un morceau de pierre pour la pierre et un morceau de bloc de béton pour le béton.

2. Voici un moyen facile de nettoyer un mur de brique ou de ciment : dirigez sur sa surface le jet d'un tourniquet d'arrosage et laissez fonctionner pendant plusieurs heures à pression maximale.

3. Pour enlever une tache fraîche d'huile ou de graisse, recouvrez-la d'une couche de poudre de ciment ou de litière pour chat. S'il s'agit d'un mur, appuyez une feuille de plastique, collez-la au bas et sur les côtés avec du ruban adhésif. Remplissez la poche ainsi formée avec du ciment ou de la litière pour chat et scellez en collant le haut.

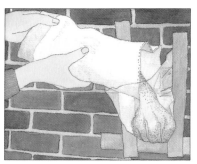

Nettoyage à sec

Ce type de nettoyage est réservé aux professionnels équipés de machines spéciales. À moindre échelle, vous pouvez faire des petits nettoyages à sec, c'est-à-dire sans eau... mais non sans liquide.

1. Pour éliminer une tache grasse sur un tissu, glissez plusieurs épaisseurs de mouchoirs en papier sous la partie tachée ; tamponnez la tache avec un chiffon imprégné de trichloréthylène. Recommencez deux ou trois fois pour éliminer la tache et l'auréole.

2. Au bureau, vous avez fait une tache grasse sur votre cravate ou sur votre chemisier. Glissez une serviette en papier pliée dessous et tamponnez avec des « tamponsnettoyeurs » pour la machine à écrire (c'est du « trichlo »). Refaites l'opération deux ou trois fois.

3. Si vous faites une tache d'encre pour photocopieuse sur vos vêtements, ne la frottez pas. Enlevez le maximum de poudre en appliquant dessus du ruban adhésif (changez de ruban plusieurs fois). Éliminez les traces avec un peu d'eau additionnée de savon liquide pour les mains, rincez et tamponnez avec des serviettes en papier.

4. Lorsque vous portez des vêtements tachés à faire nettoyer, spécifiez la nature des taches.

Niveau

1. Pour marquer dans une pièce des points de repère qui soient tous au même niveau, prenez un long tube en plastique transparent fixé au goulot d'une bouteille sans fond, et versez de l'eau dans la bouteille jusqu'à atteindre le niveau désiré aux deux bouts. Faites une marque sur le tube au niveau de l'eau. Peu importe ensuite les écarts de distance ou les irrégularités du sol : quand la surface de l'eau coïncide avec la marque faite sur le tube, elle est partout au même niveau.

2. Pour vous assurer qu'un tableau n'aura pas un air penché, placez-le de façon que sa bordure du bas soit parallèle à la surface de la commode qu'il surmonte.

Noix et noisettes

Pour les conserver, enfermez-les dans des sachets de toile sombre et stockez-les dans un endroit frais et sec, au grenier par exemple.

Étalez les oléagineux fraîchement cueillis dans un endroit sec et aéré pour les faire sécher, pendant trois semaines environ, avant de les enfermer dans des sacs.

Nounours

Un tout-petit est toujours très attaché à un jouet en particulier, souvent un nounours usé et très laid, dont il ne veut pas se séparer. N'essayez jamais de le lui enlever pour lui en proposer un nouveau, plus beau et plus propre. Au contraire, veillez à ce qu'il ait toujours son « fétiche » avec lui quand il va quelque part sans vous. Votre enfant aime l'odeur et le toucher de son nounours (ou de son mouchoir, ou de sa vieille couverture), qui le rassure. Pour plus de sûreté, essayez d'en avoir un double au cas où l'objet chéri se perdrait.

Si, par malheur, le nounours adoré était oublié lors d'un déplacement, ne vous moquez pas du chagrin de votre enfant. Expliquez-lui qu'il retrouvera, au retour, sa peluche favorite et, au moment du coucher, fabriquez un substitut avec un bas rembourré ou un gant. Soyez encore plus affectueux que d'habitude.

Nouvel enfant

À l'annonce d'un nouveau bébé, les frères et les sœurs risquent de montrer un peu de jalousie.

1. Discutez avec eux de cette future naissance. Montrez-leur votre joie et dites-leur combien vous avez été heureux à leur naissance.

2. Expliquez les changements qui interviendront dans les habitudes quotidiennes ; soulignez que vous aurez besoin de leur aide ; dites-leur que les contraintes des premiers temps diminueront à mesure que bébé grandira et qu'ils auront vite un nouveau compagnon de jeu.

3. Ressortez les albums de photos et montrez à vos aînés combien eux-mêmes étaient de jolis bébés, qui riaient et pleuraient.

4. Expliquez que le bébé, bien que sans défense au début, est une personne à part entière : ni une réplique de quelqu'un d'autre, ni un beau jouet.

5. Demandez à vos enfants d'imaginer comment sera le bébé. Faites-les participer au choix du prénom (voir Prénom de bébé, p. 185) et aux faire-part.

6. En rentrant de l'hôpital, que la maman donne beaucoup d'attention aux frères et aux sœurs : elle leur a sûrement manqué.

Nuages

Des nuages blancs, joufflus et se déplaçant dans le ciel indiquent un beau temps persistant. S'ils font de grosses masses qui prennent la forme d'enclumes, préparez-vous à un orage, même si le soleil brille.

Des bandes de nuages hauts dans le ciel indiquent la probabilité de petites pluies. D'épaisses couches de nuages sombres sont signe de pluies durables ou de neige.

Si vous vous perdez en mer, recherchez les nuages blancs et cotonneux : ils stationnent généralement aux approches d'une île.

O

Objets lourds

Bouger des objets lourds tout seul réclame plus de cerveau que de muscles. Assurez-vous d'abord que l'objet (y compris les parties saillantes) passera dans les ouvertures et les angles. Essayez de résoudre le problème avec le moins d'effort possible. Une fois que vous avez choisi une stratégie, faites preuve de patience. Avancer doucement prend du temps, mais évite aussi les accidents. Voici quelques trucs.

1. Il est souvent plus facile et plus efficace de pousser que de tirer.

2. Poussez les gros objets sur le plancher en plaçant dessous des journaux, des retailles de moquette (poils vers le bas), des couvertures ou des cartons.

3. Pour déplacer un gros objet tel un réfrigérateur, placez-vous derrière, penchez-le vers vous et faites-le « marcher » lentement en le balançant d'un pied à l'autre.

4. Pour transporter une caisse sur votre dos, utilisez une courroie, une sangle ou une corde. Faites une boucle solide. Passez-la autour de la caisse et sous la face inférieure. Glissez vos bras dans les boucles formées de chaque côté.

5. Investissez dans un petit cric hydraulique, il fera merveille.

6. Pour placer un plateau à roulettes sous un objet lourd, placez le plateau contre un mur et faites « marcher » ou glisser l'objet jusqu'à lui. Le mur l'empêchera de se déplacer.

7. Roulez l'objet sur des rouleaux (tuyaux, piquets ronds, boîtes de conserves pleines). Dès qu'un rouleau se libère à l'arrière, placez-le à l'avant, et ainsi de suite.

8. Pour faire descendre un escalier à un gros objet, utilisez deux planches comme rampes. Ceinturez l'objet avec une longue corde et laissez-le glisser lentement sur ces rampes, tandis que vous le retenez d'en haut avec la corde. Pour que l'objet glisse mieux sur les planches, recouvrez-les d'une grande couverture, de carton épais ou de bandes de moquette. Si c'est possible, faites glisser l'objet le long de la rampe d'escalier.

MEUBLES LOURDS

1. Pour déplacer un canapé ou tout autre meuble sur pieds, couchez-le ou renversez-le pour le faire glisser sur une couverture.

2. Enlevez les tiroirs d'un bureau, d'une coiffeuse ou d'une commode avant de déplacer ces meubles.

3. Pour transporter un gros fauteuil, retournez le siège sur votre tête, puis mettez-vous debout : le dossier du fauteuil reposera sur votre dos.

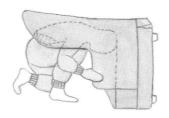

Objets de valeur

1. Faites faire une expertise par un professionnel pour fixer la valeur de vos bijoux, de vos antiquités et de vos tableaux, puis vérifiez que votre assurance couvre la valeur totale de tous ces objets.

2. Pour vous permettre d'identifier vos biens, si vous êtes victime d'un vol, inscrivez une marque indélébile avec un code comme votre numéro d'assurance sociale ou de permis de conduire. Utilisez une peinture à l'huile ou acrylique en tube sur les fonds des céramiques et des objets en bois ; et une pointe sèche ou un stylo à pointe de carbure (en vente dans les boutiques de fournitures pour artistes et parfois disponible au poste de police) sur le métal et le verre. Précisez la présence de ces marques dans votre contrat d'assurance.

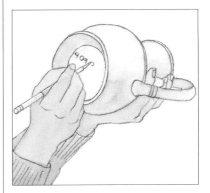

DRESSER L'INVENTAIRE DE SES BIENS

1. Établissez un inventaire écrit et complet de tout ce que vous possédez de plus cher chez vous. Gardez un exemplaire à la maison, un autre dans votre coffre et un troisième chez votre assureur. Cet inventaire sera très précieux si par malheur vous étiez victime d'un cambriolage, d'un incendie, d'une inondation ou autre désastre.

2. Dressez un relevé pour chaque pièce d'habitation. Ouvrez tous les tiroirs et tous les placards et faites une liste de tout ce qui a de la valeur. Décrivez chaque objet, y compris son numéro de série et sa marque, la date à laquelle vous l'avez acheté et son prix. Gardez les factures et les reçus d'expertise pour les objets particulièrement précieux.

3. Photographiez (ou filmez en vidéo) chaque pièce pour compléter votre inventaire écrit et apporter la preuve que tout cela est bien chez vous. Photographiez aussi les détails comme les sculptures ou les bas-reliefs, afin que leur identification soit sans équivoque. (Voir aussi Assurance habitation, p. 23 ; Coffret de sûreté, p. 59.)

Obligations d'épargne

Si vous avez un surplus d'argent à placer dans un fonds sécuritaire, pensez aux Obligations d'Épargne du Canada ou du Québec. Chaque année, en automne pour le fédéral, en mai pour le Québec, les gouvernements émettent des obligations sous forme de bons dont la valeur varie de 100 $ à 10 000 $.

Si vous êtes résident du Canada, vous pouvez acheter des obligations dans une banque, un trust ou une fiducie. Si votre employeur participe au régime, vos contributions peuvent être déduites à la source jusqu'à concurrence de la limite annuelle imposée par la loi.

Il existe deux types d'obligations : celles à intérêts simples et celles à intérêts composés. Sur les premières, les intérêts sont versés annuellement. Sur les autres, les intérêts sont cumulatifs et ne sont versés qu'à maturité.

Contrairement à d'autres obligations, les Obligations d'Épargne du Canada ne peuvent être ni vendues ni échangées. Vous pouvez les encaisser en tout temps (après un délai de trois mois) ou les garder jusqu'à maturité (sept ans). Le taux minimum est toujours garanti et vous obtenez la valeur nominale plus les intérêts accumulés.

Les Obligations d'Épargne du Canada doivent être enregistrées au nom d'un individu, d'une succession ou d'une fiducie pour un individu. Cet enregistrement vous protège en cas de perte, de vol, d'avarie ou de destruction.

Odeurs d'animal domestique

1. Dans la plupart des cas, un bain, une douche ou un soin spécifique résoudront le problème.

2. Les infections de l'oreille, de la glande anale et les dermatites peuvent occasionner de mauvaises odeurs, tout comme le tartre sur la dentition. Consultez le vétérinaire.

3. Le problème peut venir d'une odeur hormonale (c'est-à-dire voulue par la nature et liée à l'attirance sexuelle). Supporter le désagrément ou bien se séparer de l'animal sont les seules solutions.

4. Si la moquette, les coussins ou le canapé sentent mauvais après un petit accident, aspergez avec du bicarbonate ou de la farine de maïs et laissez agir pendant plusieurs heures. Brossez l'excédent, puis passez l'aspirateur. Si l'odeur persiste, essayez un de ces désodorisants spécifiquement conçus à cette intention qu'on trouve chez le vétérinaire ou à la pharmacie.

5. Si votre chat a tendance à mouiller les fauteuils, imperméabilisez le capitonnage avec un produit en aérosol de façon qu'il n'absorbe pas les odeurs ni ne se tache. Si le chat a une préférence pour un endroit particulier, attachez un morceau de tissu assorti au fauteuil : vous pourrez le retirer et le laver.

6. Votre chat fait pipi à répétition, c'est peut-être le signe d'un problème physiologique. Consultez un vétérinaire qui pourra, sinon, vous suggérer un dressage efficace pour modifier son comportement.

7. Pour que les chats ne fassent pas leurs besoins dans les bacs à plantes, déposez quelques écorces d'orange fraîches sur la terre.

Odeurs dans le congélateur

Enveloppez tous les aliments dans des emballages en plastique étanche adaptés à la congélation. Fermez-les par un tourniquet, après avoir chassé l'air à l'intérieur. N'utilisez pas de papier ciré, de sacs ou de boîtes en plastique récupérés ni de sacs d'épicerie.

REMÉDIER AUX ODEURS

1. Mettez du bicarbonate de soude ou du charbon de bois purifié (en vente dans les quincailleries) sur des soucoupes et posez-les sur les clayettes du congélateur.

2. Quand vous le dégivrez, nettoyez le congélateur avec 2 cuil. à soupe de bicarbonate de soude diluées dans 1 litre d'eau chaude. S'il est non givrant, lavez l'intérieur avec cette solution au moins une fois par mois (appareil à l'arrêt et à température ambiante).

LE SAVIEZ-VOUS ?

À propos d'argent

C'est à la déesse Juno Moneta, dans le temple de laquelle les Romains de l'Antiquité frappaient la monnaie, que nous devons le mot monnaie.

Le troc est néanmoins le plus ancien système d'échange : étoffe contre chameau, lait de brebis contre baies fraîches ; puis, sous forme de mesure matérialisée, blocs de thé comprimés au Tibet, grains de cacao chez les Aztèques... Ensuite, les cauris, petits coquillages fétiches, et les joyaux imaginés par les Chinois se répandirent largement.

Les plus anciennes monnaies métalliques, lingots ou talents, vers 1400 av. J.-C., pesaient près de 25 kg. En Asie Mineure, vers l'an 650 av. J.-C., on commença à en estampiller des fragments pesés. Les anciens « statères » ne portaient aucune gravure, puis une seule face fut frappée. Corinthes, Athènes devinrent les maîtres dans l'art de battre la monnaie... qui se répandit alors très rapidement.

3. Pour le débarrasser de l'odeur des aliments avariés après une panne, lavez le congélateur avec du détergent à vaisselle et rincez-le à l'eau fortement vinaigrée. Placez-y ensuite des petits bols contenant des grains de café, frais ou utilisés.

Odeurs de cuisine

Certaines odeurs sont tenaces et il est bon de connaître quelques trucs pour les faire disparaître.

1. Pour enlever l'odeur de nourriture d'un contenant en plastique, rincez-le à l'eau vinaigrée ou citronnée et laissez-le plusieurs heures en plein soleil.

2. Le poisson frit laisse une odeur tenace. Après la cuisson, lavez la poêle et versez-y un peu d'eau vinaigrée. Ajoutez une herbe aromatique (menthe, thym, romarin) ou un zeste d'orange ou de citron et laissez bouillir 5 minutes. Ensuite, jetez cette eau et essuyez la poêle. Pour débarrasser le four des odeurs de poisson, faites-y sécher des zestes d'orange ou de citron pendant 5 minutes à 180°C.

3. Parfumez la cuisine en y mettant un petit bocal ouvert empli de gousses de vanille.

Odeurs de gaz

1. Une odeur de gaz vous réveille ou vous accueille à votre retour chez vous : ouvrez une fenêtre, fermez le robinet d'arrivée du gaz et sortez immédiatement. Ne vous servez pas du téléphone, n'appuyez sur aucun interrupteur et ne mettez en marche aucun appareil électrique : une simple étincelle peut provoquer une explosion. Appelez la compagnie de gaz d'une cabine ou de chez un voisin et ne rentrez pas chez vous sans l'assentiment du représentant.

2. Si vous sentez une légère odeur de gaz près de la cuisinière, ouvrez les fenêtres pour aérer la pièce et laissez la porte du four ouverte. Assurez-vous que la veilleuse est allumée et qu'aucun brûleur n'est ouvert sans flamme.

LE SAVIEZ-VOUS ?

Les dangers du monoxyde de carbone

Ce gaz (inodore, incolore et sans saveur) est d'abord dangereux du fait de son pouvoir explosif. Il est produit chaque fois qu'une combustion a lieu sans assez d'oxygène (poêle qui tire mal, fumées d'incendie, etc.). Sa toxicité se révèle maximale même à des doses infimes. Maux de tête, vertiges, somnolence et jambes lourdes sont les premiers signes de l'oxycarbonisme. La perte de connaissance d'abord, puis l'asphyxie menacent.

Le danger vient surtout d'un garage situé directement sous la maison. Pour éviter des accumulations de monoxyde de carbone, ne faites jamais entrer votre voiture de reculons.

---

3. Lorsque l'odeur a disparu, rallumez les veilleuses et vérifiez chaque brûleur. Si la veilleuse persiste à s'éteindre, appelez la compagnie du gaz.

4. En cas d'accident, ne provoquez ni flamme ni étincelle. Amenez la victime à l'air libre, ou bien ouvrez les portes et les fenêtres, puis cherchez à neutraliser la source des émanations. Appelez les pompiers (en composant le 911).

5. Si vous prenez conscience, sans pouvoir fuir, de votre propre intoxication, lancez violemment un objet (bibelot lourd, annuaire, etc.) dans une vitre (l'appel d'air pourra vous sauver la vie).

Œdème

1. Quand vos mains ont tendance à gonfler, maintenez-les en l'air pendant 2 minutes. Recommencez trois ou quatre fois par jour. Surélevez des pieds gonflés pendant au moins 15 minutes.

2. Si le soleil fait enfler vos lèvres, utilisez un écran solaire spécial, indice 15.

YEUX BOUFFIS

1. Utilisez uniquement une crème spécifique autour des yeux.

2. La cause peut en être la rétention d'eau (voir p. 198). Haussez la tête de votre lit ou dormez sur deux oreillers pour surélever la tête.

3. Appliquez un astringent léger ou des compresses de lait froid ou d'infusion de bourrache.

Œufs

1. Plus ils flottent, moins ils sont frais. Plongez-les dans un bol rempli d'eau légèrement salée : ceux qui remontent à la surface sont à jeter, ceux qui flottent entre deux eaux peuvent être utilisés en pâtisserie et ceux qui restent au fond sont bons.

2. Un œuf très frais peut avoir le blanc légèrement trouble mais le jaune doit être très bombé.

3. Ne mettez jamais d'œufs dans leur coquille au four à micro-ondes car ils éclateront. Faites-les cuire dans des petits plats à œufs beurrés et piquez les jaunes çà et là.

4. Pour réussir les œufs pochés, ajoutez 1 cuil. à thé de vinaigre à l'eau de cuisson et faites cuire à feu très doux : l'eau doit juste frémir.

Oiseaux indésirables

Des oiseaux peuvent dévaster une récolte de fruits ou de baies en un clin d'œil. Couvrez vos arbres ou vos arbustes avec des filets ou essayez l'une de ces tactiques.

1. Laissez votre chat errer parmi les arbres ou les buissons à petits fruits. Attachez une clochette à son collier, elle effraiera les oiseaux.

2. Déposez un animal en peluche (un ours, par exemple) dans les branches mais changez-le de place tous les quatre ou cinq jours : les oiseaux s'habituent très rapidement aux objets immobiles.

3. Plantez un buisson de mûres en guise d'attractif : les oiseaux s'y attaqueront en priorité.

4. Placez des sacs de papier brun avec un trou d'aération à chaque coin sur les fruits presque mûrs.

5. Protégez les semis de l'appétit des oiseaux en tendant des ficelles entre des piquets, à 20 cm au-dessus des plates-bandes, et en faisant de grands croisillons. Autre méthode : tendez une ficelle où vous accrocherez, tous les 20 cm, des bandes brillantes découpées dans du papier métallique.

Ongles

1. Si vos cuticules sont épaisses, frottez-les avec du baume pour les lèvres ou faites tremper vos doigts dans de l'huile d'amande douce.
2. Vous n'avez pas de lime à ongles ? Limez un ongle cassé avec le grattoir d'une boîte d'allumettes.
3. Lorsque vous vous mettez du vernis à ongles, posez les mains sur un bol retourné.
4. Faites sécher rapidement le vernis en plongeant la main dans un bol d'eau glacée sans toucher la paroi ; ou laissez la main quelques instants dans le congélateur.
5. Pour ôter les marques jaunes laissées par le vernis, plongez les ongles dans du jus de citron.

ONGLES RONGÉS

1. Lorsque vous êtes tenté de vous ronger les ongles ou d'arracher les petites peaux, occupez-vous les mains : pétrissez une gomme à effacer, manipulez un élastique, etc.
2. Faites-vous les ongles une fois par semaine. L'aspect soigné de vos mains vous motivera.

Ophtalmie des neiges

Si, au bout de 6 ou 8 heures après une promenade dans la neige, vos yeux commencent à vous faire souffrir, ou si vous avez du mal à distinguer les variations du sol, vous souffrez peut-être d'ophtalmie des neiges ou d'un coup de soleil sur la cornée. Évitez le soleil pendant quelques jours.

Si la douleur est telle que vous avez du mal à ouvrir les yeux, couvrez-les d'une compresse froide et reposez-vous dans une pièce sombre pendant 12 à 24 heures ; à ce moment-là, la douleur aura presque disparu. Ne vous frottez pas les yeux pour ne pas les infecter.

PRÉVENTION

À la neige, par temps nuageux ou brumeux, portez des verres solaires spécialement adaptés, comportant de préférence des écrans sur le côté pour stopper les rayons ultraviolets. À défaut, confectionnez des lunettes en carton avec des petites fentes pour les yeux (voir Lunettes de ski, p. 140) ou noircissez-vous les joues, le nez et le tour des yeux avec de la suie.

Orage

1. Si votre jeune enfant d'âge préscolaire a peur de l'orage, donnez-lui un tambour. Incitez-le à taper dessus chaque fois que le tonnerre gronde tout en criant : « Boum ! » pour « faire peur au tonnerre ». Cela lui donnera un sentiment de puissance qui le rassurera.
2. Par temps calme, faites-le parfois « jouer à l'orage ». Imitez les grondements du tonnerre, baissez ou éteignez les lumières de la maison, faites-lui simuler les éclairs avec une lampe de poche.
3. Un enfant plus âgé dominera mieux sa peur de l'orage si on lui explique le phénomène. Montrez-lui à faire le rapport entre l'éclair et le tonnerre. Apprenez-lui comment calculer à quelle distance de la maison se situe l'orage. (Voir aussi Foudre, p. 106.)

4. Si c'est votre chien qui est terrorisé par l'orage, enfermez-vous avec lui dans la pièce où l'on entend le moins les coups de tonnerre. Faites-le s'asseoir ou se coucher, caressez-le, parlez-lui, donnez-lui une gâterie. Faites de même la fois suivante, mais en laissant la porte ouverte, puis éloignez-vous un peu. Amenez-le ainsi progressivement à s'habituer au bruit et aux éclairs, mais sans jamais le brusquer. Quand l'orage est fini, félicitez-le pour sa bravoure. Par la suite, n'accordez plus d'attention à ses signes d'anxiété, car tout serait à recommencer.

Ordinateur

Vous n'arrivez pas à faire marcher votre ordinateur ? Pas de panique. Le problème n'est pas insoluble.
1. Vérifiez que tous les fils sont branchés et que vous avez tout allumé : moniteur, imprimante...
2. La disquette est-elle mise dans le bon sens ? Auriez-vous oublié une manipulation importante entre deux étapes ? Les connecteurs sont-ils tous bien positionnés ?
3. Tout semble en place et ça ne marche toujours pas... Consultez le guide d'utilisation de l'appareil.

DISQUETTES

Traitez-les avec le plus grand soin. Chaleur, sources magnétiques (téléphone, télévision, moteurs) sont néfastes. N'écrivez pas directement dessus, utilisez les étiquettes autocollantes adéquates. N'y épinglez pas de trombone.

FATIGUE

Vérifiez si la console est bien placée, face à votre regard. Trop haute ou trop basse, vous aurez mal au dos et aux épaules. Votre siège est-il à la bonne hauteur ? Vos bras devraient dessiner un angle droit avec la table, et votre dos rester bien droit aussi. Avez-vous un bon dossier ?

L'éclairage est-il correct ? Le reflet de la lumière et celui du soleil réduisent la visibilité et fatiguent la vue. Placez un écran protecteur sur l'écran, descendez le store sur la fenêtre. Si la lumière au plafond est trop vive, portez une visière.

Oreilles

1. N'essayez pas d'enlever vous-même un corps étranger logé dans votre oreille, vous risqueriez de l'enfoncer davantage et de léser le tympan. Demandez à quelqu'un d'examiner votre conduit auditif avec une lampe de poche : si l'objet est petit et n'a pas provoqué de saignement, irriguez l'oreille avec une seringue d'eau tiède. S'il est important et très enfoncé, allez chez le médecin.

2. Pour faire sortir un insecte de votre oreille, attirez-le en mettant une lampe électrique à l'entrée du conduit. Ou encore, versez-y lentement de l'eau minérale tiédie ou de l'huile d'amande douce.

3. Si vous avez les oreilles qui bourdonnent, vérifiez qu'il n'y a pas formation d'un bouchon de cérumen. Supprimez le café et l'aspirine, évitez les environnements bruyants. Si les bourdonnements persistent pendant deux jours, consultez un médecin.

CÉRUMEN

N'introduisez rien dans le conduit auditif qui soit plus petit que l'extrémité de votre petit doigt. S'il y a un bouchon de cérumen, allongez-vous sur le côté et versez quelques gouttes d'eau tiède dans l'oreille. Videz-la au bout de 10 minutes et renouvelez l'opération avec du peroxyde. Rincez à l'eau avec une petite poire. Mettez ensuite quelques gouttes d'huile d'amande douce tiédie. Videz le contenu de l'oreille au bout de 15 minutes ; le cérumen ramolli devrait sortir. Sinon, consultez un médecin.

DOULEURS D'OREILLE

1. Prenez un comprimé d'acide acétylsalicylique ou d'acétaminophène (voir p. 23) et allongez-vous avec la tête légèrement surélevée et l'oreille reposant sur une bouillotte ou une compresse chaude. Consultez rapidement un médecin.

2. Si vous êtes sensible aux douleurs d'oreille en avion, évitez de voyager en cas de rhume, de grippe ou de rhinite allergique. Si vous y êtes obligé, prenez un décongestionnant oral une heure avant le décollage et l'atterrissage ou servez-vous d'un vaporisateur nasal avant et pendant la descente. Dès que vos oreilles commencent à bourdonner ou à vous faire souffrir, déglutissez, mâchez de la gomme, sucez un bonbon, buvez avec une paille ou bâillez. Restez éveillé pendant le décollage et l'atterrissage pour déglutir fréquemment.

3. Donnez un biberon ou une tétine aux bébés au moment du décollage et de l'atterrissage.

OREILLES PERCÉES

Pour éviter l'infection, appliquez de l'alcool deux fois par jour sur les lobes qui viennent d'être percés. Le soir, utilisez une pommade antibiotique. Jusqu'à la cicatrisation complète et pour parer à une allergie, choisissez des boucles en or ou en acier chirurgical.

Organisation familiale

1. Coordonner les activités de toute une famille n'est pas une entreprise facile. À la rentrée scolaire, pourquoi ne pas faire une « réunion au sommet » un dimanche après-midi ou un soir après souper ? Les réunions, utiles dans les entreprises, le sont aussi à la maison. Demandez à chacun de s'exprimer sur l'année écoulée, d'exposer ses projets de sports ou de loisirs, et de formuler ses désirs pour l'année qui commence. Vous serez peut-être surpris tant par les initiatives que par les blocages. Essayez de mettre tout le monde d'accord sur les rencontres familiales indispensables.

2. Affichez bien en vue dans la cuisine (c'est l'endroit où tout le monde passe le matin) l'emploi du temps de chacun des enfants, et un calendrier qui indique clairement les horaires de toute la famille. N'oubliez pas d'inscrire le jour où vous devez conduire les enfants des voisins à l'école et celui du ramassage des ordures.

3. Dans l'entrée, prévoyez un meuble muni de nombreux tiroirs. Chaque membre de la famille aura le sien : il y rangera aussi bien ses gants que ses cartes d'identité, ses clés, etc.

4. Épinglez sur un tableau de liège les billets de théâtre, les invitations, les faire-part et les rendez-vous. Sur un tableau ou sur une ardoise, écrivez les messages.

Orientation

Faute de boussole, vous trouverez votre chemin en dirigeant la petite aiguille des heures de votre montre vers le soleil. Le sud est une ligne divisant de façon égale l'angle le plus petit entre la petite aiguille et midi (ou 1 heure pendant l'été, avec l'heure avancée).

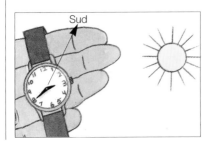

Orientation en forêt

Si vous êtes perdu dans les bois, ne continuez surtout pas à marcher : restez tranquille et essayez de faire des signaux pour que l'on vienne à votre secours. Trouvez une façon d'envoyer un S.O.S. à l'aide de trois signaux consécutifs : des cris, des coups de sifflet ou des colonnes de fumée, par exemple. S'il fait beau, utilisez un miroir pour envoyer des signaux lumineux. À défaut de miroir, prenez une lame de couteau, un morceau de verre (vos lunettes, par exemple) ou n'importe quelle surface réfléchissante.

Si vous devez absolument vous en sortir seul, commencez par vous asseoir. Orientez-vous en essayant de vous rappeler le dernier endroit où vous connaissiez encore votre position. Tâchez de vous souvenir des points de repère, un rocher ou un arbre, par exemple, entre cet endroit-là et le lieu où vous êtes maintenant.

Choisissez une direction, et n'en changez pas, en utilisant une boussole (voir aussi Orientation, p. 160) ou en marchant d'un point de repère à un autre. Dans ce dernier cas, trouvez-en deux dans la direction où vous souhaitez aller, à bonne distance l'un de l'autre. Avant d'atteindre le premier, cherchez-en un troisième au-delà du deuxième, et ainsi de suite.

À mesure que vous marchez, regardez derrière vous pour vous rappeler la géographie des lieux, au cas où vous devriez rebrousser chemin. Quand vous vous reposez, installez-vous face à la direction choisie. Si vous faites un petit somme, tracez une flèche sur le sol pour ne pas perdre le cap.

Orthographe

1. Autrefois, à l'école, vous avez appris par cœur un grand nombre de règles d'orthographe et toutes sortes de listes de mots difficiles. Il n'est pas mauvais de vous les remémorer et de savoir ainsi que tous les mots de la famille de char

---

LE SAVIEZ-VOUS ?

Championnat d'orthographe

Si vous pensez que vous auriez buté sur les mots suivants, sachez que vous n'êtes pas le seul et que des champions les ont écorchés !

Accommoder	Châtaignier	Dyspepsie	Lacrymogène
Acolyte	Codicille	Ecchymose	Logarithme
Acoustique	Dichotomie	Échalote	Munificence
Agrafe	Dieffenbachia	Échauffourée	Mygale
Amphitryon	Dilemme	Échoppe	Panégyrique
Amygdale	Douceâtre	Éthylisme	Papillote
Bacchanale	Drakkar	Fabricant	Pentathlon
Cassonade	Dysenterie	Groseillier	Sarcophage

---

prennent deux *r*, sauf chariot, et que chou, hibou, caillou, genou, joujou, bijou et pou forment leur pluriel en *x*. Si vous avez toujours des hésitations, essayez de retrouver vos anciens manuels dans une librairie d'occasion ou plongez-vous dans les livres de classe de vos enfants.

2. N'ayez pas honte de demander à une personne de votre entourage dont l'orthographe est sûre de vous corriger. Repérez quel type de faute vous faites régulièrement et concentrez-y votre attention.

3. Utilisez les moyens mnémotechniques pour vous souvenir de l'orthographe de certains mots. Par exemple : « Un seul *n* suffit à faire venir le printemps » pour printanier, ou : « Il n'est pas permis de mettre un *s* à parmi », ou encore : « Le chapeau de la cime est tombé dans l'abîme ».

4. Faites des mots croisés, suivez les championnats d'orthographe dans les magazines ou à la télévision. Notez les mots difficiles dans un petit carnet.

5. Certaines recherches tendent à démontrer que le sens de l'orthographe n'est pas une question d'intelligence ni un problème d'application, mais plutôt le résultat de différents paramètres où entrent en jeu la mémoire et des réflexes innés qui donnent le goût des mots de façon instinctive.

6. Vous n'avez pas de dictionnaire ? Cherchez les mots qui vous

embarrassent dans les écrits que vous avez autour de vous, par exemple dans l'annuaire des pages jaunes.

Osier, rotin

1. Dépoussiérez ces meubles et ces objets avec la brosse ronde de l'aspirateur. Lavez-les avec une solution de 2 cuil. à soupe d'ammoniaque pour 4 litres d'eau. Utilisez un pinceau plat ou une brosse à dents pour les recoins. Rincez et faites sécher à l'ombre.

2. N'enlevez jamais de la peinture sur de l'osier ou sur du rotin, car le décapant les rendrait cassants : repeignez-les en utilisant une peinture en aérosol.

3. Pour que le rotin soit bien doux, ôtez toutes les fibres qui dépassent : mouillez-le abondamment, laissez-le sécher et passez-y rapidement la flamme d'un chalumeau pour brûler les petites fibres. Nettoyez au chiffon et à l'aspirateur si vous le peignez.

Ostéoporose

L'ingestion de calcium n'est pas suffisante pour éliminer les risques de décalcification après la ménopause. Néanmoins, une dose quotidienne de 1 500 mg est efficace si elle est associée à une activité physique régulière. Même si les hommes sont en général moins touchés par l'ostéoporose, ils auront intérêt à suivre eux aussi les recommandations suivantes.

1. Les produits laitiers, les choux, les sardines, le saumon et le brocoli sont d'excellentes sources de calcium. Si votre régime quotidien ne couvre pas vos besoins, demandez au médecin de vous prescrire un complément de calcium. (Voir aussi Équilibre alimentaire, p. 254.)

2. Pour que le calcium soit absorbé par l'organisme, il a besoin de 400 unités de vitamine D par jour : l'équivalent de 1 litre de lait ou de 15 à 60 minutes d'exposition au soleil à midi. En revanche, ne prenez pas de vitamine D de votre propre initiative car les doses toxiques sont facilement atteintes.

3. Évitez de fumer, de boire de l'alcool ou du café et réduisez le sel : tout cela interfère dans l'absorption du calcium. C'est également le cas de certains médicaments. Par ailleurs, les femmes devraient se renseigner sur l'hormonothérapie de substitution.

4. Une activité physique — musculation, danse, jogging, marche, tennis — pratiquée pendant une demi-heure, trois fois par semaine, limite la perte de densité de la masse osseuse et peut même l'augmenter. Avant de vous lancer dans un programme d'entraînement, demandez toutefois conseil à votre médecin. Démarrez doucement et intensifiez peu à peu l'effort. (Voir aussi Endurance, p. 88.)

5. Prévenez le risque de chute et de fracture en aménageant la maison de façon à éliminer tout ce qui peut vous faire trébucher. Clouez les petits tapis, soignez l'éclairage et fixez des barres ou des poignées à proximité de la baignoire.

Ourlet

1. Pour maintenir un ourlet au cours d'un essayage, utilisez des trombones plutôt que des épingles, vous ne vous piquerez pas.

2. Vous obtiendrez un ourlet parfaitement droit si vous utilisez un gabarit : découpez un rectangle de carton d'environ 8 cm x 3 cm et taillez une encoche à 5 cm. Appli-

Pour mettre la nourriture hors de portée des ours, accrochez-la à 3 m au moins du sol.

quez l'encoche au bord de l'ourlet et tirez à mesure que vous cousez.

3. Plutôt que de coudre un ourlet, utilisez un ruban thermocollant. Rabattez l'ourlet, repassez-le, égalisez le bord avec des ciseaux, puis insérez le ruban à environ 5 mm du bord supérieur. « Cousez-le » par touches légères avec un fer à sec moyennement chaud. Ensuite, pour le fixer, repassez-le avec un fer à vapeur sur position « laine ».

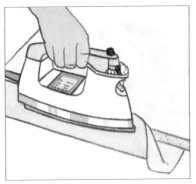

4. Lorsque vous rallongez un vêtement, faites disparaître l'ancienne marque avec une éponge imbibée à parts égales de vinaigre blanc et d'eau. Si le pli de l'ourlet laisse une trace noire, essayez de l'enlever avec du détachant. En revanche, si la trace est décolorée, il s'agit d'une usure du tissu. Cachez-la en posant une petite tresse ou en faisant une série de surpiqûres avec du fil de même couleur ou contrastant.

Ours noir

En régions habitées par les ours, portez des clochettes pour éviter de surprendre un ours et de causer sa colère. N'approchez pas d'un ours sauvage. Mais ne vous enfuyez pas non plus : un mouvement précipité attirera son attention et pourrait l'inciter à la charge.

Si c'est l'ours qui s'approche de vous, criez très fort et faites beaucoup de bruit, autant que possible avec un objet métallique comme une casserole ou votre porte-clés. Si vous êtes forcé de grimper à un arbre, montez d'au moins 4 m.

Quand l'ours sent qu'il y a de la nourriture ou que son ourson est en danger, il peut charger. Il ne faut surtout pas jouer le mort devant un ours noir : prenez plutôt les jambes à votre cou.

Conservez la nourriture dans le coffre arrière de votre auto. En randonnée, attachez vos provisions à une corde et mettez-les hors de portée, tel qu'illustré. Dormez loin de la nourriture.

Outils de jardin

1. Rien de plus efficace pour gratter la terre collée sur les bêches, pelles et plantoirs qu'un large couteau à mastic ou une spatule à enduit. On peut s'en servir également pour transplanter les semis, extirper les mauvaises herbes qui se faufilent entre les plants serrés ou ameublir la terre dans les fissures de la rocaille.

2. Après avoir débarrassé les lames de la terre collée, donnez-leur un coup de chiffon sec pour bien les dépoussiérer. Une fois propres, frottez-les avec un chiffon enduit de paraffine : celle-ci entrave l'oxydation et facilite la pénétration de l'outil dans la terre.

3. Pensez aussi à faire sécher les manches d'outils en stockant votre matériel debout dans un local aéré. Frottez-les également avec un chiffon et enduisez-les d'huile de lin avant leur remisage hivernal.

4. Pour remuer la terre dans des espaces trop larges pour la truelle mais trop étroits pour la pelle ou la bêche, vous pouvez employer une petite pelle militaire, qui s'achète dans les magasins de matériel de camping ou de surplus d'armée.

Ouvre-boîtes

1. Si votre canif n'est pas équipé d'une lame ouvre-boîtes, percez le pourtour du dessus avec la lame la plus courte. Faites-la pénétrer en frappant le manche du canif avec un bloc de bois.

2. Percez le dessus des boîtes contenant du liquide avec un ouvre-boîtes à jus de fruits : percez deux trous l'un en face de l'autre pour que le liquide s'écoule par l'un des

trous pendant que l'air rentre par l'autre. Vous pouvez ouvrir toute une boîte de conserve avec cet ustensile, mais le métal déchiqueté pourrait vous blesser.

Paillis

1. Pour éviter le dessèchement du sol, contrôler la pousse des mauvaises herbes annuelles et récolter des fruits et des légumes propres, couvrez la terre avec du plastique noir recouvert d'une couche de peinture d'aluminium. En détournant les rayons du soleil du sol vers le feuillage, la peinture aide à conserver la fraîcheur autour des racines et à fortifier le plant. Les essais ont démontré qu'on obtenait ainsi un rendement de 60 p. 100 supérieur pour les courges et de 200 p. 100 pour le maïs. On élimine en même temps les aphides et les thrips.

2. Une couche de peinture rouge aura le même effet sur les plants de tomates avec un rendement amélioré de 20 p. 100 par rapport au plastique non peint. Une peinture blanche convient aux pommes de terre et aux poivrons.

3. Le plastique vert est préférable pour les récoltes hâtives.

Pain

1. L'eau de cuisson des pommes de terre pelées est un excellent bouillon de culture pour la préparation du levain. Faites chauffer cette eau à 40°C et 46°C, puis dissolvez-y la levure ; le pain que vous confectionnerez ensuite n'en sera que plus parfumé.

2. Pour qu'une pâte à pain monte parfaitement, il faut qu'elle repose à une température de 24°C à 27°C et à l'abri des courants d'air. Placez le bol, légèrement couvert, sur le dessus du réfrigérateur, par exemple, ou encore sur le réservoir d'eau chaude, l'appareil de télévision ou un coussin électrique réglé sur minimum.

Palourdes et coques

1. Les palourdes et les coques contiennent souvent beaucoup de sable ; pour les en débarrasser, laissez-les tremper 1 heure dans de l'eau froide additionnée de 3 cuil. à soupe de gros sel et de 2 pincées de farine de maïs.

2. Pour ouvrir les palourdes, glissez un couteau à lame lisse et bout arrondi entre les deux valves, puis détachez la chair et séparez les valves. Vous pouvez aussi les ouvrir à la chaleur : laissez-les quelques minutes dans un four chaud (environ 250°C), jusqu'à ce qu'elles commencent à s'ouvrir, ou faites-les chauffer à la vapeur.

Pansement

1. Improvisez un pansement avec un coton à démaquiller imprégné d'un antiseptique maintenu par un ruban adhésif.

2. Pour faire un pansement en urgence sur une blessure grave, prenez le linge le plus propre que vous ayez à votre disposition : serviette, mouchoir, chaussette en coton, chemise, serviette hygiénique. Pliez ce linge pour faire un tampon qui recouvre entièrement la blessure. Maintenez le pansement avec une écharpe, une cravate ou des bandes découpées dans une chemise.

3. Pour une coupure profonde, confectionnez des bandelettes avec du diachylon (qui ne doit pas être en plastique). Passez rapidement la pliure sur la flamme d'une allumette pour stériliser. (Voir aussi Coupures et écorchures, p. 66.)

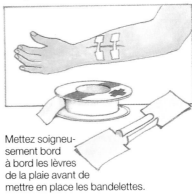

Mettez soigneusement bord à bord les lèvres de la plaie avant de mettre en place les bandelettes.

Pantalon

1. En voyage, pour que votre pantalon garde bien son pli, glissez-le entre le matelas et le sommier : il se repassera pendant votre sommeil. Ou bien, suspendez-le dans la salle de bains emplie de vapeur. Pensez à mettre des pinces à linge dans vos bagages pour transformer des cintres ordinaires en porte-pantalons.

2. Pour empêcher les genoux de marquer, placez des pièces thermocollantes à l'intérieur d'un nouveau pantalon de velours.

3. Consolidez la couture d'entrejambe d'un pantalon en faisant une seconde piqûre au ras de la première.

4. Pour raccourcir un pantalon, épinglez la bonne longueur sur une jambe lors de l'essayage, puis utilisez celle-ci pour marquer la longueur de la seconde jambe en superposant les coutures intérieures et extérieures. Si vous voulez couper l'excédent de tissu, vérifiez bien le travail auparavant.

L'ourlet d'un pantalon classique doit couvrir le cou-de-pied et descendre de 1 cm environ sur la chaussure à l'arrière.

Papier abrasif

1. À défaut de papier de verre, utilisez des tampons à récurer ou de la laine d'acier.

2. La pierre ponce qui sert à adoucir les pieds ponce aussi très bien le bois et les matières plastiques.

3. Une lime à ongles en carton est commode pour les endroits difficiles d'accès et les petites surfaces.

4. Ne jetez pas au rebut les vieilles bandes et les vieux disques à poncer ; coupez-les pour faire du ponçage manuel.

5. Pour un ponçage très grossier, utilisez un morceau de brique ou de parpaing en béton : ils sont incroyablement efficaces sur le bois, le plastique et la maçonnerie. Mais ils laisseront de nombreuses éraflures qui auront besoin d'un ponçage supplémentaire.

6. Fabriquez une cale à poncer avec un morceau de bois bien plat tenant bien en main et enroulez-le dans une bande de papier abrasif. Interposez une fine couche de mousse entre le bois et le papier, du côté qui est utilisé pour poncer.

7. Pour bien poncer sans faire de stries, éliminez les résidus pendant le travail et nettoyez le papier abrasif avec une brosse dure.

Papier peint

1. Tapissez les chambres d'enfants avec du papier vinyle, facile à entretenir. Ou traitez un papier ordinaire avec un imperméabilisant à base de silicones pour qu'il soit insensible aux marques.

2. Vous pouvez laver sans crainte un papier peint lessivable. Utilisez une grosse éponge et un savon pour peintures en diminuant les doses de moitié. Lessivez toujours du bas vers le haut. En sens inverse, les coulures feraient des marques indélébiles. Pour un simple dépoussiérage, utilisez votre aspirateur avec la brosse large.

3. Pour enlever des marques de crayon et autres traces non grasses sur du papier peint qui n'est pas lavable, utilisez une gomme à effacer de dessinateur ou une boulette de mie de pain de seigle.

4. Pour des taches de graisse et des marques de crayon gras, appliquez un mélange de liquide nettoyant (ou de trichloréthylène) et de terre d'argile (ou de fécule de maïs). Laissez sécher et brossez. Recommencez jusqu'à ce que la tache ait disparu. Faites un essai sur un endroit caché pour voir si les colorants du papier résistent.

5. Sur les traces de doigts, passez un chiffon humide, poudrez d'argile, laissez sécher et brossez.

6. Pour prévenir les traces d'éclaboussures quand vous lavez les plinthes ou autres boiseries, cachez le papier peint avec une règle large ou un plastique rigide.

7. Lorsque vous gardez des chutes de papier peint pour en faire des pièces en cas d'accrocs, épinglez-les avec des punaises sur un mur du grenier ou dans un placard : au moment de l'utilisation, elles ne paraîtront pas aussi neuves.

8. Les pièces qui ont des bords coupés bien droit ont tendance à se voir, aussi ne coupez pas le papier peint, déchirez-le. Les bords, un peu flous, seront moins apparents.

9. Si votre pinceau à colle n'a pas d'ergot pour l'accrocher sur le bord du seau à colle, tendez un fil de fer ou une section de cintre métallique au travers de l'ouverture du seau.

Vous poserez votre pinceau à plat, poils sur le fil de fer et manche sur le bord du seau.

10. Pour chasser les bulles d'air sous le papier peint, passez un rouleau à peinture en partant du centre vers les bords.

11. Utilisez les chutes de papier peint comme papier d'emballage, pour couvrir des livres ou pour tapisser l'intérieur des tiroirs.

DÉCOLLER DU PAPIER PEINT

Pour que le papier peint soit plus facile à décoller, incisez-le en diagonales croisées tous les 30 cm avec un couteau ou une lame de rasoir. Préparez un mélange moitié vinaigre et moitié eau chaude et vaporisez-le sur le papier ou appliquez-le à l'éponge. Laissez la colle se ramollir pendant quelques minutes, puis ôtez le papier avec un couteau à mastic. Fixez l'instrument à un manche à balai avec du ruban adhésif pour gratter en hauteur. Si des petits morceaux résistent, couvrez-les avec un linge et repassez avec un fer à vapeur pour ramollir la colle. Si votre fer ne fait pas de vapeur quand on le tient à la verticale, mouillez le linge avant de repasser.

Parement de maison

1. La moisissure décolore les parements de toutes sortes, mais surtout les parements en bois. Elle se développe dans les endroits ombragés et forme de larges plaques sombres. Dans les cas superficiels, frottez la tache avec une solution d'une partie d'eau de Javel pour quatre parties d'eau. Si le problème semble plus sérieux, diluez 250 ml de phosphate trisodique et 250 ml d'eau de Javel dans 5 litres d'eau chaude ; frottez la surface avec une brosse dure, laissez sécher puis rincez au boyau.

2. Au soleil et à la pluie, les parements en bois teint se décolorent. Reteignez-les, laissez sécher et appliquez une couche de protection claire pour le bois.

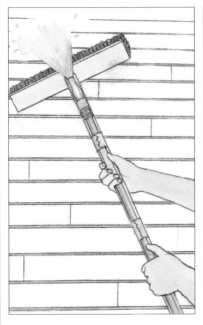

3. Pour nettoyer et rincer le parement de votre maison en une seule opération, fixez le tuyau d'arrosage sur le manche d'un balai-brosse. Placez le jet juste au-dessus de la brosse.

4. Un parement qui gondole peut être fixé au mur en utilisant des clous vrillés galvanisés ou des vis longues et fines. Dans ce dernier cas, percez d'abord des trous pour que le bois ne se fendille pas.

Parent à distance

Si, à cause d'un divorce ou pour quelque autre raison, vous ne vivez pas sous le même toit que vos enfants, il vous appartient de maintenir les liens qui vous unissent.

1. Des coups de fil réguliers sont absolument nécessaires. Téléphonez au moins deux fois par semaine afin que le dialogue ne soit pas rompu, plus souvent en période difficile (les examens, par exemple). En parlant régulièrement avec vos enfants, vous pourrez partager les événements qui jalonnent leur vie. Discutez des films que vous avez vus et des livres que vous avez lus. Préparez vos appels, notez ce qui s'est dit pour pouvoir faire le point et aborder d'autres sujets. Appelez

à des heures précises qui seront pour vos enfants autant de repères affectifs.

2. Postez-leur des photos, des articles découpés dans des journaux sur les sujets qui les intéressent, avec un petit mot ; ils sauront que vous pensez souvent à eux.

3. Arrangez-vous pour qu'ils viennent vous voir aussi souvent que possible et amenez-les à partager votre vie quotidienne. Ne les gâtez pas exagérément quand ils sont avec vous. Réservez-leur plutôt des moments en tête à tête.

4. N'ayez pas peur de maintenir les rituels que vous aimez. Une certaine routine est rassurante : lire un livre ensemble au moment du coucher, manger dans le même petit restaurant, faire une promenade le dimanche matin, etc.

5. S'il ne vous est pas possible de leur accorder une chambre, aménagez-leur au moins un coin avec une petite armoire, un coffre et des étagères où ils retrouveront leurs jouets et leurs livres.

Parfum

1. Attention à la fatigue de l'odorat : si vous portez le même parfum depuis longtemps, il vous semblera de moins en moins fort. Veillez à ne pas avoir la main lourde. Si vous le sentez encore 30 minutes après l'avoir mis, tamponnez la zone parfumée avec de l'alcool et rincez.

2. Pour une touche légère, vaporisez un nuage de parfum devant vous et traversez-le.

3. Pour qu'un parfum tienne plus longtemps, mettez-le juste après une douche ou un bain, lorsque la peau est encore un peu humide.

4. Coordonnez les odeurs en vaporisant vos sels de bain d'un peu de parfum. Bouchez hermétiquement le récipient.

5. Vous avez perdu le bouchon de votre flacon de parfum ? Utilisez la gomme à effacer d'un crayon.

6. Ne laissez jamais un flacon de parfum en plein soleil : il s'altérerait rapidement.

Passeport

1. Vous obtiendrez un passeport en moins de 24 heures si vous pouvez en démontrer l'urgence. Présentez-vous au bureau régional avec votre demande dûment complétée et votre réservation d'avion confirmée. Autrement, il vous faudra attendre trois jours. Par la poste, il faut compter 10 jours. N'oubliez pas d'inclure avec votre demande l'exemplaire original de votre certificat de naissance ou de votre certificat de citoyenneté, deux photos récentes signées et authentifiées par votre répondant et un chèque visé.

2. Les passeports canadiens valent une fortune sur le marché noir. Il ne faut jamais vous en départir en faveur de qui que ce soit. Si l'hôtel demande à garder votre passeport, exigez un reçu.

3. Pour prévenir le vol, portez toujours votre passeport dans une poche intérieure de votre veste ou dans une pochette que vous garderez sous votre chemise. Déposez-le avec vos documents dans le coffre-fort de l'hôtel, jamais dans votre chambre ni avec votre argent.

4. Si vous perdez votre passeport au Canada, avisez le bureau régional des passeports le plus près ; à l'étranger, le consulat ou l'ambassade du Canada.

Pâte à tarte

1. Sablée ou brisée, une pâte à tarte doit reposer 1 heure au moins avant d'être étalée. Mais vous pouvez très bien la préparer la veille et la garder au réfrigérateur. Sortez-la 30 minutes avant de l'utiliser.

2. La pâte brisée est composée de beurre, de farine, de sel et d'eau. La pâte sablée contient de l'œuf en plus. Elle est plus croustillante et convient bien aux tartes aux fruits et aux... sablés !

3. Avant de mettre une pâte dans le réfrigérateur, enveloppez-la dans de la pellicule adhésive ou dans un sac de plastique. Elle pourra s'y conserver trois jours.

4. Pour faire cuire un fond de tarte, garnissez-en un moule beurré. Piquez de quelques coups de fourchette, couvrez d'une feuille d'aluminium et parsemez de haricots secs. Faites cuire 10 minutes au four préchauffé à 230°C. Ensuite, retirez aluminium et haricots et prolongez la cuisson de 10 à 15 minutes jusqu'à ce que le fond de tarte soit blond.

5. Pour que le bord d'une tarte (ou d'un feuilleté) soit joliment doré, badigeonnez-le d'un jaune d'œuf battu avec 1 cuil. à soupe de lait ou de crème. S'il fonce trop pendant la cuisson, couvrez-le d'une feuille d'aluminium.

6. Le fond d'une tarte aux fruits a tendance à s'imbiber de jus et à ramollir en cuisant. Pour parer à ce problème, enduisez-le de blanc d'œuf battu et attendez 10 minutes avant de remplir la tarte. Préchauffez le four à 200°C et laissez cuire 10 minutes avant de réduire la chaleur au degré précisé. Laissez l'air circuler librement à l'intérieur du four en ne tassant pas les moules et résistez à la tentation d'ouvrir le four en cours de cuisson.

Patio

Faites disparaître les taches de rouille qui déparent votre patio autour des têtes de clous, de vis ou d'autres objets métalliques, en grattant avec une brosse métallique. Si les taches persistent sur le bois, nettoyez-les en les frottant avec de l'acide oxalique qui s'achète dans les quincailleries.

Appliquez avec un pinceau d'artiste un produit anti-corrosif sur les objets métalliques et laissez sécher avant de reteindre le patio.

Patron de couture

1. Si le patron que vous utilisez est en papier fin, repassez-le avant de le poser sur le tissu.

2. Protégez la table sur laquelle vous travaillez avec un carton lisse ou des journaux. Vous pourrez y épingler le tissu et le patron.

3. Un patron de jupe ou de pantalon classique peut être utilisé plusieurs fois. Enroulez ensemble les morceaux d'un même patron et rangez-les dans un tube en carton.

4. Créez votre propre patron : décousez soigneusement un vêtement usagé que vous aimez, après avoir marqué des repères d'assemblage avec du fil à faufiler. Repassez chaque élément et coupez le nouveau tissu en suivant ce patron. Assemblez le tout selon les repères.

Peau grasse

1. Pour normaliser votre peau, supprimez les aliments épicés et les matières grasses de votre alimentation et buvez six à huit verres d'eau par jour entre les repas.

2. Mélangez du vinaigre de cidre ou du jus de citron avec un peu d'eau fraîche et aspergez-en votre visage. Épongez avec du coton absorbant. En été, faites congeler la solution dans un bac à glaçons et passez-vous un glaçon sur le visage lorsque vous avez chaud.

3. Remplissez un vaporisateur d'eau tiède additionnée de 1 cuil. à thé de sel, puis vaporisez-vous le visage et tamponnez-le avec une serviette. Pour un bain de vapeur rapide du visage, faites chauffer une serviette mouillée au micro-ondes et formez une petite tente autour du visage.

4. Mélangez 3 cuil. à soupe d'argile à 3 cuil. à soupe d'eau. Étalez ce masque sur le visage, laissez agir pendant 20 minutes, puis rincez à l'eau tiède. Vous pouvez aussi faire une pâte avec de la farine d'avoine et de l'eau chaude. Laissez 10 minutes sur le visage.

Peau sèche

1. Baignez-vous dans de l'eau salée (½ tasse de sel par baignoire) pour réhydrater votre peau, puis appliquez-vous une crème, un lait ou une lotion hydratante.

2. Pour fabriquer un masque hydratant, écrasez une banane et ajoutez 1 cuil. à soupe de miel. Laissez 15 minutes sur le visage et rincez à l'eau tiède.

Peau sensible

Si votre peau est facilement irritée par les intempéries, l'alcool, les cosmétiques, le rasage ou les tissus synthétiques, suivez les recommandations suivantes.

1. Évitez les savons alcalins, les masques faciaux, les crèmes de gommage exfoliantes, les astringents à base d'alcool et tous les produits à base d'acétone.

2. Prenez des bains tièdes ou froids et utilisez des savons surgras. Séchez-vous en tamponnant.

3. Les tissus naturels, qui respirent, sont préférables mais, si vous choisissez du synthétique, lavez le vêtement plusieurs fois avant de le porter pour en éliminer les irritants potentiels.

4. Ne croyez pas que tous les produits marqués « peaux sensibles » soient bons pour vous. Pratiquez un essai à l'intérieur du bras tous les jours pendant une semaine.

5. Choisissez des produits contenant de la vaseline, de l'allantoïne ou de l'oxyde de zinc.

Peinture

1. Pour cacher les surfaces contiguës aux moulures ou aux encadrements de fenêtres que vous peignez, utilisez une lame de store vénitien, une règle plate en plastique, en bois ou en métal ou un carton mince.

2. Étalez une bâche en plastique sur le sol d'une pièce que vous repeignez. Recouvrez-la de feuilles de papier journal, qui absorberont les gouttes de peinture.

3. Plus une peinture est brillante et plus elle fait ressortir les défauts du support sur laquelle elle est appliquée. Si vous laquez un mur, soignez sa préparation : avant de le peindre, repérez-en les défauts en l'éclairant en lumière rasante.

4. Protégez les vitres en collant du ruban adhésif sur le pourtour au ras des éléments en bois. Retirez-les avant que la peinture ne soit sèche... Mais attendez qu'elle le soit avant de nettoyer les carreaux.

5. Avant de repeindre une surface laquée, lavez-la et poncez-la avec un abrasif très fin de façon que la peinture puisse s'y accrocher.

6. Pour empêcher une peau de se former en surface de la peinture, fermez le couvercle hermétiquement et, si le couvercle n'est pas déformé, rangez le pot en le retournant : la peinture empêchera l'air d'entrer. Ou étendez une pellicule plastique à la surface de la peinture avant de fermer le pot. (Voir aussi Rouleau à peinture, p. 202 ; Solvant pour peinture, p. 207.)

PEINTURE ÉCAILLÉE

1. Ôtez la peinture qui s'écaille avec un couteau à mastic large, une spatule de cuisine ou même une vieille carte de crédit.

2. Pour atteindre de la peinture qui s'écaille au plafond, attachez un couteau à mastic ou une spatule de métal à un manche à balai avec du ruban adhésif. Remplacez ensuite par un pinceau ou un rouleau à peinture.

3. Enlevez la peinture qui s'écaille sur le métal avec de la laine d'acier ou une brosse métallique. Passez une couche d'apprêt pour métal et une peinture antirouille.

Pelle

1. Si vous charriez du mortier ou du béton à la pelle (ou si vous bêchez dans une terre collante), nettoyez le fer de l'outil en cours de travail pour qu'il reste efficace. Fabriquez une curette de maçon avec une cuillère à soupe : écrasez-la au marteau et coupez-la au milieu en travers de la partie ovale. Repliez le manche pour l'accrocher à votre ceinture ou à un râtelier.

2. Faites une pelle chasse-neige avec un bidon de 25 litres. Utilisez une cisaille ou une scie à métaux pour découper d'abord le fond puis le reste en quatre quartiers. Fixez l'un des quartiers à un manche à balai à l'aide de vis et de rondelles. Pour assurer la solidité, fixez la plus grande part du métal au manche et repliez les bords comme un ourlet. Si le poids de la neige brise votre pelle, il vous restera trois pièces de rechange.

3. Faites une pelle à neige pour les petits déblaiements rapides comme les marches d'escalier. Coupez le fond d'un bidon de 5 litres en plastique, puis découpez-le en biais sous la poignée. Vous aurez une pelle solide et facile à saisir.

Pellicule photo

1. Le système de rembobinage de l'appareil se bloque ? Il faut que vous puissiez sauver les photos déjà prises. Installez-vous dans une pièce sombre, mettez l'appareil sur une table et faites une chambre noire avec une veste ou un manteau épais et foncé : retournez le vêtement à l'envers puis, sans retirer vos mains des manches, posez-le devant vous à plat sur la table de manière à recouvrir l'appareil photo. Ouvrez l'appareil en prenant soin de ne pas soulever le vêtement. Au besoin, demandez à quelqu'un de l'entourer de linge ou de coussins. Ôtez le film et rembobinez-le à la main.

2. Rangez les pellicules au réfrigérateur ou au congélateur dans une boîte en plastique fermant hermétiquement. Sortez-les 2 ou 3 heures avant de les utiliser pour qu'elles se remettent à la température ambiante.

3. Emportez des enveloppes de développement toutes préparées quand vous partez en vacances. Expédiez les pellicules au fur et à mesure pour les faire développer, mais ne les mettez pas dans une boîte aux lettres extérieure en été : elles subiraient un coup de chaleur qui risquerait de les détériorer.

4. Ne laissez pas votre appareil en plein soleil (en plein air ou dans une voiture). Votre pellicule serait endommagée (l'appareil aussi).

Pelouse

1. Aérez souvent votre pelouse pour permettre à l'eau et aux engrais de rejoindre les racines. Pour les petits gazons, tondre avec des chaussures de golf suffit. Procurez-vous un rouleau équipé de pointes pour aérer les plus vastes surfaces. Passez-le une première fois au printemps, une autre fois en fin d'automne. En sol lourd, épandez quelques pelletées de sable, puis faites-le pénétrer avec un râteau-balai. Après quelques averses, il comblera les trous laissés par l'aérateur, les empêchant de se reboucher tout en permettant le drainage des eaux de pluie.

2. Par sa texture et sa couleur uniformes, par sa façon de souligner les reliefs du terrain, la pelouse met en valeur la maison qu'elle entoure et fait une belle toile de fond pour les plantes décoratives. Les plates-bandes de fleurs contribuent souvent à rompre leur harmonie.

3. Une pelouse n'est pas nécessairement faite de gazon. Pour les espaces qui seront vus mais non utilisés, pensez à des plantes tapissantes qui n'ont pas besoin d'un grand entretien, comme la pachysandre, la pervenche et le lierre.

Voici différentes méthodes pour restaurer une pelouse.

1. Pour détruire les mousses qui envahissent peu à peu les zones de terre acide ou mal drainée, épandez du sulfate de fer. Laissez noircir, puis grattez l'emplacement à l'aide d'un râteau-balai. Décompactez légèrement la surface du sol avec le râteau, nivelez. Semez des graines adaptées à l'exposition de l'emplacement : les mélanges riches en fétuque élevée exigent moins d'entretien. Épandez les graines, puis tassez au pied ou au rouleau. Maintenez humide pour favoriser une levée homogène.

2. Rectifiez le nivellement de votre pelouse en bouchant les trous qui se forment avec le temps. Tondez ras, puis mélangez sable, terre de jardin et terreau dans la brouette. Remplissez le trou, tassez fermement et recommencez l'opération, jusqu'à ce que le niveau du mélange ait atteint la surface. Semez dense et enfouissez superficiellement les graines au râteau-balai. Maintenez humide jusqu'au regarnissage de la zone.

3. Pour restaurer les zones pelées ou dégarnies, décompactez légèrement le sol avec le râteau après avoir tondu court. Semez, en croisant, les volées de graines. Roulez ou tassez l'emplacement avec les pieds, puis arrosez et maintenez humide jusqu'à la levée.

Pelouse à l'ombre

1. Pour obtenir et conserver une belle pelouse à l'ombre, choisissez bien le mélange de graines à semer. En sol sec, optez pour les mélanges riches en fétuque rouge demi-traçante ou élevée. En région froide et humide, les fétuques rouges gazonnantes, traçantes ou demi-traçantes ont de bons résultats.

2. Pour accroître la luminosité, taillez un peu les arbres au lieu de les enlever. Une taille bien faite peut éliminer 40 p. 100 du feuillage sans nuire à la croissance.

3. Réglez la hauteur de coupe de la tondeuse à 7 cm avant de tondre une pelouse ombragée. Vous laisserez ainsi plus de surface aux feuilles pour piéger la lumière. Si vous préférez tondre plus ras, il vaut mieux arroser après votre passage.

4. N'arrosez qu'une ou deux fois par semaine, mais faites-le en profondeur. Un arrosage superficiel attire les racines en surface.

Peluches sur les vêtements

1. Ne lavez pas et ne rangez pas des vêtements ou des tissus pelucheux avec d'autres pièces de linge car la charpie se transmet d'un vêtement à un autre.

2. À défaut de brosse, enroulez une large bande adhésive d'emballage sur la main, côté adhésif à l'extérieur.

3. Les peluches sur les vêtements s'enlèvent très facilement si on les brosse avec une brosse à habit légèrement humide.

4. Décollez les peluches sur du velours avec une éponge à maquillage un peu humide. Pour la laine, prenez une éponge de cellulose sèche.

Perceuse

1. Pour limiter la profondeur d'un trou à percer, faites un repère sur la mèche avec une bague de ruban à joint ou marquez la mèche avec du vernis à ongles. Autre possibilité : percez une cale en bois et en-

filez sur la mèche en ne laissant dépasser que la longueur de mèche égale à la profondeur du trou à percer.

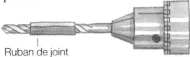

Ruban de joint

2. Si vous n'avez pas de perceuse à main ou électrique ni de vilebrequin, vous pouvez quand même faire des trous dans du bois ou du plastique. Prenez une vrille pour faire un avant-trou, puis tentez l'une de ces solutions.

• Prenez une mèche à bois hélicoïdale avec une queue à extrémité carrée, maintenez-la d'une main puis faites-la tourner avec une clé plate placée sur le collet carré.

• Faites tourner la mèche à la main avec une poignée de porte ancien modèle enfoncée sur l'extrémité carrée.

Mèche   Vis

Perles

1. Quand vous devez réenfiler un collier de grosses perles, utilisez un cordon formé par deux ou trois fils de pêche.

2. Si vous utilisez du cordonnet, passez du vernis à ongles incolore à l'un des bouts et laissez sécher avant d'enfiler les perles.

3. Gardez dans l'ordre des perles de tailles différentes pour les enfiler plus tard, en les collant sur un morceau de ruban adhésif, ou déposez-les dans la pliure d'un magazine ouvert.

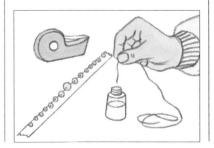

Perruque, postiche

1. Si vous achetez une perruque, choisissez-en une à cheveux longs et faites-la coiffer ou couper dans un bon salon de coiffure.

2. Récupérez vos cheveux longs lorsque vous les faites couper et faites-en faire un postiche parfaitement assorti : natte, chignon, bandeau. Il est plus pratique de tresser les cheveux avant de les couper.

3. Si la chute des cheveux est la conséquence d'une maladie ou d'un traitement médical, l'achat d'un postiche vous sera peut-être remboursé par votre plan d'assurance privé.

Personnes âgées

Beaucoup de personnes âgées souhaitent vivre chez elles le plus longtemps possible. Si vous souffrez d'un léger handicap de mobilité ou de santé, il existe différentes solutions d'aide à domicile.

1. Vous pouvez obtenir les services d'une aide-ménagère, d'une infirmière visiteuse, d'un coiffeur, d'un chauffeur et vous faire livrer des repas. Renseignez-vous auprès de votre CLSC.

2. Vous pouvez vous abonner à un service d'urgence qui vous équipera avec une alarme portative. À votre signal, un service central contactera vos proches ou une aide médicale.

3. Pensez à la solution de la co-location. Prenez des chambreurs ou louez un appartement dans un immeuble qui offre des services aux résidents. Renseignez-vous auprès de la Fédération de l'âge d'or du Québec ou auprès de votre CLSC pour en savoir davantage.

4. N'oubliez pas qu'il existe des téléphones dont la touche mémoire vous dispense de mémoriser les numéros de téléphone que vous appelez régulièrement.

5. Si vous supportez mal la solitude, essayez de contacter d'autres personnes seules et d'organiser des réunions, des visites ou des sorties au cinéma.

6. Ne négligez pas les clubs de l'âge d'or, qui sont un excellent moyen de rompre la solitude ; il en existe dans toutes les villes de moyenne importance.

7. Enfin, si la vie de famille vous manque trop, sachez qu'il existe des familles qui accueillent des personnes âgées, moyennant rémunération. Votre CLSC vous renseignera à ce sujet. (Voir aussi Maison de retraite, p. 142.)

Perte d'appétit

CHEZ L'ENFANT

Si un jeune enfant a perdu l'appétit, c'est peut-être qu'il grandit temporairement moins vite. Ne le forcez donc pas à manger. Donnez-lui la quantité qu'il désire aux repas, mais interdisez-lui les grignotages pendant la journée. Si son manque d'appétit se prolonge, emmenez-le chez le médecin.

CHEZ L'ADOLESCENT ET L'ADULTE

1. Vérifiez que votre alimentation contient bien les quantités nécessaires de vitamine B et de zinc, qui stimulent l'appétit. Éliminez en revanche la caféine (café, thé, chocolat, colas) qui le réprime.

2. Essayez de manger plus vite pour « tromper » le cerveau : celui-ci vous signale que vous avez suffisamment mangé 20 minutes après le début du repas.

3. La perte d'appétit peut dénoter une maladie latente. Consultez un médecin.

4. Chez les adolescentes en particulier, la perte d'appétit peut être le symptôme d'une anorexie, une maladie grave qui nécessite l'intervention d'un spécialiste.

CHEZ LES PERSONNES ÂGÉES

1. Vers l'âge de 65 ans, certaines personnes perdent peu à peu le goût et l'odorat. Leur appétit s'en ressent. Stimulez cet appétit en variant les aliments et en les accommodant de fines herbes et de condiments que l'on apprécie d'autant plus en vieillissant.

2. Mâchez lentement et dégustez chaque bouchée. En conservant un certain temps les aliments dans la bouche, on augmente leur contact avec les papilles gustatives et, par le pharynx, avec les récepteurs olfactifs du nez.

Perte de l'audition

1. Ménagez vos oreilles : baissez le son de la radio et de la télévision, évitez les endroits bruyants. Pour vous protéger d'un bruit excessif, mettez des tampons d'oreille en mousse vendus en pharmacie ou improvisez-en avec un morceau de coton. Lorsque vous utilisez du matériel bruyant, portez des tampons ou un casque antibruit.

2. Un régime alimentaire pauvre en graisses amène à limiter la perte de l'ouïe due au vieillissement en luttant contre l'artériosclérose : il s'agit d'un dépôt de graisse sur les parois artérielles, y compris sur celles qui alimentent l'oreille. (Voir aussi Cholestérol, p. 56.)

3. Passez vos médicaments en revue. Trop d'aspirine peut entraîner des bourdonnements d'oreille, tout comme certains antibiotiques avec un suffixe en *mycine*.

Perte d'emploi

La perte de son emploi est toujours difficile à vivre. Ne vous découragez pas. Trouvez-y un aspect positif : moment favorable pour réévaluer votre formation, point de départ vers une nouvelle carrière.

1. Tâchez d'obtenir une prime de séparation qui peut représenter, dans certains cas, l'équivalent de deux semaines pour chaque année de service. Informez-vous de la possibilité de garder vos assurances, en défrayant vous-même les primes.

2. Ne paniquez pas. Prenez quelques jours de vacances pour faire le point et vous reposer. Analysez vos possibilités et vos envies de retrouver du travail. Expliquez votre situation à votre famille et à vos proches. Acceptez qu'ils vous aident à repartir du bon pied, mais refusez les mines attristées.

3. Parcourez les petites annonces, contactez des entreprises et si vous avez la possibilité de le faire, ayez recours aux services de réaffectation de votre ex-employeur. (Voir aussi Recherche d'emploi, p. 192.)

Perte de la vision

1. Vous trouverez des livres en gros caractères dans les bibliothèques municipales et les centres communautaires. Vous y trouverez aussi des cassettes audio de livres et de revues dont certaines sont enregistrées par des bénévoles et d'autres par des comédiens professionnels.

2. On trouve maintenant de nombreux objets conçus avec de gros caractères : montres, appareils téléphoniques, thermomètres, machines à écrire et même logiciels d'ordinateur personnel. Divers appareils sont également à la disposition des malvoyants, depuis la loupe éclairée qui double les dimensions jusqu'au circuit fermé télévisé qui grossit 60 fois les objets. (Voir aussi Jumelles, p. 135.)

Pesticides

1. La cire dont on enduit certains fruits et légumes comme les pommes, les concombres et les poivrons n'est pas tant nocive en elle-même que pour les pesticides qu'elle recouvre. Un lavage à l'eau savonneuse en éliminera déjà une partie, mais seul l'épluchage peut en venir à bout. Un inconvénient : la réduction de la quantité de vitamines et de nutriments.

2. Les fruits qui imposent l'épluchage pour leur consommation, tels que bananes, oranges, pamplemousses, bien qu'alors moins imprégnés, ne sont pas exempts d'une petite quantité de pesticide. Si vous ne voulez même pas ingérer ces minima, considérés comme inoffensifs, trouvez des marchands qui partagent vos vues.

Attention ! Les produits biologiques peuvent renfermer des résidus organiques aussi toxiques que les résidus chimiques. Procédez de toute façon au lavage.

Pétanque

Voici un petit lexique qui vous permettra de mieux comprendre ce jeu typique du midi de la France.

Boules : en métal, elles mesurent de 7,05 à 8 cm de diamètre et pèsent de 620 à 800 g. Trois boules par joueur en tête à tête, deux en doublette et en triplette.

Cochonnet : boule en bois de 25 à 35 mm de diamètre faisant office de but.

Doublette : équipe de deux joueurs.

Partie : elle oppose deux joueurs ou deux équipes. Un joueur trace le cercle de lancement et lance le cochonnet (ou but) à une distance de 6 à 10 m. La partie se joue en 13 points en triplette, et en 15 points en doublette et en tête à tête.

Point : quand les boules ont été jouées, on marque un point pour chaque boule plus près du but que la boule la mieux placée de l'équipe adverse.

Pointer : le premier joueur cherche à placer sa boule le plus près du cochonnet : il pointe.

Tête-à-tête : partie à deux joueurs.

Tirer : dès qu'une boule est en place, le joueur suivant tire.

Triplette : équipe de trois joueurs.

Petits biscuits

1. Les pâtes à biscuits riches en beurre ou en graisse végétale seront plus faciles à travailler si vous les laissez reposer une heure à la température ambiante avant de les abaisser au rouleau.

2. Pour éviter que les biscuits ne brûlent en dessous, faites-les cuire à une température inférieure de 25° à celle de la recette et prolongez la cuisson de 1 ou 2 minutes. Pour plus de sécurité, posez la plaque de cuisson sur une autre plaque métallique.

3. Pour que les biscuits restent croustillants, laissez-les refroidir sur une grille, puis rangez-les dans une boîte métallique.

4. S'il vous reste des biscuits un peu mous, émiettez-les et faites-les griller au four. Ces miettes parfumées feront merveille sur les glaces, les salades de fruits et les compotes.

5. Prévoyez la décoration de votre arbre de Noël : à l'aide d'emporte-pièces ou en vous servant d'un petit couteau pointu, créez des étoiles, des cœurs, des sapins ou des bonshommes. Percez un trou dans les biscuits avant la cuisson et, lorsque ceux-ci sont froids, glissez-y un fil pour les suspendre.

6. Si vous êtes à court de biscuits quand les enfants en réclament, faites fondre des guimauves sur des biscuits graham ; vous pouvez ajouter des grains de chocolat. Ces biscuits se congèlent.

Phobies

1. Toutes les phobies résultent d'une peur de perdre son contrôle. Pour venir à bout de la vôtre, n'essayez pas de la fuir ou d'échapper à la situation qui déclenche la crise d'anxiété. Acceptez votre phobie et tentez de la maîtriser. Regardez-la se produire et estimez son intensité sur une échelle de 1 à 10.

2. Si vous sentez une crise arriver dans un lieu public, essayez d'agir comme si vous n'étiez pas angoissé du tout. Respirez normalement, mais plus lentement. Concentrez-vous sur quelque chose, une vitrine ou un mode d'emploi imprimé sur un paquet.

3. Créez un rituel qui vous donne l'impression de maîtriser la situation. Si vous avez peur de prendre l'avion, par exemple, emportez un porte-bonheur et asseyez-vous toujours à la même place.

4. Trouvez une personne compréhensive (de préférence quelqu'un qui a réussi à se débarrasser de sa propre phobie) pour vous aider à venir à bout de votre obsession.

5. Faites des exercices de relaxation. (Voir aussi Stress, p. 208.)

Photo

1. Si vos photos se décolorent, c'est peut-être la faute de votre album. Les papiers et cartons des albums bon marché contiennent des traces de produits acides qui finissent par dégrader les colorants. L'effet dommageable est décuplé si le plastique qui les recouvre est également de mauvaise qualité. L'adhésif utilisé pour les maintenir en place peut aussi les décolorer.

2. Conservez les photos auxquelles vous tenez dans des sacs en polyéthylène hermétiques (n'utilisez pas d'autres sortes de plastique) contenant chacun un sachet de cristaux qui absorbent l'humidité (comme celui qui était avec l'appareil à l'achat) ou servez-vous des bouchons de tubes de comprimés effervescents : ils contiennent aussi un dessicant.

3. Rangez les photos en couleurs à l'abri de la lumière (elle accélère la dégradation des colorants), de la chaleur et de l'humidité. Protégez les diapositives de la même façon. Évitez les greniers (trop chauds) et les sous-sols (trop humides).

GROS PLAN

1. Un fond encombré gâche une photographie. Un tissu de velours noir ou de couleur sombre dissimulera les éléments disgracieux ou un décor indésirable. Des fleurs photographiées sur un tel fond ressortiront mieux. Vous pouvez aussi placer derrière le sujet un grand miroir incliné qui reflétera le ciel et donnera un superbe fond bleu à votre photo.

Miroir orienté pour refléter le ciel

2. Si vous n'avez pas l'équipement nécessaire pour réaliser des gros plans, vous pouvez installer sur l'objectif d'une caméra ou d'un appareil à visée reflex des lentilles additionnelles de 1, 2 ou 3 dioptries (ou plus). Elles ne coûtent pas cher mais elles produiront moins de « piqué » que des tubes rallonges ou un soufflet pour macrophotographie. L'effet des lentilles s'additionne (1 dioptrie + 2 dioptries = 3 dioptries), mais ne mettez jamais plus de deux lentilles à la fois si vous voulez garder une bonne netteté d'image.

3. Faites vos gros plans par un jour sans vent et gardez une position stable (voir Trépied, p. 224). Utilisez un film très sensible (200 ou 400 ASA) pour photographier à vitesse rapide ($\frac{1}{125}$ de seconde) tout en gardant une ouverture de diaphragme réduite pour avoir de la profondeur de champ.

TEMPS DE POSE

La plupart des appareils photo modernes ajustent automatiquement le temps de pose. Les plus sophistiqués le font correctement car ils sont pourvus de systèmes de correction. Un appareil « normal » peut faire des erreurs dans les cas où vous photographiez un sujet

sombre sur un fond très lumineux ou, à l'inverse, un petit sujet bien éclairé sur un fond sombre. Dans ces cas difficiles, passez en réglage manuel, relevez les temps de pose (diaphragme et vitesse) indiqués par l'appareil quand vous visez les parties claires, puis les parties sombres. Faites une moyenne qui favorisera la partie qui vous intéresse et réglez l'appareil en vous référant à vos « savants » calculs.

Photo de famille

Si vos photos présentent une galerie de visages figés aux sourires forcés, essayez ces quelques trucs.

1. Évitez de faire poser les gens, personne n'est vraiment à l'aise devant un objectif. Photographiez vos sujets en action (arrosant des fleurs, levant un verre, à table, absorbés par un jeu, etc.). Si quelqu'un prend la pose, distrayez-le de l'objectif en le faisant parler.

2. Utilisez un téléobjectif si votre appareil vous le permet. Un portrait en gros plan intime : un téléobjectif permet de le réaliser de loin. De plus, les proportions du visage seront mieux respectées.

3. Attention au décor. Des accessoires laids ou mal placés, des vêtements qui traînent, une table encombrée peuvent gâcher la plus séduisante des photos.

4. Les photographes professionnels se méfient du grand soleil. Faites comme eux, prenez plutôt vos portraits à mi-ombre, les contrastes seront adoucis et votre modèle ne fera pas de grimaces.

5. Lorsque vous photographiez un sujet en action, une fois la mise au point faite, prenez deux ou trois clichés rapides à la suite. Vous multipliez ainsi vos chances de saisir l'action au meilleur moment, l'expression ou le sourire idéaux. Prévoyez un nombre suffisant de pellicules pour un événement familial important.

6. Collez un carton au dos de vos photos et postez-les. Vos amis adoreront se voir en carte postale.

Pieds

Trempez des pieds douloureux dans une cuvette remplie d'eau chaude additionnée de 2 cuil. à soupe de sel d'Epsom ou d'une poignée de gros sel ; ou encore, frictionnez-les avec des glaçons, séchez-les, puis aspergez-les d'eau de Cologne. Massez-les en les faisant rouler sur une balle de tennis ou passez le poing fermé sous la voûte plantaire en appuyant.

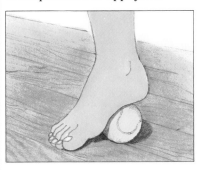

ODEUR

1. Prenez un bain de pieds froid, additionné d'un sachet de Buro-Sol, tous les soirs pendant 10 minutes, en écartant les orteils. Si l'odeur persiste, augmentez la dose du produit (vous pouvez le remplacer par 1 cuil. à soupe de vinaigre dilué dans 4 litres d'eau). Avec le temps, espacez les bains.

2. Poudrez tous les jours vos pieds de bicarbonate de soude.

3. Portez des chaussures à semelle de cuir et des chaussettes de fine laine ou de coton : les fibres synthétiques favorisent la macération.

4. Changez de chaussettes tous les jours et ajoutez quelques cuillerées à soupe de vinaigre à leur eau de rinçage.

5. Aérez vos pieds en portant des sandales ouvertes ou en restant le plus souvent possible pieds nus.

PIED D'ATHLÈTE

1. Prenez un bain de pieds froid avec un sachet de Buro-Sol. Appliquez un fongicide liquide entre les orteils, sur les zones rouges et aux endroits où la peau se décolle, deux fois par jour pendant un mois.

2. Quand vous lavez vos chaussettes, ajoutez du vinaigre à leur eau de rinçage.

3. Pour empêcher une récidive, gardez vos pieds toujours propres et secs. Si vous transpirez beaucoup, poudrez l'intérieur de vos chaussettes de fongicide et changez-les deux fois par jour. Chaussez des sandales de douche dans le vestiaire du club sportif.

AMPOULES

Ne les percez pas, laissez-les se résorber. Appliquez deux fois par jour une compresse imbibée de solution de Burow et couvrez d'une compresse sèche.

CORS ET CALLOSITÉS

Poncez les callosités avec une pierre ponce en sortant du bain. Ne coupez pas les cors, frottez-les avec une lime en émeri. Couvrez un cor récalcitrant d'un pansement imbibé de quelques gouttes de solution d'acide salicylique à 10 p. 100, ou d'un emplâtre à l'acide salicylique à 40 p. 100 ; au bout de quelques jours, trempez le pied dans l'eau et voyez si le cor est assez ramolli pour être enlevé. Dans le cas contraire, recommencez le traitement. **Attention !** Les diabétiques doivent s'adresser à un professionnel.

OIGNON

Surélevez le pied et appliquez une poche de glace pendant 10 minutes. Recommencez 10 minutes plus tard et ainsi de suite, jusqu'à dissipation de la douleur ; ou encore, laissez le pied sous l'eau froide 2 minutes à la fois.

ONGLE INCARNÉ

Trempez le pied deux fois par jour dans une cuvette d'eau tiède additionnée de 1 cuil. à soupe de sel d'Epsom. Imbibez un petit morceau de coton d'huile d'amande douce, glissez-le sous l'ongle incarné et fixez-le avec un pansement. Recommencez tous les jours, jusqu'à ce que l'ongle soit guéri.

Piéride du chou

1. Pour éloigner ces chenilles nuisibles, glissez un bas de nylon sur la tête du jeune chou. Nouez le haut et tirez le bas vers le sol : il s'étirera en même temps que la plante grandira. Auparavant, vérifiez que les feuilles sont exemptes d'œufs ou de chenilles.

2. Ou bien, quand les légumes sont encore humides de rosée, poudrez-les légèrement avec ½ tasse de sel mélangé à 1 tasse de farine.

Pigeons

Pas de pitié pour les pigeons. Oubliez les gadgets qui font du bruit, les chats, les chouettes et les serpents gonflables, ils n'ont aucun effet sur ces nuisances urbaines.
1. Tendez un fil à pêche à 5 cm au-dessus du rebord des fenêtres. Quand les pigeons voudront s'y

poser, ils seront déséquilibrés et chercheront un autre perchoir.

2. Empêchez les pigeons de nicher dans les creux des murs et sur les rebords des fenêtres en recouvrant ceux-ci avec du treillage en plastique ou en métal plastifié.

3. Étalez à la spatule une mince bande de calfeutrant aux silicones transparent sur le rebord extérieur de la fenêtre ou sur les endroits où

AU TEMPS JADIS

Pigeons messagers

La poste aérienne vit le jour longtemps avant l'utilisation de l'avion et ce, grâce aux pigeons : il y a quelque 2 500 ans, Cyrus, roi des Perses, se servait régulièrement de pigeons voyageurs pour envoyer des messages.

Un merveilleux instinct permet à ces oiseaux de retrouver le chemin de leur pigeonnier même lorsqu'on les lâche à des centaines de kilomètres (ce qu'un ornithologue a défini comme « un des mystères classiques de la biologie »). On a pu établir qu'ils retrouvent leur chemin en s'orientant dans le champ magnétique terrestre, mais aussi en se repérant par rapport à la position du soleil ou des étoiles dans le ciel. Les champions peuvent parcourir de 800 à 1 000 km dans une journée.

Ce minuscule messager à plumes a joué un rôle important dans l'histoire humaine depuis l'époque de Cyrus.

Aux premiers jeux Olympiques, en 776 av. J.-C., un athlète put avertir son père de sa victoire en

attachant un ruban pourpre à la patte d'un pigeon.

Plus tard, les Romains utilisèrent des pigeons pour relayer de place en place les résultats des combats de gladiateurs... et peut-être même pour faire des paris avant que les résultats n'arrivent par messager à pied. Certains affirment même que César conquit la Gaule avec l'aide de ces oiseaux vigoureux qui peuvent voler pendant près de 600 km sans absorber ni nourriture ni eau.

En France, les pigeons voyageurs participèrent à tous les conflits et certains « héros » reçurent des décorations militaires. Ils furent le principal moyen de transmission lors du siège de Paris en 1870-1871 ; ils s'illustrèrent à Verdun en 1916 et durant la Seconde Guerre mondiale.

Aujourd'hui encore, l'armée française tient un recensement des élevages de pigeons voyageurs pour les « recruter » au cas où les communications seraient interrompues par un conflit.

vous ne voulez pas qu'ils se perchent. Quand ils voudront se poser, leurs pattes déraperont.

Pile électrique

1. Si vous achetez vos piles une à la fois, allez dans un magasin où les stocks se renouvellent vite. Faites-les tester par le vendeur. Si vous les achetez sous plastique, contrôlez la date limite de mise en service inscrite sur l'emballage.

2. Cherchez le meilleur prix ; il y a souvent peu de différences réelles entre les marques. Comparez les durées moyennes minimales d'utilisation inscrites au dos des cartons.

3. Choisissez des piles normales pour les horloges, les torches électriques et les calculatrices de poche ; des piles à grande capacité pour les petites radios et les éclairages de poche ; et réservez les piles alcalines, qui ne coulent pas, pour les appareils qui mangent le courant comme les flashes, les enregistreuses et les jouets.

4. Stockez les piles loin de toute source de chaleur. Ne les laissez pas au soleil. Rangez-les au réfrigérateur dans un sac en plastique pour les protéger de l'humidité et laissez-les se réchauffer à température ambiante avant de les utiliser.

5. Enlevez les piles des appareils dont vous vous servez rarement. Mettez-les ensemble, serrées par un élastique, et rangez-les dans un sac en plastique, éloignées de tout objet métallique.

6. Pour alimenter des appareils fonctionnant sur piles par temps très froid, maintenez les piles au chaud dans votre poche jusqu'à ce que vous en ayez besoin.

Piments

1. Le suc des piments forts est très irritant ; portez des gants en caoutchouc lorsque vous les hachez et évitez tout contact avec les yeux et la bouche.

2. Pour peler facilement des piments, faites comme pour les poivrons : faites-les griller sur une flamme jusqu'à ce que la peau éclate, puis enfermez-les dans un sac en plastique ou en papier brun pendant 15 minutes. Rincez-les ensuite sous l'eau courante : la peau partira très facilement.

Pinceaux

1. Pour éviter les coulures, trempez seulement le bout du pinceau dans le pot. Enlevez l'excédent en essorant le pinceau sur un fil de fer tendu entre les attaches de l'anse. (Voir dessin, p. 164.)

2. Vous faites une pause ? Enveloppez vos pinceaux et vos rouleaux dans une pellicule plastique.

3. Pour une pause prolongée (une nuit ou quelques jours), enveloppez les pinceaux tels quels dans de la pellicule plastique ou du papier d'aluminium et mettez-les au congélateur. Sortez-les une heure avant de vous en servir.

4. Pour nettoyer un pinceau imprégné de peinture au latex sèche, laissez-le tremper dans un mélange moitié eau moitié vinaigre.

5. Nettoyez vos pinceaux à l'eau ou à la térébenthine (selon la peinture). Posez-les à plat ou suspendez-les. Ne les mettez pas en appui sur les poils, ils se déformeraient définitivement.

6. Pour des objets difficiles à peindre comme les balcons et les grilles en fer forgé, ou des endroits étroits, confectionnez une mitaine à peindre : enfilez un gant en plastique et recouvrez-le d'un morceau de ser-

viette éponge. Fixez le tout avec un élastique autour du poignet.

7. Préparez vos pinceaux pour les vernis en les utilisant une première fois sur un morceau de bois quelconque, puis nettoyez-les. Le peu de vernis qui restera à la base des poils les empêchera de se détacher.

8. Ne jetez pas un vieux pinceau aux poils endommagés. Coupez les bouts et gardez-le pour épousseter les endroits difficiles.

Pipi au lit

1. Ne grondez pas un enfant qui a mouillé son lit, cela ne ferait que renforcer son sentiment de culpabilité. Ne laissez pas non plus ses frères et sœurs se moquer de lui. Au contraire, si une nuit se passe sans accident, complimentez-le.

2. Évitez de donner à boire à l'enfant juste avant qu'il aille au lit. Par ailleurs, laissez-le boire modérément au souper.

3. Avant d'aller vous-même vous coucher, emmenez-le aux toilettes.

4. Si l'énurésie persiste au-delà de l'âge de 6 ans, consultez un pédiatre. Cela dénote souvent un problème psychologique.

Pique-nique

1. Vous n'avez pas de glacière ? Placez les cannettes froides tout autour de votre panier et mettez la nourriture au centre ; elle restera fraîche pendant un petit moment. Tenez les boîtes fermées par de grands élastiques en croix.

2. Emportez votre pique-nique dans des boîtes en carton de même taille. Retournez-les après en avoir enlevé le contenu, alignez-les et recouvrez d'une toile cirée pour avoir une table basse improvisée.

3. Une vieille table de bridge dont vous aurez coupé les pieds fera une bonne table de pique-nique.

4. Pour empêcher les mouches et les fourmis d'envahir les aliments, posez des cloches en toile moustiquaire sur les plats en attente, ou recouvrez-les de papier d'aluminium ou de pellicule plastique.

5. Si vous êtes sensible aux intoxications alimentaires, évitez la salade de pommes de terre, la salade aux œufs durs, les poissons et les salades de pâtes lorsqu'il fait très chaud. Emportez plutôt de quoi faire des sandwiches sur place avec du pâté, de la viande en boîte ou du fromage. Utilisez de la moutarde, qui est un assez bon conservateur en raison de l'acide qu'elle contient.

6. Pour mieux conserver les sandwiches, congelez-les avant de les emporter. Vous pouvez également congeler les gâteaux et les yogourts aux fruits ; remuez-les bien pour que les fruits soient bien répartis dans le pot. Emplissez la glacière de glace. (Voir aussi Protection des aliments, p. 186).

7. Vous voulez réchauffer un plat, mais vous n'avez pas de feu. Soulevez le capot de la voiture, mettez le moteur en marche et posez le plat dessus.

Piquets de tente

1. Transportez les piquets dans un sac à part pour éviter d'endommager la tente.

2. Des pointes d'aluminium de 15 cm font des piquets légers et bon marché.

3. Pour bien ancrer les cordes dans la neige ou le sable, nouez-les autour de bâtons, de sacs de sable ou de pierres, et enterrez-les.

4. Pour réduire la pression du vent sur un double toit, nouez des cordes élastiques comme il est indiqué sur le dessin. (Voir aussi Tente, p. 217.)

Corde élastique
Nœud plat
Nœud de chaise

Piqûres d'animaux marins

1. Si vous projetez un séjour à la mer, prévoyez dans votre trousse à pharmacie : de l'alcool à friction, de la ouate, une pommade contenant 0,5 p. 100 d'hydrocortisone, un onguent antibiotique, des comprimés antihistaminiques, de la lotion à la calamine, des pansements adhésifs imperméables, des compresses stériles, une pince à épiler et un attendrisseur de viande à base de papaye.

2. Si vous ne savez pas par quoi vous avez été piqué, demandez au surveillant de la plage ou aux habitants quels sont les animaux que l'on rencontre dans cette zone. Traitez en conséquence.

3. Les piquants d'oursins peuvent transpercer les chaussures et les palmes. Quand l'un d'eux se plante dans la peau, il provoque la sensation de brûlure avec rougeur et œdème. Retirez tous les piquants visibles à la pince ou à l'aide d'une aiguille stérile. Trempez la plaie dans du vinaigre plusieurs fois par jour pour dissoudre les piquants à fleur de peau, puis appliquez une compresse de vinaigre et un onguent antibiotique. Si des piquants restent inaccessibles, consultez un médecin.

4. Si vous êtes irrité après avoir frôlé des coraux, appliquez de la lotion à la calamine. Si la peau est entamée, nettoyez-la au savon et à l'eau, puis laissez agir du peroxyde pendant quelques minutes. Appliquez un onguent antibiotique et de la crème à l'hydrocortisone plusieurs fois par jour.

5. Pour l'usage des autres produits de la trousse, voir Piqûres de méduse, ci-après.

Piqûres d'insectes

Les piqûres d'abeille ou de guêpe ne sont dangereuses que si elles sont multiples, si un insecte a planté son dard dans la gorge, ou encore si la victime est allergique. (Voir aussi Allergies, p. 13.)

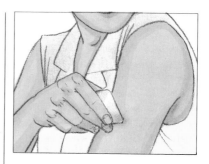

FORME BÉNIGNE

1. Ôtez le dard en frottant doucement avec le côté non tranchant d'un couteau ou le rebord d'une carte de crédit. N'employez pas de pince à épiler.

2. Appliquez le plus vite possible une pâte faite d'eau et de bicarbonate de soude ou d'un attendrisseur de viande ; cela réduira la douleur et l'enflure, tout en ralentissant la pénétration du poison.

3. Soulagez les démangeaisons en appliquant de la glace ou du vinaigre quatre fois par jour durant 5 minutes. Laissez sécher la peau, puis adoucissez avec une pommade à l'hydrocortisone, sinon avec de la lotion à la calamine. Si la démangeaison est vive, s'il y a un œdème ou plusieurs piqûres, prenez un antihistaminique.

FORME GRAVE

1. Appelez vite les secours (911).

2. En attendant, pour limiter l'œdème de la gorge, sucez des glaçons, la tête penchée en avant.

Piqûres de méduse

1. Rincez rapidement la peau à l'alcool à friction ou avec un alcool fort (vodka, par exemple), du vinaigre, de l'ammoniaque dilué ou de l'urine. Vous pouvez également appliquer du sable humide pendant 20 minutes. Ou bien, frottez la brûlure avec un attendrisseur de viande à base de papaye. Surtout, ne mettez pas d'eau.

2. Retirez tous les morceaux de filament qui ont pu se planter dans la peau à la pince ou à la main, mais en portant des gants.

175

3. Passez de la crème à raser sur la peau et enlevez toutes les cellules urticantes qui ont pu s'y ficher avec un rasoir ou un couteau aiguisé, puis rincez comme décrit plus haut pendant 15 minutes.

4. Appliquez une pommade à l'hydrocortisone jusqu'à disparition des rougeurs.

5. Pour réduire l'œdème, prenez des antihistaminiques par voie orale. Contre la douleur, préférez l'acétaminophène à l'aspirine (voir p. 23), cette dernière favorisant les hémorragies.

6. En cas de vertiges, nausées ou autres signes violents, appelez un médecin immédiatement.

Piscine

1. Pour éviter l'usure du revêtement d'une piscine hors-terre, découpez des morceaux d'un tapis de caoutchouc et placez-les entre le plastique de la piscine et les appuis de l'échelle.

2. Si la piscine en toile plastifiée des enfants a un petit trou ou une éraflure, laissez-la sécher et collez un morceau de ruban adhésif de chaque côté.

3. Pour éviter l'apport de boue et de graviers dans l'eau, placez une grande bassine en plastique remplie d'eau et demandez aux enfants de s'y rincer avant de sauter dans la piscine.

4. Voici un moyen facile de gonfler une piscine d'enfant : si l'ouverture est suffisamment grande, servez-vous de l'aspirateur en branchant le tuyau sur l'orifice d'évacuation.

JEUX DANS LA PISCINE

1. Faites flotter dans l'eau une chambre à air de bicyclette gonflée et utilisez-la comme cible pour des balles.

2. Vous aimez le basket-ball aquatique ? Fixez de grandes équerres au dos d'un panneau standard. Équipez-le d'un cerceau et d'un filet en nylon. Attachez le tout à l'extrémité du plongeoir avec des serre-joints.

3. Laissez les petits enfants aller à la pêche : confectionnez des petits poissons avec des boîtes en métal, collez une bande de ruban adhésif sur le pourtour et attachez des queues en plastique de couleurs vives. Faites des cannes à pêche avec de petits aimants en guise d'hameçons.

Attention ! Ne laissez pas les enfants jouer autour d'une piscine sans surveillance. Videz tous les jours une petite piscine quand elle n'est pas utilisée et enlevez les équipements de jeux.

Placard

1. Vos placards doivent accueillir des choses usuelles plutôt que des rangements à long terme. Débarrassez-vous des objets dont vous ne vous servez pas ou stockez-les dans votre grenier ou dans votre cave à l'abri de l'humidité.

2. Suspendez à une patère, dans l'entrée, les gros manteaux.

3. Dissimulez des étagères ouvertes en haut d'un placard en installant un rideau ou un store décoratif. (Voir aussi Rangement dissimulé, p. 191.)

4. Pour maintenir vos placards propres et parfumés, placez-y des flacons de parfum vides et ouverts, ou des savons dont vous aurez ôté l'emballage. Confectionnez des sachets d'antimites avec de la lavande, des grains de poivre entiers, des copeaux de cèdre ou un mélange moitié romarin, moitié menthe sèche. Fabriquez des sachets avec des collants, des bas ou des morceaux de mousseline cousus. Vous pouvez aussi suspendre une orange piquée de clous de girofle dans un petit filet.

Placard à linge

1. Pliez et rangez la literie et les serviettes de bain par parure et non par taille. Vous pourrez ainsi saisir un ensemble complet au lieu de chercher dans plusieurs piles.

2. Empêchez les nappes de se froisser en installant une tringle

sous une étagère basse et suspendez-les sur des cintres capitonnés avec des rouleaux vides de papier absorbant.

Plafond

1. Les dalles acoustiques peuvent habiller un plafond abîmé. Le plus simple est de les agrafer, mais il faut d'abord clouer des lattes. Une meilleure solution consiste à installer un cadre métallique dans lequel on insère les tuiles.

2. Un plafond suspendu ou un faux plafond cachent les fils électriques, les tuyaux. Les panneaux se retirent très facilement en cas de besoin. Pour personnaliser votre plafond, remplacez les dalles normales par des panneaux de contreplaqué verni.

3. Du papier peint au plafond ? Pourquoi pas. Auparavant, bouchez les trous et les fissures, grattez la peinture écaillée, puis sablez. Un papier préencollé est préférable. De toute façon, exercez une bonne pression en vous servant d'un rouleau propre ; partez du centre de la pièce.

4. Même une fois repeintes, les taches d'eau réapparaissent après quelques jours. Passez d'abord un vernis teinté ou un scellant avant d'appliquer la peinture... et supprimez la cause des taches d'eau.

5. Si vous utilisez une peinture lustrée pour laquer les plafonds de la salle de bains et de la cuisine, leur nettoyage sera plus aisé.

6. Si vous jugez votre salon un peu froid, songez à des poutres en bois qui lui conféreront un charme rustique. Il existe de bonnes imitations en polyuréthane, légères et faciles à installer.

7. Nettoyez des plafonds qui présentent des aspérités avec la brosse de l'aspirateur, ou balayez-les avec un balai à soies douces.

Plan d'assurance santé de groupe

Évitez les surprises. Informez-vous à l'avance du niveau de protection assuré par le plan d'assurance santé de votre compagnie. Vous devez connaître :

1. L'étendue de la protection en cas de grossesse, de soins dentaires, de psychothérapie. Les dépendants sont-ils couverts ?

2. Le montant de la franchise, c'est-à-dire le montant que vous devez payer avant que l'assurance ne vous couvre.

3. Le montant alloué pour une chambre d'hôpital.

4. Y a-t-il un plan couvrant tous les services pour un tarif unique ?

5. Quelles sont les restrictions imposées par la compagnie d'assurance ? Par exemple, faut-il obtenir une deuxième consultation si votre médecin prévoit une chirurgie ?

Si vous avez des besoins de santé particuliers à couvrir, prenez des renseignements auprès du bureau du personnel ou des avantages sociaux de votre compagnie. Il peut arriver que vous ayez la possibilité de choisir parmi les bénéfices offerts. Faites connaître ces besoins particuliers à l'employeur. Il pourrait consentir à renégocier un plan d'assurance si un nombre suffisant d'employés le réclame.

Plancher, parquet

1. Sur des planchers cirés, ôtez les taches de nourriture avec un chiffon humide ; les taches d'eau avec de la laine d'acier extra-fine et les marques de talon ou de crayon gras avec de la laine d'acier imbibée d'essence de térébenthine ou d'essence minérale. Pour les taches d'alcool, employez de l'huile de lin bouillie, du produit pour cuivre ou argenterie ou un chiffon imbibé d'ammoniaque. Éliminez la gomme à mâcher ou la cire de bougie en posant dessus un glaçon enveloppé dans un sac en plastique, puis grattez avec l'ongle ou un couteau à lame ronde. Éliminez les taches de gras en versant dessus du détergent liquide. Après séchage, cirez le plancher si nécessaire.

2. Comblez les fissures élargies entre les lames de parquet avec une pâte de vernis et de sciure de bois très fine, teintée de la couleur du plancher.

3. Sur un plancher verni, effacez les rayures légères de la couche d'usure en les frottant avec de la cire en pâte sur un linge doux. Ou bien frottez-les avec la tranche d'une grosse pièce de monnaie. Ou encore, couvrez avec une double feuille de papier d'aluminium et appuyez un fer chaud.

4. Si vous renversez du vernis à ongles sur un parquet, laissez-le sécher, puis décollez-le. S'il en reste, nettoyez avec du dissolvant.

5. Ne nettoyez pas un plancher de bois à grande eau, cela le déformerait et même le ferait pourrir. Prenez un balai à franges, enveloppé si nécessaire d'un chiffon doux et humide, mais essoré.

Plancher grinçant

1. Répandez du talc ou du graphite en poudre dans les interstices des planches qui grincent, ou versez-y de la cire liquide.

2. Déplacez vos meubles de temps en temps de manière à ne pas toujours passer dans la pièce par les mêmes endroits.

3. Si vous avez accès au plancher par en dessous, enfoncez de minces cales de bois dur entre les planches qui grincent et la solive (le cèdre est idéal). Pour empêcher

les cales de bois de glisser, appliquez de la colle des deux côtés.

Plantes d'intérieur

La clé du succès pour le jardinage d'intérieur, c'est de trouver les plantes adaptées à la luminosité de votre logement, à sa température et à son humidité ambiante durant l'hiver. À vous de leur aménager un espace aux abords d'une fenêtre bien exposée, loin d'un radiateur, des sources de poussière et des courants d'air.

Pour mesurer l'intensité de la lumière, servez-vous de votre appareil photo 35 mm avec posemètre intégré, obturations du diaphragme et point focal ajustables. Ajustez la vitesse du film à 100 et la bague de réglage de l'objectif à f-4. Fixez le point focal sur une carte blanche matte d'environ 30 cm^2 à l'endroit où sera la plante. Rapprochez-vous jusqu'à ce que la carte remplisse le viseur. Ajustez l'obturateur pour qu'il indique l'ouverture souhaitable. Le chiffre indiqué vous donnera l'intensité de la luminosité : entre 125 et 500, la lumière est forte ; entre 60 et 125, elle est moyenne ; de 30 à 60, elle est de faible intensité.

Un humidicateur électrique sera bienvenu si vous cultivez de nom-

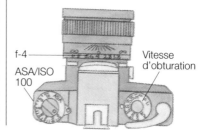

f-4

ASA/ISO 100

Vitesse d'obturation

breuses plantes. Équipez-vous aussi d'un pulvérisateur, qui vous permettra de brumiser régulièrement les feuillages pour leur procurer de la fraîcheur et compenser la sécheresse de l'air. Pour compléter la luminosité naturelle dans une pièce sombre, installez, à 1 m des plantes, des ampoules spéciales. Allumées toute la journée, elles évitent aux plantes de se déformer en s'orientant vers la fenêtre.

ORIENTATION

Tous les végétaux poussent en direction de la lumière. Pour que vos plantes vertes placées non loin d'une fenêtre conservent une silhouette équilibrée, tournez-les régulièrement de 90° dans le sens contraire des aiguilles d'une montre : une fois par mois durant l'hiver, tous les quatre ou cinq jours du printemps à l'automne. Ne bougez pas une plante qui prépare sa floraison, le changement brutal de lumière fera chuter les boutons.

ENGRAIS

N'utilisez pas vos engrais potagers sur les plantes d'intérieur. Les doses à diluer diffèrent et, surtout, les éléments chimiques qui les composent. L'azote, symbolisé par la lettre N sur les emballages, est présent en faible dosage dans les engrais potagers et fruitiers. Il est majoritaire dans les fertilisants pour plantes exotiques puisqu'il favorise le développement du feuillage et des tiges. La potasse (K) permet à la plante d'accumuler des réserves ; les engrais potassiques sont plus spécialement destinés aux bulbes potagers et ornementaux (pomme de terre, amaryllis, caladium...). Le phosphore (P) renforce la robustesse et la quantité de racines, ainsi que la fécondité des végétaux. Pour accentuer l'effet des engrais azotés que vous donnez à vos plantes exotiques, ajoutez une fois par mois à l'eau d'arrosage le contenu d'un sachet de gélatine en poudre sans saveur. Faites dis-

soudre dans une tasse d'eau bouillante et mélangez à trois tasses d'eau froide. Arrosez immédiatement, avant que le mélange ne se coagule !

INSECTICIDES

Fabriquez vous-même l'insecticide qui débarrassera vos plantes exotiques des pucerons et autres indésirables. Faites bouillir 300 g de mégots de cigarette sans filtre dans 10 litres d'eau pendant 30 minutes. Laissez refroidir, puis filtrez finement. Ce liquide, qui conserve ses propriétés insecticides durant 10 jours, doit être dilué dans quatre fois son volume d'eau avant sa pulvérisation sur l'envers et l'endroit des feuilles. Ajoutez-y une goutte de détergent liquide biodégradable pour augmenter son efficacité. Traitez et recommencez tous les quatre ou cinq jours si vous constatez la présence d'insectes rescapés. Opérez plutôt le soir et rincez la plante le lendemain matin avec de l'eau douce à température ambiante.

Attention ! Cet insecticide « maison » est toxique pour l'homme et les animaux domestiques. Installez-vous loin des pièces de passage lorsque vous opérez.

NETTOYAGE

Les bombes de produit lustrant pour les plantes bouchent les pores des feuilles et leur font plus de mal que de bien. Pour garder les plantes propres, lavez leur feuillage deux fois par mois avec 2 cuil. à soupe de détergent liquide biodégradable mélangé à 4 litres d'eau. Lavez les feuilles des deux côtés. Vous pouvez ajouter un peu de thé faible à l'eau de lavage pour fortifier le feuillage et le colorer.

Plantes fanées

1. Si, durant l'été, le feuillage des plantes se flétrit, ne croyez pas pour autant qu'elles ont soif. Un vent chaud suffit à ramollir le feuillage durant la journée ; une rosée

et la fraîcheur nocturne suffiront à leur rendre du tonus le lendemain. Si, le lendemain matin, vous n'observez aucune amélioration, il faut arroser. Inutile d'inonder le jardin. Arrosez là où il faut, en pluie continue, jusqu'à ce que le sol soit mouillé sur au moins 10 cm de profondeur. Au pied des arbustes, formez une cuvette d'arrosage avec la bêche et versez plusieurs arrosoirs en laissant à l'eau le temps de s'infiltrer. Procédez le soir de préférence ; les plantes profiteront de la nuit pour se désaltérer.

2. Pour ranimer une plante verte flétrie, plongez le pot dans un seau d'eau tiède jusqu'à ce que plus aucune bulle ne remonte à la surface, signe que la motte est complètement imbibée. Retirez le pot et laissez-le s'égoutter. Placez ensuite la plante dans un endroit frais, clair et humide, comme la salle de bains ou la serre. À défaut, encapuchonnez la plante entière dans un sac en plastique transparent.

Le plastique ne doit pas toucher le feuillage de la plante : soutenez-le avec des tuteurs ou des cintres métalliques, puis fixez-le autour du pot avec un élastique. N'exposez pas au soleil.

Plantes grimpantes

Pour réussir à cultiver une plante grimpante sans installation compliquée de tuteurage, il faut avant tout savoir par quel moyen elle s'accroche naturellement.

1. Les plantes volubiles, comme la glycine, la clématite, le gloriosa, le chèvrefeuille, le volubilis s'enroulent à leur support et s'élèvent sans aide. Comme elles peuvent étouffer un arbre ou tordre le métal, confinez-les à un treillage, une tonnelle ou une clôture de bois.

2. Les plantes à vrilles, la passiflore et la vigne par exemple, s'élèvent grâce à leurs attaches délicates. Elles escaladent les arbres et les arbustes sans leur nuire si on les éclaircit par des tailles périodiques. Elles donnent à la plante hôte une autre floraison ou un feuillage coloré à l'automne.

3. Les plantes à crampons, le lierre, la vigne vierge ou l'hortensia grimpant, se collent littéralement au mur avec leurs crampons. Contrairement à leur mauvaise réputation, elles n'endommagent pas le mortier, mais le protègent en l'isolant de la chaleur et du gel.

Plantes vertes et vacances

1. Regroupez vos plantes d'intérieur durant vos absences prolongées en improvisant une serre temporaire dans une salle de bains bien éclairée. Tapissez l'intérieur de votre baignoire avec une bâche de plastique, et recouvrez de plusieurs couches de papier journal. Déposez-y vos plantes à l'exception de celles à feuillage duveteux ou succulent (violettes africaines et gloxinias), qui redoutent le confinement. Douchez copieusement les feuillages, la terre et les journaux. Fixez une autre bâche transparente au mur derrière la baignoire avec un ruban adhésif et passez-la sur la tringle du rideau de douche pour fermer cette serre de fortune. Toutes lumières allumées, vos plantes survivront sans peine de une à deux semaines dans cette atmosphère humide.

2. Aux plantes qui pourriraient dans cette serre, installez un système d'arrosage par capillarité : à l'aide d'un crayon, enfoncez un bas

Bas de nylon

de nylon dans le trou de drainage sous le pot, jusque dans la terre.

Remplissez d'eau un récipient de plastique à couvercle. Fermez et percez le couvercle. Glissez le bas dans le trou, faites-le tremper dans l'eau et posez la plante sur le récipient. Le bas servant de mèche fera monter l'eau jusqu'au terreau, selon les besoins de la plante.

Pliage du linge

1. Sortez le linge de la sécheuse dès que le cycle est terminé et pliez-le immédiatement. Si les coutures, les poches des jeans ou autres vêtements de sport sont légèrement humides et froissées, aplatissez-les à la main. Laissez sécher avant de ranger.

Envers du drap-housse

Étape 1   Étape 2

2. Pliez les draps-housses en deux dans le sens de la longueur, rentrez les angles de chaque coin l'un dans l'autre ; pliez en deux dans le sens de la largeur et rentrez les deux paires de coins l'une dans l'autre. Ainsi alignés, ils peuvent être pliés comme des draps.

3. Pliez les serviettes de toilette dans le sens de la longueur : ainsi elles seront prêtes à être suspendues dans la salle de bains.

Plis, faux plis

1. Avant de laver à la machine des vêtements plissés, retournez-les. Retirez-les de la machine avant l'essorage final. Laissez-les s'égoutter et sécher sur un cintre.

2. Pour essorer un vêtement à la main, roulez-le dans le sens de la longueur dans une serviette de bain et tordez les extrémités à contresens. Suspendez pour sécher.

REPASSAGE

1. Pour empêcher les plis du dessous de faire une marque sur le tissu du dessus, glissez des bandes de papier brun fort entre les deux épaisseurs de tissu et maintenez avec des trombones.

2. Supprimez les faux plis très accentués en les repassant entre deux tissus humides.

3. Pour que les plis durent plus longtemps, vaporisez de l'amidon à l'envers du tissu avant de repasser.

4. Maintenez en place les plis pendant le repassage en épinglant le haut et le bas des plis à la planche.

5. En cas d'urgence, vous pouvez « repasser » les plis en mettant le vêtement sous votre matelas la nuit. Mais gare aux faux plis !

Poignée de porte branlante

Orifice

Ruban adhésif

Tige carrée

1. Avec le temps, l'orifice dans lequel s'insère la tige de la poignée finit par s'agrandir. Défaites la poignée et enveloppez la moitié creuse dans un linge. Donnez de légers coups de marteau sur le pourtour de l'orifice sans l'écraser.

2. Une autre méthode consiste à envelopper l'extrémité de la tige carrée avec du ruban adhésif pour réduire le jeu.

Poinçon

Un clou de 10d peut servir de poinçon pour marquer la plupart des perçages sur du métal.

Point de côté

Les causes en sont multiples :
• démarrage trop rapide de l'activité sportive ;
• sujet anxieux ou contracté ;
• déshydratation par l'absence de boisson pendant l'effort ;
• manque d'entraînement.

1. Respirez profondément pour relaxer le diaphragme contracturé.

2. Enfoncez le doigt dans le muscle douloureux, au bas de la cage thoracique, et pressez en tournant.

3. Si le point de côté est causé par la fatigue, le repos est le meilleur remède. S'il ne cède pas, consultez un médecin.

Poisson

1. Avant de vider un poisson sans écailles (du type saumon ou truite) essuyez-le avec du papier absorbant plutôt que de le rincer ; l'eau, qui forme une pellicule gluante sur la peau, rend la manipulation plus délicate. Frottez vos doigts de sel pour avoir une meilleure prise.

2. Videz le poisson ainsi : à l'aide d'un couteau pointu bien aiguisé, cassez le cartilage qui relie les ouïes au squelette. Soulevez les ouïes et tirez les entrailles en une seule fois, l'œsophage et l'intestin étant d'un seul tenant. Ou ouvrez le ventre du poisson jusqu'à l'ouverture anale et retirez l'intérieur.

3. Pour les poissons qui doivent être étêtés, coupez d'abord la tête au ras du corps, puis ouvrez le ventre avec une paire de ciseaux, de la tête vers la queue, et retirez les viscères. Rincez et épongez.

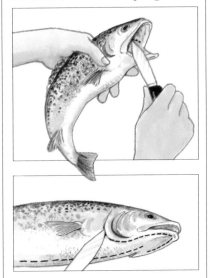

Poisson farci

Il existe plusieurs manières de désosser un poisson pour le farcir.

1. Pour désosser un poisson plat (type sole) : retirez la peau foncée du poisson, et incisez-le le long de l'arête centrale. Glissez le couteau le long des filets, l'un après l'autre, afin de les détacher de l'arête centrale, de la tête à la queue. Cassez l'arête en pliant le poisson en plusieurs endroits, puis retirez-la avec les doigts. Le poisson ainsi ouvert est prêt à être farci.

2. Pour un poisson épais (type truite) : posez-le, non vidé, sur le ventre, fendez la peau et la chair tout au long de la nageoire dorsale que vous retirez, puis, plus profondément, le long de l'arête centrale. Coupez avec des ciseaux et videz le poisson, ou encore, commencez par vider le poisson, prolongez l'ouverture jusqu'à la queue, puis faites glisser le couteau le long de l'arête centrale pour la dégager. Coupez-la aux deux extrémités et retirez-la. Ôtez toutes les grandes arêtes de la partie ventrale à l'aide d'un petit couteau : vous obtenez une poche facile à farcir.

FARCES

Confectionnez des farces à base de champignons hachés mélangés à de la chapelure, ou à base de crevettes, de crabe ou de homard. Une fois le poisson farci, refermez l'ouverture avec du fil de cuisine ou des cure-dents.

Poisson poché

La technique du pochage convient particulièrement à des poissons de grosse taille (1,5 kg minimum) : saumon, truite, truite des mers ou truite saumonée, bar, etc. À défaut d'un plat à poisson, employez une rôtissoire.

1. Versez de l'eau ou du bouillon dans une rôtissoire et faites chauffer à feu doux. Videz, rincez, salez et poivrez le poisson. Pour éviter qu'il ne se défasse, enveloppez-le dans du coton à fromage ou du papier d'aluminium graissé. Dès les premiers frémissements, plongez le poisson dans la rôtissoire en laissant déborder les extrémités de l'emballage.

2. Comptez 10 minutes de cuisson à petits frémissements pour environ 2 cm d'épaisseur dans la partie la plus charnue du poisson.

3. Retirez le poisson de la rôtissoire en soulevant les extrémités de l'emballage.

Poitrines de volaille

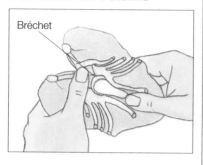

Bréchet

1. Les poitrines se vendent entières, désossées, ou en escalopes. Les poitrines entières, moins chères, sont faciles à escaloper avec un grand couteau bien affûté. Pour les désosser, coupez-les sur le dessous de façon à dégager le bréchet et le cartilage ; glissez un pouce à chaque extrémité et soulevez jusqu'à ce que l'os casse ; ensuite, il suffit de détacher la viande le long des côtes avec le bout du couteau.

2. Poitrines ou escalopes sont toujours bien meilleures après avoir mariné ; laissez-les de 4 à 6 heures dans de l'huile, d'olive si possible, parfumée de lamelles d'ail, de thym ou de romarin ou encore de baies de genièvre et de poivre concassé. Une fois épongées, faites-les dorer à l'huile ou au beurre et déglacez les sucs de cuisson avec quelques cuillerées de vin blanc sec.

3. Les poitrines de volaille entières font d'excellents rôtis très rapides à préparer. Après les avoir fait dorer en cocotte, faites-les cuire à couvert, en les arrosant de temps en temps de vin, de bouillon, de jus de tomate ou simplement d'eau afin qu'elles gardent leur moelleux. Comptez environ 25 minutes de cuisson totale pour les poitrines de poulet et de 45 à 50 minutes pour les poitrines de dinde.

Pollution de la maison

Les maisons modernes sont souvent tellement étanches qu'elles conservent les agents polluants : le radon, le formaldéhyde (émanant de certains agglomérés et de certaines tuiles acoustiques), la fumée de tabac, les bactéries, les champignons, le pollen et les sous-produits de la combustion, comme la suie et le gaz carbonique, peuvent entraîner des maladies ou des intoxications, parfois mortelles s'ils stagnent à haute concentration. Une habitation moderne bien isolée doit être équipée d'une ventilation adéquate. (La ventilation se fait de façon naturelle dans les maisons plus vieilles.)

1. Installez des aérateurs au-dessus d'un four à gaz, dans la cuisine, la salle de bains, la buanderie. Mais ne mettez pas de gros évacuateurs d'air à l'étage si vous avez, au sous-sol, un appareil de chauffage au gaz ou à l'huile communiquant avec une cheminée. L'aérateur aspirerait l'air par la cheminée, rendrait le tirage difficile et amènerait des produits de combustion dangereux dans la maison.

2. Réparez les fuites des conduits de fumée des appareils de chauffage. Entretenez ces conduits pour qu'ils gardent un bon tirage et ne provoquent pas d'émanation de fumée ou de gaz brûlé à l'intérieur.

3. Ne chauffez pas un endroit clos avec un radiateur à gaz mobile ou un poêle à kérosène.

4. Dans une maison relativement ancienne, si les conduits de ventilation ou de chauffage à air pulsé sont isolés avec de l'amiante, faites-les remplacer.

Pompe à chaleur

En hiver, une pompe à chaleur extrait la chaleur de l'eau, de l'air extérieur ou du sol et la transporte à

AU TEMPS JADIS

Les ancêtres de la chaudière

Pour ceux d'entre nous qui se contentent de régler un thermostat pour chauffer leur maison et maintenir une température agréable de 19 ou 20°C, il est facile de penser qu'une pièce chauffée régulièrement est chose aisée. Cependant, il a fallu beaucoup de temps pour y parvenir.

Les Grecs de l'Antiquité avaient déjà inventé le chauffage par le sol car ils construisaient leurs maisons sur des canalisations réchauffées par des chaudières extérieures. Les Romains aisés affinèrent ce système en surélevant le sol de leurs pièces afin que la chaleur d'un feu y circule. Ils installèrent également des réseaux de tuyaux en terre cuite distribuant l'air chaud produit par des feux de bois ou de charbon dans le sous-sol.

À la chute de l'Empire romain, le chauffage central disparut et on ne le redécouvrit que 1 500 ans plus tard. Durant le Moyen Âge, les gens faisaient, dans les maisons, des feux de bois qui enfumaient toutes les pièces. L'âtre avec évacuation extérieure, qui se répandit dans les châteaux au cours du XIe siècle, permit enfin à la fumée de s'échapper par le conduit. Malheureusement, une grande partie de la chaleur s'échappait aussi par la cheminée.

Au XVIIIe siècle, les cheminées à feu ouvert cédèrent la place à des poêles individuels lesquels, à leur tour, furent remplacés au XIXe siècle par les chaudières et le chauffage central.

Actuellement, l'amélioration des divers procédés de chauffage concourt à mieux consommer les combustibles et à conserver toute la chaleur qui partait autrefois en fumée. Les chaudières ont commencé à disparaître au profit des plinthes électriques. Des recherches se poursuivent pour améliorer et rendre vraiment performant un système de chauffage naturel et non polluant : l'énergie solaire.

l'intérieur. Si elle est réversible, elle évacue la chaleur de la maison en été. Elle accomplit ces deux fonctions grâce à deux unités de serpentins et de compresseurs reliés entre eux, l'un à l'extérieur, l'autre à l'intérieur.

1. Faites en sorte que l'élément à l'extérieur ne se trouve pas bouché par des feuilles, des débris ou des branchages.

2. L'hiver, ôtez la neige déposée dessus et autour. Ne pendez rien sur le tuyau de réfrigération.

3. Changez ou nettoyez les filtres une fois par mois pour maintenir un rendement maximal.

4. Un bruit métallique produit par une pompe à chaleur signifie que les pales des hélices frottent sur des parties fixes. Appelez sans tarder le service d'entretien.

5. Le bruit d'arrivée d'air produit par l'élément à l'extérieur est normal. On peut l'assourdir à l'aide d'une clôture en planchettes disposées sur deux rangées alternées comme le montre le croquis. Si le bruit vous paraît toujours exagéré, appelez l'installateur.

Ponctuation

La ponctuation est la respiration de la phrase. Quand, en rédigeant, vous hésitez sur la ponctuation, formulez votre phrase à haute voix.
• La virgule est une petite pause qui sépare des prépositions ou des parties de préposition dans une phrase.
• Le point-virgule sert à séparer les parties importantes d'une phrase ou diverses parties d'une énumération, amenée par le deux-points.

• Le deux-points précède une énumération ou une citation, ou entraîne une explication.
• Le point marque la fin d'une phrase.
• Le point d'exclamation ponctue une interjection ou toute une phrase exclamative.
• Le point d'interrogation ponctue une question.
• Les points de suspension sont toujours au nombre de trois. Ils précèdent la virgule ou toute autre ponctuation requise par la phrase. Ils indiquent une suspension dans l'expression d'une pensée qui devrait se poursuivre, remplaçant alors le point final. Ils sont utilisés aussi pour ménager un temps de surprise.
• Les guillemets signalent les citations. Si la citation comporte plusieurs paragraphes, il faut mettre un guillemet ouvrant au début de chacun d'eux. On termine la citation par un guillemet fermant.

Porcelaine ébréchée

1. Masquez les petits éclats ou les égratignures sur la porcelaine avec une peinture spéciale, mate ou satinée. Avant tout, retirez toute trace de savon ou de graisse, puis frottez avec du dissolvant de vernis à ongles et laissez sécher.

2. Pour des ébréchures plus conséquentes, employez une résine à l'époxyde à deux composants. Commencez par frotter la portion ébréchée avec de la toile émeri fine pour faire disparaître tout résidu de savon ou de rouille. Essuyez avec un linge propre imbibé de dissolvant pour vernis à ongles. Puis mélangez la résine et le durcisseur

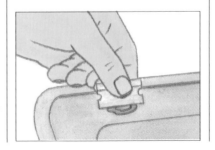

et ajoutez de la couleur (incluse). Servez-vous d'une lame de rasoir pour faire pénétrer le mélange dans l'ébréchure. Polissez avec votre doigt mouillé d'alcool.

Portage

1. Transporter un canot se fait plus facilement seul qu'à deux, car il est bien rare que deux personnes aient exactement la même démarche. Si vous devez le faire quand même à deux, celui dont le pas est plus court passe devant.

2. Avant d'entreprendre un long portage, rembourrez le banc du centre avec un coussin de caoutchouc mousse pour diminuer la pression sur les épaules. Portez votre gilet de sauvetage pour plus de confort.

3. Faites une pause de temps en temps, sans déposer le canot, en laissant reposer sa pointe dans la fourche d'un arbre, sur une souche ou sur un rocher.

4. Pour soulever le canot, roulez-le sur le côté, l'intérieur opposé à vous. Penchez-vous, puis saisissez la barre centrale à deux mains, votre main dominante en dessous, pour hisser le canot sur vos cuisses en le faisant rouler vers vous. Redressez-vous en le soulevant sur vos épaules, et logez votre tête en avant de la barre. Placez le canot

Plat-bord

Banc

en équilibre sur vos épaules et agrippez les plats-bords. Déplacez régulièrement le poids d'une épaule à l'autre.

5. Pour déposer le canot, faites la manœuvre inverse.

6. Si vous avez un compagnon, demandez-lui de soutenir un bout du canot un moment pendant que vous reculez pour vous remettre en position de portage.

Porte

1. Lorsqu'une porte refuse de rester ouverte, vérifiez les charnières : elles seront desserrées ou déformées. Dans le premier cas, revissez-les, autrement redressez-les au marteau ou remplacez-les. (Voir aussi Charnière, p. 49.)

2. Pour assourdir les claquements d'une porte, posez une bande de mousse ou un bourrelet en caoutchouc dans les feuillures (parties creuses des cadres scellés dans la maçonnerie).

3. Pour empêcher une porte de claquer contre le mur lorsqu'elle s'ouvre, fixez un butoir au sol ou sur le mur, ou placez au sol une planchette légèrement plus large que « l'épaisseur » de la poignée.

4. Pour un butoir de porte pour chambre d'enfants, collez une demiballe de caoutchouc mousse sur le mur, à l'endroit où bute la poignée.

Porte ouverte (face)   Porte fermée (profil)

Ruban transparent   Boule de silicone   Boule de silicone

Cale de carton

Ruban transparent   Boule de silicone   Boule de silicone

5. Les portes d'armoires de cuisine ont tendance à claquer à cause de leurs charnières autofermantes. Vous pouvez amortir le bruit à l'aide d'un tube de silicone pour sceller les joints.

Déposez une petite boule de silicone aux deux coins de la porte, grosse comme l'efface d'un crayon. Au point de contact, posez, sur l'armoire elle-même, un morceau de ruban transparent sur lequel vous appliquerez un petit peu de vaseline pour éviter que la silicone colle sur l'armoire. Pendant que la silicone sèche, improvisez une cale avec un morceau de carton épais et du ruban à masquer, que vous retirerez le lendemain.

Porte en verre

1. Pour empêcher les enfants et les invités de se cogner sur les portes, collez deux rangées de décalcomanies à la hauteur des yeux.

2. Pour empêcher les oiseaux de se heurter contre le verre, fixez des décalcomanies d'oiseaux de proie ou suspendez un carillon éolien au-dessus de la porte.

3. Pour isoler une porte vitrée, installez des tentures doublées. Posez des tringles qui dépassent de chaque côté, pour pouvoir les tirer de jour et jouir de la vue.

4. Vous ne pouvez pas remplacer vous-même une porte en verre. Ce type de verre est façonné, puis trempé en usine. Un verre normal, même très épais, ne convient pas.

Porte-serviettes

1. Si la barre en bois d'un porte-serviettes est cassée, remplacez-la par une tringle à rideaux ajustable.

2. Si la barre cassée est un tube creux, démontez le porte-serviettes. Trouvez un bout de bois qui remplisse à peu près la cavité du tube et coupez-le un peu plus court que la plus longue moitié cassée ; percez-le au centre et faites passer un fil (1). Replacez la plus longue moitié dans son support, insérez le bout de bois, pla-

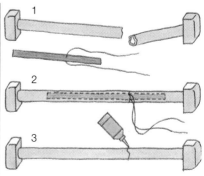

cez l'autre moitié et faites glisser le bois à cheval sur la cassure (2). Retirez le fil, appliquez de la colle et laissez sécher 24 heures (3).

Portière de voiture

Si une portière grince, lubrifiez les charnières et les lames de ressort qui s'y appuient avec un lubrifiant en aérosol vendu dans les magasins d'accessoires d'automobiles.

JOINT DE CAOUTCHOUC

N'attendez pas qu'il pleuve dans la voiture pour entretenir les joints des portières. Après chaque lavage, pour éviter qu'ils ne collent, enduisez-les de graisse aux silicones pour robinet ou vaporisez un lubrifiant à base de silicones.

PORTIÈRES ARRIÈRE BLOQUÉES

Vous n'arrivez pas à ouvrir les portières arrière de l'intérieur ? Le verrou de sécurité pour enfants est peut-être mis. Ce petit loquet se cache dans l'épaisseur de la porte. Débloquez-le de l'extérieur.

Pot d'échappement

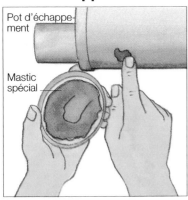

Pot d'échappement

Mastic spécial

Un petit trou dans un pot d'échappement ne causera certainement aucun dégât, mais le bruit suscité est désagréable et illégal ; pis encore, le monoxyde de carbone, qui est toxique, peut s'infiltrer dans l'habitacle. Voyez un mécanicien dès que possible.

1. Un trou minuscule dans le pot d'échappement ou dans le tuyau de sortie peut souvent être réparé avec du mastic spécial, que l'on trouve dans les magasins d'accessoires d'automobiles. Pour un trou plus grand (jusqu'à 2,5 cm), vous pouvez acheter des bandeaux résistant à la chaleur.

2. Pour une réparation temporaire et rapide, fixez sur le trou un morceau de boîte de conserve avec du fil de fer ou un serre-joint.

Attention ! Ce genre de rapiéçage ne résiste pas plus de 70 à 80 km.

Pot à fleurs

1. Cherchez chez vous des récipients qui feraient de bons pots à fleurs. Les tasses à café en céramique sont parfaites pour les plantes aromatiques et les petites fleurs. Percez un trou de drainage au fond de la tasse à l'aide d'un foret et placez 2 cm de gravier et un peu de charbon de bois avant la terre pour empêcher les racines d'être noyées lors d'un arrosage excessif. Les pots de grès pour fèves aux lards, les pots à lait en céramique, les cocottes oubliées dans un placard font d'excellents pots.

2. Pour nettoyer un pot de plastique, brossez-le avec de l'eau savonneuse. Les taches sur les pots d'argile sont plus difficiles à enlever : laissez-les tremper au préalable dans une solution de 4 litres d'eau additionnée de ½ tasse d'eau de Javel pendant 5 minutes. Recommencez si nécessaire.

3. Avant de réutiliser un pot qui a contenu une plante malade, stérilisez-le en le trempant dans l'eau bouillante ou en lui faisant subir un cycle complet au lave-vaisselle.

Potager mélangé

Cultivés en rangs distincts, les légumes hébergent leurs parasites, qui passent de rang en rang et causent de graves dégâts. Par contre, la variété sur une même ligne de culture déroute leur appétit. Pour réduire les dégâts d'insectes au potager, mélangez les légumes de même destination culinaire.

1. Préférez des plantes à semer à la même époque et, pour vous amuser, choisissez un thème : le coin salade pourrait comporter radis, cresson de pleine terre, laitue feuille de chêne, chicorée, persil... Le coin « pâtes » est composé de piments, de basilic, d'ail et, bien sûr, de tomates. Pour la soupe, associez poireaux, carottes, céleri...

2. Préparez tout d'abord un rang de 90 cm de large. Mélangez les graines dans un bocal, percez le couvercle et fermez. En secouant le bocal pour bien mélanger les graines, ensemencez tout le rang. Couvrez légèrement avec le râteau, puis arrosez à la main pour ne pas déranger les graines. Par la suite, vous éclaircirez de façon à obtenir l'intervalle nécessaire entre les plants. Moins il y aura de sol vierge, moins vous subirez l'invasion des mauvaises herbes. Une couverture serrée de feuilles constitue un bon paillis et une source d'humus.

Potager surélevé

Si les plates-bandes de votre potager sont infestées de limaces et d'escargots, c'est peut-être parce que, pour les rehausser, vous avez employé des planches ou des roches, qui favorisent le pullulement de ces créatures indésirables. Surélevez plutôt vos plates-bandes à la façon des Chinois.

1. À l'aide de piquets et de ficelle, divisez le jardin en rectangles de 1,50 m de large, séparés par des allées de 1 m pour permettre le passage de la brouette.

2. Retournez la terre sur une profondeur de 30 cm environ ; retirez cailloux et racines. Ajoutez du compost, de l'engrais, de la tourbe et du sable, de façon que le sillon soit nettement surélevé.

3. Ratissez pour égaliser la surface et former les côtés. Creusez un sillon entre la plate-bande et le sentier pour permettre l'évacuation de l'eau.

4. Retirez la ficelle qui vous a servi à délimiter l'espace, mais laissez un piquet fiché à chaque angle de rectangle : il évitera au tuyau d'arrosage d'aller coucher les plants de légumes en passant au travers.

5. Contrairement aux cultures traditionnelles de pleine terre, vous n'aurez pas besoin de retourner profondément le sol chaque année. Ajoutez simplement quelques pelletées de compost et retournez la terre à la fourche, avec un peu de chaux. Pour éviter d'effondrer des plates-bandes, ne marchez pas directement sur le sol en jardinant : placez des planches de bois entre les rangs de légumes. Vous y circulerez sans crainte d'écraser les rectangles surélevés.

Poubelle

Sortez la poubelle en la plaçant sur un chariot ou sur la planche à roulettes des enfants.

NETTOYAGE

1. Lavez la poubelle avec ½ tasse d'ammoniaque diluée dans 4 litres d'eau et désinfectez-la avec ¾ de tasse d'eau de Javel dans 4 litres d'eau. Laissez 5 minutes et rincez.

Civilisations et déchets

Se débarrasser des ordures a toujours été un problème. Les habitants de la Troie antique les laissaient sur le sol de leur maison ou les déversaient dans la rue. Dans certaines cités anciennes d'Afrique, les ordures s'entassaient si haut que le niveau des rues montait. Il fallait alors construire de nouvelles maisons sur des terrains plus élevés.

Les Grecs antiques organisèrent les premiers dépôts d'ordures municipaux du monde occidental et Athènes fut la première cité connue à interdire de jeter les ordures dans les rues.

Pourtant, au XVIe siècle, les Parisiens pouvaient encore déverser des fenêtres leurs détritus sur la voie publique. Ce n'est qu'en 1884 qu'un préfet de la Seine, du nom d'Eugène Poubelle, obligea les Parisiens à déposer leurs ordures dans des récipients... qui lui valurent de laisser son nom à la postérité.

Aux États-Unis, on raconte que Benjamin Franklin fut le premier à lancer une campagne pour l'enlèvement municipal des ordures et suggéra d'employer des hommes à déverser les ordures dans la rivière Delaware.

Les Canadiens sont les plus grands producteurs d'ordures ménagères au monde. Si l'on inclut les appareils ménagers, chaque adulte se débarrasse quotidiennement de 1,5 kg de déchets.

Le manque d'espace pour les dépôts d'ordures est devenu un problème aigu à l'échelle du globe. Partout dans le monde, le tonnage croissant des déchets abandonnés pose de graves problèmes de pollution. Aussi, il y a de grandes chances pour que le recyclage, qui se développe de plus en plus, devienne obligatoire.

---

2. Luttez contre la moisissure et les bactéries en poudrant la poubelle de ½ tasse de bicarbonate de soude.

ANIMAUX

Pour les empêcher de faire des ravages, vous pouvez mettre certains trucs en pratique chez vous mais, à l'heure du ramassage, laissez vos poubelles simplement fermées sur le trottoir : les vidangeurs n'ont pas le temps de défaire des nœuds ni de déjouer vos astuces.

1. Passez un tendeur sous l'anse du couvercle et fixez aux poignées.

2. Attachez la poubelle à votre barrière ou à un poteau.

3. Passez un manche à balai dans la poignée et piquez dans la terre.

4. Attachez vos poubelles ensemble, elles seront plus stables.

5. Suspendez-les à quelque 50 cm au-dessus du sol. Si un animal veut les atteindre, elles ne feront que se balancer.

6. En arrosant les déchets d'eau de Javel, vous masquerez l'odeur de nourriture.

Poussée dentaire

1. Frottez sur les gencives du bébé un peu de gel anesthésique vendu sans ordonnance. Si votre pédiatre le permet, trempez votre doigt dans un peu de cognac et passez-le sur les gencives du bébé ou faites de même avec de l'eau glacée.

2. Faites mâcher à l'enfant quelque chose de froid : un anneau de dentition préalablement réfrigéré, une débarbouillette trempée dans de l'eau froide, essorée et entortillée, une carotte sortant du réfrigérateur, un bagel congelé.

Poux

Dès l'apparition des poux sur la tête de votre enfant, éliminez-les avec un shampooing spécial ou une lotion, vendus sans ordonnance à base de pyréthrine. C'est un insecticide naturel sans danger. Évitez toute autre médication et bannissez les produits contenant du lindane, produit chimique puissant qui peut entraîner des maux de tête sérieux et même endommager le cerveau de l'enfant.

Nettoyez à sec ou vaporisez avec de la poudre à base de pyréthrine tout ce qui a été en contact avec l'enfant. Examinez ses cheveux mèche par mèche tous les soirs, avec un peigne fin trempé dans du vinaigre, jusqu'à ce qu'il n'y ait plus ni poux ni lentes. Pour éviter les poux, exigez de votre enfant qu'il ne prête ni n'emprunte peigne, brosse, tuque ou baladeur.

Attention ! Un enfant qui a un terrain allergique peut faire une réaction aux pyréthrines.

Prénom de bébé

Votre enfant portera toute sa vie le prénom que vous lui donnerez : choisissez-le avec soin.

1. Assurez-vous que les initiales ne donnent pas quelque chose d'étrange ou de ridicule.

2. Prononcez le prénom à haute voix, suivi ou précédé du nom de famille, comme à l'appel : le nom prononcé avant le prénom donne parfois un résultat surprenant (ex. : CROCQ Odile).

3. Vous aimeriez que votre enfant porte votre prénom, mais vous ne voulez pas qu'il devienne Petit Pierre ou Petite Anne. Choisissez une variante proche, peut-être inspirée d'un autre pays.

4. Imaginez votre enfant adulte. Ce prénom conviendra-t-il encore ?

5. Si vous vous décidez pour un prénom très original, donnez-en un second plus classique que l'enfant pourra adopter plus tard.

Presse-agrumes

1. Coupez les agrumes en deux et enfermez chaque moitié dans un petit sac en plastique ; pressez-le dans la charnière d'une porte.

2. Servez-vous d'une paire de pinces ou d'un casse-noisettes.

3. Improvisez un presse-agrumes avec une tasse à thé ou à café retournée sur sa soucoupe pour récupérer le jus.

Prodigalité

Si votre compte bancaire refuse l'équilibre et que vos dettes dépassent 20 p. 100 de vos revenus, prenez des mesures d'urgence.

1. Lorsque le lèche-vitrine devient une tentation pressante, trouvez-vous des amis qui préfèrent la marche, le tennis ou les expositions.

2. Dès que vous ressentez le besoin de « faire des folies », téléphonez à un (ou à une) sage ami(e), chargé(e) de canaliser vos envies.

3. Établissez un régime antidépenses radical et appliquez-le pendant un mois. Boudez les centres commerciaux. Refusez toute invitation à magasiner. Évitez la lecture de revues avivant vos désirs de consommation. Puis faites le compte de ce qui vous reste après avoir ainsi économisé.

4. Dressez une liste du strict nécessaire quand vous faites des achats. Tenez-vous coûte que coûte à cette liste.

5. Supprimez cartes de crédit et chéquier de vos poches. Réglez vos achats uniquement en liquide. Vous mesurerez vite la limite de vos possibilités financières.

6. L'expérience finie, poursuivez l'effort. Ouvrez un compte épargne, déposez-y 15 ou 20 p. 100 de vos revenus. Ne retirez, le cas échéant, que les intérêts produits et ne touchez pas au capital.

Professeurs

1. N'oubliez pas que les choses qui indisposent le plus les enseignants sont l'inattention, les bavardages en classe, les devoirs « oubliés » ou bâclés et les retards à répétition. Un élève cumulant plusieurs de ces défauts ne peut ensuite revendiquer l'indulgence et la compréhension de ses professeurs.

2. Si votre enfant dit : « Le professeur me déteste », ne le grondez pas. Peut-être sa remarque recouvre-t-elle un état permanent de conflit. Il vous faut comprendre ce qu'il en est. Certes, les enfants exagèrent souvent et certains professeurs sont très exigeants. Mais il peut y avoir des conflits de personnalité. Si c'est le cas, votre enfant a besoin de votre aide.

3. N'interpellez pas un professeur à la sortie de ses cours pour lui parler d'un problème. Demandez d'abord un rendez-vous par lettre ou par un mot confié à votre enfant. Pendant l'entrevue, écoutez ses remarques avant de plaider la cause de son élève. Une fois la situation éclaircie, essayez de finir l'entretien en présence de l'enfant.

4. En aucun cas ne donnez tort au professeur en présence de l'enfant. Si les choses ne s'améliorent pas, vous pouvez évoquer le problème de façon confidentielle avec le professeur principal ou le directeur.

Prostate

À l'approche de la cinquantaine, la prostate (glande masculine de la taille d'une noix située autour de l'urètre) peut grossir pour atteindre la taille d'un citron ou d'un pamplemousse, bloquant le canal urinaire. Un besoin fréquent d'uriner et une diminution de la quantité d'urine à chaque miction sont les symptômes de cette évolution. Si votre médecin propose une opération, demandez-lui toutefois ce qu'il pense d'un traitement hormonal, d'une irradiation ou d'une dilatation par ballonnet.

Protection des aliments

Les bactéries se nichent partout et prolifèrent vite. Voici des conseils pour en préserver vos aliments.

1. Lavez votre planche à découper au détergent et à l'eau très chaude dès la fin de l'utilisation ; les bactéries s'y logent dans les moindres encoches.

2. Si vous voulez congeler des denrées alimentaires en rentrant du marché, lavez-les si nécessaire, épongez-les et enfermez-les dans un sac à congélation propre et en chassant le maximum d'air. Ne les mettez jamais au froid dans l'emballage du commerçant. Quant à la décongélation, laissez-la se faire dans le réfrigérateur plutôt qu'à température ambiante.

3. Avant d'utiliser des zestes de citron ou d'orange, frottez les agrumes sous l'eau tiède avec une petite brosse à poils durs, afin d'en éliminer les éventuels résidus d'insecticides et de pesticides.

4. Les plats maison à base de lait ou de crème doivent être consommés dans les 48 heures. Ou alors, congelez-les très rapidement.

5. En été, mettez rapidement vos courses au réfrigérateur. Si vous achetez des produits congelés, transportez-les dans un sac isotherme afin qu'ils ne se décongèlent pas. En pique-nique, emportez vos petits plats dans un sac isotherme pour les soustraire aux bactéries. (Voir aussi Pique-nique, p. 174.)

Publicité mensongère

Le prix alléchant d'un produit retient votre attention dans une publicité. Arrivé au magasin, vous découvrez que le stock est déjà épuisé, et le vendeur vous propose un article presque identique, mais un peu plus cher.

Sauf si l'annonce précisait clairement que le stock était limité, cette pratique est ce que l'on appelle de la « publicité mensongère ». Elle est illégale. Donc, avant de vous précipiter au magasin, regardez si l'annonce comporte ou non cette précision. Dans la négative, et en cas de rupture de stock, faites-le remarquer au commerçant, qui doit savoir qu'il est dans l'illégalité. Puis informez l'Office de protection du consommateur qui pourra, le cas échéant, dénoncer ce professionnel peu scrupuleux au service de répression des fraudes.

D'autres formes de publicité mensongère peuvent se glisser dans un devis de travaux, par exemple. Si un entrepreneur vous annonce un prix particulièrement bas pour refaire votre plomberie, vérifiez qu'il n'a omis aucun matériel ou aucune étape nécessaires à la réalisation du travail. Ceux-ci viendraient forcément s'ajouter au prix annoncé.

Faites toujours établir plusieurs devis chiffrés et détaillés avant d'engager des travaux. Ils vous permettront de comparer les prix et les services fournis.

Pucerons

1. Vaporisez de l'eau sur vos plantes d'intérieur et brossez-les au pinceau pour les débarrasser des pucerons. Traitez une grosse invasion en vaporisant un peu de détergent doux dilué dans de l'eau ou tamponnez les feuilles et les tiges parasitées avec un coton imbibé d'alcool à friction, excepté sur les plantes fragiles comme les violettes africaines.

2. À l'extérieur, plantez, parmi vos légumes, des plantes qui éloignent les pucerons, comme l'oignon, l'ail ou la ciboulette.

3. Étalez des feuilles d'aluminium au pied des plantes : la réflexion de la lumière dérangera les pucerons et les fera fuir.

Feuille
d'aluminium

4. Ramassez les coccinelles que vous trouvez dans votre jardin et déposez-les sur les plantes parasitées. Dans le même temps, détruisez les fourmis (voir Fourmis, p. 107), car ces insectes, qui élèvent les pucerons, chasseraient les coccinelles.

Puces

Attaquez les puces sur deux fronts : sur vos animaux de compagnie et dans la maison.

1. Passez votre chien ou votre chat au peigne fin. Vaporisez un produit antiparasitaire sur son pelage. S'il craint les applications en aérosol, utilisez une poudre. Choisissez toujours un produit à base exclusivement de pyréthrine ou de roténone non toxique pour les animaux à sang chaud (surtout dans le cas de chattes ou de chiennes qui allaitent). Traitez aussi panier, niche, coussins, tapis. Pensez même au collier antiparasitaire.

2. Chez vous, empêchez les puces de se reproduire. Elles pondent au sol, aussi bien sur la terre battue que sur les moquettes, les tapis ou dans les interstices des lames de parquet. Il existe plusieurs produits spécifiques à appliquer sur les sols. Ils détruisent les larves et bloquent le développement des œufs. Appliquez le produit à intervalles de temps réguliers (selon le mode d'emploi de chacun) pour tuer les larves au fur et à mesure qu'elles éclosent. Par ailleurs, maintenez une hygiène stricte. Dépoussiérez à l'aspirateur vos tentures, tapis, moquettes et literie. Lavez votre linge et les coussins du chien ou du chat à 90°C pour détruire adultes, œufs et larves.

Punching-bag

1. Pour fabriquer un punching-bag léger, enveloppez un ballon de football dans la culotte d'un bas-collant et faites un nœud bien serré au niveau de la ceinture. Suspendez le punching-bag par les jambes du collant.

2. Pour avoir un punching-bag plus lourd, bourrez un vieux sac à linge sale ou un sac de marin en grosse toile avec des retailles et accrochez-le solidement au plafond ou à une poutre. Ou encore, mettez-y un matelas de mousse roulé très serré.

Purifier l'eau

1. Pour purifier de l'eau, commencez par la filtrer. Remplissez une chaussette propre de couches successives de 2,5 cm de gravier fin, de charbon de bois actif purifié et de sable (bien lavé). Versez de l'eau dans ce filtre et laissez-la s'égoutter dans une tasse. Faites-la ensuite bouillir pendant 5 minutes. Comptez 1 minute de plus chaque fois que l'altitude augmente de 1 000 m.

2. Si vous employez des comprimés de purification, suivez les indications portées sur le flacon : le dosage peut varier de façon significative avec la température.

CONDENSATEUR

Lorsque vous faites du camping, vous pouvez fabriquer un condensateur qui peut produire jusqu'à 1,5 litre d'eau pure par jour.

1. Creusez un trou en forme de cuvette de 1 m de diamètre et de 50 cm de profondeur.

2. Posez une cuvette ou un seau propre au centre du trou.

3. Mettez un grand morceau de plastique transparent sur le trou en le faisant tenir avec de la terre ou de grosses pierres. Puis placez une pierre plus petite au milieu du

plastique, de façon que le point le plus bas de celui-ci soit directement au-dessus du récipient. La chaleur du soleil pénétrera le plastique et fera sortir l'humidité du sol. L'eau se condensera sous le plastique et s'égouttera dans le récipient. (La nuit, la condensation est réduite de moitié.)

4. Retardez le plus possible le moment où vous récupérerez l'eau car, lorsque l'on soulève le plastique, l'air chargé d'humidité sort, et il faut attendre environ 30 minutes pour que le cycle se remette en marche.

5. Lorsque le sol est complètement sec, reconstruisez un condensateur ailleurs. Les zones de plaine sablonneuses apparemment sèches contiennent souvent plus d'eau que des parties situées sur des hauteurs.

6. Vous pouvez utiliser la même méthode pour purifier de l'eau salée ou polluée, ou pour extraire l'eau des plantes. Placez la source d'eau dans le trou à côté du seau et laissez le soleil agir.

Q

Querelles

Si vous sentez que la dispute est sur le point d'éclater, essayez l'un des trucs suivants.

1. Comptez le nombre d'inspirations profondes que vous êtes capable de faire en 3 minutes.

2. Si vous pouvez parler à quelqu'un en qui vous avez confiance, expliquez-lui vos ressentiments. Il ne s'agit pas de mêler une tierce personne à votre querelle, mais d'avoir recours à une soupape de sécurité et, peut-être, à un éclairage différent sur la situation.

3. Enfermez-vous dans une pièce pour lire un bon roman ou un recueil de maximes.

4. Mangez une pomme ou buvez un verre d'eau. Ingérer quelque chose fait « avaler sa colère ».

5. Chantez, dessinez ou encore essayez d'écrire les sentiments que vous ressentez.

6. Sortez faire un tour. En marchant rapidement, votre agressivité trouvera un exutoire. (Voir aussi Disputes d'enfants, p. 80.)

Questionnaire

La charte des droits de la personne précise que « chacun a droit au respect de sa vie privée ». Vous êtes libre de ne pas répondre à toutes les questions que l'on vous pose.

1. Appareils ménagers ou cartes de garantie s'accompagnent parfois de questionnaires sur votre âge, votre habitat, votre situation familiale, etc. Vous n'êtes pas obligé de retourner le questionnaire pour bénéficier de la garantie : votre preuve d'achat suffit.

2. En répondant à un questionnaire, évitez de mettre votre numéro de téléphone si vous ne voulez pas, ensuite, être démarché par téléphone.

3. Rien ne vous force à répondre aux enquêtes téléphoniques, quelles qu'elles soient.

4. Vous devez répondre aux questionnaires d'ordre public (recensement, par exemple), mais après que l'on vous aura informé de la destination des informations et de votre droit d'accès au fichier.

5. Les dossiers de prêts, de bourse, d'assurances questionnent sur votre santé et vos finances. Répondez en principe à toutes les questions mais, si elles vous semblent trop personnelles, consultez votre avocat.

6. Pour une demande d'emploi, évitez de répondre aux questions concernant la race, la religion ou l'origine sociale.

7. Lors d'un entretien d'embauche, votre vie personnelle n'a rien à voir avec le poste envisagé. Refusez de répondre aux questions qui vous paraissent indiscrètes. Et si vous sentez qu'un poste vous a échappé à cause de votre refus de répondre, adressez-vous à la Commission des droits de la personne.

R

Rabotage

1. Si votre rabot ne marche pas aussi bien qu'il le devrait, il est possible que de la résine se soit accumulée sous la semelle et sur les lames. Ôtez-la avec de l'essence de térébenthine. Empêchez la résine de s'accumuler sous la semelle du rabot en y passant régulièrement de la cire en pâte.

2. Rabotez toujours dans le sens des fibres du bois. Pour déterminer quel est le bon sens, regardez le bord du bois. Le dessin des fibres (sur certains bois) forme des flèches : suivez-les.

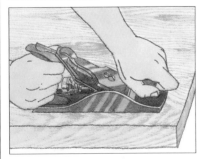

3. Pour ne pas faire d'éclats sur les bords de votre travail ou ne pas bomber la surface rabotée, serrez-le entre deux planches et rabotez l'ensemble.

4. Pour vous assurer que le bord raboté sera à angle droit avec la surface adjacente, fixez un guide à la semelle du rabot. Choisissez une pièce de bois aussi longue que le rabot, dont les faces sont d'équerre, et fixez-la sous le rabot en la vissant à travers deux trous percés sur les côtés de sa semelle.

Vis à bois

Raclette

1. Si la lame d'une raclette en caoutchouc est coupée ou endommagée, retournez-la. À défaut, polissez-la avec un papier abrasif fin.
2. Pour nettoyer les vitres de la voiture, démontez et utilisez l'essuie-glace côté passager. Replacez-le après avoir nettoyé vos vitres.
3. Vous pouvez faire une raclette en vous servant du tapis de caoutchouc d'un égouttoir à vaisselle. Coupez-en une bande assez large pour bien la tenir en main.

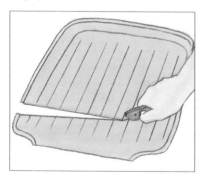

Racloir à meuble

Si vous ne possédez pas de racloir à lame d'acier, prenez un bout de vitre cassé ou coupé en forme de

carré de 10 à 15 cm de côté. Bordez-en trois côtés avec du ruban adhésif épais pour éviter de vous couper. Posez le bord coupant sur le meuble en bois et, avec d'amples mouvements, tirez le morceau de vitre vers vous en l'inclinant à 75°. Maintenez une pression constante afin que les coins ne s'enfoncent pas dans le bois et que le verre ne se brise pas dans votre main. Quand une des arêtes est émoussée, utilisez une autre face en déplaçant l'adhésif.

Radiateur

1. Un coup de bélier (claquement sourd) dans un radiateur à eau chaude signifie que l'eau est emprisonnée quelque part. Vérifiez avec un niveau si le radiateur incline légèrement du côté du tuyau de retour. Au besoin, une cale placée sous le pied opposé réglera peut-être le problème.
2. Un bruit de glou-glou signifie qu'il y a de l'air dans le conduit ; éliminez-le en ouvrant le purgeur. Préparez un récipient pour recueillir l'eau qui giclera une fois que l'air aura été purgé. Refermez la valve et

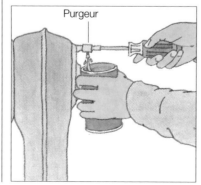

Purgeur

ajoutez de l'eau dans le circuit pour le remettre en pression.
3. Si le bruit persiste ou si le radiateur doit être souvent purgé, le vase d'expansion a besoin d'être vidangé ou il y a une fuite dans l'installation. Appelez un réparateur.
Attention ! Avec une installation neuve ou après une vidange totale ou partielle, l'eau se débarrasse de ses gaz dissous et plusieurs purges sont souvent nécessaires.
4. Si le robinet refuse de tourner, faites tourner la poignée ronde en l'entourant avec une ceinture (voir Ceinture, p. 298) ou ôtez-la et faites tourner l'axe avec une clé plate.

Radiographies

Les radiographies sont vraiment irremplaçables pour le diagnostic précoce de nombreuses maladies, mais une trop longue exposition aux rayons X est dangereuse.
1. Quand vous subissez des examens radiographiques, demandez à votre médecin de vous en expliquer les résultats.
2. L'interprétation est fondamentale en matière de radiographie. Si vous avez des doutes sur ce que votre médecin vous a dit, montrez votre radio à un autre praticien pour avoir une deuxième opinion.
3. Si vous souffrez d'une affection qui exige des contrôles radiographiques réguliers, respectez-les, mais renseignez-vous sur le protocole médical généralement admis.
4. Vous avez parfaitement le droit de réclamer vos radios. Dans certains cas, on vous remettra les originaux ; il se peut toutefois qu'on vous demande d'en défrayer les copies. Informez-vous des conditions.

COMMENT RÉDUIRE L'EXPOSITION AUX RADIATIONS

Environ 90 p. 100 des radiations artificielles auxquelles vous êtes exposé proviennent des radiographies. Mais, dans bien des cas, l'importance de ces radios en vue d'un diagnostic demeure primordiale par rapport aux nuisances qu'elles représentent pour l'organisme. C'est donc souvent un mal nécessaire. Mais vous pouvez tenter de réduire ces risques.

1. Assurez-vous que les radios préconisées sont indispensables. Demandez si un autre examen ne donnerait pas les mêmes renseignements ou si les radios antérieures ne seraient pas suffisantes.

2. Gardez toutes vos radios et tenez un registre des examens pratiqués avec leur date. Quand vous vous rendez chez le médecin ou chez le dentiste, emportez les radios les plus récentes.

Raifort

La sagesse populaire affirme que planter du raifort à chaque coin d'un carré de pommes de terre éloigne les doryphores... Cette racine savoureuse, râpée et mélangée à parts égales à du vinaigre et à de la crème fraîche, donne une sauce exquise qui accompagne fort bien les viandes et les poissons bouillis. **Attention !** Cette plante est très envahissante. Enterrez 30 cm de briques ou une plaque de fer pour délimiter son espace. Ou encore, faites-la pousser dans un bac.

Rallonge électrique

1. Faites attention lorsque vous utilisez une rallonge multiprises : elle ne supportera pas forcément un ampérage très important.

2. Dans le cas où une rallonge est très longue (30 ou 50 m par exemple), il se produit une légère chute de tension. Compensez cette chute en utilisant une rallonge ayant des fils de section plus importante.

3. Si une rallonge chauffe, remplacez-la par une plus grosse, ou branchez-y moins d'appareils.

4. Lorsque vous utilisez une rallonge enroulée sur un support, dévidez-la entièrement (surtout si vous l'utilisez longtemps sur une courte distance) pour éviter les phénomènes d'induction et les risques d'échauffement pouvant provoquer un incendie.

Rampe et accès pour chaise roulante

1. Faites une rampe en contreplaqué de 2 cm d'épaisseur. Utilisez-la pour couvrir les escaliers, les terrains accidentés ou sablonneux quand vous avez besoin de vous ouvrir un accès.

2. Pour faciliter le passage d'un fauteuil roulant par une porte trop étroite, enlevez la porte. Dégagez la zone située derrière les autres portes pour que rien ne s'interpose à une ouverture totale.

3. Mettez du ruban adhésif sur les pênes des serrures de façon que les portes puissent être ouvertes et fermées par simple poussée.

4. Nouez de petites longueurs de corde aux poignées des portes à glissière et aux poignées des portes de réfrigérateur, pour qu'elles puissent être actionnées sans difficulté.

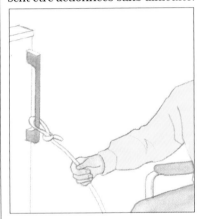

5. Enlevez les tapis des pièces et de l'entrée pour que le sol soit lisse. (Voir aussi Marchette, p. 145.)

Randonnée

1. Pour localiser le sud, cherchez les fourmilières : elles sont construites au pied des arbres et des rochers, côté exposé au sud. (Voir aussi Orientation, p. 160.)

2. Lorsque vous avez froid aux mains et aux pieds, couvrez-vous la tête : votre circulation sanguine en sera activée, ce qui vous réchauffera les membres.

3. Plusieurs pauses courtes de 5 à 7 minutes vous reposeront plus

qu'un seul arrêt prolongé. Épargnez vos forces quand vous êtes dans une montée : faites des zigzags plutôt que d'aller en ligne droite. Contournez les obstacles et ne traversez jamais de marécages. Portez des vêtements amples et pas trop chauds.

Rangement

1. Gardez vos revues dans un panier et triez-les régulièrement ; découpez les recettes et les articles que vous désirez garder et insérez-les dans des classeurs étiquetés.

2. Près de votre table de nuit, placez un panier dans lequel vous déposerez vos lectures en cours. Disposez çà et là des soucoupes vide-poches.

3. Ayez des corbeilles ou des rangements spéciaux pour disques, cassettes ou jeux dans les pièces de détente. Apprenez aux utilisateurs à ranger systématiquement.

4. Dans la salle de bains, disposez des corbeilles pour les petits objets et la pharmacie (hors de portée des enfants).

5. Rangez les jouets d'extérieur dans une grande poubelle de couleur vive, au garage ou dans la cour. Installez des panneaux perforés ; ils serviront à suspendre outils, instruments de jardinage ou équipements sportifs.

6. Désencombrez périodiquement votre maison, pièce par pièce. Jetez, donnez ou vendez les objets qui ne servent plus.

Rangement dissimulé

Dissimulez des débarras inesthétiques en imaginant une solution décorative en guise de porte de placard.

1. Dissimulez un placard ouvert dans un mur avec des rideaux. Fixez la barre au-dessus du placard ; laissez-la apparente ou habillez-la avec une cantonnière.
2. Cachez un espace de rangement en plaçant un paravent devant. Assemblez trois panneaux de contre-plaqué de 6 mm avec des charnières spéciales pour faire un paravent et décorez les faces avec du papier peint, du papier adhésif ou du tissu.
3. Pour dissimuler un coin cuisine, suspendez au-dessus des comptoirs des stores de bambou ou à lattes de bois. Ou encore, accrochez un store au fond d'un couloir et placez derrière des appareils ménagers d'usage courant.

Rangement des outils

1. Laissez vos outils toujours en ordre. Posez un panneau perforé sur des tasseaux de 20 mm de section fixés au mur du garage ou de l'atelier, puis positionnez vos outils et mettez en place des crochets de tailles appropriées. Peignez la silhouette de chaque outil sur le panneau de façon que chacun puisse le remettre à sa place.

2. Avant de remiser votre motoculteur ou votre tondeuse à gazon pour l'hiver, videz le réservoir et les tuyaux d'essence et faites tourner le moteur jusqu'à ce qu'il s'arrête. Brossez les débris qui souillent les parties métalliques et enduisez ensuite celles-ci d'huile pour moteur. Démontez la bougie et versez 1 cuil. à soupe d'huile pour moteur dans le cylindre par l'orifice. Actionnez le démarreur à la main pour bien étaler l'huile sur les parois. Couvrez le moteur de façon non hermétique.

Râpe à fromage

Moulinette

1. Pour éviter de vous râper les doigts, préférez la moulinette à la râpe plate. Certains modèles ont des râpes de grosseurs différentes.
2. Pour laver facilement les râpes, laissez-les tremper, puis brossez-les avec une brosse à dents. Le net-

toyage sera d'autant plus facile si vous enduisez votre râpe avec un peu d'huile avant de vous en servir (avec un pinceau ou un aérosol).
3. La râpe du robot est parfaite pour les fromages très secs comme le parmesan. Vous obtiendrez une semoule et non des filaments.

Raquette de tennis

1. Faites régler la tension des cordes de votre raquette en sachant qu'une tension basse donne plus de puissance et qu'une tension élevée donne plus de contrôle.
2. Vérifiez l'état des œillets de votre raquette. Un œillet fendu ou cassé entamera la corde, qui finira par céder. Remplacez-le en faisant rencorder votre raquette.
3. À la fin d'un jeu, examinez les cordes de votre raquette et ajustez-les avec les doigts : mal alignées, elles risquent de se casser.
4. Pour débuter, utilisez de préférence une raquette en bois. Elle permet un meilleur contrôle de la balle qu'une raquette en métal.

Rasoir

1. Pour éviter les coupures, lavez-vous le visage avant de vous raser : cela assouplit la barbe. Rasez-vous

---

AU TEMPS JADIS

Quelle barbe !

Pour avoir un visage bien rasé, les hommes ont été amenés à utiliser toutes sortes de rasoirs.

L'homme préhistorique se rasait avec des coquillages, des dents de requin, des morceaux de silex aiguisés ou des couteaux.

Au IVe siècle av. J.-C., les Égyptiens se faisaient un visage lisse avec des rasoirs en or ou en cuivre dont certains ont été trouvés par les archéologues dans les tombes.

Le rasoir droit coupe-chou (une longue lame de métal qui se replie dans son manche) offrait un rasage incomparable, mais dangereux.

Le premier rasoir de sûreté, une lame fixée dans un support de bois

pour ne pas blesser, date de 1762. En 1901, un dénommé Gillette s'associa avec l'inventeur William Nicholson pour fabriquer le premier rasoir mécanique, muni de lames jetables. Malgré bien des améliorations, son dessin d'origine a très peu changé depuis.

En 1928, Joseph Schick déposa un brevet pour un rasoir électrique : ce fut le premier rasage à sec. Aujourd'hui, les hommes peuvent choisir dans une gamme très complète de modèles de haute technologie, comprenant des rasoirs à lame tournante et, grâce au baron Bich, des rasoirs entièrement jetables !

dans le sens du poil, d'un mouvement léger et en souplesse. Évitez de revenir au même endroit.

2. Rincez une coupure à l'eau froide en appuyant fort. Si le saignement persiste, tamponnez avec un coton imbibé de peroxyde. À défaut, employez du jus de citron ou une pâte faite de bicarbonate de soude et d'eau. Pour des coupures plus profondes, appliquez une pommade antibiotique.

3. Pour libérer les poils incarnés qui provoquent de petites bosses, nettoyez-vous le visage avec une éponge végétale. Si vous avez un ou deux poils récalcitrants, extirpez-les avec une aiguille stérilisée et une pince à épiler. Si vous en avez plus, prenez une crème dépilatoire.

4. À court de savon à barbe ? Utilisez de l'huile d'amande douce.

Râteau

1. Si votre râteau en bambou se dessèche et devient cassant, faites-le tremper toute une nuit dans une cuvette d'eau savonneuse. En climat sec ou aride, renouvelez ce bain tous les deux ou trois mois.

2. Pour empêcher un râteau en acier de rouiller, vaporisez-le avec une peinture à métal en aérosol, après avoir passé une couche de minium. Prenez la peine de nettoyer et huiler chaque soir vos outils : la terre humide qui reste collée sur les parties métalliques finit par les attaquer. Terminez la toilette des outils par un énergique coup de chiffon sur le manche. Remisez-les debout dans un local sec.

Raton laveur

1. Installez un tue-mouches électrique au-dessus du coin de maïs dans votre potager quand le temps de la cueillette approche. Pendant un certain temps, les bruits de grésillement et les étincelles éloigneront les ratons laveurs. Après quoi ils s'habitueront et seront même attirés par les insectes détruits.

2. Vous pouvez laisser un appareil radio dans le jardin et, pendant un certain temps, vous réussirez à les éloigner à condition de choisir un poste qui diffuse seulement des nouvelles. Ils aiment la musique mais le bavardage les ennuie.

3. Parsemez votre coin de maïs de plants de citrouille et de courges. Les pattes des ratons laveurs étant sensibles aux feuilles couvertes de piquants, ils les éviteront.

4. Faites autour du jardin un cercle de 20 cm de largeur avec de la chaux au moment où le maïs commence à mûrir ; cela leur brûlera les pattes. Après une pluie, répétez l'opération.

5. Vous pouvez aussi encercler le jardin avec un grillage fin. Agrafez-le sur des poteaux qui dépassent d'au moins 1 m du sol ; le haut du grillage doit dépasser les poteaux d'au moins 30 cm. De cette façon, si les ratons laveurs tentent de l'escalader, leur poids fera rabattre le grillage sur eux.

Rats

Les rats sont aussi méfiants que futés. Lorsque vous placez des pièges, portez des gants pour ne pas les imprégner de votre odeur.

1. Mettez des appâts sur plusieurs pièges, mais sans les tendre ; laissez-les libres pendant plusieurs jours et changez les appâts au fur et à mesure qu'ils sont consommés, jusqu'à ce que les rats s'habituent à cette source de nourriture et cessent de se méfier.

2. Fermez bien les poubelles de façon qu'elles ne perdent pas leur couvercle quand on les pousse ou quand on les renverse. Posez-les sur un support à pieds métalliques à 50 cm du sol et à 1 m au moins des murs.

3. Remplissez les trous des murs extérieurs avec de la laine d'acier et bouchez-les de façon permanente avec une feuille de métal.

4. Remplissez à moitié un bidon ou un tonneau d'eau. Couvrez-le avec une feuille de papier épais bien tendue que vous fixerez avec des agrafes ou avec du gros ruban adhésif d'emballage. Placez le tonneau près d'une table ou d'un objet sur lequel les rats pourront grimper. Étalez de la nourriture sur le papier quatre ou cinq nuits de suite, jusqu'à ce que les rats s'habituent à ce repas quotidien. Puis, découpez un X dans le papier avec une lame de rasoir : les rats tomberont dans le tonneau et se noieront. Lorsque vous activerez le piège, enfermez vos chats et vos autres animaux qui risquent eux aussi de tomber dans le tonneau.

Recherche d'emploi

Vous cherchez à changer de travail sans très bien savoir ce que vous voulez faire. Prenez un rendez-vous avec un orienteur, ou auprès de votre centre d'emploi et de main-d'œuvre.

Équipez-vous d'un répondeur téléphonique pour ne laisser passer aucun appel en réponse à vos demandes d'emploi.

Informez de votre recherche vos amis, relations, associés, éventuellement un ancien employeur.

Préparez un curriculum vitæ en faisant état de vos capacités professionnelles et des responsabilités que vous avez assumées, de votre faculté d'adaptation et du type de travail ou de poste souhaité.

N'hésitez pas à contacter des entreprises qui semblent correspondre à vos attentes, même si elles ne recherchent pas de collaborateurs. Votre candidature spontanée peut déclencher un besoin dans l'entreprise.

Visitez des entreprises, après avoir obtenu l'autorisation du directeur du personnel, à la seule fin de mieux connaître le monde du travail. Si l'une d'elles retient votre attention, proposez votre candidature. Argumentez votre demande en vous appuyant sur les expériences que vous avez dans ce secteur d'activités.

Si l'on doit vous contacter à votre travail actuel, demandez de faire preuve de discrétion lors d'un appel téléphonique. Faites envoyer le courrier à votre domicile.

Fixez vos rendez-vous pendant vos heures de détente ou après le travail, ou un jour de congé.

Réclamation aux assurances

1. Dressez l'inventaire de tous les biens couverts par votre assurance résidentielle. Photographiez les objets importants, notez les numéros de série et conservez vos factures. Si vous perdez quelque chose, avisez votre courtier, par téléphone d'abord, puis par écrit. S'il s'agit d'un vol, rapportez-le immédiatement à la police afin de valider votre réclamation.

2. À la suite d'un incendie, faites une description détaillée des dommages ; de son côté, l'évaluateur de la compagnie préparera sa propre liste. Obtenez des estimés de divers entrepreneurs pour les réparations à faire. Si vous ne pouvez pas habiter votre logement et que vos vêtements soient irrécupérables, gardez tous vos reçus d'hébergement et de garde-robe pour vous faire rembourser. (Voir aussi Assurance habitation, p. 23.)

3. Les conjoints détenteurs de plans d'assurance-maladie et de soins dentaires séparés peuvent coordonner leurs réclamations. Une épouse peut s'adresser tout d'abord à sa propre assurance et soumettre toute dépense excédentaire à celle de son mari. Les réclamations concernant les enfants devraient être d'abord adressées à

l'assurance du parent dont l'anniversaire se présente le premier dans l'année.

4. Au moment de souscrire à un plan d'assurance, mentionnez tout problème de santé courant et antérieur ; une réclamation pour un problème qui aurait dû être déclaré peut faire annuler la police.

5. Afin d'obtenir éventuellement le meilleur règlement possible avec une assurance automobile, conservez vos reçus d'entretien et faites régulièrement des photos de votre auto pour montrer dans quel état elle était avant l'accident.

6. Conservez toutes les informations fournies par l'assureur pour savoir comment présenter vos réclamations, le cas échéant.

Récoltes potagères

1. Cueillez vos tomates vertes en fin de saison pour leur éviter de subir une gelée précoce. Disposez-les sur une étagère de la cuisine, où elles achèveront de mûrir en douceur. Autre méthode : enveloppez-les individuellement dans du papier journal et placez-les dans un local frais.

2. Empêchez les bruches de détruire vos haricots secs. Aussitôt écossés, plongez les haricots une minute à l'eau bouillante avant de les étaler pour qu'ils sèchent.

3. Au lieu de tapoter vos pastèques, cherchez les vrilles brunes sur la tige rampante de la plante, signe de maturité. Retournez aussi les fruits : si leur point d'appui sur le sol est jaune, ils sont à point. S'il est blanc, c'est trop tôt.

4. En récoltant les courges d'hiver, laissez-leur une portion de tige de 10 cm. Elle vous indiquera l'état du légume jusqu'au moment de la cuisson : tant qu'elle ne moisit pas, la chair est intacte.

5. Vérifiez l'état de maturité de vos pommes de terre en frottant la peau : si elle se détache facilement, la pomme de terre est trop verte. Dégustez rapidement les pommes de terre blessées lors de l'arra-

chage. En pourrissant, elles risquent de contaminer les autres.

6. Faites congeler les petits pois écossés sur un plateau, puis mettez-les dans un sac à congélation. Ils resteront bien séparés, et vous pourrez puiser ce dont vous avez besoin sans devoir casser la glace !

Recommandation

1. S'il y a eu mésentente avec votre patron immédiat, demandez la lettre de recommandation à une autre personne, de préférence à un gestionnaire dans l'entreprise.

2. Si vous soupçonnez que votre ex-employeur entretient des doutes sur la qualité de votre travail, faites-lui valoir que vous avez progressé. Il acceptera peut-être de rédiger sa lettre de recommandation en fonction de vos points forts.

3. Si vous en êtes à votre premier emploi, demandez des références à d'anciens professeurs ou à des superviseurs de stage ou de travail bénévole.

4. Il est bon d'établir le contact avant d'envoyer votre demande écrite pour une lettre de recommandation. N'oubliez pas d'écrire ensuite un mot de remerciement.

Réfrigérateur

1. Si votre réfrigérateur (ou votre congélateur) ne fonctionne plus, vérifiez qu'il est bien branché, que le disjoncteur n'a pas lâché, qu'un fusible n'a pas sauté, que le bouton de contrôle n'est pas sur « Arrêt ». Vérifiez la prise de courant en y branchant une lampe : si elle s'allume, le problème est dans l'appareil ou le fil d'alimentation. Si elle ne s'allume pas, c'est la prise ou l'installation générale qui a un défaut. En attendant l'électricien, branchez l'appareil sur une autre prise avec une rallonge qui supporte l'ampérage requis.

2. De l'eau coule sur le sol ? Le plateau de dégivrage est peut-être mal placé ou fendu, ou le tuyau d'évacuation est bouché : versez-y de l'eau chaude avec une poire.

PROBLÈMES DE REFROIDISSEMENT

1. Assurez-vous que le bouton de contrôle de température est sur la position « Marche ». Si oui, tournez-le pour augmenter le froid. Attendez 24 heures avant de le réajuster.
2. Nettoyez la grille de ventilation (placée derrière ou sous l'appareil) : la poussière qui s'y dépose empêche le réfrigérateur de fonctionner convenablement. Utilisez l'embout-brosse de votre aspirateur.

3. Vérifiez que la porte est hermétique. Si le joint en caoutchouc est déchiré ou craquelé, remplacez-le.

Régime

1. Évitez les régimes draconiens. Un régime doit viser à faire perdre entre 500 g et 1 kg par semaine.
2. Mangez des aliments pauvres en graisses, mais riches en hydrates de carbone complexes (fruits, légumes, céréales et légumes secs).
3. Ne sautez pas de repas ; faites cinq ou six petits repas par jour plutôt que trois repas principaux. Vous aurez moins faim et votre organisme brûlera plus d'énergie pendant la digestion.
4. Mangez lentement en dégustant chaque bouchée. Il faut 20 minutes environ pour que la sensation de satiété se manifeste. Attendez que ce laps de temps soit écoulé avant de recommencer à manger.
5. Au besoin, entre les repas, prenez une tasse de thé sans sucre : la caféine coupe l'appétit.
6. Faites de l'exercice régulièrement. Non seulement cela aide-t-il à brûler des calories, mais cela

---

AU TEMPS JADIS

Le livreur de glace

Personnage presque mythique, le livreur de glace était une silhouette familière de nos villes pendant la première partie de ce siècle. En été, sa charrette tirée par des chevaux arrivait dans la rue en dégoulinant. Elle était en général suivie par des enfants qui connaissaient le livreur par son nom. Il leur donnait souvent des petits morceaux de glace à sucer.

Avec son tablier de caoutchouc luisant de cristaux de glace, le livreur s'arrêtait à chaque maison où une ardoise, posée contre la fenêtre, lui indiquait la quantité de blocs de glace à livrer. Cet homme musclé transportait la glace avec des pinces. Si quelqu'un commandait un pain un peu lourd (de 40 ou 50 kg), il le basculait sur son dos. Parfois, le bloc était si gros qu'il fallait le couper pour qu'il puisse entrer dans la glacière.

Le réfrigérateur électrique, qui fit son apparition en 1916, fit peu à peu disparaître le livreur de glace. Mais son esprit continue à vivre dans la mémoire de tous ceux qui persistent à parler affectueusement de leur réfrigérateur comme de la glacière.

---

peut aussi supprimer temporairement la sensation de faim.
7. Après environ trois semaines de régime, il se peut que vous cessiez de perdre du poids jusqu'à ce que votre corps accepte ses nouvelles normes. La difficulté est de parvenir à dépasser cette limite des trois semaines sans reprendre ce que l'on a perdu. Lorsque vous atteindrez votre poids idéal, continuez votre régime pendant au moins trois autres semaines. (Voir aussi Perte d'appétit, p. 170.)

RÉGIME PAUVRE EN MATIÈRES GRASSES

1. Préférez le poisson à la viande ; tous les poissons, même les plus gras comme le thon ou le saumon, contiennent moins de graisses que la plus maigre des viandes.
2. Achetez la viande hachée extra-maigre qui contient moitié moins de gras que le bœuf ordinaire. Évitez les coupes dispendieuses : la viande bien marbrée est impossible à dégraisser.
3. La chair blanche de la volaille contient moitié moins de gras que la chair brune.
4. Évitez les produits contenant de l'huile de palme ou de coco, toutes deux à forte teneur en graisses saturées.

---

5. Supprimez les fritures et les cuissons sautées au profit des plats cuits à l'eau ou à la vapeur. La volaille cuite dans le bouillon est exquise : retirez la peau après cuisson, dégraissez le bouillon et vous aurez un plat bien maigre.
6. Une fois réfrigérés, vos bouillons seront plus faciles à dégraisser. (Voir aussi Calories, p. 41 ; Cholestérol, p. 56.)

RÉGIME PAUVRE EN SEL

1. La consommation normale de sel est de 1 à 3 g par jour (environ 1½ cuil. à thé). Elle peut rapidement être dépassée si vous consommez des aliments déjà salés tels que jambon, charcuterie, biscuits apéritifs, conserves de poisson ou de viande…
2. Achetez le moins possible de produits préparés, ou alors choisissez-les sans sel dans les rayons de diététique.
3. Salez moins et accordez une part généreuse aux herbes et aux épices.
4. Mettez le poivrier sur la table et oubliez la salière.
5. Les crudités peuvent très bien être consommées sans sel : poivrez la salade et ajoutez quelques gouttes de jus de citron ; nappez les tomates d'un filet d'huile d'olive et de

quelques gouttes de vinaigre. Croquez les crudités telles quelles.

6. Ne salez pas les viandes et faites-les cuire avec des épices : enrobez un steak de poivre concassé et d'un mélange d'épices ; parsemez de curry un poulet à rôtir ; frottez l'agneau et le porc de thym et de romarin séchés ou en poudre.

7. Les poissons sont excellents avec une sauce émulsionnée à base d'huile d'olive, de jus de citron, d'ail pilé, de cumin et de fines herbes. (Voir aussi Sel, p. 204.)

Règle à mesurer

Si vous êtes à court de règle ou de ruban à mesurer pour mesurer quelque chose, sachez que :

1. Une pièce de 1 dollar mesure 2,5 cm de diamètre ; une pièce de 5 cents : 2 cm ; un billet de banque : 15,2 cm ; et une carte de crédit : 8,5 cm.

2. Un trombone moyen mesure 3 cm ; un trombone géant, 5 cm.

3. La tige d'un clou de 2d mesure 2,5 cm ; un clou de 6d : 5 cm ; un clou de 20d : 10 cm ; un clou de 40d : 12,6 cm ; et un clou de 60d : 15,2 cm.

4. Certains agendas offrent une règle graduée imprimée le long de l'une des dernières pages. Si aucune ne figure sur le vôtre, c'est une bonne idée que d'en tracer une. (Voir aussi Mesurer, p. 148.)

Règles douloureuses

1. Demandez à votre médecin de vous prescrire de l'ibuprofène, un anti-inflammatoire non stéroïdien (AINS), beaucoup plus efficace que l'acétaminophène ou que l'AAS. Si une seule prise peut suffire à vous soulager, vous devrez parfois en prendre pendant plusieurs jours.

2. Plutôt que de vous coucher lorsque vous souffrez, faites de l'exercice. Promenez-vous, faites du vélo ou un peu de yoga.

3. Placez une bouillotte sur votre abdomen ou au bas du dos, ou bien prenez un bain chaud. La chaleur vous soulagera.

ATTENTION !

Régimes : mythes et réalités

La seule façon de perdre du poids est de manger moins ? Non, pas forcément. Quelqu'un qui fait un régime peut perdre du poids à court terme mais en reprendre beaucoup ensuite. Ceux qui font de l'exercice ont tendance à ne pas reprendre les kilos qu'ils ont perdus aussi longtemps qu'ils continuent à faire de l'exercice.

Toutes les calories se valent ? Non pas. Environ 25 p. 100 des calories provenant de l'amidon comme les pâtes, le pain complet ou les pommes de terre sont brûlées et transformées en énergie. Il n'en est pas de même pour les matières grasses. Si vous passez d'un régime riche en matières grasses à un régime riche en hydrates de carbone complexes, vous devriez perdre du poids.

La margarine fait moins grossir que le beurre ? C'est faux. Margarine et beurre apportent tous deux 9 kcal/g. La différence, c'est que le beurre contient des graisses saturées, néfastes pour les artères, tandis que les margarines (spécialement celles fabriquées à partir d'huiles végétales polyinsaturées comme l'huile de tournesol) peuvent faire baisser le taux de cholestérol sanguin.

Les féculents font grossir ? C'est également faux. Ce qui fait grossir, c'est le beurre, la crème et les sauces riches que l'on y ajoute.

---

4. Certaines femmes ont constaté les bienfaits de complexes vitaminiques et d'oligo-éléments, notamment les vitamines C et E, le zinc, le calcium et le magnésium. Consultez votre médecin.

5. Demandez à quelqu'un de vous masser et de vous faire de l'acupression, en frottant le milieu du dos, 2,5 cm à droite de la colonne vertébrale. Vous pouvez obtenir ainsi de 3 à 6 heures de répit. Si vous êtes seule, appuyez sur le point situé à deux doigts au-dessus de l'articulation du poignet sur la face interne du bras, dans l'alignement du majeur.

6. Ayez une alimentation pauvre en lipides et en sel, riche en glucides et en fibres. (Voir aussi Syndrome prémenstruel, p. 209.)

Rembourrage

1. Ne vous laissez pas abuser par les fermetures à glissière sur les coussins de fauteuils ou de sofas : cela ne signifie pas nécessairement qu'ils soient lavables ; mais si vous êtes sûr qu'ils le sont, brossez-les à l'eau chaude savonneuse additionnée de vinaigre ; essuyez avec un linge rugueux.

2. Réparez une brûlure de cigarette sur un tissu à motifs en découpant la même portion de motif sur une partie cachée. Appliquez-la avec un voile thermocollant. Sur tissu uni, confiez la réparation à un professionnel ou reprisez avec un fil assorti.

3. Réparez un accroc en plaçant un ruban thermocollant à l'envers du tissu, côté collant contre le tissu. Fermez les bords en repassant et coupez les fils qui dépassent.

4. Confectionnez des housses avec du tissu, du patchwork, une nappe, un dessus-de-lit. Faites un ourlet à la base pour y passer un cordon ou un élastique. (Voir aussi Housse de siège, p. 123.)

5. Couvrez les endroits usés avec des napperons au crochet, des pochettes de dentelle ou des morceaux assortis de daim ou de cuir. Cousez-les avec quelques points de bâti rapides.

6. Pour éviter d'avoir des parties salies et usées, ayez des housses assorties pour le dossier et les accoudoirs, amovibles et lavables.

7. Pour les rendre plus confortables, capitonnez les accoudoirs et le dossier d'un fauteuil en bois avec de la mousse d'ameublement recouverte de tissu agrafé sur le bois. Cachez les agrafes avec un galon adhésif.

Rendez-vous

Ne croyez pas que cela « fasse bien » d'arriver en retard à un rendez-vous. Faire attendre les autres est un manque de respect.

1. Prévoyez systématiquement de 10 à 15 minutes de battement pour le cas où vous seriez retardé par la circulation, le mauvais temps, etc.

2. Ayez un seul agenda pour la maison et pour le travail. Notez l'heure de vos rendez-vous vis-à-vis le quart d'heure précédent.

3. Avancez un peu votre montre.

4. Réglez un réveil ou un minuteur qui fera retentir le signal du départ.

5. Un coup de fil de dernière minute ? Ne répondez pas, vous êtes déjà parti.

RETARD CHEZ LES AUTRES

1. Demandez à la personne qui n'est jamais à l'heure de vous appeler quand elle est sur le point de partir.

2. Vous allez au cinéma ? Proposez de prendre un verre avant et donnez rendez-vous au café d'en face. Cela laisse une marge.

Réparations à domicile

Des clés perdues, une inondation naissante ou un court-circuit... et vous cherchez un spécialiste. Choisissez-le bien.

1. Si vous êtes bloqué devant votre porte et que vous ne connaissez pas de serrurier, ayez le bon réflexe : consultez les Pages jaunes et choisissez une maison établie depuis longtemps. Ou rendez-vous au poste de police, où l'on vous indiquera peut-être quelqu'un.

2. Lorsque vous appelez un réparateur, vérifiez son identité et sa qualification ou demandez-lui des références. S'il refuse, refusez le service.

3. Faites établir plusieurs devis détaillés pour pouvoir comparer avant de choisir. N'acceptez pas les formules vagues comme « ... ainsi que tous les autres travaux nécessaires ». Vous risquez les abus.

4. Dans tous les cas, les pièces remplacées vous sont remises à des fins éventuelles d'expertise.

5. Vérifiez le travail et refusez les travaux complémentaires que vous n'avez pas commandés.

6. Exigez une facture précise sur papier à en-tête avant de payer.

Repas d'affaires

Vous invitez quelqu'un au restaurant dans le cadre de votre travail. Précisez clairement l'objet de votre invitation (première prise de contact, demande de renseignements, échange de points de vue sur un thème précis, remerciements pour un service rendu, ou simple courtoisie). Vous permettrez ainsi à chacun de préparer un rendez-vous plus efficace.

Réservez à l'avance et demandez une table à un endroit calme. Précisez l'heure et le nombre de convives, au restaurant et à votre invité, en indiquant l'adresse à ce dernier. Ce sera à vous de payer l'addition, qui entrera dans vos frais professionnels.

Arrivez bien à l'heure fixée. C'est à vous d'attendre votre invité. Profitez-en pour prévenir le maître d'hôtel de vous remettre à vous l'addition. Si vous arrivez ensemble au restaurant, trouvez un prétexte, comme un coup de fil à donner, pour vous acquitter de ce détail. Payez discrètement. Allez à la caisse pour ce faire ou réglez avec une carte de crédit. Rangez la note avant de retourner à table et laissez discrètement un pourboire en partant.

Enfin, vous êtes invité par un confrère et savez que ses frais professionnels ne lui sont pas remboursés. Proposez d'emblée de partager l'addition.

Repassage

1. Lorsque vous repassez des vêtements de nature différente, commencez à repasser à fer tiède, puis avancez graduellement jusqu'à la plus haute température. Suivez bien la trame afin de ne pas détendre le tissu. Évitez les marques brillantes en repassant les tissus foncés et les acétates à l'envers ou à la pattemouille.

2. Lorsque vous voyagez, suspendez, sitôt arrivé, vos vêtements dans la salle de bain. Faites couler l'eau très chaude de la douche, porte fermée. Laissez la vapeur agir sur les plis. Cette méthode est surtout efficace avec la laine.

3. Si vous avez un fer, mais pas de planche à repasser, étalez un plastique sur un meuble, puis des journaux et une serviette de toilette, ou bien glissez des journaux dans une taie d'oreiller, ou encore placez une serviette sur le coin du lit.

4. Intercalez une feuille d'aluminium, côté brillant au-dessus, entre la planche à repasser et le molleton, elle renverra la chaleur et le repassage se fera plus vite.

5. Vous devez interrompre votre repassage ? Placez le linge humecté dans un sac en plastique au réfrigérateur ou au congélateur. Le sac maintiendra l'humidité et la température basse empêchera la formation de moisissure.

6. Repassez un ruban en maintenant le fer immobile pendant que vous tirez le ruban par-dessous.

Repiquage

Le repiquage endommage toujours un peu les radicelles des plantes, qui véhiculent l'eau et les éléments nutritifs dont celles-ci ont besoin. Donnez une chance de reprise à vos arbres et à vos arbustes en les plantant durant leur repos végétatif : de novembre à mars.

Si le sol est sec, arrosez copieusement le plant à transplanter plusieurs jours avant l'opération pour que la terre adhère aux radicelles. Après la mise en place, arrosez encore copieusement, même si le temps est à la pluie, dans une cuvette formée à la bêche au pied de l'arbuste. L'eau tassera la terre en douceur, assurant la stabilité de la plante, et lui permettra de trouver sa place plus rapidement.

Pour aider fleurs et légumes à supporter le repiquage, extirpez les plantules de leur contenant, tête en bas, sans briser la motte. Il arrive que les racines adhèrent aux parois : tapotez alors légèrement pour les décoller. Inutile de dépoter les plants de légumes ou de fleurs élevés dans un pot de tourbe : ce matériau très pratique se dégrade rapidement dans le sol. Plantez-le avec la motte, vous éviterez les accidents au moment du dépotage.

Réseau de relations

Dis-moi qui tu connais, je te dirai qui tu es... Le jeu des relations semble d'une grande importance dans bien des domaines de la vie privée et professionnelle : pour se faire des amis, trouver du travail, faire carrière... Si vous démarrez dans la vie, voici comment vous créer un réseau.

1. Ne perdez pas de vue vos anciens amis, même ceux que vous ne voyez pas souvent. Un coup de fil de temps en temps entretient des liens toujours utiles.

2. Vous savez qu'un ami de vos parents est spécialiste de l'art moderne ou du traitement des eaux et c'est justement le domaine qui vous intéresse : cherchez à le rencontrer.

3. N'hésitez pas à téléphoner pour solliciter un rendez-vous avec un professeur d'université érudit en chimie nucléaire ou en astronomie. Intéressez-vous à ses recherches, il sera sûrement flatté de faire part de ses connaissances et vous pourrez compter une éminence au nombre de vos relations et références.

4. Quand vous cherchez du travail, reprenez contact avec ceux qui vous ont ainsi reçu. Ils vous aideront ou vous recommanderont avec plaisir.

5. Rencontrez aussi des gens de votre âge partout où c'est possible : aux réunions d'information municipale, en faisant du sport, en vacances, par exemple.

6. N'oubliez jamais de remercier quelqu'un qui vous a recommandé un bon « tuyau ». Montrez-vous prêt à rendre la pareille, si l'occasion se présente.

Réservations

HÔTEL

1. Il vous sera plus facile de faire vos réservations tôt le matin ou tard le soir, les lignes sont moins occupées.

2. Les hôtels ne sont pas tenus légalement d'honorer vos réservations, mais s'ils affichent complets, ils doivent vous trouver de l'hébergement équivalent ailleurs et assurer votre transport jusqu'à cet endroit. Conservez votre numéro de confirmation. Si l'hôtel participe au plan d'assurance-réservations, donnez votre numéro de carte de crédit en vous inscrivant, votre réservation est garantie.

3. Informez-vous des délais d'annulation ; on peut exiger des frais.

4. Si vous êtes enregistré pour une semaine et que vous avez payé une nuit seulement, vous pouvez annuler pour le reste de la semaine si vous n'êtes pas satisfait.

RESTAURANT

Une bonne méthode consiste à se fier aux guides gastronomiques les plus réputés, qui ont l'avantage de vous donner un ordre de prix, de camper le style de l'établissement et, parfois, d'indiquer les meilleures tables. Gardez ce guide à la

---

AU TEMPS JADIS

Petite chronique du repassage

Le repassage est encore une corvée. Cependant, les fers d'aujourd'hui, légers, à vapeur et dotés d'un thermostat, rendent la tâche plus facile qu'autrefois.

Dans la Grèce antique, où des vêtements bien repassés marquaient un statut social (et où les tissus infroissables n'existaient pas), les plis des robes de lin se faisaient avec des rouleaux chauffés, semblables à des rouleaux à pâte.

À Rome, les esclaves ôtaient les plis des vêtements en les frappant avec un maillet de métal plat.

Au Xe siècle, le fer se changea en objet de verre, en forme de champignon, que les Vikings promenaient sur les tissus humides.

Aux XVe et XVIe siècles, les Européens se servaient de fonte chauffée sur un feu ou, dans les maisons aisées, d'une boîte en fer chauffée par des charbons incandescents ou encore d'une brique chaude.

Le fer chauffé au gaz fut inventé au XIXe siècle. Il était cependant dangereux car il pouvait fuir, exploser et causer un feu.

Le premier brevet présenté pour un fer électrique fut accepté en 1882. Il fut rapidement suivi par d'autres auxquels vint s'ajouter un système de contrôle de température. Cependant, le véritable progrès de cette guerre contre les plis se produisit en 1926, avec l'arrivée sur le marché du fer à vapeur et, dans les années 1960, quand apparurent les premiers tissus « infroissables ».

main en entrant dans le restaurant, qui vous accueillera alors d'autant mieux qu'il lui serait sans doute désagréable d'en être radié.

Responsabilité civile

Chacun est responsable. De soi, de ses enfants, de ses animaux, des tuiles de son toit... L'assurance de responsabilité civile (multirisques habitation) répare les dommages causés aux autres (les tiers), dans le cadre de votre vie privée.

Vous êtes propriétaire de votre logement : votre responsabilité est sans limite pour tous les dommages corporels intervenant dans votre propriété. Surveillez clôtures, cours, jardins, aires de stationnement, piscine, ascenseurs, antennes de télévision, chutes de neige ou de glace du toit, fleurs au balcon. Balayez la neige ou le verglas devant votre porte et vérifiez que vous êtes couvert pour ce risque.

Vous êtes copropriétaire ou locataire : vous devez surveiller tout risque d'incendie, de fuites d'eau ou de gaz, d'explosion...

Votre responsabilité de chef de famille « coiffe » les bêtises de vos enfants, ou de votre chien, les maladresses de vos proches, ou votre inexpérience sportive.

Restaurant

1. Quand vous emmenez de jeunes enfants dans un restaurant de classe, réservez une table dans un angle de la salle. Emportez quelques jouets silencieux (jeu de construction, cubes...) qui captent leur attention et, dès qu'ils ont fini leur repas, laissez-les jouer dans le coin, sur le sol.
2. Pour attirer l'attention du serveur, levez la main, appelez : « Garçon », mais ne claquez jamais des doigts.
3. Si un serveur tache malencontreusement votre vêtement, vous êtes en droit d'exiger le remboursement de la note de nettoyage.
4. N'hésitez pas à faire venir le directeur du restaurant lorsqu'un

serveur refuse de vous donner un bon service.
5. Lorsqu'un serveur tarde trop à vous apporter l'addition, faites mine de vous en aller. C'est un moyen très efficace.
6. Avant de vous décider pour un restaurant à prix moyen, consultez la table d'hôte des restaurants de catégorie supérieure : ceux-ci proposent une cuisine beaucoup plus soignée à un prix souvent plus raisonnable qu'un repas à la carte dans un restaurant moyen.

Restes

1. S'il reste du pain, faites-en des croûtons pour garnir une soupe ou une salade. Les restes de croissants peuvent être émiettés et grillés pour garnir une crème glacée, une salade de fruits, une compote.
2. Les restes de poisson poché peuvent faire de succulentes croquettes : après les avoir réduits en purée, additionnés d'œufs, de farine et de fines herbes, roulez-les en boules et plongez-les dans la friture. Dégustez avec une salade.
3. Les restes de viande rôtie (bœuf, porc, agneau ou volaille) font de très bons hachis Parmentier, mais aussi des croquettes ou des bases de salades tièdes ; avec des pommes de terre, des légumes verts, de la salade...
4. Les restes de légumes, une fois passés au mélangeur, feront des potages et des soupes.
5. Transformez les restes de salades de fruits en compotes. Et n'oubliez pas que la plupart des restes peuvent être congelés.

Rétention d'eau

Si vous avez tendance à gonfler de façon cyclique, consultez un médecin. S'il n'y a rien de grave, prenez les mesures suivantes :
1. Mangez moins de sel. Évitez les conserves, les plats cuisinés, la charcuterie, les biscuits salés et les arachides ; limitez le fromage. Diminuez aussi la prise de sucre et de caféine.

2. Consommez des aliments qui ont des propriétés diurétiques : concombre, persil, betterave, cresson, asperge, poireau, feuilles de pissenlit, fraise, pomme et raisin.
3. Faites du sport régulièrement pour améliorer votre circulation : natation, jogging, bicyclette sont particulièrement indiqués.
4. Portez des bas à varices.
5. Surélevez vos pieds pendant 20 minutes au cours de la journée, en les posant sur un tabouret, et 1 ou 2 heures avant de vous coucher.
6. Évitez les situations stressantes. L'angoisse peut en effet activer une hormone qui provoque la rétention d'eau.
7. L'absorption de médicaments diurétiques pourrait entraîner une perte de potassium et causer des crampes. Compensez en buvant beaucoup d'eau. Paradoxalement, au lieu de vous faire gonfler, cela activera votre fonction rénale. (Voir aussi Œdème, p. 158.)

Retraite

Selon les experts, si vous envisagez de prendre votre retraite prématurément, vous aurez besoin de 70 à 80 p. 100 de votre revenu actuel. Voici comment évaluer votre actif potentiel.
1. Vérifiez auprès du responsable des avantages sociaux de votre entreprise les pénalités encourues au niveau de votre fonds de pension si vous devancez l'âge de la retraite.
2. Vérifiez aussi auprès du Plan de Pension du Canada ou de la Régie des Rentes du Québec. Les montants alloués varient selon l'âge où vous les réclamez. Tout le monde a droit, à compter de 65 ans, à la Pension de sécurité de la vieillesse et certaines personnes ont droit aussi au Supplément de revenu garanti. Il faut faire parvenir sa demande six mois à l'avance.
3. Examinez de quelle façon vous pouvez modifier votre portefeuille d'investissements de façon à pouvoir en retirer des revenus plutôt que d'en accroître la valeur.

4. Commencez à dégeler votre Régime enregistré d'épargne-retraite car quand vos revenus diminuent, votre taux d'imposition est moins élevé. Vous pouvez aussi le convertir en rente viagère.

5. Estimez votre espérance de vie en étant généreux ; calculez le montant de vos actifs. Divisez le total de vos actifs par le nombre d'années qui vous restent. Le montant de vos dépenses annuelles ne devrait pas dépasser ce chiffre.

6. Ajoutez à cela le montant nécessaire, advenant votre décès, pour assurer à vos dépendants leur niveau de vie actuel, et pour défrayer votre enterrement, vos dettes et les droits de succession.

Réunion de travail

Une réunion bien préparée est toujours plus efficace.

1. Ciblez bien votre sujet. Dans la mesure du possible, sélectionnez des petits groupes : 10 personnes réunies autour d'une table sont plus productives que 25.

2. Faites de préférence vos réunions le matin, l'attention y est plus vive que l'après-midi. Évitez pourtant les heures trop matinales, vous iriez au devant d'arrivées échelonnées.

3. Évitez les trop longues et trop sérieuses réunions la veille ou le lendemain d'un congé ou d'une fin de semaine. Les absences nombreuses seraient alors à prévoir.

4. Faites parvenir l'ordre du jour aux participants, si possible quelques jours à l'avance. Planifiez les temps à consacrer à chaque sujet. Prévoyez une période de questions.

5. Animez votre réunion avec rigueur. Suivez l'ordre du jour au plus près. Donnez la parole aux intervenants prévus et ne laissez pas les bavards se répandre : sachez couper court à leur verve.

6. Faites en sorte que tout le monde participe, interrogez vous-même les plus timides ou faites faire un tour de table complet sur un point précis de l'ordre du jour.

Réveille-matin

1. Un minuteur électronique peut remplacer un réveille-matin, si sa durée est suffisante.

2. Ou bien demandez tout simplement à quelqu'un de vous réveiller par téléphone. Vous lui rendrez le même service au besoin.

3. Certaines personnes se mettent à ronfler en entrant dans leur phase de sommeil profond, toujours à peu près dans les mêmes délais après le coucher. Une sonnerie de minuteur, pas trop stridente, peut les faire changer de position en les réveillant à demi et stopper... temporairement les ronflements.

4. Installez un interrupteur programmable sur une prise de courant de votre chambre. À l'heure dite, la lampe et la radio branchées sur la prise s'allumeront et vous réveilleront.

Revêtement mural

1. Pour recoller du papier peint qui se décolle par endroits, mouillez la portion qui se détache avec une éponge juste pour assouplir le papier, et appliquez de la colle à l'endos avec un cure-dents. Pressez le papier contre le mur en protégeant la surface avec du papier ciré et en y appuyant un livre à couverture rigide pendant 3 ou 4 minutes.

2. Si le parement se détache parce qu'un clou a cédé, enfoncez ce clou au marteau et fixez-en un autre 2 ou 3 centimètres plus haut. Remplissez le trou ainsi créé avec du composé de jointement, sablez et retouchez avec de la peinture. Ou encore, enlevez le clou fautif et remplacez-le par une vis.

Rhume

1. Quand vous sentez venir un rhume, demandez à votre médecin si vous pouvez prendre des comprimés de zinc pour l'atténuer.

2. Pour soulager la sécheresse des muqueuses qui annonce le rhume, faites dissoudre 2 cuil. à soupe de sel dans 1 litre d'eau chaude ; inhalez la solution ou instillez-la dans le nez avec un compte-gouttes.

GROS RHUME

1. Contre la fièvre et les maux de tête, prenez de l'acétaminophène (voir p. 23).

2. Reposez-vous le plus possible. Le sommeil favorise le bon fonctionnement de votre système immunitaire. En restant chez vous, vous éviterez en outre de propager vos virus.

3. Évitez de faire du sport, car vos forces et votre endurance sont affaiblies. Vous risquez aussi plus facilement une déchirure musculaire. Il est particulièrement dangereux de faire du sport avec de la fièvre, cela peut entraîner un coup de chaleur.

AU TEMPS JADIS

La guerre du rhume

« Si vous négligez votre rhume, il dure sept jours ; si vous le soignez, il durera une semaine ! » Bien que ce dicton populaire ne soit pas très encourageant, chacun s'emploie à tester ses remèdes contre ce mal.

Autrefois, par exemple, certains suspendaient un chapeau à la colonne de leur lit, buvaient du rhum jusqu'à ce qu'ils en voient deux et se cachaient sous les couvertures en attendant la fin de l'agression ! En Louisiane, on se frictionnait la poitrine avec un mélange de camphre et de whisky. Les Anglais s'emmitouflaient dans des vêtements imbibés de térébenthine et se soignaient en absorbant moult grogs.

Aujourd'hui, la vitamine C est très employée. Certes, ces comprimés ne font aucun mal, mais rien ne prouve qu'ils soient plus efficaces qu'une bonne orange.

4. Buvez abondamment de l'eau mais aussi du jus de citron. Son acidité rendra votre gorge inhospitalière aux virus du rhume. Évitez le café, le thé, les colas, ils contiennent de la caféine, aux propriétés diurétiques, qui risque d'accentuer la déshydratation.

5. Pour soulager le mal de gorge et diminuer l'inflammation, faites toutes les deux heures un gargarisme à l'eau salée (¼ de cuil. à thé de sel dans ¼ de litre d'eau).

CONGESTION NASALE

1. Quelques gouttes d'eau salée pourront dégager un nez bouché (¼ de cuil. à thé de sel dans une tasse d'eau bouillie).

2. Si vous préférez les gouttes nasales en aérosol contenant des décongestionnants, ne les utilisez pas plus de trois jours de suite. Un usage prolongé accentuerait la congestion.

3. Un bol de bouillon a un effet décongestionnant certain ; en outre, l'eau et le sel qu'il contient agissent contre la déshydratation.

4. Une infusion de menthe produit le même effet. Versez ½ litre d'eau bouillante sur 15 g de feuilles de menthe, laissez infuser de 5 à 20 minutes. Ajoutez, au goût, un peu de miel pour adoucir la gorge.

Rideau, porte de douche

1. Assouplissez votre rideau de douche en plastique en le plongeant dans de l'eau chaude, dans laquelle vous aurez ajouté un peu d'huile de bain.

2. Protégez votre nouveau rideau de douche en utilisant l'ancien en guise de doublure, de façon que ce soit lui qui soit arrosé. Lavez-le souvent pour l'empêcher de moisir.

3. Pour faire sécher vos rideaux de douche plus vite, déployez-les.

4. Ôtez les marques d'eau et de savon sur les portes de douche en verre en frottant avec une éponge imbibée de vinaigre. Ou frottez-les doucement avec un tampon à récurer pour émail.

5. Si les portes de la cabine de douche ne glissent pas bien, nettoyez les rails avec une brosse, un couteau émoussé ou un tournevis. Utilisez une brosse à dents pour les rainures difficiles, puis lavez avec de l'ammoniaque ou une solution de détergent. Une fois la glissière sèche, vaporisez un lubrifiant aux silicones ou au Téflon, mais protégez le bac à douche car il deviendrait glissant.

Rides

1. Pour ralentir leur formation, appliquez une crème solaire (voir p. 71) chaque fois que vous sortez.

2. Ne laissez pas les intempéries vous tanner la peau. Protégez-la du vent, du froid et des embruns.

3. Ne faites pas trop de grimaces. Vous pouvez aussi, lorsque vous êtes seul par exemple, imposer un repos aux muscles de votre visage en collant du ruban adhésif transparent sur les zones qui ont tendance à se rider !

4. Pour éviter les rides du sommeil, tâchez de dormir sur le dos.

5. En guise de masque antirides, appliquez-vous un blanc d'œuf battu sur le visage pendant 10 minutes, puis rincez. Votre visage paraîtra plus lisse pendant quelques heures.

6. Appliquez des compresses d'hamamélis sur les rides du front pendant 5 minutes chaque jour.

7. Passez une crème pour les yeux sur les rides de la patte-d'oie, à l'angle externe de l'œil. Puis ouvrez grand les yeux et pressez une minute avec le gras du pouce. Recommencez chaque jour. (Voir aussi Peau sèche, p. 166.)

Rivalité fraternelle

1. Les frères et sœurs s'entendent parfois comme chiens et chats. Pour qu'ils vivent ensemble en bonne intelligence, guettez les occasions de leur faire partager de bons moments qui leur feront des souvenirs communs. Valorisez à leurs yeux un voyage intéressant effectué en famille, une bonne soirée, une activité de vacances. Les moments qui rapprochent contribuent à construire la fraternité.

2. Quand un nouveau bébé arrive, faites en sorte de consacrer du temps séparément à chaque enfant en dehors des loisirs qui rassemblent toute la famille.

3. Donnez de l'importance aux choses que les enfants plus âgés peuvent enseigner aux plus jeunes, sans que cela soit pour eux une corvée. Et félicitez-les.

4. Il est inévitable que des disputes éclatent. Le plus sage est de ne pas vous en mêler tant que les choses ne sont pas trop graves. Les enfants trouveront d'eux-mêmes la façon de régler leurs conflits. Vouloir arbitrer à tout prix accentue les rivalités.

5. Veillez à donner à chaque enfant un amour et une attention sans partage. Quelques minutes de caresses ou d'écoute attentive font plus pour la bonne entente de tous que n'importe quelle mise en garde ou réprimande.

6. Qui s'installe à l'avant de la voiture ? Quel programme de télévision regarde-t-on ? Si les discussions du genre sont permanentes, instaurez des tours pour permettre à chacun de prendre des décisions.

Riz

1. Pour empêcher le riz de coller, ajoutez une noisette de beurre ou de margarine, ou quelques gouttes d'huile, dans l'eau de cuisson. Lorsqu'il est cuit, égouttez-le et égrenez-le avec une fourchette.

2. Pour qu'un riz soit bien blanc, ajoutez quelques gouttes de jus de citron ou de vinaigre dans l'eau de cuisson.

3. Utilisez un riz trop collant dans un potage, dans une soupe ou pour farcir des légumes.

Robinet

Les robinets mélangeurs ne fuient pratiquement jamais. Quand cela arrive, c'est la cartouche centrale au complet qu'il faut remplacer. En revanche, sur les robinets classiques à garnitures de caoutchouc, les fuites reviennent souvent.

1. Si vous ne supportez plus le bruit des gouttes qui tombent, placez une éponge ou une débarbouillette en dessous dans l'évier.

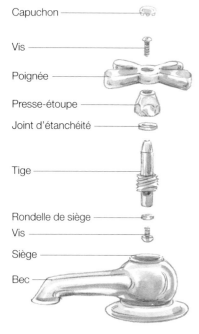

Capuchon

Vis

Poignée

Presse-étoupe

Joint d'étanchéité

Tige

Rondelle de siège

Vis

Siège

Bec

2. Autre méthode : attachez une ficelle au nez du robinet et laissez-la pendre. Les gouttes suivront la ficelle et ne feront plus de bruit.

3. Pour changer la garniture, fermez l'eau du robinet d'arrêt général, ouvrez le robinet à réparer et le robinet le plus haut placé dans le circuit. Laissez l'eau s'écouler. Démontez le mécanisme du robinet après avoir retiré le bouchon de manœuvre. Remplacez la rondelle en caoutchouc par une rondelle identique. Remplacez aussi les joints en fibre et remontez le mécanisme en position ouverte, puis le bouchon. Refermez le robinet (et celui du haut), puis ouvrez l'eau. Ouvrez tous les robinets pour purger l'air dans les tuyaux.

Ronflement

1. Causés par une obstruction du passage de l'air au cours de la res-

piration, les ronflements sont parfois évités en surélevant la tête du lit. Un oreiller supplémentaire ne sert à rien. Une autre méthode consiste à maintenir les voies respiratoires ouvertes en dormant avec une serviette de toilette roulée et épinglée autour du cou. Évitez de dormir avec un oreiller.

2. Ne prenez rien qui ait comme effet de relâcher les muscles des voies aériennes, c'est-à-dire alcool, tranquillisants, somnifères et antihistaminiques.

3. Si vous ne ronflez que lorsque vous dormez sur le dos, cousez ou attachez avec un ruban adhésif une grosse bille ou une balle de tennis au dos de votre veste de pyjama (ou cousez une poche pour la contenir).

4. Si vous ou votre conjoint suffoquez ou reniflez bruyamment en ronflant, consultez un médecin.

Rot de bébé

Laissez à bébé le temps de faire son rot tout en continuant à vaquer à vos occupations.

1. Maintenez-le sur votre hanche, dos contre vous, et passez votre

bras autour de sa taille. La pression exercée fera remonter l'air.

2. Placez l'enfant dans votre porte-bébé ventral. Vos propres mouvements favoriseront l'exécution du rot. N'oubliez pas de protéger vos vêtements et les siens au cas où il régurgiterait un peu de lait.

LE SAVIEZ-VOUS ?

Petite musique de nuit

C'est au romancier britannique Anthony Burgess que l'on doit cette phrase : « Riez et le monde entier rira avec vous, ronflez et vous dormirez seul. »

Presque la moitié de la population adulte ronfle de temps à autre, mais un adulte sur quatre est un ronfleur habituel. Les ronflements qui posent problème sont plus courants chez les hommes, mais les femmes et les enfants ronflent également, de même que les chats, les chiens, les chevaux et de nombreux autres animaux.

L'intensité d'un ronflement peut s'élever jusqu'à 70 dB. Mais le record mondial fut enregistré au Canada, en 1987, chez un ronfleur chronique qui atteignit 90 dB. À titre de comparaison, il faut savoir que la limite de l'acceptable est généralement estimée à 65 dB.

Les gros ronfleurs ont tout essayé, de la chirurgie à l'hypnose en passant par la mentonnière, mais l'on n'a pas encore trouvé de remède efficace à tout coup.

Rougissement

Ceux qui rougissent facilement savent qu'il n'y a, hélas ! rien à faire une fois qu'on a commencé à s'empourprer. Cela ne dure généralement que quelques minutes.

1. Vous pouvez cacher vos couleurs par une coiffure encadrant bien le visage, en vous maquillant légèrement et en vous habillant dans des tons qui atténueront le contraste avec votre visage.

2. La relaxation peut vous aider. Fermez les yeux et pensez à un endroit très lointain.

3. Au pire, détournez l'attention : prétendez que vous avez perdu quelque chose, prenez l'air angoissé ou étonné pendant que vous cherchez l'objet en question dans votre sac ou dans vos poches.

Rouille

La meilleure défense contre la rouille est la prévention. Effectuez un traitement dès que des taches apparaissent.

1. En rouillant, les vis et les clous tachent le bois. Frottez avec une brosse métallique pour nettoyer les parties rouillées, puis décolorez les taches avec de l'acide oxalique ou de l'antirouille pour tissu appliqué localement. Faites bien sécher avant de reteinter le bois. (Voir aussi Tache de rouille, p. 211.)

2. Ne peignez pas immédiatement du fer neuf ; laissez-le tout d'abord « purger » sa rouille. Quand il aura légèrement rouillé, brossez-le et passez un inhibiteur de rouille avant de le peindre avec une peinture antirouille.

3. Pour protéger bien efficacement l'équipement de votre atelier, surtout si l'atmosphère y est un peu humide, enduisez les petits outils, les scies et les mèches d'un peu d'huile légère et vaporisez de la cire ou de la silicone sur les outils électriques fixes.

4. Frottez les petites taches de rouille avec une gomme à effacer pour machine à écrire ou une gomme à encre.

5. Pour que les fers de bêche, les fourches et autres outils de jardin ne rouillent pas, enduisez-les d'un mélange de résine synthétique et de noir de fumée ou de tout autre pigment. Les vernis à base d'asphalte sont aussi très efficaces.

VOITURE

1. L'hiver, protégez votre véhicule contre l'assaut du calcium en en lavant régulièrement le dessous au jet. Si vous pensez que le traitement antirouille de votre voiture a besoin d'être refait, par exemple si votre véhicule a un certain âge, consultez un spécialiste.

2. Deux fois par année, au début et à la fin de l'hiver, placez la voiture sur cales ou utilisez un miroir pour vous assurer que les orifices de drainage sous les portières ne sont pas bouchés. Inspectez aussi les orifices des gouttières situées sous les ailes. Passez un gros fil de fer pour enlever les déchets qui peuvent les obstruer.

3. Les éclats et les éraflures sont des « germes » de corrosion. Éliminez la rouille qui a déjà pu se former en la grattant à la pointe d'un couteau. Appliquez localement un apprêt antirouille et repeignez localement avec un kit de retouche.

Rouleau à peinture

1. Pour récupérer un rouleau incrusté de peinture sèche, recouvrez-le d'un morceau de serviette éponge imbibée de diluant, puis de film plastique transparent (polyéthylène). Serrez fort et attachez chaque extrémité avec un élastique. Nettoyez au solvant quand la peinture sera ramollie (comptez quelques jours).

2. Si un rouleau est couvert de peinture et que vous comptez l'employer le jour suivant, ne vous donnez pas la peine de le nettoyer. Enveloppez-le dans du polyéthylène ou un sac en plastique et mettez-le au réfrigérateur. Laissez-le se réchauffer pendant une ou deux heures avant de l'utiliser.

3. Si vous ne possédez pas de rouleau, fabriquez un tampon à peindre en collant un morceau de moquette velours épaisse sur un bloc de bois.

S

Sablage

1. Avant d'appliquer une nouvelle couche de peinture (à l'émail ou non) ou de vernis, dépolissez l'ancienne couche avec du papier abrasif très fin ou de la laine d'acier extra-fine, puis dépoussiérez avec une éponge humide. Poncez de la même façon entre chaque couche.

2. Pour poncer des barreaux de chaise et des pieds de table, coupez une bande de papier abrasif et collez au dos une bande de ruban adhésif pour le renforcer. Tirez le papier d'avant en arrière autour du barreau, comme les cireurs de chaussures.

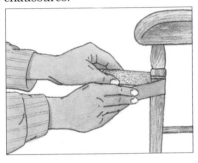

3. Pour les sculptures et pour les moulures, pliez ou roulez le papier abrasif afin qu'il coïncide avec la courbure. Employez de la laine d'acier extra-fine pour parvenir au fond des sculptures profondes.

4. Pour entretenir le bois une fois passé au papier sablé, essuyez-le avec un linge que vous aurez au préalable traité de la façon suivante : humectez un morceau de coton à fromage, essorez-le, puis trempez-le dans la térébenthine et faites sécher en secouant. Trempez un pinceau dans du vernis et laissez-en tomber quelques gouttes sur votre linge. Pétrissez celui-ci pour qu'il soit complètement imbibé avant de vous en servir. Rangez-le dans un sac de plastique ou un bocal fermé. S'il devient sec, humectez-le avec de l'eau et de la térébenthine.

Sables mouvants

1. Si vos pieds sont enfoncés, tâchez de les remonter par des mouvements doux à la surface.

2. Si, d'aventure, vous étiez pris dans des sables mouvants, ne paniquez pas. Laissez-vous tomber lentement sur le dos, étendez les bras et essayez de flotter.

3. Saisissez les herbes ou les branches à votre portée, ou tentez d'effectuer une nage lente sur le

dos pour gagner la terre ferme. Ne faites aucun mouvement rapide et saccadé, car vous vous enfonceriez plus profondément.

4. Si vous avez besoin de vous reposer, restez allongé, bras et jambes bien écartés.

Sac de couchage

Avec deux couvertures, vous pouvez improviser un sac de couchage. Pliez-en une en trois dans le sens de la longueur et épinglez le bord libre avec de grosses épingles de sûreté. Repliez ensuite le bas sur 10 à 15 cm et épinglez. Posez cette couverture sur la seconde et pliez cette dernière sur la précédente en épinglant les bords ensemble. Rabattez le bas sous l'ensemble.

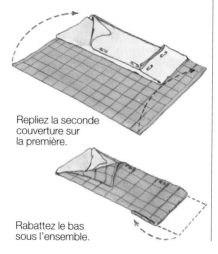

Repliez la seconde couverture sur la première.

Rabattez le bas sous l'ensemble.

Sac à dos

Pour fabriquer un sac à dos de fortune pour y mettre des trouvailles ramassées en chemin ou d'autres objets légers, fermez la taille d'un survêtement ou d'une veste avec des épingles ou de la ficelle. Nouez le bout des manches ensemble pour former une courroie, enfermez vos objets, puis passez la courroie autour de vos épaules.

Saignement de nez

1. Asseyez-vous, penchez-vous en avant et pincez-vous les narines pendant au moins 10 minutes.

2. Si, au bout de 20 minutes, le saignement n'est pas arrêté, maintenez une compresse d'eau froide ou de la glace sur le front et l'arête du nez, tout en continuant à vous pincer les narines.

3. En dernier ressort, obturez la narine qui saigne avec de la gaze stérile pendant 1 heure.

Salade

1. Une salade légèrement fanée retrouvera toute sa fraîcheur si vous la rincez sous l'eau tiède, puis sous l'eau froide. Ensuite, essorez-la et laissez-la 1 heure au froid avant de l'assaisonner.

2. Essorez toujours à fond la salade avant de l'assaisonner. Si vous n'avez ni panier à salade ni essoreuse, enfermez la salade dans un torchon propre et secouez-le afin que l'eau imprègne le torchon.

3. S'il vous reste de la salade non assaisonnée, faites-la sauter dans un peu d'huile d'olive avec des oignons émincés. Les feuilles vertes de salade sont excellentes préparées ainsi mais elles deviennent légèrement amères ; pour compenser l'amertume, ajoutez quelques pincées de sucre pendant la cuisson. La salade cuite est un excellent accompagnement des viandes blanches et des volailles.

Sauce de soja

1. Diluez la sauce de soja dans autant d'eau pour diminuer sa teneur très élevée en sodium.

2. Si vous ne suivez pas un régime pauvre en sodium, choisissez le tamari, une sauce de soja préparée à base de soja fermenté, très fine et parfumée.

3. Pour une touche vietnamienne, remplacez la sauce de soja par du nuoc-mâm additionné de quelques gouttes de vinaigre de xérès.

Sauces

1. Si le jus de cuisson du rôti est trop liquide, filtrez-le au-dessus d'une casserole et faites-le réduire à feu moyen, pour qu'il ait la consistance voulue ; ou bien ajoutez 3 pincées de fécule de maïs délayée dans 3 cuil. à soupe d'eau et laissez bouillir à feu doux, pour que la sauce soit onctueuse.

2. Pour que la sauce d'une viande rôtie soit encore plus savoureuse, mettez au fond de la cocotte, du plat ou de la lèchefrite un hachis de carottes, d'oignons et de céleri.

Ajoutez sel, poivre, une bonne pincée de muscade, quelques brins de thym, de romarin et de persil, quelques gouttes de porto, de xérès sec ou de vermouth blanc sec.

3. Pour dégraisser un jus de cuisson, laissez-le reposer quelques minutes, puis retirez le gras remonté à la surface.

4. S'il vous reste des jus de cuisson ou des sauces, faites-les congeler en glaçons. Vous les utiliserez pour parfumer des bouillons, des soupes ou des légumes.

Scie à métaux

1. Pour couper un morceau de métal assez mince sans scie à métaux, faites une encoche avec le bord d'une lime, puis pliez le métal d'avant en arrière jusqu'à ce qu'il se casse.

2. À défaut d'une scie à métaux, utilisez une scie sauteuse avec lame pour acier (si l'épaisseur à couper n'excède pas 3 mm), ou encore une meuleuse ou une scie circulaire équipée d'un disque à tronçonner le métal.

3. Pour scier du métal, bloquez la pièce dans un étau en plaçant le tracé à couper près des mâchoires afin d'éviter les vibrations.

Sécateur

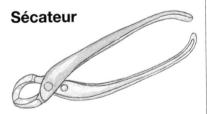

1. Utilisez un sécateur à bonsaï pour tailler les rosiers et autres petits arbustes. La forme particulière des lames laisse une entaille concave qui cicatrise très rapidement.

2. Votre sécateur durera plus longtemps si vous le nettoyez après chaque utilisation avec une brosse à dents imbibée de kérosène. Passez ensuite un lubrifiant léger.

3. Pour lui rendre son fil tranchant, il faut aiguiser votre sécateur. Démontez-le en dévissant le boulon de l'axe central et retirez

l'écrou. Aiguisez la lame avec une pierre à huile de grain moyen en lissant le long du fil. Procédez de bas en haut de la lame en conservant l'obliquité originale. N'aiguisez jamais la face intérieure, sauf pour ôter le bourrelet de métal laissé par l'aiguisage. Pour terminer, répétez l'opération avec une pierre à grain plus fin.

Sécheuse

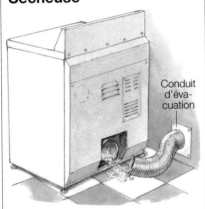

Conduit d'évacuation

1. Un conduit d'évacuation bouché peut causer un feu dans la sécheuse. Si cela arrive, fermez la porte de l'appareil et celle de la pièce. Coupez le courant et appelez les pompiers.

2. Faire sécher des oreillers en caoutchouc-mousse présente un risque d'incendie.

3. Votre sécheuse est en panne : vérifiez les prises et le coupe-circuit ou le fusible. Le bouton de sécurité de la porte est peut-être coincé (généralement placé sur le pourtour de l'ouverture, il empêche la sécheuse de fonctionner quand la porte est ouverte).

Sel

Pour remplacer le sel, essayez les mélanges suivants, ils apporteront goûts et saveurs complexes.

1. Pilez ensemble 1 cuil. à thé d'ail en poudre, 1 cuil. de romarin séché et 1 cuil. de basilic séché avec un zeste de citron râpé. Mettez ce mélange dans une salière et ajoutez quelques grains de riz pour absorber l'humidité.

2. Pour un mélange plus épicé, pilez 1 cuil. à thé de poudre de clous de girofle, 1 cuil. de graines de coriandre, 1 cuil. de poivre noir et 1 cuil. de paprika doux avec quelques pincées de paprika fort.

Serre-livres

1. Pour façonner un serre-livres, pliez un cintre en fil d'acier plastifié à angle droit. Glissez une extrémité du cintre plié sous les livres.

2. Tracez une ligne d'un seul côté sur un disque noir hors service, au ras de l'étiquette. Avec un séchoir, faites chauffer le disque des deux côtés le long de cette ligne, pour le plier à angle droit.

3. Enveloppez des briques dans du papier cadeau, ou peignez-les en blanc et placez-les de chaque côté de la rangée de livres.

Serrure

SERRURE DE VOITURE GELÉE

1. Ne forcez pas une serrure de porte gelée, car la clé risque de se casser. Essayez plutôt la serrure du côté du passager.

2. Faites chauffer la clé à l'aide d'un briquet ou d'une allumette et insérez-la dans la serrure. Recommencez autant de fois qu'il faut.

3. Introduisez la clé dans la serrure et versez dessus de l'eau bien chaude en la tournant délicatement jusqu'à ce que la serrure fonctionne.

PORTES ET FENÊTRES

1. Prévenez l'accès à une porte-fenêtre ou à une fenêtre coulissante en plaçant un bout de bois dans la rainure des glissières. Pour empêcher que l'on enlève la porte

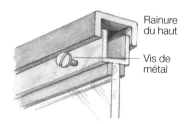

Rainure du haut

Vis de métal

en la soulevant, placez des vis longues dans la face latérale de la rainure du haut.

2. Installez des serrures à double cylindre qui doivent être obligatoirement ouvertes avec une clé des deux côtés. Ainsi, un cambrioleur qui pénètre par la fenêtre ne pourra pas emporter de gros objets.

Siège d'appoint

1. Pour un anniversaire ou un goûter d'enfants, clouez une planche sur deux caisses placées à chaque bout. Poncez-la et recouvrez-la d'une couverture ou de plastique adhésif pour éviter tout problème d'échardes. Ou encore, retournez des corbeilles à papier en plastique solide. En guise de coussins, pliez des serviettes ou des taies d'oreiller et enveloppez-les de papier crépon.

2. Si la table est basse, vos invités ne verront sans doute pas d'inconvénient à s'asseoir par terre sur des coussins. Prévenez-les pour qu'ils s'habillent en conséquence.

3. Empilez deux ou trois gros coussins durs et recouvrez-les de tissu d'ameublement.

4. Pensez aux chaises de jardin : garnies de coussins, elles peuvent être confortables.

Ski

1. Inutile d'investir dans un porte-ski luxueux pour transporter vos skis. Si votre voiture est munie d'un porte-bagage standard, vous pouvez y fixer des skis avec trois tendeurs, un à chaque extrémité et l'autre au milieu. Accrochez les tendeurs d'un côté du porte-bagages, puis passez-les une fois autour des skis ; serrez et fixez avec le crochet de l'autre côté. Pour empêcher les skis de s'endommager et de rayer le toit de la voiture, entourez-en la tête de mousse et de ruban adhésif.

2. Si vous n'avez pas d'antivol pour vos skis, laissez chacun d'eux à des endroits différents.

3. Les souris et les araignées ont tendance à vouloir se nicher dans les bottes de ski : la saison terminée, bourrez les vôtres de papier journal.

Soccer

Voici un peu de vocabulaire et une description de certaines règles de jeu qui vous aideront à suivre le déroulement d'un match.

Cages : les buts, formés de deux poteaux distants de 7,32 m et reliés par une barre transversale à 2,44 m du sol.

Corner : coup de pied exécuté à chaque angle du terrain par l'équipe qui attaque, lorsqu'un joueur en défense a poussé le ballon derrière la ligne de but de son propre camp.

Coup franc : sanctionne une faute. Le ballon posé à terre à l'endroit de la faute est laissé à l'équipe adverse ; tous les joueurs de l'équipe qui a commis la faute doivent se tenir au moins à 9,15 m du ballon.

AU TEMPS JADIS

Histoire du ski

Des morceaux de skis vieux de 4 000 ans ont été retrouvés dans les pays nordiques. Ils servaient alors avant tout de moyen de locomotion. Au Xe siècle, les collecteurs d'impôts norvégiens les utilisaient pour traquer les contribuables récalcitrants. Au XIIe siècle, la Norvège comptait des troupes à ski armées d'arcs et de flèches. Au XVe siècle, la Suède, la Finlande, la Russie et la Pologne lui emboîtèrent le pas.

C'est encore en Norvège, au XIXe siècle, que le ski commença à être considéré comme un divertissement. Les skieurs s'affrontaient en descente, tenant dans une main une chope de bière qu'ils ne devaient pas renverser.

Le premier skieur canadien de renom, M. Birch, fut un Montréalais d'origine norvégienne. Il acquit la célébrité en franchissant en skis de fond, en 1879, les 250 km qui sé-

parent Québec de Montréal. En 1904, le premier club de ski au pays se fondait à Montréal.

Même si la majorité des gens continuait de tenir la « course sur planches » en dérision, ce sport gagnait de plus en plus d'adeptes parmi les amants de la nature et du plein air. Toutefois, ce n'est qu'en 1936, avec l'entrée du ski alpin dans le programme olympique, qu'il prit son véritable envol.

C'est à Shawbridge, dans les Laurentides, en 1929, qu'apparut le premier téléski au Québec. Par la suite, les remontées mécaniques allaient contribuer à populariser le sport. Pour certains, ce fut déplorable car elles privaient le skieur du bel effort de la montée.

Aujourd'hui, le remonte-pente, pourtant rentré dans les mœurs, provoque un autre type d'irritation : les files d'attente y sont parfois interminables !

Gardien de but : il ne peut se servir de ses mains que dans la surface de réparation. Lorsqu'il a pris le ballon dans ses mains, il peut faire encore trois pas pour le dégager du pied ou le passer à la main à l'un de ses partenaires en dehors de la surface de réparation.

Hors-jeu : un joueur est hors jeu s'il est plus près de la ligne des buts adverses que le ballon au moment où l'un de ses partenaires le lui envoie, sauf :
• s'il est dans sa moitié de terrain ;
• s'il y a au moins deux adversaires plus rapprochés que lui de leur propre ligne de but.

Un joueur est hors jeu quand il influence le jeu ou l'adversaire ou s'il tente de tirer un avantage de cette position. Un joueur n'est pas hors jeu s'il reçoit directement le ballon lors d'un coup de pied de but, d'un corner, d'une entrée en touche ou d'une balle à terre. Si le joueur est déclaré hors jeu, l'arbitre accorde un coup franc indirect à l'équipe adverse à l'endroit où la faute a été commise.

Joueurs : chaque équipe se compose de 11 joueurs : trois avants (un ailier droit, un avant-centre et un ailier gauche), trois demis (un demi-centre et deux demi-ailes), quatre arrières (deux latéraux et deux centraux) et un gardien.

Mi-temps : un match dure deux mi-temps de 45 minutes ; les arrêts de jeu sont décomptés du temps réglementaire, selon l'appréciation de l'arbitre.

Prolongations : pour certaines parties (coupes internationales, par exemple), une des deux équipes doit obligatoirement s'imposer. S'il y a match nul à l'issue du temps réglementaire, des prolongations (deux mi-temps de 15 minutes) ont lieu ; si le score est encore nul, les équipes procèdent chacune à cinq tirs au but (tir de barrage).

Réparation (surface de) : elle est située devant les buts de chaque équipe et fait 40,32 m de long sur 16,50 m de large.

Sortie de but : à l'inverse du corner, c'est l'attaquant qui a mis le ballon hors des limites de la ligne de but : la défense bénéficie d'un coup de pied de dégagement.

Terrain : sa longueur est de 90 à 120 m (de 100 à 110 m pour les matches internationaux), sa largeur de 45 à 90 m (de 64 à 75 m pour les matches internationaux).

Tir de punition : tiré au point de punition, à 11 m face à la ligne de but, ce tir de penalty est entraîné par une faute grave commise dans la surface de réparation. Le tireur ne doit pas marquer de temps d'arrêt avant de tirer et le gardien ne peut bouger de sa ligne avant le tir.

Sol en ciment

Voici comment retirer des taches sur un sol en ciment.

1. Mouillez toute la surface, parsemez copieusement de poudre à récurer et attendez de 20 à 30 minutes. Frottez au balai-brosse, rincez et balayez.

2. Le nettoyage sera facilité si vous passez préventivement un imperméabilisant invisible pour sol cimenté.

3. Pour les taches grasses, essayez du nettoyant pour moquette en aérosol ou recouvrez-les d'une couche de ciment Portland en poudre, détrempé avec de l'essence minérale. Étendez dessus une bâche en polyéthylène et laissez agir toute la nuit. Vous balaierez le lendemain.

Soldes de vêtements

Les meilleurs achats ne sont pas toujours les plus chers, et il est parfois bon de profiter des soldes. Mais soyez vigilant, les trop bonnes affaires peuvent cacher un piège.

1. Les magasins d'escompte vendent des vêtements tout à fait à la mode (souvent privés de leurs étiquettes originales), mais ils n'offrent pas de service. Leur marge de profit est généralement autour de 65 à 70 p. 100.

2. Les magasins de manufacturiers vendent des stocks désuets ou imparfaits, de même que des vêtements dernier cri. Leurs marges de profit varient, mais les prix sont généralement un peu plus élevés que dans les magasins d'escompte.

3. Les vêtements d'occasion constituent certainement les meilleurs achats si l'on cherche la qualité et le confort plutôt qu'à se conformer à la mode. Les magasins dont les profits vont à des œuvres charitables sont ceux où l'on fait les meilleures affaires.

ATTENTION !

Manque de sommeil peut nuire

L'empereur Napoléon, qui dormait environ 4 heures par nuit, disait que seuls les débiles avaient besoin de plus de sommeil. L'histoire se chargea de lui faire la leçon.

Lorsque la riche colonie d'Haïti proclama son autonomie en 1800, Napoléon envoya 80 vaisseaux de guerre et 22 000 soldats pour la reconquérir. Bien moins nombreux, les rebelles se livrèrent à des attaques nuit après nuit, privant ainsi de sommeil les soldats français déjà frappés par la fièvre jaune. Épuisés, ils durent capituler. Ainsi Haïti devint-elle un État souverain.

Pour la plupart des individus, le manque de sommeil engendre des effets nocifs : au bout de 24 heures sans sommeil, vous commencez à devenir irritable et avez du mal à vous concentrer. Après deux ou trois jours sans dormir, la mémoire et le jugement sont altérés et même les tâches les plus banales, mentales ou physiques, deviennent de véritables montagnes à soulever. Si vous restiez éveillé encore plus longtemps, vous finiriez par être sujet à des hallucinations et présenter des signes de trouble mental.

Solvant pour peinture

Les diluants pour peinture peu volatils comme l'essence minérale ou l'essence de térébenthine servant à nettoyer les pinceaux peuvent être facilement réutilisés. Versez le solvant souillé dans un grand bocal hermétique. Au bout de deux jours, lorsque les résines et les pigments de la peinture se seront déposés dans le fond, transvasez délicatement le solvant propre dans un autre récipient.

Somnolence

1. Levez-vous, bougez le plus possible et parlez.

2. Aspergez-vous le visage d'eau froide, ouvrez les fenêtres et laissez entrer de l'air frais.

3. Buvez des boissons contenant de la caféine et mangez des aliments riches en protéines. Évitez pâtisseries, tablettes de chocolat et confiseries, qui, au lieu de vous donner un coup de fouet, vous feraient somnoler davantage.

4. Prenez un bonbon à la menthe forte. Cela réveillera peut-être votre organisme.

5. S'il faut absolument que vous restiez éveillé deux jours d'affilée, faites un petit somme au cours des premières 24 heures. En revanche, le second jour, cela vous rendrait plus somnolent.

6. Si vous sentez que vous somnolez au volant, ouvrez les fenêtres pour faire entrer l'air frais. Chantez avec la radio ou répondez à l'animateur. Mais le mieux est encore de vous arrêter et de dormir.

7. Si vous faites des quarts de nuit, conservez le même rythme d'alimentation sans tenir compte de l'heure réelle : prenez votre petit déjeuner avant d'aller travailler, lunchez à l'heure de la pause et soupez en rentrant à la maison.

Souris

1. Si vous êtes inquiété par des souris, changez périodiquement les objets de place pour les désorienter. Vous les attraperez facilement

en train d'étudier la nouvelle disposition des lieux.

2. Pour appâter des pièges à trappe ou à ressort, ne vous fiez pas au vieux gag des dessins animés en utilisant du fromage. Appâtez-les avec du beurre d'arachide, de la farine ou du lard cuit : les souris en raffolent.

3. Pour attraper une souris vivante, utilisez un piège grillagé à trappe basculante. Méfiez-vous ensuite de ses morsures. Mais vous pouvez aussi essayer de la prendre dans un parapluie noir. Votre proie recherchant l'obscurité, elle risque de s'y réfugier surtout si quelqu'un la chasse dans la bonne direction. Refermez vite le parapluie, sortez et relâchez votre prisonnière.

Spasmophilie

1. Si votre médecin vous parle de spasmophilie, demandez-lui si vos symptômes sont liés à l'angoisse.

2. Si oui, analysez les raisons de votre anxiété. S'explique-t-elle par une situation ou un événement exceptionnels ? Êtes-vous souvent inquiet sans raison particulière ?

3. Initiez-vous au yoga ou aux techniques de relaxation, vous en tirerez grand bénéfice.

EN CAS DE CRISE

Si vous sentez venir la crise ou si vous êtes en présence d'un spasmophile reconnu, respirez ou faites-le respirer dans un sac en plastique (restez à ses côtés, d'autant plus s'il s'agit d'un enfant). Le

sang se trouvera temporairement enrichi en gaz carbonique et la crise s'atténuera. Si c'est insuffisant, appelez un médecin.

Store

1. Un drap de bain peut faire un store temporaire très convenable. Punaisez-le au châssis. De couleur foncée, il sera plus efficace contre le soleil. La couleur blanche, légère, donne de la luminosité.

2. Doublez des stores usagés de tissu neuf que vous fixerez à l'aide d'un adhésif en atomiseur. Lissez-le bien pour qu'il n'y ait pas de bulles d'air : le store plisserait quand vous l'enroulez.

3. Pour nettoyer un store, inutile de le démonter : déroulez-le et aspergez-le, en vous servant d'un

LE SAVIEZ-VOUS ?

La spasmophilie, un mal moderne

La spasmophilie n'est pas vraiment une maladie. Ce sont des médecins français qui ont décidé de dénommer ainsi un ensemble de symptômes de plus en plus fréquent dans la société actuelle.

Sous le terme de spasmophilie, on range des symptômes aussi variés que palpitations, étourdissements, irritabilité, insomnies, fourmillements, etc. La crise de spasmophilie est en fait une crise de tétanie, c'est-à-dire une contracture involontaire des muscles squelettiques, accompagnée d'une sensation de malaise. Elle est déclenchée par la modication des gaz du sang en rapport avec un rythme respiratoire trop rapide, lui-même dû à une brusque bouffée d'angoisse.

En pratique, cette « étiquette » a l'inconvénient de laisser croire au sujet qu'il présente une maladie, ce qui l'empêche de prendre conscience de l'origine psychologique de ses troubles.

pulvérisateur, d'eau additionnée de savon pour le linge ou de détergent. Laissez agir pendant quelques minutes et rincez au jet.

4. Si un store à enrouleur automatique ne remonte pas entièrement, retendez le ressort de rappel en dégageant le rouleau de son support et en lui donnant quelques tours supplémentaires. Pour ce faire, utilisez une fourchette.

5. En remplacement d'un store, au chalet par exemple, attachez une bande de toile à une barre de bois, en haut et en bas. Fixez la partie supérieure au-dessus de la fenêtre avec des crochets et la barre inférieure au mur.

6. Si le bas d'un store en toile a tendance à se recourber, installez par paires de petits aimants décoratifs à sa base.

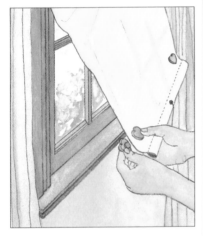

Stress

Vous vous sentez tendu, angoissé ?
1. Apaisez votre esprit. Asseyez-vous confortablement dans le calme, loin des distractions et du bruit. Fermez les yeux, concentrez-vous sur une pensée agréable ou un décor tranquille. Tentez de vous souvenir, minute après minute, d'une de vos plus belles heures de vacances ; ou bien contentez-vous de vous écouter respirer. Au bout de 10 minutes, vous vous sentirez reposé.
2. Prévoyez au moins 30 minutes quotidiennes de relaxation pour

écouter de la musique douce, penser, écrire ou, simplement, rêver.
3. Respirez profondément pendant quelques minutes plusieurs fois par jour, ou chaque fois que vous vous sentez tendu. Posez les mains sur le ventre et inspirez lentement par le nez en gonflant l'abdomen. Retenez votre respiration pendant plusieurs secondes, puis expirez lentement par la bouche. (Voir aussi Exercices respiratoires, p. 96.)
4. Décontractez vos muscles tendus par des exercices d'étirement.
5. Pratiquez la relaxation progressive : asseyez-vous dans un fauteuil confortable, ou allongez-vous sur le dos, bras le long du corps. Fermez les yeux : contractez et relâchez chaque groupe musculaire (avec l'entraînement, chaque muscle individuel), en commençant par la tête et en descendant jusqu'aux orteils. (Voir aussi Bruit, p. 37 ; Insomnie, p. 127.)

Stylo à bille

Votre stylo à bille est bouché ?
1. Rendez l'encre fluide en tenant la pointe au-dessus de la flamme d'une allumette. Tournez le stylo pour que le plastique ne fonde pas.
2. Frottez la pointe vivement en faisant des cercles sur une feuille de papier ou sous une semelle de chaussure en caoutchouc.

Substituts en pâtisserie

1. Margarine et matières grasses végétales donnent d'excellents résultats dans la fabrication des gâteaux et des pains sucrés. Elles permettent aussi une meilleure conservation car elles rancissent moins vite que le beurre.
2. Si vous êtes en panne de farine à gâteaux, remplacez chaque tasse par une tasse de farine ordinaire moins 2 cuil. à soupe. Au lieu de farine autolevante, employez de la farine ordinaire et ajoutez 1½ cuil. à thé de poudre à pâte et ½ cuil. à thé de sel par tasse de farine.
3. Remplacez 1 cuil. à thé de poudre à pâte par ¼ de cuil. à thé de bicarbonate de soude et ½ cuil. à thé de crème de tartre ; ou bien remplacez ½ tasse de liquide par ½ tasse de babeurre additionné de ¼ de cuil. à thé de bicarbonate.
4. Pour obtenir 30 g de chocolat à cuire, mélangez 3 cuil. à soupe de cacao non sucré et 1 cuil. à soupe de margarine ou de beurre mous.
5. Pour obtenir 1 tasse de lait entier, mélangez ½ tasse de lait concentré non sucré et ½ tasse d'eau ; si vous utilisez du lait concentré sucré, tenez-en compte et sucrez moins votre préparation.
6. Fouettez deux jaunes d'œufs avec 1 cuil. à soupe d'eau pour remplacer un œuf entier.
7. Une tasse de miel liquide peut remplacer une tasse de sucre dans la préparation d'un gâteau, à condition de diminuer de ½ tasse la quantité de liquide utilisée.

Subventions

Vous avez besoin d'argent ou d'équipement pour un projet de photo ou de théâtre, un jardin communautaire ou une salle pour les jeunes ? Sachez que les deux paliers de gouvernement, les organismes communautaires, les fondations et les grandes compagnies prévoient l'octroi de subventions pour une gamme presque illimitée de projets et d'activités. Voici comment vous informer.

1. Consultez les répertoires de bourses et de subventions que vous trouverez dans les bibliothèques publiques. Demandez qu'on vous indique comment consulter les fichiers électroniques et faites une recherche par mots clés (bourse, subvention, fondation, prêts, aide, etc.).

2. Une fois identifiée la subvention que vous avez des chances d'obtenir dans le cadre de votre projet, renseignez-vous le plus possible sur la société ou l'organisme qui la propose. Communiquez avec ses représentants et demandez qu'on vous envoie une brochure ou un rapport annuel. S'il s'agit d'une organisation locale, essayez d'y faire des contacts personnels.

3. Soyez clair, simple et précis en rédigeant votre demande. Donnez l'information la plus importante au début et expliquez comment vous entendez faire un usage profitable de l'argent. Indiquez sur quel soutien vous pouvez déjà compter dans la communauté et essayez d'obtenir des lettres de référence des personnes d'influence qui appuient votre projet. La demande soumise, prenez rendez-vous avec la personne chargée de l'étudier pour en discuter de vive voix.

4. N'hésitez pas à solliciter de nouveau la société ou l'organisme qui aurait rejeté votre demande une première fois. Bien des projets ne sont acceptés qu'après deux ou trois demandes.

Sujets de conversation

Si vous devenez muet dès que vous vous trouvez en réunion mondaine, essayez ceci.

1. Commencez par un compliment (sur la cravate, les enfants ou le petit chien), c'est ce qu'il y a de mieux pour faire passer un courant de sympathie.

2. Évoquez votre violon d'Ingres. Votre interlocuteur deviendra intarissable sur le sien et vous vous contenterez de ponctuer son discours de quelques remarques.

3. Si vous connaissez peu d'invités, demandez à vos voisins quels sont leurs liens avec vos hôtes. Expliquez-leur ensuite les vôtres.

4. Abordez un sujet d'actualité (évitez faits divers et politique !). Le cinéma, le sport ou les célébrités peuvent vous aider. Évitez cependant de parler du temps qu'il fait...

5. Si vraiment vous vous sentez mal à l'aise, proposez d'aller chercher un verre ou des glaçons. Le tout, bien sûr, avec un grand sourire.

Surbooking

Cette pratique, née du tourisme moderne, est souvent scandaleuse. Elle consiste, pour une compagnie aérienne, à louer plusieurs fois le même siège ! Scandaleuse ? Les compagnies rétorquent qu'entre 5 et 35 p. 100 des passagers ne se présentent pas à l'enregistrement et qu'elles doivent donc louer plus de sièges que n'en possède l'avion. Vous pouvez ainsi vous voir refuser la montée à bord, même muni d'un billet sans réduction !

En Europe, les autorités ont pris récemment des mesures qui pénalisent les compagnies qui font du surbooking. Celles-ci doivent indemniser forfaitairement le passager refusé selon un barème, modulé en fonction des réseaux et du kilométrage. Il va de soi que le passager pourra également se voir intégralement rembourser son billet ou être réacheminé sur un autre vol dans les meilleurs délais ou à une date ultérieure.

Syndrome prémenstruel

Le syndrome prémenstruel est un ensemble de symptômes qui apparaissent quelques jours avant les règles et disparaissent avec elles : prise de poids par rétention d'eau (voir p. 198), tension douloureuse des seins, parfois douleurs abdominales. On note aussi de l'irritabilité, une tendance dépressive et, parfois, une attirance irrépressible pour les aliments sucrés.

1. Notez pendant deux ou trois mois la date de vos règles et la date d'apparition des symptômes pour les dire au médecin.

2. Contre l'instabilité de l'humeur, l'irritabilité, la fatigue, ayez une alimentation pauvre en graisses mais riche en hydrates de carbone et en fibres : pain complet ou céréales complètes trois ou quatre fois par jour, légumes verts et fruits frais. Autant que possible, remplacez la viande rouge, riche en matières grasses, par du poisson et de la volaille.

3. Supprimez le sucre et la caféine, qui entraînent des variations brutales du taux de sucre sanguin. Plutôt que deux repas copieux par jour, prenez un petit repas toutes les trois heures pour le stabiliser. Supprimez aussi la charcuterie, le fromage, les arachides (qui font boire) pour diminuer la prise de sel et limiter ainsi la rétention d'eau. Remplacez le sel par les aromates et le citron.

4. Pratiquez une activité aérobique (marche rapide, danse, saut à la corde) 20 minutes quotidiennement ou 30 minutes quatre fois par semaine.

Tabagisme

Cesser de fumer n'est pas si facile. Si vous avez déjà essayé sans succès, les suggestions qui vont suivre vous inciteront peut-être à tenter à nouveau l'expérience.

1. Étudiez les solutions à votre portée : gomme à mâcher à la nicotine, cassettes vidéo et programmes de groupe. Essayez plusieurs méthodes ou des combinaisons de méthodes. La gomme à mâcher à la nicotine, par exemple, est plus efficace si elle se conjugue avec un programme de groupe.

2. Préparez-vous à ressentir des symptômes de sevrage. Anxiété ou angoisse, agitation, irritabilité, léthargie, impatience, manque de concentration sont des phénomènes habituels, de même que toux, maux de tête et insomnie. Quand ils apparaissent, faites une promenade à pied ou un peu de gymnastique pour brûler l'énergie.

3. Unissez vos forces à celles d'un autre fumeur qui veut arrêter et soutenez-vous moralement.

4. Assurez-vous l'aide d'un ex-fumeur pour vous aider à passer les mauvais moments.

5. Débarrassez-vous des allumettes, des cendriers et des briquets. Passez du temps dans les endroits où vous ne pouvez pas fumer (cinémas, musées, etc.).

6. Faites-vous détartrer les dents et décidez de les garder éclatantes.

7. Occupez-vous la bouche et les mains. Ayez toujours sur vous de la gomme à mâcher sans sucre, grignotez des fruits et des légumes crus, buvez du liquide avec une paille et jouez avec une pièce de monnaie ou un élastique.

8. Mettez l'argent économisé dans une tirelire et offrez-vous chaque semaine une récompense.

9. Si vous rechutez, essayez à nouveau. La plupart des fumeurs ont besoin de trois ou quatre tentatives avant de réussir.

Table

1. Si les rabats de votre table bougent quand ils sont ouverts, placez des pastilles de feutre adhésives sur les bords où ils s'appuient.

2. Une malle en bois rénovée peut faire une table basse originale.

3. Ombragez votre table de pique-nique en bois avec un grand parasol d'extérieur. Percez un trou de 30 à 40 mm de diamètre au centre de la table avec une scie sauteuse. Glissez-y le parasol équipé d'un pied à enfoncer dans le sol ou piquez-en l'extrémité dans un porte-parapluies lesté.

4. Placez une plaque de verre épais sur un ensemble de supports assortis solides, comme des urnes ou des paniers lourds.

5. Utilisez deux chevalets de bois peints ou teintés en guise de tréteaux et posez dessus une belle vieille porte comme plateau.

Tache de café

Voici trois moyens d'ôter les taches de café d'un tissu ou d'un tapis.

1. Trempez un linge blanc dans un jaune d'œuf battu et frottez la tache. Rincez ensuite à l'eau claire.

2. Frottez la tache avec de l'alcool à brûler et rincez à l'eau.

3. Épongez avec un chiffon clair. Si la tache persiste, utilisez un mélange à parts égales d'eau et de vinaigre blanc.

Tache de calcaire

1. Si le tissu n'est pas lavable, grattez la tache avec l'ongle. Si elle résiste, présentez-la au-dessus d'une casserole d'eau bouillante, jusqu'à ce qu'elle soit bien humide. Pendant qu'elle sèche, frottez-la des bords vers le centre.

2. Sur du verre, frottez les auréoles calcaires avec une éponge douce imbibée de vinaigre. Nettoyez l'intérieur des carafes avec du vinaigre tiède ou du détartrant à cafetière.

3. Dans la salle de bains, appliquez une pâte faite de bicarbonate de soude et de vinaigre, placez un torchon humide par-dessus et laissez agir 1 heure. Essuyez, rincez et séchez.

Tache de chocolat

1. Épongez ou grattez les marques de chocolat, puis frottez le linge avec une solution faite de 1 cuil. à thé de détergent doux dans 1 litre d'eau. Si la tache résiste, appliquez une solution composée de 1 cuil. à soupe d'ammoniaque dans un verre d'eau. Rincez et tamponnez.

2. Si, décidément, la tache ne disparaît pas, essayez un mélange de vinaigre et d'eau à parts égales et tamponnez avec un linge propre.

3. Sur un tapis, appliquez les mêmes méthodes. Laissez sécher avant de nettoyer l'ensemble avec un shampooing sec.

Attention ! Pas d'ammoniaque sur la laine.

Tache d'eau de Javel

1. Si le vêtement est sombre, estompez la tache avec un marqueur indélébile de la même couleur que le tissu.

2. Trempez entièrement les vêtements clairs dans de l'eau de Javel très diluée pour égaliser la couleur.

3. Cousez une pièce sur l'endroit décoloré... en guise de décoration.

4. Teignez le tissu d'une couleur plus sombre ou faites des nœuds pour obtenir des effets marbrés.

Tache d'encre

1. Enlevez des marques de stylo à bille sur du tissu avec de l'alcool à friction ou de l'alcool à brûler, ou appliquez de la vaseline et faites tremper dans l'eau savonneuse.

2. Retirez les traces de feutre sur du tissu en plaçant la partie tachée sur un bout de tissu propre et absorbant, ou sur des serviettes de

papier, et tamponnez avec un chiffon trempé dans du détachant liquide. Placez ensuite le tissu au soleil ou sous une lampe à rayons ultraviolets (lumière de croissance ou lampe à bronzer) pour accélérer la décoloration. Il n'y a pas de solution si le feutre est indélébile.

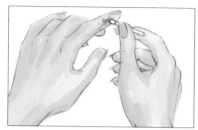

3. Nettoyez une tache d'encre sur la peau avec du peroxyde ou humidifiez l'extrémité blanche d'une allumette de bois, frottez-en la tache puis rincez.

ENCRE LIQUIDE

Plusieurs trucs existent. Leur efficacité dépend de la nature du tissu et des traitements qu'il peut avoir subi lors de sa fabrication, ainsi que de la composition de l'encre.

1. Si l'encre est encore humide, versez du sel sur la tache et frottez au bout de quelques minutes. Recommencez si nécessaire.

2. Imbibez la tache avec de l'alcool et tamponnez-la sur une gaze.

3. Faites pénétrer de l'ammoniaque avec des mouvements concentriques, puis faites de même avec du vinaigre et rincez à l'eau.

4. Épongez la tache avec de l'eau, puis avec un mélange de détergent et de quelques gouttes de vinaigre. Attendez 30 minutes, puis rincez.

5. Frottez du détergent liquide sur la tache et rincez.

Tache de graisse

1. Ôtez rapidement une tache de graisse : nettoyez-la avec du liquide à vaisselle ou du shampooing, rincez, essorez avec une serviette et séchez avec un sèche-cheveux.

2. Absorbez la graisse déposée sur un tissu synthétique rugueux avec de la farine de maïs ; sur un tissu

soyeux, employez de la fécule. Laissez reposer pendant 12 heures, brossez, puis lavez le tissu.

3. Sur un tissu de laine, employez de l'eau gazeuse et sur du polyester, de la poudre de talc. Frottez la tache du bout des doigts, laissez reposer 24 heures, puis brossez. Répétez au besoin.

4. Débarrassez-vous des taches graisseuses sur des chaussures blanches avec du solvant pour vernis à ongles, en prenant garde de ne pas abimer le fini. Pour des chaussures de couleur, employez un produit détachant.

5. Lavez vos mains tachées de cambouis avec du détergent liquide. Massez et frottez pour dissoudre les taches, puis rincez à l'eau. Ne mouillez pas vos mains avant d'y mettre le produit : la graisse aurait du mal à se dissoudre. Ou employez du kérosène et lavez-vous les mains immédiatement après.

6. Retirez des traces de graisse laissées par des chaussures sur des sols en linoléum ou en vinyle avec un nettoyeur pour l'argenterie ou de la cire blanche pour appareils ménagers.

Tache d'herbe

Frottez la tache avec du savon à la glycérine, du produit à lessive liquide ou avec un tampon imbibé d'alcool à brûler ou à friction. Rincez abondamment. Si la tache subsiste, essayez un peu de vinaigre blanc, un mélange léger de peroxyde ou de l'eau de Javel si le tissu les supporte.

Tache sur un meuble

1. Pour effacer les auréoles laissées par des tasses ou des verres, frottez-les du bout des doigts avec des cendres de cigarette imbibées d'un peu d'huile alimentaire. Si cela ne réussit pas, essayez, successivement, du sel de table et une goutte d'eau ; du produit pour argenterie et, finalement, de la laine d'acier extra-fine avec de l'essence de térébenthine.

2. Effacez une tache d'encre superficielle avec de la laine d'acier extra-fine à peine imbibée d'huile.

Tache de peinture

1. Afin de vous débarrasser aisément des taches de peinture, passez une mince couche de vaseline sur vos mains et votre visage avant de peindre.

2. Pour ôter de la peinture sèche d'un vêtement, ramollissez-la avec un tampon imbibé d'alcool (peinture à l'huile) ou de vinaigre blanc (peinture vinylique ou acrylique). Laissez ensuite tremper le vêtement dans un bain d'eau chaude et de détergent pendant quelques heures, puis brossez-le doucement avec une brosse à dents. Recommencez si nécessaire.

3. Si votre tapis a reçu des taches de peinture, ramollissez-les comme décrit ci-dessus et grattez-les avec un peigne ou une brosse métallique très fine. S'il le faut, coupez les fibres tachées avec des ciseaux pointus. (Voir aussi Nettoyage des briques et des pierres, p. 154.)

Tache de rouge à lèvres

Avant de passer un vêtement taché de rouge à lèvres dans la machine à laver, estompez les marques.

1. Passez un corps gras (beurre, huile alimentaire ou vaseline) puis lavez l'endroit taché avec du liquide à vaisselle. Rincez à l'eau claire.

2. Essuyez avec une tranche de pain de mie ; brossez les miettes.

3. Si le vêtement est blanc, trempez-le dans du jus de citron. S'il est teinté, diluez le jus de citron à parts égales avec de l'eau.

4. Placez la partie tachée sur une serviette en tissu ou en papier et frottez à l'éponge avec du détergent à vaisselle ou du savon en poudre.

Tache de rouille

Confiez au nettoyeur les vêtements qui ne se lavent pas. Les autres peuvent être traités de plusieurs façons avant d'être passés à la machine à laver.

1. Appliquez une pâte faite de sel et de vinaigre sur la tache de rouille, et laissez agir 30 minutes.

2. Imbibez la tache de jus de citron, puis exposez-la au soleil pour la décolorer. Rincez abondamment.

3. Recouvrez la tache d'une pâte de crème de tartre et d'eau chaude. Laissez durcir, puis lavez le vêtement comme d'habitude.

4. Faites bouillir des tiges de rhubarbe coupées en petits morceaux, ou des feuilles d'oseille, dans très peu d'eau, jusqu'à ce qu'elles soient molles. Versez le liquide très chaud sur la tache et lavez.

Tache de sang

1. Sur une tache récente, appliquez une pâte à base d'eau, de farine de maïs ou de talc. Laissez sécher, puis brossez. Ou recouvrez les taches récentes ou anciennes de bicarbonate de soude imbibé d'eau. Rincez après 30 minutes.

2. Du sang sur du cuir ou du tissu blanc ? Tamponnez avec un peu de peroxyde ; quand il cesse de bouillonner, essuyez-le.

3. Si vous vous piquez le doigt en cousant et tachez le tissu, lavez celui-ci tout de suite à l'eau froide avant que le sang ne se coagule.

Tache sur un tapis

Grattez toutes les matières solides. Essuyez très rapidement les liquides avec un linge, une éponge, une serviette ou du papier absorbant.

1. Pour enlever les taches de graisse, appliquez un produit de nettoyage à sec sur la tache, puis nettoyez le tapis au complet avec un shampooing-mousse en aérosol. Faites auparavant un essai sur un coin peu apparent du tapis.

2. Recouvrez les taches de graisse avec de la crème à raser en aérosol. Séchez au sèche-cheveux, puis aspirez. Ou saupoudrez-les de bicarbonate de soude, de farine de maïs ou de poudre de talc. Laissez agir environ 6 heures avant d'aspirer.

3. Pour faire partir des taches solubles à l'eau, appliquez une solution de détergent doux (1 cuil. à thé par litre d'eau), en frottant du bord vers le centre de la tache. Placez plusieurs épaisseurs de mouchoirs en papier ou de papier absorbant sur la tache et pressez avec des objets lourds pendant 1 heure. Remplacez ensuite par des mouchoirs ou des serviettes propres et laissez toute une nuit. Le lendemain, redonnez du volume aux poils du tapis en les peignant avec une brosse-démêloir.

4. Si le chien, ou le chat, fait des « bêtises » sur un tapis ou sur la moquette, essayez ceci : après avoir gratté les éléments solides, appliquez un détergent doux bien dilué (1 cuil. à thé par litre d'eau) puis épongez. Ensuite (si le tapis n'est pas en laine), versez une solution d'ammoniaque (1 cuil. à soupe par litre d'eau) et épongez. Poursuivez avec un mélange d'eau et de vinaigre blanc à parts égales (essayez d'abord sur un coin, le vinaigre pouvant décolorer). Épongez, arrosez d'eau, épongez à nouveau.

Tache sur une tasse

Pour effacer les taches de café ou de thé sur vos tasses en porcelaine, essayez un des moyens suivants.

1. Frottez, à l'éponge mouillée, avec du bicarbonate de soude ou un mélange moitié sel, moitié vinaigre blanc.

2. Plongez tasses et soucoupes dans un grand bol rempli d'eau tiède et ajoutez des comprimés détartrants pour appareils dentaires.

3. Laissez tremper toute une nuit dans une solution composée de 1 tasse d'eau de Javel pour 2 litres d'eau.

4. Nettoyez les tasses avec du détartrant pour cafetière appliqué avec une éponge à récurer douce.

Tache de vin

1. Si vous renversez du vin sur un vêtement ou sur une nappe, tamponnez immédiatement avec du papier absorbant, poudrez de sel fin, puis rincez avec de l'eau froide.

2. Sur un tissu lavable qui supporte les hautes températures, posez la zone tachée sur un récipient, maintenez en place avec un élastique et versez de l'eau bouillante sur la tache.

3. Sur du tissu non lavable, tamponnez la tache avec un mélange de détergent, d'eau et de quelques gouttes de vinaigre, puis rincez. Portez chez le nettoyeur aussitôt que possible.

4. Si vous avez renversé du vin rouge sur le tapis, épongez, puis poudrez de sel et laissez-le absorber le vin. Nettoyez avec du détergent à vaisselle et rincez à l'eau claire. S'il reste des traces, brossez-les avec de l'eau additionnée de vinaigre blanc.

Tâches ménagères

Chaque jour, toutes sortes de tâches doivent être accomplies. Il est bon d'y faire participer les enfants le plus tôt possible. Soyez patient mais ferme ; félicitez-les lorsqu'ils ont mené à bien un travail.

1. Demandez-leur de vous aider à dresser la liste des corvées journalières. S'ils repèrent eux-mêmes les tâches obligatoires, ils mettront davantage de bonne volonté à les accomplir.

2. De la chasse aux moutons au nettoyage de l'aquarium, tenez compte des préférences et des talents de chacun avant de distribuer les tâches. Pour les choses qui ennuient tout le monde, établissez une rotation et participez-y.

3. Pour les petits travaux qui sont en dehors de la routine journalière, prévoyez une « boîte à corvées rémunérées » réservée aux grands : mettez-y le ou les papiers décrivant le travail à faire et le paiement correspondant. Par exemple : « Réparation de la prise électrique : 2 $. » Cette façon de faire peut motiver.

Taches de rousseur

1. Si vous ne voulez pas accentuer vos taches de rousseur, évitez le soleil. Ne les aspergez surtout pas de citron, cela accroît la sensibilité de la peau au soleil.

2. Masquez-les derrière un fond de teint liquide... ou choisissez de les mettre en valeur avec un rouge à lèvres, du fard à joues et de l'ombre à paupières de couleur cuivrée.

Taille au jardin

1. Les arbustes à floraison printanière — lilas, groseillier à fleurs, spirées précoces, viorne boule-de-neige, weigelia et bien d'autres encore — ont déjà leur embryon de fleurs au début du printemps. Évitez de les tailler au risque de réduire la floraison qui se prépare. Attendez leur déclin de début d'été pour procéder à une toilette qui vous permettra de leur rendre une belle forme. Avec la chaleur et les arrosages, les plantes qu'on a taillées s'étoffent très rapidement.

2. Les arbustes qui fleurissent l'été profitent de l'énergie printanière pour préparer le spectacle. C'est également le cas des plantes à feuillage décoratif, dont les pousses de l'année tirent profit d'une vigueur accrue qui renforce les coloris. Taillez en fin d'hiver pour favoriser l'apparition de nouvelles pousses.

3. Les plantes grimpantes sont soumises aux mêmes principes de taille. La glycine s'apparente, sur ce rapport, aux arbres fruitiers : certains de ses rameaux assurent la croissance, d'autres garantissent la floraison. En fin d'hiver, supprimez les pousses très longues et réduisez les autres à trois ou quatre yeux bien formés.

4. Parmi les rosiers, il faut distinguer ceux qui fleurissent en juin des variétés remontantes. Celles-ci reprennent leur floraison en fin d'été et ne doivent pas être taillées de la même manière. Chaque année, en avril-mai, débarrassez les rosiers remontants des quelques pousses de l'année précédente pour entretenir la vigueur de la charpente. Supprimez le vieux bois et les pousses qui naissent sous la

greffe en les taillant près du pied. Taillez à 10 cm les rameaux conservés, au-dessus d'un œil tourné vers l'extérieur de l'arbuste. Au cours de l'été, supprimez les roses fanées avant la formation des graines, sauf pour les variétés à fruits décoratifs. En fin d'hiver, taillez, puis repalissez les rosiers grimpants remontants. Les variétés non remontantes doivent être taillées après leur floraison, en juillet : supprimez les pousses qui ont fleuri et palissez les rameaux qui fleuriront l'année suivante.

5. Taillez les clématites à grandes fleurs après leur floraison, à l'exception de celles qui fleurissent l'été sur le bois de l'année : vous les rabattrez sévèrement en fin d'hiver.

Taille-crayon

Vous n'avez pas de taille-crayon ?
1. Appointez votre crayon sur la lame d'un épluche-légumes ou sur celle d'un rabot.

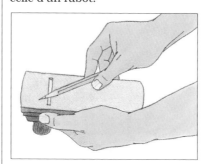

2. Pour appointer la mine, frottez-la sur une lime en carton ou sur le grattoir d'une boîte d'allumettes.

3. Collez un taille-crayon sous votre bureau ou sous la tablette du téléphone : vous n'aurez plus à chercher au fond d'un tiroir ce petit accessoire indispensable.

4. Si vous n'avez pour écrire qu'un crayon à la mine cassée et rien pour le tailler, brisez-le en deux : la mine dépassera de l'un des bouts.

Talc

La fécule de maïs et l'argile en poudre sont de bons substituts du talc. De même, la poudre de riz remplace les poudres pour le visage.

Talon de chaussure

1. Masquez les éraflures avec un stylo feutre ou passez une tige de coton imbibé d'encre ou de peinture acrylique en tube. Pour des talons blancs, employez de la peinture ou du correcteur pour machine à écrire.

2. Protégez et faites briller des talons en bois ou en liège avec du vernis à ongles incolore, du vitrificateur incolore pour parquet, à un seul composant, ou de l'huile de citron. S'ils sont très éraflés, poncez-les et reteintez-les avec une teinture pour meuble.

3. Refaites les talons plats avant qu'ils ne soient trop usés. Achetez des talons en caoutchouc neufs de taille légèrement supérieure aux talons de vos chaussures, arrachez le caoutchouc usé avec des tenailles. Poncez la surface, enduisez-la (ainsi que les talons neufs) de colle contact au néoprène. Laissez sécher la colle, puis appliquez les caoutchoucs sur les talons. Écrasez-les par quelques coups de marteau et coupez l'excédent sur les bords avec un couteau à moquette à lame rétractable.

4. Pour réparer les pointes des talons aiguilles, arrachez les embouts et remplacez-les par des neufs. Ils sont maintenus par une pointe qui rentre dans le talon. Si la pointe est trop fine pour le trou, fixez-les avec de la colle époxyde. Au besoin, affleurez les embouts avec une ponceuse à disque.

Tamis, passoires

1. Improvisez une passoire en piquant de coups de fourchette un moule à tarte en aluminium jetable.

2. Pas de tamis ? Tapissez un entonnoir d'un bas de nylon ; vous y passerez toutes sortes de liquides.

3. Une petite passoire fine est l'outil idéal pour tamiser la farine, le sucre glace et le cacao. Vous pouvez aussi y filtrer une préparation contenant des grumeaux, comme une crème anglaise ou une crème pâtissière.

Tapis

1. Pour que votre tapis s'use de façon uniforme, changez les meubles de place de temps à autre, afin de modifier les zones de passage. Mettez des petits tapis de protection devant les fauteuils.

2. Pour redresser les poils écrasés par les pieds des meubles, maintenez un fer à vapeur à quelques centimètres au-dessus de la marque jusqu'à ce que les fibres soient humidifiées, puis redressez les poils à l'aide d'une pièce de monnaie ou d'un peigne. Empêchez ces marques de survenir en déplaçant les meubles de quelques centimètres régulièrement.

3. Pour éviter la formation d'électricité statique, aspergez les tapis bien dépoussiérés avec une solution faite d'une mesure d'adoucissant diluée dans 5 mesures d'eau. Appliquez ce mélange avec une éponge ou un linge.

4. Pour raviver la couleur d'un tapis, passez l'aspirateur, puis, avec une éponge ou un linge propre, étendez une solution faite de 1 mesure de vinaigre diluée dans 3 mesures d'eau bouillante. Humidifiez seulement les poils en faisant attention à ne pas mouiller la trame. Quand le tapis est sec, frottez-le légèrement avec de la chapelure ou de la sciure bien sèche, puis aspirez.

5. Fabriquez votre propre shampooing pour les moquettes en nylon ou autres fibres synthétiques : versez 1 cuil. à soupe d'ammoniaque et une quantité généreuse de détergent doux dans une grande cuvette d'eau chaude. Mélangez avec un batteur pour faire de la mousse. Étendez cette mousse sur le tapis, laissez sécher et aspirez.

6. La fécule de maïs est aussi un bon nettoyeur. Répandez-en sur le tapis et laissez agir de 5 à 30 minutes avant de passer l'aspirateur.

7. Désodorisez un tapis en appliquant du bicarbonate de soude (à raison de 200 g/m^2). Laissez agir une nuit, puis passez l'aspirateur.

Taupes

1. Découragez ces bâtisseurs de galeries en éliminant ce qui les attire le plus, c'est-à-dire les vers blancs (larves de hannetons) et les vers gris ou noctuelles (larves de papillons nocturnes) et en enfouissant dans le sol des granulés anti-insectes. Bien que les vers de terre les attirent aussi, il ne faut pas les détruire ; ils sont très utiles.

2. Éloignez-les en enfonçant çà et là des piquets sur lesquels vous poserez des boîtes de conserve vides retournées qui, sous l'effet du vent, heurteront les piquets ; ou enterrez à mi-hauteur des bouteilles vides à goulot ouvert. Au passage du vent, ces bouteilles résonneront comme des flûtes de Pan. Dans les deux cas, les bruits émis dérangeront les taupes.

3. Les taupes ne détruisent pas les plantes mais, en creusant leurs galeries dans le jardin, elles endommagent les racines et ouvrent la voie aux mulots et souris, qui dévorent les bulbes et les plantes à racines. Protégez vos plantes en tapissant les tranchées des semis, sur les côtés et au bout, avec un grillage métallique à mailles fines.

4. Ne placez pas de pièges à la sortie des taupinières (ils rouilleraient pour rien). Posez-les à l'intérieur des galeries que vous trouverez en périphérie de votre jardin.

5. Ne déversez pas d'huile de vidange dans les taupinières, c'est à la fois inefficace et polluant.

6. Éloignez les taupes avec des plantes répulsives telles que des bulbes de fritillaires impériales.

LE SAVIEZ-VOUS ?

L'écu européen

En 1993 s'ouvre le « grand marché européen ». Avant d'en arriver là, les 12 pays de la Communauté ont dû mettre au point une monnaie d'échange garantissant l'équilibre du SME (Système monétaire européen) : l'écu (European Currency Unit).

L'écu est défini comme la somme pondérée des monnaies de chaque pays. Son poids est fonction de la taille économique de chacun, avec une révision prévue tous les cinq ans. Cette unité de compte européenne permet de calculer le cours « pivot » en vue d'éviter les trop grandes fluctuations de change. Aucune monnaie ne doit théoriquement s'en écarter de plus de 2,25 p. 100. Les transactions entre filiales d'un même groupe ou les emprunts auprès de l'un ou l'autre pays de la CEE sont libellés en écus. L'écu devrait devenir une monnaie commune en 1999.

Taux de change

Vous partez à l'étranger ? Regardez les taux de change à la banque, au consulat ou dans votre quotidien.

1. Comme vous obtiendrez généralement un meilleur taux dans le pays même, évitez de changer avant le départ plus de 100 $, soit de quoi couvrir vos dépenses à l'arrivée : les pourboires, le téléphone, le taxi. Tous les aéroports internationaux ont des bureaux de change, mais, si vous le préférez, vous pouvez commander à l'avance les devises dont vous avez besoin auprès de votre banque.

2. Pour le reste, munissez-vous de chèques de voyage. Vous les transformerez en devises n'importe où, dans une banque, un hôtel et parfois même sur la rue. Ils sont mieux cotés au change que les espèces, et vous rendrez l'excédent à votre banque au retour. Une carte bancaire internationale (American Express, Visa, Mastercard...) vous permet de retirer de l'argent liquide local et de régler bon nombre de dépenses.

3. Les hôtels, aéroports, agences de change indépendantes ou certaines banques à l'étranger offrent souvent des taux de change intéressants. Surveillez cependant de près le taux effectif que l'on vous offre. Une différence de plus de 5 p. 100 entre l'achat et la vente est le signe manifeste que l'on est en train de vous voler. Utilisez votre calculatrice.

4. Vérifiez les heures et les jours d'ouverture des banques afin de ne pas être pris de court. Bureaux de gares et aéroports sont souvent ouverts en permanence. Présentez une pièce d'identité, votre passeport et le visa pour certains pays. Le lieu d'hébergement et la durée de votre séjour vous seront parfois demandés. Avant le retour, dépensez les pièces de monnaie, qui ne sont pas échangeables à la banque.

Taux de crédit

Vous désirez faire un nouvel emprunt pour aménager votre maison, mais le taux que vous propose la banque ou la caisse populaire vous semble trop élevé.

Faites jouer la concurrence entre les banques et autres organismes prêteurs, les fiducies et les compagnies d'assurance : ce sont des établissements à vocation commerciale, vous pouvez discuter.

Taxi

1. En voyage, informez-vous au kiosque de l'hôtel ou de l'aéroport des services de navettes. Si vous optez tout de même pour le taxi, obtenez des informations sur les tarifs avant de vous adresser au chauffeur.

2. Assurez-vous que les charges additionnelles pour les bagages ou d'autres passagers sont clairement indiquées, ordinairement sur une vignette collée dans une vitre du véhicule.

3. Si vous connaissez bien le chemin, n'hésitez pas à l'indiquer, de façon claire, au chauffeur.

4. Lorsque les taxis se font rares, essayez d'en partager un avec quelqu'un allant dans la même direction que vous.

5. N'attendez pas un taxi à un arrêt d'autobus, le chauffeur de taxi ne vous verra pas.

6. Les grands hôtels, les restaurants connus, les terminus d'autobus de même que les urgences d'hôpitaux sont des endroits propices pour trouver un taxi.

Télémanie

Vous voulez perdre la manie du tube cathodique ? Essayez les méthodes suivantes.

1. Ne « pitonnez » pas.

2. Placez votre téléviseur dans une pièce où vous serez moins tenté de l'ouvrir. Certains télémaniaques prennent les grands moyens : débrancher l'appareil, le mettre dans un placard et ne le sortir que pour une émission bien précise !

3. En début de semaine, sélectionnez les émissions qui vous semblent valables, affichez-en la liste... et essayez de vous y tenir.

4. Intéressez-vous à la vie de votre ville. Même les plus petites municipalités proposent maintenant des activités de toutes sortes. Vous vous apercevrez que la télévision affadit la vie.

5. Modérez votre passion du sport sur petit écran et cherchez plutôt à en pratiquer. À défaut, faites de la marche à pied ou cherchez d'autres occasions de sortir.

6. Enfin, si vous avez besoin de compagnie, redécouvrez la radio. Elle fatigue et mobilise moins que la télévision et propose des émissions passionnantes.

Téléphone

1. Si votre téléphone ne marche pas, vérifiez que des fils ne sont pas débranchés dans la prise mu-

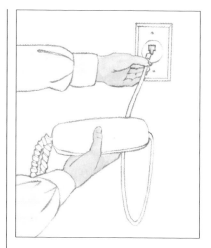

rale ou dans la fiche de l'appareil. Vérifiez la prise en y branchant un autre combiné. Si celui-ci fonctionne et que vous ayez un appareil de location, demandez à remplacer votre récepteur.

LE SAVIEZ-VOUS ?

Téléphone personnalisé

Aujourd'hui, au Canada, on peut être perpétuellement « branché » par téléphone. À part les numéros 800 pour affaires qui réacheminent votre appel quelle que soit votre zone ou quel que soit votre indicatif régional, il y a en outre les numéros 900 à travers lesquels vous pouvez tester le marché, sonder l'opinion publique, recevoir des informations médicales et pharmaceutiques, faire du télémarketing. Vous pouvez aussi bénéficier d'un service téléphonique personnalisé : en effet, en plus des télémessages et des téléréponses, il vous est possible d'attribuer votre numéro personnel à n'importe quel appareil et le réseau s'en occupera. Vous pouvez aussi savoir qui vous appelle en lisant son numéro sur votre appareil afficheur ; cela permet non seulement de sélectionner vos appels mais aussi de dépister l'origine d'un appel importun.

2. Si une personne du foyer souffre d'une maladie contagieuse, essuyez le récepteur avec de l'alcool après qu'elle l'a utilisé.

3. N'utilisez jamais un téléphone (autre que sans fil) quand vous êtes dans le bain ou dans la piscine.

4. Lorsque vous appelez au loin, méfiez-vous du temps qui file. Renseignez-vous au préalable sur le prix à la minute. Il figure d'ordinaire dans l'annuaire. Téléphonez pendant les heures à tarif réduit.

5. Si vous avez du mal à lire les chiffres du cadran ou du clavier, inscrivez-en de plus grands sur des pastilles adhésives et collez-les sur les touches.

Téléviseur

1. Pour transporter seul un poste de télévision, tenez-le en plaçant l'écran en appui sur votre ventre. En voiture, posez l'écran vers le bas sur un coussin, sur le siège arrière ou sur une couverture pliée.

2. S'il y a de la neige sur l'écran lorsque vous mettez une cassette vidéo, nettoyez d'abord les têtes de lecture du magnétoscope (voir Magnétoscope, p. 141) et essayez une autre cassette. Si les parasites persistent, vérifiez les connexions. Épinglez ou collez un morceau de papier d'aluminium sur l'étagère entre le magnétoscope et le poste de télévision pour réduire les interférences magnétiques.

3. Pour une image plus nette et plus brillante, nettoyez l'écran chaque semaine. Débranchez l'appareil. Appliquez le nettoyant à vitres sur le chiffon et non pas sur l'écran pour éviter les coulures.

Témoin d'un délit

1. Si vous voyez se commettre un délit ou seulement si vous le suspectez, appelez la police immédiatement (en composant le 911). Ne pensez pas : quelqu'un d'autre l'a déjà fait. Décrivez brièvement la situation et, si vous ne pouvez donner l'adresse exacte, indiquez un repère (magasin, monument, etc.).

2. Ne stationnez pas près du lieu du délit à moins que le ou les malfaiteurs ne se soient enfuis et que vous puissiez porter secours à une victime. Attendez l'arrivée de la police à distance raisonnable.

3. Si un délit a lieu dans la rue près de chez vous, appelez la police, puis ouvrez la fenêtre et criez : « La police arrive. » Reculez rapidement. Dans tous les cas, si vous disposez d'un bon sifflet de marine ou d'excursionniste, donnez-en deux coups aussi stridents que possible (chacun de 2 à 3 secondes, et à 12 secondes d'intervalle), puis cachez-vous aussitôt.

4. Pour aider la police, notez rapidement la description du ou des suspects : taille, carrure, couleur des cheveux, vêtements ; marque, couleur et numéro du véhicule.

5. Des cris ou des bruits inquiétants viennent de chez un voisin ? Téléphonez aussitôt à la police. N'essayez pas de vous en mêler.

Température du four

Vérifiez la température de votre four en un clin d'œil : faites-le préchauffer (de 15 à 20 minutes, selon les fours) puis posez une grande feuille de papier blanc ordinaire sur la grille, glissée au centre du four. Au bout de 5 minutes, le papier deviendra : à 150°C, beige pâle ; de 150 à 200°C, brun pâle ; de 200 à 250°C, brun soutenu ; de 250 à 300°C, brun sombre ; à plus de 300°C, noir.

Pour un four à bois, utilisez le même système, mais en comptant 20 minutes de préchauffage.

Tempête

ANNONCE D'UNE TEMPÊTE

1. Fermez portes et volets.

2. Arrimez les meubles de jardin et rentrez les objets qui pourraient devenir des « projectiles » (pots de fleurs, outils, parasol, etc.).

3. Le danger passé, ne ressortez qu'avec précaution (attention aux tuiles en équilibre, aux câbles électriques pendants, etc.).

TEMPÊTE D'HIVER

1. L'hiver, dans certaines régions comme en montagne, votre vie peut dépendre des prévisions de la météo ; soyez à l'écoute.

2. Gardez des couvertures supplémentaires et une source de chaleur d'urgence en état de fonctionner et qui soit suffisante pour réchauffer au moins une pièce.

3. Ayez en réserve un appareil radio fonctionnant à piles, des chandelles, des lampes de poche et des piles de rechange.

4. Faites réserve de nourriture et d'eau potable pour une semaine et, si votre cuisinière fonctionne à l'électricité, il vous faudra un petit poêle à bois ou à gaz avec les réserves de carburant nécessaires. (Voir aussi Garde-robe d'hiver, p. 111 ; Neige, p. 153.)

Tennis

Voici un lexique qui vous aidera à mieux comprendre les retransmissions des tournois de tennis internationaux.

Ace : balle de service qui fait le point sans que le relanceur ait pu la remettre dans les limites du court.

Break (faire le) : se dit du joueur qui creuse l'écart de deux jeux en prenant le service de l'adversaire, puis en gagnant le sien.

Chopée : balle coupée, frappée de haut en bas de façon à freiner son rebond.

Court : terrain de tennis, long de 23,77 m et large de 10,97 m. Un filet haut de 91 cm le sépare en deux. Pour les parties de simple, la largeur est réduite à 8,23 m, les deux couloirs latéraux étant réservés aux doubles.

Double faute : lorsque le serveur rate les deux balles de service auxquelles il a droit en tirant hors du carré de service ou en mettant le pied sur sa ligne.

Jeu : se dispute en quatre points (15, 30, 40 et jeu). Lorsque deux joueurs sont à égalité, à 40 partout, celui qui marque le point suivant est gratifié d'un avantage. Pour remporter le jeu, il lui faut marquer le point suivant.

Jeu blanc : jeu qui est remporté par 4 points à 0.

Let ou filet : la balle de service a touché le filet, l'engagement est à refaire.

Lift : balle frappée par-dessous de bas en haut et qui aura un rebond plus haut et plus long car elle tourne sur elle-même dans le sens de sa course.

Match : se dispute en trois sets gagnants pour les hommes et en deux pour les femmes. Certains tournois masculins se jouent aussi en deux sets gagnants.

Passing-shot : coup exécuté depuis le fond du court et hors de portée de l'adversaire monté au filet.

Service : après chaque point, balle d'engagement que le joueur doit placer dans le carré de service (6,40 m sur 4,10 m). L'adversaire doit la renvoyer après le rebond.

Set : se dispute en six jeux gagnants. Le premier à avoir emporté six jeux gagne le set, à condition qu'il ait deux jeux d'avance sur son adversaire. À 5/5 il faudra aller jusqu'à 7/5, etc. La durée d'un set, en théorie, n'est pas limitée, mais de plus en plus de tournois adoptent le principe du tie-break : les sets s'achèvent à 7/6.

Slice : balle frappée latéralement de haut en bas. Si le slice est fait de la droite vers la gauche, la trajectoire aura tendance à s'écarter vers la droite, et inversement.

LE SAVIEZ-VOUS ?

L'histoire du smoking

Cela se passait en 1886 à Tuxedo Park, dans l'État de New York. L'histoire raconte que le magnat du tabac Pierre Lorillard était las de porter en toute occasion mondaine le traditionnel habit à queue de pie. Aussi, pour un bal, fit-il exécuter par son tailleur plusieurs vestons sans queue, à la manière des redingotes portées en Grande-Bretagne dans certaines circonstances, notamment pour la chasse à courre au renard. Cette idée lui parut finalement tellement audacieuse... qu'il renonça et porta pour le bal sa tenue habituelle !

Il fallut attendre que son fils ait l'audace qui lui avait manqué. En compagnie de quelques amis, ce dernier parut en veste courte lors d'un dîner, ce qui d'abord surprit, choqua, mais finit par faire école. Le désir de changement et la célébrité des Lorillard y furent-ils pour quelque chose ? Toujours est-il que beaucoup se mirent à porter les ensembles « Tuxedo », que les Français nommèrent « smoking jacket » (veste pour fumer), puis smoking.

Les accessoires aussi ont leur histoire. Aux Indes, la ceinture turban faisait partie du costume traditionnel. Les Anglais l'adoptèrent car, les pantalons du soir n'ayant pas de poches, ils pouvaient glisser billets de banque et tickets de théâtre dans les plis de la ceinture.

Tie-break ou **jeu décisif** (voir set) : à six jeux partout, les joueurs entament un tie-break ; celui-ci est remporté avec sept points à condition que les joueurs aient deux points d'écart.

Tente

Par beau temps, improvisez une tente avec une bâche imperméable carrée de 3 m de côté, une corde de 3 m de long, 3 piquets de 1,50 m à 1,80 m, deux capes imperméables avec capuchon et deux lacets de chaussures.

Attention ! Cette installation est précaire et ne résistera pas à des vents violents ou à une forte pluie.

1. Enfoncez un piquet dans le sol. Centrez la bâche sur le piquet et attachez-la solidement avec un lacet de chaussure. Lestez un côté de la bâche avec de grosses pierres.
2. Placez un autre piquet sous le côté de la bâche opposé aux pierres pour former une ouverture. Fixez la bâche avec l'autre lacet et accrochez la corde au même piquet. Tendez la corde en l'attachant au troisième piquet que vous enfoncerez profondément dans le sol.
3. Déposez d'autres pierres tout autour de la tente et accrochez les capes par leur capuchon au piquet d'ouverture pour faire la porte. (Voir aussi Piquets de tente, p. 175.)

Tenue de cocktail

Il peut vous arriver de vous rendre à une invitation un peu habillée directement en sortant du travail.

1. Portez une robe ou un tailleur tout simples pour aller travailler et emportez les accessoires qui rendront votre tenue habillée : boucles d'oreilles, collier et bracelets, souliers à hauts talons, sac, etc. Un grand châle vous servira de manteau. Vous pouvez en outre rehausser une robe stricte d'une jolie

ceinture en satin, ajouter une fleur en tissu à votre décolleté ou un bandeau brillant dans vos cheveux, ajouter un gland de soie à la fermeture d'un sac en cuir.

2. Les hommes choisiront ce jour-là un costume plutôt sombre et emporteront une chemise et une cravate pour le soir ainsi que la pochette assortie.

Tenue à table

1. En principe, seules les asperges se mangent avec les doigts. Les fruits doivent être pelés avec un couteau et une fourchette. Mais, dans les réunions amicales, ces règles sont souvent transgressées. Le plus sage est de suivre l'exemple de vos hôtes si le maïs, les langoustines ou les côtelettes vous posent des problèmes.

2. Lorsque vous vous trouvez devant plusieurs couverts ou plusieurs verres et que vous ne savez lequel choisir, regardez comment s'y prennent les autres convives.

3. Un cheveu dans la soupe ? Un insecte dans la salade ? Chez un particulier, ôtez-les discrètement ou ne touchez pas à votre assiette, mais ne faites aucun commentaire. Au restaurant, appelez discrètement le maître d'hôtel pour lui demander de changer le plat.

4. Au restaurant, aussi bien que chez des amis, la courtoisie veut que l'on s'abstienne de fumer à table. Il vaut mieux attendre la fin du repas et, surtout, ne jamais allumer une cigarette tant que les autres convives n'ont pas terminé.

Termites

Les termites sont certainement les insectes les plus redoutables pour les maisons et ce qu'elles renferment. Contrairement à ce qu'on dit, ils ne s'attaquent pas uniquement au bois, mais se nourrissent de tout ce qui contient de la cellulose et certaines matières plastiques comme le PVC.

Les termites ressemblent à de minuscules fourmis blanches. S'ils sont rares au Canada, on les rencontre un peu partout dans le sud des États-Unis et surtout dans les grandes villes, où ils trouvent des conditions de vie idéales dans les sous-sols et les caves chaudes et humides.

La présence des termites est difficile à détecter, car ils craignent la lumière et leurs ravages ne sont jamais apparents : ils vident tout l'intérieur des pièces de bois sans jamais percer la surface. Les seuls indices sont de minuscules tunnels en forme de cordon qui s'étendent sur les murs.

La lutte contre les termites est une affaire de spécialistes : il faut traiter le sol, les murs et les boiseries par injection de produits et détruire tous les foyers d'infection (50 termites isolés suffisent pour recréer une termitière). Si vous en découvrez chez vous, prévenez immédiatement le propriétaire ou les services sanitaires de la municipalité et faites intervenir une entreprise d'extermination.

Terrain de jeu

1. Les enfants peuvent faire des glissades sur une grande bâche épaisse en polyéthylène mouillée au tuyau d'arrosage. Étendez-la sur une pente et laissez l'eau couler au sommet. Déplacez la bâche souvent pour éviter d'endommager la pelouse.

2. Une grosse bûche écorcée fait un bon cheval d'arçons, de même qu'une section de grosse conduite d'eau en grès vernissé.

3. Construisez un bac à sable : faites un coffre sans fond avec des planches de 25 à 30 mm d'épaisseur, de la taille qu'il vous plaira, mais profond de 60 cm. Renforcez les angles avec des piquets de section carrée. Faites un rebord avec des planches de 3 cm x 20 cm de section. Creusez une fosse de 50 cm de profondeur aux dimensions extérieures du coffre. Placez

---

AU TEMPS JADIS

Les bonnes manières

« Évitez de vous jeter sur le plat comme un porc et ne mangez pas en grognant de façon dégoûtante et en claquant les lèvres », conseillait-on au XIIIe siècle.

Et l'on ajoutait : « Nombre de gens rongent un os et le remettent dans le plat, c'est une offense très grave. » (La bonne façon de se débarrasser d'un os était, comme toutes les personnes raffinées le savaient, de le jeter par terre !)

Se gratter à table était très mal vu, même si puces et poux étaient omniprésents. « Tu ne dois pas mettre les doigts dans les oreilles ou porter les mains dans les cheveux. L'homme qui mange doit réserver ses doigts à la nourriture, » écrivait l'Italien Bonvesin de

la Riva en 1290, dans son recueil sur les bonnes manières à table.

En ce qui concerne les codes de bon usage au Moyen Âge, d'autres écrivains jugeaient très sévèrement la pratique courante de se moucher dans la nappe ou sur sa manche. Ils conseillaient également aux lecteurs de ne pas se moucher dans leurs doigts pendant qu'ils étaient à table.

De nos jours, les plus graves impairs seraient plutôt de parler la bouche pleine, d'agiter sa fourchette en l'air pour souligner ses propos ou de poser les coudes sur la table. Mais il est également très discourtois de regarder de haut quelqu'un dont les manières laissent à désirer.

le coffre en le calant sur des pierres plates pour que la bordure soit horizontale en tous sens. Remplissez le tout avec du sable fin (comptez 0,50 m³/m² de surface). Couvrez avec une bâche en plastique quand le bac n'est pas utilisé afin d'empêcher les animaux et les enfants d'y entrer.

Test d'eau

1. Alertez les services municipaux pour faire tester gratuitement votre eau si elle changeait subitement d'odeur, de goût ou de couleur.

2. Si vous avez votre propre puits, vous devrez défrayer tous les tests, les prix variant selon qu'il faudra déterminer entre une centaine de contaminants possibles. Ce sont des agences provinciales qu'il faut contacter pour obtenir les tests d'eau usuels (coliformes, nitrates). Dans les Pages jaunes, sous la rubrique *Laboratoires* ou *Consultants en environnement* vous trouverez des spécialistes pour les analyses plus sophistiquées.

3. Vous risquez de contaminer vos tuyaux chaque fois que vous effectuez des travaux de plomberie. Faites rechercher des coliformes immédiatement après.

4. Il est conseillé de faire tester votre eau tous les 9 ou 15 mois afin de mieux connaître sa qualité selon les saisons.

Test de grossesse

Il existe deux types de tests que l'on peut faire soi-même, les deux utilisant des échantillons d'urine. Le premier, qui prétend être actif après un jour de retard des règles, devient bleu si une certaine hormone, sécrétée après la conception, est présente dans l'urine. Le second, pratiqué neuf jours après la date normale des règles, laisse apparaître un cercle brun foncé dans l'éprouvette si le résultat est positif. Bien que les deux types de diagnostic soient fiables, les médecins préfèrent le premier parce qu'il est plus facile à interpréter.

Ces tests peuvent être faussés par la chaleur, le froid, les vibrations ou la présence d'un corps étranger. Il est donc prudent de les refaire au bout de quelques jours.

Thermomètre

En été, soyez à l'écoute de la nature, elle vous indique la température extérieure.

1. Comptez les stridulations émises par un criquet pendant 14 secondes. Ajoutez-y 8, multipliez par 5, puis divisez par 9 pour obtenir le nombre de degrés.

2. Les cigales chantent-elles ? Si oui, il fait au moins 28°C.

3. Écoutez un grillon chanter pendant 15 secondes : si vous comptez 30 stridulations, il fait 21°C ; 35, il fait 27°C ; et 40, 33°C. Il s'arrête de chanter quand la température descend au-dessous de 10°C et grimpe au-dessus de 38°C.

Thermostat

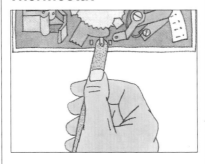

1. L'âge de votre thermostat est un facteur important à considérer lorsqu'il s'agit de le réparer.

2. Vous trouverez sous le couvercle d'appareils datant du début des années 70 des contacts à découvert qui sont peut-être salis. Nettoyez-les avec du papier d'émeri et utilisez un séchoir à cheveux pour chasser la poussière.

3. Ne placez pas n'importe où le thermostat du chauffage. Fixez-le sur un mur isolé, à 1,50 m du sol, loin de toute source de chaleur et à l'abri des courants d'air.

4. Pour que le thermostat reste efficace, nettoyez avec un pinceau les fentes de ventilation.

5. Les thermostats les plus récents comportent des commandes transistorisées. Il est peu vraisemblable que la poussière affecte leur fonctionnement. Si le thermostat ne fonctionne pas correctement, il faudra probablement le remplacer.

Timbres

1. Si vos timbres se collent les uns aux autres, laissez-les au congélateur pendant une heure : en général, ils se détacheront bien.

2. Pour ôter le timbre d'une enveloppe pour une collection, laissez le tout au congélateur pendant une nuit, puis glissez une lame entre le timbre et l'enveloppe. Vous pouvez aussi couper le coin de l'enveloppe portant le timbre et le faire flotter (surtout ne pas l'immerger) dans de l'eau tiède ou le poser sur une éponge gorgée d'eau, jusqu'à ce que le papier se détache. Laissez sécher le timbre sur du buvard blanc, puis aplatissez-le entre les pages d'un livre. Ou bien placez un papier mince sur le timbre et passez un fer modérément chaud.

3. Ne mettez jamais un timbre ancien dans l'eau car l'encre risque de partir. N'utilisez pas non plus de vapeur pour le décoller, il pourrait perdre toute sa valeur.

Tire-bouchon

1. Vous ne trouvez pas votre tire-bouchon ? Insérez un morceau de bois ou le manche d'une cuillère dans un piton à anneau. Tournez pour faire pénétrez celui-ci dans le bouchon, puis tirez. Vous pouvez

Piton à anneau

Cuillère en bois

aussi enfoncer une grosse vis ordinaire dans le bouchon, en laissant légèrement dépasser la tête. Tirez ensuite avec une pince.

2. Si le bouchon refuse de sortir, entourez le goulot de la bouteille d'un linge trempé dans l'eau bouillante : le verre se dilatera, facilitant le glissement du bouchon.

3. Quand le bouchon est tombé dans la bouteille, coupez trois morceaux de fil de fer et liez-les ensemble à une extrémité. Cintrez-les au niveau de la ligature pour former une sorte de bourse. À l'autre extrémité, glissez un écrou pour maintenir les trois fils de fer ensemble. Placez la partie ligaturée dans la bouteille et attrapez le morceau de bouchon. Remontez-le doucement en maintenant l'écrou à la sortie du goulot : les trois fils se resserrent en emprisonnant le morceau de bouchon. Tirez au travers du goulot.

Tiroir

1. Si vous ne parvenez pas à ouvrir un tiroir, il est probablement coincé par un objet qui s'est déplacé. Enlevez le tiroir supérieur pour y avoir accès. Si c'est un tiroir unique (ou celui du dessus), glissez une grande lame de couteau dans la fente supérieure pour rabattre l'objet qui fait obstruction. Ou secouez le tiroir à petits coups rapides pour que l'objet se déplace. Si le tiroir est entrouvert, faites un crochet avec un cintre en métal et promenez-le à l'intérieur. Regardez aussi s'il n'y a pas un système de « sécurité enfants ».

2. Un clou qui dépasse peut empêcher le tiroir de s'ouvrir. Il suffira de l'enfoncer.

3. Lorsqu'un tiroir accroche, poncez ses rainures et frottez-les avec une bougie ou un morceau de savon. Si le bois est gonflé par l'humidité, poncez un peu et paraffinez les parties qui frottent.

4. Si un tiroir en bois glisse trop facilement, refixez ou recollez les butées d'arrêt.

5. Le fond d'un tiroir est fendu ? Remplacez-le avec du contre-plaqué de 5 ou 6 mm d'épaisseur ou réparez-le avec des bandes de toile fixées avec de la colle blanche.

6. Si le fond d'un tiroir en bois s'affaise, retournez-le. Enlevez les clous avec des pinces. Brisez les blocs collés en utilisant un ciseau et un maillet. Sortez le fond et tournez-le à l'envers. Recollez-le et recollez les blocs à leur place.

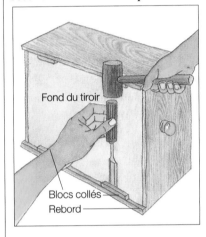

Fond du tiroir

Blocs collés
Rebord

Tissu infroissable

Évitez de repasser un tissu traité infroissable *(permanent press),* la chaleur annulerait les effets du traitement. Il vaut mieux le laisser sécher sur un cintre en plastique.

1. Pour empêcher les faux plis, lavez les vêtements en tissu infroissable dans de l'eau tiède et rincez-les à l'eau froide. Ne les essorez pas, sinon à vitesse très lente (de 100 à 120 tr/min). Placez-les avec une serviette sèche dans la sécheuse à moitié pleine et réglée sur la position « Doux » ou *« Perma Press ».*

2. Au lieu de repasser les faux plis causés par la position assise, humidifiez-les avec un vaporisateur et suspendez le vêtement pour qu'il sèche.

Toilettes bouchées

1. Si vous pensez pouvoir atteindre ce qui bouche vos toilettes, tentez de l'attraper avec un cintre coupé et recourbé.

2. Placez une ventouse sur l'ouverture du siphon et actionnez-la plusieurs fois : si l'eau s'écoule, le tour est joué ! Pour en être plus sûr, jetez un seau d'eau dans la cuvette avant de tirer la chasse.

3. Si la ventouse n'a aucun effet, utilisez un furet, c'est-à-dire un câble entouré d'un tube en caoutchouc et muni d'une vrille au bout. Mettez le câble dans le trou et tournez la manivelle dans le sens des aiguilles d'une montre. Quand la vrille mord dans le bouchon, continuez à tourner tout en tirant le câble : ce qui bloque devrait être emporté par la vrille. Vous pouvez briser le bouchon en faisant aller la vrille d'avant en arrière. (Voir aussi Fosse septique, p. 106.)

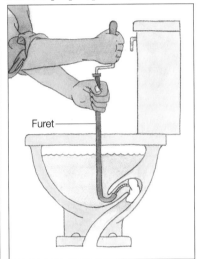

Furet

Toit

1. Voici comment vous donner un appui solide quand vous travaillez sur un toit en pente : attachez l'extrémité d'une longue corde à un objet solide et fixe, comme un arbre ou le montant d'une véranda, de l'autre côté de la maison. Vous pouvez aussi vous accrocher aux pare-chocs d'une voiture, pourvu que personne ne décide tout à coup de l'utiliser. Attachez l'autre extrémité à un petit sac lesté avec du sable et lancez-la par-dessus le faîte du toit. Appuyez une échelle sur le pan de toiture, du faîte à la

gouttière. Passez la corde entre les deux échelons supérieurs, tendez-la et attachez-la à l'échelon du bas.

2. Lorsque vous travaillez sur un toit en pente, utilisez une « ceinture de sécurité » : fixez une corde comme on vient de le décrire et attachez le bout libre autour de votre taille en laissant assez de mou pour pouvoir travailler en toute liberté, mais pas trop, pour ne pas toucher le sol au cas où vous tomberiez du toit.

3. Pour travailler sur un toit, portez des chaussures à semelles de caoutchouc souples et antidérapantes. Pour aller et venir en toute sécurité, progressez sur les mains et les genoux.

4. En hiver, le moment pour travailler sur un toit est un après-midi sec et ensoleillé. Le matin, le toit est souvent recouvert de givre.

Attention ! Ne travaillez jamais sur un toit un jour de grand vent, de pluie ou de neige, ou lorsqu'un orage menace. Ne vous approchez jamais des fils électriques aériens.

FUITES

1. En attendant la réparation, recueillez l'eau qui coule à partir d'une fuite dans le toit : clouez un petit bloc de bois sur le chevron le plus proche de la fuite, puis placez

un seau sous le morceau de bois. Quand la pluie coulera le long du chevron, le bloc de bois stoppera sa descente et l'orientera vers le seau.

2. En cas d'urgence, protégez un toit endommagé avec une bâche en plastique. Posez-la sur l'endroit abîmé en coinçant son bord supérieur sous une rangée de tuiles ; faites-la tenir avec des cordes passées en croix ou lestez-la avec des briques ou des sacs de sable.

3. Réparez une fuite avec une bande bitumineuse métallisée (gris mat, aluminium ou cuivre) que vous aurez fait chauffer légèrement.

4. Ayez toujours chez vous un nécessaire de réparation pour toiture et gouttière.

Tôle en métal

Si vous n'avez pas de cisaille pour tôle, essayez l'une de ces méthodes pour couper une feuille de métal.

1. Utilisez une scie à métaux : placez la tôle sur un établi plat ou sur une table, la ligne de coupe dépassant légèrement le bord de la table. Inclinez la lame d'un angle de 45° et gardez ses dents en contact permanent avec le métal. Si la partie à éliminer est assez grande, appuyez-la sur une autre table ou un autre établi, ou faites-la tenir par quelqu'un. Portez des gants de travail.

2. Utilisez un ciseau à froid pour découper un petit morceau de métal : bloquez le métal dans un étau avec la ligne de coupe au même niveau que le haut de la mâchoire. Tenez le ciseau au bord du métal avec un angle de 45°, en appui sur la mâchoire de l'étau et frappez le ciseau avec un marteau.

3. Vous pouvez aussi couper un grand morceau de métal avec le même ciseau à froid. Posez le morceau sur une table ou un établi de bois dur, la ligne de coupe le long du bord. Puis fixez une barre d'acier ou de bois dur bien droit par-dessus. Tenez le ciseau à un angle de 45° du bord de l'établi ou de la table et tapez le ciseau avec un marteau sur la ligne de coupe.

Tomates

1. Faites mûrir les tomates d'hiver à température ambiante, pédoncule vers le haut.

2. Pour accélérer leur mûrissage, mettez-les dans un sac en papier brun percé de quelques petits trous.

3. Les tomates seront faciles à peler si vous les plongez 10 secondes dans de l'eau frémissante ; retirez avec une écumoire. Passez rapidement sous l'eau froide, puis pelez la peau avec un petit couteau.

4. Si vous faites pousser des tomates, dégustez-les tout au long de l'année : lavez-les, coupez-les en quatre et congelez-les à plat, sur une plaque. Ensuite, enfermez les quartiers de tomate congelés dans des contenants. Lorsque vous décongèlerez les tomates, leur peau partira toute seule.

5. Vous pouvez garder 12 mois au congélateur le jus de tomates pelées, épépinées et passées au malaxeur, ainsi que des coulis nature ou parfumés au basilic ou à l'ail.

Tomates en plants

1. Dès le mois de mai, vous trouverez des plants prêts à être mis en place au potager. Préparez leur futur emplacement par un bêchage profond. Le coin doit être ensoleillé et proche d'un point d'eau. On espace généralement les plants de 50 cm, et un peu plus pour les tomates-cerises dont la plante offre un port buissonnant.

2. Choisissez les plants au feuillage vert foncé et aux tiges épaisses. Boudez les plants en fleur : ils ont vécu trop longtemps en pot et reprendront mal leur croissance en pleine terre.

3. Évitez de planter une seule variété : la production serait groupée, vous contraignant à faire des conserves. Mélangez plusieurs variétés en rangs distincts pour échelonner les récoltes.

4. Pour aider les plants repiqués à prendre un bon départ, installez-les dans une tranchée. Dépotez chaque plant, enlevez toutes les feuilles, sauf le bouquet terminal. Placez la plante dans la tranchée, en la couchant de manière à recouvrir une portion de tige dénudée.

Comblez avec la terre extraite en laissant sortir le bouquet terminal de feuilles et le reste de tige, tassez, puis arrosez. Les racines ne tarderont pas à se former, y compris sur la portion de tige enterrée.

5. Pour entretenir de généreuses récoltes, apportez régulièrement de l'engrais, plutôt dans la zone des racines que sur le périmètre autour de la plante. Voici une astuce pour tuteurer les plants de tomates tout en les arrosant efficacement : utilisez des tuyaux en plastique de 4 cm de diamètre comme tuteurs ; 1,50 m suffit. Pour irriguer directement les racines, vous n'aurez plus qu'à remplir les tuyaux d'eau, additionnée ou non d'engrais.

Tornade

La tornade se caractérise par un amas de nuages en rotation, qui fait penser à un entonnoir, ou par un nuage de poussière et de débris arrachés du sol, qui se déplace avec le bruit d'un avion à réaction. Si le bulletin de la météo annonce l'éventualité d'une tornade, il faut prendre les précautions suivantes.

1. Ne circulez plus et mettez-vous à l'abri : des branches, des tuiles, des antennes peuvent en effet être emportées par le vent.

2. Si vous devez quand même vous déplacer, passez aussi loin que possible des câbles électriques tombés à terre et gardez un œil vers les toits. Si vous pouvez coiffer un casque, n'hésitez pas !

3. En voiture, garez-vous d'urgence dans une rue étroite bordée de bâtiments solides. Mieux : dans un stationnement souterrain. À la campagne, contre un haut talus, mais loin des arbres.

4. Si votre véhicule risque d'être emporté, descendez-en, éloignez-vous en marchant courbé dans le sens opposé à celui du vent, et jetez-vous face contre terre en vous protégeant la tête avec les bras. Tenez très solidement vos enfants.

5. Sur un terrain de camping, les occupants doivent être évacués.

Torticolis

1. Si vous sentez venir un torticolis, haussez les épaules de façon répétitive.

2. Prenez une douche très chaude et gardez la nuque sous le jet pendant 10 à 15 minutes.

3. En lisant ou en regardant la télévision, posez-vous un coussinet de laine derrière la nuque.

4. Pétrissez du bout des doigts le bas de votre cou, du lobe de l'oreille à l'épaule. Massez doucement le long des vertèbres.

5. Debout ou assis bien droit, bras relâchés, ou bien allongé à plat sur le dos, genoux pliés, tournez lentement la tête vers la droite, aussi loin que vous le pouvez, et restez ainsi 5 secondes. Faites la même chose du côté gauche. Répétez cinq fois.

Tournevis

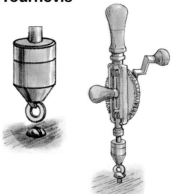

Comment visser ou dévisser sans tournevis ?

1. Bloquez une rondelle d'acier entre les mors d'un vilebrequin et insérez-la dans la rainure de la vis.

2. Examinez les canifs de la maison : certains comportent peut-être un tournevis. Ou bien utilisez une lame de couteau à bout rond.

3. Une lime à ongles en métal peut resserrer des petites vis. Utilisez la pointe pour les vis cruciformes.

4. Des clés de verrou iront parfois dans la rainure d'une grosse vis, mais ne les utilisez que pour des vis un peu lâches, car le métal des clés se tord facilement.

5. Vous pouvez essayer la lame d'une scie à métaux, un grattoir à peinture, un couteau à mastic, la lame d'un ouvre-boîtes ou d'un décapsuleur.

Toux

1. Pour une toux provoquée par un coup de froid, buvez un mélange composé de 1 cuil. à soupe de jus de citron et de miel dilué dans un verre d'eau chaude. Si vous préférez une boisson plus efficace, mélangez jus de citron et miel à parts égales et prenez-en 1 cuil. à thé au moment du coucher. Votre toux sera moins pénible.

2. Versez de l'eau bouillante sur des quartiers d'orange. Ajoutez du jus de citron et du miel, vous obtiendrez une boisson adoucissante, à boire avant d'aller au lit.

3. Une cuillerée à soupe de miel avalée lentement avant de dormir calmera également votre gorge.

Travail d'appoint

Vous avez du mal à joindre les deux bouts ? Un travail d'appoint serait le bienvenu et vous êtes tenté par une activité différente de votre travail habituel.

1. Préférez un travail que vous pouvez faire chez vous, le soir ou pendant vos moments de loisirs.

2. Recherchez une occupation qui demande peu d'investissement financier ou matériel, que vous maîtrisez déjà ou que vous avez envie de perfectionner.

3. Choisissez selon la place dont vous disposez chez vous : sondages par téléphone, garde d'enfants, leçons de couture, de cuisine ou autres cours, artisanat (broderie, peinture sur soie, bricolage) mais aussi correction d'épreuves d'examen, surveillance de cours par correspondance, frappe de thèses ou de mémoires, suivi de la comptabilité d'une petite entreprise. Si vous avez la place, vous pouvez cultiver des plantes et les vendre à domicile, garder des animaux domestiques ou louer des chambres...

Travaux d'aiguille

1. Pour confectionner rapidement une courtepointe, utilisez de la percale thermocollante vendue au mètre. Posez les retailles de tissu découpées sur le côté collant de la percale. Repassez-les pour les maintenir en place. Pour cacher les bords coupés, utilisez le point de zigzag de votre machine à coudre. Vous pouvez simplement doubler ou, pour plus de moelleux, ouatiner avant de doubler.

2. Tricotez des petits tapis à l'ancienne pour le chalet de campagne, la salle de séjour ou la chambre des enfants en utilisant vos restes de tissu : découpez-y en biais des lanières régulières, cousez-les bout à bout et repassez-les pliées en deux, les bords rentrés. Tricotez avec des aiguilles de gros calibre.

Travaux manuels pour enfants

Ne jetez pas emballages ou autres objets usagés, ils peuvent occuper vos enfants à des travaux manuels.

CASQUE D'ASTRONAUTE

Retirez le fond d'un bidon en plastique bien lavé et assez gros pour pouvoir coiffer la tête d'un enfant. Pratiquez des ouvertures pour les yeux. Fabriquez une visière de carton et fixez-la avec des agrafes. Décorez avec des cure-pipes et des bandes de papier, et entourez le goulot d'attaches métalliques.

ESTAMPE

Gardez les barquettes en polystyrène qui ont contenu des aliments sous plastique. L'enfant peut y tracer un dessin et recouvrir la surface de peinture. Il lui suffira ensuite d'y appuyer une feuille de papier pour obtenir un décalque.

COFFRE À TRÉSORS

Collez des photos de magazine sur une vieille boîte à lunch.

ANIMAUX EN « PELUCHE »

Tracez les contours sur du papier fort, couvrez de colle blanche et parsemez de billes de polystyrène.

LE SAVIEZ-VOUS ?

La courtepointe : un art très ancien

L'origine de la courtepointe est très ancienne. C'est en Égypte et en Inde que l'assemblage d'éléments de tissus disparates, selon un dessin plus ou moins complexe, est devenu un art autonome.

Les premiers Canadiens et les pionniers de la conquête de l'Ouest ont réinventé cette technique dans leur vie quotidienne, pour réparer et raccommoder leurs vêtements et leurs couvertures. Couleurs et motifs de ces assemblages exprimaient les traditions culturelles des divers groupes. Entre 1770 et 1870, la courtepointe a connu ses heures de gloire. D'abord élaborée à partir de motifs géométriques simples ou de motifs naïfs, puis selon un jeu de plus en plus complexe de formes et de couleurs, elle devint une véritable œuvre d'art.

Dans les années 60, une nouvelle génération d'artisanat a redécouvert cet art traditionnel, et l'a fait apprécier à la faveur de diverses expositions et foires commerciales. Beaucoup de femmes ont été conquises par cette technique et s'en sont inspirées pour créer à leur tour des œuvres originales.

Marionnettes en cartons de lait

MARIONNETTES

1. Faites des marionnettes avec des cartons de lait ou de jus de fruits : coupez le carton horizontalement, au milieu, sur trois côtés. Au dos, percez des trous pour insérer les doigts. Dessinez le visage avec des feutres ou du fil et faites les oreilles, la langue et les cheveux en papier découpé.

2. Peignez des visages sur des chaussettes usées ou coupez les doigts de gants pour créer des petites marionnettes à placer au bout des doigts.

Tremblement de terre

CHEZ VOUS

Abritez-vous sous un meuble solide ou dans l'angle de deux murs (dont l'un porteur, si possible) ;

restez au moins dans l'embrasure d'une porte, aussi loin que possible des fenêtres, miroirs, bibliothèques, installations électriques et cheminées.

À L'EXTÉRIEUR

Rendez-vous immédiatement dans un endroit dégagé, en passant loin des bâtiments, des câbles électriques et des arbres, ou abritez-vous sous un porche. En voiture, arrêtez-vous loin des bâtiments et ne sortez qu'à la cessation des secousses. À éviter absolument : les ponts et les lignes à haute tension.

APRÈS UNE FORTE SECOUSSE

1. Gare aux secousses « résiduelles » (elles risquent de causer encore des dommages) et, en zone côtière, aux raz de marée.

2. Écoutez la radio.

3. Coupez l'électricité.

4. Si votre maison ou votre hôtel est endommagé, n'y pénétrez plus. Dans le cas contraire, ouvrez toutes les portes et les fenêtres avec précaution.

5. Si vous sentez une odeur de gaz, ouvrez toutes les issues, fermez l'arrivée de gaz, sortez et restez à distance. (N'approchez ni flamme ni cigarette !)

6. Dans un immeuble, ne prenez surtout pas l'ascenseur.

7. Ne consommez l'eau du robinet que bouillie, jusqu'à ce que l'eau soit déclarée potable. Si les tuyaux sont endommagés, fermez l'arrivée d'eau. Si vous avez besoin en urgence d'eau potable, prenez-en dans les bacs à glace ou le réservoir de la chasse d'eau. (Voir aussi *Fuite d'eau,* p. 109.)

Trépied

Pour remplacer un trépied en photographie, placez l'appareil sur un sac rempli de graines ou de petits cailloux. Très malléable, il se moulera parfaitement aux rochers, aux branches d'arbres et au rebord d'une portière de voiture. Utilisez-le pour les poses, pour les instan-

tanés en faible lumière et les gros plans de fleurs au niveau du sol.

Fabriquez ou achetez un sac en toile fine d'environ 25 x 30 cm, cousez une fermeture à glissière ou une bande Velcro à l'une de ses extrémités en guise de fermeture. Emportez-le vide et remplissez-le de haricots secs, de maïs, de riz ou de petits cailloux ronds au moment de vous en servir.

Treuil

Levier

1. Vous pouvez tirer une très lourde charge sur le sol avec un treuil à levier si vous avez un point d'ancrage à proximité (un arbre ou un poteau solide, par exemple). Assurez-vous d'abord que le poids de l'objet (plus la friction sur le sol) ne dépasse pas les capacités du treuil. Passez une chaîne autour du point d'ancrage et attachez ses extrémités sur l'un des crochets du treuil. Dévidez le câble du treuil et fixez une autre chaîne bien tendue entre l'objet à tirer et le crochet au bout du câble. Actionnez le levier pour tirer l'objet vers vous, puis relâchez le câble, retendez la chaîne en accrochant un autre maillon au crochet du treuil et recommencez autant de fois qu'il le faudra.

2. Pour tirer une voiture hors d'un fossé, vous pouvez également vous servir de la méthode décrite ci-dessus. Attachez la chaîne sur l'anneau de remorquage avant ou arrière (jamais sur le pare-chocs).

Tricot

1. Transformez des baguettes chinoises ou des brochettes de bois en aiguilles à tricoter : affûtez les bouts au taille-crayon et polissez-les au papier émeri.

2. Les aiguilles à tricoter en bois glisseront mieux si vous les frottez avec un tampon à récurer imprégné de savon.

3. S'il vous manque une aiguille pour mettre une série de mailles en attente, utilisez une paille en plastique ou une brochette.

4. Pour empêcher une pelote de laine de se dérouler pendant que vous tricotez, mettez-la dans une boîte et percez un trou dans le couvercle pour laisser passer la laine.

5. En guise de compte-rangs, établissez des repères avec des petites étiquettes autocollantes.

6. Au lieu de vous lancer dans le jacquard, tricotez un chandail en jersey simple et décorez-le avec des broderies. Dessinez les motifs sur un morceau de non-tissé, puis épinglez celui-ci sur le chandail à l'emplacement désiré. Brodez et arrachez ensuite délicatement le non-tissé.

7. Habillez un chandail en composant une guirlande de petites fleurs articielles que vous poserez soit autour du décolleté, soit en diagonale asymétrique.

Trou dans une poche

1. Pour réparer de façon provisoire une poche, posez une bande de tissu thermocollant. Au bureau, placez un morceau de papier sur le trou, faites un pli et agrafez.

2. Si une poche plaquée se déchire à l'angle en trouant le vêtement, placez un morceau de tissu thermocollant au dos du trou en rapprochant bien les bords. Replacez la poche et fixez-la par une surpiqûre. Évitez que cela se reproduise en piquant les angles de part et d'autre du haut de la poche au point de bourdon.

Trou dans un tricot

1. Reprisez un vêtement en tricot en plaçant la partie trouée sur les poils d'une brosse. Ils retiendront le tricot et l'empêcheront de se déformer pendant que vous opérerez.

2. Pour réparer plus facilement un trou dans un chandail, placez un morceau de mousseline sur l'envers avant de repriser.

3. Si le bord de votre veste en maille s'effrange, prolongez son usage en posant une tresse de laine ou une bande de cuir.

4. Si vous accrochez une maille de chandail au bureau, rentrez-la à l'envers à l'aide d'un trombone recourbé.

Ramenez à l'envers une maille tirée en vous servant d'un crochet.

Troubles digestifs

1. Pour lutter contre les gaz gastriques ou intestinaux, buvez une infusion à la menthe : laissez infuser 15 g de feuilles fraîches dans un litre d'eau bouillante pendant 20 minutes.

2. Remplacez les antiacides du commerce par 1 cuil. à thé de bicarbonate de soude dissous dans un verre d'eau. Ce remède est cependant déconseillé en cas de régime sans sel.

Attention ! Un infarctus du myocarde peut prendre le masque trompeur d'une indigestion. N'hésitez pas à consulter le médecin en cas de doute.

PRÉVENTION

1. Arrêtez de fumer et supprimez la gomme à mâcher de même que l'aspirine, l'alcool, la caféine et les boissons gazeuses. Évitez les aliments que vous supportez mal.

2. Prenez le temps de manger. Les repas doivent être des moments de détente. Mieux valent quatre ou cinq petits goûters avalés lentement qu'un ou deux gros repas rapidement engloutis.

3. Tâchez de vous reposer pendant un quart d'heure ou une demi-heure après le repas.

4. Dormez avec la tête du lit légèrement surélevée.

Trusquin

Fabriquez votre propre trusquin à partir d'une règle en bois et d'une pince-étau. Insérez une petite vis à bois au niveau du premier centimètre de la règle. Pour tracer, par exemple, une ligne parallèle à 5 cm du bord d'un ouvrage, placez les pinces sur la graduation de 6 cm. D'une main, tenez les mors de la pince contre le bord du travail et, de l'autre, tenez l'extrémité de la règle. Maintenez celle-ci à angle droit par rapport au bord et tirez-la d'un mouvement régulier vers vous pour que la vis trace sa ligne.

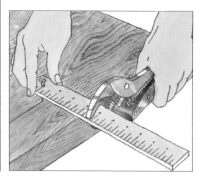

Tulipe

1. Pour conserver plus longtemps vos tulipes, ajoutez quelques gouttes de vodka à l'eau du vase.

2. Lorsque vous divisez les bulbes de tulipes, réservez aux plus petits un coin reculé du jardin ou une partie inutilisée de châssis. Il leur faudra en effet au moins deux ans de culture pour fleurir à leur tour.

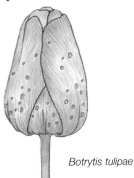

Botrytis tulipae

3. Pétales et feuillages anormalement tachetés sont signes d'une maladie causée par un champignon : *Botrytis tulipae*. Détruisez feuilles et fleurs malades, extirpez les bulbes et saupoudrez-les de fongicide. Désinfectez le sol avant de replanter à l'automne suivant.

Tuyau d'arrosage

1. Réparez temporairement une fuite de votre tuyau d'arrosage en fichant un cure-dents dans le trou. Coupez-le pour qu'il affleure la surface du tuyau une fois placé. Enveloppez cette portion du tuyau avec du ruban adhésif étanche, en débordant de part et d'autre de la fuite. Tendez fermement le ruban sur le trou et relâchez progressivement en vous éloignant du trou, pour ne pas perdre la flexibilité du

tuyau. Le bois, en absorbant l'eau, gonflera et obturera le trou.

2. Ne suspendez jamais votre tuyau d'arrosage à un clou : il va se déformer et, peu à peu, se craqueler et se fendre. Si vous n'avez pas d'enrouleur, accrochez une vieille jante de roue de voiture au mur de votre garage ou à celui de votre cabane à outils.

Tuyau gelé

Vos tuyaux ont éclaté sous l'effet du gel ? Ne les dégelez pas avant d'avoir colmaté les parties qui ont été endommagées.

1. Réparez temporairement une petite fuite dans un tuyau d'évacuation en l'enveloppant de plusieurs couches de ruban plastique adhésif souple.

2. Pour un tuyau d'évacuation, faites un « pansement » avec une bande de caoutchouc coupée dans une vieille chambre à air ou un tuyau d'arrosage. Couvrez-le avec un manchon de métal fabriqué avec une boîte de conserve ouverte des deux côtés et coupée dans le sens de la longueur. Fixez et serrez l'ensemble avec des colliers à vis ou, encore, des blocs de bois tenus en serre.

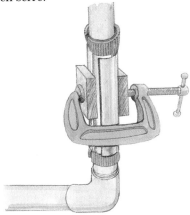

3. Sur un tuyau d'arrivée, les fuites apparaissent au niveau des soudures. Faites fondre la glace localement à l'aide d'un séchoir à cheveux. Séchez avec de l'alcool, puis enrobez la partie qui a éclaté de plusieurs couches de mastic

époxyde ou d'un tissu en fibre de verre imprégné de résine polyester (avec durcisseur). Ces réparations ne sont toutefois que temporaires : hâtez-vous de remplacer toutes les parties défectueuses avant les prochains grands froids.

DÉGEL

Après avoir réparé les endroits abîmés, ouvrez le robinet le plus près de la zone qui a gelé, puis faites fondre la glace.

1. Si le tuyau est en métal, dégelez-le lentement en utilisant une lampe à souder, un sèche-cheveux, un radiateur électrique ou un décapeur thermique. Commencez toujours près du robinet ouvert et allez peu à peu vers la partie gelée. Ne laissez jamais le tuyau devenir trop chaud au toucher : il risque d'exploser si l'eau se met à bouillir. Repérez les fuites et réparez-les au fur et à mesure.

2. Si le tuyau se trouve à l'intérieur d'un mur, faites chauffer le mur avec une lampe à rayons infrarouges placée à 15 ou 20 cm.

3. Pour un tuyau en plastique, n'utilisez pas de flamme ni de chaleur trop forte. Prenez votre temps et contentez-vous de votre séchoir à cheveux ; ou entourez-le de serviettes ou de chiffons et versez-y de l'eau bouillante.

Tuyauterie bruyante

1. Si un tuyau vibre le long d'une poutre ou contre un pan de mur, placez des tampons de feutre ou de caoutchouc entre les deux et fixez le tuyau au support avec des pattes métalliques en forme de U.

2. Si vous entendez un bruit métallique dans la machine à laver ou dans le lave-vaisselle, inspectez le tambour et le fond de la cuve : il y a certainement des pièces de monnaie ou une petite cuillère qui s'y promènent.

3. Si le siphon émet des gargouillements au moment du vidage d'un lavabo ou d'une baignoire, les canalisations d'évacuation sont partiellement obstruées : traitez-les toutes avec un déboucheur. Si le bruit est le même depuis l'origine, il est dû à une mauvaise disposition des tuyaux : installez un coussin d'air avec clapet antiretour au point le plus haut.

4. À l'ouverture et à la fermeture d'un robinet, toute la tuyauterie vibre et produit des sons martelés ? Ce sont des « coups de bélier » dus à une mauvaise configuration de l'installation. Remplacez une portion de tuyau rigide par un tuyau souple armé. (Voir aussi Radiateur, p. 189.)

Ulcère d'estomac

Si vous êtes atteint d'un ulcère, il faut éviter certains aliments. Voici quelques astuces pour agrémenter votre régime.

1. Pour absorber sans déplaisir le jus de chou frais qui vous est souvent conseillé, ajoutez-y du jus de carotte ou de céleri.

2. Préparez votre purée de légumes avec une sauce blanche.

3. Plutôt que de vous priver de viande, remplacez la viande sautée par un peu de viande hachée maigre cuite au gril ou au four.

4. Le café, le thé et les agrumes vous sont interdits, mais pas les jus de fruits très dilués. Vous pouvez également confectionner des boissons à base de lait additionné de fruits en boîte que vous passerez au malaxeur. Sucrez avec du miel, à votre discrétion.

5. Le menu le plus insipide est toujours plus attrayant lorsque sa présentation est soignée. Servez de petites portions sur de jolies assiettes où vous aurez disposé artistiquement des petits morceaux de poivron, des brins de persil et divers condiments.

Ustensiles de cuisson

1. Les ustensiles de cuisson peuvent avoir plusieurs utilisations : un wok (poêle chinoise à anses) se transforme aisément en cocotte en laissant mijoter son contenu à feu très doux ; en poêle si vous y saisissez des aliments à feu vif ; ou en marmite à vapeur en l'utilisant avec un panier métallique.

2. Certains objets peuvent être détournés : toutes sortes de boîtes métalliques (boîtes à gâteau, à thé, à café...) peuvent devenir des moules à gâteaux une fois beurrés et farinés. Les boîtes en plastique alimentaire peuvent faire office de moules pour des mousses, des charlottes et des bavarois.

3. Le papier d'aluminium peut être façonné en barquettes pour la cuisson du poisson, de la viande ou des légumes : formez une barquette avec plusieurs épaisseurs de papier en aluminium en veillant à ce qu'elle soit bien hermétique. Déposez dans ce plat improvisé les aliments à cuire, puis glissez-le sur la plaque du four. Ainsi, vous n'aurez pas de plat à laver.

4. Les barquettes d'aluminium préformées remplacent très bien les plats à four ou les moules ; vous pouvez y faire cuire des gratins, des pains ou des gâteaux.

5. Pour faire pocher un gros poisson, posez-le sur une grille à gâteaux au milieu de la rôtissoire et couvrez d'aluminium.

USTENSILES ANTIADHÉSIFS

Pour éliminer les petits dépôts de graisse et les taches sur un ustensile antiadhésif, vous avez le choix de plusieurs solutions : 100 ml de détartrant pour cafetière dilués dans 250 ml d'eau ; 3 cuil. à soupe d'eau de Javel mélangée à 1 cuil. à thé de détergent à vaisselle ; ou 3 cuil. à soupe de détergent à vaisselle additionné de 500 ml d'eau. Dans tous les cas, faites bouillir 5 minutes le mélange, puis lavez l'ustensile, rincez-le abondamment et essuyez-le.

Valise

1. Pour empêcher les faux plis, enveloppez les vêtements dans du papier de soie ou des sacs de plastique. Ne les tassez pas à l'excès.

2. Arrondissez les plis : disposez un long vêtement à plat en aplatissant le bord contre une paroi de la valise. Laissez pendre une partie du vêtement à l'extérieur, placez des habits plus petits au-dessus, puis repliez la partie qui pendait.

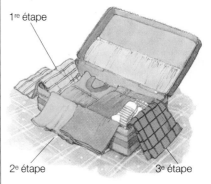

1re étape
2e étape
3e étape

3. Glissez les petits objets comme les mouchoirs, les sous-vêtements et les chaussettes dans les cols et le long des lignes des plis des vêtements. Ils seront utiles pour remplir les creux.

4. Dans un sac marin, ne pliez pas les vêtements : roulez-les.

5. Dans une valise comprenant plusieurs compartiments, placez les objets lourds dans le fond.

6. Veillez à ce que les objets lourds se trouvent en bas de la valise quand elle sera debout.

7. Dans un sac portemanteau, installez d'abord les vêtements délicats. Placez les habits sur des cintres et ramenez les manches vers l'avant.

8. Avez-vous besoin d'un sac supplémentaire ? Utilisez un sac de grand magasin ou une housse de nettoyeur à suspendre. Prenez un petit sac de sport pour les objets personnels. Pour un petit voyage, un panier à pique-nique s'avérera commode pour avoir sous la main des objets d'usage fréquent.

Vaporisateur

1. Si votre vaporisateur à parfum se bouche, dévissez le bouchon du flacon, sortez-le et laissez couler le parfum le long de la tige. Plongez le vaporisateur dans de l'alcool à friction, pompez plusieurs fois et laissez-le tremper durant quelques heures. Sortez-le et pompez jusqu'à ce qu'il soit vide.

2. Récupérez et nettoyez les flacons de produits d'entretien équipés d'un pulvérisateur à gâchette ou à poussoir. Bien nettoyés, ils vous serviront pour vos plantes ou pour humecter votre linge avant de le repasser.

Varicelle

1. Appliquez une lotion à la calamine sur les lésions pour soulager les démangeaisons.

2. Donnez à l'enfant un bain tiède avec du bicarbonate de soude.

3. Appliquez du gel d'aloès (en vente en pharmacie) ou fendez une feuille d'aloès fraîche en longueur et appliquez-en le suc.

4. Faites porter des mitaines à l'enfant pour l'empêcher de se gratter. Si les démangeaisons semblent insupportables, demandez à votre pédiatre de lui prescrire un antihistaminique.

Varices

1. Faites de l'exercice régulièrement : marche, jogging, natation, bicyclette. À dose modérée, ces activités aident la circulation mais, pratiquées avec excès, elles peuvent aggraver les varices. Cela est surtout vrai pour le jogging.

2. Ne restez pas assis pendant de longues périodes et, lorsque vous vous asseyez, ne croisez pas les jambes.

3. Évitez de porter gaines, collants, chaussettes, chaussures et jeans trop serrés. Préférez les collants ou les bas à varices et les chaussures à semelles fermes avec des talons de 2 cm environ. Chaussures plates et hauts talons sont également à proscrire.

4. Si vous avez les jambes lourdes, douchez-les à l'eau froide ; massez-les ensuite doucement en partant des pieds.

5. Efforcez-vous de rester à votre poids idéal. Ayez une alimentation riche en fibres et pauvre en sel (voir Régime pauvre en sel, p. 194).

6. Si vous voulez éviter une intervention chirurgicale, renseignez-vous auprès de votre médecin concernant la méthode du laser ou les injections chimiques.

Vase

1. Si un film blanchâtre s'est formé à l'intérieur d'un vase, remplissez-le de vinaigre blanc ou d'eau additionnée de détartrant à cafetière. Laissez agir de 15 à 30 minutes et rincez.

2. Pour enlever les auréoles, frottez-les avec du sel et du vinaigre. Si le vase est étroit et que vous ne parvenez pas à le nettoyer, versez-y la valeur d'un verre de riz sec et autant d'eau ; bouchez l'ouverture et secouez jusqu'à ce qu'il soit propre.

3. Tapissez l'intérieur d'un vase qui fuit avec de la paraffine chaude, et laissez-la durcir. Ou, s'il est opaque, utilisez-le comme cache : placez à l'intérieur un autre vase plus petit où vous mettrez l'eau et les fleurs.

4. Beaucoup d'objets font de jolis vases : les théières, les carafes, les bouilloires en cuivre et les pichets sont particulièrement séduisants. Vous pouvez aussi utiliser un verre à vin ou une flûte à champagne.

5. Vous pouvez disposer des fleurs sauvages ou des marguerites dans un panier, mais placez-les d'abord dans un récipient étanche ou piquez-les dans un bloc de mousse imbibé d'eau. Utilisez une jolie assiette ou un plat creux rempli d'eau pour des fleurs sans tige ; disposez-les sur leurs feuilles.

6. Pour égayer la table, utilisez de petits flacons pour composer des bouquets de violettes, de muguet ou de lis miniatures. Disposez-les devant chaque couvert.

7. Si votre vase a un large goulot, posez dessus un grillage. Découpez et rabattez celui-ci pour le faire tenir en place. Disposez les tiges des fleurs dans les trous du grillage pour mieux les maintenir.

8. Pour ralentir la fermentation de l'eau, effeuillez la partie des tiges immergée. Ajoutez un morceau de charbon de bois, un comprimé d'aspirine ou quelques gouttes d'eau de Javel dans l'eau.

Ventes par téléphone

De nombreuses sociétés ont adopté le démarchage par téléphone : pour relancer des abonnés, vendre un article, des actions ou installer une cuisine avec des rabais fabuleux...

1. Ne vous engagez jamais par téléphone à acheter quoi que ce soit, surtout pas d'actions en Bourse ni une assurance-vie. Les trop belles offres camouflent souvent une escroquerie.

2. Faites-vous envoyer, sans engagement d'achat, toute la documentation nécessaire pour choisir tranquillement chez vous. Vérifiez les offres et comparez avec celles des magasins ou de votre banque, par exemple.

3. Prenez toutes les mesures pour vous protéger de l'escroquerie toujours possible : contrat en double, clauses de vente clairement définies, remboursement possible et identité précise du démarcheur.

4. Si vous voulez qu'on cesse de vous déranger à l'heure des repas pour vous vendre quelque chose, apprenez à reconnaître ce genre d'appels rapidement. Vous remarquerez par exemple que l'interlocuteur répète généralement votre nom à plusieurs reprises tout en livrant son boniment. Dites clairement et poliment que vous n'êtes pas intéressé et raccrochez sans attendre. Il y a fort à parier que votre numéro aura tôt fait de disparaître de sa liste.

5. Parfois il s'agit d'appels enregistrés. Fermez la ligne et, après sept secondes, rouvrez votre appareil. Si le message est toujours en cours, signalez l'entreprise à la Commission de la Radio-Télévision et Télécommunications du Canada (CRTC) et au Bureau d'Éthique Commerciale de votre région.

Ventouse

Vous n'avez pas de ventouse pour déboucher l'évier ou le lavabo ?

1. Écopez l'eau, puis versez des litres d'eau bouillante dans l'évacuation.

2. Passez un tuyau d'arrosage dans l'orifice du tuyau d'évacuation, aussi loin qu'il voudra bien aller. Fixez-le au robinet et ouvrez l'eau à plein pendant 1 ou 2 secondes. Écopez pour vider l'évier si nécessaire et recommencez. (Voir aussi Lavabo bouché, p. 136.)

3. Remplissez partiellement l'évier ou le lavabo et faites ventouse avec la paume de la main sur la grille du renvoi ; continuez jusqu'à ce que le tuyau se dégage.

Verre brisé

1. Ne ramassez jamais du verre brisé à mains nues, ne marchez pas pieds nus autour des débris. Balayez soigneusement toute la pièce car des éclats sont souvent projetés loin du point d'impact.

2. Ramassez les gros morceaux et placez-les avec ceux que vous au-

rez balayés dans une boîte en carton avant de les jeter aux ordures.

3. Récupérez les petits éclats avec un aspirateur ou enfilez des gants épais et enroulez autour de votre main un ruban adhésif large que vous jetterez au fur et à mesure ; ou utilisez un boudin de mastic que vous jetterez.

Verrerie

1. Suivez la méthode des barmen pour laver rapidement des verres : agitez-les vigoureusement dans de l'eau savonneuse très chaude, puis rincez-les à l'eau chaude également (de l'eau plus fraîche pourrait les briser). Pour faire sécher, retournez-les sur un torchon plié en deux, une serviette-éponge ou des serviettes en papier.

2. Pour obtenir des verres brillants sans la moindre trace, ajoutez un peu de vinaigre dans l'eau de rinçage.

3. Enlevez les traces de calcaire avec une éponge imbibée de détartrant à cafetière ou de vinaigre.

4. N'utilisez jamais d'eau très chaude, de savon dur, d'ammoniaque ou de cristaux de soude pour laver des verres à bordure argenté ou doré.

5. Un blaireau bien savonneux ou une brosse à dents nettoie particulièrement bien les verres ciselés ou les verres à motifs dépolis.

6. Frottez les taches noires qui s'accumulent sur les fonds ou les pourtours des ustensiles en pyrex avec du décapant pour four ou du décapant à peinture à base de potasse (portez des gants). Laissez agir quelques heures, puis rincez abondamment. Recommencez si nécessaire pour éliminer les très vieilles taches.

7. Ne mettez jamais d'article en verre avec décor doré ou argenté dans un four à micro-ondes.

Verrues, grains de beauté

Même s'ils ont tendance à se ressembler, verrues et grains de beauté n'ont rien en commun. Consultez votre médecin avant de les traiter vous-même.

Les verrues, de taille, de forme et de couleur variables, apparaissent principalement sur le visage, le cou, les mains, les avant-bras, les jambes et les pieds. Elles sont presque inoffensives et peuvent disparaître spontanément au bout de 6 à 24 mois. Pour traiter une verrue, ramollissez-la pendant la nuit avec un pansement humide de solution d'acide salicylique à 30 p. 100. Au matin, trempez-la pendant 30 minutes dans une solution de sel d'Epsom dilué dans de l'eau chaude. Limez-la ensuite tout doucement avec une lime en carton ou une pierre ponce douce. Vous pou-

---

AU TEMPS JADIS

Verrues et superstitions

Ces vilaines excroissances, que la tradition populaire attribuait au contact des grenouilles, des crapauds ou de l'eau utilisée pour faire bouillir les œufs, résultent en réalité d'un virus transmissible.

Leur origine inconnue et leur disparition imprévisible ont auréolé les verrues d'un certain mystère et ont donné lieu à de nombreux traitements dénués de tout fondement rationnel. Pour s'en débarrasser, on les recouvrait de toiles d'arai-

gnées, de pomme de terre crue, de sel ou de jus de pissenlit. Certains préconisaient de verser du vinaigre sur une charnière de porte après avoir vu une étoile filante, de frotter les verrues avec une pomme, puis d'enterrer le fruit. On conseillait même, pour les transmettre à un ennemi, de les frotter avec un caillou, d'envelopper ce dernier dans un papier portant le nom de la personne visée puis de le jeter le plus loin possible.

vez aussi mettre sur la verrue le contenu d'une gélule de vitamine A et celui d'une gélule d'huile de foie de morue deux fois par jour pendant deux à cinq mois.

Les grains de beauté peuvent apparaître n'importe où sur le corps. Si vous en avez, examinez-les tous les mois avec un miroir. Consultez un dermatologue dans les cas suivants : diamètre supérieur à 1 cm, contour asymétrique, surface irrégulière, aspect tacheté ou squameux. Changements de couleur, démangeaisons, suintements ou saignements et la présence d'un nodule sont aussi à surveiller. Consultez également si, après l'âge de 35 ans, apparaissent des taches lisses et foncées.

Vêtements lustrés

1. Si certains endroits d'un vêtement sont rendus luisants par l'usure, traitez-les à la vapeur : suspendez le vêtement et brossez-le sous le jet à vapeur de votre fer à repasser.

2. Pour empêcher un tissu de briller ou de blanchir (surtout s'il est sombre), utilisez un linge humide ou repassez-le toujours sur l'envers.

3. Donnez du brillant au coton glacé en ajoutant un peu de gélatine incolore non parfumée au dernier rinçage.

4. Ôtez le lustre d'un tissu en le repassant à la vapeur ou avec un linge humide, puis brossez les parties brillantes pendant qu'elles sont encore imprégnées de vapeur.

Veuvage

Il faut parfois très longtemps pour s'adapter à la perte d'un conjoint. Même si vous réagissez très bien dans un premier temps, même si vous êtes très entouré, il est difficile de faire face à son chagrin et de s'habituer à la solitude.

1. Certains se lancent à corps perdu dans de nombreuses activités dès les premières semaines du deuil. Ce n'est peut-être pas le bon

moyen : nous avons tous besoin de « faire le deuil ».

2. Vous avez peur de perdre la tête ou la mémoire. Sachez qu'un choc émotionnel tel que celui-là amène des troubles du comportement qui s'estomperont avec le temps. Il ne faut pas avoir honte de laisser libre cours à votre chagrin.

3. Résistez à la tentation de vous abrutir de tranquillisants ou, pire, d'avoir recours à l'alcool pour atténuer votre souffrance, cela ne ferait qu'aggraver les choses.

4. Durant la première année, évitez les changements irréversibles. Ne vendez pas sur un coup de tête votre maison ou votre appartement. Vous pourriez regretter des décisions prises sous l'effet du choc émotionnel.

5. La fatigue et l'insomnie peuvent affaiblir vos défenses immunitaires. Demandez à votre médecin de vous prescrire des vitamines ou un fortifiant. Veillez à faire des repas équilibrés à heures régulières. Si vous aviez l'habitude de pratiquer un sport, continuez.

6. Parler à des personnes qui ont vécu la même situation peut vous aider. Il y a peut-être, dans votre ville, une association sympathique regroupant des personnes isolées comme vous ; renseignez-vous auprès de votre CLSC.

7. Vous trouvez peut-être que vos enfants ne sont pas assez présents ? Peut-être sont-ils eux-mêmes désemparés. À vous de faire les premiers pas en laissant tout simplement parler votre cœur.

Vin

1. Si vous servez plusieurs vins dans une réception, appliquez ces quelques règles très simples : servez les vins blancs ou rosés avant le vin rouge ; un vin jeune avant un vin plus vieux ; et un vin doux en fin de repas, avec certains fromages (roquefort par exemple) et les desserts. Comptez une bouteille pour trois personnes.

2. De manière générale, débouchez les vins rouges 2 heures avant de les servir. Pour les grands vins, ce délai peut aller jusqu'à 3 ou

---

AU TEMPS JADIS

In vino veritas

L'art de la viticulture remonte à plusieurs millénaires. Avant que Noé ne plante le premier cep, l'homme des cavernes connaissait déjà la vigne, même s'il ne savait pas extraire le jus des raisins.

Les premières grandes civilisations inventèrent la fermentation du jus de raisin : on a retrouvé des amphores de vin dans les tombes des pharaons d'Égypte et de nombreux écrits grecs et romains montrent que la culture de la vigne s'étendait dans tout le bassin méditerranéen.

En France, les Phocéens fondèrent Marseille et y plantèrent leurs cépages. Plus tard, les Romains nous apprirent la vinification et la conservation des vins (à l'époque, ils devaient vieillir de 15 à 20 ans en amphores) et l'utilisation

des bouchons de liège... Avec la chute de l'Empire romain, les notions de vieillissement se perdirent et l'on oublia les bouchons de liège. Il fallut attendre 1690 et dom Pérignon qui, afin d'emprisonner les bulles produites par la fermentation du vin sous des climats froids, expérimenta la bouteille de verre et réinventa le bouchon de liège : le champagne venait de naître. À la même époque, on découvrit en Hongrie que le vin issu de raisins accidentellement pourris sur pied donnait un vin extraordinaire... Plus tard, on créa le sauternes, en tirant profit de cette « pourriture noble ».

Aujourd'hui, le vin se cultive sur tous les continents de la terre et il a partout ses connaisseurs, ses spécialistes et ses passionnés.

4 heures. Ou bien, versez-les en carafe afin de les faire décanter.

3. Ne jetez pas un reste de vin : même si vous ne le buvez pas le lendemain, vous pourrez en faire un excellent vinaigre ou l'utiliser en cuisine. Conservez les restes de blanc ou de rosé au réfrigérateur et le rouge dans un endroit frais.

5. Si vous n'avez pas de cave, rangez vos bouteilles dans un endroit frais, à l'abri des vibrations : placard, cheminée bouchée, coin de garage isolé... Couchez-les de façon que le vin soit en contact avec le bouchon.

6. Pas de casiers à bouteilles ? Utilisez les cartons à vins dont se débarrassent la plupart des succursales de la Société des alcools.

Viol

Si un jour vous êtes victime de viol, ne touchez à rien, ne changez pas vos vêtements, ne vous lavez pas. Appelez la police, une personne de confiance (parent, ami, médecin) ou un centre pour victimes de viol (ou violence) et insistez pour qu'on vous conduise à l'hôpital. Le personnel hospitalier vous dispensera les soins médicaux requis et saura comment reconstituer les preuves utiles pour le cas d'éventuelles poursuites judiciaires.

Si on vous menace de viol et qu'il y a du monde autour, vous avez des chances de vous en sauver en vous mettant à hurler et à courir. Sinon, il est impossible de faire des recommandations précises. Chaque situation doit être évaluée au mieux. (Voir Agression, p. 11.)

Vis

Comment enlever une vis dont la fente est détériorée ?

1. Si la tête de la vis dépasse du dessus de l'ouvrage, formez une nouvelle rainure, à angle droit par rapport à l'ancienne, avec une scie à métaux. Utilisez ensuite un tournevis. Vous pouvez aussi ôter la vis en serrant la tête avec une pince-étau.

2. Si la vis ne déborde pas, faites une nouvelle rainure avec un petit disque abrasif monté sur une mini-perceuse. Ou bien reformez la rainure en vous servant de la pointe d'un petit burin.

3. Pour retirer une vis à bois rouillée, chauffez-la en appuyant la panne d'un fer à souder sur la partie apparente, suffisamment longtemps pour que la vis se dilate ; tentez ensuite de la dévisser. Si elle reste bloquée, dégagez sa tête en creusant le bois tout autour et utilisez une pince-étau ou des pinces universelles.

Voisins

Les relations de bon voisinage agrémentent l'existence mais sont parfois longues à s'établir.

1. Quand vous vous installez dans un nouvel endroit, rendez une courte visite à vos plus proches voisins pour vous présenter et présenter votre famille. De la même manière, si quelqu'un s'installe près de chez vous, faites un premier pas discret pour souhaiter la bienvenue.

2. Voisinage agréable ne veut pas dire trop grande familiarité. Si vous ne souhaitez pas entretenir de relations trop étroites avec vos voisins, mentionnez-leur que vous êtes très occupé par votre travail, votre famille, etc., mais que vous serez heureux, à l'occasion, de rendre service. Échangez alors vos numéros de téléphone au bureau et à la maison, ce qui pourrait s'avérer bien utile dans les cas d'urgence.

3. Faites en sorte que vos voisins fiables connaissent l'intérieur de votre maison. Cela aussi pourrait s'avérer utile un jour ou l'autre.

4. Par ailleurs, vous pouvez créer une entraide de quartier, mettre sur pied un échange de garde d'enfants, des rencontres de personnes âgées ou des tours de conduites à l'école. L'entraide aide à la bonne entente et certaines questions d'intérêt commun gagneront à être réglées par la collectivité.

Voiture enlisée

1. Si vous êtes bloqué dans la neige, n'emballez pas le moteur, vous ne réussirez qu'à vous enfoncer encore plus profondément. Glissez plutôt des branches ou des morceaux de vieux tapis sous les roues motrices, ou répandez du gravier, du sable, de la litière pour chats ou du sel fin dans les ornières. Puis, en gardant les roues avant bien droites, passez alternativement de marche avant à marche arrière en donnant chaque fois un léger coup d'accélérateur.

2. Si vous n'êtes pas sorti de l'ornière après avoir essayé ces manœuvres une dizaine de fois, arrêtez vos efforts, car vous ne feriez que rendre les ornières encore plus profondes ou vous endommageriez les transmissions.

3. Si vous êtes ensablé, dégonflez un peu les pneus, mais regonflez-les dès que vous êtes dégagé, sur place ou dans une station-service. **Attention !** Une pression de moins de 1 kg/cm² risque de faire déjanter le pneu : roulez lentement.

Voiture garée

1. Pour retrouver votre voiture dans un stationnement, mettez un fanion ou un petit chiffon au bout de votre antenne. Notez l'endroit si vous êtes dans un stationnement où les places sont marquées (niveau, allée, numéro de place). Mais n'écrivez pas : « À côté de la grosse camionnette », elle pourrait être partie lorsque vous reviendrez.

2. Ne vous garez pas dans les zones à risque : dégagement de virage, accotement de la route.

SÉCURITÉ DES ENFANTS

Ne laissez jamais un enfant seul dans une voiture garée, même pour un petit moment : il pourrait relâcher le frein à main, embrayer le véhicule et même le faire démarrer.

DANGERS DE L'ÉTÉ

Quand il fait 30°C à l'ombre, la température dans une voiture fermée en plein soleil peut s'élever jusqu'à 65°C en 10 minutes.

1. Les appareils photo, les caméras, les cassettes audio et les films peuvent être endommagés.

2. Les aliments périssables se détériorent en moins d'une heure, voire plus rapidement. (Voir aussi Protection des aliments, p. 186.)

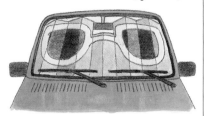

3. Pour éviter que les tissus ne se décolorent au soleil, couvrez le pare-brise d'un pare-soleil en carton. Protégez la lunette arrière et les vitres latérales avec des stores de papier.

4. Ne laissez jamais un enfant (et surtout pas un bébé !) ni un animal domestique dans une voiture stationnée, fenêtres fermées, même à l'ombre. L'enfant (ou l'animal) peut succomber à un coup de chaleur et au stress.

5. Fermez les vitres en laissant un jour de un centimètre pour assurer la ventilation d'une voiture garée au soleil.

6. Ne laissez pas d'aérosols dans une voiture garée au soleil.

Voiture protégée

1. Essayez la dissuasion en laissant croire que votre voiture est équipée d'un système d'alarme...

qui ne sera qu'un boîtier comportant un voyant lumineux. Mettez-le à la vue près du tableau de bord.

2. Cachez les objets de valeur si vous êtes obligé de les laisser dans votre voiture.

3. Tournez les roues avant pour bloquer la direction. Sur une voiture à transmission manuelle, serrez le frein à main.

4. Fermez bien toutes les vitres et le toit ouvrant. Fermez la voiture à clé, empochez la clé, même si vous ne vous éloignez que pour quelques minutes ou si votre voiture est garée chez vous.

5. Évitez les habitudes. Ne vous garez pas toujours à la même place. Si possible, garez-vous entre d'autres véhicules. Il sera plus difficile aux voleurs de remorquer votre voiture.

6. Évitez de vous garer dans un secteur mal éclairé ou à faible circulation, telle une place éloignée dans un stationnement de centre commercial où un voleur peut ne pas être inquiété.

7. Lorsque vous voyagez, emportez vos objets de valeur à l'hôtel. Vos plaques minéralogiques peuvent renseigner le voleur potentiel sur la présence de bagages dans votre coffre.

8. Il existe aujourd'hui tout de sortes d'accessoires de dissuasion pour décourager les vols. Utilisez-les, surtout sur une voiture neuve, donc tentante.

9. Si vous installez un système d'alarme sensible au bris de vitre ou à l'ouverture des portes, pensez à fermer les orifices de ventilation avant d'activer l'alarme : un coup de vent brusque pourrait la déclencher.

Voiture volée

1. Les voleurs repeignent souvent les voitures et changent le numéro d'immatriculation du véhicule, de façon que les propriétaires ne puissent plus les reconnaître. Déjouez leurs stratagèmes en faisant graver votre numéro sur toutes les vitres :

il y a beaucoup moins de chances qu'un voleur perde son temps avec une voiture dont il sait que toutes les vitres et le pare-brise devront être remplacés.

2. Pour faciliter l'identification de votre voiture si elle est volée, glissez des cartes de visite sous les sièges.

3. Pour pouvoir déclarer le vol à la police, gardez sur vous le certificat d'immatriculation ou un papier comportant les caractéristiques du véhicule : l'année de fabrication, le modèle, la marque, ainsi que son numéro d'immatriculation. Faites des photocopies de votre permis de conduire et de votre certificat.

Voleur à la tire

1. Transportez votre argent et vos cartes de crédit dans des portefeuilles et des poches séparés. Si possible, divisez l'argent. Mieux : utilisez une ceinture à poche.

2. Mettez votre portefeuille dans une poche intérieure de votre veste ou dans une poche avant de votre pantalon.

3. Au milieu d'une foule, gardez les mains dans vos poches : celles d'un voleur ne s'y glisseront pas...

4. Plus petit est votre sac, moins il offrira de prise à un voleur à la tire. Tenez-le fermement et serré devant vous. S'il comporte un rabat ou une poche extérieurs, tournez ce côté-là vers vous. Un sac ouvert en haut est une invitation pour un malfaiteur.

5. Conservez des photocopies de vos cartes d'identité, permis de conduire, cartes de crédit, et les numéros à appeler en cas de vol.

6. Ne brandissez jamais d'argent ou de bijoux en public, devant un kiosque à journaux ou à un arrêt d'autobus, par exemple.

7. Lorsque vous faites vos courses, attention aux entrées des grands magasins, sur les tapis roulants et dans les ascenseurs, dans les rayons de soldes, les lieux de démonstration, et partout où se rassemblent beaucoup de gens.

Redoublez de vigilance au moment de payer : ne posez pas votre sac et vos paquets sur le comptoir.

8. Avant d'utiliser un guichet automatique, regardez bien autour de vous. Si vous vous sentez observé, allez ailleurs. Placez-vous tout près du distributeur de façon que personne ne puisse identifier votre code ni repérer la somme retirée. Dans le doute, après le retrait, si vous êtes près de votre domicile, marchez 50 mètres en sens opposé et vérifiez que vous n'êtes pas suivi.

LES RUSES DES VOLEURS À LA TIRE

Le voleur à la tire opère souvent avec des complices qui ont la tâche de créer une diversion.

1. « Attention aux voleurs ! » Méfiez-vous quand vous entendez crier cette phrase : votre réaction naturelle est d'esquisser un geste vers votre argent, et cela indique où il se trouve.

2. Un « accident » : un voyageur trébuche devant vous en descendant de l'autobus, ou une personne laisse tomber des paquets dans un lieu de passage... Dans ces deux cas, entre autres, la confusion momentanée qui s'ensuit permet à un voleur d'agir.

3. Une « bagarre » : une dispute éclate et les gens se bousculent

pour s'écarter. Lorsque tout est terminé, c'est vous qui avez perdu.

4. « Oh ! désolé. » Une personne traverse en courant un hall de gare, vous bouscule, ou renverse de la nourriture sur vous. Elle s'arrête pour vous aider, puis repart en courant de plus belle... avec votre portefeuille.

Vomissements

1. Pour éviter la déshydratation à la suite de vomissements, il faut boire abondamment, autant que l'estomac le tolère. N'abusez pas du café, qui risque de vous irriter l'estomac. Une fois que les liquides sont tolérés, passez à des aliments solides comme des biscottes, un potage léger, de la purée ou de la compote de pommes.

2. Soutenez le corps et le front d'un enfant qui vomit, puis essuyez-lui le visage avec une débarbouillette imbibée d'eau fraîche. Rassurez-le en lui disant que son corps vient de se vider d'un poison. Aidez-le à se rincer la bouche.

3. Appelez le médecin si les vomissements sont associés à une constipation, s'ils persistent plus d'une journée (12 heures chez un nourrisson) ou si le teint du malade devient marbré. (Voir aussi Crise de foie, p. 72 ; Gueule de bois, p. 117.)

Voyage en avion

Ne soyez pas l'unique passager de l'avion à voyager à tarif plein ! Toutes les compagnies proposent des vols à tarifs réduits. Renseignez-vous.

1. Pour voyager à très peu de frais, vous pouvez livrer du courier pour un service de messagerie aérienne. Pour connaître ces services, consultez les annonces de journaux ou les Pages Jaunes, sous la rubrique *Courrier-Services*.

2. Vous pouvez vous inscrire à un programme pour usagers réguliers d'une compagnie aérienne (chez Air Canada, c'est l'Aéroplan) même si vous ne voyagez pas très souvent. Plusieurs compagnies ne tiennent pas compte d'une limite de temps. N'oubliez pas que les enfants sont éligibles aussi.

3. Évitez de voyager en avion quand vous souffrez d'un rhume, d'une grippe ou d'une sinusite. (Voir Oreilles débouchées, p. 160.)

Voyage avec les enfants

1. Prévoyez toujours un sac contenant des mouchoirs en papier, une serviette humide, une petite trousse d'urgence et les médicaments éventuels en cours.

2. Donnez un sac à dos aux plus âgés et faites-leur transporter leurs jeux favoris (les moins encombrants), un ou deux livres, du papier, des crayons de couleur, etc.

3. Prévoyez quelques gourmandises, mais évitez les aliments trop salés ou trop sucrés, qui leur donneraient soif et les feraient aller trop souvent aux toilettes.

4. Pour les repas, choisissez de préférence les établissements qui proposent des menus enfants, souvent assortis de jeux et de cadeaux.

5. Si vous prenez l'avion avec un ou plusieurs enfants, choisissez un vol de nuit, il y a plus de chances que vos enfants dorment. À l'atterrissage et au décollage, donnez un biberon ou une tétine aux plus petits, de la gomme à mâcher ou des bonbons durs aux plus grands, la

---

ATTENTION !

Les différentes formes d'escroquerie

Pour vous protéger des as de l'escroquerie, rappelez-vous le vieil adage « Trop beau pour être vrai ».

Heureux gagnant ? Un coup de téléphone vous a informé que vous aviez gagné un gros lot, mais on avait besoin du numéro de votre carte de crédit pour vérifier votre identité. Sur votre dernier relevé, votre compte a été débité de plusieurs centaines de dollars ! On peut aussi vous demander simplement le montant des frais d'envoi, par lettre à en-tête rassurante. Vous ne verrez jamais rien venir, mais les escrocs, eux, auront reçu des milliers de petits chèques.

Gagner le million ? Un « conseiller financier » propose un investissement infaillible, souvent dans l'immobilier, mais, une fois que vous lui avez confié l'argent, celui-ci s'envole avec le « financier ».

Un cadeau gratuit ? Quand vous vous présentez pour le retirer, vous vous apercevez que sa valeur n'a rien à voir avec ce qui a été annoncé. De plus, on fait pression sur vous pour vous vendre des objets coûteux.

succion empêchant d'avoir mal aux oreilles. (Voir aussi Oreilles, p. 160.)

6. En voiture, emportez un baladeur ou un magnétophone avec des écouteurs individuels (pour ne pas trop gêner le conducteur) et des cassettes de chansons enfantines, de contes et de jeux. Vous pouvez aussi les faire jouer vous-même en organisant des petits concours. Chacun choisit, par exemple, une couleur ou une marque de voiture, le premier qui en comptabilise 10 a gagné. Vous pouvez sophistiquer le principe en faisant annuler les points obtenus par chacun au profit de celui qui a vu le premier un cimetière ou une éolienne... Ou encore, vous donnez un premier signal et chacun devra évaluer au mieux la distance parcourue au deuxième signal.

7. Emportez aussi des livres, mais n'oubliez pas un petit dictionnaire, qui peut être très utile pour jouer (deviner un mot par la définition). Sacrifiez une carte en autorisant vos jeunes passagers à tracer dessus l'itinéraire parcouru. Suggérez-leur de rechercher, selon la région que vous traversez, les villes qui commencent par « Saint » ou se composent de mots indiens. Faites-leur repérer les passages à niveau, les cours d'eau, les points en altitude, les monuments et les sites à visiter, etc.

8. Enfin, distribuez du papier et des crayons et faites-les jouer au mot-gigogne : proposez un mot clé assez long (par exemple, *matrone*) contenant au moins deux ou trois voyelles. Chacun doit trouver le maximum de mots formés avec les lettres du mot clé. Ainsi avec *matrone*, on peut écrire *mat, mot, âne, trame, morne*, etc. Le gagnant est celui qui en trouve le plus dans un laps de temps donné.

Voyage à l'étranger

1. Avant toute chose, vérifiez la validité de votre passeport.

2. Renseignez-vous sur votre destination en consultant des ouvra-

ges à la bibliothèque ou demandez à votre agent de voyage. Si vous habitez une grande ville, rendez visite à l'office du tourisme de votre pays de destination : il vous fournira non seulement les informations indispensables (vaccination, monnaie, etc.), mais toute la documentation dont vous aurez besoin pour préparer votre voyage (hôtels, locations, visites...).

3. Si vous comptez vous rendre dans un pays dont le climat politique est instable, prenez avis auprès du service des opérations consulaires au ministère des Affaires extérieures à Ottawa.

4. Emportez le moins de bagages possible et faites-en une liste qui vous sera utile au moment d'emballer et en cas de perte de bagages. Si vous emportez des appareils électriques (rasoir, séchoir à cheveux), n'oubliez pas de vous procurer un ou plusieurs adaptateurs selon les pays que vous visiterez.

5. Même si vous partez à l'aventure, prenez au moins la précaution de réserver l'hébergement de votre première étape (voir Réservations, p. 197).

6. Si vous comptez louer une voiture, renseignez-vous avant de partir : certains pays attribuent des bons d'essence touristiques à tarifs réduits. De même, beaucoup proposent des forfaits intéressants pour les déplacements en train ou en avion.

7. Faites plutôt votre provision de pellicules photo au départ (surtout si vous partez en avion, auquel cas vous pourrez les acheter dans les boutiques hors taxes). Sur place, vous n'en trouverez pas forcément et elles seront souvent plus chères. À ce propos, n'oubliez jamais qu'il convient de faire preuve de discrétion en matière de prise de vues à l'étranger, surtout quand il s'agit de personnes.

8. Pensez à emporter la facture de votre appareil photo ou de votre caméra afin que la douane ne soit pas tentée de vous taxer au retour.

De la même façon, conservez bien les reçus de vos achats en voyage.

9. Enfin, si vous voyagez par avion, n'oubliez pas de reconfirmer votre retour 72 heures avant le décollage. (Voir aussi Taux de change, p. 214.)

PARLER LA LANGUE

Avant de partir visiter un pays étranger, l'idéal est, bien entendu, de pouvoir en apprendre la langue. Vous pouvez vous inscrire à des cours, acheter ou emprunter des cassettes, mais, dans la majorité des cas, vous disposerez rarement du temps nécessaire pour être suffisamment performant.

Emportez donc dans votre valise un petit dictionnaire ainsi qu'un de ces livres qui proposent des phrases toutes faites dans des chapitres en situation (à l'arrêt du bus, à l'hôtel, au restaurant, dans les magasins, chez le docteur, etc.).

Vous pouvez également vous munir d'une traductrice électronique de poche en ayant cependant conscience qu'elle ne vous proposera pas des phrases complètes. Sur les lieux touristiques, voyez s'il n'existe pas de visites guidées en français ou enregistrées sur cassette. À défaut, louez les services d'un guide francophone.

Enfin, ne sortez jamais sans la carte de votre hôtel (c'est particulièrement utile dans un pays ayant un alphabet différent) et ayez recours au réceptionniste si vous avez besoin d'un médecin ou des coordonnées du consulat ou de l'ambassade du Canada.

Voyage des personnes âgées

Le public dit du « troisième âge » représente un marché privilégié pour les spécialistes du tourisme. Si vous appartenez à cette catégorie, n'hésitez pas à profiter des importantes réductions que vous proposent les voyagistes, les sociétés de transport et les chaînes hôtelières.

À ce sujet, renseignez-vous auprès des associations de retraités qu'un CLSC pourra vous recommander. N'hésitez pas non plus à pousser la porte d'une agence de voyages et à consulter les brochures des grands organismes de vacances : tous consentent des tarifs très compétitifs à celles et à ceux qui peuvent partir hors saison.

Autres pistes à explorer : les clubs ou villages de vacances, très habitués à recevoir une clientèle de tous les âges, qui offrent des prix compétitifs, animation comprise, et qui savent réagir quand se pose un problème de santé parmi leurs pensionnaires.

L'heure venue, rappelez-vous d'emporter vos médicaments, vos dernières ordonnances et une paire de lunettes de rechange. (Voir aussi Malade à l'étranger, p. 143.)

Voyager seul

1. Avant de partir, préparez votre itinéraire de façon à ne pas vous trouver désemparé.

2. Inscrivez-vous à une croisière. La première fois, prenez-la courte (comme une semaine dans les Caraïbes). Le bateau, qui constitue un mini-univers flottant, est un lieu de rencontre obligée.

3. Vous pouvez également opter pour une formule du style club de vacances ou village de vacances (le deuxième est souvent plus familial que le premier). Là aussi, les tables de six ou huit, les buffets collectifs, les jeux autour de la piscine, les sorties et randonnées, les excursions et les soirées animées vous donneront l'occasion de vous intégrer sans trop de problèmes dans des groupes sympathiques.

4. Vous pouvez enfin vous décider pour la formule du circuit touristique en autocar où s'inscrivent généralement beaucoup de personnes seules. Si vous êtes relativement jeune, évitez cependant les périodes d'avant et d'arrière-saison, qui comptent la plus grosse proportion de personnes âgées.

ENFANT SEUL

Si vous devez faire voyager seul un enfant par avion, prévenez la compagnie aérienne concernée, qui le prendra en charge. Souvenez-vous toutefois que les enfants de moins de cinq ans sont rarement autorisés à voyager seuls. Si votre enfant doit voyager par train ou autobus, essayez de le recommander à l'attention d'une personne accompagnée de jeunes.

Voyants lumineux

En règle générale, dans une voiture, tout voyant lumineux rouge qui s'allume en cours de marche signale un défaut ou une avarie grave. Ces voyants s'allument lorsque vous mettez le contact (ils s'éteignent ensuite) ; ils vous permettent ainsi de vérifier leur bon fonctionnement. (Voir aussi Batterie de voiture, p. 29.)

Si votre voyant de pression d'huile reste allumé après le démarrage ou s'allume pendant que vous conduisez, arrêtez immédiatement le moteur : s'il manque de l'huile, cela peut provoquer des dommages importants très rapidement. Si ce n'est pas la cause, il peut s'agir d'un problème de circuit électrique ou de pompe à huile. Appelez un dépanneur.

Xylophone

Faites un « xylophone » avec huit verres (ou des petites bouteilles de bière ou de soda vides) et de l'eau.

1. Alignez verres ou bouteilles et remplissez le premier presque jusqu'au bord. Tapez doucement le bord avec un crayon ou un manche de cuillère en bois et ajoutez ou retirez de l'eau jusqu'à obtenir un *do* : plus d'eau abaisse la note et moins d'eau la rend plus aiguë.

2. Emplissez un peu moins le deuxième et ajustez le niveau jusqu'à ce qu'en tapant vous obteniez un *ré*.

3. Continuez de la même façon en mettant un peu moins d'eau dans chaque récipient, jusqu'à ce qu'à l'oreille vous ayez la gamme complète : *do, ré, mi, fa, sol, la, si, do.*

Yeux
ORGELET

Appliquez des compresses humides et chaudes plusieurs fois par jour afin de faire mûrir l'orgelet, puis pressez très doucement pour en extraire le contenu. S'il persiste plusieurs semaines, consultez un médecin.

TACHE ROUGE

Une tache rouge vif sur le blanc de l'œil n'est généralement qu'une hémorragie inoffensive due au claquement d'un petit vaisseau. Elle disparaîtra normalement d'elle-même au bout d'une semaine environ. Si elle réapparaît peu après, ou si vous êtes sujet aux ecchymoses ou aux maux de tête, consultez un médecin.

CONJONCTIVITE

Elle se manifeste par des yeux rouges et larmoyants, et des paupières qui se collent.

1. La conjonctivite est contagieuse. Lavez-vous les mains avant et après le contact avec l'œil. Mettez vos serviettes et débarbouillettes à l'écart des autres. Lorsque l'infection est terminée, remplacez vos produits de maquillage.

2. Si vous avez une impression de sable sous les paupières, il s'agit plutôt d'une conjonctivite allergique qu'infectieuse. Appliquez alors des compresses froides pour soulager les démangeaisons et, dans la mesure du possible, évitez l'allergène que vous suspectez.

3. Lavez-vous l'œil deux fois par jour à l'eau chaude et appliquez un onguent à base d'acide borique ou de bacitracine. Appliquez-vous des compresses chaudes sur l'œil plusieurs fois par jour.

4. Si elle est due à une irritation d'origine chimique, consultez votre pharmacien.

5. Portez des lunettes de natation quand vous allez à la piscine.

BRÛLURE OCULAIRE

Fermez-les yeux immédiatement et demandez qu'on vous applique sur l'œil une compresse humide et de préférence stérile (à défaut, utilisez un mouchoir propre). Fixez la compresse avec du diachylon et consultez tout de suite un médecin.

ALTÉRATION DE LA VISION

Si tout ou partie de ce que vous voyez vous apparaît brumeux, flou ou déformé ; si vous voyez des petits nuages, des éclairs ou des points noirs, vous subissez soudain une perte partielle ou complète de la vision. Même si elle n'est que très brève, consultez un ophtalmologiste sans attendre, ou rendez-vous à l'urgence de l'hôpital le plus proche. (Voir aussi Perte de la vision, p. 170.)

CORPS ÉTRANGER DANS L'ŒIL

1. Aussi petit soit-il — grain de sable ou de poussière — il est irritant pour l'œil. Ne frottez pas celui-ci, les larmes se chargeront de faire partir le corps étranger.

2. S'il est déposé sur le blanc de l'œil ou sous la paupière inférieure, irriguez doucement avec de l'eau, si possible stérile, ou tout simplement sous le robinet : penchez la tête et faites couler l'eau à partir du coin interne de l'œil pour qu'elle s'écoule vers le coin externe. Il est normal qu'il persiste ensuite une irritation minime. En revanche, si le corps étranger reste en place, ne tentez plus rien d'autre et consultez un médecin le plus rapidement possible.

3. Si le corps étranger est sous la paupière supérieure, soulevez celle-ci du bout des doigts et prélevez-le délicatement avec un morceau de coton stérile et humide.

Yeux fatigués

1. Si vous ressentez une fatigue visuelle après vous être longtemps concentré sur un même travail, reposez-vous les yeux en fixant périodiquement un objet éloigné pendant quelques secondes.

2. Mieux encore, tenez un crayon dans la main à hauteur de vos yeux et approchez-le lentement de votre nez tout en le fixant, deux fois de suite.

PRÉVENTION

1. Pour lire ou écrire, placez-vous de façon que la lumière vienne de la gauche si vous êtes droitier, de la droite si vous êtes gaucher, en passant au-dessus de votre épaule.

2. Quand vous regardez la télévision, la lumière ambiante doit être peu intense. Asseyez-vous bien en face de l'écran, à environ 2 m de celui-ci.

3. Ne placez pas votre ordinateur sous une lumière vive ou face à une fenêtre. Réglez la définition pour que les caractères ressortent bien sur le fond. Au besoin, faites l'acquisition d'un écran antireflet et nettoyez-le souvent.

4. Au soleil, portez des lunettes teintées filtrant les ultraviolets, et de bonne qualité, notamment quand vous vous faites bronzer, pour faire du bateau ou du ski (même s'il n'y a pas de soleil...) et en voiture.

2. LISTES ET TABLEAUX

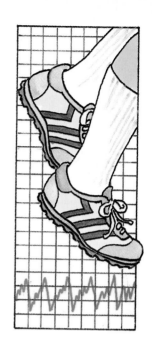

RÊVEZ-VOUS D'ÊTRE UNE PERSONNE
ORGANISÉE ? CHERCHEZ-VOUS LES
MOYENS DE VOUS GARDER EN SANTÉ ?
L'HEURE EST-ELLE VENUE DE VOUS
PRÉPARER À LA RETRAITE ? LES
PROCHAINES 46 PAGES CONTIENNENT
PLUS DE 80 LISTES, QUESTIONNAIRES,
DIAGRAMMES, ET TABLEAUX COMPARA-
TIFS AYANT TRAIT À CES THÈMES ET À
BIEN D'AUTRES SUSCEPTIBLES DE VOUS
TENIR À CŒUR. D'UN SEUL COUP D'ŒIL,
VOUS TROUVEREZ, AU FIL DE CE
CHAPITRE, DES RENSEIGNEMENTS
ÉMINEMMENT UTILES, DEPUIS L'ART DE
CHOISIR LE BON OUTIL À CELUI DE
DONNER LE BON POURBOIRE, EN PASSANT
PAR TOUTES LES CHOSES QU'IL FAUT
SAVOIR POUR L'ACHAT OU LA VENTE
D'UNE MAISON, JUSQU'À LA MÉTHODE
À SUIVRE POUR ÉTIRER VOTRE BUDGET
OU POUR ÉTOFFER UNE RECETTE.

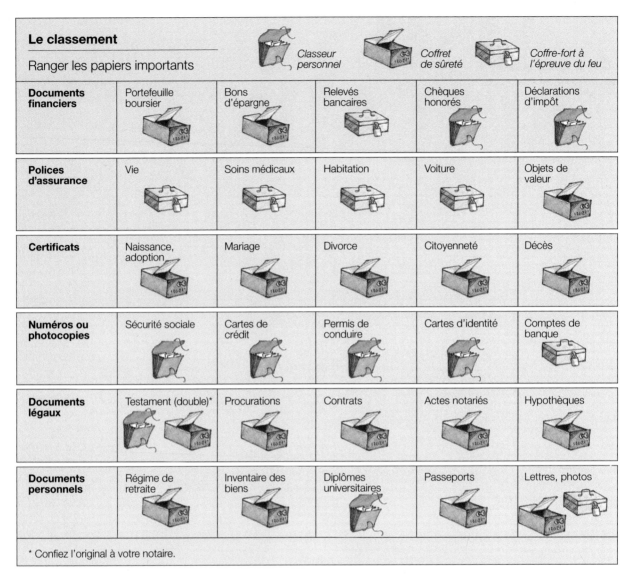

Le classement

Ranger les papiers importants

Classeur personnel   *Coffret de sûreté*   *Coffre-fort à l'épreuve du feu*

Documents financiers	Portefeuille boursier	Bons d'épargne	Relevés bancaires	Chèques honorés	Déclarations d'impôt
Polices d'assurance	Vie	Soins médicaux	Habitation	Voiture	Objets de valeur
Certificats	Naissance, adoption	Mariage	Divorce	Citoyenneté	Décès
Numéros ou photocopies	Sécurité sociale	Cartes de crédit	Permis de conduire	Cartes d'identité	Comptes de banque
Documents légaux	Testament (double)*	Procurations	Contrats	Actes notariés	Hypothèques
Documents personnels	Régime de retraite	Inventaire des biens	Diplômes universitaires	Passeports	Lettres, photos

* Confiez l'original à votre notaire.

Un classement impeccable

☐ Pour vos propres dossiers, un ordre alphabétique est suffisant. Pour un classement familial, utilisez un code couleurs. Ou combinez les deux.

☐ Rassemblez tous les papiers à classer et dressez une liste de rubriques générales — factures, contrats, assurances, etc.

☐ Étiquetez une chemise par rubrique. Classez chaque document dans la chemise appropriée.

☐ Si un document concerne plusieurs rubriques, faites-en des photocopies. Ou notez son emplacement dans un répertoire.

☐ Si certaines pièces ne méritent pas un dossier particulier, ouvrez une chemise « Divers ».

☐ Dans chaque chemise, classez les documents par ordre chronologique, les plus récents sur le dessus.

☐ Attachez les documents à l'aide de trombones ou en les agrafant.

☐ Rangez les documents professionnels dans un classeur prévu à cet usage.

☐ Revoyez périodiquement le contenu d'un dossier : faites un rangement par le vide de temps à autre.

☐ Si vous n'avez pas le temps de classer des documents, conservez-les dans un dossier intitulé « À classer ».

☐ Si vous retirez des pièces d'une chemise pour une longue période, collez une note indiquant où elles se trouvent.

☐ Établissez un dossier « Pense-bête » hebdomadaire et mensuel rappelant les dates limites importantes.

Ne remettez pas au lendemain...

☐ Perdez l'habitude de continuellement différer. Lorsque vous vous surprenez à penser : « Je ferai cela plus tard », prenez la décision d'agir le jour même.

☐ Confiez aux autres vos projets ; ainsi, vous serez davantage poussé à les mener à bien.

☐ Fuyez les distractions, même si cela signifie décrocher votre téléphone ou condamner votre porte.

☐ Dressez des plans vous obligeant à vous débarrasser des corvées à une date précise.

☐ Si votre projet est important et complexe, divisez-le en plusieurs parties.

☐ Prenez le temps de vous demander : « Existe-t-il un moyen plus facile d'accomplir cette tâche ? »

☐ N'attendez pas d'avoir le temps d'achever entièrement une besogne. Faites ce que vous pouvez chaque fois que vous en aurez l'opportunité.

☐ Soyez réaliste en établissant vos échéances.

☐ Commencez par la partie la plus simple ou la plus agréable même si ce n'est pas la première étape logique. La suite vous paraîtra plus facile.

☐ Ou bien adoptez la stratégie inverse : exécutez d'abord le plus difficile, de manière à vous relâcher un peu si l'ardeur et l'énergie viennent à manquer.

☐ Réglez les petits projets ou problèmes dès que possible, mais par ordre de priorité.

☐ Dressez une liste de ce que vous avez à faire et ne vous arrêtez pas avant de vous être acquitté de chacune des tâches énumérées.

☐ Ne soyez pas trop perfectionniste. Vous fignolerez lorsque vous aurez effectué la part la plus ingrate.

☐ Ne vous lancez pas dans une nouvelle entreprise avant d'en avoir terminé avec la première.

☐ N'oubliez pas que s'atteler à un travail, même si cela semble pénible au départ, rend par la suite la vie plus aisée.

☐ Offrez-vous une petite récompense pour chaque délai respecté.

Préservez votre temps

☐ Demandez à vos amis ou parents de téléphoner avant de passer chez vous.

☐ Affichez une liste des divers rangements et apprenez à votre famille à se débrouiller seule.

☐ Enseignez à vos enfants qu'une porte fermée signifie « Ne pas déranger ». Si nécessaire, affichez une pancarte.

☐ Faites l'investissement d'un répondeur téléphonique.

☐ Les interruptions fournissent une bonne excuse à ceux qui ne veulent pas travailler : résistez à la tentation de provoquer certaines discussions.

☐ Si vous ne souhaitez pas couper court à une conversation téléphonique, ayez à portée de la main des documents faciles à régler tout en parlant.

☐ Si vous ne pouvez pas vous concentrer chez vous, allez travailler dans une bibliothèque, et ne dites à personne où vous êtes.

☐ Si vos clients requièrent une attention immédiate, demandez à un collègue de prendre vos appels, quitte à lui rendre la pareille.

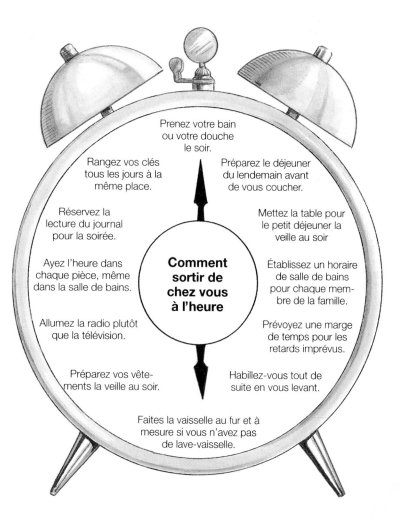

Prenez votre bain ou votre douche le soir.

Rangez vos clés tous les jours à la même place.

Préparez le déjeuner du lendemain avant de vous coucher.

Réservez la lecture du journal pour la soirée.

Mettez la table pour le petit déjeuner la veille au soir

Ayez l'heure dans chaque pièce, même dans la salle de bains.

Comment sortir de chez vous à l'heure

Établissez un horaire de salle de bains pour chaque membre de la famille.

Allumez la radio plutôt que la télévision.

Prévoyez une marge de temps pour les retards imprévus.

Préparez vos vêtements la veille au soir.

Habillez-vous tout de suite en vous levant.

Faites la vaisselle au fur et à mesure si vous n'avez pas de lave-vaisselle.

Type	Description	Sources	Avantages	Inconvénients
Rente	Revenu à vie ; report d'impôt sur l'intérêt ; risque limité	Compagnies d'assurance-vie ; sociétés de fiducie ; institutions financières	Report d'impôt sur l'intérêt ; revenu assuré ; risque limité	Parfois frais de vente ; taux de rendement limité ; parfois imposable
Dépôt à terme	Somme déposée à terme et à taux d'intérêt divers	Banques, sociétés de fiducie ; caisses d'épargne ; institutions financières	Risque limité ; assurances d'État ; rendement appréciable	Pénalisation de retrait ; intérêt imposable
Action ordinaire	Part dans une société cotée en bourse	Banques ; sociétés de courtage	Profits potentiels élevés ; pertes déductibles ; taux d'imposition préférentiel	Risque élevé ; fluctuation constante de la valeur ; frais de commission
Action privilégiée	Action rapportant un dividende fixe	Banques, sociétés de courtage	Risque limité ; dividende stable, payé avant celui des actions ordinaires	Plus-value potentielle inférieure à celle des actions ordinaires
Immobilier	Investissement foncier ou immobilier	Agents immobiliers ; institutions financières	Investissement concret ; plus-value fréquente ; rendement possible	Argent captif à long terme ; frais d'achat et de vente élevés
Fonds mutuels	Valeurs ou propriétés détenues en co-propriété	Banques, sociétés de fiducie ; courtiers en bourse ; institutions financières	Risque limité ; portefeuille diversifié à bon compte ; imposition préférentielle	Capital non assuré ; rendement variable ; frais de vente et de gestion
Obligation d'épargne Canada/Québec	Épargne garantie par l'État	Banques, sociétés de fiducie ; courtiers ; institutions financières	Aucun risque ; aucuns frais ; encaissable en tout temps après trois mois	Taux d'intérêt bas ; intérêt imposable ; plafond d'achat
Bon du Trésor	Titre émis à court terme par l'État fédéral	Banques ; sociétés de courtage ; institutions financières	Garanti par l'État ; transigé à la baisse ; atteint la valeur dite à l'échéance	Rendement en général limité ; entièrement imposable
Obligation de société	Titre d'emprunt d'une société	Banques ; sociétés de courtage ; institutions financières	Garantie ; encaissable sur le marché des obligations ; bon rendement	Placement à long terme ; fluctuation de la valeur ; intérêt imposable
Obligation du gouvernement	Titre d'emprunt du gouvernement aux trois paliers	Banques ; sociétés de courtage ; institutions financières	Garantie ; encaissable sur le marché des obligations ; bon rendement	Placement à long terme ; fluctuation de la valeur ; intérêt imposable
REÉR	Régime d'épargne à report d'impôt en vue de la retraite	La plupart des institutions financières	Intérêt imposable à la retraite ; cotisations déductibles aux fins de l'impôt	Retraits pleinement imposables
FERR	Régime de revenus de retraite à report d'impôt	La plupart des institutions financières	Vaste choix d'options ; capital à l'abri de l'impôt	Revenu imposable ; retrait annuel obligatoire mais peu élevé

Investir pour l'avenir

En dépit des fluctuations inhérentes à l'économie nationale et aux modalités du marché, les experts financiers s'accordent sur deux règles fondamentales : n'achetez jamais de valeurs à haut risque, voire moyen, avant d'avoir mis de côté en toute sécurité l'équivalent d'un revenu d'au moins six mois ; et optez pour la diversité lorsque vous investissez.

Votre budget annuel

REVENUS

Salaire du mari ....
Salaire de la femme ....
Primes et boni ....
Travail à temps partiel ....
Intérêts ....
Dividendes ....
Revenus immobiliers ....
Autres ....

TOTAL DES REVENUS ....

DÉPENSES

Habitation
☐ Loyer ....
☐ Hypothèques ....
☐ Entretien ....
☐ Réparations ....
☐ Aménagements ....

Services
☐ Téléphone ....
☐ Chauffage ....
☐ Gaz ....
☐ Eau ....
☐ Électricité ....
☐ Câble ....

Impôts (non retenus à la source)
☐ Fédéral ....
☐ Provincial ....
☐ Municipal ....

Voiture
☐ Entretien, réparations ....
☐ Essence ....
☐ Immatriculation ....

Assurances
☐ Vie ....
☐ Habitation ....
☐ Automobile ....

☐ Soins médicaux ....
☐ Autres ....

Soins médicaux (non remboursables)
☐ Dentiste ....
☐ Médicaments ....
☐ Lunettes ....
☐ Soins thérapeutiques ....

Habillement
☐ Nouveaux vêtements
☐ Nettoyage ....

Transports
☐ Co-voiturage
☐ Métro, autobus ....
☐ Garage/Parcomètres ....
☐ Taxi ....

Loisirs
☐ Restaurant ....
☐ Livres et revues ....
☐ Cinéma, théâtre ....
☐ Vacances ....
☐ Sport ou hobby ....

Cadeaux
☐ Fêtes ....
☐ Anniversaires ....
☐ Mariages ....
☐ Noël ....

Nourriture ....
Education ....
Mobilier, électro-ménagers ....
Remboursements emprunts ....
Cotisations diverses ....
Plans d'épargne ....
Dons ....
Autres ....

TOTAL DES DÉPENSES ....

Revenus - Dépenses = $ à épargner ou à investir

TEST ?

Êtes-vous dépensier ?

Faites-vous des achats en comptant sur une éventuelle augmentation de vos revenus ou une rentrée exceptionnelle ?

Vous sentez-vous incapable de faire le bilan de vos comptes ?

Cachez-vous certaines dépenses à votre famille ?

Vous arrive-t-il souvent de régler vos factures en retard ?

Possédez-vous plus de cinq cartes de crédit ?

Les cartes de crédit vous donnent-elles le sentiment d'être plus riche ?

Dépensez-vous plus de 20 p. 100 de vos revenus sur vos cartes de crédit ?

Jonglez-vous assez systématiquement avec les délais de paiement autorisés par les cartes de crédit ?

Réglez-vous très souvent vos achats indispensables avec une carte de crédit ?

Lorsque vous mangez au restaurant, réglez-vous la note avec votre carte de crédit après avoir encaissé la part de vos amis en liquide ?

Vous est-il difficile d'imaginer vivre sans crédit ?

Si vous avez répondu oui à trois questions ou moins, vous n'êtes probablement pas dépensier.

Si vous avez répondu oui à 4 à 7 de ces questions, dites-vous qu'il est temps de payer vos dettes et de vous plier à un budget très strict.

Si vous avez répondu oui à huit questions, voire plus, consultez un conseiller financier pour qu'il vous aide à mieux gérer vos dépenses.

Compte à rebours de l'impôt sur le revenu

Quoi de plus satisfaisant qu'une déclaration de revenus dûment remplie, signée et postée avant la date fatidique du 30 avril ? Quoi de plus angoissant que de se mettre, au dernier moment, à la recherche des relevés, justificatifs et preuves de toute sorte... pour découvrir que vous aurez plus d'impôts à payer que prévu ! Pour vous faciliter la tâche, y voir plus clair et, peut-être, réduire la somme due au fisc, il suffit sans doute de vous astreindre à une petite discipline.

DÉCEMBRE

☐ Rassemblez vos états de revenus, talons de chèques et reçus. Évaluez sommairement vos revenus imposables et vos déductions.

☐ Faites un calcul approximatif de vos impôts. Si la somme vous paraît exorbitante, attendez, si vous le pouvez, après le 1er janvier pour toucher vos boni de fin d'année. Leur imposition sera reportée sur l'année suivante.

☐ Si vos retenues à la source ont été insuffisantes, remplissez un formulaire TD1 auprès de votre employeur afin de modifier la situation pour l'année qui commence.

JANVIER

☐ Commencez à tenir un registre précis de vos revenus et dépenses pour l'année qui commence.

☐ Prenez rendez-vous avec un comptable ou un service d'impôts.

☐ Si vous rédigez votre propre déclaration, commencez à lire les feuillets de renseignement qui accompagnent les formulaires.

FÉVRIER

☐ Si vous n'avez pas reçu vos formulaires par la poste, allez chercher des exemplaires au bureau de poste ou au bureau de l'impôt le plus près.

☐ Vérifiez vos états de revenus, talons de chèques et reçus ; dressez une liste de vos dépenses déductibles.

☐ Dressez l'inventaire de vos revenus : salaire, intérêts, dividendes, gains de capital, honoraires et pensions.

MARS

☐ S'il vous manque des formulaires T4 supplémentaires (ceux de vos employeurs) ou T5 (de banques ou d'institutions financières), réclamez-les.

☐ Remettez vos justificatifs à la personne qui rédige votre déclaration.

AVRIL

☐ Révisez attentivement vos déclarations (voir *Impôts sur le revenu*, p. 125).

☐ Signez vos déclarations ; assurez-vous qu'elles comportent votre numéro d'assurance sociale. Faites des photocopies des justificatifs annexés et conservez-les au moins trois ans.

☐ Consultez votre comptable au sujet des changements dans la loi qui pourraient affecter votre prochaine imposition.

Formuler une plainte

1. Vendeur ou superviseur. Exprimez-vous calmement ; ne vous emportez pas.

2. Le service à la clientèle (numéro de téléphone avec un code 800). Exposez le problème clairement ; notez le nom de votre interlocuteur.

RESSOURCES

Le nom de la compagnie et son numéro de téléphone figurent peut-être sur le produit, l'emballage ou la brochure d'entretien.
L'annuaire du Service 800 de Bell Canada. Se consulte à la bibliothèque (ou appelez 1-800-426-8686).
Vous, la loi et vos droits (Sélection du Reader's Digest).

3. Le propriétaire (petite entreprise), le gérant régional ou le président. Adressez une lettre par poste certifiée.

Vos coordonnées
Date
Nom du responsable
Nom et adresse de la compagnie

Cher _____,

☐ achat/date/marque/modèle
☐ problèmes rencontrés
☐ actions entreprises
☐ solutions souhaitées
☐ délai de réponse accordé

Sincèrement vôtre
Signature

RESSOURCES
Canadian Key Business Directory (annuaire publié par Dun and Bradstreet Canada). Se consulte à la bibliothèque.

4. Bureau d'éthique commerciale. Inscrivez une plainte ; informez-vous de vos recours : petites créances, services de médiation, etc.

Les 10 commandements du consommateur

1. Privilégiez les entreprises locales connues. Les fournisseurs de passage disparaissent facilement.
2. Parcourez attentivement tout le contenu du contrat. Exigez une explication si un point paraît obscur.
3. Classez soigneusement vos contrats, garanties et factures importantes ; conservez vos chèques honorés par la banque.
4. Vérifiez la réputation d'une compagnie auprès du Bureau d'éthique commerciale de votre ville. Vérifiez auprès de la corporation ou de l'organisme pertinent si la compagnie détient une licence ou si elle a déjà fait l'objet d'une plainte.
5. Rappelez-vous que la loi accorde un délai pour résilier un contrat (trois jours au Québec).
6. Réglez par chèque (jamais comptant) à l'ordre de la compagnie, jamais d'un individu.
7. Obtenez plusieurs prix ; tenez compte des modalités de paiement, frais de manutention, coûts d'installation.
8. Ne faites pas d'entente à l'amiable. Exigez un devis détaillé en double exemplaire.
9. Ne signez jamais un contrat comportant des blancs ou des espaces vides (rayez-les).
10. Ne succombez pas aux pressions. Si « cette offre extraordinaire expire dans les 24 heures », laissez-la expirer.

5. Représentants des consommateurs. Dans les journaux, à la radio ou à la télévision.

RESSOURCES

Le Guide de survie du consommateur, par Phillip Edmonston et Ellen Roseman (Quinze).
Les magazines *Consommateur canadien* et *Protégez-vous.*

6. Corporations professionnelles (avocats, médecins) ; associations professionnelles (nettoyeurs, déménageurs, etc.) ; associations de consommateurs. Adressez copie de la plainte à l'organisme pertinent.

RESSOURCES

Répertoire des associations du Canada (sur micro-fiches).
Corpus Almanac and Canadian Sourcebook.
Se consultent à la bibliothèque.

7. Ministère fédéral ou provincial relatif aux consommateurs. Adressez-vous au bureau le plus proche. En règle générale, Consommation et Affaires commerciales Canada reçoit les plaintes qui concernent la publicité mensongère, l'étiquetage, la sécurité du produit, les poids et mesures. L'Office de la protection du consommateur se préoccupe lui aussi de publicité mensongère et de tous autres types de plaintes.

8. Cour des petites créances (voir p. 66.).

9. Poursuite judiciaire pour les réclamations d'un montant trop élevé pour être traité par la Cour des petites créances.

Pour trouver un avocat, adressez-vous au Barreau ou, si vos moyens financiers sont limités, au Service d'aide juridique de votre localité.

Êtes-vous un(e) drogué(e) du travail ?

Votre vie professionnelle vous absorbe-t-elle au point d'en négliger la famille, les amis et les distractions ? Si oui, vous êtes peut-être un drogué du travail. Pour le savoir, remplissez le questionnaire suivant.

1. Votre famille se plaint-elle que vous ne soyez jamais à la maison ?

2. Vos soucis professionnels vous empêchent-ils de dormir ?

3. Commencer tôt et finir tard est-il devenu une habitude ?

4. Engloutissez-vous votre lunch tout en travaillant à votre bureau ?

5. Les interruptions au cours d'une journée de travail vous agacent-elles ?

6. Considérez-vous que les activités sociales sont une perte de temps ?

7. Vous sentez-vous coupable lorsque vous faites une pause ?

8. Vous est-il pénible de reporter une partie de votre travail au lendemain ?

9. Êtes-vous angoissé à l'idée de confier du travail à un collègue ?

10. Êtes-vous furieux lorsque vos collègues travaillent moins que vous ?

11. Lorsque vous avez trop de travail pour en venir à bout, vous sentez-vous déprimé ?

12. Travaillez-vous souvent pendant les fins de semaine ?

13. Répondez-vous toujours oui à tout travail supplémentaire ?

14. Votre travail est-il la seule activité satisfaisante à vos yeux ?

15. Allez-vous travailler lorsque vous êtes malade ?

16. Êtes-vous capable de prendre du plaisir à ne rien faire ?

17. Les loisirs vous intéressent-ils ?

18. En vacances, oubliez-vous totalement votre travail ?

19. Si votre médecin devrait vous conseiller de vous reposer, lui obéiriez-vous ?

Si vous avez répondu oui à 8 ou plus des 15 premières questions et non à certaines des questions entre 16 à 19, vous êtes un drogué du travail. Cela n'est pas forcément négatif si celui-ci vous procure une satisfaction réelle. En revanche, cet état peut devenir dangereux si vous vous laissez entraîner malgré vous et si le travail devient la seule activité qui vous rende heureux. Essayez de ralentir votre rythme.

Votre travail vous convient-il ?

☐ Vos collègues sont-ils, d'une façon générale, chaleureux, amicaux et courtois ?

☐ Votre travail mérite-t-il qu'on y passe des heures supplémentaires ?

☐ Votre emploi stimule-t-il votre imagination ?

☐ Si vous héritiez d'une somme importante, conserveriez-vous votre emploi ?

☐ Vos efforts sont-ils appréciés ?

☐ Êtes-vous correctement rémunéré ?

☐ Les journées passent-elles rapidement ?

☐ Votre entreprise est-elle située à une distance raisonnable de chez vous ?

☐ Êtes-vous autorisé à vous absenter en cas de problèmes personnels ou de rendez-vous médicaux ?

☐ Les promotions sont-elles fréquentes ?

☐ Votre lieu de travail est-il agréable ?

☐ Votre potentiel et vos talents sont-ils utilisés à leur juste valeur ?

☐ Avez-vous le sentiment de progresser régulièrement dans votre carrière ?

☐ Votre patron se montre-t-il compétent, disponible et encourageant ?

☐ Accepteriez-vous un transfert dans une autre région si votre entreprise l'exigeait ?

☐ Votre société se soucie-t-elle de la santé et des conditions de travail de ses employés ?

☐ Votre travail quotidien est-il suffisamment varié pour ne pas être routinier ?

☐ Vos horaires professionnels vous conviennent-ils ainsi qu'à votre famille ?

Si vous répondez oui à 15 de ces questions, voire davantage, il est probable que votre profession est parfaitement adaptée à votre personnalité. Si ce n'est pas le cas, vous pourriez envisager de chercher un autre emploi, de reprendre vos études ou de demander une retraite anticipée. Vous inscrire à un cours d'orientation professionnelle pourra également vous aider à prendre un nouveau départ vers un métier plus satisfaisant.

Comment rédiger un curriculum vitæ

Un CV doit être convaincant et précis. Vos expériences professionnelles doivent y être bien définies, vos objectifs nettement annoncés. Suivez ces quelques conseils au moment de le rédiger.

Évitez les artifices (papier coloré, présentation fantaisiste).

Indiquez vos nom, adresse et numéro de téléphone personnel en haut de la page. (Si vous avez un répondeur téléphonique, enregistrez un message sobre, sans musique ni bruit de fond.)

Utilisez un langage simple et clair de façon que votre CV tienne sur une ou deux pages. Surveillez votre style et votre orthographe.

Présentez vos expériences professionnelles par ordre chronologique, en commençant par le dernier emploi occupé. Donnez le nom complet et l'adresse des entreprises qui vous ont employé, ainsi que leur type d'activité.

Notez la gradation de vos emplois et l'élargissement de vos responsabilités. Mettez en valeur vos réalisations et vos réussites personnelles.

Définissez brièvement vos objectifs professionnels.

Terminez par vos études : mentionnez les diplômes obtenus, les concours remportés, les stages en entreprise. (Si vous êtes à la recherche d'un premier emploi, commencez par cela en donnant le maximum de détails et poursuivez avec vos objectifs.)

Mentionnez vos passe-temps et vos voyages s'ils vous paraissent pertinents à l'emploi.

Envoyez votre curriculum vitae accompagné d'une lettre dans laquelle vous présenterez votre intérêt pour l'emploi postulé. À vous de juger si vous voulez tout de suite faire part de vos attentes salariales.

Proposez de fournir des références sur demande.

Avantages sociaux : lesquels vous sont utiles ?

Pensez à vos besoins et à ceux de votre famille. Les avantages sociaux de votre conjoint vont-ils compléter les vôtres ? Un régime de soins dentaires pour enfants à charge vous serait-il utile ? Accordez-vous beaucoup d'importance aux vacances ? Vous inquiétez-vous de votre retraite ? Pour savoir si les avantages sociaux dont vous disposez correspondent à vos besoins, posez-vous quelques questions.

SANTÉ
☐ Votre régime d'assurance-maladie comporte-t-il une garantie complémentaire ?
☐ Êtes-vous protégé en cas de maladie prolongée ?
☐ À quel âge les enfants à charge cessent-ils d'être assurés ?
☐ Y a-t-il une franchise ? À combien s'élève la prime ?
☐ Qu'exclut le contrat ?
☐ Votre régime d'assurance soins dentaires vous suffit-il ? Inclut-il orthodontie, prothèses, couronnes et ponts ? Y a-t-il une franchise à payer ou un paiement conjoint ?

VACANCES
☐ À combien de semaines de vacances payées avez-vous droit par année ?
☐ Pouvez-vous prendre vos vacances en tout temps ? Pouvez-vous les étaler ?
☐ Avez-vous droit en plus à des journées de maladie payées ?

GARANTIES EN CAS D'INVALIDITÉ
☐ Le contrat est-il valide si l'invalidité résulte d'une maladie antérieure ?
☐ En cas d'invalidité, quel pourcentage de votre revenu, s'il y a lieu, recevez-vous et pendant combien de temps ?
☐ Quelle partie de la prime pour invalidité devez-vous payer ?

PRÉVENTION DES MALADIES
☐ Y a-t-il un gymnase sur place ?
☐ Si vous faites du sport ou fréquentez un club de conditionnement physique, vous rembourse-t-on vos déboursés ?
☐ Y a-t-il des programmes pour lutter contre le tabagisme, l'embonpoint et le stress ?

GARDE DES ENFANTS
☐ Existe-t-il sur place une garderie pour prendre soin des enfants ou devez-vous faire appel à un service externe ?
☐ Les frais de garderie vous sont-ils remboursés ?

ÉTUDES
☐ Les dépenses aux fins d'études sont-elles remboursables ?
☐ Vous offre-t-on sur place des cours de recyclage ou des séminaires pertinents ?

SÉCURITÉ FINANCIÈRE
☐ Avez-vous accès à une assurance-vie de groupe ?
☐ L'employeur en paye-t-il la prime ?
☐ Avez-vous accès à un régime enregistré d'épargne-retraite de groupe ?
☐ Avez-vous accès à un régime de participation aux bénéfices ?
☐ Pouvez-vous acheter des actions de l'entreprise ?

AVANTAGES SOCIAUX SUR MESURE
☐ Pouvez-vous effectuer un choix parmi les avantages sociaux offerts, par exemple obtenir de l'argent au lieu d'heures-vacances, ou ajouter des bénéfices supplémentaires à votre assurance-maladie ?

RÉGIME DE RETRAITE
☐ Avez-vous accès à un plan de pension ? En quoi consiste-t-il ? Devez-vous y cotiser ?
☐ Pendant combien de temps devez-vous travailler pour y avoir droit ?
☐ À quel âge pouvez-vous commencer à toucher votre pension ?
☐ En cas de retraite anticipée, quel pourcentage de votre pension touchez-vous ? Quand commencent les paiements ?
☐ La pension sera-t-elle indexée au coût de la vie ?
☐ Bénéficierez-vous d'une assurance soins médicaux prolongés pour vous-même et votre conjoint ?
☐ Si votre conjoint vous survit, quelle part de votre pension touchera-t-il ?

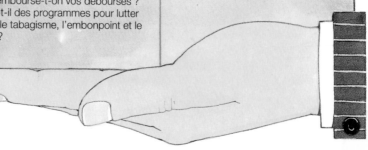

Planifiez votre retraite

Tout comme une nouvelle carrière, la retraite exige une planification préalable et certains choix décisifs. La liste qui suit ne comporte pas de bonne ou de mauvaise réponse. Elle a pour but de vous aider à définir vos priorités dans divers domaines.

1. Pour mon bien-être je
☐ suivrai un régime alimentaire.
☐ ferai chaque jour de l'exercice.
☐ développerai mes activités.

2. Mon épargne bénéficiera de
☐ diversification.
☐ contributions régulières.
☐ conseils professionnels.

3. Si je reste chez moi, je
☐ remplacerai mes vieux appareils.
☐ rénoverai ce qui est vétuste.
☐ louerai une ou deux pièces.

4. En vacances, j'opterai pour
☐ voyages individuels/organisés.
☐ Canada/É.-U./Europe.
☐ croisières/voiture/camping.

5. Pour ma retraite je choisis
☐ ville/banlieue/campagne.
☐ pas d'hiver/quatre saisons.
☐ mer/montagne.

6. Je me déplacerai
☐ en transports en commun.
☐ au volant de ma voiture.
☐ avec mes enfants et mes voisins.

7. Mes documents précieux sont
☐ les titres de ma maison.
☐ testament/donation entre vifs.
☐ des procurations pour moi et mon conjoint.

8. Si je pars vivre ailleurs, je
☐ voyagerai quelque temps.

☐ quitterai ma résidence actuelle.
☐ louerai avant d'acheter.

9. En dehors de mon conjoint, mes relations les plus précieuses seront
☐ mes enfants.
☐ mes amis et mes voisins.
☐ un cercle social nouveau.

10. Si je fais du bénévolat, ce sera au profit de
☐ personnes âgées/enfants/ milieux défavorisés.
☐ mes idéaux politiques.
☐ des œuvres caritatives.

11. Je travaillerai jusqu'à 65 ans
☐ pour toucher la totalité de ma retraite.
☐ parce que j'aime travailler.
☐ pour sortir de la maison.

12. J'anticiperai ma retraite car
☐ je suis las de mon travail.
☐ nous aimerions déménager.
☐ j'ai d'autres activités en vue.

Prévoir une retraite heureuse

Selon divers experts financiers, un couple à la retraite, en Amérique du Nord, peut vivre confortablement s'il touche 85 p. 100 de ses revenus antérieurs. C'est sans compter avec l'inflation ! Par exemple, si vous avez 65 ans et prévoyez vivre jusqu'à 85 ans avec un budget annuel de 15 000 $, c'est, en gros, une somme globale de 300 000 $ que vous allez dépenser. Mais si le taux d'inflation reste de 6 p. 100 par an, il vous faudra en réalité 510 000 $ pour maintenir votre train de vie. De la même façon, la personne de 58 ans qui prévoit prendre sa retraite dans sept ans avec 20 000 $ (dans le contexte actuel) aura besoin non pas de 400 000 $ (20 000 $ x 20) pour garder son niveau de vie, mais bien de 1 050 000 $. Heureusement, votre capital retraite peut croître au rythme de l'inflation et peut-être même plus vite.

Pour estimer grosso modo votre

Âge actuel	Coût d'une retraite de 20 ans				
	En gras : dépenses annuelles projetées à partir de 65 ans				
	10 000 $	15 000 $	20 000 $	25 000 $	30 000 $
48	935 000 $	1 402 000 $	1 870 000 $	2 337 000 $	2 805 000 $
53	700 000 $	1 050 000 $	1 400 000 $	1 750 000 $	2 100 000 $
58	525 000 $	785 000 $	1 050 000 $	1 310 000 $	1 575 000 $
65	370 000 $	510 000 $	740 000 $	880 000 $	1 110 000 $

revenu de retraite, ajoutez la pension versée par l'employeur et les prestations des régimes d'État aux revenus de vos placements. Déduisez 25 p. 100 environ pour les impôts. Si le chiffre obtenu correspond à 85 p. 100 du total de vos dépenses actuelles et si vous pouvez assumer le taux d'inflation annuel, votre retraite s'annonce bien.

Toutefois, si vos revenus de retraite vous paraissent insuffisants, vous pourrez les arrondir en vendant votre maison et vivre convenablement de votre capital si vous vous êtes constitué un bon régime de rentes annuelles. Par contre, si

le fossé qui sépare la réalité de vos aspirations est profond, voici quelques mesures à prendre.
☐ Retardez votre retraite.
☐ Épargnez davantage jusque-là.
☐ Essayez d'obtenir un meilleur rendement de vos placements. (Ne laissez pas dormir de l'argent dans un compte d'épargne à intérêt de 5,5 p. 100 quand vous pouvez l'investir dans des obligations non imposables qui rapportent 7 p. 100.)
☐ Si vous êtes à loyer, pensez à acheter une maison. L'argent du loyer servira à amortir l'hypothèque et la propriété prendra vraisemblablement de la valeur.

Profitez de votre temps

Une fois que vous aurez arrêté de travailler, vous serez sans doute surpris, au début, de disposer d'autant d'heures de loisir. Comment en profiter au mieux ?

Diverses enquêtes révèlent que la plupart des retraités considèrent la télévision comme la première de leurs activités, mais aussi comme l'un de leur passe-temps le moins agréable. Ceux qui retirent le plus de satisfactions de leur retraite ont su équilibrer et varier les diverses activités de leur vie quotidienne.

Avant de prendre votre retraite, dressez une liste de toutes les occupations — passe-temps, bénévolat, sorties, réunions sociales, activités sportives, etc. — que vous appréciez ou que vous aimeriez exercer pour la première fois. Répondez aux questions ci-dessous pour chaque occupation et comptez un point pour toute réponse positive.

☐ Est-elle saine ?
☐ Est-elle stimulante ?
☐ Est-elle gratifiante ?
☐ Est-elle distrayante, relaxante ?

Non seulement les chiffres obtenus vous indiqueront quelles sont les activités qui vous conviennent le mieux (ou le moins bien), mais ils vous diront si vous avez su tenir compte, dans votre plan, des quatre aspects importants indispensables à une retraite agréable.

Les possibilités de logement

Type	Avantages	Inconvénients	Précautions
Location d'un appartement	Déménager est relativement facile. Le propriétaire se charge de l'entretien de l'immeuble	Augmentation des loyers. Charges supplémentaires pour certains services	Examinez attentivement le bail. Visitez le voisinage
Achat d'un condo	Peut être légué par testament. L'entretien extérieur est assuré par l'administrateur	Augmentation des frais de condo. Failles dans les contrats. Construction bâclée, finitions inexistantes	Faites vérifier les actes de vente par un avocat ou un notaire. Vérifiez les conditions pour l'enregistrement
Achat en copropriété	Sélection des copropriétaires. Réparations généralement assurées par la collectivité	Complications testamentaires. Évaluation foncière susceptible de grimper	Lisez les procès-verbaux des assemblées de copropriétaires. Vérifiez la construction
Achat d'un terrain, construction d'une maison	Intimité, espace, aménagement personnalisé	Attention aux escrocs. Coût de l'entretien. Immobilisation du capital	Faites vérifier tous les aspects de la transaction par un avocat ou un notaire
Maison de retraite	Services et soins médicaux assurés sur place	Coût souvent élevé ; parfois situé trop loin de la famille	Informez-vous de la réputation de la résidence, des conditions de séjour et des aides financières
Maison mobile	Construction bien réglementée. Les parcs comportent souvent des installations de loisirs	Frais de déménagement. Interdite dans certaines localités	Calculez les frais d'installation avec l'achat. Vérifiez la réglementation en cas de vente

Vous voulez déménager ?

Les raisons de rester...

☐ Vous habitez la ville où vous êtes né.

☐ Vous appréciez amis et voisins qui vous entourent.

☐ Le coût de la vie ne dépasse pas vos moyens.

☐ Vous avez des commerces à proximité.

☐ Vous appréciez votre médecin traitant.

☐ Vos enfants et petits-enfants peuvent vous rendre visite.

☐ Un voyage de temps à autre suffira à vos envies d'exotisme.

Les raisons de partir...

☐ Le quartier se détériore ou, au contraire, devient trop cher.

☐ Votre médecin vous recommande un autre climat.

☐ Vous souhaitez vous rapprocher de vos enfants.

☐ Vous aimeriez faire de nouvelles connaissances.

☐ Votre maison est devenue trop grande.

☐ Vous avez une maison de campagne et désirez y vivre désormais toute l'année.

☐ Vous trouveriez facilement un emploi d'appoint.

TEST ?

Votre espérance de vie

L'espérance de vie de chacun dépend de différents critères. Elle peut varier pour des raisons génétiques, mais elle est aussi la conséquence de phénomènes que nous pouvons contrôler.

Pour vous faire une idée plus précise de votre longévité potentielle, repérez l'espérance de vie moyenne d'un individu de votre âge dans le tableau ci-contre, puis ajoutez ou soustrayez les résultats obtenus aux questions ci-dessous.

Espérance de vie moyenne au Canada		
Âge	Homme	Femme
25	74,6	80,7
35	75,2	81,2
45	75,9	81,4
55	77,2	82,4
65	79,9	84,1

1. Ajoutez une année par demi-décennie vécue par votre père après 70 ans ; une année par demi-décennie vécue par votre mère après 78 ans.

2. Si vous êtes célibataire, déduisez une année pour chaque décennie après 25 ans.

3. Si vous êtes marié, ajoutez cinq ans. En cas de dissensions familiales importantes, retranchez deux ans.

4. Si vous habitez une grande ville, retranchez deux ans. Pour une petite ville ou à la campagne, ajoutez deux ans.

5. Si vous avez toujours vécu dans une situation financière très aisée ou très pauvre, retranchez trois ans.

6. Si vous avez plus de 40 ans, retirez un an par tranche de 3 kg dépassant votre poids idéal (voir p. 252). Pour les hommes : déduisez un an par centimètre excédentaire de tour de taille par rapport au tour de poitrine.

7. Si vous faites régulièrement un peu de sport, ajoutez trois ans. Si vous vous entraînez tous les jours, cinq ans.

8. Si vous êtes souvent tendu et aimez la compétition, déduisez cinq ans. En revanche, ajoutez cinq ans si vous êtes doté d'une personnalité gaie, enjouée.

9. Si vous buvez beaucoup, déduisez cinq ans ; excessivement, 10 ans. Si vous usez de drogues légères, cinq ans.

10. Si vous fumez 10 cigarettes par jour, retranchez trois ans ; de 20 à 30 cigarettes, cinq ans ; 40 cigarettes, 10 ans.

11. Si vous faites des examens systématiques chez le médecin ou le dentiste, ajoutez trois ans. Si vous êtes souvent malade, retranchez deux ans.

12. Si votre alimentation est riche en graisses, sel et sucre, retranchez quatre ans. Si elle est composée de fruits, de légumes et d'aliments protidiques pauvres en graisses, ajoutez quatre ans.

Votre espérance de vie _____

Le stress dans votre vie

Les causes du stress sont classées en fonction des unités de changement de vie (UCV). Bien qu'une dose modérée de stress (jusqu'à 150 unités) soit une chose normale, un stress excessif risque d'affecter l'organisme.

Voici, par ordre croissant, les principales circonstances de la vie qui peuvent provoquer l'apparition de stress chez un individu. (Voir aussi *Stress*, p. 208.)

Noël 12
Vacances 13
Problèmes familiaux 29 Départ d'un enfant
31 Hypothèque de plus de 10 000 $
35 Changement de profession
36 Mort d'un ami proche
Épreuves financières 37
Naissance d'un enfant 39
Problèmes sexuels 39
Grossesse 40
Retraite 45
Perte d'un emploi 47
Mariage 50
Blessure, maladie 53
Mort d'un des membres 63 de la famille
Séparation 65
Divorce 73
Mort du conjoint 100

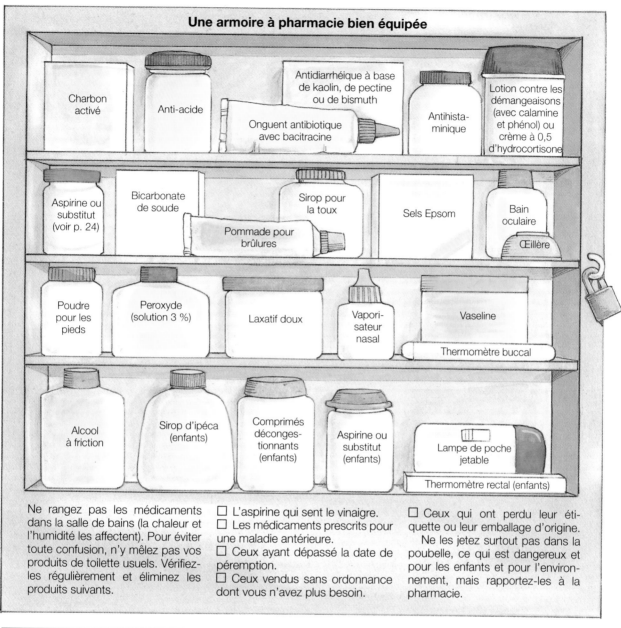

Une armoire à pharmacie bien équipée

Charbon activé

Anti-acide

Onguent antibiotique avec bacitracine

Antidiarrhéique à base de kaolin, de pectine ou de bismuth

Antihistaminique

Lotion contre les démangeaisons (avec calamine et phénol) ou crème à 0,5 d'hydrocortisone

Aspirine ou substitut (voir p. 24)

Bicarbonate de soude

Pommade pour brûlures

Sirop pour la toux

Sels Epsom

Bain oculaire

Œillère

Poudre pour les pieds

Peroxyde (solution 3 %)

Laxatif doux

Vaporisateur nasal

Vaseline

Thermomètre buccal

Alcool à friction

Sirop d'ipéca (enfants)

Comprimés décongestionnants (enfants)

Aspirine ou substitut (enfants)

Lampe de poche jetable

Thermomètre rectal (enfants)

Ne rangez pas les médicaments dans la salle de bains (la chaleur et l'humidité les affectent). Pour éviter toute confusion, n'y mêlez pas vos produits de toilette usuels. Vérifiez-les régulièrement et éliminez les produits suivants.

☐ L'aspirine qui sent le vinaigre.
☐ Les médicaments prescrits pour une maladie antérieure.
☐ Ceux ayant dépassé la date de péremption.
☐ Ceux vendus sans ordonnance dont vous n'avez plus besoin.

☐ Ceux qui ont perdu leur étiquette ou leur emballage d'origine.
 Ne les jetez surtout pas dans la poubelle, ce qui est dangereux et pour les enfants et pour l'environnement, mais rapportez-les à la pharmacie.

Dossiers médicaux à tenir

Pour vous ou votre conjoint
☐ Toute réaction d'intolérance ou d'allergie à un médicament.
☐ Allergies. Groupe sanguin.
☐ Médicaments habituels.
☐ Dates et diagnostics de toutes les maladies qui ont nécessité le recours au médecin.

☐ Malaises fréquents ou maladies chroniques.
☐ Date du dernier examen ophtalmologique.
☐ Dates et raisons de toute hospitalisation ou de toute intervention chirurgicale.
☐ Dates, nature et type de radiographies des trois dernières années.
☐ Dates du dernier frottis, de la dernière mammographie.
☐ Dates de toutes les vaccinations.

Pour chaque enfant
☐ Date de naissance, poids et affections à la naissance.
☐ Groupe sanguin.
☐ Réactions à des médicaments.
☐ Vaccinations effectuées et dates.
☐ Dates des maladies infantiles.
☐ Types d'infections (oculaires, auriculaires...) ; effets de la médication prescrite.
☐ Toute blessure sérieuse ou accident grave.

Comment traiter les petits maux courants

Affection	Premiers soins	Appelez le médecin en cas de
Blessure	Stoppez le saignement par compression (10 minutes). Lavez à l'eau et au savon ; rincez abondamment ; désinfectez avec une compresse de gaze stérile et un antiseptique. Appliquez un pansement (voir p. 163) ; changez le pansement tous les jours	Hémorragie incontrôlable, blessure ne cicatrisant pas. Blessure très profonde, de plus de 3 cm de longueur. Engourdissement des doigts ; rappel antitétanique de cinq ans ou plus. Infection (pus, rougeur, gonflement, fièvre). Plaie non cicatrisée en trois semaines ; engourdissement persistant
Céphalée	Aspirine, massages, compresses froides en cas de céphalée due à la tension musculaire. Décongestionnant, serviettes chaudes en cas de sinusite	Température au-dessus de 39°C ou raideur de la nuque. Traumatisme crânien récent, élocution difficile, troubles visuels, torpeur, faiblesse des membres ; vomissements. Douleur récurrente, très intense ou persistante (trois jours)
Douleur dorsale	Pour la prévention et les soins, voir page 80	Douleur due à un accident. Douleur abdominale ; sang dans les urines ; mictions douloureuses. Douleur le long de la jambe ; engourdissement des jambes. Pas d'amélioration en trois à sept jours ; forte fièvre. Toute douleur intense pendant la grossesse
Douleur thoracique, dyspepsie	Surélevez la tête du lit. Évitez aspirine, café, tabac et aliments acides. Absorbez un anti-acide	Douleur thoracique intense, gêne respiratoire, sueurs abondantes, douleur aiguë dans le dos, les bras ou les épaules. Vomissements et selles noires ou sanglantes. Douleur abdominale aiguë. Douleur abdominale qui s'aggrave après les repas. Symptômes résistant plus de trois jours aux anti-acides
Entorse	Surélevez le membre blessé ; pendant 24 heures, appliquez de la glace pendant 15 minutes toutes les heures. Aspirine en cas de douleur. Pendant la période de récupération, prévoyez un bandage élastique	Membre instable, engourdi, froid, bleu. Entorse consécutive à un accident grave ou à une chute. Sensibilité de l'os à un endroit particulier (fracture possible). Douleur évoluant depuis quatre jours ou nécessitant de fortes doses d'analgésiques
Fièvre	Secouez le thermomètre avant l'utilisation et laissez-le trois minutes sous la langue. Pas de couverture supplémentaire, même si le malade a froid. Utilisez des serviettes de toilette humides et fraîches pour faire baisser la fièvre. Un verre de liquide toutes les deux heures	Déshydratation : peau sèche et plissée, soif intense, envies fréquentes d'uriner, urines foncées. Éruption cutanée, mal de tête, nuque raide, irritabilité. Douleur dorsale ou abdominale aiguë, apathie. Forte fièvre depuis trois jours ; vomissements ou crise convulsive. Fièvre consécutive à un traitement ; difficultés respiratoires. Expectoration purulente ; douleur ou écoulement d'oreille
Mal de gorge	Liquides en abondance ; ne fumez pas, évitez de parler. Faites des gargarismes ou utilisez une solution anesthésique en vente libre. Pastilles ou bonbons	Contact avec une personne atteinte d'une angine streptococcique. Température dépassant 38,5°C sans symptôme grippal. Respiration difficile ; difficulté à avaler. Douleur auriculaire, douleur thoracique ; éruption cutanée. Céphalées violentes ; difficultés à baisser la tête. Points blancs sur les amygdales ; amygdales augmentées de volume ou ulcérées. Enrouement ; ganglions palpables au niveau du cou depuis plus de trois semaines
Toux, nez bouché	Liquides en abondance ; inhalations. Pastilles pour la gorge, vaporisateur nasal. Les autres membres de la famille devront se laver les mains fréquemment	Température dépassant 39,5°C pendant plus de deux jours. Douleur thoracique, respiration sifflante ; gêne respiratoire, expectoration purulente ou sanglante. Toux depuis 10 jours ; congestion nasale depuis deux semaines
Vomissements, diarrhée	Ginger ale dégazéifié ; sucez des glaçons. Évitez les produits contenant de l'aspirine. Pas de produits antidiarrhéiques les cinq ou six premières heures pour permettre aux bactéries de s'évacuer. À l'arrêt des nausées, alimentez-vous légèrement	Vomissements après un traumatisme crânien ou avec maux de tête. Blanc de l'œil ou peau de couleur jaune. Abdomen douloureux ou distendu ; fièvre. Déshydratation : incapacité de garder des boissons plus de 12 heures. Selles noires ou sanglantes. Symptômes qui durent trois jours ou qui réapparaissent

Rester longtemps en bonne santé

Pas de tabac. Malgré leurs efforts pour respecter une bonne hygiène de vie, les fumeurs doivent savoir que le tabagisme reste l'un des fléaux les plus dramatiques pour la santé. Si fumer une cigarette par jour est, bien sûr, moins néfaste qu'en fumer 20, il n'existe pas de quantité de tabac qui ne soit toxique pour l'organisme. Cesser de fumer étant particulièrement difficile, la meilleure — et probablement la seule — solution est de ne jamais commencer. Il faut pour cela, et ce n'est pas une tâche aisée, convaincre les adolescents, puisque c'est généralement à cet âge que le tabagisme commence.

Peu d'alcool. Une consommation faible de boissons alcoolisées fait partie des principes fondamentaux d'une bonne hygiène de vie. Contrairement à ce qui se passe pour le tabac, un organisme adulte sain a la capacité de détoxiquer de petites quantités d'alcool.

Peu de matières grasses. Consommez le minimum d'aliments gras ; remplacez les matières grasses animales par des graisses d'origine végétale.

Peu de sucre. Diminuez ou supprimez si vous le pouvez la consommation de sucre raffiné.

Des fibres. Fournies par les légumes crus et cuits, les fruits, le pain complet et les céréales complètes, les fibres doivent figurer en bonne quantité dans votre alimentation.

Un poids idéal. Perdez les kilos en trop et stabilisez votre poids.

Une activité physique régulière. Pratiquez toute votre vie un sport adapté à votre âge. L'idéal consiste en trois séances par semaine d'endurance cardio-vasculaire, complétées d'une séance d'étirements et de renforcements musculaires. Les sports d'endurance sont la course à pied, le cyclisme, la natation, le ski de fond, l'aviron et la marche.

Questions à se poser avant une opération

Voici 10 interventions chirurgicales couramment pratiquées, avec leurs alternatives éventuelles : si vous devez subir une intervention, autant connaître les autres solutions possibles — une intervention moins importante ou une autre forme de traitement. Si vous souhaitez obtenir un autre avis, vérifiez dans la deuxième colonne le type de spécialiste que vous pourrez consulter à cet effet.

Les informations données ici n'ont d'autre ambition que de vous servir de guide et ont été établies avec l'aide d'autorités médicales. Elles ne peuvent en aucun cas se substituer aux conseils de votre médecin.

Intervention chirurgicale	Spécialistes	Alternatives	Autres types de traitement
Articulations	Orthopédiste Physiatre	Arthroscopie	Physiothérapie Traitements au laser. Ultrasons
Carotides	Neurologue Neurochirurgien Chirurgien vasculaire		Anticoagulants Antiagrégants
Cataracte	Ophtalmologiste	Implant cristallin	Verres correcteurs Repoussez au maximum l'intervention tant que la vue n'est pas très touchée
Coronaire (pontage)	Cardiologue Chirurgien cardio-thoracique	Angioplastie	Médicaments Régime alimentaire Activité physique programmée
Hémorroïdes	Chirurgien général Chirurgien colorectal Gastroentérologue	Chirurgie au laser Contention élastique Cautérisation	Pommade, suppositoires Sièges rembourrés Laxatifs
Prostate	Urologue Cancérologue	Orchidectomie Biopsie à l'aiguille	Prostatectomie ouverte ou transurétrale. Traitement hormonal. Irradiation Chimiothérapie
Utérus (ablation)	Gynécologue Cancérologue	Curetage Myomectomie	Traitement hormonal. Attendez l'amélioration spontanée avec l'âge
Varices	Phlébologue Interniste	Injections sclérosantes	Bas spéciaux Régime alimentaire Exercice physique
Vertèbres	Neurologue Neurochirurgien Orthopédiste Physiatre	Infiltrations de corticoïdes	Anti-inflammatoires Rééducation fonctionnelle Chaleur, repos
Vésicule biliaire	Gastroentérologue Chirurgien général	Lithotriptie	Dissolution des calculs par des médicaments

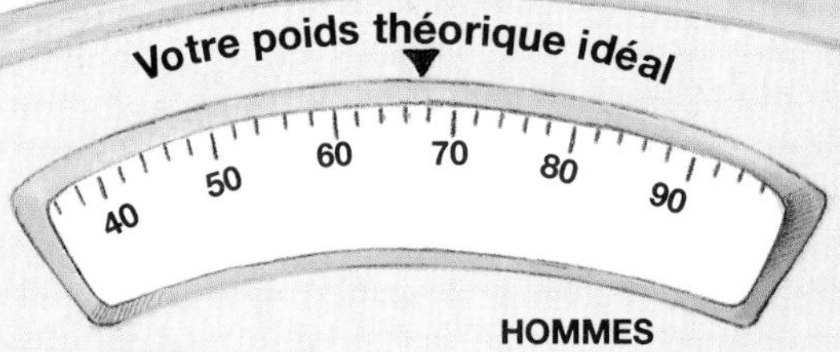

Votre poids théorique idéal

40 50 60 70 80 90

FEMMES

Taille	Ossature fine	Ossature moyenne	Ossature large
1,50	40-50	50-53	54-58
1,52	48-51	51-54	55-59
1,55	49-52	52-55	56-60
1,57	50-53	53-56	57-61
1,60	51-55	54-58	58-62
1,62	52-57	56-60	59-64
1,65	54-58	57-61	60-65
1,67	55-60	59-64	63-68
1,70	57-61	60-65	64-69
1,72	58-63	62-66	65-71
1,75	60-65	64-68	67-73
1,77	61-66	65-70	68-75
1,80	62-68	67-71	70-76
1,82	63-69	68-73	72-77
1,85	65-71	70-76	75-80

HOMMES

Taille	Ossature fine	Ossature moyenne	Ossature large
1,57	52-56	55-60	59-64
1,60	54-58	57-61	60-65
1,62	55-60	59-63	62-67
1,65	55-61	60-65	64-69
1,67	58-63	62-66	65-71
1,70	60-65	64-68	67-73
1,72	61-66	65-70	69-75
1,75	63-68	67-72	71-77
1,77	65-70	69-74	73-79
1,80	67-72	71-76	75-81
1,82	69-74	73-78	77-84
1,85	71-76	75-80	79-85
1,87	73-78	77-82	81-86
1,90	75-80	79-84	83-88
1,92	77-82	81-86	85-91

Soustrayez 1,5 kg des poids indiqués ci-dessus pour les vêtements

Pour déterminer le type de votre ossature (fine, moyenne ou large), repliez le coude de manière à former un angle de 90°, puis demandez à quelqu'un de mesurer la distance qui va de l'intérieur à l'extérieur de l'articulation. Pour les femmes : 7 cm ou davantage indiquent une ossature large ; de 6 à 7 cm, une ossature moyenne ; moins de 6 cm, une ossature fine. Pour les hommes : 9 cm, une ossature large ; de 7 à 9 cm, une ossature moyenne ; moins de 7 cm, une ossature fine.

Les bienfaits du sport

Le tableau ci-contre vous indique l'évaluation faite par des médecins du sport pour 14 activités sportives très populaires, en fonction de leurs bienfaits dans quatre catégories. Le nombre de points le plus élevé dans une catégorie est de 21.

Il ne faut cependant pas oublier que la pratique d'un sport exigeant un effort violent, comme le squash, peut être dangereux pour un individu sédentaire ou en mauvaise condition physique. Faites vérifier votre état de santé par le médecin avant de vous lancer dans tout entraînement sportif. (Voir aussi Endurance, p. 88.)

Sport	Contrôle du poids	Tonicité musculaire	Digestion	Sommeil	Total
Jogging	21	14	13	16	64
Cyclisme	20	15	12	15	62
Natation	15	14	13	16	58
Patin à glace, Patin à roulettes	17	14	11	15	57
Ski de fond	17	12	12	15	56
Squash, handball	19	11	13	12	55
Basket-ball	19	13	10	12	54
Gymnastique suédoise	12	18	11	12	53
Tennis	16	13	12	11	52
Ski alpin	15	14	9	12	50
Marche	13	11	11	14	49
Balle molle	7	5	8	7	27
Golf	6	6	7	6	25
Quilles	5	5	7	6	23

TEST

?

Vérifiez vos connaissances

Vrai ou faux ?

1. La gymnastique est déconseillée aux femmes enceintes. _____

2. La plupart des gens perdent plus de poids grâce au sport qu'à l'aide d'un régime. _____

3. On peut prendre du poids en faisant du sport. _____

4. Si vous transpirez abondamment, c'est que vous vous donnez à fond. _____

5. Manger des sucreries avant de s'entraîner donne davantage d'énergie. _____

6. Il est normal d'être essoufflé après l'effort. _____

1. *Faux.* Elles ne doivent pas s'épuiser, mais un peu de gymnastique est souvent bénéfique. Consultez votre médecin.

2. *Vrai.* L'effet est plus lent mais plus durable. L'activité physique régularise l'appétit, accroît la force musculaire, la solidité osseuse et l'aptitude cardio-vasculaire. Ce que ne font pas les régimes hypocaloriques.

3. *Souvent vrai,* car les muscles pèsent plus lourd que la graisse. Mais, paradoxalement, vous serez plus mince.

4. *Faux.* Transpirer signifie simplement que vous avez trop chaud et que votre corps cherche à se refroidir.

5. *Faux.* Elle incitera votre pancréas à produire de l'insuline, vous sentirez immédiatement la fatigue et la soif. Absorbez plutôt des glucides lents, du type pain complet ou pâtes, environ deux heures avant l'entraînement.

6. *Faux.* C'est un signe d'épuisement. Vous devriez être capable de discuter tout en vous entraînant.

Un sport n'est bénéfique que s'il est pratiqué régulièrement.

Quel est le bon sport pour vous ?

Pour trouver celui qui vous sera le plus profitable, interrogez-vous...

Un matériel spécial est-il nécessaire pour ce sport ? Aurai-je la place de le ranger ?

Ce sport est-il approprié à mon âge et à ma santé ? Qu'en pense mon médecin ?

Pourrai-je en tirer un profit suffisant et améliorer mes qualités avec le temps ?

Est-ce que je préfère un sport collectif, un sport individuel ?

Sera-t-il adapté à mon emploi du temps ? Le ferai-je le matin ou l'après-midi ?

Devrai-je me déplacer pour le pratiquer ? En aurai-je le temps ?

Suis-je sûr de le pratiquer pendant au moins six mois ?

La valeur nutritive des aliments

Pour fonctionner convenablement, le corps humain a besoin d'une quarantaine d'éléments nutritifs. Il est bon de connaître les principaux éléments que contiennent les aliments les plus couramment consommés pour établir un équilibre alimentaire satisfaisant.

Les chiffres donnés ici sont des valeurs moyennes. Ils varieront notamment en fonction des saisons et des conditions de production.

TABLE DE COMPOSITION DES ALIMENTS

(Calories, lipides, glucides, protides en grammes ; sodium, calcium, magnésium, fer et vitamines en milligrammes.)
Pour 100 g d'aliments crus ou 100 ml

Aliments	Calories	Lipides	Glucides	Protides	Sodium	Calcium	Magnésium	Fer	Vitamine A	Vitamine B₁	Vitamine B₂	Vitamine C
LAITAGES												
Beurre	735	81	0,7	0,6	10	16	1	0,19	0,99	—	0,01	0,15
Camembert à 45 % de mat. gr.	284	23	2	21	1100	268	18	0,5	0,31	0,05	0,45	-
Cantal	366	30	—	23	—	780	30	—	0,31	—	0,45	-
Crème fraîche à 30 % de mat. gr.	316	32,7	61,6	2,3	39	77	—	0,1	0,15	0,025	0,14	1
Emmental	379	29	0,2	29	620	1130	50	0,9	0,44	0,05	0,33	0,002
Fromage blanc à 40 % de mat. gr.	120	8	3,5	7,5	—	160	—	—	—	0,02	0,3	1,5
Lait écrémé	32	0,2	4,5	3,5	65	130	14	0,1	—	0,04	0,16	1
Lait entier	62	3,5	4,5	3	77	137	13	0,05	0,03	0,04	0,16	1
Roquefort	370	33	—	18,5	850	700	40	1	0,24	0,05	0,6	-
Yogourt entier	71	3,5	5	4	62	150	—	0,2	0,04	0,045	0,024	2
Yogourt écrémé	44	0,5	5	45	—	140	—	0,3	0,01	0,05	0,13	-
Œuf entier	163	11	0,9	13	130	54	11	2,7	0,34	0,06	0,34	-
POISSONS, CRUSTACÉS												
Crabe	121	5	—	19	150	45	48	0,9	—	0,05	0,1	-
Daurade	77	1	0	17	—	53	—	0,9	—	—	—	-
Homard	85	2	—	16,5	55	61	22	0,6	—	0,15	0,25	-
Maquereau	180	12	—	19	140	5	33	1	0,05	0,15	0,35	-
Pétoncles	74	0,1	3,4	14,8	150	26	—	1,8	—	0,04	—	-
Raie	89	1	—	20	75	20	25	1	—	—	—	-
Sole	65	0,5	—	14,9	70	30	31	0,8	0,009	0,22	0,21	-
Thon frais	226	15,5	—	21,5	—	5	—	1,5	0,3	0,05	0,11	-
VOLAILLES												
Canard	322	28,6	0	16	85	15	15	1,8	—	0,1	0,24	-
Dinde	223	10	0,4	20,1	66	25	—	3,8	—	0,13	0,14	-
Poule	369	29,5	0	23,5	—	13	—	1,5	—	0,08	0,16	-
Poulet	150	7	—	21	80	12	35	1,8	—	0,1	0,2	2,5
VIANDES												
Agneau												
Côtelette	215	17	—	18	—	10	—	2	—	0,2	0,4	-
Épaule	289	25	—	16	—	10	—	—	—	0,15	0,2	-
Gigot	225	17	—	18	—	10	—	—	—	0,17	0,22	-
Bœuf												
Filet	184	5	—	21	—	10	—	2,9	—	0,1	0,16	-
Haché mi-maigre	252	19,6	0,5	18,2	70	6	19	2,8	0,02	0,1	0,18	-
Lapin	216	10	—	29	18	—	2,4	—	0,009	0,12	0,18	-
Porc												
Côte	332	24	—	28	62	8	—	2,2	—	0,8	0,19	-
Longe	291	25,2	—	16	76	9	20	2,4	—	0,8	0,19	2
Filet	373	30	—	22	—	9	—	2,4	—	0,8	0,8	-
Veau												
Côte	117	3	—	21	35	11	—	2,9	—	0,15	0,26	-
Fesse	157	9	—	19	35	11	—	3	—	0,18	0,18	-

Aliments	Calories	Lipides	Glucides	Protides	Sodium	Calcium	Magnésium	Fer	Vitamine A	Vitamine B$_1$	Vitamine B$_2$	Vitamine C
Veau (suite)												
Ris	110	3,5	—	19,8	35	11	—	1,5	—	0,08	0,35	55
Rognon	126	6,2	0,5	16,9	35	10	—	6	0,02	0,35	2,3	12
CHARCUTERIES												
Boudin noir	294	37	0,9	14	—	10	—	—	—	—	—	-
Prosciutto	335	30,5	—	15,1	75	9	20	2,3	—	0,82	0,19	-
Jambon	264	20,6	—	19,5	876	9	—	2,7	—	0,54	0,26	-
Rillettes	468	44	—	18	—	—	—	—	—	—	—	-
FRUITS FRAIS												
Abricot	54	0,2	12,5	1	0,8	16	14	1	0,84	0,04	0,09	8
Ananas	57	0,2	13	0,5	1	14	14	0,5	0,04	0,08	0,03	26
Banane	100	0,4	23	1	2	10	33	0,6	0,13	0,1	0,07	8
Cerise	68	0,4	15	1	2	19	13	0,5	0,19	0,05	0,06	12
Fraise	37	0,5	7,5	1	2	29	12	0,8	—	0,03	0,06	60
Framboise	44	0,5	8,6	1,1	3	45	22	0,9	—	0,03	0,07	0,09
Orange	54	0,2	12	1	1	31	10	0,43	0,05	0,09	0,03	60
Pamplemousse	44	0,2	10	0,5	2	19	11	0,3	—	0,06	0,06	40
Pêche	51	0,1	12	0,5	1	8	11	0,5	0,27	0,03	0,05	8
Poire	56	0,4	13	0,5	3	13	8	0,4	0,07	0,02	0,02	5
Pomme	55	0,5	12,5	0,5	1	6	5	0,35	0,02	0,04	0,04	9
Raisin	77	0,7	16,6	0,9	2	19	9	0,45	0,02	0,05	0,02	5
Rhubarbe	29	0,1	3,8	51	2	51	16	0,5	—	0,02	—	15
FRUITS SECS												
Abricot	273	0,5	63	4	18	83	62	3,5	2,23	0,01	0,16	10
Amande	634	54	17	20	3	254	253	4,4	0,02	0,25	0,67	-
Datte	305	0,5	73	2	1	72	65	2,1	0,01	0,09	0,09	-
Noix	677	62,2	14,3	15	4	82	134	2,1	0,10	0,4	0,17	3
Pruneau	293	0,5	69,7	2,3	8	50	36	3,4	0,57	0,15	0,23	3
Raisins secs	324	0,9	69,7	2,6	27	60	39	3,3	0,01	0,15	—	-
LÉGUMES FRAIS												
Artichaut	34	0,15	5,6	2,4	43	45	—	1,5	0,06	0,13	0,02	7
Asperge	25	0,2	3,5	2,3	2	20	20	0,9	0,3	0,02	0,15	27
Aubergine	27	0,2	5,1	1,2	3	13	11	0,45	—	0,04	0,05	5
Betterave cuite	42	0,15	8,5	1,5	48	23	—	0,8	—	0,02	0,05	6
Carotte	41	0,2	8,5	1,1	50	39	18	0,8	0,6	0,06	0,06	8
Chou blanc/vert	27	0,2	4,8	1,4	13	55	25	0,5	0,02	0,05	0,04	50
Concombre	13	0,1	2,2	0,7	8	10	9	3,1	0,09	0,05	0,2	8
Endive	22	0,2	3,2	1,7	18	104	13	1,7	0,9	0,1	0,2	11
Haricot vert	39	0,2	6,7	2,4	2	44	26	1	0,19	0,07	0,1	19
Laitue	18	0,2	2,6	1,3	14	26	12	0,6	0,17	0,07	0,1	9
Maïs en grains	101	1,2	18,7	3,7	0,4	9	38	0,5	0,12	0,15	0,12	12
Oignon	47	0,2	9,8	1,4	9	32	12	0,5	0,01	0,04	0,06	20
Poireau	43	0,3	7,9	2	28	60	18	1	0,01	0,06	0,04	19
Poivron	20	0,2	3,8	1,2	0,5	11	12	0,4	0,19	0,06	0,06	120
Pomme de terre	85	0,1	18,9	2	4	14	28	0,9	—	0,11	0,04	30
Radis	21	0,1	3,9	1,1	15	37	14	1,1	—	—	0,11	100
Tomate	22	0,3	3,7	1	3	11	11	0,6	0,33	0,06	0,04	30
CÉRÉALES et DÉRIVÉS												
Flocons de maïs	375	0,4	84,6	8,1	660	10	17	1,3	—	0,04	0,1	-
Pain blanc	260	0,7	57	6,9	493	22	27	0,8	—	0,07	0,05	-
Pain complet	230	1,2	50	8,1	520	54	57	1,6	—	0,2	0,1	-
Pâtes cuites	148	0,6	30,5	5,1	—	9	—	0,6	—	0,02	0,01	-
Riz cuit	116	0,3	25,8	2,5	2	4	—	0,3	—	0,02	0,01	-

Le meilleur au meilleur prix

Sentez-vous monter votre tension, au super-marché, en voyant s'allonger votre coupon de caisse ? Vous demandez-vous toujours où est passé votre argent ? Voici quelques petits trucs pour ne pas vous laisser surprendre, sans sacrifier la qualité de vos repas.

Laissez, si possible, les enfants à la maison ; ils peuvent vous contraindre à acheter beaucoup de produits inutiles.

Évitez d'acheter des sauces toutes pré-parées. Achetez les ingrédients frais et préparez-les vous-même.

Méfiez-vous des promotions ! Elles vous amènent parfois à acheter des articles dont vous n'avez pas besoin.

Vérifiez toujours le prix au kilo. Celui d'un paquet de pâtes peut varier du simple au double en raison d'un emballage sophis-tiqué...

Sélectionnez de préférence les bas morceaux de bœuf, de porc ou d'agneau pour préparer des boulettes ou des croquettes : ils sont moins chers et tout aussi savoureux.

N'allez pas au supermarché l'estomac vide.

Préparez une liste pour éviter de vous laisser tenter.

Choisissez, parmi les conserves ou les surgelés, des produits de base qui vous serviront à préparer vos plats.

Achetez les légumes et les fruits au poids et non sous emballage.

Perdez l'habitude de consommer des pro-téines animales chaque jour. Essayez les légumes secs, variés, riches en protéines végétales.

L'hygiène à la cuisine

Pour éviter tout risque d'intoxica-tion, respectez ces quelques règles de propreté élémentaires.

☐ Avant de préparer la cuisine, lavez-vous toujours soigneusement les mains à l'eau tiède, avec un savon sans parfum.

☐ Lavez les ustensiles à l'eau chaude et au produit à vaisselle dès la fin de l'utilisation. Ne laissez ja-mais traîner de vaisselle sale.

☐ Remplacez régulièrement les éponges. Lavez souvent les tor-chons à l'eau très chaude. Passez de temps en temps brosse à vais-selle, grattoirs et goupillons au lave-vaisselle.

☐ Utilisez toujours des aliments frais (voir ci-contre les temps de stockage des denrées périssables).

☐ Évitez de tousser ou d'éternuer au-dessus des aliments que vous préparez, à plus forte raison si vous êtes enrhumé.

☐ Lorsque vous vous coupez, net-toyez aussitôt la blessure à l'alcool et mettez un pansement hermé-tique ou des gants en caoutchouc.

☐ Si vous aimez le steak tartare, faites hacher la viande par votre boucher au dernier moment et ne la conservez pas plus de 2 ou 3 heures au réfrigérateur.

☐ Attention à ne pas consommer « rosées » certaines viandes comme le porc (y compris saucisses et autres dérivés), le lapin, la volaille (sauf le canard) ou le veau.

☐ Dès le retour du marché, mettez les aliments périssables au frais.

☐ Lorsque vous décongelez un ali-ment, consommez-le le plus rapide-ment possible.

☐ Congelez les aliments par petites quantités, dans des contenants ou des sachets spéciaux, en faisant soigneusement le vide.

☐ Ne dépassez pas la date d'expira-tion indiquée sur l'emballage.

☐ Ne laissez pas les animaux do-mestiques grimper sur le plan de travail ou sur la table.

Les règles d'or du micro-ondes

☐ Cuisinez dans des plats en verre, en porcelaine, en céramique ou en terre cuite. Pas de métal, sauf avis contraire du fabricant.

☐ Placez le plat au centre du four et, le cas échéant, disposez les aliments pour que les parties les plus épaisses soient au bord du plat.

☐ Utilisez du papier ciré ou de la pellicule adhésive, jamais de feuille d'aluminium.

☐ Pour ne pas avoir une explosion, ne couvrez jamais le plat hermétiquement ; de la même façon, laissez un peu d'air pénétrer dans les papillotes.

☐ Ne faites pas cuire d'aliments en pleine friture.

☐ Ne mettez jamais en marche un four à micro-ondes vide.

☐ Suivez attentivement la recette et respectez les temps de repos. Sorti du four, l'aliment continue de cuire quelques instants.

☐ Ne faites pas cuire d'œufs dans leur coquille, ils éclateraient.

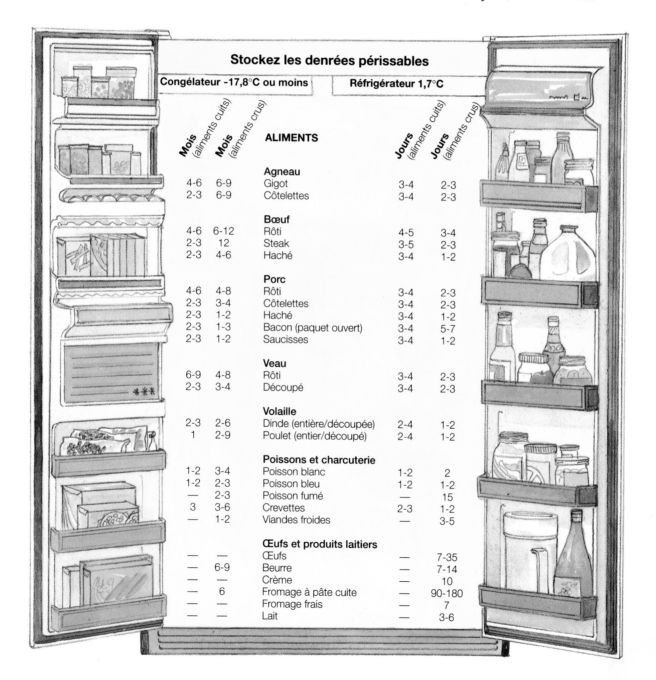

Stockez les denrées périssables

Congélateur -17,8°C ou moins			Réfrigérateur 1,7°C	
Mois (aliments cuits)	**Mois** (aliments crus)	**ALIMENTS**	**Jours** (aliments cuits)	**Jours** (aliments crus)
		Agneau		
4-6	6-9	Gigot	3-4	2-3
2-3	6-9	Côtelettes	3-4	2-3
		Bœuf		
4-6	6-12	Rôti	4-5	3-4
2-3	12	Steak	3-5	2-3
2-3	4-6	Haché	3-4	1-2
		Porc		
4-6	4-8	Rôti	3-4	2-3
2-3	3-4	Côtelettes	3-4	2-3
2-3	1-2	Haché	3-4	1-2
2-3	1-3	Bacon (paquet ouvert)	3-4	5-7
2-3	1-2	Saucisses	3-4	1-2
		Veau		
6-9	4-8	Rôti	3-4	2-3
2-3	3-4	Découpé	3-4	2-3
		Volaille		
2-3	2-6	Dinde (entière/découpée)	2-4	1-2
1	2-9	Poulet (entier/découpé)	2-4	1-2
		Poissons et charcuterie		
1-2	3-4	Poisson blanc	1-2	2
1-2	2-3	Poisson bleu	1-2	1-2
—	2-3	Poisson fumé	—	15
3	3-6	Crevettes	2-3	1-2
—	1-2	Viandes froides	—	3-5
		Œufs et produits laitiers		
—	—	Œufs	—	7-35
—	6-9	Beurre	—	7-14
—	—	Crème	—	10
—	6	Fromage à pâte cuite	—	90-180
—	—	Fromage frais	—	7
—	—	Lait	—	3-6

Solutions quand vous risquez d'être à court

Ingrédient	Substitut	Complément
Bœuf haché	Porc, volaille ou veau haché	Riz, pâtes, germe de blé, céréales non sucrées, oignon, courge, poivron vert
Bière	—	Ginger ale, limonade, tonic
Café	—	Chicorée grillée soluble
Champagne	Mousseux, vin blanc, pétillant de fruits	Eau pétillante, jus de fruits
Chapelure	Craquelins ou céréales émiettés, germe de blé	—
Cossetarde	—	Gaufrettes, bananes tranchées, gâteau rassis
Crème glacée	Sorbet, yogourt glacé	Fruits, coulis, céréales en garniture
Crème légère (1 tasse)	¾ de tasse de lait + ¼ de tasse de beurre fondu	—
Crème sure	Yogourt nature	—
Doigts de dame (pour charlotte)	Biscuits à la cuillère, gâteau rassis	—
Farine à gâteaux (1 tasse)	1 tasse de farine tout usage - 2 c. à soupe	—
Fécule (1 c. à soupe)	2 c. à soupe de farine	—
Gâteau	—	Crème glacée, crème pâtissière, coulis de fruits
Jus de citron (1 c. à thé)	½ c. à thé de vinaigre, jus de limette	—
Ketchup ou sauce chili (½ tasse)	½ tasse de sauce tomate + 2 c. à soupe de sucre	—
Lait entier (1 tasse)	1 tasse de lait écrémé + 1 c. à soupe de beurre fondu	Lait en poudre
Légumes cuits	—	Aspics, pâtes, riz
Levure chimique (1 c. à thé)	¼ de c. à thé de bicarbonate de soude + ½ c. à thé de crème de tartre	—

Ingrédients	Substitut	Complément
Maïs en crème	—	Lait et oignon (pour une soupe)
Miel (1 tasse)	1¼ tasse de sucre + ⅓ de tasse d'eau	—
Œuf (1 œuf entier)	2 jaunes d'œufs	Omelettes aux légumes, volaille, fromage
Oeufs durs en salade	—	Céleri, pommes de terre, tofu
Pain de viande	—	Biscuits soda, riz, avoine roulée, carottes râpées, œufs durs, germe de blé
Pâtes cuites	—	Restes de viande ou de légumes
Poisson	—	En bouchées, avec légumes à la chinoise
Poivron vert	Poivron rouge ou poivron jaune	Farce de riz et restes de légumes
Poulet	Dinde, veau	Oignon, riz, céleri
Salade	—	Viande, poisson, légumes, légumineuses, avocat
Sauce brune	Crème de champignon dilué dans du bouillon	Légumes en purée, ketchup, champignons
Sauce à spaghettis	—	Restes de viande, crustacés, légumes
Sauce tartare (1 tasse)	6 c. à soupe de mayonnaise + 2 c. à soupe de relish	—
Sauce tomate (2 tasses)	¾ de tasse de concentré de tomate + 1 tasse d'eau	Carotte, brocoli, poivron vert
Soupe en boîte	—	Légumes, pâtes, légumineuses, tofu, crème sure, orge, yogourt
Steak	—	En bouchées avec légumes à la chinoise, brochettes
Thé glacé	—	Jus de fruit, infusions
Thon en salade	Blanc de poulet	Olives, relish, céleri, pâtes, œufs

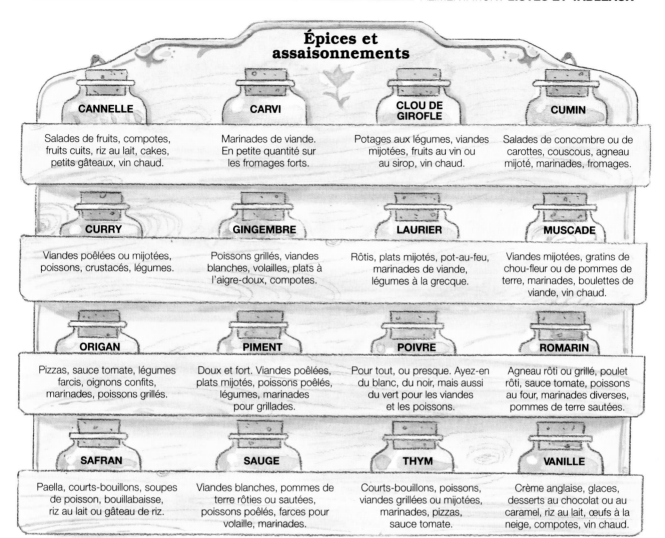

Épices et assaisonnements

CANNELLE
Salades de fruits, compotes, fruits cuits, riz au lait, cakes, petits gâteaux, vin chaud.

CARVI
Marinades de viande. En petite quantité sur les fromages forts.

CLOU DE GIROFLE
Potages aux légumes, viandes mijotées, fruits au vin ou au sirop, vin chaud.

CUMIN
Salades de concombre ou de carottes, couscous, agneau mijoté, marinades, fromages.

CURRY
Viandes poêlées ou mijotées, poissons, crustacés, légumes.

GINGEMBRE
Poissons grillés, viandes blanches, volailles, plats à l'aigre-doux, compotes.

LAURIER
Rôtis, plats mijotés, pot-au-feu, marinades de viande, légumes à la grecque.

MUSCADE
Viandes mijotées, gratins de chou-fleur ou de pommes de terre, marinades, boulettes de viande, vin chaud.

ORIGAN
Pizzas, sauce tomate, légumes farcis, oignons confits, marinades, poissons grillés.

PIMENT
Doux et fort. Viandes poêlées, plats mijotés, poissons poêlés, légumes, marinades pour grillades.

POIVRE
Pour tout, ou presque. Ayez-en du blanc, du noir, mais aussi du vert pour les viandes et les poissons.

ROMARIN
Agneau rôti ou grillé, poulet rôti, sauce tomate, poissons au four, marinades diverses, pommes de terre sautées.

SAFRAN
Paella, courts-bouillons, soupes de poisson, bouillabaisse, riz au lait ou gâteau de riz.

SAUGE
Viandes blanches, pommes de terre rôties ou sautées, poissons poêlés, farces pour volaille, marinades.

THYM
Courts-bouillons, poissons, viandes grillées ou mijotées, marinades, pizzas, sauce tomate.

VANILLE
Crème anglaise, glaces, desserts au chocolat ou au caramel, riz au lait, œufs à la neige, compotes, vin chaud.

Équivalences des ingrédients courants

1 kg.....................	**Abricots**	10-15 abricots
100 g	**Abricots secs**...........	12 abricots secs
500 g	**Bananes**	3 moyennes ou 4 petites
1 kg.....................	**Carottes**.....................	10-12 carottes
1 kg.....................	**Cerises**...............	600 g, dénoyautées
	Cerneaux	
110 g	**de noix**...................	1 tasse, hachés
450 g	**Champignons**	5-6 tasses, tranchés
1 carré (30 g)..............	**Chocolat**...............1	c. à soupe, fondu
2-3 c. à soupe de jus...	**Citron**	1½ c. à thé de zeste
450 g	**Farine**...................................	4 tasses
450 g	**Fèves sèches**........	5-6 tasses, cuites
1 sachet	**Gélatine**	1 c. à soupe
1 c. à thé....................	**Herbes séchées** 1	c. à soupe, fraîches

1 moyen	**Oignon**.......................	½ tasse, haché
6-8 c. à soupe de jus ...	**Orange**...............	⅓-½ tasse de pulpe
1 tranche	**Pain**	½ tasse de chapelure
1 kg	**Petits pois frais**........	250 g, écossés
1 kg	**Poireaux**	8-10 poireaux
500 g	**Pommes** 2	grosses ou 3 moyennes
	Pommes	
1 kg	**de terre**...... 6	grosses ou 8 moyennes
1 tasse.......................	**Riz**	3 tasses, cuit
225 g	**Spaghettis**	3½-4 tasses, cuits
450 g	**Sucre**...................................	2 tasses
	Sucre	
450 g	**en poudre**....... 4½	tasses, non tamisé
450 g	**Tomates** 3	grosses ou 4 moyennes

259

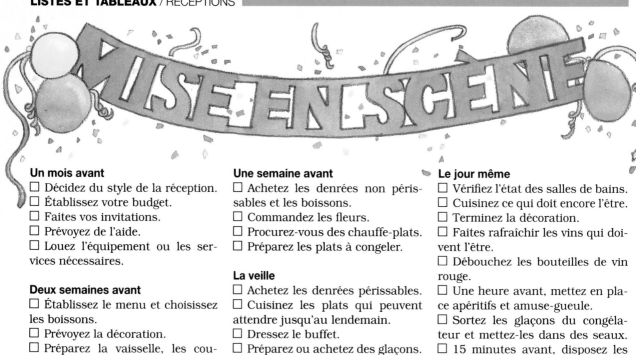

Un mois avant

☐ Décidez du style de la réception.
☐ Établissez votre budget.
☐ Faites vos invitations.
☐ Prévoyez de l'aide.
☐ Louez l'équipement ou les services nécessaires.

Deux semaines avant

☐ Établissez le menu et choisissez les boissons.
☐ Prévoyez la décoration.
☐ Préparez la vaisselle, les couverts, les nappes, les serviettes, les bougies, les divers accessoires.

Une semaine avant

☐ Achetez les denrées non périssables et les boissons.
☐ Commandez les fleurs.
☐ Procurez-vous des chauffe-plats.
☐ Préparez les plats à congeler.

La veille

☐ Achetez les denrées périssables.
☐ Cuisinez les plats qui peuvent attendre jusqu'au lendemain.
☐ Dressez le buffet.
☐ Préparez ou achetez des glaçons.
☐ Prévoyez des cendriers.
☐ Aménagez un vestiaire.

Le jour même

☐ Vérifiez l'état des salles de bains.
☐ Cuisinez ce qui doit encore l'être.
☐ Terminez la décoration.
☐ Faites rafraîchir les vins qui doivent l'être.
☐ Débouchez les bouteilles de vin rouge.
☐ Une heure avant, mettez en place apéritifs et amuse-gueule.
☐ Sortez les glaçons du congélateur et mettez-les dans des seaux.
☐ 15 minutes avant, disposez les plats froids et les boissons fraîches sur le buffet.

Que faut-il pour le buffet ?

Voici quelques éléments de base qui vous donneront une idée des quantités nécessaires pour un buffet de 20 personnes. Il vous suffit de multiplier ou de diviser pour les adapter à votre réception.

Boissons
1 bouteille de : gin, scotch, vin d'apéritif
1 bouteille de : club soda, tonic, jus d'orange, jus de tomate
2 caisses de bière
6 bouteilles de vin rouge
6 bouteilles de vin blanc
4 bouteilles d'eaux gazeuses
3 limettes, 1 citron
5 kg de glaçons

Apéritifs et hors-d'œuvre
500 g de biscuits variés
3 tasses de trempette
3 sacs de croustilles
2 kg de crudités variées ou
150 petits sandwiches et canapés
3 pains
500 g de fromage coupé en cubes
60 rondelles de saucisson
40 mini-pizzas
40 mini-quiches

Plats et desserts
(Choisir parmi les suggestions suivantes)
5 kg de rôti avec l'os
2,5 kg de viande désossée
5 kg de volaille
2,5 kg de filets de poisson
450 g de pâtes
5 tasses de riz
2,5 kg d'un légume au choix
4 têtes de laitue
2,5 kg de fruits
2 gâteaux ou 3 tartes
60 biscuits
3 litres de crème glacée

Dresser le couvert

Bien que, de nos jours, la mode soit à la simplicité, il est bon de ne pas oublier les règles élémentaires pour dresser une jolie table. En voici les bases, mais vous pouvez supprimer certains couverts ou certains verres selon vos menus.

1. Assiette à salade
2. Fourchette à salade
3. Grande fourchette
4. Fourchette à dessert
5. Grande assiette
6. Serviette
7. Grand couteau
8. Cuillères à dessert
9. Cuillère à potage
10. Assiette à pain et beurre
11. Couteau à beurre
12. Verre à eau
13. Verre à vin

Bon fromage, bonne table

Si vous n'avez pas servi en entrée un plat à base de fromage, présentez-en plusieurs sur un plateau ou mettez l'accent sur un seul fromage vedette.

☐ Tâchez d'acheter vos fromages de préférence chez un spécialiste pour pouvoir y goûter.

☐ Si vous les achetez à l'avance, conservez-les dans l'emballage du fromager. Mettez-les dans la partie la moins froide du réfrigérateur.

☐ Sortez les fromages du froid au moins 1 heure avant de les servir et laissez-les se chambrer.

☐ Pour satisfaire tous les goûts, prévoyez des plateaux très variés où voisineront fromages au lait de vache, des chèvres et des bleus. Entamez les fromages ronds.

☐ Si vous avez opté pour la formule du fromage unique, choisis-sez-le plein de caractère mais pas trop fort : un roquefort, un vacherin, un camembert, un parmesan.

☐ Proposez des fruits avec certains fromages : les poires, les pêches et les raisins se marient bien avec les bleus. Les fruits secs, comme les noix, les noisettes et les amandes, sont excellents avec les fromages à pâte cuite.

☐ Servez les fromages aromatisés (à l'ail, aux fines herbes, aux épices...) sur un plateau à part, avec chacun son propre couteau.

☐ Proposez plusieurs sortes de pain : baguette croustillante, pain de campagne, pain de seigle, pain aux noix ou aux raisins.

☐ On sert généralement les fromages avec du vin rouge, mais les bleus s'accommodent fort bien d'un vin muscat ou d'un vin moelleux comme le sauternes.

Savoir boire

Une soirée trop arrosée risque de devenir déplaisante, voire de se terminer en catastrophe. Voici comment éviter cela.

VOUS RECEVEZ
☐ Ne forcez pas vos invités à boire.
☐ Prévoyez beaucoup de glaçons, d'eau et de jus de fruits.
☐ Proposez des fruits secs, des canapés riches en protéines (viande, saucisson, poisson fumé) qui compensent les effets de l'alcool.
☐ Si l'un des convives semble abuser, évitez de le servir ou coupez d'autorité sa boisson d'eau ou de glaçons.
☐ Proposez à celui qui, de toute évidence, a trop bu, de dormir chez vous ou de se faire raccompagner. Ne le laissez en aucun cas prendre le volant.

VOUS ÊTES INVITÉ
☐ Mangez un petit en-cas avant de vous rendre chez vos amis.
☐ Avalez un aliment protidique juste avant de boire. Ne consommez jamais d'alcool à jeun.
☐ Buvez lentement. Alternez boissons alcoolisées, eau non gazeuse et jus de fruits (le gaz carbonique augmente l'effet de l'alcool).
☐ Dès que vous vous sentez un peu ivre, délaissez les boissons alcoolisées.

Êtes-vous amoureux ?

☐ Pensez-vous à la personne aimée tous les jours ? L'appelez-vous simplement pour savoir ce qu'elle fait ?

☐ Avez-vous les mêmes goûts, riez-vous à propos des mêmes choses ? Vous amusez-vous lorsque vous êtes ensemble ?

☐ Que pensez-vous de son apparence ? Ce que les autres considèrent comme un défaut — le petit écart entre ses dents, par exemple — vous paraît-il charmant ?

☐ Faites-vous des achats en tenant compte de ses goûts ? Lui feriez-vous cadeau d'un bijou de famille auquel vous accordez beaucoup de valeur ?

☐ Êtes-vous passionnément intéressé à connaître son enfance, ses penchants, ses occupations ?

☐ Souhaitez-vous lui faire partager votre réussite ?

☐ Avez-vous envie de discuter avec elle de tout ce qui vous importe ?

☐ Fait-elle nécessairement partie de tous vos projets d'avenir ?

☐ Essayez-vous de vous améliorer pour lui plaire ?

☐ Allez-vous au théâtre pour lui faire plaisir, bien que vous n'aimiez pas ce genre de spectacle ?

☐ Vous sentez-vous en forme et heureux ? Votre entourage vous interroge-t-il sur les raisons de votre bonne humeur ?

☐ Vous est-il facile de résister à la séduction exercée par d'autres ?

Si vous avez répondu oui à toutes ces questions ou à la plupart d'entre elles, vous pouvez envisager le mariage avec sérénité.

10 trucs pour un mariage heureux

1. Gardez votre calme. Exprimez vos sentiments, mais n'explosez pas. Encouragez votre partenaire à s'expliquer lorsque quelque chose ne va pas. Faites preuve de tact et de patience.

2. Ayez vos propres intérêts. Si votre vie se focalise entièrement sur votre conjoint, il étouffera et vous vous limiterez. Restez en contact avec vos amis, pratiquez vos activités favorites, faites partie d'organisations et suivez les cours qui vous intéressent. Votre personnalité s'en trouvera enrichie, ce qui stimulera l'intérêt de votre conjoint.

3. Soutenez votre partenaire. Si elle se montre inquiète au sujet d'un discours qu'elle doit prononcer, apportez-lui votre soutien. Montrez-lui combien vous êtes fier de sa réussite ; souvenez-vous qu'elle n'est pas votre rivale — ses succès ne peuvent avoir sur vous qu'un effet positif.

4. Soyez affectueuse. N'hésitez pas à lui montrer votre amour en lui prenant le bras ou la main. Faites-lui sentir qu'il est séduisant. Ne vous laissez pas absorber par vos soucis quotidiens au point d'en oublier les démonstrations de tendresse.

5. Préservez votre temps. Quelles que soient vos occupations, sachez, l'un comme l'autre, vous ménager des moments de solitude, ensemble, pour flâner, aller au restaurant, voire passer un week-end au bord de la mer. S'il le faut, prenez « rendez-vous » l'un avec l'autre.

6. Sachez apprécier votre conjoint. N'oubliez-vous jamais de le remercier ? Traitez-vous votre conjoint avec la même considération que vos amis ? Vous faites-vous suffisamment de compliments ? On oublie parfois les règles élémentaires de la courtoisie lorsque l'on vit avec quelqu'un.

7. Souvenez-vous de tous les bons moments. Lorsque vous traversez une période difficile, ayez en mémoire les moments agréables. Partagez ces souvenirs avec votre partenaire. Peut-être cela vous aidera-t-il à surmonter cette épreuve.

8. Pardonnez et oubliez. Évitez de répéter les mêmes disputes, de ressasser les mêmes griefs. Si votre partenaire s'est excusé, tirez immédiatement un trait sur l'incident. Si vous avez tendance à ruminer, demandez-vous pourquoi.

9. Communiquez vos sentiments. En lui expliquant pourquoi certains de ses actes vous irritent ou vous humilient, vous lui ferez mieux comprendre vos propres réactions au lieu de l'accabler. De même qu'en le remerciant à l'occasion, vous l'encouragerez à se montrer plus compréhensif.

10. Faites des concessions. Allez au cinéma pour lui faire plaisir, parce qu'il ou elle en a envie même si vous êtes fatigué(e). Compromis et concessions sont indispensables à un mariage heureux, et les deux parties en tireront profit.

L'organisation du mariage

Planifier un mariage dans les règles peut se révéler une épreuve, même pour les esprits très organisés. Voici un emploi du temps qui vous aidera à éviter catastrophes et imprévus de dernière minute.

Le jour du mariage
☐ Laissez les témoins régler les dernières formalités.
☐ Détendez-vous, prenez un bain.
☐ Arrivez à l'heure au mariage.

Deux semaines avant
☐ Prenez rendez-vous avec votre coiffeur.
☐ Appelez ceux qui n'ont pas répondu à vos invitations.
☐ Indiquez au traiteur le nombre définitif d'invités.
☐ Prévoyez votre moyen de transport pour le jour du mariage.
☐ Confirmez les réservations pour le voyage de noces.

Deux mois avant
☐ Planifiez la réception, le menu et le décor.
☐ Envoyez les faire-part et les invitations.
☐ Déposez une liste de mariage dans les magasins de votre choix.

Un mois avant
☐ Préparez l'hébergement des invités qui viennent de loin.
☐ Dernier essayage des robes de la mariée et des demoiselles d'honneur.
☐ Adressez les faire-part. Désignez la personne qui les postera après le mariage. Commandez le gâteau.

Six mois avant
☐ Décidez de la date et du lieu de la cérémonie. Réservez une salle pour la réception.
☐ Calculez votre budget.
☐ Déterminez le nombre d'invités et dressez la liste des invitations.
☐ Choisissez un traiteur.
☐ Si vous vous mariez religieusement, contactez le ministre du culte.
☐ Choisissez le cortège.
☐ Commandez la robe de mariée et la tenue des demoiselles d'honneur.
☐ Faites imprimer les faire-part et les invitations.
☐ Achetez les alliances.
☐ Contactez les musiciens (ou le disc-jockey) et le photographe.
☐ Établissez une liste de mariage dans un magasin.

Trois mois avant
☐ Commandez les fleurs.
☐ Organisez le voyage de noces.
☐ Commandez l'habit de noces du marié.
☐ Les mères choisissent leur tenue.
☐ Faites un choix de la musique pour la cérémonie et la réception.
☐ Planifiez la réception des cadeaux.

Se marier en un mois

Un mois avant
☐ Décidez d'un mariage religieux ou civil.
☐ Informez-vous des prérequis ; faites publier les bans.
☐ Fixez le lieu, la date et l'heure.

15 jours avant
☐ Décidez du lieu de la réception.
☐ Faites vos invitations par téléphone (n'invitez pas trop de monde).

Une semaine avant
☐ Choisissez votre tenue.
☐ Commandez les fleurs.
☐ Achetez les alliances.

Trois jours avant
☐ Achetez la nourriture, les boissons, les décorations pour la réception.

La veille
☐ Vérifiez votre tenue, vos chaussures, lavez la voiture.

Le jour même
☐ Mariez-vous !

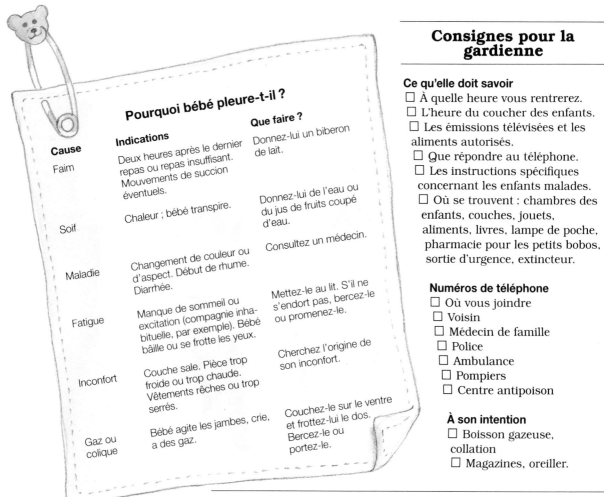

Pourquoi bébé pleure-t-il ?

Cause	Indications	Que faire ?
Faim	Deux heures après le dernier repas ou repas insuffisant. Mouvements de succion éventuels.	Donnez-lui un biberon de lait.
Soif	Chaleur ; bébé transpire.	Donnez-lui de l'eau ou du jus de fruits coupé d'eau.
Maladie	Changement de couleur ou d'aspect. Début de rhume. Diarrhée.	Consultez un médecin.
Fatigue	Manque de sommeil ou excitation (compagnie inhabituelle, par exemple). Bébé bâille ou se frotte les yeux.	Mettez-le au lit. S'il ne s'endort pas, bercez-le ou promenez-le.
Inconfort	Couche sale. Pièce trop froide ou trop chaude. Vêtements rêches ou trop serrés.	Cherchez l'origine de son inconfort.
Gaz ou colique	Bébé agite les jambes, crie, a des gaz.	Couchez-le sur le ventre et frottez-lui le dos. Bercez-le ou portez-le.

Consignes pour la gardienne

Ce qu'elle doit savoir
- ☐ À quelle heure vous rentrerez.
- ☐ L'heure du coucher des enfants.
- ☐ Les émissions télévisées et les aliments autorisés.
- ☐ Que répondre au téléphone.
- ☐ Les instructions spécifiques concernant les enfants malades.
- ☐ Où se trouvent : chambres des enfants, couches, jouets, aliments, livres, lampe de poche, pharmacie pour les petits bobos, sortie d'urgence, extincteur.

Numéros de téléphone
- ☐ Où vous joindre
- ☐ Voisin
- ☐ Médecin de famille
- ☐ Police
- ☐ Ambulance
- ☐ Pompiers
- ☐ Centre antipoison

À son intention
- ☐ Boisson gazeuse, collation
- ☐ Magazines, oreiller.

Choisir une garderie

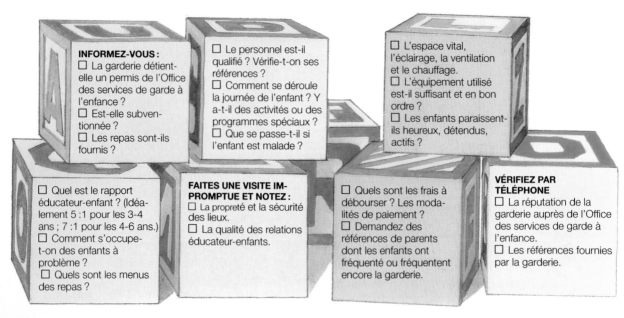

INFORMEZ-VOUS :
- ☐ La garderie détient-elle un permis de l'Office des services de garde à l'enfance ?
- ☐ Est-elle subventionnée ?
- ☐ Les repas sont-ils fournis ?

- ☐ Le personnel est-il qualifié ? Vérifie-t-on ses références ?
- ☐ Comment se déroule la journée de l'enfant ? Y a-t-il des activités ou des programmes spéciaux ?
- ☐ Que se passe-t-il si l'enfant est malade ?

- ☐ L'espace vital, l'éclairage, la ventilation et le chauffage ?
- ☐ L'équipement utilisé est-il suffisant et en bon ordre ?
- ☐ Les enfants paraissent-ils heureux, détendus, actifs ?

- ☐ Quel est le rapport éducateur-enfant ? (Idéalement 5 :1 pour les 3-4 ans ; 7 :1 pour les 4-6 ans.)
- ☐ Comment s'occupe-t-on des enfants à problème ?
- ☐ Quels sont les menus des repas ?

FAITES UNE VISITE IMPROMPTUE ET NOTEZ :
- ☐ La propreté et la sécurité des lieux.
- ☐ La qualité des relations éducateur-enfants.

- ☐ Quels sont les frais à débourser ? Les modalités de paiement ?
- ☐ Demandez des références de parents dont les enfants ont fréquenté ou fréquentent encore la garderie.

VÉRIFIEZ PAR TÉLÉPHONE
- ☐ La réputation de la garderie auprès de l'Office des services de garde à l'enfance.
- ☐ Les références fournies par la garderie.

Jeux pour un jour de pluie

☐ Découpez des photos dans des magazines et collez-les sur du papier fort de manière à fabriquer des cartes de vœux originales.
☐ Vous pouvez créer tout un livre de contes avec des découpages choisis dans des revues.
☐ Si vous avez chez vous des instruments de musique de type maracas ou tambourins, mettez de la musique latino-américaine et laissez vos enfants l'accompagner.
☐ Inventez des instruments : transformez une boîte de café métallique et des baguettes chinoises en tambour ; deux plats à tarte en aluminium remplis de haricots ou de boutons en tambourin.

☐ Organisez un cours de cuisine : choisissez des plats simples que vous dégusterez ensuite ensemble.
☐ Racontez un conte de fées, ou inventez une histoire en faisant intervenir les enfants à tour de rôle.
☐ Fabriquez des colliers en peignant des bobines ou des pâtes à la peinture acrylique ou à la gouache. Enfilez-les sur de la ficelle ou du fil en intercalant des boutons colorés.
☐ Assemblez une boîte à cadeaux pour un ami ou un parent, qui contiendra des photos des enfants, des poèmes ou des histoires de leur cru.
☐ Fabriquez des déguisements pour le prochain Halloween (voir page 75).

Les adolescents et vous

☐ Ne dramatisez pas les changements d'humeur d'un adolescent. Ils sont naturels à cet âge.
☐ Écoutez les arguments avancés par vos enfants. Si vous n'êtes pas d'accord, faites preuve du même esprit logique et de la même courtoisie que dans une discussion avec un adulte.
☐ Évitez de les comparer à vous-même au même âge.

☐ Si votre enfant vous parle moins souvent qu'auparavant, ou désire rester seul, ne vous en formalisez pas. Respectez son intimité.
☐ En cas de conflit, ne cherchez pas à les sermonner ou à les attaquer. Tout en restant ferme sur vos principes, acceptez des compromis sur les points de détail.
☐ Accordez-leur une totale responsabilité dans certains domaines, comme leur apparence ou leur chambre par exemple. Ils doivent s'habituer à assumer les conséquences de leurs décisions.

☐ Faites l'éloge de leurs comportements positifs et félicitez-les de leurs succès.
☐ Un adolescent recherche tout naturellement l'admiration de ses pairs. Évitez de critiquer ses amis ou, inversement, de le comparer avec eux à son désavantage.
☐ Vérifiez qu'il dispose d'informations précises sur l'alcool, la drogue et la sexualité. Encouragez-le à en parler avec vous, ou avec un autre adulte en qui il a confiance.
☐ En cas de doute, n'hésitez pas à demander conseil.

Vérifications périodiques de l'habitation

Au printemps
À L'EXTÉRIEUR
☐ Étiquetez et rangez les contre-fenêtres amovibles (voir Contre-fenêtres, p. 82).
☐ Vérifiez les fermetures des portes et des fenêtres.
☐ Lavez les vitres. Installez les moustiquaires ; réparez-les au besoin.
☐ Inspectez la toiture et les parements.
☐ Nettoyez les gouttières, posez des grilles dessus ou à l'embouchure de la descente (crapaudines). Rectifiez les parties qui s'affaissent (refixez ou remplacez les supports).
☐ Examinez les murs extérieurs. Rebouchez les fissures.
☐ Si des briques sont descellées, refixez-les au mortier.
☐ Contrôlez la charpente et les boiseries. Faites les retouches de peinture.

À L'INTÉRIEUR
☐ Aérez la cave et le grenier en ouvrant les fenêtres.
☐ Faites contrôler par un spécialiste les taches suspectes, les traces de moisissures sur les murs et aux faux-plafonds. Traitez-les.
☐ Lessivez les murs et les parties peintes. Nettoyez et cirez les boiseries.
☐ Sortez et nettoyez le mobilier de jardin et le barbecue.
☐ Vérifiez que les jeux des enfants sont en bon état.
☐ Nettoyez les filtres et les grilles d'aération.
☐ Ramonez ou faites ramoner les cheminées.

En automne
À L'EXTÉRIEUR
☐ Vérifiez les fixations de l'antenne de télévision.
☐ Inspectez les souches de cheminée. Réparez les fissures et rescellez les chaperons détachés.
☐ Nettoyez les gouttières et leurs filtres grillagés.
☐ Coupez les branches d'arbre qui frôlent la maison.
☐ Ratissez la pelouse, ramassez les feuilles mortes.
☐ Rangez la tondeuse et les outils de jardin après les avoir nettoyés.
☐ Nettoyez et rangez les meubles de jardin et le barbecue.
☐ Purgez et fermez les robinets extérieurs.
☐ Installez les contre-fenêtres et calfeutrez au besoin.

À L'INTÉRIEUR
☐ Rangez les climatiseurs ou couvrez-les.
☐ Fermez les pièces inutilisées comme le grenier. Réglez-y le chauffage au niveau « hors gel ».
☐ Vérifiez les joints des portes et des fenêtres.
☐ Nettoyez les humidificateurs ; remplissez-les d'eau additionnée de désinfectant et de désodorisant.
☐ Faites nettoyer et régler le brûleur de la chaudière. Éliminez les matières combustibles ou inflammables aux alentours.
☐ Dépoussiérez les radiateurs et purgez-les.
☐ Vérifiez le bon fonctionnement des détecteurs de fumée.
☐ Contrôlez l'état des prises de courant et des fils électriques : remplacez tout ce qui est défectueux.
☐ Inspectez les joints de la porte de garage.

Comment choisir un entrepreneur

☐ Tout d'abord, établissez une liste détaillée de vos travaux. À défaut de directives et de documents précis, un artisan ou un entrepreneur peu scrupuleux pourra vous soumettre un devis très bas pour emporter le marché... pour ensuite se rattraper sur les ajouts et les modifications non prévus au départ.
☐ Demandez au propriétaire d'une maison rénovée à votre goût les coordonnées de l'entrepreneur qui a fait les travaux. Interrogez également vos amis et vos voisins.
☐ Agences immobilières, architectes, marchands de bois peuvent vous orienter vers des artisans ou des entrepreneurs réputés sérieux.
☐ Pour des travaux simples, vous pouvez établir vos plans vous-même ou en collaboration avec l'entrepreneur. Si vous avez des projets grandioses, comme une construction, faites appel à un architecte.
☐ Ne faites pas confiance à un entrepreneur qui, se trouvant dans le voisinage, vous propose une bonne affaire sous prétexte que son matériel et ses ouvriers sont déjà sur place. Un bon entrepreneur n'a pas à faire de la sollicitation.
☐ Faites établir un devis détaillé écrit par plusieurs entrepreneurs ou artisans (une estimation « à l'amiable » ne garantit rien). Assurez-vous que ces divers devis prennent en compte les mêmes travaux (soyez vigilants sur les finitions) et qu'ils font référence à des matériaux, services et équipements de qualités équivalentes.
☐ Pensez à inclure une clause limitant les coûts additionnels que vous êtes prêt à défrayer. En les fixant à 10 p. 100 de la somme totale, vous obligerez l'entrepreneur à faire ses calculs au plus précis.
☐ Le contrat que vous signez devra faire mention de tous les travaux à exécuter, ainsi que des types de matériaux, des marques et références des appareils à installer. Il indiquera également la date de mise en route du chantier et la durée des travaux, ainsi que les pénalités prévues en cas de retard.

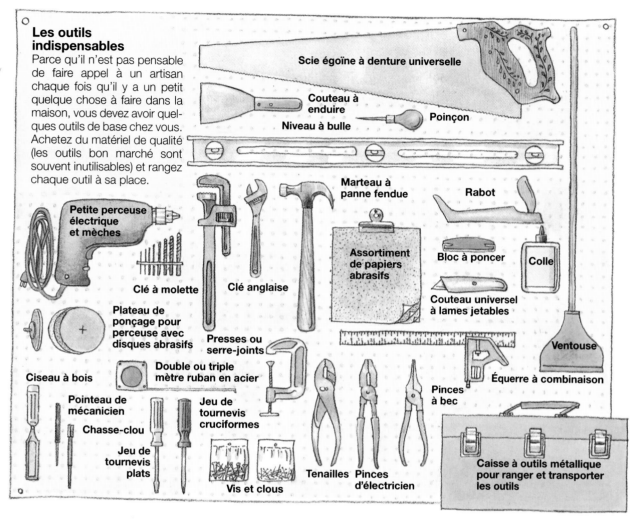

Les outils indispensables

Parce qu'il n'est pas pensable de faire appel à un artisan chaque fois qu'il y a un petit quelque chose à faire dans la maison, vous devez avoir quelques outils de base chez vous. Achetez du matériel de qualité (les outils bon marché sont souvent inutilisables) et rangez chaque outil à sa place.

Scie égoïne à denture universelle

Couteau à enduire

Niveau à bulle

Poinçon

Marteau à panne fendue

Rabot

Petite perceuse électrique et mèches

Assortiment de papiers abrasifs

Bloc à poncer

Colle

Clé à molette

Clé anglaise

Couteau universel à lames jetables

Plateau de ponçage pour perceuse avec disques abrasifs

Presses ou serre-joints

Ventouse

Ciseau à bois

Double ou triple mètre ruban en acier

Équerre à combinaison

Pointeau de mécanicien

Jeu de tournevis cruciformes

Pinces à bec

Chasse-clou

Jeu de tournevis plats

Tenailles

Pinces d'électricien

Caisse à outils métallique pour ranger et transporter les outils

Vis et clous

☐ Votre contrat devra aussi spécifier qui se chargera du nettoyage, en quel endroit seront stockés les matériaux et les outils, et ce qui adviendra des appareils et accessoires que vous faites remplacer : si vous désirez les garder, faites-le préciser avant les transformations.

☐ Évitez de changer d'idée au cours des travaux. Si cela arrive, adressez votre demande à l'entrepreneur (et non aux ouvriers qui font les travaux). Faites stipuler par écrit et en détail ces modifications et les coûts supplémentaires (ou déductions) qui s'ensuivront.

☐ N'hésitez pas à demander à votre entrepreneur (et à exiger des documents à l'appui) s'il est assuré contre les dommages matériels et les

accidents qui pourraient survenir pendant les travaux.

☐ Les travaux que vous souhaitez exécuter exigent souvent un permis de la municipalité : renseignez-vous auprès de l'hôtel de ville. Si vous laissez à votre entrepreneur le soin de faire la demande, assurez-vous que le permis a bien été délivré avant qu'il ne commence les travaux. Sinon, vous risquez une pénalité ou on pourrait vous obliger à démolir.

☐ Vous réglerez les travaux en fonction de leur importance : établissez le calendrier des versements en accord avec votre entrepreneur et avant que les travaux ne commencent. Voici quelques exemples.

• Petits travaux : payez 10 p. 100 à

la signature du contrat et le reste à la réception des travaux.

• Travaux de moyenne importance : versez 10 p. 100 à la signature du contrat, 25 p. 100 à mi-parcours et le reste à la fin.

• Gros travaux de longue haleine : payez 10 p. 100 à la signature du contrat, puis des versements hebdomadaires ou mensuels de 10 p. 100 jusqu'à la fin des travaux.

☐ Quelle que soit l'importance des travaux, si vous n'êtes pas satisfait, retenez de 15 à 20 p. 100 du solde jusqu'à ce que le litige soit réglé.

☐ Si vous avez demandé un permis de construire, attendez d'être en possession du certificat de conformité avant d'effectuer le dernier règlement à votre entrepreneur.

La sécurité dans votre maison

Il est possible d'éviter la plupart des accidents et incidents survenant dans les habitations. Vous trouverez ici les conseils élémentaires pour améliorer votre sécurité. À noter que la plupart des recommandations faites pour une pièce sont également valables pour les autres. (Voir aussi Feu dans une habitation, p. 99.)

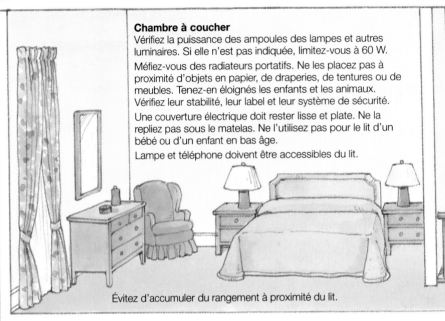

Chambre à coucher

Vérifiez la puissance des ampoules des lampes et autres luminaires. Si elle n'est pas indiquée, limitez-vous à 60 W.

Méfiez-vous des radiateurs portatifs. Ne les placez pas à proximité d'objets en papier, de draperies, de tentures ou de meubles. Tenez-en éloignés les enfants et les animaux. Vérifiez leur stabilité, leur label et leur système de sécurité.

Une couverture électrique doit rester lisse et plate. Ne la repliez pas sous le matelas. Ne l'utilisez pas pour le lit d'un bébé ou d'un enfant en bas âge.

Lampe et téléphone doivent être accessibles du lit.

Évitez d'accumuler du rangement à proximité du lit.

Entrées, escaliers et paliers

L'éclairage doit être suffisant, avec interrupteur au rez-de-chaussée et à chaque palier.

Installez un détecteur de fumée à chaque étage, particulièrement près des chambres à coucher.

Les marches ne doivent pas être glissantes. Collez des bandes antidérapantes sur les bords.

Ne laissez jamais rien traîner sur les marches.

Installez des barrières de sécurité si vous avez des enfants en bas âge.

Salon/salle à manger

Assurez-vous que les cordons électriques peuvent supporter la puissance des lampes. La surcharge peut provoquer un incendie.

Installez des caches de sécurité sur toutes les prises de courant.

Prévoyez des cendriers à large bord. Ne les videz pas dans les corbeilles à papier.

Placez un pare-feu devant la cheminée. Inspectez régulièrement les conduits de fumée avec une lampe de poche. Ne laissez pas de journaux à proximité.

Laissez de l'espace autour de la télévision et de la chaîne stéréo pour éviter toute surchauffe. Débranchez-les en cas d'orage.

Notez les numéros des pompiers, de la police et du centre antipoison à proximité du téléphone.

Ne faites pas courir les fils électriques sous les tapis, les meubles ou dans les zones de circulation. Remplacez les cordons pincés ou détériorés.

Clouez ou collez les tapis.

Vérifiez que la rampe est bien fixée.

Collez les bords de moquette ; mettez des thibaudes sous les tapis. Utilisez de la cire non glissante pour les parquets.

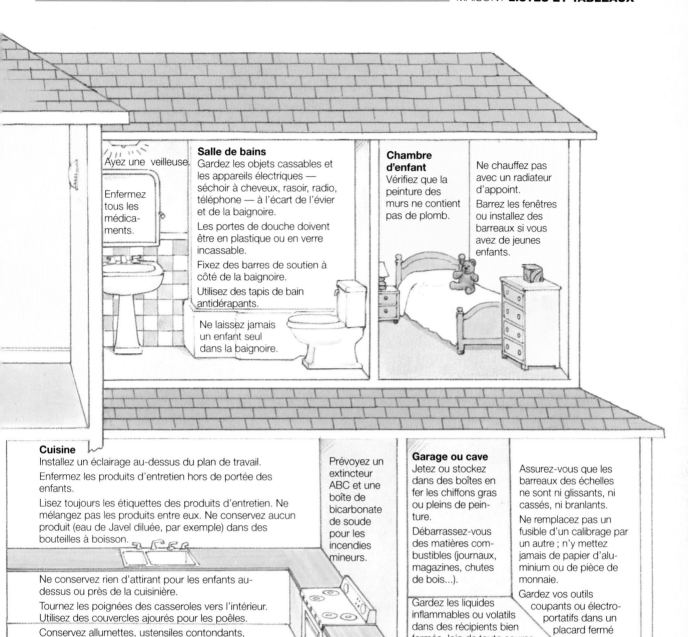

Ayez une veilleuse.

Enfermez tous les médicaments.

Salle de bains
Gardez les objets cassables et les appareils électriques — séchoir à cheveux, rasoir, radio, téléphone — à l'écart de l'évier et de la baignoire.

Les portes de douche doivent être en plastique ou en verre incassable.

Fixez des barres de soutien à côté de la baignoire.

Utilisez des tapis de bain antidérapants.

Ne laissez jamais un enfant seul dans la baignoire.

Chambre d'enfant
Vérifiez que la peinture des murs ne contient pas de plomb.

Ne chauffez pas avec un radiateur d'appoint.

Barrez les fenêtres ou installez des barreaux si vous avez de jeunes enfants.

Cuisine
Installez un éclairage au-dessus du plan de travail.

Enfermez les produits d'entretien hors de portée des enfants.

Lisez toujours les étiquettes des produits d'entretien. Ne mélangez pas les produits entre eux. Ne conservez aucun produit (eau de Javel diluée, par exemple) dans des bouteilles à boisson.

Ne conservez rien d'attirant pour les enfants au-dessus ou près de la cuisinière.

Tournez les poignées des casseroles vers l'intérieur. Utilisez des couvercles ajourés pour les poêles.

Conservez allumettes, ustensiles contondants, appareils électriques et cordons hors de portée des enfants.

Utilisez un tabouret stable pour attraper les objets en hauteur.

Prévoyez un extincteur ABC et une boîte de bicarbonate de soude pour les incendies mineurs.

Garage ou cave
Jetez ou stockez dans des boîtes en fer les chiffons gras ou pleins de peinture.

Débarrassez-vous des matières combustibles (journaux, magazines, chutes de bois...).

Gardez les liquides inflammables ou volatils dans des récipients bien fermés, loin de toute source de chaleur. Ne stockez jamais d'essence dans une maison.

Installez un éclairage au-dessus des plans de travail. Si vous utilisez des outils électriques, évitez les tubes fluorescents : ils provoquent des effets stroboscopiques.

Assurez-vous que les barreaux des échelles ne sont ni glissants, ni cassés, ni branlants.

Ne remplacez pas un fusible d'un calibrage par un autre ; n'y mettez jamais de papier d'aluminium ou de pièce de monnaie.

Gardez vos outils coupants ou électro-portatifs dans un placard fermé à clé.

Pour cuisiner, attachez vos cheveux et évitez les manches et les vêtements amples.

Conservez papiers, torchons, rideaux, gants en tissu, ustensiles en plastique loin du four.

Si vous sentez une odeur de gaz, faites évacuer immédiatement la maison. N'utilisez ni téléphone, ni lampe électrique, ni bougie. Appelez les pompiers de chez un voisin.

La protection de votre maison

Un système d'alarme est un moyen efficace pour protéger votre maison : installez-le vous-même ou faites appel à un spécialiste. Votre alarme sera reliée à une agence de surveillance qui se chargera d'avertir la police. Voici, en plus, quelques moyens simples de protéger votre maison.

Les fenêtres

Posez des adhésifs sur les vitres, précisant que la maison est équipée d'un système d'alarme ou un panneau « Chien méchant » (même si vous n'avez pas de système d'alarme ni de chien).

Si vous vous absentez le soir, prévoyez des minuteries allumant et éteignant radio ou électricité par intermittence.

Laissez la radio allumée durant vos absences dans la journée.

À défaut de verrou sur les fenêtres, percez des trous à angle descendant dans le cadre intérieur au niveau de la fenêtre du bas et insérez un clou qui traverse aux trois quarts le cadre extérieur.

Installez des fermetures de sécurité

Tirez les rideaux et fermez bien les fenêtres (avec leurs loquets de sécurité) lorsque vous sortez.

Orientez vos appareils de son et de télévision de manière que les voyants ne soient pas visibles du dehors.

Fixez solidement le climatiseur ou son orifice de ventilation à la fenêtre pour que l'on ne puisse pas l'arracher.

Portes

Les portes de bois solide ou de métal doivent être bien fixées aux cadres et ceux-ci aux murs.

Confiez vos clés à un voisin. Ne les cachez pas à l'extérieur.

Fixez des serrures à trois ou cinq points d'ancrage sur les portes.

Posez des vitres blindées sur vos portes vitrées ou doublez-les par une grille en fer forgé.

Installez des serrures à double cylindre (intérieur et extérieur).

À défaut de système d'alarme, accrochez des alarmes à piles sur les poignées de portes intérieures.

Installez un éclairage au-dessus de la porte d'entrée pour qu'elle soit bien visible de la rue.

Fenêtres du rez-de-chaussée

Posez des vitrages blindés ou des grilles démontables (en cas d'incendie) avec des barreaux espacés de 12 cm au maximum.

Installez un judas optique et un entre-bâilleur. Placez un second judas plus bas pour les enfants.

Ne laissez jamais de note sur la porte indiquant que vous êtes absent.

N'installez pas de porte basculante pour votre chat : un enfant pourrait s'y glisser.

Buissons et arbres

Coupez les branches des arbres qui permettraient d'accéder aux fenêtres ou au toit.

Pour les buissons, privilégiez les espèces épineuses : rosiers, cactées, berbéris, houx...

Fenêtres du sous-sol

Scellez deux ou trois barres en fer ou une grille en fer forgé en travers des ouvertures pour empêcher toute intrusion.

Boîte aux lettres

Quand vous vous absentez, demandez à un voisin de vider votre boîte tous les jours.

Gouttières

En plastique, elles supporteront moins facilement le poids d'un intrus que les modèles métalliques.

Appliquez de la graisse sur le tuyau de descente.

Bouchez, avec du mortier ou du plâtre, l'espace compris entre le tuyau de descente et le mur (si ces éléments sont en bon état).

Entourez le bas des gouttières avec des plantes épineuses.

Autres précautions

Installez un éclairage extérieur (réverbères, projecteurs...) commandé par un programmateur.

Placez, hors d'atteinte des voleurs, un ou deux projecteurs avec détecteur de présence : ils s'allumeront à l'approche de quelqu'un.

Rangez les échelles après usage. Si vous les gardez à l'extérieur, cadenassez-les à quelque chose d'inamovible.

Rentrez table et mobilier de jardin, ou placez-les loin de la maison.

Installez une clôture à claire-voie. (Les clôtures pleines cachent les cambrioleurs à la vue de la rue.) Un chien, même petit, qui aboie est efficace pour décourager les voleurs.

Portes en verre coulissantes

Équipez-les de serrures à pêne vertical et de vitrages blindés ou coupez des manches à balai et glissez-les dans les rainures pour empêcher les portes de coulisser.

À l'intérieur, percez des trous et insérez des vis dans l'encadrement des portes de manière à les bloquer dans leurs rails coulissants.

Il est inutile de fermer les contre-portes de bois plein, sauf en votre absence.

Garage

Installez un interrupteur à l'intérieur de la maison pour allumer et éteindre le garage.

Installez une porte blindée (avec serrures de sécurité et judas optique) pour séparer l'habitation et le garage s'ils sont contigus.

Attachez le bas d'une porte basculante à un anneau scellé dans le sol avec une chaîne et un cadenas de sécurité afin qu'un intrus ne puisse pas la soulever.

Bloquez une porte de garage coulissante en posant des serre-joints sur les rails de roulement.

Porche

Éclairez-le durant la nuit.

Rentrez paquets, poubelles et autres objets afin que la maison ne paraisse pas inoccupée.

Plante	Exposition et soins
Amaryllis Gros bulbe à larges fleurs en trompette. Couleurs selon la variété.	Entre 15 et 20°C pendant la période végétative. Forte luminosité. Compost humide. Tuteurez la tige florale. Rempotage dans du terreau.
Asparagus Tiges grêles à port souple. Feuilles courtes et très fines, vert frais.	Luminosité sans soleil direct. Température : de 13 à 18°C. Arrosage abondant de mars à octobre. Rempotage dans un mélange de terreau et de sable.
Bégonia rex Larges feuilles en triangle allongé, veinées ou colorées d'argent, de pourpre, de jaune...	Luminosité sans soleil direct. Température : de 15 à 20°C. Bonne humidité atmosphérique. Rempotage dans un mélange tourbeux.
Coléus Annuel, vivace à l'intérieur. Feuilles colorées, larges et découpées.	Forte luminosité, soleil quelques heures par jour. Température : de 15 à 20°C. Rempotage dans un mélange tourbe-sable-terreau.
Dieffenbachia Larges feuilles veinées ou panachées de blanc crème. Toxique.	Luminosité sans soleil direct. Température : de 18 à 22°C. Rempotage dans un mélange de tourbe et de terreau.
Dracena Feuilles longues et fines, souvent bordées de crème et de pourpre.	Luminosité sans soleil direct. Température : de 15 à 20°C. Maintenez humide en permanence. Rempotage en été, dans du terreau.
Fatshedera Feuilles découpées, vert vif, brillantes, insérées sur une tige robuste.	Luminosité sans soleil direct. Sensible aux courants d'air. Température : de 10 à 15°C. Rempotage dans du terreau.
Ficus (caoutchouc) Larges feuilles ovales, vernissées.	Emplacement lumineux, soleil quelques heures par jour. Température : 15°C. Rempotage au printemps, dans du terreau.
Kentia Palmier de croissance lente. Port élevé, très souple et gracile.	Quelques heures de soleil par jour. Température : de 13 à 20°C. Brumisez régulièrement le feuillage.

Plante	Exposition et soins
Maranta Feuilles vert foncé veinées de rouge et tachées de vert clair.	Luminosité faible, pas de soleil direct. Température : de 20 à 23°C. Atmosphère humide. Rempotage dans un mélange tourbeux.
Peperomia Petite plante aux feuilles coriaces, vertes ou panachées de blanc.	Luminosité, sans soleil direct. Température : de 15 à 18°C. Rempotage dans un mélange de tourbe et de terreau.
Philodendron Tiges volubiles garnies de racines aériennes. Feuilles vert vif à pourpres.	Luminosité sans soleil direct. Rempotage dans un mélange de tourbe et de terreau. Tuteurage indispensable.
Poinsettia Feuilles vert vif, rouges, blanches ou roses au sommet.	Luminosité sans soleil direct. Sensible aux courants d'air. Rempotage dans du terreau après la décoloration des bractées.
Pommier d'amour Petit buisson à baies rouges. Feuilles allongées, vert foncé.	Placez derrière une fenêtre, au frais. Température : de 10 à 15°C. Sortez-le en été. Rempotez dans du terreau.
Pothos Feuilles cordiformes, cireuses, tachetées de jaune. Plante grimpante, toxique par ingestion.	Forte luminosité, soleil voilé. Arrosage modéré. Rempotage au printemps dans un mélange de tourbe et de terreau.
Saintpaulia Feuillage velu en rosette, vert sombre. Fleurs bleues, blanches, roses, pourpres ou bicolores.	Luminosité sans soleil direct. Nettoyer les feuilles à l'eau minérale tiédie. Température : de 18 à 21°C. Mélange de rempotage tourbeux.
Schefflera Feuilles luisantes, vert frais. Port arbustif, élevé dans un grand pot.	Luminosité sans soleil direct. Température : de 15 à 20°C. Rempotage au printemps dans un mélange riche en terreau.
Tilleul d'appartement Arbuste aux larges feuilles velues. Port aéré et large.	Luminosité sans soleil direct. Température : de 15 à 18°C. Rempotage dans du terreau. Arrosage copieux l'été.

Soignez vos plantes d'intérieur

Le tableau ci-dessus récapitule les exigences des principales plantes exotiques cultivées à l'intérieur. Il vous permettra de les placer à bonne exposition et de les garder en forme toute l'année. La plupart d'entre elles redoutent le soleil direct : voilez les fenêtres voisines. Pour entretenir une bonne humidité atmosphérique, placez les pots sur un plateau rempli de gravillons et d'eau.

Combattre les mauvaises herbes

☐ Laissez pousser les mauvaises herbes au début du printemps pour optimiser les traitements herbicides. Dans les massifs, griffez le sol entre les plantes, puis épandez une couche d'écorce de pin ou de tonte de gazon.

☐ Prévoyez des apports réguliers d'engrais pour entretenir la vigueur de votre pelouse.

☐ Pour étouffer les mauvaises herbes tout en conservant un aspect soigné à la pelouse, attendez qu'elle ait atteint 5 à 7 cm de hauteur avant de tondre.

☐ Aspergez les mauvaises herbes qui envahissent les allées avec de l'eau bouillante additionnée de sel.

☐ Si la mousse prospère dans votre gazon, celui-ci exige un meilleur drainage. Multipliez les apports d'engrais et épandez de la chaux.

☐ Les mauvaises herbes ont toutes des cycles différents : pour vous débarrasser des bisannuelles et des annuelles, il suffit de les arracher avant la dispersion de leurs graines. Arrachez les racines profondes des vivaces qui réapparaissent chaque année au même endroit.

☐ Arrachez les mauvaises herbes solitaires avec une gouge. Désherbez les petites surfaces avec une griffe à manche court.

☐ Pour faciliter vos travaux de désherbage, attendez la pluie ou arrosez l'emplacement la veille.

☐ Choisissez un désherbant adapté à l'emplacement à traiter : au potager, au verger et au jardin d'ornement, les produits diffèrent.

☐ Ajoutez de la chaux au sol pour décourager les mauvaises herbes qui apprécient les terres acides.

☐ Épandez un produit chimique par un jour sans vent et suivez scrupuleusement les précautions d'emploi notifiées sur l'emballage.

☐ Pour détruire le lierre, arrachez la majeure partie des rameaux au râteau, puis versez une bonne quantité d'eau bouillante sur les racines.

☐ Le pissenlit est délicieux en salade : goûtez-le avant de l'arroser de désherbant.

☐ Faux chervis, achillée et trèfle sont parfois très décoratifs. N'en débarrassez pas les abords de votre jardin. Fauchez-les deux fois par an avant qu'ils n'envoient leurs graines à tout vent.

☐ Pour supprimer le chiendent qui pousse dans le gazon, appliquez un désherbant systémique (glyphosate) au pinceau sur les touffes.

☐ L'eau de cuisson des pommes de terre fait un bon désherbant total.

Utiliser la tondeuse avec précaution

Chaque année, bon nombre de personnes se blessent en utilisant leur tondeuse. Pour éviter un accident, prenez les précautions suivantes.

☐ Lisez attentivement et suivez les instructions d'utilisation du fabricant.

☐ Vérifiez périodiquement votre machine. Assurez-vous que vis, boulons et écrous sont bien serrés.

☐ Faites le plein de la tondeuse dehors et moteur à l'arrêt. Abstenez-vous de fumer. Essuyez immédiatement l'essence en surplus et vissez bien le bouchon.

☐ Avant de tondre, retirez les pierres, fils de fer, bâtons ou autre objet dur qui pourraient se prendre dans les lames et être renvoyés avec violence.

☐ Ne passez jamais la tondeuse en marche sur un espace gravillonné.

☐ Chaussez des bottes ou des chaussures montantes, même par temps chaud. Évitez les vêtements amples, les bijoux et attachez-vous les cheveux.

☐ Assurez-vous que la machine est bien réglée en hauteur avant de lancer le moteur. Éloignez vos pieds.

☐ Une fois en marche, n'essayez jamais de soulever ou de faire basculer une tondeuse à lame hélicoïdale.

☐ Ne passez la tondeuse que si l'herbe est sèche. Humide, elle forme une bourre qui fait caler le moteur et présente un véritable danger pour qui veut tenter de l'extirper.

☐ Ne laissez personne, en particulier les enfants et les animaux, s'aventurer sur le périmètre où vous travaillez. Si quelqu'un s'approche, stoppez la rotation de la lame.

☐ Pour tondre un terrain en pente, circulez horizontalement plutôt que verticalement. Vous contrôlerez mieux la machine et, si vous glissez, vous risquez moins d'atterrir sur la tondeuse. Ne tentez pas de virage brusque.

☐ Retirez régulièrement, avec un bâton, les débris coincés sous le carter : arrêtez la machine et attendez l'immobilité de la lame. Débranchez les modèles électriques. Dans le cas d'une tondeuse à essence, débranchez la bougie.

☐ Arrêtez le moteur si vous devez vous absenter, même pour quelques minutes.

☐ Nettoyez la tondeuse après chaque utilisation. Attendez que le moteur soit froid.

TONDEUSE ÉQUIPÉE D'UN SIÈGE

☐ Vérifiez que le modèle que vous choisissez est bien conforme aux normes de sécurité.

☐ Ne transportez jamais de passager. Regardez derrière vous avant de reculer.

☐ Passez la tondeuse lentement, en évitant bosses et trous qui pourraient provoquer le renversement.

☐ Assurez-vous que la lame est au point mort et le contact en position « Arrêt » avant de poser le pied sur le sol.

273

Avant de chercher une maison

ÉVALUEZ VOS MOYENS

☐ Cherchez d'abord une hypothèque : le montant du prêt circonscrit le choix de la maison.

ÉTUDIEZ LA LOCALITÉ

☐ Les règlements de la ville autorisent-ils les travaux que vous projetez ? Permettent-ils l'érection d'entreprises près desquelles vous ne voudriez pas vivre ?

☐ Écoles, magasins et transport sont-ils à proximité ?

☐ À combien s'élèvent les taxes foncières et scolaires ?

CHERCHEZ UN NOTAIRE, UN AGENT D'IMMEUBLE

☐ Votre notaire a-t-il de l'expérience dans les transactions immobilières des particuliers ?

☐ Quels services vous offre-t-il ?

☐ Combien vous demande-t-il de l'heure ou au forfait ?

☐ Y aura-t-il des frais supplémentaires ?

☐ Votre agent d'immeuble est-il membre d'une société professionnelle, comme l'Association de l'immeuble du Québec ? Peut-il vous donner des noms en référence ?

☐ L'agent d'immeuble représente le vendeur ; il est néanmoins tenu de révéler tous les faits pertinents à l'acheteur.

Les frais auxquels on ne pense pas

La personne qui achète une maison pour la première fois ne sait pas toujours à quoi elle s'engage réellement. Parlez-en à votre banquier, à votre agent d'immeuble ou à votre notaire ; les frais suivants peuvent gonfler de 2 à 10 p. 100 le prix d'une maison.

Honoraires du notaire
Demande d'hypothèque
Cote hypothécaire
Évaluation
Certificat de localisation
Inspection de l'ingénieur
Rapport de solvabilité
Recherche de titres
Assurance des titres
Assurance hypothécaire
Préparation des documents

Honoraires du courtier en hypothèques
Détection de rongeurs et d'insectes
Taxe de cession, dite « de bienvenue »
Examen de l'eau et du système d'aqueduc
Inspection du système d'égout
Levée de liens et de servitude
Assurance-maison

Le paiement de la maison

Avant d'acheter une maison, il faut d'abord trouver un prêt hypothécaire avantageux. Consultez plusieurs banques. Apportez la liste de frais ci-dessus : quels sont ceux que la banque vous oblige à débourser ? En général, chaque 1 p. 100 des frais de conclusion se traduit par une hausse de ⅛ p. 100 du taux d'intérêt de l'hypothèque. Comme le montre le tableau ci-contre, une « petite » augmentation peut faire grimper de façon significative vos paiements mensuels et diminuer par le fait même votre capacité d'achat.

Mensualités pour une hypothèque de 25 ans

Taux d'intérêt	70 000 $	80 000 $	90 000 $	100 000 $	110 000 $	120 000 $
18%	1 026	1 173	1 320	1 466	1 613	1 760
17%	975	1 114	1 253	1 393	1 532	1 671
16%	923	1 055	1 187	1 319	1 451	1 583
15%	872	997	1 122	1 246	1 371	1 495
14%	822	939	1 056	1 174	1 291	1 409
13%	772	882	992	1 102	1 213	1 323
12%	722	826	929	1 032	1 135	1 238
11%	674	770	866	963	1 059	1 155
10%	626	716	805	894	984	1 073

Comment évaluer une maison

Vous avez établi le prix que vous vouliez payer et trouvé une localité qui vous convient ; le moment est venu de restreindre votre choix à deux ou trois maisons et de vous poser des questions précises.

☐ Cette maison est-elle trop vieille ou trop jeune à mon goût ?

☐ Offre-t-elle le nombre de pièces dont j'ai besoin : plusieurs chambres pour les enfants qui viendront, une au rez-de-chaussée pour un parent âgé ?

☐ Faites vérifier la structure de la maison, le chauffage, l'électricité et la plomberie par un inspecteur autorisé ou un ingénieur.

☐ Demandez à voir les comptes d'électricité et de chauffage des 12 derniers mois.

☐ Demandez à voir les comptes de taxes foncières et scolaires.

☐ Si cela n'a pas été fait, demandez une inspection relative aux rongeurs et aux insectes.

☐ En région rurale, demandez une inspection de la fosse septique et de l'alimentation en eau.

☐ Avant de discuter du prix, sachez combien se sont vendues des maisons comparables du voisinage.

Votre maison est À VENDRE

☐ Voulez-vous vendre vous-même votre maison ou laisser un agent d'immeuble s'occuper de tout : clients, visites, annonce ?

☐ Avant de vous engager envers un agent, demandez à voir ses cartes d'accréditation ; comment pense-t-il annoncer votre maison ? Recourra-t-il à l'inscription multiple ? À quel prix vous suggère-t-il de vendre ?

☐ Le contrat signé avec l'agent doit préciser le prix de vente, le pourcentage de la commission, le terme du contrat (généralement 90 jours).

☐ Vous pouvez déterminer le prix de vente de la maison en fonction du marché ou confier ce soin à un évaluateur professionnel.

☐ Vérifiez auprès de notaires ou de banquiers les modes de financement disponibles dans votre localité pour pouvoir renseigner les acheteurs, ou laissez ce soin à l'agent.

☐ Demandez au notaire ou à l'agent de rédiger un contrat susceptible d'être présenté à un acheteur sérieux.

☐ Lorsqu'un acheteur a été agréé, laissez la maison en vente tant qu'il n'a pas obtenu d'hypothèque ou signé un contrat. Si la transaction échoue, vous aurez d'autres acheteurs en vue.

Avant de vendre une maison

Si vous décidez de vendre votre maison, rendez-la aussi attrayante que possible aux acheteurs potentiels. Évitez cependant les rénovations coûteuses qui ne feront pas monter son prix et dont vous ne serez pas dédommagé.

À L'EXTÉRIEUR

☐ Nettoyez la cour.

☐ Tondez la pelouse et taillez les arbustes et les haies. Nettoyez les massifs, désherbez les allées et ramassez les feuilles mortes.

☐ Vérifiez l'éclairage extérieur.

☐ Réparez et peinturez clôtures et barrières.

☐ Faites les retouches de peinture nécessaires, en insistant sur les portes et les fenêtres.

☐ Au besoin, faites la dépense de quelques plants fleuris qui seront visibles de la rue.

☐ Observez l'état et l'étanchéité de la toiture.

À L'INTÉRIEUR

☐ Rangées, les pièces paraîtront plus grandes, notamment le grenier, les chambres des enfants et les pièces de service (garage, cave). Jetez ou retirez ce qui est inutile.

☐ Recollez le pan de papier peint arraché, raccrochez le rideau de douche, dégagez un peu les plans de travail de la cuisine.

☐ Éliminez des placards vieux vêtements et objets accumulés. Ils auront l'air plus spacieux.

☐ Remplacez les ampoules défectueuses ou faibles pour avoir un bon éclairage.

☐ Passez en revue les robinets qui fuient, les portes qui grincent, les portes de placard qui bâillent.

☐ Vérifiez le chauffage et la climatisation.

☐ Enfin, donnez un côté pimpant à votre maison : cirez les meubles, lavez les boiseries, astiquez les vitres ; faites le ménage à fond et disposez quelques pots-pourris qui rafraîchiront l'atmosphère.

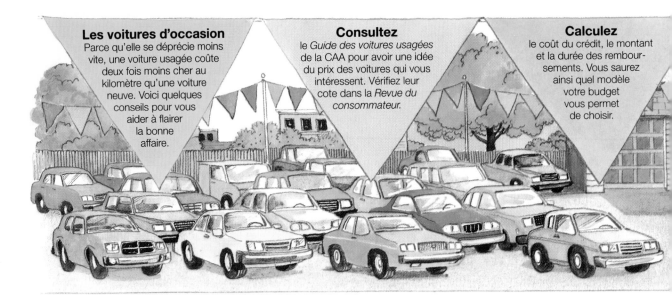

Les voitures d'occasion
Parce qu'elle se déprécie moins vite, une voiture usagée coûte deux fois moins cher au kilomètre qu'une voiture neuve. Voici quelques conseils pour vous aider à flairer la bonne affaire.

Consultez
le *Guide des voitures usagées* de la CAA pour avoir une idée du prix des voitures qui vous intéressent. Vérifiez leur cote dans la *Revue du consommateur.*

Calculez
le coût du crédit, le montant et la durée des remboursements. Vous saurez ainsi quel modèle votre budget vous permet de choisir.

Les contrôles à l'arrêt

Faites-les en pleine lumière.

☐ Une peinture neuve peut cacher des défauts : vérifiez les détails (garnitures, joints de porte...).

☐ Refusez toute voiture présentant des traces de rouille. Vérifiez les bas de porte, le dessous des ailes... Examinez le dessous de la voiture (rouille, fuites, soudures neuves...).

☐ Une usure inégale des pneus dénonce un défaut de parallélisme ou une suspension fatiguée qui doit être refaite.

☐ Assurez-vous que portes et fenêtres s'ouvrent et se ferment bien.

☐ Vérifiez l'état et le réglage des sièges et des ceintures de sécurité.

☐ Des taches d'eau sur les tapis ou dans le coffre dénoncent des fuites (joints défectueux ou bien carrosserie déformée).

☐ Soulevez le capot. Détectez les fuites d'huile et vérifiez la batterie. Des fils réparés indiquent qu'il y a déjà eu un problème électrique. Examinez attentivement les courroies, les durits et les câbles. Des taches claires sur les durits ou autour de la pompe à eau peuvent être causées par des fuites de liquide de refroidissement.

☐ La jauge d'huile doit indiquer « plein ». Une couleur laiteuse ou la présence de paillettes signifient de graves problèmes de moteur.

☐ Dévissez le bouchon du radiateur : si le liquide est rouille ou brun-rouge, c'est que le radiateur est corrodé.

☐ Mettez le contact : tous les témoins du tableau de bord doivent s'allumer. Les témoins de pression d'huile, de température et de charge de batterie doivent s'éteindre dès que le moteur se met en marche.

☐ Vérifiez le fonctionnement des phares, feux de détresse, clignotants, essuie-glaces, ventilation.

☐ Mettez le moteur en marche. Si vous entendez un bruit métallique au démarrage, refusez la voiture.

☐ Regardez sortir la fumée du pot d'échappement : blanche, elle dénonce une fuite d'eau ; blanc bleuté, une consommation excessive d'huile ; trop noire, une mauvaise carburation.

☐ Sur un modèle « automatique », une fois le moteur chaud, tirez la jauge de la boîte de vitesses : elle doit indiquer « plein » et l'huile doit être rouge. Si elle est noire ou sent le brûlé, méfiez-vous : la transmission va nécessiter une réparation coûteuse.

Les essais sur route

Prévoyez un itinéraire comprenant des rues, un terrain de stationnement, une route cahoteuse, une montée et une autoroute.

☐ Moteur en marche à l'arrêt, appuyez sur la pédale de frein. Si elle est molle ou s'enfonce complètement, il y a de l'air ou une fuite dans le système hydraulique. Ne conduisez pas la voiture.

☐ Dans une rue à faible circulation, accélérez jusqu'à 50 km/h. Si les vitesses collent, grincent ou passent par saccades, refusez la voiture.

☐ Freinez doucement et ralentissez jusqu'à 15 km/h environ. La voiture ne doit pas pencher d'un côté, les freins ne doivent pas grincer.

☐ Accélérez rapidement jusqu'à ce que l'auto atteigne 25 km/h et freinez brusquement. (Vérifiez d'abord qu'il n'y a personne derrière vous.) La voiture doit s'arrêter immédiatement sans faire d'embardée ; les freins ne doivent pas crisser.

☐ Dans un terrain vacant, testez la transmission : passez en marche arrière, puis arrêtez-vous ; enclenchez la première, roulez à 6 km/h et repassez en marche arrière.

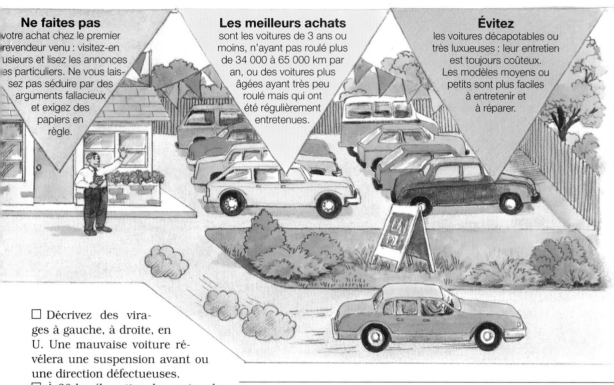

Ne faites pas votre achat chez le premier revendeur venu : visitez-en usieurs et lisez les annonces es particuliers. Ne vous laissez pas séduire par des arguments fallacieux et exigez des papiers en règle.

Les meilleurs achats sont les voitures de 3 ans ou moins, n'ayant pas roulé plus de 34 000 à 65 000 km par an, ou des voitures plus âgées ayant très peu roulé mais qui ont été régulièrement entretenues.

Évitez les voitures décapotables ou très luxueuses : leur entretien est toujours coûteux. Les modèles moyens ou petits sont plus faciles à entretenir et à réparer.

☐ Décrivez des virages à gauche, à droite, en U. Une mauvaise voiture révélera une suspension avant ou une direction défectueuses.

☐ À 30 km/h, retirez les mains du volant, puis freinez lentement. Si la voiture se déporte sur un côté, faites vérifier le train avant.

☐ Sur une mauvaise route, vérifiez si la voiture oscille, fait des bonds ou tangue et sursaute. Si oui, les amortisseurs sont à changer.

☐ Dans une côte, accélérez jusqu'à 60 km/h : si le moteur s'emballe et que la voiture peine, l'embrayage est à refaire.

☐ Sur une autoroute, accélérez brusquement. Si vous n'atteignez pas 80 km/h en 15 secondes, ou si vous voyez de la fumée sortir du pot d'échappement, cela signifie des réparations majeures.

☐ À la fin du test, laissez le moteur tourner quelques minutes. Écoutez le ralenti, vérifiez que la température du liquide de refroidissement reste à une valeur moyenne. Et soulevez le capot pour détecter les fuites.

☐ Examinez le sol sous la voiture. Il ne devrait y avoir aucune trace de liquide, sauf de l'eau claire provenant du climatiseur.

Avant de faire votre offre

Vous avez examiné la voiture et vous l'avez essayée sur la route ; le moment est venu de présenter une offre. Voici quelques points à retenir.

☐ Obtenez d'amis ou d'une association fiable le nom d'un centre de diagnostic, d'une station-service ou d'un bon mécanicien.

1. Faites vérifier les courses de compression et de combustion des cylindres.

2. Voyez si l'échappement répond aux normes officielles en matière de pollution (la normalisation peut coûter plusieurs centaines de dollars).

3. Assurez-vous qu'aucune pièce ne manque et, le cas échéant, à combien se montent les réparations nécessaires. (Vous déduirez ce montant du prix de vente de la voiture.)

☐ Si la voiture que vous achetez d'un concessionnaire vous coûte 2 000 $ ou davantage, exigez que la transmission s'accompagne d'une garantie d'au moins 30 jours sur les pièces et la main-d'œuvre.

☐ Si le vendeur est un particulier, demandez à un concessionnaire s'il s'est publié un bulletin de service technique sur le modèle que vous voulez acheter. (Ces bulletins suivent généralement les avis de rappel.)

☐ Appelez le concessionnaire — de préférence celui qui a vendu la voiture en premier lieu — et demandez-lui si le modèle a fait l'objet d'un rappel. Le cas échéant, exigez de lui ou du vendeur la preuve que les modifications ont bien été effectuées.

☐ Assurez-vous que les numéros de la plaque d'identification du véhicule et celui du moteur correspondent à ceux inscrits sur les documents. En cas de doute, demandez à la police de vérifier qu'il ne s'agit pas d'une voiture volée, susceptible d'être réclamée éventuellement par son propriétaire légitime.

Les bruits anormaux dans une voiture et leurs causes

Claquement en roulant (avec traction avant)	Transmission (cardan) usée ou soufflet de transmission percé (le cardan tourne à sec) ; amortisseurs usés
Cliquettement en provenance des roues	Enjoliveur détaché ou pierre coincée dedans ; essieu ou roulement défectueux ; objet coincé dans les freins
Cliquetis quand le moteur accélère	Essence d'indice d'octane trop faible ; culbuteurs ou allumage mal réglés
Cliquetis sous le capot	Pale du ventilateur déformée cognant contre le radiateur ; pompe à eau ou alternateur usés
Couinements stridents venant du moteur	Courroie de transmission (pompe, ventilateur) détendue ou usée
Ferraillement venant du moteur	Niveau d'huile insuffisant ; soupapes ou culbuteurs défectueux
Gémissement de la direction assistée	Manque de liquide de direction ou courroie de direction détendue
Grincement au freinage	Garnitures de freins usées, défectueuses ou mal positionnées, disques ou tambours rayés
Pétarades	Allumage déréglé ; prise d'air au carburateur ; soupapes défectueuses ; culbuteurs déréglés
Sifflement	Fuites d'un pneu, d'une durit ou des tubulures d'échappement
Vibrations dans l'habitacle	Éléments du tableau de bord ou pièces du chauffage mal fixés
Vrombissements quand la voiture accélère	Tubulures ou pot d'échappement percés ; collier de fixation des tubulures sur les pipes d'échappement desserré

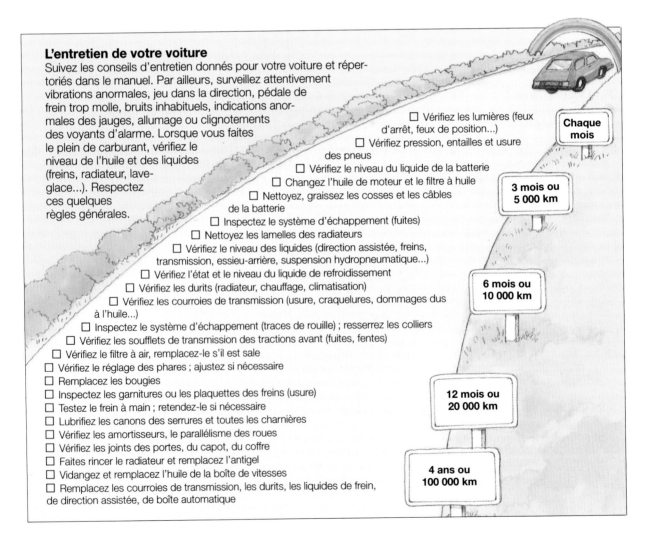

L'entretien de votre voiture

Suivez les conseils d'entretien donnés pour votre voiture et répertoriés dans le manuel. Par ailleurs, surveillez attentivement vibrations anormales, jeu dans la direction, pédale de frein trop molle, bruits inhabituels, indications anormales des jauges, allumage ou clignotements des voyants d'alarme. Lorsque vous faites le plein de carburant, vérifiez le niveau de l'huile et des liquides (freins, radiateur, lave-glace...). Respectez ces quelques règles générales.

□ Vérifiez les lumières (feux d'arrêt, feux de position...)
□ Vérifiez pression, entailles et usure des pneus

Chaque mois

□ Vérifiez le niveau du liquide de la batterie
□ Changez l'huile de moteur et le filtre à huile
□ Nettoyez, graissez les cosses et les câbles de la batterie

3 mois ou 5 000 km

□ Inspectez le système d'échappement (fuites)
□ Nettoyez les lamelles des radiateurs
□ Vérifiez le niveau des liquides (direction assistée, freins, transmission, essieu-arrière, suspension hydropneumatique...)
□ Vérifiez l'état et le niveau du liquide de refroidissement
□ Vérifiez les durits (radiateur, chauffage, climatisation)
□ Vérifiez les courroies de transmission (usure, craquelures, dommages dus à l'huile...)
□ Inspectez le système d'échappement (traces de rouille) ; resserrez les colliers
□ Vérifiez les soufflets de transmission des tractions avant (fuites, fentes)

6 mois ou 10 000 km

□ Vérifiez le filtre à air, remplacez-le s'il est sale
□ Vérifiez le réglage des phares ; ajustez si nécessaire
□ Remplacez les bougies
□ Inspectez les garnitures ou les plaquettes des freins (usure)
□ Testez le frein à main ; retendez-le si nécessaire
□ Lubrifiez les canons des serrures et toutes les charnières
□ Vérifiez les amortisseurs, le parallélisme des roues
□ Vérifiez les joints des portes, du capot, du coffre

12 mois ou 20 000 km

□ Faites rincer le radiateur et remplacez l'antigel
□ Vidangez et remplacez l'huile de la boîte de vitesses
□ Remplacez les courroies de transmission, les durits, les liquides de frein, de direction assistée, de boîte automatique

4 ans ou 100 000 km

En cas d'accident

1. Si ce n'est qu'un accrochage, garez-vous au plus vite de façon à ne pas entraver la circulation. Gardez votre calme et ne vous fâchez sous aucun prétexte. Assurez-vous avant toute chose qu'il n'y a aucun blessé, même léger.

2. S'il n'y a que des dégâts matériels mineurs, remplissez un constat à l'amiable. Si l'accident est plus grave, faites venir la police.

3. Inscrivez les noms, adresses et numéros de téléphone de toutes les personnes impliquées. Notez si quelqu'un a été blessé.

4. Notez le numéro d'immatriculation de l'autre véhicule, le numéro de permis de conduire du conducteur, le nom et l'adresse de sa compagnie d'assurances, ainsi que son numéro de police.

5. Notez l'heure, le temps et les conditions de la route.

6. Prenez des photos ou faites un croquis de l'accident, en indiquant le lieu, les directions prises par les véhicules impliqués, les traces de dérapage, les panneaux de signalisation et les feux de circulation à proximité.

7. A l'arrivée de la police, montrez-vous le plus coopératif possible, mais limitez vos remarques aux circonstances de l'accident. Demandez une copie du rapport.

8. Ne signez aucune déposition sur le lieu de l'accident.

9. Si vous êtes transporté à l'hôpital, notez le nom de votre accompagnateur et ceux des médecins qui s'occupent de vous. Inscrivez leur diagnostic. Même si vous n'êtes pas blessé, consultez votre médecin traitant pour un examen général.

10. Transcrivez vos impressions concernant cet accident dès votre retour chez vous. Notez tout souvenir ou symptôme médical.

11. Avertissez votre assureur au plus vite (avant cinq jours) : demandez-lui comment procéder pour ne rien oublier dans votre rapport.

Réparer sa voiture

☐ Faites entretenir et réviser régulièrement votre voiture : c'est un bon moyen d'éviter de tomber en panne.

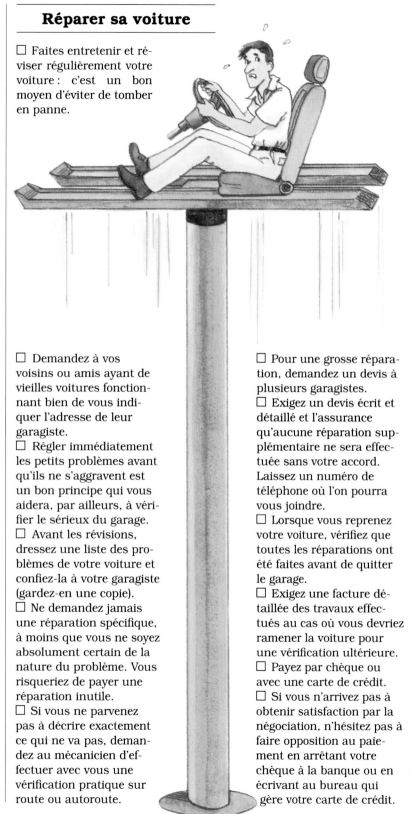

☐ Demandez à vos voisins ou amis ayant de vieilles voitures fonctionnant bien de vous indiquer l'adresse de leur garagiste.

☐ Régler immédiatement les petits problèmes avant qu'ils ne s'aggravent est un bon principe qui vous aidera, par ailleurs, à vérifier le sérieux du garage.

☐ Avant les révisions, dressez une liste des problèmes de votre voiture et confiez-la à votre garagiste (gardez-en une copie).

☐ Ne demandez jamais une réparation spécifique, à moins que vous ne soyez absolument certain de la nature du problème. Vous risqueriez de payer une réparation inutile.

☐ Si vous ne parvenez pas à décrire exactement ce qui ne va pas, demandez au mécanicien d'effectuer avec vous une vérification pratique sur route ou autoroute.

☐ Pour une grosse réparation, demandez un devis à plusieurs garagistes.

☐ Exigez un devis écrit et détaillé et l'assurance qu'aucune réparation supplémentaire ne sera effectuée sans votre accord. Laissez un numéro de téléphone où l'on pourra vous joindre.

☐ Lorsque vous reprenez votre voiture, vérifiez que toutes les réparations ont été faites avant de quitter le garage.

☐ Exigez une facture détaillée des travaux effectués au cas où vous devriez ramener la voiture pour une vérification ultérieure.

☐ Payez par chèque ou avec une carte de crédit.

☐ Si vous n'arrivez pas à obtenir satisfaction par la négociation, n'hésitez pas à faire opposition au paiement en arrêtant votre chèque à la banque ou en écrivant au bureau qui gère votre carte de crédit.

Des bagages légers

Vous prenez l'avion et voulez éviter les attentes interminables pour récupérer vos valises ou, pis, vous craignez d'en perdre une ? Essayez de tout faire tenir dans un bagage à main. Mettez sur vous vos vêtements les plus lourds, à moins qu'il ne fasse trop chaud. Voici une liste qui vous aidera à n'emporter que l'indispensable.

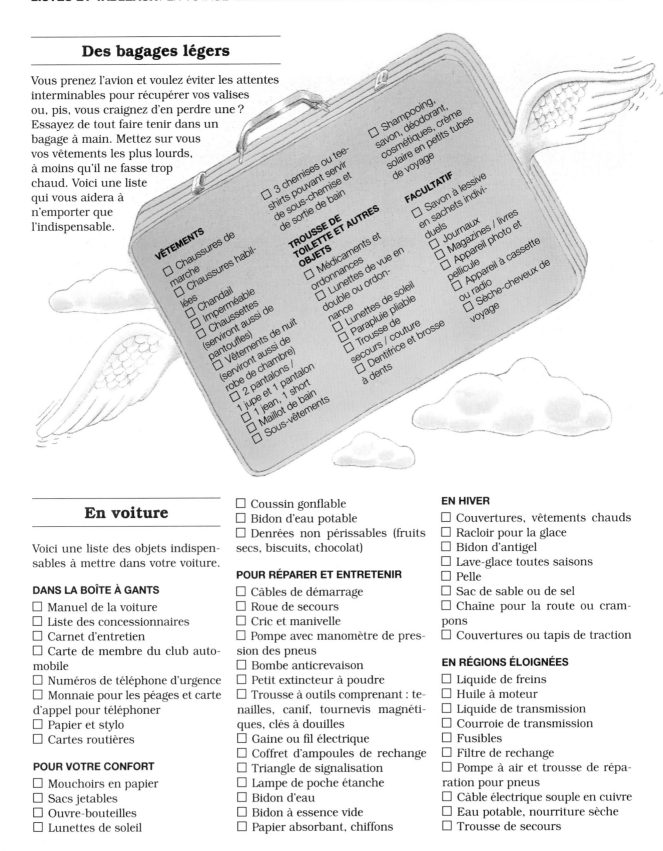

VÊTEMENTS
- ☐ Chaussures de marche
- ☐ Chaussures habillées
- ☐ Chandail
- ☐ Imperméable
- ☐ Chaussettes (serviront aussi de pantoufles)
- ☐ Vêtements de nuit (serviront aussi de robe de chambre)
- ☐ 2 pantalons / 1 jupe et 1 pantalon
- ☐ 1 jean, 1 short
- ☐ Maillot de bain
- ☐ Sous-vêtements
- ☐ 3 chemises ou tee-shirts pouvant servir de sous-chemise et de sortie de bain

TROUSSE DE TOILETTE ET AUTRES OBJETS
- ☐ Médicaments et ordonnances
- ☐ Lunettes de vue en double ou ordonnance
- ☐ Lunettes de soleil
- ☐ Parapluie pliable
- ☐ Trousse de secours / couture
- ☐ Dentifrice et brosse à dents
- ☐ Shampooing, savon, déodorant, cosmétiques, crème solaire en petits tubes de voyage

FACULTATIF
- ☐ Savon à lessive en sachets individuels
- ☐ Journaux
- ☐ Magazines / livres
- ☐ Appareil photo et pellicule
- ☐ Appareil à cassette ou radio
- ☐ Sèche-cheveux de voyage

En voiture

Voici une liste des objets indispensables à mettre dans votre voiture.

DANS LA BOÎTE À GANTS
- ☐ Manuel de la voiture
- ☐ Liste des concessionnaires
- ☐ Carnet d'entretien
- ☐ Carte de membre du club automobile
- ☐ Numéros de téléphone d'urgence
- ☐ Monnaie pour les péages et carte d'appel pour téléphoner
- ☐ Papier et stylo
- ☐ Cartes routières

POUR VOTRE CONFORT
- ☐ Mouchoirs en papier
- ☐ Sacs jetables
- ☐ Ouvre-bouteilles
- ☐ Lunettes de soleil
- ☐ Coussin gonflable
- ☐ Bidon d'eau potable
- ☐ Denrées non périssables (fruits secs, biscuits, chocolat)

POUR RÉPARER ET ENTRETENIR
- ☐ Câbles de démarrage
- ☐ Roue de secours
- ☐ Cric et manivelle
- ☐ Pompe avec manomètre de pression des pneus
- ☐ Bombe anticrevaison
- ☐ Petit extincteur à poudre
- ☐ Trousse à outils comprenant : tenailles, canif, tournevis magnétiques, clés à douilles
- ☐ Gaine ou fil électrique
- ☐ Coffret d'ampoules de rechange
- ☐ Triangle de signalisation
- ☐ Lampe de poche étanche
- ☐ Bidon d'eau
- ☐ Bidon à essence vide
- ☐ Papier absorbant, chiffons

EN HIVER
- ☐ Couvertures, vêtements chauds
- ☐ Racloir pour la glace
- ☐ Bidon d'antigel
- ☐ Lave-glace toutes saisons
- ☐ Pelle
- ☐ Sac de sable ou de sel
- ☐ Chaîne pour la route ou crampons
- ☐ Couvertures ou tapis de traction

EN RÉGIONS ÉLOIGNÉES
- ☐ Liquide de freins
- ☐ Huile à moteur
- ☐ Liquide de transmission
- ☐ Courroie de transmission
- ☐ Fusibles
- ☐ Filtre de rechange
- ☐ Pompe à air et trousse de réparation pour pneus
- ☐ Câble électrique souple en cuivre
- ☐ Eau potable, nourriture sèche
- ☐ Trousse de secours

Voyager à bon marché

Transports et frais d'hôtel ne sont pas les seules sources de dépenses pour les voyageurs. Voici quelques suggestions pour tâcher de réduire vos frais au prochain voyage.

☐ Essayez d'obtenir, auprès de l'office du tourisme du pays visité, des tarifs dégressifs ou des billets gratuits pour divers spectacles.

☐ Les théâtres, de même que les musées, offrent souvent des places à prix réduit pour certains jours et à certaines heures.

☐ Parcourez les journaux locaux pour dénicher les excursions, les musées, les concerts gratuits ou bon marché. Les manifestations locales sont un excellent moyen de rencontrer des gens du pays.

☐ Évitez les frais de restaurant en préparant des pique-niques. Explorez les marchés et achetez du pain, du fromage, des légumes et autres spécialités régionales. Puis régalez-vous dans votre chambre ou dans un jardin public.

☐ Prévoyez un thermoplongeur pour préparer des soupes et des boissons chaudes.

☐ Lorsque vous optez pour le restaurant, allez-y le midi plutôt que le soir : le menu est généralement moins cher.

☐ Choisissez un restaurant dans un quartier populaire. L'ambiance y sera plus agréable qu'à l'hôtel et la note plus facile à digérer...

☐ Les grands magasins ont souvent des cafétérias bon marché.

☐ Évitez de passer des coups de téléphone de l'hôtel, car les suppléments perçus sont exorbitants. Si vous ne pouvez faire autrement que d'appeler de l'hôtel, donnez votre numéro à votre interlocuteur pour qu'il vous rappelle.

☐ Dans certains pays, il est presque de coutume de marchander vos achats. Discutez les prix, certes, mais n'oubliez pas que la courtoisie et le respect de l'interlocuteur font partie du jeu.

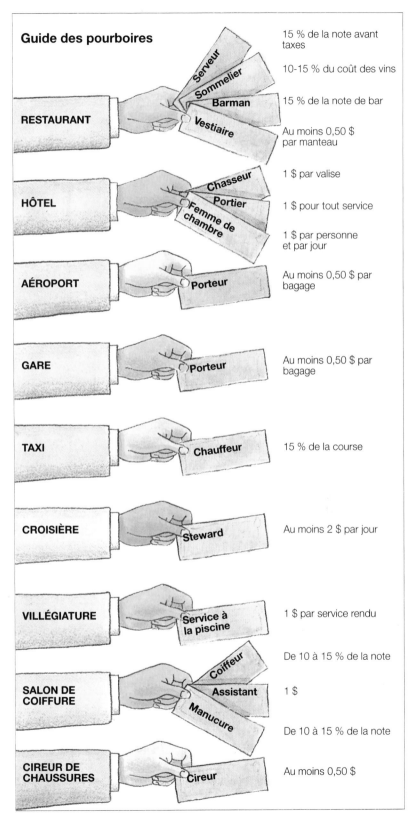

Guide des pourboires

RESTAURANT
- Serveur — 15 % de la note avant taxes
- Sommelier — 10-15 % du coût des vins
- Barman — 15 % de la note de bar
- Vestiaire — Au moins 0,50 $ par manteau

HÔTEL
- Chasseur — 1 $ par valise
- Portier — 1 $ pour tout service
- Femme de chambre — 1 $ par personne et par jour

AÉROPORT
- Porteur — Au moins 0,50 $ par bagage

GARE
- Porteur — Au moins 0,50 $ par bagage

TAXI
- Chauffeur — 15 % de la course

CROISIÈRE
- Steward — Au moins 2 $ par jour

VILLÉGIATURE
- Service à la piscine — 1 $ par service rendu

SALON DE COIFFURE
- Coiffeur — De 10 à 15 % de la note
- Assistant — 1 $
- Manucure — De 10 à 15 % de la note

CIREUR DE CHAUSSURES
- Cireur — Au moins 0,50 $

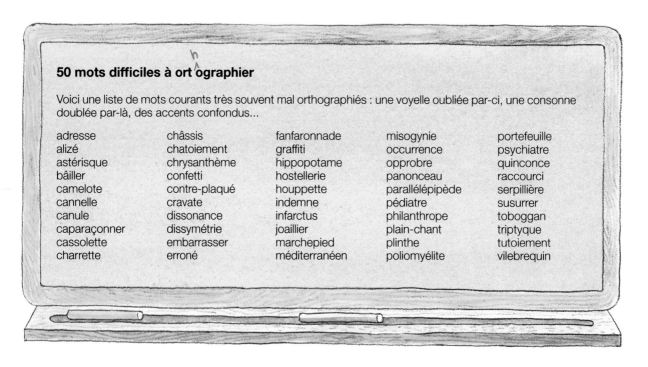

50 mots difficiles à ort·ographier

Voici une liste de mots courants très souvent mal orthographiés : une voyelle oubliée par-ci, une consonne doublée par-là, des accents confondus...

adresse	châssis	fanfaronnade	misogynie	portefeuille
alizé	chatoiement	graffiti	occurrence	psychiatre
astérisque	chrysanthème	hippopotame	opprobre	quinconce
bâiller	confetti	hostellerie	panonceau	raccourci
camelote	contre-plaqué	houppette	parallélépipède	serpillière
cannelle	cravate	indemne	pédiatre	susurrer
canule	dissonance	infarctus	philanthrope	toboggan
caparaçonner	dissymétrie	joaillier	plain-chant	triptyque
cassolette	embarrasser	marchepied	plinthe	tutoiement
charrette	erroné	méditerranéen	poliomyélite	vilebrequin

Le mauvais usage de certains mots

On confond souvent certains mots avec d'autres, en raison de leur orthographe ou de leur prononciation presque similaires. Voici quelques erreurs fréquentes.

Cahot, chaos : le cahot désigne le saut d'un véhicule roulant sur une route inégale ; le chaos, le vide qui précéda la Création.

Coasser, croasser : la grenouille coasse, mais le corbeau croasse.

Compréhensif, compréhensible : le premier désigne une personne apte à comprendre autrui (un homme compréhensif pour les erreurs d'autrui) ; le second désigne ce que l'on peut comprendre facilement (un comportement compréhensible).

Esquisser, esquiver : le premier signifie ébaucher un dessin ; le second, éviter habilement.

Fourmilier, fourmiller : le fourmilier est un animal qui se nourrit de fourmis ; fourmiller est synonyme de abonder, être en grand nombre.

Imminent, immanent : ce qui va se produire prochainement, très prochainement, est imminent ; ce qui est contenu dans la nature même d'un être ou d'une chose est immanent.

Luxuriant, luxurieux : le premier est synonyme d'abondant (une végétation luxuriante) ; le second fait allusion à la débauche des sens.

Perpétrer, perpétuer : perpétrer signifie commettre un acte criminel ; perpétuer veut dire immortaliser (cet ouvrage perpétue sa mémoire).

Prodige, prodigue : le premier est synonyme d'événement surnaturel ou indique des dons extraordinaires (un écrivain prodige) ; le second, synonyme de dépenseur incorrigible et dilapidateur (le fils prodigue de la parabole).

Sceptique, septique : une personne sceptique est une personne qui doute ; ce qui est septique est ce qui produit l'infection ; on parle aussi de fosse septique.

Silice, cilice : la silice est un minéral extrêmement dur ; le cilice, une chemise ou une ceinture causant un supplice et portées par esprit de mortification.

Somptuaire, somptueux : on parlera d'un projet somptuaire, au sens de superflu ; mais on dira un repas somptueux, c'est-à-dire magnifique, splendide.

Vénéneux, venimeux : on dira d'un champignon qu'il est vénéneux et d'un serpent qu'il est venimeux.

Volatil, volatile : ce qui s'évapore facilement est volatil, tandis qu'un volatile est un animal capable de voler.

Saveurs étrangères

Toute langue est un creuset où se mêlent des mots et des expressions empruntés à d'autres pays. Vous en trouverez ci-dessous un certain nombre, d'origine latine ou étrangère (anglaise, allemande, espagnole et italienne), couramment employés en français. À vous de retrouver leur signification.

1. **No man's land**
2. **Mutatis mutandis**
3. **Leitmotiv**
4. **Ne varietur**
5. **Remake**
6. **Nec plus ultra**
7. **In vitro**
8. **Desiderata**
9. **Maelström**
10. **Ex cathedra**
11. **Numerus clausus**
12. **Photo-finish**
13. **A giorno**
14. **Up to date**
15. **Sine qua non**
16. **Aficionado**
17. **Intra-muros**
18. **Pronunciamiento**
19. **Royalties**
20. **A cappella**
21. **Prima donna**
22. **Modus vivendi**
23. **Standing**
24. **Ad libitum**
25. **Persona non grata**
26. **Pro forma**

A. À jour

B. Absolument nécessaire

C. Niveau de vie

D. Redevance

E. Nouvelle version d'un film

F. Coup d'État militaire

G. Dans le sport désigne une photo prise à l'arrivée d'une course afin de départager des concurrents

H. Désigne une personne officiellement considérée comme indésirable

I. Qui ne doit être en aucun cas modifié

J. Désigne ce que l'on peut trouver de mieux dans le genre

K. Tourbillon

L. Chanteuse vedette d'un opéra

M. Limitation discriminatoire

N. À l'intérieur de la ville

O. En laboratoire

P. Compte tenu des ajustements nécessaires

Q. Thème ayant une signification dramatique et revenant à plusieurs reprises dans une partition musicale. Par extension, formule, idée revenant régulièrement.

R. Revendications

S. Accommodement entre deux parties

T. Amateur passionné

U. Qui brille avec le même éclat que la lumière du jour

V. Chant non accompagné d'instruments

W. Terrain neutre

X. À volonté

Y. D'un ton dogmatique

Z. Pour la forme

Solutions 1-W, 2-P, 3-Q, 4-I, 5-E, 6-J, 7-O, 8-R, 9-K, 10-Y, 11-M, 12-G, 13-U, 14-A, 15-B, 16-T, 17-N, 18-F, 19-D, 20-V, 21-L, 22-S, 23-C, 24-X, 25-H, 26-Z.

Convalescence

La maladie est parfois synonyme de solitude. Un petit mot où vous exprimerez que vous ressentez son absence apportera souvent un certain réconfort au convalescent.

Cher Patrick,

Il paraît que votre opération a été un succès. Comme vous devez vous sentir soulagé que ce soit maintenant chose du passé ! Tout le monde s'est bien informé de vous lors du tournoi de golf. Dès que vous vous sentirez assez en forme pour recevoir de la visite, faites-nous signe. En attendant, reprenez bien vos forces et avertissez-moi si vous avez besoin de quoi que ce soit.

Amitiés,
Christian

Chère Florence, cher Pierre,

Cécile et moi-même tenons à vous remercier pour votre charmant cadeau. Cette lampe est tout à fait ravissante et ne pourrait pas avoir été mieux choisie pour décorer notre nouvelle maison. Nous espérons avoir le plaisir de vous recevoir très prochainement.

Très sincèrement,
Laurent

Remerciements

Lorsque vous souhaitez remercier quelqu'un d'un cadeau, mentionnez un détail qui lui montrera combien son attention vous a touché.

Condoléances

Toute lettre de sympathie apportera un peu de réconfort à une personne en deuil. Évoquez en quelques mots le souvenir que vous laisse le défunt et proposez votre aide.

Chère Marthe,

C'est avec beaucoup de tristesse que j'ai appris le décès de ton père. Je me souviendrai toujours avec quelle chaleur il nous accueillait chez vous lorsque nous étions enfants. Il avait toujours un mot aimable pour chacun ! Je sais que tu traverses des moments difficiles et je tiens à t'assurer de toute ma sympathie. Si je puis faire quelque chose pour toi, n'hésite pas à me le faire savoir.

Avec toute mon amitié,
Danièle

Chère Marie, cher Paul,

Nous sommes heureux, Bernard et moi, de vous féliciter pour la naissance de votre petit Francis qui fera, nous en sommes certains, la fierté de ses parents. Nous espérons, chère Marie, que tu es déjà tout à fait en forme et que nous aurons bientôt le plaisir de faire la connaissance du nouveau-né.

Amitiés,
Marguerite

Félicitations

Participez au bonheur de vos amis lors d'un événement important (fiançailles, mariage, naissance d'un enfant) par un petit mot dans lequel vous leur témoignerez votre joie.

3. UTILISATION INHABITUELLE D'OBJETS COURANTS

SI VOUS ÊTES DE CEUX QUI ONT HORREUR DE JETER QUELQUE CHOSE AUX POUBELLES, SI VOUS VOUS PLAISEZ À TROUVER DES FONCTIONS INUSITÉES À DES OBJETS COURANTS, VOUS RAFFOLEREZ DES IDÉES QUE VOUS SUGGÈRE CE CHAPITRE. ET VOUS VOUS ÉTONNEREZ EN MÊME TEMPS DES PROBLÈMES QU'IL VOUS PERMETTRA DE RÉSOUDRE. LA LISTE DES POSSIBILITÉS EST POURTANT LOIN D'ÊTRE COMPLÈTE : AMUSEZ-VOUS À L'ALLONGER EN JETANT UN COUP D'ŒIL SUR VOTRE ENVIRONNEMENT FAMILIER.

A

Abaisse-langue

1. Cale Placez un ou deux abaisse-langue sous un pied de meuble trop court.

2. Mini-cale à poncer Collez du papier de verre sur un côté pour poncer de petits objets.

3. Agitateur-mélangeur Utilisez un abaisse-langue pour mélanger de petites quantités de peinture ou de colle à deux composants.

4. Attelle Maintenez rigide un doigt blessé en utilisant du sparadrap.

Aimant

1. Dans un tiroir Laissez un aimant dans votre tiroir fourre-tout pour collecter épingles et trombones.

2. Ramasser facilement Récupérez les agrafes, clous, punaises ou aiguilles éparpillés ou tombés au sol. C'est indispensable si la chute a eu lieu sur un tapis à longues mèches ou sur un parquet à lames non jointives.

Alcool à friction

1. Neutraliser les effets du piment Si vous avez les mains irritées après avoir manipulé des piments forts, arrosez-les d'alcool à friction, puis lavez-les au savon.

2. Raviver les bois vernis Rafraîchissez-les en les frottant avec un chiffon imbibé d'alcool. Faites un essai sur une partie cachée.

3. Salle de bains impeccable Faites briller les chromes et enlevez la laque à cheveux sur les miroirs avec de l'alcool à friction.

4. Polisseur de bibelots Frottez délicatement vos objets en cristal ou en porcelaine avec un chiffon imbibé d'alcool à friction.

Ammoniaque

1. Meuble à rénover Frottez un vieux meuble très sale avec un chiffon imbibé d'ammoniaque diluée à 10 pour 100. Rincez régulièrement le chiffon.

2. Enlever de la cire Avant de cirer un parquet particulièrement sale, retirez la vieille cire avec une solution composée d'une tasse d'ammoniaque dilué dans 4 à 5 litres d'eau.

3. Bijoux étincelants Faites tremper vos bijoux en or pendant 10 minutes dans une solution composée à parts égales d'ammoniaque et d'eau tiède. Frottez ensuite avec une brosse douce et laissez sécher sans rincer.

4. Argenterie brillante Mélangez de l'ammoniaque avec de la pâte à polir et appliquez avec un chiffon doux sur votre argenterie et vos objets en acier inoxydable.

5. Embellir les cuivres Enlevez les ternissures en les frottant légèrement avec une brosse douce imbibée d'un peu d'ammoniaque.

Animal en peluche

1. Coffre Décousez le dessous, ôtez du rembourrage, posez une glissière et cachez des objets.

2. Marionnettes Ouvrez le dos de l'animal et retirez le rembourrage afin que vos doigts puissent se glisser dans la tête et les membres. Refermez d'un élastique.

3. Serre-livres Incisez le dos et le dessous d'une paire d'animaux en peluche. Remplacez le rembourrage par des billes ou des plombs de pêche. Recousez l'ouverture et collez à la base un morceau de gant de caoutchouc pour éviter qu'ils ne glissent.

4. Contre les courants d'air En hiver, alignez les animaux en peluche

le long des fenêtres pour une isolation décorative.

Anneau de rideau en bois

1. Dessous de bouteille Découpez des morceaux de liège de même diamètre que l'intérieur de gros anneaux et insérez-les dans les anneaux en les fixant par un point de colle.

2. Protection Avant de passer l'aspirateur, placez des anneaux autour des pieds des meubles.

3. Jeu de lancer Retournez un tabouret à pieds droits et essayez d'y enfiler des anneaux que vous lancerez de plus ou moins loin.

Annuaire téléphonique

1. Origami Utilisez les pages d'un vieil annuaire pour vous entraîner à l'art du papier plié.

2. Confettis Découpez-les dans des liasses de pages avec une perforatrice de bureau.

3. Serviettes jetables Utilisez des pages froissées pour enlever le plus gros des salissures sur vos mains ou sur des objets.

4. Coussin élévateur Dissimulez un vieil annuaire dans une housse et posez-le sur une chaise pour qu'un jeune enfant soit à la bonne hauteur quand il se met à table.

5. Isolation Remplissez-en le fond de la niche à chien.

Aspirateur

1. Pour le garage Branchez le tuyau sur la sortie d'air pour souffler sur les feuilles et les saletés dans le garage ou sur les allées.

2. Avaler les poils Si votre animal de compagnie perd ses poils et n'a pas peur du bruit de l'aspirateur, passez-lui l'embout à meubles.

Assouplissant textile

1. Pour les chaussures Faites-les briller avec une feuille d'assouplissant fraîche.

2. Pour les écrans Conservez des feuilles d'assouplissant déjà utilisées dans la sécheuse pour ôter la poussière électrostatique des écrans de télévision et des ordinateurs.

3. Désodorisant Mettez des feuilles parfumées dans les tiroirs et sur les étagères des placards.

4. Pour la voiture Placez-en plusieurs sous le siège avant de la voiture pour rafraîchir l'air confiné.

5. Pour les cheveux Passez une feuille antistatique sur les peignes et les brosses à cheveux.

6. Pour les lunettes Frottez les verres avec une feuille d'assouplissant pour les nettoyer et enlever la buée.

Attaches (tourniquets)

1. Identifier des clés Utilisez des attaches de différentes couleurs pour distinguer les clés de votre trousseau.

2. Lacet à chaussure Si votre enfant a cassé le lacet de sa chaussure, dépannez-le avec des attaches.

3. Attaches pour les plantes Attachez les tiges qui tombent à un tuteur ou ligaturez les pousses des plantes grimpantes à un treillage. Ne serrez pas pour ne pas endommager la plante ni gêner sa croissance.

4. Monter un tricot Utilisez des attaches pour tenir un ouvrage au crochet ou un tricot lors du montage.

5. Relier des feuilles Attachez ensemble des feuilles perforées en passant des liens dans les trous.

6. Dans un moteur Pour empêcher les fils électriques d'entrer en contact avec des éléments chauds du moteur, utilisez des attaches pour tracer leur chemin sous le capot.

7. Décoration de Noël Utilisez des attaches vertes pour accrocher les boules de couleur et autres petits éléments décoratifs.

8. Boutons de manchettes Ramenez les extrémités des attaches à l'intérieur de la manche pour qu'on ne les voit pas et tournez.

Balai

1. Gros pinceau Lorsque vous recouvrez un sol avec un enduit ou une peinture, utilisez un balai plat là où le rouleau ne peut pas accéder. Faites de même pour étendre l'asphalte en bordure d'une entrée.

2. Guide pour oiseau Si un oiseau entre par une fenêtre ou une porte ouverte, utilisez un balai pour l'aider à sortir de façon qu'il ne se cogne pas aux vitres fermées.

3. Chariot Pour déplacer un objet trop lourd à transporter, inclinez-le de façon qu'un des côtés repose sur les fibres d'un balai en paille. Demandez à une personne de pousser tandis que vous tirez.

4. Effets sur enduit Utilisez un balai pour créer des effets décoratifs sur de l'enduit mural déposé en couche épaisse : tirez tout droit en zigzag, faites des effets de spirale en faisant tourner le balai, tapotez pour obtenir des effets à gros grains.

Balle de tennis

1. Sécurité Placez de vieilles balles de tennis sur les pointes des outils de jardin quand vous les rangez.

2. Patins pour pieds de chaise Fendez des balles de tennis et enfilez-les dans les pieds d'un siège pour qu'ils ne s'introduisent pas dans les jointures des planchers ou entre les dalles d'une terrasse.

3. Guide Attachez une balle de tennis à une ficelle et pendez-la au plafond du garage, de telle sorte qu'elle

287

vienne toucher la lunette arrière quand votre voiture est à bonne distance du mur du fond.

4. Massage Mettez les balles dans un bas. Fermez avec un élastique et utilisez-le pour vous masser le dos.

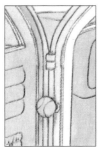

5. Épargner la batterie Si vous laissez la portière de l'auto ouverte longtemps, glissez une balle de tennis dans la charnière pour bloquer l'interrupteur du plafonnier.

6. Peindre au plafond Faites une fente dans une demi-balle de tennis et enfilez-la sur le manche du pinceau, partie concave en haut, pour que la peinture ne coule pas sur vos mains.

7. Couronne de Noël Peignez des balles de tennis en vert. Percez des trous et enfilez-les sur un cintre rectifié. Décorez de sapinage, de houx et nouez un ruban.

8. Hochet Faites un trou dans une balle de tennis et mettez-y du riz ou des haricots secs. Pour le manche, enfilez un goujon.

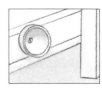

9. Arrêt de porte Coupez une balle en deux et vissez-la au bas d'un mur, derrière une porte.

10. Séchage Pour bien répartir les plumes d'un duvet, mettez celui-ci dans la sécheuse à froid avec deux balles de tennis pendant 30 minutes.

Ballons

1. Une invitation originale Gonflez des ballons de couleur, puis rédigez vos invitations avec un crayon feutre indélébile d'une couleur très contrastée. Dégonflez les ballons, glissez-les dans des enveloppes et expédiez-les à vos invités. Pour pouvoir lire votre message, ils seront obligés de regonfler les ballons.

2. Moule à masque Utilisez un ballon gonflé à la taille de la tête de la personne ou de l'enfant à déguiser et servez-vous-en comme support pour confectionner un masque en papier mâché-collé.

3. Globe Gonflez un gros ballon et utilisez-le comme support pour fabriquer un globe en ficelle : faites tremper la ficelle dans de la colle à bois blanche diluée et enroulez-la autour du ballon en croisant les passages. Laissez sécher au moins 48 heures avant de dégonfler le ballon.

Barquette en plastique

1. Pour la peinture Versez le peu de peinture nécessaire dans une boîte en plastique pour effectuer de petits travaux de retouche dans la maison.

2. Moule Confectionnez des terrines et des desserts individuels moulés.

3. Plat pour les animaux
Transportez la nourriture de votre animal de compagnie dans une barquette munie d'un couvercle quand vous voyagez avec lui.

4. Petits semis Percez des trous au fond d'une boîte avec un clou chauffé, étalez du terreau, puis semez les graines, humidifiez et couvrez avec une feuille de plastique transparent.

5. Pour bébé Conservez au réfrigérateur un reste de compote ou d'autres aliments dans une barquette bien fermée. Emportez-le lorsque vous partez en promenade avec votre enfant.

Bas, collant

1. Rembourrage Coupez des vieux collants propres pour remplir un coussin, un édredon, des jouets...

2. Filtrer la peinture Pour éliminer les grumeaux, filtrez la peinture dans un collant tendu sur l'ouverture d'un bocal.

3. Séchoir à oignons Glissez un oignon dans le pied, faites un nœud. Continuez ainsi et suspendez le bas pour mettre les oignons à sécher. Quand vous en voulez un, coupez celui du bas.

4. Élastiques Découpez un vieux collant en bandes de 6 cm de large. Servez-vous-en pour attacher des journaux ou fermer des boîtes.

5. Flou artistique Pour obtenir un effet de flou, tendez un morceau de collant maintenu par un élastique devant l'objectif de l'appareil photo. En photo couleurs, la teinte du collant modifie la couleur.

6. Tampon à récurer Pour laver une poêle antiadhésive, roulez un vieux collant en boule, trempez-le dans de l'eau tiède, mettez quelques gouttes de détergent et frottez.

7. Protège-oreilles de chien
Coupez un morceau de collant de 15 cm de long. Au moment du repas, enfilez-le autour du museau du chien

et tirez vers l'arrière de la tête. Voici votre chien coiffé d'un bonnet qui l'empêchera de souiller ses oreilles dans la nourriture.

Bassines en plastique

1. Pour vos semis Mettez une couche de vermiculite au fond d'une bassine. Humidifiez, semez les graines et recouvrez d'un plastique transparent.

2. Bacs de rangement Rangez jouets, serviettes, vêtements et taies d'oreillers dans ces bacs. Identifiez d'une étiquette sur le côté.

3. Bain pour les oiseaux Enfoncez une bassine dans le sol et entourez-la de pierres et de feuillages.

Bâtonnets

1. Mini-palette Utilisez un bâtonnet de crème glacée ou de popsicle pour mélanger de petites quantités de peinture ou de colle. Vous pourrez ensuite le jeter sans remords.

2. Rangement pour menus objets Récoltez des bâtonnets. Quand vous en aurez suffisamment, collez-les ensemble pour cloisonner des espaces dans le tiroir de cuisine.

3. Cale Glissez un ou plusieurs bâtonnets sous le pied d'un meuble bancal.

4. Mini-cale à poncer Collez du papier abrasif sur l'une des faces.

5. Pour les vitrages Utilisez un bâtonnet imbibé d'essence de térébenthine pour lisser du mastic frais.

6. Index de répertoire Coupez un bâtonnet à la dimension voulue et collez-le au dos d'une fiche, puis inscrivez la lettre en haut.

7. Attelle Un bâtonnet attaché avec du ruban adhésif peut maintenir un doigt cassé.

8. Étiquette de jardin Écrivez le nom de la plante et la date du semis sur le bâtonnet et piquez-le dans le sol.

Beurre d'arachide

1. Enlever les étiquettes Frottez du beurre d'arachide sur les bouts d'étiquettes de prix collés sur un article de cuisine en plastique ou de métal.

2. Appât pour animaux sauvages Vous voulez prendre une photo d'un oiseau ou d'un petit mammifère ? Répandez un peu de beurre d'arachide là où vous voudriez le « croquer » : votre sujet devra prendre la pose, car on ne s'envole pas aussi facilement avec du beurre d'arachide qu'avec une noix ou une graine.

3. Ôter le goudron Frottez du beurre d'arachide sur les taches de goudron de votre auto et de vos souliers.

Bicarbonate de soude

1. Désodoriser le lave-vaisselle Si vous n'utilisez pas votre lave-vaisselle tous les jours, mettez une poignée de bicarbonate de soude dans le fond.

2. Un meuble resplendissant Pour faire briller un meuble peint en blanc, lavez-le avec une solution préparée avec 1 c. à soupe de bicarbonate de soude et 1 litre d'eau tiède.

3. Récurer un gril Pour enlever la graisse et les restes d'aliments qui se sont incrustés sur un gril, faites-le tremper dans 1 litre d'eau chaude contenant ¼ de tasse de bicarbonate de soude. Pour les taches rebelles, versez du bicarbonate de soude sur une éponge à récurer humide, puis frottez-en le gril.

4. Shampooing pour chien Pour donner plus de douceur et de brillant à la fourrure de votre chien, ajoutez 2 cuil. à soupe de bicarbonate de soude à l'eau de son bain.

5. Remède contre les piqûres Une pâte de bicarbonate et d'eau soulagera la douleur ou l'inconfort provoqués par des piqûres d'insectes.

6. Nettoyer les batteries Pour éliminer le sulfate qui se dépose sur les batteries de voiture, confectionnez une pâte composée de 3 parts de bicarbonate de soude pour 1 part d'eau. Appliquez avec une brosse à dents, puis rincez à l'eau claire. Pour votre sécurité, portez des lunettes de protection et des gants.

7. Désodoriser le réfrigérateur Déposez une coupelle remplie de bicarbonate de soude dans votre réfrigérateur : elle y absorbera les odeurs pendant plusieurs mois.

8. Récurer les casseroles brûlées Recouvrez le fond et les parties brûlées de bicarbonate de soude et humectez-le avec très peu d'eau. Laissez agir toute une nuit avant de nettoyer à l'eau claire. Cette méthode est aussi valable pour les plats en porcelaine ou en verre à four.

Bidon en plastique

1. Piège à mulots Percez le fond d'un bidon rectangulaire, placez-y de l'appât empoisonné et enterrez-le à plat sur le chemin d'une galerie repérée au jardin. L'ouverture du bidon et le trou du fond doivent être de niveau avec la galerie pour que les mulots puissent traverser le bidon... et s'y arrêter.

2. Arrosoir Nettoyez un gros bidon-bouteille avec anse, utilisez-le comme arrosoir pour les pots placés dans des endroits peu accessibles.

3. Panier pour épingles à linge Découpez le haut d'un bidon en plastique rectangulaire et percez le fond pour que l'eau s'égoutte. Pendez à la corde à linge.

4. Entonnoir Découpez un bidon-bouteille avec anse pour faire un solide entonnoir facile à tenir.

5. Mesure Coupez le fond d'un bidon en biais et servez-vous-en pour la moulée des bêtes ou les engrais.

6. Écope Faites comme ci-dessus et voilà l'idéal pour écoper votre bateau.

7. Aire de bain À la mer ou sur un lac, délimitez un espace de nage sécuritaire pour les enfants en attachant des bidons de plastique à une corde.

8. Poids Remplissez aux trois quarts d'eau des bidons et attachez-les aux quatre coins d'une bâche par journée de grand vent.

Bière

1. Plantes brillantes Nettoyez les feuilles des plantes d'appartement à larges feuilles avec une éponge douce imbibée de bière.

2. Fixatif à cheveux Mettez de la bière sur votre peigne avant de vous coiffer pour enlever l'électricité statique des cheveux.

3. Crêpes plus légères Ajoutez de la bière dans votre pâte à crêpes (1 verre pour 4 tasses de pâte) et

laissez la pâte reposer quelques heures avant de faire vos crêpes, qui seront plus fines et plus légères.

4. Appât pour insecte Lorsque vous recevez en plein air, disposez à divers endroits de votre jardin des soucoupes remplies de bière. Des insectes tels que les guêpes seront attirés par la bière.

Bloc de béton

1. Pot de fleurs Peignez l'extérieur d'un large bloc de béton et faites-en un bac à fleurs : placez les ouvertures vers le haut, remplissez les trous de terreau et plantez-y des fleurs.

2. Bordure fleurie Faites comme ci-dessus, mais en alignant plusieurs blocs en bordure d'une allée.

Bocal en verre

1. Terrarium Dans un grand bocal, déposez 2,5 cm de graviers et de miettes de charbon de bois, puis 8 cm de terreau stérilisé. Après avoir planté, humidifiez légèrement et laissez en pleine lumière pendant une journée. Couvrez ensuite le bocal.

2. Shaker Utilisez un bocal bien fermé pour mélanger vos cocktails.

3. Vinaigrette facile Versez les ingrédients de la vinaigrette dans un bocal, fermez avec le couvercle, secouez vigoureusement, c'est prêt !

4. Quincaillerie Clouez des couvercles à pas de vis sous un chevron ou sous une étagère dans l'atelier, et vissez les bocaux respectifs contenant clous, pointes, écrous, etc.

5. Coffre étanche Gardez l'argent et les allumettes au sec dans un grand bocal avec couvercle à pas de vis.

6. Séchoir express Enfilez des mitaines humides sur des petits bocaux. Placez-les près d'un radiateur.

7. Pot à colle sans bavures Percez un trou au centre du couvercle d'un bocal à pas de vis et insérez-y un pinceau plat ou rond à manche long et rond. Posez la rondelle du couvercle sur la partie vissante.

8. Tirelire Pratiquez une fente dans le couvercle avec un ciseau à bois.

Boîte de carton

1. Traîneau Tirez un tout-petit ou du bois dans une boîte de carton fort, sur la neige.

2. Cadeau surprise Cachez le cadeau d'un ami dans une petite boîte en carton, placez celle-ci dans une boîte un peu plus grande et ainsi de suite. Enveloppez chaque boîte dans du papier de couleur différente.

3. Protéger une table Protégez une surface de travail des taches d'encre, de colle, de peinture ou des éraflures en la recouvrant de carton.

4. Cabane pour les enfants Transformez un carton d'emballage de réfrigérateur ou de congélateur en cabane de jeux, en y découpant une porte et des fenêtres. N'évidez pas ces ouvertures entièrement : gardez les découpes en guise de porte et de volets. Offrez-vous un peu de peinture pour décorer les façades.

5. Plateau pour le lit Enlevez le rabat supérieur et découpez deux côtés de la boîte en forme d'arche. Recouvrez le dessus avec du plastique adhésif décoratif.

6. Cache-poussière Protégez de la poussière vos petits appareils (une machine à écrire par exemple) en les recouvrant avec une housse en carton. Ôtez les volets et recouvrez le tout de plastique adhésif décoratif.

7. Théâtre de marionnettes Mettez debout un carton d'emballage et découpez une grande ouverture au dos pour l'opérateur et une plus petite sur l'autre face pour la scène.

8. Porte-revues Ôtez le volet supérieur d'une boîte étroite, puis coupez en diagonale du sommet au tiers de la hauteur de la boîte.

9. Pour la voiture Placez une grande plaque de carton d'emballage sur le sol de votre garage, sous le moteur de la voiture. Non seulement elle protégera le sol des coulures, mais elle donnera des indications sur leur couleur et sur l'endroit d'où elles s'échappent. Cela facilitera le diagnostic du mécanicien pour des réparations.

Boîte à chaussures

1. Jouet Les enfants peuvent utiliser des boîtes à chaussures pour construire des maisons de poupées en miniature ou des châteaux forts.

2. Pour les semis Percez de petits trous dans le fond d'une boîte, versez 5 cm de vermiculite et semez.

3. Coffre Rangez des photos, les talons de chèques et autres papiers précieux dans une ou plusieurs boîtes à chaussures étiquetées.

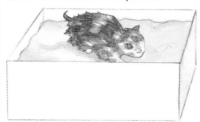

4. Boîte de naissance Pour empêcher que la chienne ou la chatte n'écrase ses nouveau-nés, placez-les, au fur et à mesure de leur mise bas, dans une boîte à chaussures tapissée d'une serviette.

Boîte de conserve

1. Téléphone de campagne Reliez deux boîtes de conserve, entièrement ouvertes d'un côté, par une ficelle ou un câble métallique fixé à leur fond. Le système s'utilise à deux : en maintenant tendu la ficelle ou le câble, l'un parle dans la boîte qu'il tient à la main pendant que l'autre porte la sienne à son oreille. Pour répondre, on inverse les gestes.

2. Lanterne piège à moustiques Percez des trous sur le pourtour d'une boîte de conserve vide après en avoir retiré l'habillage en papier. Placez une bougie dans le fond et allumez-la. Pour plus d'efficacité, choisissez des bougies à la citronnelle.

3. Jeu de massacre Sur une planche, posez une pyramide de boîtes de conserve vides et faites-les tomber avec des balles de tennis.

4. Protéger des plants Enlevez les deux fonds d'une boîte de conserve vide et enfoncez-la dans le sol autour d'une jeune plante pour protéger celle-ci des ravageurs.

5. Casseroles En camping, utilisez des boîtes de conserve de différents formats comme casseroles de secours. Pour les saisir lorsqu'elles sont chaudes, utilisez des pinces ou des gants isolants.

6. Réflecteurs pour bougies Ôtez le fond d'une boîte de conserve vide et coupez la boîte en deux dans le sens de la hauteur. Vous aurez ainsi confectionné deux réflecteurs, que vous placerez derrière une bougie allumée, pour signaler les allées du jardin lors d'une réception nocturne.

7. Attacher les tables Placez deux pieds de tables voisines dans la même boîte de conserve en métal.

8. Mini-basketball Vous jouerez au basket avec une balle de tennis après avoir cloué une boîte de conserve vide, ouverte des deux côtés, au-dessus de la porte du garage.

9. Pluviomètre Mettez des boîtes de café vides un peu partout sur le terrain. Fixez verticalement sur la paroi intérieure une réglette graduée en plastique. Coupez l'extrémité de la réglette de façon que la graduation « 0 cm » touche le fond de la boîte. Placez cette boîte dans un endroit dégagé et, après chaque pluie, relevez la hauteur d'eau tombée.

10. Éléments de rangement Collez ensemble horizontalement six boîtes de conserve vides (trois boîtes pour la première rangée, deux boîtes pour la deuxième et une boîte pour finir). Peignez-les et rangez-y des couverts, des objets de bureau ou des outils.

11. Épandeur de cendres Perforez le fond d'une boîte de conserve, remplissez-la de cendres de bois et secouez-la autour des plantes du jardin à fertiliser ou à protéger contre les limaces.

12. Mangeoire à oiseaux Percez le côté d'une boîte de conserve de thon (ou similaire) entièrement ouverte. Passez une ficelle dans le trou et remplissez la boîte d'un mélange de graines et de saindoux fondu. Laissez figer et conservez au réfrigérateur si nécessaire. En hiver, suspendez cette mangeoire dans les arbres pour nourrir les oiseaux.

13. Guéridon Procurez-vous de grosses boîtes de conserve du type « institutions ». Au travers d'un des fonds, vissez un plateau de bois carré ou circulaire. Remplissez les boîtes avec des cailloux ou des galets et coulez du plâtre pour consolider l'ensemble. Peignez l'extérieur des boîtes ou recouvrez-les avec un parement décoré adhésif. Servez-vous de ce guéridon comme support pour une lampe, une statuette ou une plante.

14. Obstacles pour golf miniature Sur le parcours, disposez des boîtes ouvertes des deux côtés, posées à plat et que les balles devront traverser pour atteindre le trou. Bloquez-les par des briques posées de chaque côté.

Boîte aux lettres

1. Nichoir à oiseaux Installez une boîte aux lettres, porte ouverte, sur un poteau ou dans un arbre.

2. Tunnel de train Enlevez les deux extrémités de la boîte et faites passer les rails du train électrique au travers.

3. Boîte à pain Décorez l'extérieur et rangez-y votre pain pour le conserver mieux.

4. Fourre-tout à jardin Placez-en une au jardin, dans un endroit pratique. Rangez-y les petits outils, les gants de travail, etc.

Boîte à œufs

1. Bacs à glaçons Vous avez besoin de beaucoup de glaçons ? Faites-en dans des boîtes à œufs en plastique.

2. Allume-feu Glissez plusieurs boîtes à œufs en carton sous le petit bois dans la cheminée.

3. Jouet mille-pattes Découpez les compartiments en bandes ; attachez-les bout à bout. Faites des pattes et des antennes avec des cure-pipes.

4. Ranger les décorations de Noël Placez boules et sujets fragiles dans les compartiments des boîtes.

5. Palette à peinture Les enfants mélangeront leur peinture sans gâchis dans une boîte à œufs en plastique.

6. Boîte pour les jeux Rangez les éléments de jeux pour enfants dans des boîtes à œufs. Utilisez-en une par jeu avec son nom écrit sur le couvercle. Fermez avec un élastique.

7. Bac à semis Percez un trou au fond de chaque alvéole, remplissez de terreau et arrosez. Le lendemain, semez une ou deux graines dans chaque compartiment. Recouvrez avec du plastique transparent... à retirer lorsque les plants germeront.

8. Jeu d'adresse Inscrivez des chiffres différents dans chaque alvéole. Vos enfants joueront à y envoyer des pièces de monnaie ou des jetons.

Boîte à pellicule-photo

1. Boîte à outils Rangez-y vos petits clous, vis, boulons, etc.

2. Nécessaire à couture Placez deux aiguilles, du fil blanc et du fil noir enroulés autour d'un pique-olives, quelques boutons et deux ou trois épingles de sûreté dans une boîte à pellicule. Gardez-la dans votre sac.

3. Boîte à pilules Enfermez, dans des boîtes séparées, cachets d'aspirine, pilules ou comprimés de vitamines pour le voyage. Identifiez-les avec une petite étiquette.

4. Salière Ou remplissez ces boîtes de sel, de poivre ou d'épices, percez des petits trous dans le couvercle et apportez en pique-nique.

5. Pour les petits objets Rangez trombones, élastiques, petites épingles de sûreté dans des boîtes avec étiquette d'identification.

6. Porte-monnaie Utilisez ces boîtes pour y ranger vos pièces destinées au téléphone, au stationnement...

7. Mini-coffre à bijoux Cachez-y vos boucles d'oreilles et vos bagues. Placez vos chaînes dans des boîtes individuelles pour éviter qu'elles ne s'entremêlent.

8. Pour les timbres Mettez-les dans une boîte à pellicule et laissez celle-ci toujours à la même place.

9. Moule à chandelle Collez avec du ruban adhésif une mèche au fond de la boîte et attachez-la à un cure-dents placé au travers de l'ouverture. Versez de la paraffine chaude et laissez durcir une nuit.

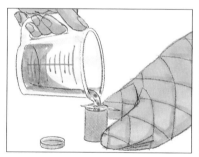

10. Pour la plage Emportez vos protège-tympans dans une boîte à pellicule. Puis faites un échange en y mettant à la place vos boucles d'oreilles et autres petits bijoux.

11. Pour les piles Conservez dans ces boîtes vos petites piles de type AA et AAA.

Bonnet de douche

1. Vessie à glace Remplissez un bonnet de douche de glace pilée et appliquez-le sur une contusion.

2. Protection Portez un bonnet de bain lorsque vous peignez un plafond.

3. Arroser une plante suspendue Si le pot de la plante suspendue n'a pas de soucoupe, placez un bonnet de douche dessous pour arroser.

Borax

1. Fertilisant Remplissez un shaker avec du borax et aspergez le sol autour des betteraves.

2. Porcelaine brillante Rincez la porcelaine fine dans un bain d'eau chaude additionnée de ½ verre de borax. Rincez ensuite à l'eau claire.

3. Conserver des fleurs Mélangez 1 part de borax pour 2 parts de farine de maïs. Formez une couche de 2,5 cm dans un récipient et déposez-y une ou deux fleurs. Fermez hermétiquement et entreposez dans un endroit sec et chaud. Au bout de 8 à 10 jours, retirez le mélange ; époussetez les fleurs avec un pinceau fin.

4. Déodorant pour litière à chats Mélangez 1 part de borax à 6 parts de litière pour atténuer les odeurs.

5. Pour les couches lavables Ajoutez ½ tasse de borax au détergent et à l'eau chaude du lavage. Cela aide à éliminer odeurs et taches et augmente l'absorption des couches.

Botte

1. Porte-parapluie Remplissez le fond de la botte (d'équitation, par exemple) de gravier ou de billes pour qu'elle ne renverse pas et placez-la près de la porte d'entrée.

2. Cale-porte Remplissez une belle botte en cuir dépareillée avec des balles de golf ou des galets, masquez ce remplissage par un foulard savamment froissé.

3. Bourriche improvisée Transportez de la rivière à la maison le poisson fraîchement pêché dans une botte en caoutchouc remplie d'eau.

Bouchon de liège

1. Piscine Enfilez de gros bouchons sur une corde de polypropylène jaune avec laquelle vous identifierez la partie de la piscine réservée aux enfants.

2. Dessous-de-plat Collez ensemble plusieurs bouchons en alternant leur sens.

3. Porte-clés insubmersible Attachez la clé du bateau à un bouchon peint de couleur vive pour qu'il reste visible.

4. Bateau d'enfant Fait avec de la colle pour le bain de l'enfant.

5. Tampon Taillez vos initiales ou un dessin en relief sur le bout d'un bouchon et utilisez un tampon encreur.

6. Couteaux propres Trempez un bouchon dans de la poudre à récurer et passez-le des deux côtés de la lame des couteaux de cuisine.

7. Stabiliser une chaise berçante Une chaise berçante ne risquera pas de se renverser par en arrière si vous fixez des bouchons sous l'extrémité de chaque pied.

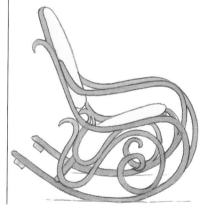

8. Pelote d'épingles Plantez les épingles dans des bouchons : elles ne piqueront pas et ne se perdront pas.

9. Maquillage Pour l'Halloween, brûlez le bout d'un bouchon et maquillez vos enfants.

10. Poignée de cocotte isolée Glissez un bouchon sous la poignée d'un couvercle de cocotte en fonte pour pouvoir le saisir sans vous brûler.

11. Contre les éraflures Collez des lamelles de bouchon sous les cendriers, les vases, les lampes...

12. Prévenir la rouille Frottez les ustensiles de cuisine et de jardin avec un bouchon régulièrement imbibé d'huile végétale.

Boucle de ceinturon

1. Anneau de foulard Glissez un foulard au travers d'une jolie boucle. Portez-le autour du cou pour agrémenter un tailleur ou une robe.

2. Ornement de rideau Glissez une boucle dans une embrasse de rideau en guise de décoration peu ordinaire.

Bougie

1. Allume-feu Mélangez des morceaux de bougie et de coulures de cire dans le petit bois d'allumage.

2. Œuf de Pâques Faites couler au hasard de la bougie fondue sur des œufs durs, puis teignez-les. Ôtez ensuite la cire, vous obtiendrez des dessins intéressants. Si vous répétez l'opération plusieurs fois avec des couleurs différentes, les effets seront très surprenants.

3. Sceau pour enveloppe Scellez vos enveloppes d'invitation avec quelques gouttes de bougie de couleur (à ne pas faire avec celles qui partent par la poste).

4. Lubrifiant pour chasse-neige La neige n'adhérera pas à votre pelle si vous la frottez avec de la bougie.

5. Pour les tiroirs Frottez de la bougie sur les glissières en bois des tiroirs pour qu'ils coulissent mieux.

6. Visser plus facilement Lubrifiez le filetage des vis à bois et les clous en les frottant sur une bougie (contrairement au savon, la bougie ne fait pas rouiller le fer ni l'acier).

Boules à mites

1. Traitement d'été Au printemps, lavez les lainages d'hiver avant de les ranger et faites fondre quelques boules à mites dans la dernière eau de rinçage.

2. Antirouille Placez quelques boules à mites dans votre boîte à outils pour absorber l'humidité.

3. Désodorisant Déposez quelques boules entre la poubelle et le sac en plastique placé à l'intérieur.

4. Pesticide. Placez des boules à mites dans les trous et les fentes par où passent les rongeurs.

Bouteille comprimable

1. Pistolet à eau Mettez de l'eau dans de petites bouteilles en plastique souple. Percez le bouchon et faites des « combats » de jardin.

2. Extincteur Pour le pique-nique, emplissez d'eau une bouteille de plastique pour éteindre le barbecue.

3. Pour le lavage Remplissez une bouteille d'eau saturée de lessive et utilisez ce concentré pour mouiller les traces sur les cols et les poignets de chemise et les taches avant le lavage en machine.

Bouteille en plastique

1. Porte-perceuse Pour porter la perceuse ou le pistolet à clous, coupez le goulot d'une bouteille de plastique. Coupez-la ensuite au milieu dans la diagonale. Vissez le support ainsi obtenu au mur de l'atelier ou faites deux fentes pour pouvoir le glisser à votre ceinturon.

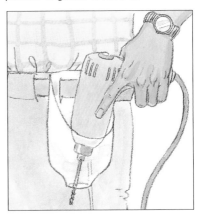

2. Pour les sauces Nettoyez de petites bouteilles d'eau minérale de 250 ou 300 ml et utilisez-les pour transporter de la sauce pour la salade, de la mayonnaise et d'autres condiments maison.

3. Jeu de quilles Peignez ou collez des chiffres allant de 1 à 10 sur des bouteilles en plastique et utilisez de grosses balles en caoutchouc pour les tirer. Donnez de la stabilité aux bouteilles en les remplissant au tiers de leur hauteur avec du sable fin.

4. Bloc réfrigérant Remplissez d'eau (aux $9/10$ de leur hauteur) des bouteilles en plastique et placez-les au congélateur. Ces blocs de glace vous serviront pour votre glacière de camping, pour rafraîchir des boissons déposées dans un baquet rempli d'eau où flotteront les blocs glacés, pour faire de la glace pilée.

5. Arroseurs automatiques Remplissez d'eau des bouteilles en plastique et percez un trou dans le bouchon. Enterrez partiellement ces bouteilles, bouchon vers le bas, au pied des plantes gourmandes d'eau (choux-fleurs, tomates, maïs...) au jardin ou au pied de vos plantes d'appartement quand vous vous absentez (si vous vous absentez pendant longtemps, placez plusieurs bouteilles par plante, mais en faisant des trous plus petits dans les bouchons).

6. Forme à chaussure Introduisez une grande bouteille dans chaque botte pour qu'elle ne se déforme pas.

7. Piège à insectes volants Coupez le goulot d'une bouteille en plastique en prélevant 2 cm sur la partie cylindrique formant le corps de la bouteille. Ôtez le bouchon, retournez ce goulot et enfoncez-le dans le reste du corps de la bouteille. Versez de l'eau sucrée additionnée de deux ou trois gouttes de produit à vaisselle dans le fond du piège, que vous poserez ou suspendrez à l'extérieur.

8. Entonnoir Coupez le goulot d'une bouteille en plastique et utilisez-le comme entonnoir jetable. Très pratique pour transvaser de l'huile de vidange, de l'essence, verser des produits phytosanitaires dans votre pulvérisateur, etc.

Bouteille en verre

1. Vinaigrier et huilier de table Choisissez deux flacons originaux et décoratifs identiques munis de bouchons (méfiez-vous des bouteilles de parfum car le verre s'imprègne de l'odeur, qui peut être difficile à éliminer). Lavez-les soigneusement avant de les utiliser.

2. Rouleau à pâtisserie Enlevez les étiquettes d'une bouteille, nettoyez-la bien. Remplissez-la d'eau, bouchez-la et utilisez-la pour abaisser la pâte.

3. Pour chasser les taupes Enfoncez des bouteilles dans le sol en laissant dépasser le goulot de

2 cm. Lorsqu'il fera du vent, ces bouteilles siffleront et feront peur aux taupes. Des bouteilles à demi remplies et placées à la périphérie du jardin auront le même effet sur les lapins.

4. Mini-vase Récupérez un flacon de parfum vide (ôtez le mécanisme atomiseur le cas échéant), lavez-le et disposez-y quelques petites fleurs.

Boutons

1. Accessoires pour maison de poupée Utilisez des boutons en guise d'appliques ou d'assiettes.

2. Faux jetons Pour un jeu impromptu, prenez des boutons de couleurs différentes pour les diverses valeurs.

3. Pièces de jeux Substituez des boutons aux pièces perdues dans votre jeu de dames, ou pour vos cartes de bingo. Vous pouvez les utiliser aussi pour le jeu de puce.

4. Colliers Enfilez de jolis boutons en alternant des petits et des gros sur deux rangées de fil résistant.

5. Boucles d'oreilles À coordonner avec les colliers fabriqués ci-dessus. Achetez ou récupérez des attaches pour boucles d'oreilles et collez-y un bouton avec de la colle époxy rapide.

Brique

1. Bordure de jardin Alignez des briques pour délimiter les plates-bandes ou disposez-les autour des arbres pour retenir l'eau d'arrosage.

2. Porte-crayon Prenez une brique perforée et collez un carton d'un côté pour obturer les perforations. Doublez le carton par de la feutrine adhésive, posez l'objet à plat sur la

table de travail et insérez vos crayons debout dans les perforations.

3. Serre-livres Utilisez des briques pleines après les avoir recouvertes de tissu ou de papier mural.

4. Barbecue express Posez une grille ou une plaque à pâtisserie de four sur quatre piles de briques réfractaires de même hauteur.

Brosse à dents

1. Mini-brossage Brossez les interstices de petits appareils et nettoyez à fond entre les touches d'une machine à écrire.

2. Nettoyage fin Utilisez une brosse à dents avec un produit pour l'argenterie afin d'éliminer les oxydations sur des objets filigranés ; ou avec de la cire à meuble pour enlever la poussière dans les bois sculptés.

3. Manucure Brossez-vous les ongles des mains et des pieds avec une brosse à dents souple et de l'eau savonneuse.

4. Pour le moteur Une brosse à dents trempée dans du kérosène est idéale pour nettoyer les recoins que le pinceau ne peut atteindre.

C

Café

1. Engrais Enfouissez légèrement du marc de café dans la terre du jardin, en le mélangeant soigneusement.

2. Stocker les vers Vous pêchez ? Vous avez un aquarium ? Conservez les vers de vase vivants dans une boîte remplie de marc de café humide. Placez-la dans le bac à légumes du réfrigérateur.

3. Œufs durs bronzés À Pâques, faites durcir des œufs en ajoutant du marc de café à l'eau de cuisson.

4. Antipucerons Épandez du marc de café au pied des rosiers, sur la terre légèrement griffée, et arrosez.

Caissettes en plastique

1. Pot à orchidée Tapissez un petit panier en plastique avec de la sphaigne, ajoutez un peu de terreau et plantez une orchidée. Suspendez l'ensemble avec du monofilament pour la pêche.

2. Clayette à plantations Lorsque vous repiquez des poireaux, des salades ou toute autre jeune plante issue de pépinière, rangez chaque série de plants dans une caissette pour les transporter sans les abîmer sur les lieux de plantation.

3. Protège-bulbes Pour que les rongeurs les épargne, placez vos bulbes dans des caissettes avant de les enterrer.

4. Panier de Pâques Tapissez le fond de papier vert (gazon). Déposez les œufs. Mettez un ruban.

5. Distributeur de ficelle Placez une pelote de ficelle dans deux caissettes attachés ensemble et tirez la ficelle par un trou.

6. Passoire Mettez vos petits fruits ou vos petits légumes fraîchement cueillis dans une caissette pour les rincer sous l'eau froide sans les écraser ou les abîmer.

7. Protecteur de plante Retournez des caissettes à l'envers sur des semis et de jeunes plantes pour les protéger des lapins et des écureuils. Fixez-les sur le sol à l'aide de crochets fabriqués avec des bouts de gros fil de fer plastifié.

8. Pique-fleurs Retournez une caissette en plastique dans un joli récipient et piquez-y des fleurs.

9. Pots à semis individuels Faites démarrer vos semis quatre à six semaines à l'avance en remplissant des caissettes avec du terreau. Plantez trois ou quatre graines de concombre, de courge ou de melon dans chaque pot. Lorsque les plants sont suffisamment grands, éclaircissez-les en ne gardant que les plus beaux dans chaque pot, puis placez les petits pots en pleine terre, en respectant les distances de plantation propres à chacune de ces plantes. De cette façon, si vous avez un stock important de pots, vous pouvez aussi semer d'autres légumes à repiquer.

Calendrier

1. Nappe du Nouvel An Enlevez les pages d'un calendrier de l'année qui vient de s'écouler et collez les mois au hasard sur une feuille de plastique très fin pour réaliser une rétrospective originale et amusante.

2. Souvenirs Piquez les pages volantes d'un calendrier-agenda qui se réfèrent à des dates mémorables de l'année ou à des événements en cours sur une plaque de liège pour faire un panneau de souvenirs. Sur chaque feuille, précisez la nature de l'événement ou notez une anecdote.

3. Carte de vœux Collez les photos d'un vieux calendrier que vous aimez sur du carton fin pour confectionner des cartes à la fois attrayantes et bon marché.

4. Pour le bureau Découpez un vieux calendrier et tapissez-en les tiroirs de votre bureau.

5. Casse-tête Collez une belle page de calendrier sur un carton fort. Découpez-la en morceaux irréguliers.

6. Sous-verre Utilisez les images d'un calendrier d'art pour décorer la salle de bains, une chambre d'enfant ou une pièce de détente.

Capsules de bouteilles

1. Grattoir à chaussures Pour confectionner un paillasson qui gratte la boue des chaussures ou des bottes, clouez côte à côte des capsules de bouteilles, cannelures vers le haut, sur une plaque de contre-plaqué marine.

2. Godets à peinture Utilisez des capsules pour mélanger de petites quantités de peinture pour faire des retouches, peindre des maquettes, des figurines, des pièces de jeux.

3. Épouvantail à oiseaux Enfilez des capsules brillantes sur un cordon et accrochez-les sur un arbre : les oiseaux seront effrayés par l'effet de réflexion.

4. Broches (épinglettes) Arrachez le joint collé à l'intérieur d'une capsule non endommagée. Nettoyez les dernières traces et collez une attache pour broche avec de la colle époxy à prise rapide.

5. Pour écailler Percez plusieurs capsules en leur centre et clouez-les côte à côte, ouverture vers le dessus, sur une cale en bois coupée à la taille de votre main. Ce grattoir vous servira à écailler les poissons.

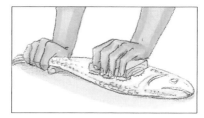

6. Mini-boîtes à appâts Déposez de l'appât empoisonné contre les fourmis, les coquerelles ou d'autres insectes dans des capsules. Placez-les aux endroits fréquentés par les nuisibles, mais en veillant à ce qu'ils soient hors de portée des enfants et des animaux domestiques.

7. Décorations de Noël Percez un trou au centre des capsules, peignez-les à la bombe aérosol de couleur or ou argent et suspendez-les au sapin avec une ficelle ou un petit crochet. Vous pouvez aussi les enfiler sur une cordelette pour en faire une guirlande.

Carafe

1. Vase Même si une carafe est fendillée, elle peut toujours faire un vase pour des fleurs séchées.

2. Porte-crayons Rangez stylos et crayons dans une carafe près du téléphone, pour les messages.

3. Pot à couverts Ne jetez pas une jolie carafe même si elle est fêlée ; rangez-y des cuillères de bois, des spatules, de grands couteaux et d'autres ustensiles de cuisine.

Carquois

1. Étui Déposez les parapluies dans un carquois accroché au mur.

2. Pour le camping Servez-vous-en pour transporter les cannettes de boisson ou les piquets de tente sur les lieux du camping.

Carte de crédit

1. Grattoir Si vous n'avez rien d'autre sous la main, utilisez une vieille carte de crédit pour ôter la glace du pare-brise de votre voiture.

2. Pour la guitare Vous ne retrouvez plus votre médiator ? Utilisez le coin d'une carte de crédit périmée.

3. Passe-partout Vous avez refermé la porte d'entrée à clef par mégarde derrière vous ? Glissez une carte de crédit entre la porte et son cadre. Si le biseau du pêne est à l'intérieur, coupez la carte en L, insérez-la dans la gâche et tirez vers vous.

Carte de vœux

1. Mini-tableaux Encadrez plusieurs de vos plus belles cartes ou collez-les sur des plaques de bois pour décorer les murs d'une petite pièce.

2. Marque-place Inscrivez le nom de chacun de vos invités sur une carte pour marquer sa place selon votre plan de table.

3. Menus à la carte Pour vos fêtes, collez le menu à l'intérieur de cartes posées devant chaque couvert.

Carton à bouteilles

1. Pour l'atelier Utilisez les compartiments pour y ranger debout des objets ou matériaux longs : baguettes en bois, tringles à rideau, tiges en acier filetées...

2. Ranger les décorations de Noël Enveloppez individuellement les guirlandes et les boules et placez vos paquets dans les casiers du carton.

3. Porte-revues Rangez vos magazines et programmes en cours de lecture dans les compartiments d'un carton décoré avec du papier adhésif.

4. Fourre-tout Laissez un carton à bouteilles décoré avec du papier adhésif dans la chambre des enfants

et demandez-leur d'y ranger leurs raquettes de tennis, leurs cannes à pêche, etc.

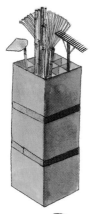

5. Pour les longs outils Enlevez le couvercle d'une première boîte et posez-la sur le sol du garage. Enlevez le fond et le couvercle de deux autres ; superposez et collez avec du ruban de toile. Mettez un outil de jardinage par compartiment.

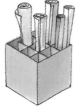

6. Rangement pour artiste Un carton à bouteilles compartimenté est idéal pour ranger debout toiles et grands dessins.

7. Jeu d'adresse Placez un carton à bouteilles incliné contre un mur ou une pile de livres et disposez une rampe devant (prenez une large planche ou un tapis de caoutchouc). Donnez une valeur à chaque compartiment et essayez d'y introduire des balles de tennis.

8. Éviter la casse Conservez les objets et les verres en cristal ou rangez les ampoules électriques, classées par puissance, dans chacun des compartiments.

Carton de lait

1. Mangeoire pour oiseaux Mélangez du saindoux fondu et des graines pour oiseaux. Versez dans un carton vide et insérez une ficelle avec une boucle. Mettez au réfrigérateur et laissez durcir. Démoulez et suspendez l'hiver dans le jardin.

2. Moule pour bougies Au centre d'un carton, placez une longue bougie tenue à sa base par de la cire fondue. Remplissez avec des glaçons. Versez de la cire chaude et laissez refroidir. Retirez le carton et vous verrez apparaître une bougie curieusement décorée.

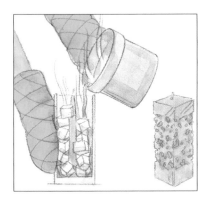

3. En camping Protégez-vous des piquets de tente, toujours traîtres pour vos orteils dans l'obscurité, en les chapeautant de cartons de lait coupés en deux.

4. Pour le poisson rouge Emplissez un carton de lait propre avec de l'eau et déposez-y votre poisson rouge pendant que vous nettoyez son aquarium.

5. Pour la peinture Versez de la peinture dans un demi-carton. Jetez-le quand le travail est terminé.

6. Caissette à semis Coupez le haut d'un carton de lait, remplissez à mi-hauteur de terreau et semez les graines selon les instructions.

7. Seau à glace Placez une bouteille de vodka ouverte dans un carton vide. Emplissez-le d'eau et mettez au congélateur. Puis décollez le carton et entourez ce gros bloc de glace d'une serviette.

Casserole, marmite

1. Bac à vidange Placez une vieille marmite d'une contenance d'au moins 5 litres sous l'orifice quand vous vidangez votre moteur.

2. Baignoire pour les oiseaux Placez une vieille casserole remplie d'eau sur une jarre dans le jardin.

3. Pelle Entreposez les grands sacs d'engrais ou de graines de gazon dans la resserre du jardin et utilisez une vieille casserole pour transvaser ou transporter ces produits.

4. Barbecue Allumez du charbon de bois dans une vieille marmite en fer étamé percée de quelques trous en partie basse. Coiffez-la d'une grille à pâtisserie métallique. Replacez le couvercle pour étouffer le feu.

Ceinture

1. Porte-livres Une vieille ceinture peut servir à tenir des livres ensemble et vous aider à les transporter aisément. Percez de nouveaux trous et placez des œillets si cela s'avère nécessaire.

2. Protecteur de bagage Entourez votre valise d'une vieille ceinture en la passant sous la poignée. Fermez la boucle.

3. Porte-ustensiles Clouez une ceinture au mur en laissant des espaces assez larges pour y glisser des cuillères de bois ou des outils.

4. Clé de serrage Enroulez une ceinture autour d'un tuyau comme il est montré ci-dessous. Serrez bien et accrochez la boucle sur un clou planté dans un morceau de bois. Exercez un effet de levier avec le morceau de bois.

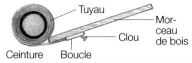

Tuyau — Morceau de bois
Clou
Ceinture — Boucle

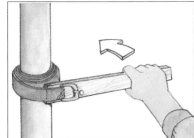

5. Collier pour chien Coupez une ceinture à la longueur désirée (percez de nouveaux trous si nécessaire) et ajoutez un anneau en métal sur la boucle pour y attacher la plaque d'identification de l'animal.

6. Aiguisage Affûtez vos couteaux de cuisine sur une large ceinture de cuir.

7. Écharpe Passez une ceinture dans la manche d'une veste solide. Passez la manche sur l'avant-bras blessé muni d'une attelle. Faites courir la ceinture autour du dos et du cou de la victime. Fermez la boucle sur le côté.

Cendres

1. Fertilisant Incorporez vos cendres de bois au compost que vous répandrez au printemps (mais pas autour des rhododendrons ni des azalées et des hortensias) ou étalez-les sur la terre avant de la bêcher.

2. Embellir l'étain Mouillez des cendres finement tamisées avec de l'eau et frottez-en vos objets en étain avec un chiffon doux.

3. Répulsif Pour décourager les escargots et les limaces, étalez une couche de cendres de bois autour des plantes à protéger (iris, lupins, salades, haricots verts...) ou entre les sillons de vos semis et plantations.

4. Antiverglas Parsemez les sols verglacés de cendres sèches tamisées. Elles feront fondre partiellement la couche de glace et la rendront plus accrocheuse.

5. Antiréverbération Trempez votre doigt dans l'huile, puis dans la cendre et étalez-en une ligne sombre sous vos yeux. Ceci diminuera la réverbération des ultraviolets sous vos lunettes de soleil.

6. Antigraisse Prénettoyez vos casseroles grasses, en camping, avec une pâte de cendres et d'eau.

Chamois

1. Pour le photographe Nettoyez les objectifs dépoussiérés des appareils photo et des caméras avec un chamois légèrement mouillé, puis essoré.

2. Nettoyer l'écran de la télé et de l'ordinateur Prenez un chamois propre, rincé et bien essoré.

Charpie

1. Allumage Mettez la charpie provenant de votre sécheuse sous le petit bois : ça brûle très bien.

2. Bourre Bourrez un coussin pour aiguilles à couture ou un petit jouet avec la charpie de la sécheuse si elle est très propre.

Chaussette

1. Protection Avant de déplacer un meuble lourd, enfilez des chaussettes sur ses pieds.

2. Surbandage Si votre chien ou votre chat s'est blessé à la patte, enfilez une chaussette sur le pansement pour qu'il tienne bien en place.

3. Pour bébé Coupez les pieds de vieilles chaussettes et enfilez les jambes sur les bras de l'enfant qui commence à manger seul, pour protéger les vêtements.

4. Protéger les chaussures Enfilez une paire de chaussettes par-dessus vos chaussures lorsque vous refaites la peinture d'une pièce.

5. Lustrer Utilisez une chaussette en laine pour appliquer de la cire, faire briller votre voiture ou lustrer des chaussures.

Cheville de bois

1. Bordure d'étagère Fixez verticalement une rangée de chevilles courtes régulièrement espacées sur le bord d'une étagère pour empêcher les jouets de rouler en bas.

2. Porte-crayons Sur une planchette de bois, percez des trous côte à côte. Encollez-les et insérez-y de longues chevilles.

Chutes de bois

1. Casse-tête Collez une photographie sur du contre-plaqué de 5 mm d'épaisseur et découpez le casse-tête avec une scie à chantourner.

2. Échiquier Découpez un carré de 40 cm. Peignez des cases noires et blanches (huit dans chaque sens), puis recouvrez de laque à vernir.

3. Cale Placez de petits morceaux de bardeau sous les tables ou les appareils placés sur un sol qui n'est pas à niveau. Utilisez-en deux qui se chevauchent pour les déclivités importantes.

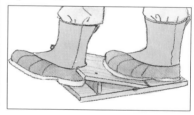

4. Tire-bottes Assemblez avec des clous ou des vis comme indiqué ci-dessus. Appuyez sur la planchette inclinée avec un pied et tirez sur l'autre botte en la plaçant dans l'encoche semi-circulaire.

Chutes de moquette

1. Isolation phonique Si vous avez un enfant musicien, recouvrez les murs et le plafond de sa chambre avec des morceaux de tapis en les faisant se chevaucher.

2. Amortisseur de bruit Coupez des morceaux de tapis aux dimensions requises et placez-les sous des machines à écrire ou à coudre.

3. Protège-murs Collez des tampons de tapis derrière les montants des lits et des meubles pour éviter qu'ils ne marquent les murs.

4. Polissoir Collez un morceau de tapis sur une cale en bois et utilisez cet accessoire pour nettoyer des vitres ou effacer les taches.

5. Patins glisseurs Pour déplacer un objet lourd, glissez dessous des morceaux de moquette ou de tapis, poils tournés vers le sol.

6. Tapis de gymnastique Coupez un morceau de moquette de 1 m de large et d'une longueur correspondant à votre taille.

7. Protège-genoux Coupez deux carrés de tapis de 20 cm de côté. Placez un œillet de bâche à chaque angle et passez-y des lacets pour maintenir ces protections improvisées sur vos genoux.

8. Chauffe-pieds Découpez deux morceaux de tapis aux dimensions de vos pieds et glissez-les à l'intérieur de vos bottes en caoutchouc ou de vos chaussures de travail.

9. Pour couper le verre Sur une table parfaitement plane, posez une chute de tapis pour couper les vitres ou les miroirs.

Cintre en métal

1. Bras extensible Pour attraper un objet tombé derrière un meuble ou placé en hauteur, redressez un cintre en conservant le crochet.

2. Croquet Remplacez un guichet perdu par un cintre mis en forme.

3. Séchoir à chaussures Repliez vers le haut les deux côtés d'un cintre et enfilez-y les chaussures de course ou de tennis à faire sécher.

4. Serre pour jardinière Dépliez des cintres en métal plastifié et repliez-les pour former des arceaux aux dimensions de votre jardinière. Recouvrez d'un plastique transparent.

5. Séchoir à bottes Formez un gros anneau de chaque côté du crochet et glissez-y le pied d'une botte, ouverture vers le bas.

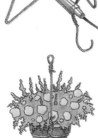

6. Support de fer à souder Confectionnez un trépied (comme indiqué sur le dessin) avec un cintre en fil d'acier.

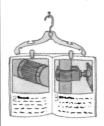

7. Suspension pour plante Encerclez un pot avec un cintre déplié, juste sous sa bordure. Torsadez le cintre par sécurité et suspendez.

8. Pour le jardin Marquez l'emplacement des semis en plantant un cintre déplié au bout de chaque rangée. Attachez-y une étiquette.

9. Maxi-bulles Avec un cintre, faites un grand anneau avec poignée. Plongez-le dans du liquide à bulles (voir p. 305), agitez-le en l'air : vous obtiendrez des bulles énormes.

Cintre à pinces

1. Rangement Suspendez les napperons à des cintres à pinces à l'intérieur d'une porte de placard.

2. Support de plans Si vous travaillez à partir de plans, tenez-les en place en utilisant un cintre à pinces suspendu à un clou à hauteur des yeux.

3. Séchoir Accrochez les œuvres picturales des enfants sur des cintres à pinces pour qu'elles sèchent.

Cirage

1. Bois éraflé Mélangez diverses couleurs pour obtenir la teinte souhaitée. Appliquez avec un chiffon.

2. Retouches Passez du cirage sur les éraflures ou sur les trous laissés par les attaches de tableau sur les murs.

Clé

1. Du lest pour pêcheur Utilisez de vieilles clés en guise de plomb à lester les lignes.

2. Pour les draperies Pour qu'elles tombent bien, glissez de vieilles clés dans l'ourlet.

Clou

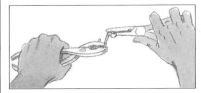

1. Crochet en S Tenez un clou fin avec une pince universelle et pliez-le à l'aide d'une autre pince, ou serrez un grand clou dans un étau et mettez-le en forme au marteau.

2. Tableau en fil Matérialisez les contours d'un dessin par de petits clous sans tête et tendez des fils entre ces clous.

3. Poteau armé Enfoncez à moitié des clous longs ou recourbés dans le bas des poteaux de clôture avant de les faire prendre dans le ciment.

4. Petites pesées Déterminez le poids de clous de différentes tailles et utilisez-les comme poids dans une balance.

Club soda

1. Boisson Ajoutez-en aux jus de fruits pour composer une boisson rafraîchissante et bon marché.

2. Contre la rouille Versez-en quelques gouttes sur les vis et les boulons difficiles à défaire.

3. Nettoyant Rincez les suspensions en porcelaine avec du club soda. Ça les nettoiera et ça les fera briller.

Compresseur à air

1. Coup de balai Utilisez le jet d'air comprimé pour décoller les saletés, nettoyer les recoins inaccessibles dans votre atelier ou votre garage et pour dégager les feuilles mortes dans les allées.

2. Nettoyage des négatifs et des diapositives Utilisez le souffle d'air (à puissance réduite) pour supprimer la poussière de leur surface. Nettoyez bien la buse auparavant pour ne pas projeter de poussières qui rayeraient les films.

3. Déloger les poussières Envoyez un jet d'air comprimé dans les recoins pour déloger les poussières et les miettes (placez une serviette de toilette humide derrière pour récupérer les projections).

4. Nettoyage des bougies Envoyez un jet d'air au pied des bougies avant de les démonter. Après les avoir décrassées, nettoyez le pourtour des électrodes à l'air comprimé.

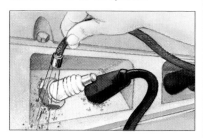

5. Pulvérisateur de pesticides Utilisez un pistolet à peinture adaptable pour appliquer, à l'extérieur, des herbicides ou des insecticides sur les plantes. Nettoyez les différentes parties de l'appareil après chaque usage.

6. Pompe à air Avec un adaptateur, vous pouvez gonfler ballons, canots pneumatiques, piscines gonflables...

Compte-gouttes

1. Doser du colorant Lorsque vous peignez avec des colorants liquides, dosez le mélange goutte par goutte.

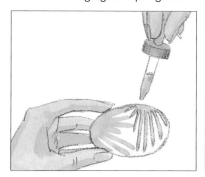

2. Pour la colle Votre flacon de colle est bouché ? Prenez un compte-gouttes.

3. Recueillir du mercure Si vous cassez un thermomètre, ramassez le mercure avec un compte-gouttes.

Coquillages

1. Truelle de jardin Utilisez une coquille Saint-Jacques ou un gros coquillage pour les repiquages.

2. Ravier à sauce Présentez vos sauces froides liquides ou épaisses dans des coquilles de forme creuse.

3. Palette à peinture jetable Les coquilles de moules ou de palourdes font de parfaits godets à peinture.

4. Drain Rincez et écrasez des coquilles et utilisez-les pour drainer vos potées de plantes d'appartement ne redoutant pas le calcaire.

5. Carillon Faites des trous dans les coquillages et attachez-les avec du monofilament en faisant un nœud entre chacun. Attachez-en plusieurs rangées à un morceau de bois et pendez au vent.

6. Tonifiant pour les poules Pilez finement les coquilles d'huîtres et donnez-les à vos poules pour renforcer les coquilles de leurs œufs.

7. Gravier Les coquillages concassés donnent de très jolies allées.

Coquille d'œuf

1. Engrais Parsemez des coquilles d'œufs écrasées autour des plantations du jardin pour éloigner les limaces. Ajoutez-en aussi au compost.

2. Récurer les casseroles En camping, des coquilles d'œufs écrasées feront merveille pour remplacer le tampon de laine d'acier.

3. Pour le jardin Épandez des coquilles d'œufs écrasées sur les rangées de semis pour empêcher les oiseaux d'y venir et pour marquer les emplacements des sillons.

4. Entonnoir Percez un trou au fond d'une demi-coquille et versez le liquide à transvaser.

5. Godet à semis Percez le fond d'une demi-coquille, mettez du terreau et une graine ; puis, sur un coquetier !

6. Décoration Percez un petit trou aux deux extrémités d'un œuf cru. Videz. Séchez, puis décorez avec des paillettes, de la peinture... Suspendez-le avec un cordon collé au-dessus.

Corbeille à papier

1. Porte-parapluie Doublez une corbeille à papier haute avec un sac en plastique et placez-la près de la porte d'entrée.

2. Basketball « maison » Retirez le fond d'une corbeille et suspendez-la dans le garage. Utilisez des petites balles de mousse ou des balles de tennis pour jouer.

3. Cache-pot Mettez une grande plante dans une jolie corbeille.

4. Vase Utilisez une corbeille à papier décorative pour y disposer de grandes fleurs séchées.

Coton à fromage

1. Passoire à peinture Éliminez les grumeaux et les impuretés en passant la peinture au travers d'une mousseline posée dans un tamis.

2. Repassage Repassez les tissus délicats en intercalant une étamine humide entre le fer et le tissu.

3. Épuisette Une étamine cousue sur une boucle en fil de fer plastifié fera une parfaite épuisette pour attraper les poissons dans un aquarium.

4. Semis Pour protéger vos semis du vent et des oiseaux, couvrez-les d'un voile ou d'un coton à fromage que vous maintiendrez au sol avec des pierres.

5. Filet à papillons Fixez une mousseline sur un cerceau fait de fil d'acier plastifié pour clôture.

6. Passoire à thé Passez le thé frais au-dessus d'une tasse à travers un coton à fromage.

7. Passoire à gelée Lorsque vous faites de la gelée de petits fruits rouges, versez la préparation cuite à travers trois épaisseurs de coton à fromage pour éliminer graines et petites peaux. Pour faire de la gelée de pomme, enveloppez les pépins dans une poche en mousseline à laisser cuire dans le jus.

8. Filet à ombrager Tendez de la mousseline entre des piquets pour donner de l'ombre aux jeunes plants repiqués.

9. Absorber le gras Dégraissez bouillons et ragoûts en enveloppant un glaçon dans de la mousseline et en le passant à la surface du plat.

10. Filtre à friture Filtrez régulièrement, à chaud, l'huile de votre friteuse au travers de deux ou trois épaisseurs d'étamine posées dans une passoire.

11. Filtre d'aspiration Recouvrez le suceur de l'aspirateur avec une étamine. De cette façon, les petits objets ne seront pas avalés.

12. Couvre-réveil Si la lumière de votre réveil à affichage digital vous gêne la nuit, recouvrez-le d'un morceau de mousseline.

Coton-tige

1. Applicateur de maquillage Pour appliquer de l'ombre à paupières et retirer les petites « bavures » laissées par le mascara.

2. Tuer les insectes Éliminez les insectes (dont les cochenilles) sur les plantes d'appartement avec un coton-tige imbibé d'alcool.

3. Nettoyer les têtes de lecture Procédez avec un coton-tige enveloppé dans un petit morceau de mousseline (pour éviter l'arrachage des fibres), trempé dans du liquide à nettoyer les têtes de lecture.

4. Pinceaux jetables Faites des retouches de peinture dans la maison ou des pinceaux pour les enfants.

5. Nettoyer les recoins Utilisez des coton-tige pour nettoyer le fond des

angles des carters des appareils ménagers, par exemple, et autres endroits inaccessibles.

Couche de bébé

1. Isolant Enveloppez le biberon dans une couche pour le garder chaud.

2. Compresse Utilisez une couche jetable pour faire des compresses chaudes ou froides lorsque vous souffrez de douleurs musculaires.

3. Voiture brillante Des couches en tissu peuvent servir à appliquer du produit à polir et à lustrer.

4. Amortisseur Mettez une couche au fond du seau sous un toit qui coule.

Coupe-froid

1. Colmater les fuites Utilisez des joints à section profilée pour renforcer des joints de voiture et empêcher le bruit du vent et les fuites d'eau autour des portières et du coffre.

2. Accessoires stables Fixez des morceaux de bourrelet au-dessous des téléphones et autres appareils ménagers pour les empêcher de glisser des tables et des bureaux.

3. Pour les outils Roulez du bourrelet autour des manches afin d'avoir une meilleure prise.

4. Patins de protection Collez des joints en feutre au-dessous des chaises à bascule, des pieds de chaises ou de canapés pour éviter des marques sur le sol.

5. Protection des murs Collez des joints en mousse sur les parties des meubles appuyées contre les murs.

Courgette

1. Exercice Utilisez de grosses courgettes comme altères pour muscler vos bras.

2. Pour jongler Essayez de jongler avec deux ou trois courgettes moyennes en forme de massue.

3. Rouleau à pâtisserie En cas de besoin, roulez la pâte à l'aide d'une grosse courgette bien droite et bien ferme.

Couvercle de bocal

1. Conservation Gardez fraîche une moitié de pomme ou d'orange placée au réfrigérateur en la posant partie entamée contre un couvercle.

2. Dessous-de-verre Collez du liège à l'intérieur des couvercles. À table, placez-les sous vos verres.

3. Palette Pour faire des retouches, versez de la peinture dans un couvercle et utilisez un pinceau fin.

4. Emporte-pièce Farinez un couvercle et pressez-le sur la pâte pour y découper de petits gâteaux ronds.

5. Mini-cadre Peignez un couvercle ou recouvrez-le de tissu. Découpez une photographie au même diamètre et collez-la dans le fond.

6. Bougeoir En camping, faites-en des supports de bougies.

Couvercle en plastique

1. Bouchon d'évier Placez un couvercle en plastique, ouverture vers le bas, sur la grille de l'évier.

2. Cache-objectif Récupérez les couvercles en plastique qui peuvent être juste aux dimensions des objectifs de votre appareil photo, de votre caméra, de vos jumelles ou de votre télescope.

3. Dessous-de-verre Protégez vos tables en été en plaçant des couvercles en plastique sous les verres de rafraîchissements.

4. Pochoirs Découpez des chiffres, des lettres ou d'autres formes dans le fond de couvercles plats.

5. Protège-main Pour empêcher la peinture de couler, percez le centre d'un couvercle et glissez-y le manche du pinceau.

6. Ramasse-poussière Quand vous faites des trous au plafond, percez à travers un couvercle, pour recueillir une bonne partie du plâtre, mais surtout pour protéger vos yeux.

7. Casiers pour tiroir Rangez les clous, les vis et autres petits objets dans des couvercles en plastique de bombes aérosol. Collez ces derniers sur un morceau de contre-plaqué que vous aurez taillé aux dimensions du tiroir.

8. Soucoupes Placez-les sous vos plantes en pots.

Couvercle de poubelle

1. Bain pour les oiseaux Placez un couvercle retourné sur une poubelle plus petite et remplissez-le d'eau.

2. Halloween Confectionnez un costume de gladiateur pour un enfant en utilisant un couvercle de poubelle comme bouclier. Décorez-le.

3. Traîneau Sur la neige, un couvercle de poubelle avec des poignées latérales fera une superbe luge.

4. Assise de cric Si vous utilisez un cric sur un sol mou, posez-le sur un couvercle de poubelle renversé.

5. Fixateur de sac poubelle Coupez le centre d'un couvercle à 5 cm du bord. Placez un sac dans la poubelle en rabattant les bords. Fixez-le avec le cerceau et couvrez avec la découpe.

Couverts usagés

1. Outil multi-usages Utilisez un vieux couteau-scie de table comme tournevis de rechange, scie pour carton ou couteau de vitrier.

2. Course à l'œuf Sur la ligne de départ, donnez une cuillère à soupe et un œuf dur à chaque concurrent. Placez l'œuf dans la cuillère. La première personne qui franchira la ligne d'arrivée avec un œuf intact dans la cuillère aura gagné.

3. Pense-bête Mettez des cailloux dans une boîte de conserve et plantez-y une fourchette pour y piquer des bouts de papier.

4. Mini-sarclette Recourbez les dents d'une vieille fourchette à angle droit et utilisez-la pour aérer la terre des plantes en pots.

Couverture

1. Poncho pour camping Pliez une couverture en deux, puis coupez une ouverture au centre pour pouvoir passer la tête, et faites un ourlet.

2. Rideau isolant Pour une meilleure isolation, cousez une couverture entre le tissu de vos rideaux et leur doublure. Vu le surplus de poids, assurez-vous que les fixations de la barre à rideaux sont suffisamment solides, sinon renforcez-les.

3. Protège-matelas Coupez une couverture aux dimensions du dessus d'un matelas pour l'isoler. Cousez une bande élastique de 2,5 cm de large à chaque coin pour enfiler les coins du matelas.

4. Brancard pour un animal Placez l'animal blessé au milieu d'une couverture. Demandez à quelqu'un de tenir deux des coins, tandis que vous soulevez les deux autres.

5. Édredon Insérez de l'ouate synthétique entre deux couvertures, et cousez-les ensemble.

Craie

1. Prévenir la rouille Placez quelques morceaux de craie très secs dans les endroits où sont rangés des objets en fer ou en acier.

2. Polir le marbre Dégraissez le marbre avec de l'eau additionnée de produit à vaisselle, puis lustrez-le avec un chiffon doux et humide trempé dans de la craie en poudre.

3. Dégraisseur Faites une pâte avec de la craie en poudre. Étalez cette pâte sur les taches de graisse que vous aurez remarquées sur les tissus. Laissez sécher, puis brossez.

4. Polir le métal Frottez-le avec de la poudre de craie sur un chiffon ou une éponge humides.

5. Antiparasitaire au jardin Répandez de la poudre de craie autour des plantes du jardin pour repousser les fourmis et les limaces.

Cravate

1. Crazy quilt Décousez et repassez à plat les cravates. Agencez-les sur une surface plane, puis cousez-les bord à bord. (Pas assez de cravates ?

Faites un tour dans les ventes de garage.)

2. Jupe pour déguisement Décousez et repassez à plat une douzaine de cravates. Cousez-les bord à bord. Une autre cravate servira de ceinture.

3. Serpent Bourrez une vieille cravate. Cousez des boutons pour faire des yeux et un bout de feutrine pour la langue fourchue.

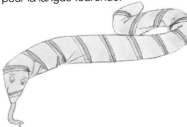

4. Ceinture fantaisie Nouez une cravate autour de votre taille au lieu de votre ceinture habituelle.

Crayon de cire

1. Teinture à chandelle Mélangez les bouts de crayon de cire à de la paraffine chaude pour faire des chandelles colorées.

2. Sceau Faites fondre les bouts qui vous restent et utilisez pour sceller des enveloppes.

Crayons à papier

1. Jouet Collectez de vieux crayons et taillez-les des deux côtés. Collez-les ensemble et construisez une cabane miniature. Découpez le toit dans un morceau de carton fort.

2. Tuteur Plantez un crayon près d'une petite plante et attachez-le avec un brin de raphia.

3. Pour tourner les pages Utilisez la gomme du bout d'un crayon pour tourner les pages d'un annuaire ou d'un livre.

4. Faire fuir les mites La plupart des crayons étant faits en bois de cèdre, remplissez des sachets avec les copeaux récupérés dans les taille-

crayons et placez-les dans vos tiroirs et vos placards en guise d'antimite.

5. Pour la calculatrice Utilisez le côté gomme d'un crayon pour pousser les petits boutons d'une calculatrice.

Crème à raser

1. Lubrifiant Mettez de la mousse de crème à raser des deux côtés d'une charnière qui grince.

2. Nettoyant Frottez une tache fraîche sur un fauteuil en tapisserie avec de la crème à raser. Essuyez avec un chiffon humide et séchez. Testez au préalable sur un petit coin qui ne se verra pas.

3. Tarte à la crème Étalez une épaisse couche de mousse à raser en aérosol dans des assiettes en carton pour faire un combat de tartes à la crème.

Cric de voiture

1. Réparation d'urgence Redressez une aile ou un pare-chocs tordus en plaçant le cric entre le châssis et la partie enfoncée. Actionnez-le jusqu'à ce que plus rien ne frotte.

2. Déplacer des meubles lourds Pour les soulever, utilisez un cric de type losange. Interposez un morceau de moquette ou des chiffons pour ne pas endommager le sol ni le meuble.

3. Arracher un poteau Enroulez une chaîne autour du poteau à la hauteur du cric en position basse. Fermez-la avec un cadenas. Placez le cric et actionnez-le : le poteau sortira doucement de terre.

Crochet de rideau de douche

1. Pour les placards Mettez des crochets de rideau de douche au bout des tringles dans les placards pour suspendre les sacs, les parapluies et les ceintures.

2. Porte-clés Conservez ensemble toutes les clés rarement utilisées sur un crochet de rideau de douche.

Cuillère à crème glacée

1. Plantoir Transplantez vos plants en les prélevant avec une cuillère à crème glacée. Faites les trous de plantation avec cette même cuillère.

2. Décorer les plats Façonnez des portions égales de riz ou de purée de pommes de terre ou d'autres légumes à servir en garniture individuelle.

3. Pour la plage Les enfants s'en serviront pour mouler le sable et décorer leurs châteaux.

Cure-dents

1. Marque-page discret Glissez un cure-dents dans le pli central d'un livre.

2. Applicateur Pour coller de petits objets, trempez l'extrémité d'un cure-dents dans la colle époxy.

3. Bouche-trou Trempez un cure-dents en bois dans de la colle, puis enfoncez-le dans les petits trous faits par des punaises ou des agrafes dans le bois. Avec une lame de rasoir, égalisez la surface avant de cirer.

4. Cuire des saucisses Facilitez la cuisson des saucisses à la poêle en

les regroupant deux par deux sur des cure-dents. Elles seront plus faciles à tourner.

Cure-pipe

1. Lien Utilisez un cure-pipe pour fermer le haut d'un sac en plastique.

2. Déboucher Nettoyez les orifices d'un brûleur à gaz ou d'un fer à repasser à vapeur.

3. Guide-vigne Attachez de petites plantes à des tuteurs ou des plantes grimpantes à des treillis.

4. Petits nettoyages Ôtez la saleté d'un ouvre-boîtes électrique ou d'une machine à coudre avec un cure-pipes.

5. Créations personnelles Pliez, torsadez des cure-pipes de couleurs pour créer des motifs.

D

Décapsuleur

1. Nettoyer des joints Utilisez le bec d'un décapsuleur de camping pour retirer les vieux joints des carreaux de céramique.

2. Fil à plomb de secours Suspendez un décapsuleur à un morceau de cordonnet et laissez-le pendre.

3. Tournevis Servez-vous d'un décapsuleur de camping pour visser ou dévisser les vis à tête large munies d'une grande fente.

Détergent à vaisselle

1. Shampooing Utilisez en cas d'urgence un détergent à vaisselle, sauf si vos cheveux sont très fragiles.

2. Attrape-mouches Remplissez un bol ou un plat d'eau contenant du détergent à vaisselle. Au-dessus, placez une lampe allumée. Attirés par

la chaleur et la lumière, les mouches et les moustiques tomberont dans l'eau et s'y noieront.

3. Pour la voiture Remplissez d'eau une bouteille de détergent à vaisselle presque vide. Gardez-la dans le coffre pour vous laver les mains après une petite réparation.

4. Détecter une fuite Ajoutez du détergent à une petite quantité d'eau chaude. Passez-le avec un pinceau sur un tuyau percé ou un pneu crevé : les bulles qui se forment indiquent l'emplacement du trou.

5. Faire des bulles Mélangez à parts égales de l'eau et du détergent à vaisselle, ajoutez quelques gouttes de glycérine. Plongez un anneau dans ce liquide, ressortez-le et soufflez pour faire naître des bulles irisées.

Drap

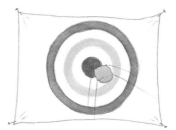

1. Dans le mille Tendez un vieux drap blanc sur un mur et dessinez-y une cible. Vos enfants s'amuseront à à la viser avec de légers projectiles.

2. Nappe Transformez un joli drap en une belle nappe.

3. Chiffons Ne jetez pas vos vieux draps, découpez-les pour faire des chiffons... très utiles à l'atelier.

4. Ramasser les feuilles Ratissez les feuilles mortes et mettez-les dans un vieux drap. Rassemblez les coins pour les transporter.

5. Après Noël Enveloppez le sapin dépouillé de ses ornementations dans un vieux drap : vous n'aurez pas une aiguille sur le sol lorsque vous le porterez hors de la maison.

6. Bâche Protégez le mobilier de vieux draps avant de refaire la peinture d'une pièce. Ou encore étendez un vieux drap sous la table lors d'une réception d'enfants.

E

Eau de Javel

1. Tuer les bactéries Vous emplissez d'eau un humidificateur ? Ajoutez une ou deux gouttes d'eau de Javel.

2. Désodorisant Pour éliminer les odeurs d'une glacière, utilisez de l'eau de Javel diluée.

3. Antimoisissure Nettoyez les bois moisis avec de l'eau additionnée de deux verres d'eau de Javel par litre.

4. Balai de toilettes Désinfectez-le en le laissant tremper dans le siphon de la cuvette des toilettes rempli d'eau de Javel diluée.

5. Désherbant Arrosez les allées à l'eau claire, puis avec de l'eau de Javel diluée à 50 p. 100. Répétez deux jours de suite par temps sec.

6. Prolonger la vie des bouquets Ajoutez quelques gouttes d'eau de Javel dans l'eau de vos fleurs coupées. Renouvelez l'opération chaque jour.

7. Blanchir l'ivoire Préparez un mélange composé de ⅓ d'eau de Javel et de ⅔ d'eau. Laissez-y tremper les objets en ivoire pendant quelques minutes, puis rincez-les à l'eau claire.

Eau oxygénée (peroxyde)

1. Crème pour nettoyer émail et chromes Faites une pâte avec de la crème de tartre et du peroxyde.

2. Décolorant Pour déjaunir un tissu blanc, ajoutez du peroxyde au dernier rinçage et laissez tremper.

Échelle, escabeau

1. Au jardin Posez une échelle droite sur le sol, pressez ; recommencez pour marquer une succession de rangs parallèles.

2. Rampe de chargement Placez une échelle en appui sur l'entrée de la maison ou le bord du coffre de la voiture et mettez des planches par-dessus.

3. Tonnelle Placez deux échelles en bois face à face et une troisième au sommet. Fixez-les bien et plantez rosiers, chèvrefeuille ou autres plantes grimpantes.

4. Chevalet Couchez un escabeau ouvert sur le sol si vous cherchez une assise pour couper des panneaux.

5. Porte-ustensiles Suspendez une petite échelle au plafond pour y accrocher divers objets.

6. Porte-vêtements Suspendez des vêtements hors saison dans le grenier sur une barre reposant sur deux escabeaux placés face à face.

Écorce d'agrumes

1. Planche à découper rénovée Frottez-la avec des lanières d'écorce de citron pour la blanchir et pour la désodoriser.

2. Fumée parfumée Jetez dans le feu quelques écorces de citron ou d'orange séchées pour parfumer la maison.

3. Mélange odorant Pour parfumer votre maison, jetez des écorces de citron, de la cannelle et des clous de girofle dans de l'eau frémissante.

4. Répulsif pour les chats Déposez des peaux d'orange fraîches sur la terre de vos bacs à plantes.

5. Récurer une casserole noircie Faites-y bouillir de l'eau avec des écorces de citron.

6. Mangeoire Mélangez du saindoux et des graines pour les oiseaux et remplissez l'écorce d'un demi-pamplemousse.

7. Ongles irréprochables Après des travaux salissants, nettoyez vos ongles avec une écorce de citron.

8. Désodorisant Remplissez des petits filets à mailles fines avec des écorces d'orange et de citron, et suspendez-les dans vos placards.

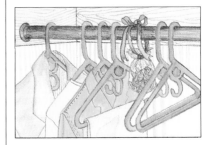

Élastique

1. Pour saisir Pour avoir davantage de prise sur des couvercles ou des outils, enroulez des élastiques autour.

2. Bras de chemise Retenez vos manches avec des élastiques larges, pas trop serrés pour ne pas entraver la circulation.

3. Serre-joints Maintenez les parties encollées et assemblées d'un objet à réparer avec des élastiques, jusqu'à ce que la colle soit sèche.

4. Antiroulis Placez un ou plusieurs élastiques larges, en les torsadant, autour des manches d'outils ronds pour éviter qu'ils ne roulent.

Enduit antiadhésif

1. Pelle à neige Appliquez-en sur la pelle pour qu'elle glisse mieux.

2. Ustensiles pour barbecue Pulvérisez de l'huile alimentaire sur les ustensiles, le gril, les piques pour faciliter leur nettoyage ultérieur.

Épingle à chapeau

1. Mieux que des punaises Pour fixer les documents sur les panneaux.

2. Pour le repassage Maintenez sur la planche un vêtement difficile à repasser en l'épinglant.

3. Pour un canapé Maintenez un jeté de sofa sur les accoudoirs en le fixant avec des épingles.

Épingle à linge

1. Repérer les fils de bougies Marquez des épingles à linge de 1 à 4 ou de 1 à 6, et attachez-les aux fils des bougies du moteur avant de les débrancher. Commencez par l'avant du moteur (du côté du ventilateur) en y plaçant la pince n° 1.

2. Porte-ustensiles Vissez des épingles à l'ancienne sur une planche de bois et suspendez les ustensiles de cuisine ou de petits outils.

3. Fermeture Pour refermer les paquets de café, de céréales ou de biscuits entamés, roulez l'ouverture et placez une épingle à linge.

4. Pour la couture Inutile de bâtir lorsque vous marquez l'emplacement d'un ourlet à faire, maintenez-le avec des épingles à linge.

5. Ranger les bottes Dans un placard encombré, attachez les paires de bottes ensemble avec une épingle à linge.

6. Décor de sapin Fabriquez des anges en peignant des épingles à linge en bois : les « branches » servant de jambes.

7. Brosse pour peinture Fixez un petit carré de mousse synthétique au bout d'une épingle à linge.

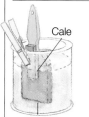

Cale

Au moins 2,5 cm

8. Support à pinceaux Pour immerger des pinceaux dans le solvant en évitant qu'ils n'y tombent, fixez-les avec une épingle à linge sur le bord du pot.

9. Pince à papier Une épingle à linge servira de pince à papier pour maintenir ensemble une grosse pile.

10. Mini-serre-joints Si vous collez un objet mince, placez des épingles à linge à ressort tout autour, jusqu'à ce que la colle soit bien sèche.

11. Pense-bête Accrochez une note sur le volant ou le pare-soleil de la voiture pour vous rappeler d'éteindre les phares ou de prendre un objet dans le coffre...

12. Bloque-fil. Afin que le fil de votre aspirateur ne s'enroule pas pendant que vous l'utilisez, posez une épingle à linge à la longueur désirée.

Épingle de sûreté

1. Pour le tricot Placez ces épingles pour retenir ou marquer les mailles.

2. Poche percée Refermez un trou dans un fond de poche de pantalon en repliant le tissu et en le maintenant avec quelques petites épingles.

3. Broderie style punk Utilisez des épingles de sûreté de couleur pour dessiner un motif original au dos d'une veste en jean ou sur les poches.

4. Réparation d'urgence Accrochez ensemble des épingles de sûreté pour remplacer provisoirement une chaîne cassée.

5. Pour un parapluie Si le rivet de raccord de baleine de parapluie se casse, enlevez-le avec des tenailles et fixez avec une épingle de sûreté.

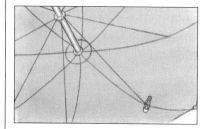

6. Chaînon manquant Une petite épingle dorée peut remplacer le fermoir ou le chaînon cassé d'un collier.

Éponge

1. Insonorisation Mettez des éponges sèches entre les gros appareils ménagers et les murs d'appui pour atténuer les vibrations.

2. Répulsif Si marmottes ou ratons laveurs se servent dans votre potager, trempez de vieilles éponges dans de l'ammoniaque diluée et placez-les autour de leurs zones de prédilection.

3. Protège-genoux Cousez des poches sur les genoux des pantalons de jardinage et glissez-y de petites éponges souples.

4. Effets spéciaux Employez une éponge pour obtenir des textures différentes sur des murs ou des meubles que vous peignez. (Voir p. 369.)

5. Pour les légumes Placez quelques éponges neuves bien mouillées dans le bac à légumes de votre réfrigérateur pour garder les fruits et les légumes frais plus longtemps.

6. Coller Pour expédier des lettres, collez enveloppes et timbres en les passant sur une éponge posée dans un couvercle plein d'eau.

7. Drainage et réserve d'eau Placez une éponge synthétique dans le fond des pots de fleurs avant de les remplir de terreau.

8. Pelote à épingles Piquez épingles et aiguilles dans une éponge sèche.

9. Teinter le bois Étalez la teinture sur le bois neuf avec une éponge imbibée de colorant pur ou dilué. Agissez assez rapidement pour obtenir une belle teinte unie.

10. Décor d'aquarium d'eau de mer Collez une éponge naturelle, bien rincée, sur une pierre ; ensuite, immergez-la. Certains poissons pourront même s'en nourrir.

Essuie-tout

1. Passoire à thé Le sachet de thé vient de se déchirer dans votre tasse ? Placez deux épaisseurs d'essuie-tout sur une autre tasse et versez doucement le thé à travers.

2. Filtrer de l'huile Nettoyez l'huile de la friteuse en la versant, pendant qu'elle est encore chaude, dans une passoire fine doublée d'une ou deux épaisseurs d'essuie-tout.

3. Défibreur Après avoir dépouillé les feuilles d'un épi de blé d'Inde, passez un essuie-tout humide à contresens pour arracher toutes les barbes d'un seul coup.

4. Enlever de la bougie ou de la cire Pour enlever une tache de cire ou de bougie d'un tapis, posez une feuille d'essuie-tout par-dessus, puis repassez au fer chaud : la cire fondra et restera sur le papier. Au besoin, répétez l'opération plusieurs fois.

Étui à lunettes

1. Pour la pêche Conservez vos hameçons et vos bouchons dans un vieil étui à lunettes que vous attacherez à la gaule.

2. Trousse à stylos Rangez stylos et crayons à bille dans un étui à lunettes, vous éviterez ainsi de tacher les poches de vos vêtements.

Fécule de maïs

1. Nettoyer les vitres Pour donner du brillant à vos vitres, ajoutez un peu de fécule de maïs à un mélange moitié eau, moitié alcool additionné de quelques gouttes d'ammoniaque.

2. Nœud récalcitrant Lubrifiez-le à sec avec un peu de farine de maïs.

3. Pour des gants en caoutchouc Saupoudrez-en l'intérieur, ils seront plus faciles à enfiler et à retirer.

4. Pour la pâtisserie Enduisez votre rouleau à pâtisserie d'une fine couche de farine de maïs pour qu'il ne colle pas à la pâte.

5. Shampooing sec pour animaux Pour enlever la saleté et ajouter du gonflant à la fourrure d'un chien ou d'un chat sans le baigner, frottez-le avec de la farine de maïs, puis brossez-le et peignez-le soigneusement.

Fermeture à glissière

1. Bouche de marionnette Faites une marionnette avec un bas, des boutons pour le nez et les yeux et une fermeture à glissière pour la bouche.

2. Pour une poche de sécurité Cousez une fermeture sur une poche à l'intérieur d'un manteau ou d'une veste pour y ranger votre passeport, des chèques de voyage, de l'argent liquide ou des bijoux : ils y seront en sécurité.

Feuille de plastique

1. Protège-livres Recouvrez les livres avec une feuille de plastique.

2. Réparation d'urgence Collez une feuille de plastique sur l'encadrement d'une vitre brisée pour couper court aux courants d'air.

3. Protection pour peinture Pour éviter qu'une pellicule se forme à la surface de la peinture, tendez une feuille de plastique au-dessus du pot avant de refermer le couvercle.

4. Bouchon étanche Revissez le bouchon d'une bouteille en intercalant une feuille de plastique souple.

Feuilles mortes

1. Paillis Récupérez les feuilles mortes et étalez-les en couche épaisse au pied ou sur les souches des plantes sensibles au froid.

2. Napperons Servez les fromages, les hors-d'œuvre ou les pâtisseries sur des plats recouverts de feuilles propres et brillantes.

3. Décor de fête Peignez en or des feuilles mises à sécher à plat entre des buvards sous un poids.

Ficelle

1. En attendant le plombier Pour éviter le bruit exaspérant de goutte à goutte d'un robinet qui fuit, attachez une ficelle au nez du robinet et laissez-la pendre dans l'évier : l'eau glissera sans bruit le long de la ficelle.

2. Manche confortable Entourez le manche d'un outil avec une ficelle fine disposée en spires régulières et serrées. Bloquez les extrémités avec des clous à tête bombée.

3. Étendoir de voyage Lorsque vous séjournez à l'hôtel, emportez une longue ficelle que vous accrocherez au-dessus de la douche pour y faire sécher votre linge.

Fil de pêche

1. Protéger les semis des oiseaux À 20 cm au-dessus de la plate-bande, tendez un gros fil de pêche entre des piquets en faisant des croisillons.

2. Réparer les colliers Utilisez un fil de pêche pour enfiler les perles d'un collier qui vient de se casser.

3. Fil à gâteau Coupez horizontalement une génoise avec un fil de pêche pour la fourrer de confiture ou de marmelade d'orange.

4. Suspendre les tableaux Accrochez les gravures et les tableaux légers à un gros fil de pêche, c'est presque invisible sur un mur blanc.

5. Décoller un objet Glissez un fil fin entre un objet fixé avec un adhésif double face et son support. Tirez sur les extrémités du fil avec un mouvement de va-et-vient.

Fixatif à cheveux

1. Insecticide Stoppez une attaque massive d'insectes volants en vaporisant du fixatif dans la nuée. **Attention !** Ne pulvérisez jamais de laque à cheveux près d'une flamme.

2. Fixatif pour dessins Vaporisez un léger film de fixatif à cheveux sur les pastels, les fusains, les dessins au crayon...

3. Stoppage Si un bas ou un collant file, stoppez les dégâts en mettant du fixatif sur la maille.

4. Protéger les cuivres Vaporisez du fixatif à cheveux sur les objets que vous venez d'astiquer.

5. Conserver les fleurs Pour mieux prolonger la vie des fleurs coupées, vaporisez du fixatif sous les feuilles et les pétales, en vous tenant à environ 30 cm du bouquet.

Fleurs

1. Pot-pourri Déposez des fleurs séchées (voir p. 104) dans un pot en verre. Ajoutez quelques feuilles odorantes écrasées, des épices et quelques gouttes d'essence aromatique.

2. Couronne Faites sécher des fleurs de votre jardin (voir p. 104). Dispo-

sez-les sur une couronne de paille et maintenez-les avec du fil de fer fin.

3. Décoration pour des gâteaux Faites des fleurs cristallisées avec des pétales frais de rose ou de violette en les trempant dans du blanc d'œuf en neige, puis dans du sucre glace. Laissez sécher, puis disposez sur le gâteau.

4. Salades En été, agrémentez vos salades de capucines, de violettes ou de pétales de rose. C'est joli et comestible !

Foulard

1. Collier Pliez un petit foulard carré en trois dans le biais et nouez-le plusieurs fois.

2. Ceinture Donnez un air nouveau à un ensemble ou à une robe en nouant un grand foulard de couleur contrastée ou assortie autour de votre taille.

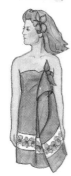

3. Paréo Passez sous les bras, sous la taille ou sur les hanches un foulard carré de 1,20 ou 1,40 m de côté. Tendez le tissu, puis nouez les pans supérieurs à la hauteur souhaitée.

4. Sac de secours Si le sac de l'épicerie se déchire, placez tous vos achats dans le sac déchiré au centre de votre foulard et ramenez l'ensemble chez vous.

Four à micro-ondes

1. Ouvrir une courge Piquez la courge avec une fourchette, passez-la au micro-ondes à pleine puissance 1 à 2 minutes. Vous pourrez alors la couper facilement en deux ou en tranches.

2. Retrouver le craquant Passez des chips ou des biscuits pour l'apéritif un peu mous dans le micro-ondes réglé sur pleine puissance pendant 30 à 60 secondes. Laissez reposer pendant 2 minutes.

3. Compresse chaude Glissez un gant de toilette mouillé dans un sachet en plastique et mettez au four réglé sur pleine puissance pendant 15 à 30 secondes.

4. Chambrer du vin C'est possible... et sans risque ! Confiez votre bouteille trop froide à votre micro-ondes pendant 30 secondes en position « décongélation ». (Ça marche également pour les fromages.)

Frisbee

1. Écuelle Si vous n'avez rien d'autre sous la main, un Frisbee fera parfaitement l'affaire pour faire boire votre chien.

2. Porte-assiette Pour stabiliser une assiette en carton lors d'un pique-nique, posez-la sur un Frisbee.

3. Bain pour oiseaux Percez trois trous à égale distance autour d'un Frisbee. Passez-y du fil de fer plastifié et suspendez entre des branches.

Gant

1. Remplacer une ampoule Pour ne pas vous brûler, enfilez un gant pour retirer une ampoule grillée encore brûlante.

2. Marionnettes Créez-les en cousant des boutons pour les yeux et en brodant la bouche. Enfilez le gant pour animer les marionnettes.

3. Porte-outils Faites un rabat au niveau du poignet pour y passer une ceinture. Vous aurez vos outils à portée de main.

4. Nettoyer des stores vénitiens Enfilez un gant en latex fin et un vieux gant de coton par-dessus. Imbibez ce dernier de produit et passez la main gantée entre les lames.

Gant de caoutchouc

1. Antiglisse Enfilez un doigt de gant de caoutchouc au bout d'un manche à balai, pour l'empêcher de glisser sur le mur.

2. Éviter les marques Couvrez les mâchoires des pinces avec des doigts de gant épais.

3. Nettoyage Pour nettoyer vos gants, gardez-les aux mains et faites comme si vous vous laviez les mains, mais utilisez de la lessive forte.

4. Mains au chaud Lorsque vous effectuez des travaux dans le froid et l'humidité, enfilez des gants de caoutchouc par-dessus des gants fins de jardin ou des gants de laine.

5. Ouvrir un bocal Mettez des gants de caoutchouc secs, tenez le bocal d'une main et tournez le couvercle récalcitrant de l'autre main.

Glaçons

1. Pour l'aquarium Laissez flotter un sachet en plastique contenant des glaçons dans l'aquarium du poisson rouge si la température de l'eau dépasse 25°C.

2. Décoller de la gomme à mâcher Posez un glaçon sur un morceau de gomme collée au sol ou sur un tissu pour le faire durcir.

3. Pour la moquette Mettez un cube de glace dans chaque dépression laissée dans la moquette par les pieds d'un meuble.

4. Émousser le goût Avant de donner à l'enfant un médicament par voie orale, faites-lui sucer un glaçon. Il sentira moins le goût.

Gobelet en carton

1. Verseur Pincez le bord du gobelet pour former un bec.

2. Manche à air Suspendez au bout d'un bâton un gobelet en carton sans fond : faites une anse avec un cordonnet et attachez-la par un autre à un clou planté au bout du bâton. Quand le vent soufflera, le gobelet se mettra dans le sens du courant d'air.

3. Protecteur de tomate Enlevez le fond d'un gobelet pour le faire passer autour d'un plant de tomate et enfoncez-le dans le sol pour protéger le plant des ravageurs.

4. Entonnoir Percez un trou près du bord dans le fond d'un gobelet.

5. Moule à glace Mettez au congélateur des gobelets en carton remplis d'eau. Puis, ôtez le carton.

6. Entonnoir à huile Ôtez le fond d'un gobelet. Pincez-le pour le mettre à la dimension de l'ouverture de remplissage du moteur et versez l'huile dans la partie large.

Gomme à effacer

1. Pour le piano Éliminez les marques sur les touches de piano avec une gomme assez petite pour qu'elle passe entre les touches noires. Nettoyez les taches rebelles avec un coton-tige imbibé de produit.

2. Taches sur le bois Frottez énergiquement avec une gomme souple pour éliminer les traces d'éraflures sur les parquets et les marques de doigts sur les boiseries.

3. Protège-lame Préservez votre couteau de cuisine (et vous-même) en introduisant le bout de la lame dans une gomme.

4. Protéger les murs. Collez des morceaux de gomme au bas des cadres : ils seront plus droits et ne feront pas de marque sur le mur.

5. Amortisseurs Collez des morceaux de gomme sous les pieds d'une table.

6. Antidérapant Collez de fines tranches de gomme à l'envers d'une carpette en laine ou aux angles d'un tapis en sisal.

7. Pelote à épingles « Habillez » une gomme avec un morceau de tissu pour y piquer vos épingles à couture.

8. Nettoyer une tapisserie Frottez doucement les tapisseries en coton avec une gomme souple blanche.

Gomme à mâcher

1. Appât pour crabe Accrochez à la ligne un morceau de gomme à peine mâchée, de sorte qu'elle conserve encore sa saveur et son odeur.

2. Réparation Colmatez une craquelure dans un mur ou sur une poterie en céramique avec de la gomme blanche bien mâchée.

3. Mastic Maintenez temporairement en place une vitre de fenêtre démastiquée avec de la gomme.

4. Réparateur de fuites Un morceau de gomme mâchée peut obturer temporairement un trou sur un tuyau de jardin.

Graines

1. Œuvre d'art Tracez votre dessin sur du papier fort avec de la colle à bois blanche, puis répandez des graines et laissez sécher. Utilisez des graines de différentes couleurs pour donner des teintes et des textures intéressantes.

2. Friandise Recouvrez d'huile des graines fraîches de potiron, de melon, de tournesol ou de courge ; mettez dans un plat, salez, poivrez et passez au four à 110ºC pendant 1 heure.

3. Vermifuge Ajoutez des graines de courge ou de potiron crues et décortiquées dans la pâtée du chien ou du chat pour les vermifuger.

Grattoir à glace

1. Gratter la peinture Utilisez soit la partie en plastique dur, soit la partie dentelée, soit la lame en caoutchouc pour enlever les traces de peinture sèche sur un matériau fragile (les vitres, par exemple).

2. Défartage Enlevez le vieux fartage de vos semelles de ski.

Grillage

1. Armature Pour colmater un trou dans une carrosserie, fixez un morceau de grillage à mailles hexagonales, du côté intérieur. Tapissez cette armature avec de la toile de verre imbibée de résine. Finissez par un enduit à poncer avant de repeindre.

2. Protection des bulbes Pour que les rongeurs ne les endommagent pas, creusez une fosse que vous tapisserez d'un grillage à petites mailles hexagonales. Rebouchez-la et plantez vos bulbes normalement.

3. Pique-fleurs Placez un morceau de grillage replié à mi-hauteur dans un vase pour y faire tenir des fleurs.

4. Scellement de poteau Pour maintenir un poteau de barrière en bois, entourez la base avec du grillage non plastifié que vous fixerez avec des crampes avant de le mettre dans du béton.

5. Isolation Après avoir posé des rouleaux de laine minérale entre les solives d'un grenier non aménagé, maintenez l'isolant avec du grillage à mailles hexagonales.

6. Habillage de poteau Fixez un grillage plastifié vert à grosses mailles autour d'un poteau en bois disgracieux. Au pied, faites pousser une plante grimpante très volubile.

7. Sculptures en papier mâché Ébauchez la forme générale de l'objet que vous voulez réaliser avec du grillage cintré, froissé ou plié. Recouvrez cette forme avec du papier imbibé de colle ou des morceaux de tissu trempés dans du plâtre.

Hamac

1. Filet de protection Recouvrez la galerie chargée (et bien amarrée) de la voiture avec un hamac.

2. Ramasse-feuilles Pour rassembler feuilles et broussailles, utilisez un vieux hamac.

3. Rangement Tendez un hamac dans le grenier ou le sous-sol pour y entreposer des sacs de couchage, des vêtements de sport, des objets légers...

Huile à moteur

1. Pour les outils Versez de l'huile de vidange dans un seau de sable, puis enfoncez les parties métalliques des outils de jardin dans le mélange pour les nettoyer après leur utilisation et les préserver de la rouille.

2. Pour les pinceaux Après avoir nettoyé les pinceaux avec de l'huile minérale, passez un peu d'huile à moteur propre sur les poils et enveloppez-les bien serré dans de l'aluminium. Avant de les réutiliser, rincez-les avec de l'huile minérale.

3. Contre la corrosion En hiver, pour éviter la corrosion sur les routes salées, graissez le dessous de la voiture avec de l'huile de vidange.

4. Antiadhérent Pour faciliter le décoffrage, passez de l'huile de vidange sur les éléments de coffrage avant de couler le béton.

5. Noircir le fer Faites chauffer un objet en fer au rouge cerise et jetez-le dans de l'huile de vidange : il présentera alors un aspect noir franc (fer, fonte) ou bleuté (acier). Entretenez-le ensuite à la cire.

Huile d'olive

1. Éviter les débordements Avant de faire bouillir de l'eau pour les pâtes, versez-y un peu d'huile d'olive.

2. Ronds sur le bois Faites une pâte avec de l'huile d'olive et du sel à parts égales, puis frottez les marques du bout des doigts. Au bout de 2 heures, essuyez avec un linge sec et cirez à nouveau si nécessaire.

3. Enlever de la peinture Pour nettoyer des cheveux tachés de peinture, frottez-les doucement avec un coton trempé dans de l'huile d'olive.

4. Pour rafraîchir un chamois Faites tremper une vieille peau de chamois dans une cuvette d'eau chaude additionnée de 1 cuillerée à thé d'huile d'olive. Assurez-vous au préalable que le mélange est bien homogène.

5. Protection contre le froid Si vous ne voulez pas porter de vêtements encombrants pendant que vous faites de l'exercice à l'extérieur, enduisez d'huile d'olive les parties de votre peau exposées à l'air.

6. Pour les cheveux secs Faites tiédir de l'huile d'olive, puis appliquez-la généreusement sur votre chevelure. Couvrez avec un sac en plastique et une serviette de toilette. Laissez agir 45 minutes, puis faites un shampooing et rincez bien.

7. Démaquillant Imbibez un coton d'huile d'olive purifiée, tamponnez délicatement le pourtour des yeux, puis essuyez sans frotter.

8. Assouplir le cuir Faites pénétrer l'huile d'olive dans un cuir sec en frottant avec un chiffon doux et propre, puis retirez l'excédent.

Huile végétale

1. Conserver des œufs Vous avez utilisé les blancs d'œufs, mettez les jaunes dans un bol au réfrigérateur. Vous pourrez les conserver deux ou trois jours si vous les recouvrez d'une couche d'huile végétale sans goût.

2. Contre le givre Pour éviter que les portières de la voiture ne gèlent pendant les grands froids, frottez les joints d'étanchéité avec de l'huile végétale.

3. Lubrifiant Par grand froid, passez une épaisse couche d'huile végétale sur votre pelle pour que la neige n'y adhère pas.

4. Adoucir la peau Faites un massage en appliquant une bonne quantité d'huile végétale et laissez 15 minutes. Enlevez ensuite l'excédent et prenez un bain chaud. Attention ! Soyez prudent en sortant de la baignoire car, bien qu'extrêmement agréable, ce bain est aussi très glissant.

5. Échardes Laissez tremper la partie blessée dans de l'huile végétale pendant quelques minutes avant de tenter de retirer l'écharde.

6. Moins de cholestérol Mélangez à part égale du beurre fondu et de l'huile végétale polyinsaturée, réfrigérez et tartinez.

Jean

1. Coussins Coupez une jambe de jean, faites des ourlets aux deux bouts. Serrez l'une des extrémités avec un cordon décoratif. Remplissez avec de vieux collants ou des chiffons propres et fermez l'ouverture avec un cordon identique au premier. (Voir aussi p. 342.)

2. Pièces à recoudre Conservez les bonnes parties d'un jean usé, elles vous serviront à rapiécer les accrocs sur vos jeans en bon état.

3. Coupe-froid Coupez les jambes d'un jean et recoupez-les en deux dans le sens de la longueur en suivant les coutures. Cousez chacun des morceaux pour former des tubes, puis remplissez-les avec des chiffons. Fermez-en les bouts par des coutures et, en hiver, placez-les au bas des portes et des fenêtres.

4. Sac à chevalet Fermez le bas des jambes. Coulissez un cordon à la taille et cousez une bandoulière entre un ourlet de jambe et la taille. Enfilez les pieds du chevalet dans les jambes, les pinceaux dans les poches. Placez les toiles en haut.

5. Sac de photographe Découpez à une jambe et cousez-la à une extrémité pour transporter un trépied.

Jus de citron

1. Traiter les ongles Trempez-vous les doigts pendant 5 minutes dans 1 tasse d'eau additionnée du jus d'un demi-citron. Après avoir repoussé les cuticules, frottez-vous les ongles avec un morceau d'écorce de citron.

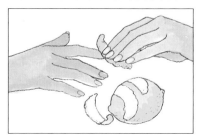

2. Cheveux blonds Répartissez du jus de citron sur toute la chevelure en la peignant, puis laissez sécher au soleil. Renouvelez l'opération chaque jour pendant au moins une semaine.

3. Pour la salle de bains Détartrez les appareils émaillés en les frottant avec des demi-citrons. Pour les taches rebelles, ajoutez du borax.

4. Décrasser les cuivres Appliquez au pinceau du jus de citron additionné de sel de cuisine.

5. Petits soins Tamponnez un bouton disgracieux plusieurs fois par jour avec du jus de citron.

6. Visage purifié À 1 litre d'eau bouillante, ajoutez le jus de ½ citron et 2 cuil. à soupe de thym ou de menthe séchés. Placez votre visage au-dessus de la vapeur à 30 cm du bol pendant 15 minutes. Rincez ensuite à l'eau très froide.

7. Rafraîchir une éponge Imbibez-la de jus de citron, puis rincez-la bien.

8. Pour les pommes Conservez leur blancheur aux tranches de pomme en les arrosant de jus de citron.

9. Désodorisant d'intérieur Éliminez les odeurs de cuisine persistantes en plaçant un citron percé dans un four à 140°C pendant 15 minutes, porte du four entrouverte.

10. Désodorisant pour les mains Après avoir préparé du poisson, frottez-vous les mains avec une pâte faite de moutarde sèche et de jus de citron. Lavez-les ensuite plusieurs fois à l'eau et au savon.

11. Raviver une salade Faites tremper une laitue un peu molle dans un bol d'eau froide additionnée de jus de citron. Laissez raffermir au réfrigérateur pendant une heure.

Laine

1. Pompon Faites au moins 30 tours autour d'un petit morceau de carton ou d'un magazine enroulé. Glissez un brin de laine entre le carton et les brins enroulés pour les ligaturer ensemble d'un côté. De l'autre côté, coupez-les aux ciseaux. Retirez le morceau de carton et « ébouriffez » les brins pour obtenir une boule.

2. Ruban Utilisez des bouts de laine qui vous restent pour emballer vos cadeaux.

Laine d'acier

1. Contre les animaux nuisibles Avant de les reboucher, insérez des tampons de laine d'acier dans les fissures et les trous par où passent des rats ou des souris.

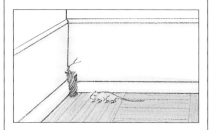

2. Renforcer une vis Entourez le filetage d'une vis avec des fils de laine d'acier avant de la replacer dans un ancien trou.

3. Halte aux poils Si vous lavez un chien dans la baignoire ou sous la douche, placez un tampon de grosse laine d'acier sur la grille d'écoulement : elle retiendra les poils.

Lame de rasoir

1. Grattoir Retirez de la peinture, des décalcomanies ou des autocollants sur des vitres avec une lame de rasoir à un seul tranchant, protégée par un étui, ou avec une lame à double tranchant tenue dans un bout de carton plié en deux.

Lime à ongles en carton

1. Adoucir le verre Frottez les bords de la verrerie ébréchée avec le côté grain fin d'une lime humidifiée.

2. Affûter les crayons Collez une lime sur votre établi ou sur votre bureau pour tailler vos crayons.

Litière pour chats

1. Séchoir à fleurs Placez les fleurs que vous destinez à vos bouquets secs pendant 8 à 10 jours dans une grande boîte métallique où vous aurez étalé une couche de litière. (Voir aussi Fleurs séchées, page 104.)

2. Désodorisant. Supprimez des odeurs déplaisantes en mettant de la litière dans le fond des poubelles.

3. Absorber l'huile Étalez de la litière sur les taches d'huile dans le garage. Faites de même si vous renversez de l'huile dans la cuisine.

4. Bourrage de balles Utilisez de la litière pour remplir des petits sacs en toile ou des chaussettes pour jouer au jeu de massacre (Voir aussi Boîte de conserve, p. 291.)

Livres

1. Table basse Posez une plaque de verre aux bords dépolis sur quelques piles de livres de même hauteur.

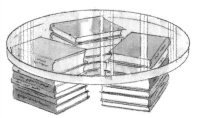

2. Presse-papier Maintenez sous pression des éléments qui viennent d'être collés ensemble en les chargeant avec quelques livres épais et lourds.

313

3. Isolation thermique et acoustique Placez des étagères à livres contre les murs extérieurs pour mieux isoler du froid, ou placez-en contre la cloison de deux chambres pour isoler du bruit.

4. Serre-livres Assemblez trois ou quatre livres qui ne vous intéressent plus pour faire un serre-livres très efficace. Collez les pages entre elles pour que l'ensemble soit bien rigide : pulvérisez de la colle en aérosol entre les pages, que vous ferez défiler en les feuilletant rapidement. Collez les livres entre eux avec de la colle universelle. Maintenez bien à plat et sous pression pendant quelques heures avant de mettre en service.

M

Magazine

1. Embauchoirs pour bottes Roulez des magazines dans les bottes pour leur garder une bonne forme.

2. Coussin pour le stade Enfermez plusieurs magazines épais dans un sac en toile et placez-le sur le siège froid et dur du stade.

3. Gros entonnoir Pour transvaser des produits secs, roulez un grand magazine épais en forme de cône.

Manche à balai

1. Laver les vitres Pour atteindre le sommet des vitres de fenêtres sans utiliser d'escabeau, attachez une large éponge ou un racloir au bout d'un manche à balai.

2. Gaffe Vissez un crochet au bout d'un manche à balai pour attraper des choses difficiles à atteindre : un bas tombé derrière la machine à laver, un panier rangé sur une étagère.

3. Porte-pot de peinture Passez le manche dans un barreau creux de l'échelle et accrochez-y le pot de peinture. Déplacez-le au fur et à mesure de l'avancement des travaux.

4. Barre à rideau Sciez un manche à balai à la dimension de l'encadrement d'une fenêtre. Percez un trou à 2 ou 3 cm de chaque extrémité. Accrochez-le sur des pitons en équerre fixés dans l'encadrement.

5. Extenseur de pinceau Fixez un pinceau au bout d'un manche à balai avec du ruban plastique adhésif.

6. Rail pour suspension Fixez, avec des agrafes ou des clous à tapisserie décoratifs, le haut d'une pièce en macramé ou une tapisserie sur un manche à balai pour l'exposer le long d'un mur. Suspendez avec un cordon ligaturé aux extrémités du manche.

7. Tringle de rangement Fixez deux gros crochets à vis aux solives du grenier et glissez-y un manche à balai coupé à la longueur nécessaire. Suspendez-y des vêtements légers.

8. Tuteur Pour soutenir une plante lourde et haute, telle qu'un plant de tomate, utilisez un manche à balai profondément enfoncé dans le sol.

Mastic

1. Exercice Pétrissez du mastic pour vous muscler les mains et les avant-bras. Portez des gants en latex.

2. Colmater Utilisez du mastic pour boucher temporairement les fentes du bois des portes et des fenêtres.

3. Percer du verre Formez un cratère de mastic autour du trou à percer. Remplissez d'huile qui lubrifiera en continu le foret ou la mèche pendant le perçage.

4. Ramasser du verre Avec une boule de mastic bien pétrie, tamponnez les endroits où subsistent les petits morceaux de verre brisé.

Matelas

1. Trampoline Laissez dans la salle de jeux un matelas sur lequel les tout petits s'amuseront à sauter.

2. Tapis de sécurité Placez un vieux matelas sous les appareils de gymnastique afin d'amortir les chutes éventuelles des enfants.

3. Pour les enfants Lors d'une fête, un matelas posé au sol permettra aux enfants de se défouler et leur sera plus agréable que des chaises.

4. Lit d'appoint Enfermez un matelas de lit simple dans un plastique et glissez-le sous votre lit. Il vous sera utile pour un hôte imprévu.

5. Amortisseur Suspendez un vieux matelas au mur du fond du garage pour protéger les pare-chocs de la voiture.

Matières grasses

1. Anticambouis Si vous avez les mains très sales après avoir fait des travaux de mécanique, frottez-les avec de la graisse végétale avant de les savonner.

2. Taches d'encre Frottez-les avec de la graisse végétale.

3. Pour enlever une bague Enduisez le doigt d'un peu de beurre et faites glisser l'anneau trop serré.

4. Tache sur un meuble Enduisez une tache d'eau faite sur un bois verni ou ciré avec de l'huile alimentaire, puis avec du sel fin. Frottez le mélange avec un chiffon propre jusqu'à ce que la tache disparaisse. Essuyez, séchez et faites briller au coton à lustrer. Cirez si cela est nécessaire.

Minuterie

1. Organisateur Lorsque vous organisez des jeux avec des épreuves à réaliser en un temps précis, utilisez votre minuterie ; elle vous signalera que le temps imparti s'est écoulé.

2. Aide-mémoire Mettez en route une minuterie pour vous rappeler de partir chez le dentiste ou d'aller chercher les enfants...

3. Médiateur Lorsque des enfants se disputent un jouet, donnez à chacun un même temps de jeu. Quand la sonnerie retentira, c'est l'un des autres enfants qui jouera à son tour.

Miroir

1. Baliser un chemin Disposez de petits miroirs le long des allées et des chemins du jardin.

2. Plateau Fixez un miroir sur un panneau d'aggloméré (équipé de poignées) avec de la colle époxy.

3. Détecter l'humidité Si votre cave paraît humide, suspendez un miroir sur l'un des murs. Si, le lendemain, le miroir est embué, c'est un problème de condensation. Si, au contraire, il est sec et le mur humide, il s'agit d'un suintement.

4. S.O.S., S.O.S Utilisez un miroir de poche pour lancer des messages en morse si vous êtes égaré.

5. Fond d'étagères Collez des miroirs au fond du vaisselier, afin que la verrerie brille de tous ses feux.

6. Miroir investigateur Vérifiez à l'aide d'un petit miroir sous les rebords de la cuvette des toilettes si les arrivées d'eau ne sont pas entartrées. Débouchez-les par des applications successives de détartrant (et non par grattage).

7. Poudrier Insérez un morceau de miroir dans le couvercle d'une petite boîte.

Mouchoir

1. Bandeau Roulez un mouchoir dans le sens de la diagonale et nouez-le autour de votre tête pour empêcher la sueur de couler dans vos yeux.

2. Chapeau de soleil Faites un nœud aux quatre coins d'un grand mouchoir coloré et posez-le sur votre tête.

3. Masque à gaz En cas d'incendie, trempez un mouchoir dans de l'eau

et tenez-le devant votre nez et votre bouche pour filtrer les fumées.

4. Sachet parfumé Remplissez un joli mouchoir de fleurs séchées odorantes, fermez-le comme une bourse avec un ruban et placez-le dans votre armoire à linge.

Moules à gâteaux

1. Plateau à clous Rangez clous, vis et autres dans un moule à muffins et attachez l'extrémité de celui-ci sous une étagère avec un écrou et une rondelle, pour lui permettre de pivoter quand vous en avez besoin.

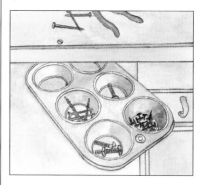

2. Écuelle à eau Si votre chien a l'habitude de renverser son eau dans le jardin, plantez un piquet dans le sol au centre d'un moule en couronne qui servira d'écuelle.

3. Centre de table Placez un moule à baba retourné au centre de la table. Recouvrez-le de papier crépon coloré et piquez-y des fleurs.

Moustiquaire

1. Pour le jardin Posez une moustiquaire sur des parties de pelouse ensemencées de façon que les graines ne s'envolent pas et ne soient pas picorées par les oiseaux.

2. Séchoir Appuyez la moustiquaire sur deux boîtes ou deux tabourets et mettez-y à sécher fines herbes ou champignons.

3. Treillis à drain Un morceau de moustiquaire retiendra les cheveux dans la baignoire et les débris alimentaires dans l'évier de la cuisine.

4. Tamis Passez au travers le sable à jeu des enfants ou le terreau pour en enlever les débris.

N

Nappe en plastique

1. Ramasser les feuilles Regroupez les feuilles mortes dans une vieille nappe, puis prenez les coins pour les transporter.

2. Coussins imperméables Faites des housses de coussins à placer sur les sièges et fauteuils de jardin. Remplissez-les d'ouate synthétique et renforcez les coutures par un filet de colle.

3. Pour la voiture Étalez une vieille nappe dans le coffre si vous devez transporter des objets salissants.

4. Tapis de sol Placez une nappe en plastique sous la chaise haute de bébé afin qu'il ne salisse pas le sol.

5. Protection Étendez une nappe sur le sol lorsque vous repeignez un meuble ou faites un travail salissant.

O

Oignon

1. Sels de réanimation Tenez un morceau d'oignon coupé cru sous le nez d'une personne qui se sent mal.

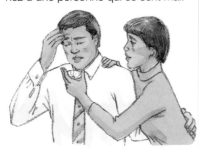

2. Retirer la rouille Passez plusieurs fois un couteau de cuisine rouillé à travers un oignon cru.

3. Contre les démangeaisons du pied Frottez un demi-oignon cru sur la partie affectée par le pied d'athlète.

4. Désodorisant Éliminez l'odeur de peinture dans un meuble fraîchement peint en y laissant pendant 24 heures un oignon cru coupé.

5. Éliminer une poussière dans l'œil Épluchez, coupez un oignon et laissez couler vos larmes, jusqu'à ce que la poussière soit entraînée avec elles. (Voir aussi Yeux, p. 235.)

6. Tuer les verrues Frottez une verrue tenace avec un oignon cru trempé dans du sel et répétez l'opération jusqu'à complète disparition. Le même effet est obtenu en maintenant, par un petit pansement, une tranche d'ail sur une verrue pendant quelques jours. (Voir aussi Verrues, grains de beauté, p. 229.)

7. Teinture Faites bouillir des pelures d'oignon rouge pour obtenir une teinture rouge, des pelures d'oignon jaune pour de la jaune !

8. Antibuée Frottez l'intérieur du pare-brise avec un oignon coupé.

Ouate

1. Disques fraîcheur Imbibez des disques d'ouate à démaquiller de votre eau de toilette préférée et mettez-les au congélateur dans une boîte ou un sachet en plastique.

2. Désodorisant Pour éliminer une odeur du réfrigérateur, trempez une boule d'ouate dans de l'extrait de vanille et placez-la sur la grille centrale.

3. Protection pour les gants Glissez des petits morceaux d'ouate au bout des doigts de gants en caoutchouc. Ainsi, vos ongles ne risqueront pas de les percer.

4. Rafraîchir l'atmosphère Imbibez un gros tampon d'ouate d'eau de Cologne et glissez-le dans le sac de l'aspirateur.

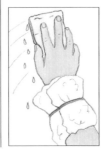

5. Protéger les manches Pour empêcher l'eau de vous couler le long du bras quand vous lessivez les murs, entourez vos poignets de bandes d'ouate retenues par un élastique.

P

Paille en plastique

1. Ketchup Placez une paille dans la bouteille de ketchup ; celui-ci coulera plus facilement.

2. Moule à bulles Formez des figures géométriques (cercle, carré, losange) avec la paille, plongez-la dans du liquide à bulles (voir p. 305), puis agitez dans l'air.

3. Pour des fleurs Si vous voulez disposer des fleurs dont la tige est un peu courte dans un vase haut (de préférence opaque), glissez le bout des tiges dans de grosses pailles.

4. Compte-gouttes Introduisez une paille dans le liquide et bouchez l'autre extrémité avec le doigt : le liquide ne coulera que lorsque vous soulèverez le doigt.

5. Bec verseur Pour lubrifier un endroit difficile à atteindre, mettez une paille au bout du bec de la burette.

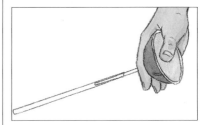

Pain

1. Pour désodoriser l'atmosphère Faites griller sur un brûleur à gaz ou une plaque de cuisson quelques morceaux de pain rassis pour assainir l'air de la cuisine et masquer les odeurs de cuisson.

2. Pour ramasser des débris de verre Récupérez les petits morceaux de verre brisé en les tamponnant avec du pain en tranches.

3. Conserver un gâteau Fixez à l'aide de pique-olives deux tranches de pain sur les entames d'un gâteau de façon à l'empêcher de sécher.

4. Fleurs propres Nettoyez vos fleurs artificielles en les brossant avec un blaireau, puis frottez-les légèrement avec du pain de seigle. Brossez-les de nouveau.

5. Marque-place Piquez le nom de vos invités dans un petit pain rond.

6. Éponger la graisse Mettez quelques petits morceaux de pain dans une rôtissoire pour absorber le gras que la viande rejette durant la cuisson. Vous éviterez également les émanations de fumée.

7. Bol Évidez une miche ronde et remplissez d'une trempette.

Panier à linge

1. Coffre à jouets Entreposez les jouets de vos enfants dans des paniers à linge de couleur vive.

2. Traîneau Transformez un panier à linge résistant en traîneau à neige.

3. Silo à compost Au jardin, déposez vos déchets de légumes et les feuilles mortes dans un grand panier ajouré pour en faire du compost.

4. Monte-charge Laissez un panier au pied ou à la tête de l'escalier pour y accumuler les objets à transporter.

Papier d'aluminium

1. Serre d'intérieur Retirez le haut et l'un des grands côtés d'une grande boîte en carton ; recouvrez les trois faces intérieures avec du papier d'aluminium. Placez les plantes dans cette serre improvisée et posez-la près d'une fenêtre. L'aluminium réfléchira la lumière et aidera les tiges à pousser bien droit.

2. Leurre pour la pêche Entourez un hameçon ou une petite épingle de sûreté de papier d'aluminium. Découpez-le de façon qu'il recouvre bien l'hameçon et qu'il bouge lorsqu'on remonte la ligne.

3. Réflecteur de chaleur Conservez l'énergie en appliquant du papier d'aluminium fort sur un panneau d'isolation et en plaçant celui-ci derrière un radiateur ou un convecteur électrique.

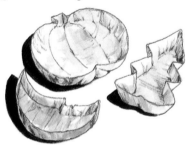

4. Réflecteur pour prises de vues Collez du papier d'aluminium froissé, puis remis à plat, sur trois panneaux identiques de bois léger ou de carton fort. Fixez-les ensemble pour qu'ils tiennent bien debout et soient faciles à transporter.

5. Pour protéger de la peinture Entourez les poignées de portes et les appareillages fixés aux murs de papier d'aluminium avant de peindre. Collez-en les bords avec du ruban adhésif double face. Ne le retirez que lorsque les murs sont secs.

6. Moule à gâteaux Pour faire un gâteau d'anniversaire en forme de nounours, d'arbre de Noël ou autre au moment des fêtes, utilisez du papier d'aluminium en double épaisseur pour former le contour du sujet choisi et déposez ce moule à l'intérieur d'un grand moule à gâteaux.

7. Bassinoire Enveloppez des pierres chauffées dans du papier d'aluminium, puis dans une serviette de toilette ; placez le tout au fond de votre sac de couchage, pour garder les pieds au chaud.

8. Poche à pâtisserie Confectionnez un tube de papier d'aluminium fort et remplissez-le de glaçage.

9. Moule à pièces en chocolat Placez des pièces de monnaie bien nettoyées sur un plateau. Couvrez chacune avec du papier d'aluminium. Appuyez délicatement avec un rouleau à pâtisserie pour prendre leur empreinte. Retournez l'ensemble, retirez doucement les pièces et coulez du chocolat fondu dans les moules.

Papier ciré

1. Pour dessiner Ce papier translucide est idéal pour tracer des patrons et relever des dessins.

2. Pochoirs à peinture Découpez des motifs dans des carrés de papier ciré. Utilisez-les avec de la peinture en aérosol pour décorer des objets.

3. Planchette à découper Recouvrez un carton épais avec ce papier, côté ciré sur le dessus.

4. Poche à pâtisserie Formez un cône avec ce papier, maintenez-le avec du ruban adhésif et coupez la pointe. Emplissez-le de crème glacée, de chantilly, de mayonnaise...

5. Pour les timbres Conservez les timbres entre des feuilles de papier ciré pour éviter qu'ils ne collent lorsque l'air est humide.

6. Sceller des pots Placez un morceau de papier ciré sur le dessus d'un bocal avant de le fermer.

7. Pour le fromage Pliez une feuille de papier ciré et mettez-la sur la lame d'un couteau émoussée pour couper sans difficulté et impeccablement du fromage.

Papier journal

1. Pour le four Ôtez le plus gros de la graisse avec du papier journal froissé, puis essuyez avec un chiffon ou une éponge humide.

2. Vitres claires Lavez vos vitres avec de l'eau et du détergent à vaisselle, puis frottez-les avec du papier journal chiffonné.

3. Allume-feu Roulez bien serré deux ou trois feuilles de papier journal et faites un nœud. Cinq ou six allume-feu de ce genre remplaceront bien le petit bois même avec des bûches un peu vertes.

4. Litière pour chats En cas de besoin, déchiquetez du papier journal et utilisez-le en guise de litière.

5. Contre les vents coulis Bourrez de papier les dessous de porte et les fentes des fenêtres qui ne ferment pas hermétiquement.

6. Plumeau Pour dépoussiérer les endroits difficiles d'accès, roulez une feuille de papier journal et effrangez une extrémité.

7. Séchoir de bottes Pour sécher des bottes ou des chaussures humides, bourrez-les de papier journal froissé et laissez agir une nuit.

8. Antimites Pour éloigner les mites, roulez vos carpettes dans du papier journal avant de les ranger.

9. Réserve pour l'atelier Coupez des feuilles de papier journal en quatre. Percez les morceaux dans un angle et enfilez-les sur du fil de fer pour former une liasse que vous accrocherez dans votre atelier : c'est l'idéal pour toujours avoir sous la main du papier pour essuyer de la graisse ou des solvants.

10. Pour vos bagages Remplissez les coffres et les valises vides de papier journal froissé pour prévenir l'humidité.

11. Paillis Disposez des feuilles de papier journal bien à plat, ou déchirez-en en petites lanières, et

placez-les au pied des plantes. Arrosez et maintenez avec des pierres.

12. Thibaude Placez plusieurs épaisseurs de papier journal sous les tapis.

13. Désodorisant Tous les soirs, bourrez des chaussures ou des bottes de tampons de papier journal pour éliminer les odeurs déplaisantes.

14. Retirer une vitre Collez du papier des deux côtés d'un carreau cassé. Lorsque la colle est sèche, ôtez le mastic : la vitre se détachera sans partir en morceaux.

Papier à musique

1. Revêtement mural Remplacez le papier peint par du papier à musique en utilisant une colle résistante à la moisissure.

2. Abat-jour Enroulez du papier à musique sur l'armature d'un vieil abat-jour, puis passez à l'huile de lin. Laissez sécher avant d'allumer, avec une ampoule de faible force.

3. Emballage Pour envelopper le cadeau d'anniversaire d'un musicien.

4. Protège-livre Remplacez la jaquette d'un livre par des feuilles de musique.

Papier peint

1. Protège-tablettes Utilisez des chutes de papier pour tapisser vos tiroirs et vos étagères.

2. Pièce coordonnée Utilisez les chutes de papier en les collant sur les corbeilles à papier, les boîtes, les volets intérieurs : vous donnerez une touche originale à votre pièce.

3. Papier cadeau Pour emballer agréablement un cadeau, employez un papier peint finement décoré.

4. Couvertures de livres Protégez les livres scolaires en les couvrant avec un joli papier peint mince.

5. Paravent Personnalisez un paravent en le couvrant de papier peint.

6. Napperon Coupez du papier peint épais en rectangle ou en ovale et couvrez d'acrylique en aérosol.

Papier de soie

1. Des biscuits qui restent frais Chiffonnez du papier de soie et tapissez-en le fond d'une boîte à biscuits.

2. Protecteur de vitres Si vous entreposez des vitres, séparez-les avec du papier de soie. Elles seront plus faciles à saisir et le papier réduira les risques de casse.

3. Effets sonores Voulez-vous sonoriser un enregistrement vidéo ou une pièce de théâtre ? Selon la façon dont vous froisserez le papier de soie devant le micro, le son donnera le bruit du vent dans les arbres, une vague qui se brise sur la plage ou des pas sur un chemin de campagne couvert de fleurs. Entraînez-vous.

4. Calquer un dessin Placez du papier de soie sur un dessin et travaillez sous une bonne lumière ou sur une plaque de verre placée au-dessus d'une source lumineuse.

Paraffine

1. Contre la pluie Après avoir écrit les références de plantation sur une étiquette en bois de jardin, trempez-la dans de la paraffine fondue.

2. Pour les fenêtres Passez de la paraffine sur le dessus des barres à rideaux pour que les anneaux glissent facilement. Faites de même sur les glissières des fenêtres à guillotine.

3. Pour un tiroir Frottez un pain de paraffine sur les glissières d'un tiroir qui coulisse mal, en insistant sur les parties éraflées.

4. Lubrifiant Frottez de la paraffine sur un clou ou une vis pour qu'ils entrent plus facilement dans du bois.

Parapluie

1. Réflecteur pour flash Remplacez la toile d'un parapluie par une toile blanche, ou peignez la face intérieure d'un parapluie de couleur claire avec une peinture argentée en aérosol.

2. Protéger des semis Un vieux parapluie sans manche protégera les semis d'un coup de gel printanier.

3. Traiter sélectivement Tenez un vieux parapluie ouvert derrière les plantes lorsque vous les traitez avec un pulvérisateur.

4. Tuteurs Utilisez les baleines d'un parapluie cassé pour soutenir vos jeunes plants.

Pâte dentifrice

1. Rénover une surface plastique Recouvrez une tache ou une éraflure sur de l'acrylique ou du plastique avec du dentifrice. Laissez sécher et frottez avec un chiffon doux.

2. Nettoyer des bijoux Frottez les détails avec une brosse à dents souple et du dentifrice. Rincez et séchez avec un chiffon doux.

3. Messages pour Noël Écrivez des messages et des dessins de fin d'an-

née sur les vitres à la pâte dentifrice. Il vous suffira ensuite de laver les vitres avec un chiffon humide.

Pâte à modeler

1. Nettoyer les livres Nettoyez les tranches en y appuyant (sans frotter) une boulette de pâte à modeler blanche. Pétrissez souvent la pâte de façon à toujours travailler avec une « gomme » bien propre. Procédez sur de petites surfaces à la fois.

2. Support de collage Pour réparer une poterie cassée, maintenez les morceaux sur un lit de pâte à modeler jusqu'à ce que la colle soit sèche. Retirez ensuite.

Peau de banane

1. Engrais Enterrez des peaux de banane déchiquetées à environ 4 cm de profondeur au pied des rosiers. Ajoutez-en également à votre compost, elles sont une excellente source de phosphore et de potassium.

2. Nourriture pour les animaux En hiver, posez des peaux de banane sur des souches, elles feront le régal des chevreuils.

3. Chaussures impeccables. Faites briller vos chaussures en cuir en les frottant avec l'intérieur des peaux de banane, puis en les lustrant.

Peigne

1. Instrument de musique Pliez un morceau de papier ciré sur les dents d'un peigne, portez-le à vos lèvres et fredonnez.

2. Peinture à effets Utilisez des peignes plus ou moins larges et aux dents plus ou moins serrées pour dessiner des zébrures droites ou ondulées sur la peinture fraîche.

3. Métier à tisser les perles Fixez deux peignes identiques aux extrémités d'une planchette et passez les fils de lice entre les dents pour les maintenir à espacements réguliers.

4. Tenir les clous Ne vous tapez plus sur les doigts avec le marteau. Maintenez les petits clous en les glissant entre les dents d'un peigne.

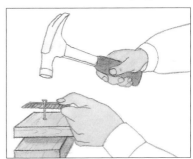

5. Brosses propres Conservez les vieux peignes pour nettoyer les brosses de l'aspirateur ou des balais.

Pellicule de plastique

1. Protège-livres Recouvrez les livres avec une pellicule de plastique.

2. Protection pour peinture Pour éviter qu'une peau se forme à la surface de la peinture, tendez une pellicule de plastique au-dessus du pot avant de refermer le couvercle.

3. Bouchon étanche Revissez le bouchon d'une bouteille en intercalant de la pellicule de plastique souple.

4. Réparation d'urgence Collez de la pellicule de plastique sur l'encadrement d'une vitre brisée pour couper court aux courants d'air.

5. Attache tournevis Enfilez la partie filetée de la vis à travers une pellicule de plastique. Mettez la pointe du tournevis dans la rainure et rabattez le plastique sur le tournevis en serrant fort. Ça ne devrait plus bouger.

Petites boîtes en métal et en plastique

1. Garder les timbres Pour que les timbres ne se collent pas ensemble, conservez-les dans des petites boîtes à pastilles.

2. Boucles d'oreilles Pour éviter que vos petites boucles d'oreilles ne s'égarent, rangez-les par paires dans de petites boîtes en plastique dont vous aurez recouvert le fond d'un morceau de feutrine adhésive.

3. Pour la boîte à couture Les boîtes de pastilles sont parfaites pour y ranger boutons, bouts de fil, épingles, etc.

4. Pour un anniversaire Décorez de feutre ou de soie l'extérieur d'une boîte et mettez-y une belle pièce ou... un bijou.

5. Boîte aux trésors Réunissez les morceaux de bijoux cassés en attente de réparation.

6. Boîtes à bijoux Rangez les chaînes dans des boîtes individuelles pour empêcher qu'elles ne s'entremêlent.

7. Nécessaire de couture de sac Gardez du fil et des aiguilles dans une petite boîte en fer pour les réparations d'urgence.

8. Réserve pour fusibles Vous retrouverez facilement les fusibles de la voiture si vous les rangez dans une petite boîte à pastilles que vous laisserez dans la boîte à gants de l'auto.

Photos

1. Tête de lit Pour un effet original, faites agrandir une jolie photo et collez-la sur une plaque de contreplaqué de 2 cm d'épaisseur, taillée en demi-cercle (le diamètre sera égal à la largeur du lit).

2. Presse-papier Faites un cube dans un carton de lait, rempli de sable. Collez des photos autour et protégez-les avec de l'acrylique en aérosol.

3. Déco-store Collez un assortiment de photos de formats différents sur un store propre.

4. Mobile Collez des photos dos à dos sur des cartons, puis foncez le pourtour avec un crayon feutre. Suspendez-les avec du fil de pêche à trois morceaux de cintre en métal.

Pince à cheveux

1. Jeu de pommes Faites des crochets avec des pinces à cheveux pour suspendre des pommes sur un manche à balai placé entre deux chaises. Pour ce jeu, vos invités devront attraper les fruits comme ils l'entendent mais sans y mettre les mains.

2. Pince à papier Faites tenir ensemble des feuilles de papier avec des pinces à cheveux si vous n'avez pas de trombones.

3. Pour tenir un clou Épargnez vos doigts : lorsque vous devez enfoncer un clou avec un marteau dans un endroit difficile à atteindre, maintenez le clou avec une pince à cheveux.

4. Dépannage vestimentaire Fixez le petit pan de votre cravate à votre chemise avec une pince à cheveux. Ou encore, faites-en des boutons de manchette : passez la pince à travers la fente et repliez les bouts en leur donnant une jolie forme.

5. Piquet Si vous multipliez des plantes par marcotage, maintenez les tiges au sol avec des épingles à cheveux.

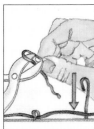

6. Passe-fils Fixez les fils des haut-parleurs ou du téléphone au mur : coupez une branche pour faire une loupe, et glissez l'autre sous la plinthe.

7. Collier Enfilez des pinces à cheveux sur un cordon, en intercalant perles et nœuds de ruban.

8. Pour le sapin Faites-en des crochets pour suspendre les boules.

9. Le jeu de la pomme Insérez des pinces à cheveux dans les pommes ; suspendez par un fil à un manche à balai tendu entre deux chaises.

Pince à papier

1. Porte-recettes Pour lire aisément une fiche de recette de cuisine, glissez-la dans une pince à papier fixée sur le mur de la cuisine.

2. Pour les musiciens Pour que les pages de vos partitions restent ouvertes, ou pour éviter qu'elles ne s'envolent, maintenez-les sur le pupitre avec une pince à papier.

3. Pour l'atelier Suspendez les pinceaux, les gants ou les lunettes de protection à des pinces à papier accrochées sur des clous.

4. Pinces à cheveux Utilisez-les dans vos cheveux lorsque vous vous faites une coupe ou une mise en plis.

5. Exercice Pressez une grosse pince à plusieurs reprises pour fortifier votre prise et relâcher votre tension.

Pinceau, brosse

1. Plats colorés Passez de la marinade ou du jus de cuisson sur les viandes avec un pinceau plat.

2. Pour un méchoui Pendant la cuisson, enduisez l'agneau du jus qui s'écoule avec une brosse à récurer neuve fixée au bout d'un bâton.

3. Marionnette Peignez la base et le manche d'un pinceau et dessinez un visage. Ajoutez un nœud papillon pour représenter un homme ou un col pour figurer une femme.

4. Dépoussiérer les plantes Pour ce faire, utilisez un pinceau plat en soies de porc.

Piqué

1. Pour bébé Interposez un piqué entre le sol et le tapis de son parc.

2. Amortir les bruits Posez un carré de piqué dans le fond de votre tiroir à argenterie.

Piscine gonflable

1. Parc pour bébé Pour dépanner des amis en visite avec un bébé, sortez votre piscine gonflable, placez une couverture dans le fond et laissez-y jouer et dormir le bébé.

2. Rangement pour l'hiver Mettez les jouets et les vêtements hors saison dans une piscine gonflable rangée sous un lit.

3. Pour rafraîchir Mettez-y les bouteilles et les glaçons lors d'une réception.

Pissenlit

Attention ! N'employez pas des plantes traitées aux herbicides ou récoltées en bordure des routes.

1. Boisson diurétique Lavez, rincez, séchez des racines de pissenlit. Passez-les dans un four très chaud jusqu'à ce qu'elles brunissent, puis réduisez-les en poudre. Faites-les infuser comme le café : 1 cuil. à thé de poudre pour 1 tasse d'eau.

2. Teintures Faites bouillir des fleurs de pissenlit pour obtenir une couleur jaune et des racines pour une teinture rose.

3. Infusion apéritive Laissez macérer 2 cuil. à thé de feuilles séchées dans 1 tasse d'eau bouillante. Passez et buvez.

4. Salade Les jeunes pousses, avant l'apparition des fleurs, font d'exquises salades.

Planche

1. Bordure de jardin Sciez trois planches de 25, 28 et 30 cm de longueur. Enfoncez-les verticalement à 15 cm de profondeur dans le sol. Répétez le processus pour obtenir une bordure de plate-bande ondulée.

2. Loquet improvisé Coincez l'extrémité d'une planche sous la poignée d'une porte et calez l'autre extrémité sur le tapis.

3. Balançoire à bascule Clouez en son centre une longue planche de 20 cm de large et de 35 à 40 mm d'épaisseur en travers d'un billot. Poncez en arrondissant tous les angles vifs pour éviter les échardes, puis appliquez un vernis.

Planche à roulettes

1. Étagère Pour réaliser un décor amusant dans une chambre d'enfants, suspendez une planche, avec ou sans roulettes, sur des supports normaux.

2. Chariot Pour transporter facilement un objet lourd (bouteille de gaz, meuble, poubelle...), posez-le sur une planche à roulettes.

3. Panier à lessive Ménagez vos efforts en le déplaçant sur roulettes.

4. Peindre assis Évitez les maux de dos : lorsque vous peignez les plinthes, asseyez-vous sur une planche à roulettes et roulez le long du mur.

Plastique à bulles

1. Matelas de secours Plusieurs épaisseurs de plastique à bulles peuvent servir de lit à un enfant.

2. Coussin de pique-nique Pour prendre vos repas confortablement dans le jardin, recouvrez bancs et tabourets de deux épaisseurs de plastique à bulles.

3. Isolation Agrafez du plastique à bulles sur les parois de la niche du chien pour y garder la chaleur pendant l'hiver.

4. Table capitonnée Si vous êtes en train de réparer du verre ou de la porcelaine, prévenez les accidents en recouvrant votre surface de travail avec du plastique à bulles.

5. Pour protéger les cultures En hiver, doublez les vitrages de la serre pour réduire les pertes de chaleur. Tendez un morceau de ce plastique devant les plantes posées sur les bords de fenêtres pour les protéger du vent coulis.

6. Rembourrage Pour que les bancs du stade vous paraissent moins durs pendant la partie, emportez des carrés de plastique à bulles que vous superposerez les uns sur les autres.

7. Bonnet de pluie Gardez un carré de plastique à bulles dans votre sac ou dans la voiture. Il servira à vous protéger la tête en cas d'averse.

8. Emballage de crème glacée Pour que la crème glacée reste ferme jusqu'au moment du pique-nique, le plastique à bulles est un excellent isolant.

9. Toile de sol En camping, emportez une grande pièce de ce plastique pour l'étendre sous le sac de couchage. Il vous protégera contre l'humidité du sol.

10. Engins à faire du bruit Les enfants adorent les sons de pétarade. Étendez une feuille de plastique à bulles sur le sol et invitez-les à y passer avec leur bicyclette. Ils seront occupés pendant un bon moment !

11. Relaxant Imitez les enfants : conservez un bout de cette matière dans le tiroir de votre bureau et canalisez vos agressivités en crevant quelques bulles dans les moments de tension.

Plateau en plastique

1. Assiettes Conservez les plateaux en plastique dans lesquels on vend la viande ou le fromage sous plastique et transformez-les en assiettes pour les pique-niques ou le camping.

2. Dessous-de-pots Mettez ces plateaux sous les pots de fleurs pour recueillir l'eau en excès.

3. Palette jetable Utilisez ces plateaux pour déposer et mélanger vos couleurs en tube.

4. Tampons amortisseurs Au moment du déménagement, glissez des plateaux en plastique entre les plats, les assiettes et autres objets fragiles que vous empaquetez.

Plume d'oiseau

1. Plume d'oie Appointez la hampe creuse et cornée d'une grande plume et trempez-la dans l'encre.

2. Épousseter Utilisez une large plume bien raide pour nettoyer les objets délicats.

3. Plumeau Ligaturez avec un cordonnet des plumes douces de même longueur à l'extrémité d'un manche.

Pneu

1. Protège-plants Plantez des aubergines, des tomates, des poivrons, ou d'autres plantes aimant la chaleur, au centre de pneus posés à plat sur le sol. Ils seront protégés du vent et la couleur noire du pneu réchauffera la terre.

2. Nez de marche Collez ou clouez des bandes de pneu sur les bordures des marches d'un escalier d'atelier ou de cave.

3. Mini-pépinière Posez un pneu à plat sur une couche de terreau à l'abri du soleil direct. Semez des graines et couvrez avec du plastique transparent. Veillez à l'aération.

4. Cylindre roulant Attachez ensemble plusieurs pneus de même dimension et faites des exercices d'équilibre et des courses.

5. Balançoire Percez des trous dans la bande de roulement d'un gros pneu pour le drainage de l'eau de pluie et suspendez-le à une branche d'arbre avec deux chaînes.

6. Support de bûche Pour fendre des bûches à la hache sans risque, placez-les debout au centre du pneu.

7. Pare-chocs Fixez un rang de pneus au fond du garage au niveau des pare-chocs de la voiture.

8. Barbotière Placez un rideau de douche au centre d'un vieux pneu de camion et remplissez-le d'eau.

Poli à meuble

1. Sur carrelage mural Pour protéger les murs de la douche des marques d'eau et de savon, traitez-les avec du poli à meuble.

2. Lubrifiant Utilisez du poli pour huiler une porte qui grince.

3. Protéger les métaux Passez de la cire incolore en pâte sur les objets métalliques (cuivre, laiton, fer...), après les avoir nettoyés.

Pomme de terre

1. Rénover des chaussures Si vos chaussures éraflées ne prennent plus le cirage, frottez-les avec une pomme de terre crue épluchée, puis cirez.

2. Détachant Frottez-vous les mains avec une demi-pomme de terre crue pour ôter des taches de légumes.

3. Soulager les démangeaisons Frottez une tranche de pomme de terre crue salée sur de l'urticaire et les piqûres d'insectes.

4. Soulager une brûlure légère Appliquez une tranche de pomme de terre ou de la fécule sur la partie brûlée. Tapotez mais ne frottez pas.

5. Foncer les cheveux Trempez un peigne dans l'eau de cuisson de pommes de terre et passez-le à plusieurs reprises dans des cheveux blonds ou châtains. Pour qu'ils foncent plus vite et que la couleur se fixe mieux, laissez sécher au soleil.

6. Désherbant Arrosez la mauvaise herbe avec l'eau de cuisson des pommes de terre.

Porte isoplane

1. Chemin hors d'eau Posez une porte sur quatre briques ou quatre blocs de béton pour accéder à une cave inondée.

2. Banc Posez une porte solide sur deux rangées de parpaings placés aux extrémités.

3. Une plus grande table Agrandissez une petite table en posant une porte isoplane (sans serrure) dessus. Auparavant, placez quelques gants en latex fin sur la table pour éviter que la porte ne glisse. Recouvrez d'une jolie nappe.

4. Paravent Fixez trois portes ensemble avec des charnières. Décorez ou recouvrez de papier peint.

5. Bureau ou surface de travail Une porte, posée sur des tréteaux ou sur de petits casiers à tiroirs, fera l'affaire.

6. Rampe Utilisez une porte comme rampe lorsque vous devez faire franchir une ou plusieurs marches à des meubles ou autres objets lourds ou les monter dans un camion.

Porte-bloc

1. Suspendre les pantalons Fixez un porte-bloc à un crochet dans votre placard ou sur la porte de votre chambre pour les pantalons.

2. Porte-napperons Clouez un porte-bloc à l'intérieur de la porte du placard de la cuisine pour y accrocher les napperons.

3. Pour le voyage Pliez la carte routière de la région que vous visitez, attachez-la à un porte-bloc et gardez-la près de vous.

Porte-chaussures à poches

1. Fourre-tout pour la voiture Attachez-le au dos d'un siège avant et rangez-y des jouets, des livres et des bouteilles d'eau.

2. Pour la cuisine Suspendez-le à des crochets dans la porte intérieure d'un placard pour y entreposer les produits ménagers.

3. Porte-revues Suspendez-le derrière la porte de la salle de bains ; vous y retrouverez vos revues ou livres de poche pour la détente.

Porte-couteaux magnétique

1. Dans la salle de bains Utilisez un porte-couteaux magnétique pour réunir ciseaux à ongles, pinces à épiler, limes à ongles, etc.

2. Porte-outils Fixé au mur derrière l'établi, il recevra les tournevis, les tenailles et d'autres petits outils.

3. Pour la pêche Montez-en un dans votre coffre à pêche pour recevoir les cuillers et les leurres.

Porte-serviettes

1. Pour le garage Fixez un porte-serviettes double sur un mur pour ranger les chiffons, les sacs poubelle, les vêtements...

2. Pour ranger les rallonges de table Glissez-les derrière un porte-serviettes fixé contre le mur.

Protège-livre (jaquette)

1. Décoration Coordonnez le décor d'une chambre d'écolier en recouvrant boîtes, porte-stylos, corbeille à papier... avec des jaquettes de livres choisies dans la gamme de couleurs appropriée.

2. Bloc-notes Glissez des feuilles ou des demi-feuilles de papier dans les rabats des protège-livres ou des protège-cahiers pour prendre des notes sur le contenu du livre que vous êtes en train de lire ou sur les travaux en cours dans le cahier.

3. Chapeaux de fête Roulez des jaquettes de livres en forme de cône ou de toute autre forme de chapeau et percez deux trous pour y passer un cordon ou un élastique.

4. Porte-documents Utilisez un protège-cahier en plastique épais pour ranger vos documents : glissez-les dans les rabats intérieurs.

Rétroviseur

1. Surveiller les enfants Montez un grand rétroviseur à miroir bombé de caravane ou de camion sur le côté de la maison, sur un mur ou un poteau placé à proximité. Vous pourrez ainsi surveiller simultanément vos enfants devant et derrière la maison.

2. En sortie de garage Vous n'avez pas de visibilité sur la chaussée quand vous sortez de chez vous ? Fixez un ou deux grands rétroviseurs à miroir bombé sur un poteau ou sur le mur implanté en face de la sortie.

3. Signal de détresse Vous partez en excursion ? Emportez un petit rétroviseur ou un miroir pour avertir des amis randonneurs ou pour signaler votre position. (Voir aussi Orientation en forêt, p. 161.)

4. Pour voir l'inaccessible Avec un petit rétroviseur pour vélomoteur, inspectez des recoins impossibles à voir, même en vous contorsionnant.

5. Pour l'organiste Un rétroviseur fixé à un petit bloc de bois permettra à l'organiste de voir l'autel et les musiciens tout en lisant sa musique.

Rideau de douche

1. Isolation En camping, étendez un vieux rideau de douche sous le tapis de sol ou le sac de couchage.

2. Bâche Mettez un rideau de douche sur votre pile de bois pour qu'il reste au sec.

3. Travaux Un rideau de douche est parfait pour protéger le sol durant des travaux de peinture.

4. Dégivreur La doublure d'un rideau de douche, avec des aimants dans son ourlet, protégera le pare-brise de la voiture par nuits de grands vents.

5. Sous la chaise haute Pour protéger vos parquets, découpez un grand carré de plastique à même un vieux rideau de douche et placez-le sous la chaise de bébé Avec les retailles, vous fabriquerez des bavoirs.

6. Nappe Pour couvrir la table du patio ou pour apporter en pique-nique, un rideau de douche fera l'affaire.

7. Tablier d'atelier Découpez un vieux rideau de douche et attachez des cordons en haut et à la taille. Renforcez les trous avec des œillets de bâche. Mettez-le pour tous les travaux salissants.

8. Poncho Pliez un rideau de douche en deux, taillez une ouverture pour la tête. Idéal pour travailler sous la pluie.

9. Pour le jardin Lorsque vous faites un aménagement paysager avec des galets ou des morceaux d'écorce, étalez un rideau de douche sous ces matériaux, afin d'empêcher les mauvaises herbes de pousser au travers.

10. Protection Recouvrez le barbecue et les meubles d'extérieur si un orage éclate et que vous n'avez pas le temps de les rentrer à l'abri.

Rondelle en caoutchouc pour bocal

1. Amortisseur acoustique Posez les enceintes acoustiques sur des plots faits de trois ou quatre rondelles superposées pour que les sons ne se transmettent pas au sol.

2. Antidérapant Cousez une ou deux rondelles aux coins des tapis.

3. Jeu à la maison Lorsqu'il pleut, donnez aux enfants des rondelles qu'ils devront essayer de lancer sur des piquets (les pieds d'un tabouret retourné feront l'affaire).

4. Protection Placez des rondelles sous les vases et les lampes pour éviter les éraflures sur les meubles.

Rondelles

1. Jetons pour jeux Remplacez les pièces de monnaie ou les jetons en plastique par des rondelles en laiton de différentes tailles.

2. Bijoux fantaisie Nouez des rondelles de tailles différentes ensemble,
en les plaçant par ordre décroissant de part et d'autre du centre.

3. Protection au perçage Glissez une petite rondelle de caoutchouc sur le corps de la mèche pour éviter de faire des éraflures si elle se casse.

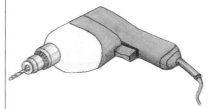

4. Poids Glissez des rondelles de métal dans les ourlets des rideaux pour que ceux-ci tombent mieux. Utilisez-les aussi à la pêche pour remplacer les plombs.

Roue de bicyclette

1. Roue de loterie Fixez une roue avant de bicyclette sur un panneau de bois par son moyeu de façon que la roue tourne librement. Au travers des rayons, fixez une lame très souple ou un morceau de corde à piano dans le panneau support (en tournant, la roue cliquette sur cet ergot souple). Décorez la roue avec des bandes de papier de couleur et des numéros fixés sur les rayons.

2. Suspension Suspendue au plafond, une roue permet de faire sécher du linge ou d'accrocher des outils.

3. Mobile Ou bien faites-en un support décoratif en y accrochant des photos ou des cartes découpées.

4. Couronne de Noël Entourez de fil de fer grillagé une jante de bicyclette débarrassée de ses rayons et bien nettoyée. Passez-y des branches de conifères de façon à masquer le support. Et attachez un gros nœud.

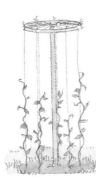

5. Treillis à plantes Montez une roue au sommet d'un grand pieu enfoncé dans le sol. Formez un treillis en passant de la ficelle de jardin dans les rayons et en les fixant à des fiches plantées dans le sol.

Ruban adhésif

1. Pour le vélo Collez de l'adhésif fluorescent au bord des pédales, sur le dessus du garde-boue arrière et en forme d'anneaux sur le cadre et la fourche avant : vous serez plus facilement repéré par les automobilistes lors de vos balades nocturnes.

2. Serrure étanche Si on annonce à la météo une tempête de neige, recouvrez les serrures de votre voiture avec du ruban adhésif. Appliquez cette méthode avant de laver votre voiture en hiver.

3. Limiter les dégâts Pour retirer une vitre cassée sans vous couper, entrecroisez des bandes adhésives de chaque côté du carreau, puis tapez doucement les bords intérieurs avec un marteau, jusqu'à ce que la vitre se détache entièrement. Ôtez le ruban adhésif, les morceaux viendront avec.

4. Étiquette Coupez du ruban adhésif à la dimension désirée. Inscrivez-y l'information adéquate et collez.

5. Halte aux fourmis Immobilisez toute une colonne en marche avec du ruban adhésif.

6. Pour une affiche Dessinez des lettres ou des chiffres avec des morceaux de ruban adhésif fluorescent.

7. Nettoyeur de peignes Collez une bande de ruban adhésif sur le peigne ; appuyez fermement, puis tirez. Trempez ensuite le peigne dans une solution d'alcool ou d'ammoniaque.

8. Clés fluorescentes Mettez du ruban adhésif fluorescent sur le haut des clés de la voiture ou de la maison, vous pourrez ainsi les retrouver facilement dans la pénombre.

9. Flécher ou baliser un parcours Posez du ruban adhésif fluorescent le long d'une allée utilisée la nuit.

10. Distributeur Pour les avoir à portée de la main, collez vos clous dans un rouleau d'adhésif.

11. Chapeau Adaptez à votre tête un chapeau trop grand en collant du ruban à l'intérieur.

12. Roulettes propres Pour les empêcher de marquer le sol, entourez-les de ruban adhésif.

13. Suspendre des tubes Pour stocker des tubes collants tête en bas, repliez du ruban adhésif à leur extrémité. Trouvez cette languette et suspendez.

14. Peindre une fenêtre Protégez les vitres par du ruban adhésif posé en bordure des parties en bois que vous allez peindre. Retirez l'adhésif après séchage de la peinture.

15. Isoler des outils Enroulez du ruban adhésif isolant « électrique » sur plusieurs épaisseurs autour des branches métalliques de pinces coupantes ainsi qu'autour des lames de tournevis.

16. Dans le garage Pour que votre auto soit stationnée droit même en pleine nuit, guidez-vous sur des bandes d'adhésif fluorescent. Mettez-en aussi sur les objets protubérants.

17. Les pieds au chaud Du ruban de tuyauterie, face argentée exposée, isole parfaitement une paire de bottes.

Sac à congélation

1. Poche à pâtisserie Coupez un sac dans un angle pour faire une très petite ouverture, remplissez-le de crème, fermez le dessus et dessinez des motifs sur le gâteau.

2. Poche à mortier Faites comme pour la poche à pâtisserie, mais avec un trou plus grand. Remplissez-le de mortier à joints pour remplir les interstices entre des briques.

3. Protège-étiquettes Au jardin, pour identifier vos semis, agrafez les pochettes de graines vides sur des planchettes en bois à piquer dans le sol. Recouvrez-les d'un petit sac à congélation.

Sac en filet

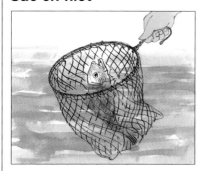

1. Épuisette Formez un cercle aussi grand que l'ouverture du filet avec un cintre métallique. Fixez le filet.

2. Panier à salade Placez la salade bien lavée dans un filet, fermez et secouez à l'extérieur.

3. Bourriche Glissez les poissons dans un filet à mailles fines et accrochez celui-ci derrière la barque.

4. Laver le petit linge Placez les sous-vêtements délicats et les bas dans un filet pour qu'ils ne s'entortillent pas avec le reste du linge dans la machine à laver.

5. Pique-fleurs Roulez en boule non serrée un morceau de filet à grosses mailles, placez-le dans un vase et piquez les fleurs au travers.

6. Mangeoire d'hiver pour les oiseaux Mélangez du saindoux avec des graines pour oiseaux. Laissez durcir au réfrigérateur, mettez le bloc dans un petit filet à oignons et suspendez-le à une branche d'arbre.

7. Filtre de baignoire. Pour empêcher le drain de se boucher avec des cheveux, placez-y un sac en filet.

8. Sac de plage Avant de quitter la plage, rassemblez tous les jouets des enfants dans un filet en plastique et trempez-le dans l'eau : de cette façon, vous ne ramènerez pas de sable à la maison.

9. Récurer Placez une éponge dans un filet ou roulez un filet en pelote et utilisez-le comme tampon à récurer, doux mais efficace.

10. Récolte du potager Mettez vos légumes dans un filet solide et arrosez-les au jet pour éliminer la terre et les saletés.

11. Porte-savon En camping, transportez votre savon dans un filet. Employez-le sans le sortir et suspendez-le pour le faire sécher.

Sac à main

1. Fourre-tout à couture À la maison, conservez votre ouvrage en cours dans un ancien sac bien propre. Rangez fils, ciseaux, etc., dans les divers compartiments intérieurs.

2. Porte-épingles à linge Glissez la poignée sur la corde à linge et rangez-y les épingles.

3. Port antivol Dans les zones à risque, passez la bretelle de votre sac en diagonale sur votre poitrine et placez l'ouverture du sac vers vous, en le maintenant appuyé contre votre ventre ou votre hanche.

Sac en papier

1. Protège-épis Protégez les épis de maïs contre le gel nocturne, les oiseaux et les rongeurs pendant qu'ils mûrissent en les couvrant avec un sac en papier brun.

2. Cuisson du poisson Pour empêcher le poisson de se dessécher au four, cuisez-le partiellement, puis enveloppez-le dans un sac graissé pour en achever la cuisson.

3. Papier d'emballage Il suffit de découper vos sacs d'épicerie.

Sac en plastique

1. Protéger les rosiers-tiges Avant les grands froids, coupez la base d'un grand sac et passez la tête du rosier dans le manchon ainsi obtenu. Fermez le sac par un lien sous la greffe, remplissez avec des copeaux ou de la paille, puis refermez en haut.

Percez quelques trous sous cette boule pour assurer la ventilation.

2. Pinceaux en attente Lorsque vous interrompez vos travaux de peinture, placez vos pinceaux et rouleaux dans des sacs en plastique afin qu'ils ne sèchent pas.

3. Film protecteur Placez des sacs en plastique à plat au fond des paniers de pique-nique, des plateaux à peinture, des casiers à légumes...

4. Rembourrage Découpez des sacs en plastique en fines lanières pour remplir des coussins pour l'extérieur, des jouets pour le bain et tout autre objet à rembourrer devant supporter l'humidité.

Sac à poubelle

1. Pour les motards Quand il fait froid, glissez un sac à poubelle sous votre combinaison ou votre blouson pour « couper » l'air glacé.

2. Bâche pour le barbecue Lorsqu'il n'est pas employé, recouvrez-le avec un grand sac à poubelle pour le protéger de la pluie.

3. Tablier jetable Faites des trous pour passer la tête et les bras et portez ce tablier improvisé pour protéger vos vêtements quand vous faites des travaux sales.

4. Protéger le pare-brise. Par jour de neige ou de grand gel, placez un grand sac à poubelle sur votre pare-brise. Coincez-le de chaque côté dans l'ouverture des portières.

5. Douche solaire Remplissez d'eau un sac noir extra-fort et pendez-le à une branche exposée au soleil. Laissez-le le temps de réchauffer ; savonnez-vous, percez un petit trou dans le fond du sac et rincez-vous.

6. Rangement d'été Déposez quelques boules à mites dans un grand sac à poubelle et rangez-y vos lainages d'hiver. Évacuez l'air et fermez.

7. Tapis de sol En camping, placez plusieurs grands sacs à poubelle sous votre sac de couchage pour vous isoler de l'humidité du sol.

8. Protège-planchers Pour éviter les dégâts d'eau, mettez un sac à poubelle sous vos plantes d'intérieur ou votre arbre de Noël.

Sapin de Noël

1. Paillis Coupez des branches du sapin et paillez-en le sol des plates-bandes et le pied des buissons. De plus, elles découragent les animaux domestiques d'y faire leurs besoins.

2. Abris pour oiseaux Entassez des arbres de Noël au fond de votre jardin. Placez-y quelques morceaux de lard gras pour l'hiver.

3. Allume-feu Utilisez les aiguilles du sapin pour allumer le feu dans la cheminée. Soyez parcimonieux, elles brûlent très vivement.

4. Appât Après les Fêtes, jetez votre sapin dans l'étang ; il attirera les poissons le temps venu de les pêcher.

5. Tuteur pour haricots Enfoncez dans le sol un poteau métallique de 1,8 m dans le sol. Dépouillez un sapin de ses branches et attachez-le au poteau à l'aide de tourniquets. (Demandez à vos voisins de vous remettre leur sapin de Noël ou achetez les invendus après les Fêtes.)

Savon

1. Effet magnétique Frottez votre marteau sur un morceau de savon avant de clouer un tapis. Les clous ne glisseront pas.

2. Gant moussant Enfermez vos restes de savon dans un bas de coton et servez-vous de ce gant dans le bain ou la douche.

3. Pour les tiroirs Frottez les glissières et les supports des tiroirs qui se coincent avec du savon.

4. Paillettes pour le bain Grattez un savon pour faire des copeaux qui vous donneront un bain moussant.

5. Répulsif Pour éloigner les chevreuils, percez un trou dans un savon parfumé enveloppé. Passez-y une ficelle et suspendez-le à un arbre, à la hauteur où les bêtes broutent.

6. Détachant Enlevez les marques sur les cols et les poignets de chemises en les frottant avec du savon avant de les mettre dans la machine.

7. Chandelles résistantes Tremper des bougies dans l'eau savonneuse (sans mouiller la mèche) les empêche de fumer et prolonge leur durée.

8. Coussin à épingles Plantez vos épingles droites dans une barre de savon. Non seulement les retrouverez-vous plus facilement, mais elles seront par le fait même lubrifiées.

9. Craie de couturière Sur un tissu lavable, marquez vos coutures au savon au lieu de faufiler.

Seau

1. Pour l'arbre de Noël Placez le pied du sapin dans un seau et remplissez celui-ci avec du sable mouillé ou du gravier.

2. Ustensile de cuisine Si vous n'avez pas de marmite suffisamment grande pour faire cuire un homard, utilisez un seau en acier.

3. Seau à colle Préparez la colle à papier peint dans un seau en plastique équipé d'un couvercle. En refermant bien le seau, vous pourrez conserver votre colle plusieurs jours sans risque de la voir se dessécher.

4. Mini-échasses Un nouveau jeu de jardin pour les petits et pour les grands : fixez des espadrilles ou de vieilles chaussures (avec de la colle polyuréthane après avoir bien nettoyé les surfaces en contact) sur des seaux retournés dont vous aurez retiré l'anse. Avec ces chaussures surélevées, organisez des courses sur une distance réduite ou toute autre épreuve amusante qui vous viendrait à l'esprit.

5. Soucoupe de peintre Utilisez le couvercle d'un seau couvert de 20 litres pour y déposer un pot de peinture de 1 litre. Il recueillera les coulures et vous pourrez y poser votre pinceau.

6. Douche de camping Un seau percé fait une excellente douche.

Séchoir à cheveux

1. Défroissage en voyage Suspendez un vêtement fraîchement lavé sur un porte-serviettes ou un cintre et séchez-le au séchoir à cheveux.

2. Enlever des tache de bougie Sur une table, grattez-les avec une lame de couteau rond. Soufflez de l'air chaud et ôtez le reste avec du papier absorbant.

3. À la recherche des fuites d'air Pendant que l'un tient une bougie allumée contre la fenêtre, à l'intérieur, l'autre passe le séchoir autour du cadre, à l'extérieur. Là où la flamme vacille, il y a perte d'air chaud. Faites ainsi le tour de la maison.

4. Un miroir sans buée Réchauffez le miroir de la salle de bains après la douche pour éliminer la buée.

5. Dégivrer le congélateur Accélérez le dégivrage en faisant fondre la glace à l'air chaud.

6. Message secret Après avoir écrit un message sur du papier avec du jus de citron ou d'oignon, chauffez-le doucement pour le rendre invisible.

7. Pour révéler le message Si votre enfant reçoit un message secret écrit à l'encre sympathique ou au jus de citron ou d'oignon, rendez-le lisible avec de l'air très chaud.

8. Ôter un pansement Soufflez de l'air chaud sur le pansement adhésif en le tirant doucement : ce sera plus facile.

9. Soufflet pour barbecue Activez ou réactivez la combustion du charbon de bois en vous servant d'un séchoir à cheveux.

10. Époussetage Un séchoir vous permettra de déloger la poussière sous un appareil électrique ou dans des recoins difficiles à atteindre.

11. Sécher les chaussures Dirigez le souffle du séchoir à cheveux réglé sur « tiède » dans chacune des chaussures humides.

Sel de cuisine

1. Pour les bougies Évitez qu'elles ne coulent sur la table ou dans le bougeoir en les trempant dans de l'eau salée. Utilisez 2 cuil. à soupe de sel et juste assez d'eau pour les recouvrir.

2. Supprimer la mousse Si de la mousse de détergent envahit l'évier, saupoudrez-la de sel fin pour en venir à bout.

3. Détachant Mélangez du jus de citron avec du sel pour enlever des taches de fruit sur les nappes.

4. Décrasser les cuivres Frottez les métaux cuivreux (cuivre, bronze et laiton) avec une solution de sel fin dilué dans un peu de vinaigre.

5. Nettoyant à four Si quelque chose vient juste de se renverser dans le four, recouvrez la tache de sel ; laissez reposer pendant 15 à 20 minutes, puis essuyez.

6. Pour les fleurs artificielles Mettez les fleurs dans un grand sac en papier contenant ½ tasse de sel, puis secouez pour les nettoyer.

7. Herbicide Répandez du sel sur l'herbe à puce pour la détruire.

Serviette

1. Coussin pour le cou Roulez une serviette, placez-la dans un foulard et serrez les bouts avec une cordelette ou un ruban.

2. Robe de plage Cousez deux serviettes de bain sur leur longueur, en laissant un passage pour les bras. Cousez l'une des largeurs en ménageant une ouverture pour la tête.

3. Coussin d'évier Placez une serviette au fond de l'évier quand vous y lavez des verres fragiles.

4. Sécurité Posez une serviette en haut de la porte de la salle de bains pour empêcher les jeunes enfants de s'enfermer à l'intérieur.

Shampooing

1. Crème à raser En cas de besoin, appliquez un peu de shampooing sur la peau humide et faites mousser avant de vous raser.

2. Détergent Si vous êtes en panne de savon doux pour le linge à laver à la main, utilisez du shampooing.

Siège de voiture

1. Meubles Utilisez un ou deux sièges de voiture pour meubler à bon marché un abri de jardin ou une salle de jeu au sous-sol.

2. Balancelle Suspendez un siège arrière de voiture à un portique avec quatre cordes solides ou avec des chaînes équipées de mousquetons détachables.

3. Niche de chien Découpez le caoutchouc mousse d'un vieux siège à la taille désirée et placez-le au fond de la niche. Il semble que les tiques n'aiment pas cette mousse.

Soie dentaire

1. Fil à gâteau Coupez un gâteau en deux à l'horizontale avec de la soie dentaire plutôt qu'avec un couteau.

2. Pour trousser La soie dentaire non cirée est parfaite pour trousser un poulet ou attacher un rôti roulé.

3. Fil à bijou En cas d'urgence, prenez ce fil pour réenfiler vos perles.

4. Pour séparer des photos Deux photos collées ? Passez un fil ciré avec un mouvement de va-et-vient entre les deux.

5. Couture de mocassins Refaites les points des coutures avec une grosse aiguille et de la soie dentaire.

6. Fil de cadre Pour suspendre un cadre léger, la soie dentaire a l'avantage d'être presque invisible.

7. Décorations de Noël Avec ou sans crochets, servez-vous de soie dentaire pour suspendre boules et babioles aux branches du sapin.

Store

1. Protecteur des arts Utilisez un store à enrouleur pour transporter et protéger une œuvre peinte à l'aquarelle, à l'huile ou dessinée. Roulez ensemble, sur l'axe enrouleur, la toile du store et votre œuvre (lorsqu'elle est sèche).

2. Écran Projetez vos films ou vos diapositives sur un store blanc uni placé devant une fenêtre ou suspendu au mur.

3. Gain de place Dans une petite pièce, gagnez de la place en remplaçant les portes de placards par des stores à enrouleur.

4. Tapis de jeu Étendez un store par terre pour délimiter l'aire de jeu de vos enfants, tout en protégeant votre parquet. Vous n'aurez qu'à l'enrouler pour le remiser à la fin de la journée.

5. Dans l'atelier Au sous-sol, entourez votre aire de travail de stores suspendus aux poutres du plafond. Lorsque vous sciez du bois, ou si, tout simplement, vous désirez travailler en paix, il vous suffira de les abaisser.

Store vénitien

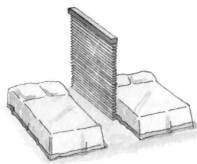

1. Diviser une pièce Suspendez des stores vénitiens à un support fixé au plafond pour séparer la salle de séjour en deux quand le besoin s'en fait sentir. Vous pouvez installer ainsi une chambre d'enfants.

2. Protection de sol Lorsque vous peignez une pièce moquettée, maintenez une bâche sur le sol en la pinçant avec des lamelles de store vénitien glissées sous les plinthes.

Tablier

1. Porte-outils Un moyen efficace d'avoir vos outils à portée de la main lorsque vous travaillez en hauteur est de fixer sur le dernier barreau de l'échelle deux poches de tablier.

2. Spécial banque Relevez le bas d'un tablier. Faites une double couture sur les bords et quatre ou cinq coutures parallèles à écartement régulier entre les bords pour faire cinq ou six poches ; vous y mettrez vos billets et vos pièces de monnaie lors d'une vente de garage.

3. Protège-bébé Attachez un tablier autour du cou de l'enfant qui mange.

4. Cueillette Cousez deux bandes de velcro sur un tablier de manière à le relever pour y transporter les baies.

Tabouret haut

1. Stèle de travail Pour faciliter votre ouvrage lorsque vous travaillez de la terre glaise, placez l'objet à modeler sur un tabouret tournant.

2. Support de plantes Peignez un tabouret en bois d'une couleur coordonnée avec votre décor et coiffez-le d'une jolie plante à feuillage retombant (fougère, asparagus...).

3. Fauteuil de coiffeur Faites asseoir votre enfant sur un tabouret de bar pour lui couper les cheveux.

4. Cage à tomates Retirez le siège d'un vieux tabouret, enfoncez le haut des pieds dans la terre et entourez avec de la ficelle de jardin pour servir de support.

5. Desserte tournante Lors d'un buffet, placez de petites coupes emplies de biscuits apéritifs et autres amuse-gueule sur un tabouret de bar tournant recouvert d'un napperon.

Taie d'oreiller

1. Petit édredon Utilisez une jolie taie d'oreiller pour confectionner un édredon de carrosse pour bébé.

2. Protection de plants Recouvrez les petits pieds de tomate avec de vieilles taies lorsque le gel menace.

3. Lavage soigné Pour protéger les chandails de laine et la lingerie fine, mettez-les dans des taies d'oreiller nouées avec un cordon avant de les placer dans la machine à laver.

4. Passoire Lorsque vous faites de la gelée en grosse quantité, passez les fruits dans une taie d'oreiller en coton bien propre.

Tee-shirt

1. Chiffon à poussière C'est le sort qui attend les vieux tee-shirts. Ils sont doux, lavables et accrochent bien la poussière.

2. Rembourrer Coupez des tee-shirts usagés en bandelettes et utilisez-les pour bourrer des jouets, des poufs ou des coussins.

3. Tampon à lustrer Faites une pelote avec un morceau de vieux tee-shirt pour étaler de l'encaustique sur les meubles. Faites briller avec une autre pelote propre.

4. Premiers soins En attendant d'accéder aux soins médicaux, servez-vous de tee-shirts propres en guise de compresses pour stopper une hémorragie ou comme coussin pour entourer une écharde.

5. Guide-vigne Pour attacher à un tuteur une lourde vigne ou les branches supérieures d'une haute plante, découpez des bandes dans un vieux tee-shirt.

Teinture d'iode

1. Rénover l'acajou Tamponnez les éraflures d'un meuble en acajou avec un coton-tige imbibé de teinture d'iode. Essuyez l'excédent.

2. En camping Si vous n'êtes pas sûr de la qualité de l'eau, ajoutez 6 à 8 gouttes de teinture d'iode par litre ; laissez reposer 20 minutes avant de boire.

Thé, infusion

1. Sauna facial Videz le contenu de sachets de thé déjà infusé dans un bol d'eau bouillante. Penchez le visage au-dessus en vous mettant une serviette de toilette sur la tête.

2. Cheveux brillants Rincez les cheveux acajou ou châtains avec une infusion de thé orange pekoe.

3. Soins aux animaux Si votre chien a des points d'inflammation (éruptions cutanées rouges et humides), appliquez des sachets de thé froids et humides aux endroits affectés, puis consultez un vétérinaire.

4. Bain pour paupières Si vos yeux sont fatigués et gonflés, placez des sachets de thé humides sur vos paupières pendant 15 à 20 minutes.

5. Nettoyer la laque Lavez des objets de laque noire avec du thé fort, puis essuyez avec un chiffon doux.

6. Engrais pour plantes Aidez la croissance de vos plantes d'appartement en les arrosant une fois par semaine avec du thé tiède très léger.

7. Cendres non poussiéreuses Pour que la poussière ne s'envole pas partout lorsque vous nettoyez l'âtre, parsemez les cendres avec des feuilles de thé infusé très humides.

8. Cheveux plus clairs Après chaque shampooing, appliquez sur vos cheveux rincés une infusion de camomille. Laissez agir quelques minutes avant de rincer à l'eau claire.

9. Compresse Sur une brûlure ou sur une gencive douloureuse, appliquez un sachet mouillé et refroidi.

Tirelire

1. Distributeur de ficelle Placez une pelote de ficelle dans la tirelire et passez un bout par la fente.

2. Presse-papier Remplissez une tirelire avec des pièces et placez-la sur une pile de papiers pour les empêcher de s'envoler.

Tiroir

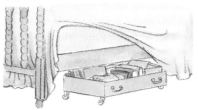

1. Boîte roulante Munissez de roulettes un grand tiroir et glissez-le sous votre établi ou sous un lit pour y entreposer diverses choses.

 **2. Vitrine** Peignez ou tapissez un tiroir et suspendez-le à un mur pour y disposer plantes retombantes ou bibelots.

Tissu thermocollant

1. Décalcomanies Découpez des dessins dans du tissu thermocollant de différentes couleurs. Collez-les sur les tee-shirts des enfants.

2. Identifier les joueurs Découpez les numéros des joueurs de l'équipe et collez-les sur les maillots.

3. Rapiéçage Découpez des motifs fleuris ou amusants dans du tissu thermocollant pour masquer les trous dans les jeans des enfants.

Tringle à rideaux

1. Séchoir Suspendez une tringle en tube plastifié avec des cordelettes au-dessus de la baignoire.

2. Porte-outils Fixez une tringle sur le mur en plaçant des cales épaisses. Glissez les outils à manche en les disposant, lame vers le bas, entre la tringle et le mur.

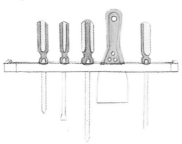

3. Sarbacane Organisez à peu de frais un concours pour les enfants avec des boulettes ou des fléchettes en papier : ils les tireront dans des tringles en tube plastifié.

4. Tuteur Fixez des tringles en tube plastifié sur un mur pour palisser les plantes grimpantes.

Trombone

1. Marque-page Posez un trombone sur la page où vous avez arrêté votre lecture.

2. Épingle de cravate Attachez le pan intérieur d'une cravate rebelle sur votre chemise avec un trombone.

3. Paquet clos Fermez les paquets entamés de pâtes, de croustilles ou de petits gâteaux apéritifs avec un trombone.

4. Déboucher Nettoyez les trous du pommeau de la douche ou les trous de la salière avec la pointe d'un trombone déplié.

5. Attrape-pièces Récupérez des pièces tombées entre le pare-brise et le tableau de bord de votre automobile en vous servant d'un gros trombone rectifié en crochet.

6. Cure-pipe Dépliez un gros trombone, recouvrez-le d'un morceau de papier absorbant et glissez-le dans le tuyau de la pipe. Un trombone à demi déplié fait une excellente curette pour le foyer de la pipe.

7. Anneau à bulles Dépliez un gros trombone et tordez-le pour faire un anneau avec petit manche. Trempez-le dans une solution moussante pour faire des bulles (voir p. 305).

8. Pour Noël Dépliez des trombones et faites des crochets en S pour suspendre boules, guirlandes et autres décorations.

9. Pince à billets Pliez vos billets de banque en deux et attachez-les ensemble avec un gros trombone.

10. Guide-clou de tapissier Maintenez les clous entre les branches d'un trombone pour épargner vos doigts.

11. Régler sa montre Manœuvrez les boutons d'une montre digitale avec l'extrémité d'un trombone.

12. Réparation d'urgence Si la boucle de votre soutien-gorge se casse, mettez un trombone.

13. Guirlande Accrochez 100 trombones ensemble dans l'arbre de Noël.

14. Boutons de manchette Redresser en partie un trombone pour faire une loupe ; insérez dans la manchette et refermez.

15. Baleine de col Si vous perdez une baleine, remplacez-la par un trombone. Retirez-le avant de passer la chemise dans la laveuse.

Tube en carton

1. Mégaphone Lorsque vous avez besoin d'amplifier votre voix, parlez dans un tube en carton.

2. Boîte à aiguilles à tricoter Pour les empêcher de se plier et de se déformer, placez-les dans des tubes en carton fermés aux deux extrémités par de gros bouchons en plastique.

3. Tubes fluorescents Pour éviter qu'ils ne se cassent, rangez-les dans des tubes en carton.

4. Presse à linge Après avoir lavé des nappes ou des serviettes de table, roulez-les autour de tubes en carton. Elles n'auront pas de plis lorsque vous les déroulerez.

5. Enrouleur de tissus Conservez des chutes de tissu en les roulant dans des tubes en carton. Pour les identifier aisément, accrochez un petit échantillon de chaque tissu à l'extérieur du tube.

6. Rondins pour des jouets Entaillez le bout de tubes en carton avec un canif et construisez des cabanes en rondins ou des clôtures.

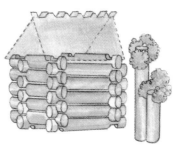

7. Range-documents Pour ranger diplômes ou autres documents importants, roulez-les, puis glissez-les dans un tube en carton (un rouleau pour essuie-tout, par exemple).

8. Porte-bottes Pour garder leur forme aux bottes en cuir, mettez des tubes vides à l'intérieur.

9. Mirliton Percez trois trous pour les doigts au milieu d'un mince tube de carton et fixez un papier ciré avec du ruban adhésif à l'une des extrémités.

Soufflez par l'autre bout, en bouchant ou en ouvrant les différents trous pour changer de ton.

9. Protéger les plantes Pour éviter d'érafler par inadvertance les rosiers-tiges et les arbrisseaux lorsque vous désherbez, coupez des tubes en carton dans le sens de la longueur et fixez-les autour des troncs. Retirez-les quand le travail est terminé.

10. Entreposer des guirlandes Pour décorer sans problème l'arbre de Noël d'une année sur l'autre, entourez les guirlandes d'ampoules autour de tubes en carton. Fixez l'extrémité de la guirlande avec un élastique.

Tuyau d'arrosage

1. Mélangeur improvisé Si vous n'avez pas de mélangeur sur le lavabo de l'atelier ou du garage, reliez les deux robinets avec un morceau de tuyau et faites un trou à l'emporte-pièce au milieu de sa partie inférieure.

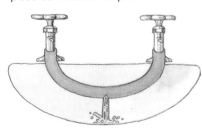

2. Boudins de protection Passez le câble des tendeurs destinés à haubanner les jeunes arbres dans un morceau de tuyau ; placez-le au niveau de l'écorce pour que celle-ci ne soit pas endommagée par le câble.

3. Pour le motoculteur Coupez un vieux tuyau en morceaux et placez-les sur les lames du motoculteur quand vous ne l'utilisez pas pour ne pas vous blesser.

4. Arrêt de porte Fixez des bouts de tuyau au mur du garage, si la porte le touche quand elle est ouverte.

5. Anse confortable Incisez, dans le sens de la longueur, un morceau de tuyau d'arrosage et passez-le sur l'anse du seau à jardin.

6. Épouvantail Pour éloigner les animaux rôdeurs, peignez un bout de tuyau de manière à faire croire à un serpent.

7. Protéger les lames Incisez un morceau de tuyau d'arrosage et coiffez-en la lame d'une hache ou d'une scie pour en préserver le tranchant et éviter de vous blesser.

V

Vaporisateur

1. Pour les vitres Versez 2 cuil. à soupe de vinaigre blanc pour 1 tasse d'eau et quelques gouttes de produit à vaisselle dans un vaporisateur et aspergez vitres, miroirs et étagères en verre à nettoyer. Essuyez avec un chiffon propre.

2. Humidificateur Emplissez un vaporisateur avec de l'eau distillée pour humidifier le linge à repasser.

3. Pour les petits athlètes Pendant les mois d'été, emportez avec vous un vaporisateur d'eau pour rafraîchir vos jeunes sportifs à la mi-temps.

4. Pour les plantes d'appartement Remplissez un vaporisateur d'eau tiède non calcaire et aspergez les plantes vertes si l'air est sec.

Vaseline

1. Antiadhésif Pour empêcher le bouchon d'un tube de colle de rester collé, mettez un peu de vaseline sur le filetage avant de reboucher.

2. Pour les tiroirs métalliques Appliquez une mince couche de vaseline sur les glissières et les roulettes des tiroirs de votre bureau.

3. Paillettes Pour une fête, étendez-vous un peu de vaseline sur le visage et les épaules, et parsemez de paillettes : elles tiendront.

4. Maquillage de Père Noël Passez-vous de la vaseline sur les sourcils et blanchissez-les à la farine.

5. Pour les animaux En hiver, enduisez de vaseline le dessous de leurs pattes pour les protéger du sel.

6. Pour les ongles Massez les cuticules tous les matins et tous les soirs avec de la vaseline.

7. Lubrifiant Pour éliminer les grincements, lubrifiez les essieux de la table de télévision, des patins à roulettes, etc., avec de la vaseline.

8. Protection Recouvrez-en les parties métalliques des fenêtres lorsque vous peignez : si la peinture déborde, vous pourrez l'enlever facilement.

9. Antirouille Pour prévenir la corrosion, protégez les parties métalliques des outils, des cannes à pêche, des ustensiles de cuisine, etc., avec une couche de vaseline.

10. Curieux appâts Attachez à vos hameçons de petits morceaux d'éponge recouverts de vaseline pour simuler un poisson à reflets.

11. Retirer une bague Frottez le doigt avec de la vaseline et faites glisser la bague.

12. Assouplisseur de cuir Enduisez régulièrement votre gant de baseball de vaseline pour qu'il reste souple.

Ventouse

1. Antipoussière Lorsque vous percez au plafond, récupérez les gravats et les poussières dans une ventouse détachée de son manche. Le foret ou le burin passe au travers du trou central de la ventouse.

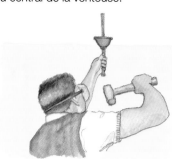

2. Débosseler Atténuez une dépression sur la carrosserie de votre voiture en y appliquant une ventouse humide et en la tirant fortement.

3. Bougeoir de jardin Pour éloigner les moustiques autour de la table, plantez le manche d'une ventouse dans le sol et posez une bougie à la citronnelle dans la coupe.

Vernis à ongles

1. Personnaliser des objets Marquez vos initiales sur des objets personnels avec du vernis à ongles d'une couleur éclatante.

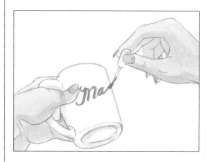

2. Marqueur Tracez un repère bien visible sur une graduation (sur un biberon, par exemple) avec un vernis à ongles rouge éclatant.

3. Sceller un pli Déposez une goutte de vernis au milieu du collage du rabat de l'enveloppe.

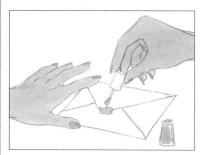

4. Pour Noël Ornez les décorations avec quelques touches de vernis à ongles de couleur.

5. Marquer les outils Peignez vos initiales sur les manches en bois avec du vernis à ongles. Avant qu'il ne sèche, enflammez-le avec une allumette : en brûlant, il laissera votre marque dans le bois.

6. Stoppe-maille Tamponnez un peu de vernis incolore sur un bas ou un collant qui file, ce qui empêchera l'échelle d'aller plus loin.

7. Fermeture étanche Pour empêcher une bouteille ou un bocal de fuir pendant son transport, appliquez une légère couche de vernis à ongles autour de la base de la capsule.

8. Faire tenir les vis Enduisez leur filetage de vernis à ongles.

Vinaigre

1. Soulager la douleur Si, au bout de 24 heures, la glace ne semble pas soulager la douleur provoquée par une entorse ou une foulure, appliquez des compresses de vinaigre chaud. (Voir aussi Entorse, p. 91.)

2. Décoller Pour détacher les décalcomanies sans les abîmer, frottez-les d'abord avec du vinaigre pur, et laissez s'imbiber avant de décoller.

3. Détartrer un fer à repasser Remplissez le réservoir du fer avec un mélange à parts égales de vinaigre blanc et d'eau distillée. Laissez sortir la vapeur jusqu'à ce que le réservoir soit sec. Rincez à l'eau pure en agitant. Recommencez si le fer est très entartré.

4. Désodorisant Éliminez les odeurs de poisson ou d'oignon sur vos mains en les rinçant avec du vinaigre.

5. Détartrage de bouilloire Si du calcaire s'est déposé, remplissez la bouilloire avec de l'eau et du vinaigre blanc, en quantités égales. Amenez à ébullition et laissez reposer pendant toute la nuit.

6. Rénover les pinceaux Pour nettoyer des pinceaux ayant servi à étaler de la colle à bois blanche ou de la peinture acrylique (peinture « à l'eau »), laissez-les tremper quelques heures dans un mélange de vinaigre blanc et d'eau. Lavez-les ensuite avec un détergent.

7. Contre les poux Mouillez les cheveux avec une solution tiède composée à parts égales de vinaigre blanc et d'eau. Entourez avec une serviette imbibée de vinaigre et laissez agir une heure. Lavez les cheveux. Recommencez dès que les lentes récalcitrantes auront éclos.

333

8. Détachant Frottez une pâte faite de vinaigre et de bicarbonate de soude sur la saleté tenace des cols.

9. Dans le bain Pour soulager les douleurs musculaires ou les démangeaisons, versez un verre de vinaigre blanc dans l'eau chaude. Restez dans le bain pendant 15 minutes.

10. Rincer le linge Pour un blanc plus éclatant et pour ôter les résidus de détergent, trempez-le dans 5 litres d'eau chaude additionnée de 1 tasse de vinaigre blanc. Rincez ensuite à l'eau claire. Attention, ne mélangez pas du vinaigre à de l'eau de Javel.

11. Pocher un œuf Pour éviter que le blanc ne s'étale, ajoutez 1 cuil. à soupe de vinaigre blanc à l'eau de cuisson.

12. Soins capillaires Donnez plus de brillant à des cheveux bruns en faisant un rinçage avec un mélange composé de 2 tasses d'eau et 1 tasse de vinaigre blanc ou coloré. Rincez ensuite à l'eau claire.

13. Effacer les faux plis Mélangez du vinaigre blanc et de l'eau à parts égales et appliquez sur le tissu avant de repasser. Faites d'abord un test pour vous assurer que la solution ne tache pas le tissu.

14. Pour les vitres Nettoyez avec une solution faite de 2 cuil. à soupe de vinaigre et de 1 litre d'eau chaude. Lavez de haut en bas, puis de gauche à droite, à l'intérieur et à l'extérieur : vous pourrez ainsi vérifier s'il reste des traces.

15. Antirouille Laissez tremper un boulon très corrodé dans du vinaigre, jusqu'à ce que la rouille commence à se dissoudre.

Vodka

1. Lave-pipe Trempez un cure-pipe dans de la vodka pour nettoyer et rafraîchir le tuyau. N'en mettez pas sur le fourneau ni sur l'extérieur de la pipe.

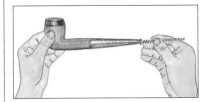

2. Lotion astringente Appliquez une petite quantité de vodka avec un morceau de coton pour resserrer les pores de la peau.

Yogourt

1. Démaquillant naturel Retirez votre maquillage avec du yogourt nature, puis essuyez-vous le visage avec un disque de coton.

2. Tonique facial Étalez une couche épaisse de yogourt nature sur votre visage. Laissez agir 15 minutes, puis enlevez ce masque avec de l'eau chaude.

Yo-yo

Promenade du chien Fauteuil à bascule

 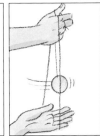

1. Antistress Pour combattre ce mal du siècle, essayez le yo-yo en alternant la « promenade du chien » et le « fauteuil à bascule ».

2. Mobile Suspendez plusieurs yo-yo colorés, à diverses hauteurs, à une baguette de bois ou à un cintre en métal déplié. Accrochez cette décoration au plafond.

3. Exercice Mine de rien, pratiquer régulièrement le yo-yo finira par donner de la force à vos bras.

4. Corde à linge En cas d'urgence, attachez les extrémités de la ficelle du yo-yo à un porte-serviettes et suspendez-y des vêtements légers pour les faire sécher.

4. RECYCLER ET RÉNOVER

AVEC UN BRIN D'IMAGINATION ET UNE DOSE DE PATIENCE, BEAUCOUP D'OBJETS COURANTS DONT VOUS NE VOUS SERVEZ PLUS, AU LIEU D'ALLER GROSSIR LES MONTAGNES DU DÉPOTOIR, POURRONT ÊTRE RECYCLÉS DANS UNE FONCTION NOUVELLE. VOUS TROUVEREZ AMUSANT DE TRANSFORMER UNE FOULE D'ARTICLES, DEPUIS LE CARTON D'EMBALLAGE GÉANT JUSQU'À LA CARTE ROUTIÈRE PÉRIMÉE, EN PASSANT PAR LE CADRE DÉSAFFECTÉ, EN QUELQUE CHOSE DE COMPLÈTEMENT DIFFÉRENT ET PAS DU TOUT BANAL. CE CHAPITRE VOUS RENSEIGNE ÉGALEMENT SUR DES TECHNIQUES DE RÉNOVATION GRÂCE AUXQUELLES VOUS ACCORDEREZ UNE SECONDE JEUNESSE À DES OBJETS UN PEU PASSÉS COMME UNE TABLE À CARTES USÉE OU UN ABAT-JOUR FANÉ.

Aquarium / Jardin miniature

Un vieil aquarium, une fois nettoyé, se transforme facilement en jardin miniature d'intérieur. Le terreau noir constitue déjà en lui-même un élément décoratif et les plantes forment un ensemble de verdure plus naturel qu'elles ne le feraient dans des pots.

Plantez des herbes aromatiques ; des crocus, des jacinthes ou des tulipes (qui fleuriront au printemps) ; des cactées ou des touffes de gazon ornemental ; ou encore, quelques annuelles qui égaieront votre hiver.

Vérifiez d'abord l'état de l'aquarium en le remplissant d'eau. Si vous constatez une fuite, bouchez-la avec un cordon de calfeutrant de silicone translucide. Lavez l'aquarium et effacez les traces de doigts avec un chiffon sec. Si vous le posez sur une table, collez une pièce de feutre en dessous.

Lavez le gravier d'origine de l'aquarium (s'il en reste) et le filtre de charbon de bois ou bien achetez-en. Étalez le gravier dans le fond de l'aquarium sur 2,5 cm d'épaisseur pour assurer un bon drainage. Recouvrez-le de la même épaisseur de charbon de bois en grains et remplissez l'aquarium avec du terreau stérilisé jusqu'à environ 10 cm du haut. Disposez les plantes, recouvrez la terre de gravillons ou de morceaux d'écorce et installez votre jardin miniature à la lumière.

Arrosez sans excès, de façon à maintenir l'humidité, sans plus.

Pneu / Sandales antidérapantes

Dans un vieux pneu, découpez des sandales antidérapantes à porter par-dessus la chaussure. Gardez-les dans la voiture ou dans le garage ; elles vous dépanneront en cas d'intempéries, ou vous empêcheront de glisser sur l'asphalte gelé ou mouillé quand il vous faut transporter les poubelles.

Prélevez deux pièces dans la semelle du pneu. (Écartez les radiaux ceinturés d'acier, presque impossibles à découper.) Sculptures en dessous, clouez-les sur une planche ou du contre-plaqué le temps de les façonner. À la craie, dessinez le contour de vos chaussures en ménageant une marge de 2,5 cm tout autour. Ajoutez deux carrés de 2,5 cm de part et d'autre du talon.

Dégagez et découpez les pièces sur le trait de craie. Avec une scie circulaire, le travail sera lent ; pour accélérer l'opération, percez des trous de 3 mm le long du trait et agrandissez-les avec un foret de 6 mm. Vous terminerez aisément la découpe avec la scie circulaire ou un couteau universel.

Avec la perceuse et le couteau, pratiquez une fente dans les deux pattes du talon pour y passer une courroie.

Pour les lanières du talon, une ceinture de cuir de 2 cm de large fera parfaitement l'affaire. Coupez la ceinture à 12,5 cm de la boucle ; insérez-la dans une des fentes — celle de droite pour la sandale de droite, celle de gauche pour la sandale de gauche. Dans la seconde fente, enfilez une section de 30 cm prélevée à l'autre bout de la ceinture. Découpez un troisième bout de ceinture assez long pour encercler le talon de votre chaussure. Avec un poinçon à cuir, perforez les trois courroies de manière que les trous correspondent ; réunissez-les avec des rivets en laiton vendus en quincaillerie.

Pour l'avant, servez-vous de lacets de cuir assez longs pour se nouer par-dessus la chaussure. Percez un trou à gauche et un autre à droite, près du bout du pied ; enfilez les lacets et fixez-les au moyen de deux nœuds en demi-clef sur le côté.

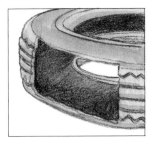

1. Avec un couteau universel ou une scie circulaire, découpez deux pièces de 30 x 45 cm dans la semelle d'un pneu.

2. Dessinez chaque chaussure à la craie en ajoutant une marge de 2,5 cm ; faites des pattes de 2,5 cm au talon. Découpez.

3. Pratiquez une fente dans les pattes ; enfilez des bouts de ceinture ; réunissez-les au moyen de rivets.

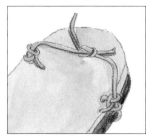

4. Percez des trous à l'avant de la sandale ; enfilez des lacets de cuir en les fixant avec deux demi-clefs sur le côté.

Couvertures de bébé /
Descente de bain

Vous pouvez confectionner aisément une jolie descente de bain avec cinq ou six vieilles couvertures de bébé en finette et un métier fait maison. Ne vous préoccupez pas d'harmoniser les coloris ; l'effet « catalogne » sera ravissant.

Montez d'abord le métier. Prenez du pin blanc de 2,5 cm x 7,5 cm de section. Taillez deux montants de 84 cm et deux autres de 58,5 cm. Superposez-les aux extrémités : les angles devront être bien droits. Collez les joints et fixez-les des deux côtés avec des clous de 2 cm.

Tracez une ligne au crayon au centre des montants. Enfoncez de 1,5 cm des clous à finir 6d en les espaçant de 2,5 cm sur les côtés longs et de 4 cm sur les courts.

Découpez les couvertures de bébé en bandes de 7,5 cm de largeur et piquez-en plusieurs bout à bout. Vous en ajouterez d'autres au besoin, à mesure que le travail avance. Utilisez les tissus les plus serrés pour confectionner la chaîne. Vous fixerez celle-ci en premier, sur la longueur du métier, et c'est autour d'elle que vous entrelacerez la trame.

Pliez la chaîne en deux sur la longueur, les bords rentrés à l'intérieur et fixez-la avec un nœud au deuxième clou d'un des montants longs. (Les clous aux angles ne seront pas utilisés.) Tendez-la sur le clou du montant opposé et lissez la bande entre vos doigts. Passez-la autour du clou et ramenez-la vers le clou suivant du premier montant. Continuez ainsi jusqu'à l'avant-dernier clou ; tendez bien le tissu et rallongez au besoin la lanière. Faites un nœud serré au dernier clou.

Passez maintenant à la trame. Pour fabriquer la lisière, vous prendrez cette fois des bandes de tissu lâche — elles glisseront mieux entre les bandes de chaîne. Pliez la lanière en deux sur la longueur ; nouez-la au deuxième

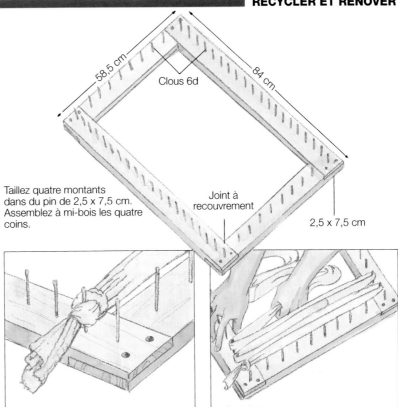

Taillez quatre montants dans du pin de 2,5 x 7,5 cm. Assemblez à mi-bois les quatre coins.

Clous 6d

Joint à recouvrement

2,5 x 7,5 cm

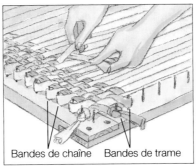

1. Piquez les bandes de tissu bout à bout ; pliez la lanière en deux sur le long ; fixez-la au deuxième clou d'un des longs montants.

2. Amenez la lanière vers le clou opposé, tournez autour, revenez vers le premier montant et continuez ainsi jusqu'au bout.

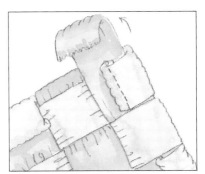

Bandes de chaîne   Bandes de trame

3. Entrelacez les bandes de trame avec celles de chaîne ; prenez des tissus lâches pour cette lanière pour faciliter le travail.

4. Défaites les nœuds aux quatre angles ; coupez le tissu en trop. Rabattez sur l'envers du tapis et piquez.

clou du montant court. Tressez-la à travers les bandes de chaîne et allez passer autour du deuxième clou du montant opposé. Lissez le tissu. Répétez l'opération en sens inverse ; rallongez au besoin la lanière.

À mesure que le tissage avance, tassez les bandes de trame pour donner du corps à l'ouvrage. Si les dernières rangées sont trop

difficiles à entrelacer, utilisez le manche d'une cuillère. Nouez la lanière autour du dernier clou.

Détachez la pièce du métier en la faisant doucement glisser le long des clous. Tournez-la à l'envers et défaites les nœuds des angles. Coupez le tissu en trop et piquez à la main les extrémités des lanières sur l'envers de la descente de bain.

Balustres / Table d'appoint

Vous remplacez votre rampe d'escalier ? Conservez quatre balustres pour fabriquer un socle de table. Pour la base, utilisez du contre-plaqué ordinaire ou décoratif. Pour le plateau, du marbre, le dessus d'un petit bureau délaissé ou un contre-plaqué présentant une face de bois dur feront parfaitement l'affaire.

La hauteur des balustres étant en général de 60 cm et celle d'une table d'appoint pouvant varier entre 40 et 55 cm, il faut d'abord couper les balustres en conséquence. Ensuite, vous pouvez les décaper, les peindre ou les teinter.

Vous utiliserez du contre-plaqué de 19 mm pour la base ; à l'aide d'une scie sauteuse, découpez un cercle de 30 cm. Peignez-le ou teintez-le de la couleur des balustres (vous vernirez après assemblage).

Coupez ensuite un carré de 20 cm de côté dans du contre-plaqué de 6 mm pour soutenir le plateau et dessinez au centre un carré de 15 cm. Tracez un autre carré de 15 cm au centre de la base. Percez des avant-trous pour des vis n° 12 à tête plate à chaque coin des deux carrés. Utilisez des vis de 10 cm pour fixer la base et de 5 cm pour le soutien du plateau.

Pour obtenir une stabilité parfaite, choisissez un plateau n'excédant pas 50 cm de diamètre ou de côté. Centrez-le sur le support et fixez-le avec des vis à bois ou de la colle adaptée au matériau utilisé.

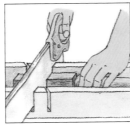

1. Sciez les balustres à une longueur de 35 à 50 cm (5 cm de moins que la hauteur de table désirée).

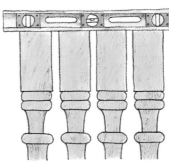

2. Vérifiez avec un niveau que tous les balustres sont de même hauteur et que les coupes sont bien planes.

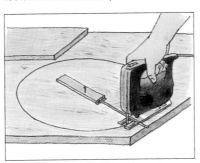

3. Taillez un carré de 20 cm dans du contre-plaqué de 6 mm et un cercle de 30 cm dans du contre-plaqué de 19 mm.

4. Dessinez un carré de 15 cm dans le carré et dans le cercle de bois. Percez des trous de 5 mm de diamètre à chaque coin.

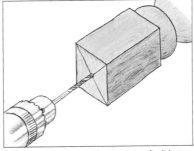

5. Tracez les diagonales aux extrémités des balustres et percez un avant-trou de 3 mm de diamètre au centre de chacune.

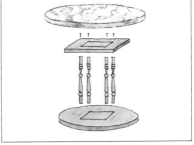

6. Assemblez le support et la base aux balustres avec des vis à tête plate n° 12. Vissez ou collez le plateau.

Pan de grange / Lambris

Des lambris fabriqués dans un pan de grange patiné donneront à votre pièce une atmosphère rustique.

Vous clouerez les lambris sur trois tasseaux de section 2,5 cm x 10 cm. Avant de les fixer sur le mur, débarrassez ce dernier de son revêtement pour fixer les lambris à même la charpente afin qu'ils ne fassent pas saillie aux encadrements des portes et fenêtres.

Clouez les tasseaux aux montants des murs. Pour la plinthe, taillez quelques planches à bords droits sur 7,5 cm de largeur. Pour la bordure décorative, taillez des planches biseautées de façon qu'elles débordent de 1,5 cm sur l'épaisseur du lambris. Vernissez le tout.

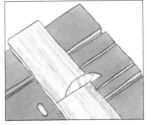

1. Découpez les plus belles planches à la hauteur souhaitée : de 75 à 80 cm. Poncez-les.

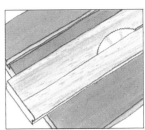

2. Découpez les plinthes dans des planches droites. Gardez les bords biseautés pour la bordure décorative.

Tonneau / Citerne de jardin

Faites des économies d'eau en récupérant l'eau de pluie de la gouttière pour arroser votre jardin. Pour ce projet, il vous faut un vieux tonneau que vous placerez sous une descente de gouttière. Ajoutez-y quelques accessoires :

● un robinet de puisage avec nez fileté. Vous y visserez un tuyau d'arrosage ou un embout pour raccord rapide en plastique ou en métal ;

● quelques pièces de plomberie en fer, en fonte ou en laiton (un coude et un manchon fileté pour le trop-plein, deux mammelons avec filetage intérieur, un pour le robinet et l'autre pour le trop-plein) ;

● quelques blocs de béton ou des pierres pour surélever le tonneau et augmenter la pression de l'eau ;

● un calfeutrant de silicone pour les raccords ;

● un déversoir coudé à placer sur la descente de gouttière pour canaliser les eaux de pluie dans le tonneau ou un élément avec déversoir articulé à placer dans la descente, qui déviera l'eau dans le tonneau.

Pour éviter les invasions de moustiques, découpez à la scie sauteuse dans le couvercle du tonneau une ouverture épousant les formes exactes du déversoir.

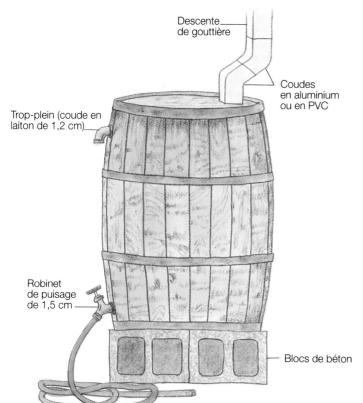

Descente de gouttière

Coudes en aluminium ou en PVC

Trop-plein (coude en laiton de 1,2 cm)

Robinet de puisage de 1,5 cm

Blocs de béton

1. Percez deux trous de 2 cm, l'un en haut, l'autre en bas. Installez des mammelons en laiton et faites des joints de silicone.

2. Vissez un coude en laiton de 1,2 cm dans la rondelle du haut pour servir de trop-plein.

3. Vissez un robinet de puisage sur la rondelle du bas (avec une rondelle de caoutchouc).

4. Avec une scie sauteuse, découpez dans le couvercle en bois une ouverture suffisante pour accommoder la descente de gouttière.

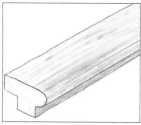

3. Façonnez la bordure au rabot et à la ponceuse. Comptez 12 mm de plus que l'épaisseur du lambris.

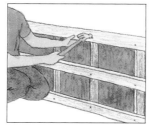

4. Retirez le revêtement du mur sur la surface que va couvrir le lambris et clouez ou chevillez les tasseaux.

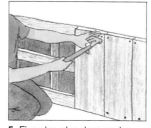

5. Fixez les planches sur les tasseaux avec des clous 8d, placés tout en haut et tout en bas pour être ensuite cachés.

6. Fixez la plinthe sur le lambris. Fixez la bordure décorative en enfonçant les clous de biais dans les montants.

Serviette de plage /
Robe de bain

Avec quelques bandes de Velcro, transformez une serviette de plage en une confortable robe de bain.

Toute grande serviette éponge unie, rayée ou à motifs fera l'affaire. Pour obtenir la bonne taille, enroulez la serviette autour de vous en la passant sous vos bras et de manière qu'elle se croise largement sur le devant.

Avec un feutre, marquez l'emplacement des bandes de Velcro sur le bord supérieur de la serviette. Coupez trois paires de bandes de Velcro de 10 cm x 2,5 cm et cousez-les sur les marques : votre robe de bain est prête. Vous pouvez l'habiller avec une ceinture de couleur.

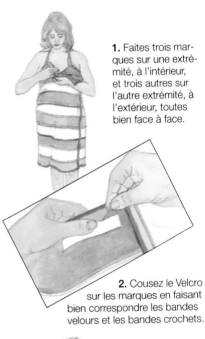

1. Faites trois marques sur une extrémité, à l'intérieur, et trois autres sur l'autre extrémité, à l'extérieur, toutes bien face à face.

2. Cousez le Velcro sur les marques en faisant bien correspondre les bandes velours et les bandes crochets.

3. Une fois les bandes Velcro parfaitement alignées, enroulez-vous dans votre robe de bain.

Courtepointe / Tapisserie murale

Ne jetez pas une vieille courtepointe usée ou déchirée. Vous pouvez toujours fabriquer des coussins avec les parties en bon état. Et si le motif de la courtepointe est particulièrement joli, vous pouvez aussi monter sur bois une partie non usée pour en faire une tapisserie murale comme illustré ci-dessous.

Une planche de contre-plaqué de 1,5 cm d'épaisseur, quelques punaises, une agrafeuse, des pitons et du fil métallique sont tout ce dont vous aurez besoin pour réaliser cette tapisserie. Enfoncez d'abord les punaises pour tendre la tapisserie sur le contre-plaqué avant de la fixer solidement avec l'agrafeuse. Agrafez les deux côtés longs à partir du centre, repliez les coins et terminez avec les côtés courts.

1. Mesurez la partie de la courtepointe, comprenant un motif complet, que vous souhaitez transformer ; ajoutez 9 cm de chaque côté et coupez.

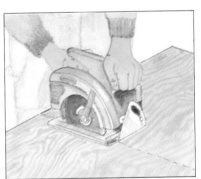

2. Coupez le contre-plaqué à la scie circulaire aux mesures de la tapisserie terminée. Poncez les bords.

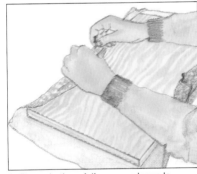

3. Posez le tissu à l'envers, placez le contre-plaqué au milieu, rabattez le tissu sur le bois et enfoncez les punaises.

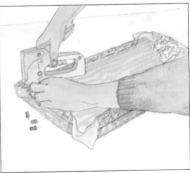

4. Agrafez le tissu sur la planche en commençant par les côtés longs. Tendez bien les angles, pliez-les et agrafez.

5. Fixez deux pitons juste sous le tissu, puis accrochez-y du fil métallique pour suspendre la tapisserie.

Bicyclette / Vélo d'appartement

Pour transformer une vieille bicyclette à changement de vitesse au moyeu en vélo d'exercice, fabriquez un support avec un rectangle de 14 cm x 50 cm et deux triangles équilatéraux de 40 cm de côté dans du contre-plaqué de 30 mm.

Pour l'assemblage, il vous faudra quatre équerres de 8 cm, deux plaques métalliques de 15 cm (aussi épaisses que possible) et 20 boulons à tête ronde de 5 mm. Pratiquez un large trou en haut des plaques métalliques pour pouvoir y insérer l'axe du moyeu de la roue arrière.

Assurez la résistance nécessaire au pédalage en confectionnant un « frein » avec deux ressorts de porte battante, 20 cm de tige filetée de 8 mm de diamètre, deux écrous et une grosse bobine en bois. Vous aurez aussi besoin de deux pitons à œillet (diamètre 6 mm) et de deux crochets en S.

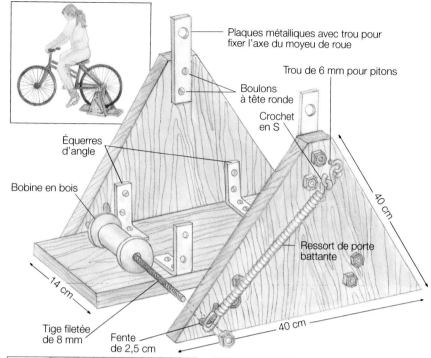

Plaques métalliques avec trou pour fixer l'axe du moyeu de roue

Trou de 6 mm pour pitons

Boulons à tête ronde

Crochet en S

Équerres d'angle

Bobine en bois

Ressort de porte battante

40 cm

14 cm

40 cm

Tige filetée de 8 mm

Fente de 2,5 cm

1. Découpez le rectangle, fil du bois dans le sens de la longueur. Rabattez de 2,5 cm la pointe supérieure de chaque triangle. Avec un serre-joints, assemblez les deux triangles, fil du bois en hauteur, et marquez les trous à percer : placez les plaques métalliques de façon que les trous maintiennent la roue arrière 1 cm au-dessus de la base du support.

2. Percez un trou de 6 mm au sommet des deux triangles. Au bas, creusez une fente destinée à la barre de tension (sa position exacte dépend de la taille du pneu). Pour faire les fentes, percez deux trous de 8 mm et découpez le bois d'un trou à l'autre à la scie sauteuse.

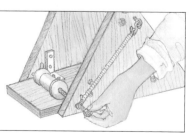

4. Attachez les ressorts aux pitons avec les crochets en S, puis glissez-les autour des deux extrémités de la tige. Fixez le tout avec des rondelles et des écrous. Pour plus de tension, raccourcissez le ressort avec une cisaille et accrochez les deux ou trois dernières spires aux pitons.

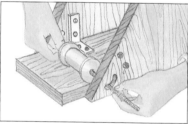

3. Assemblez le support avec les équerres et les boulons. Vissez un piton à œillet dans chaque trou de 6 mm. Glissez la tige filetée dans la bobine de bois, puis passez-la dans les fentes du bas (il vous faudra peut-être la maintenir au centre de la tige avec deux écrous).

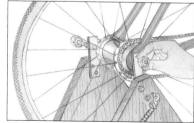

5. Installez le vélo sur le support : retirez les boulons de l'axe du moyeu de la roue arrière. Dévissez l'un des triangles et fixez l'axe dans les trous des plaques. Revissez le triangle. Replacez les boulons sur l'axe de la roue mais, cette fois, à l'extérieur des plaques.

341

Nichoir à oiseaux /
Horloge

Lorsque les oiseaux auront déserté leur nichoir, transformez celui-ci en horloge murale. Ne le peignez pas ; son aspect patiné fera partie du charme. Pour le mécanisme, procurez-vous un modèle à quartz fonctionnant avec une pile de calibre AA ou C (pile alcaline de préférence).

Les nichoirs fabriqués pour être cloués sur un arbre sont les plus faciles à transformer en horloge. Si le nichoir a une entrée de chaque côté, vous pourrez faire deux horloges : sciez-le en deux et montez chaque moitié sur une planche coupée à la mesure.

Si le nichoir n'est pas équipé d'un toit ou d'un fond amovible, fixez des charnières sur le fond ou le dos afin de pouvoir installer le mécanisme et changer la pile.

Pour indiquer l'emplacement des heures, fabriquez un gabarit en papier : tracez un cercle, marquez l'emplacement de 12, 3, 6 et 9 heures, puis marquez les deux points équidistants entre les nombres. Peignez les chiffres directement sur le bois ou fixez des petits rivets de cuivre sur le cadran. Ou encore, indiquez les heures avec des clous de tapissier. Pour la touche finale, collez un oiseau en bois sur un perchoir.

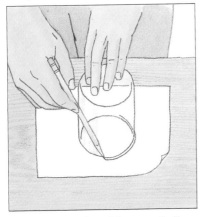

1. Tracez un cercle parfait sur une feuille de papier qui vous servira de gabarit. Marquez l'emplacement des heures.

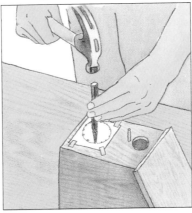

2. Centrez le gabarit sur le nichoir et, avec un pointeau, indiquez le positionnement du trou central et des heures.

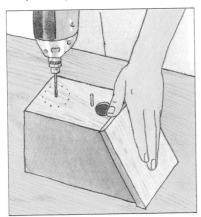

3. Percez au centre un trou suffisamment large pour pouvoir y fixer le mécanisme. Fixez les rivets en cuivre.

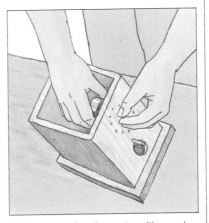

4. Montez le mécanisme et positionnez les aiguilles. Insérez la pile et accrochez l'horloge au mur.

Salopette / Sac

Lorsque les jambes d'une salopette sont usées mais les coutures de la culotte encore en bon état, vous pouvez le transformer en un sac original. Il suffit de couper les jambes et de faire une couture pour fermer le tout. Pour terminer, confectionnez le type de bandoulière ou de courroie adapté au sac de votre choix. (Voir aussi Jean, p. 312.)

1. Retournez la salopette et marquez la coupe (à 5 cm environ sous l'entrejambe). Coupez les jambes.

2. Refermez l'ouverture des jambes par deux ou trois rangées de piqûres. Mettez le sac à l'endroit et repassez-le.

3. Pour la bandoulière, coupez une bande de 8 cm dans une jambe du pantalon. Pliez-la à l'envers, piquez et retournez.

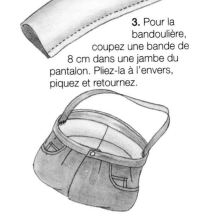

4. Cousez la bandoulière à 1 ou 2 cm à l'intérieur du sac. Faites une piqûre en croix pour renforcer la couture.

SAC À OUVRAGE

Mettez fil et pelotes de laine dans le sac, rangez dés, ciseaux et aiguilles dans les poches. Glissez un mètre de couturière dans les passants en guise de lacet.

SAC À BANDOULIÈRE

Fabriquez la bandoulière avec un tissu coloré, un gros ruban ou une cordelette. Utilisez le même matériau pour le lacet.

SAC À DOS POUR ENFANT

Fixez les courroies comme sur l'illustration et confectionnez un lacet avec une cordelette et un morceau de cuir.

Livre / Coffret à bijoux

Protégez-vous des voleurs en transformant un livre en petit coffret à bijoux que vous rangerez dans la bibliothèque.

Choisissez un livre à couverture rigide d'au moins 4 cm d'épaisseur. Collez toutes les pages ensemble, sauf les premières, avec 3 parts de colle blanche pour 1 part d'eau. Insérez une feuille de papier ciré entre la dernière page non collée et la première page collée. Glissez-en une autre entre la dernière page et la couverture. Fermez le livre et mettez-le sous presse (évitez la surcharge, les pages risqueraient de plisser). Laissez sécher 12 heures.

Délimitez la partie à découper avec une marge d'au moins 2,5 cm : percez des trous aux quatre coins et, à l'aide d'une scie à guichet, évidez le centre. Collez la couverture du dos et mettez à nouveau sous presse. Tapissez l'intérieur de satin ou de feutrine adhésive.

1. Appliquez une mince couche de colle sur les pages à encoller. Séchez sous presse.

2. Tracez la découpe centrale en réservant au moins 2,5 cm tout autour.

3. Découpez avec une scie à guichet la partie du livre à retirer après avoir percé des trous aux 4 coins.

4. Collez la couverture du dos, puis habillez l'intérieur du coffret de satin ou de feutrine adhésive.

Pour réaliser un sac à dos pour enfant, prenez d'abord les mesures des courroies. Maintenez le sac sur le dos de l'enfant et formez une boucle avec un mètre de couturière, du sommet jusqu'au bas du sac, en passant par-dessus les épaules. Prévoyez une marge de 8 cm pour les fixations. Défaites quelques points de la couture des deux poches arrière, glissez les courroies à l'intérieur, puis recousez le tout au point de croix. Fixez l'autre extrémité des courroies.

Pour le système de fermeture, découpez un carré de cuir de 2,5 cm de côté et percez un trou aux quatre coins. Glissez une longue cordelette dans les passants du sac, puis dans les trous supérieurs du carré de cuir. Croisez la cordelette de manière à former un X, puis repassez-la dans les trous inférieurs. Faites un nœud aux deux bouts. Pour fermer le sac, tirez sur le X. Pour l'ouvrir, tenez le carré de cuir et tirez sur la cordelette glissée dans les passants.

Tambour de frein / Mini-forge

Faire des objets en fer forgé est un travail artistique passionnant mais il faut, très souvent, une « chauffe » du métal au rouge vif pour qu'on puisse le façonner facilement à coups de marteau sur une enclume. Cette petite forge pourra vous rendre de grands services.

Vous la construirez avec un tambour de frein de voiture ou de camion (facile à trouver chez les ferrailleurs) et quelques accessoires en fer ou en fonte (habituellement destinés aux installations de chauffage central) pour faire le conduit de ventilation placé en dessous, ainsi que les trois pieds. Ces pièces seront montées sans joint.

Votre forge fonctionnera au charbon de bois. Pour activer le foyer, vous enverrez de l'air frais par le tube fixé en dessous. Pour ce faire, vous pouvez raccorder celui-ci à un soufflet mécanique.

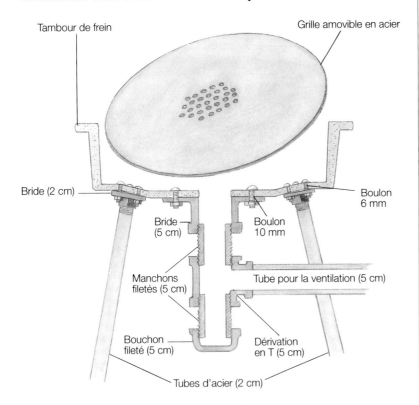

Tambour de frein — Grille amovible en acier — Bride (2 cm) — Bride (5 cm) — Boulon 6 mm — Boulon 10 mm — Manchons filetés (5 cm) — Tube pour la ventilation (5 cm) — Bouchon fileté (5 cm) — Dérivation en T (5 cm) — Tubes d'acier (2 cm)

1. Sous le tambour, posez trois brides en fonte avec filetage intérieur (2 cm dia) pour fixer les pieds des tuyaux avec embout fileté.

2. Dans le couvercle d'un bidon d'huile, taillez une grille amovible à insérer dans le fond du tambour. Faites des trous d'aération.

3. Servez-vous des trous existants au fond du tambour pour y visser des brides de 5 cm avec des boulons de 10 mm.

Tourets de câble / Meubles d'enfants

Avec des tourets en bois ayant servi à enrouler du câble ou du cordage, l'un de 60 cm et deux autres de 30 cm, vous pouvez faire une table et deux tabourets pour vos enfants.

Enfoncez d'abord, s'il y a lieu, les vis en saillie dont certains tourets sont garnis. Mettez-leur ensuite trois pieds en caoutchouc pour les empêcher de glisser. Recouvrez les surfaces de peinture aux couleurs

1. Poncez les surfaces et appliquez une peinture satinée à l'alkyde. Mettez une deuxième couche sur la table.

3. Dessinez la circonférence des petits tourets sur une pièce de caoutchouc mousse. Découpez et collez.

gaies et garnissez le fût d'une corde fine pour le décorer.

À cette fin, enduisez le cylindre de colle blanche. Fixez l'extrémité de la corde avec une broquette et enroulez-la bien serrée. Si vous avez besoin d'une deuxième longueur de corde, broquetez les deux extrémités et terminez l'enroulement. Vous enlèverez les broquettes quand la colle aura séché.

Pour dissimuler les deux ou trois trous qui servent à monter le touret sur des tiges métalliques, découpez un cercle de contre-plaqué ou de lamifié de plastique de la taille du dessus et collez-le. Coussinez les deux petits tourets de caoutchouc mousse recouvert de tissu pour les rendre plus confortables.

Bougies / Luminaires

Récupérez les restes de bougie pour fabriquer des luminaires décoratifs que vous utiliserez à l'extérieur.

Faites fondre la bougie au bain-marie en retirant avec une écumoire les mèches qui flottent à la surface. Si vos restes de bougie ne suffisent pas, ajoutez de la paraffine. Utilisez des cartons à lait ou à jus de fruits propres en

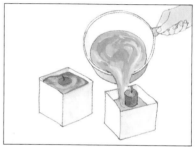

guise de moules et taillez-les à une hauteur de 7 ou 8 cm.

Pour confectionner les luminaires, servez-vous de grandes boîtes de conserve vides et, à l'aide d'un pointeau, percez des trous tout autour pour permettre à la lumière de diffuser. Installez ces luminaires le long des allées et des parterres de fleurs.

2. Étalez de la colle blanche sur les cylindres des tourets ; enroulez de la corde fine en broquetant les extrémités.

1. Faites fondre les restes de bougie au bain-marie, la casserole du bas contenant 5 cm d'eau bouillante. Versez 5 mm de cire fondue au fond de chaque moule.

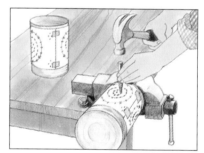

2. Maintenez une bougie de 7 à 8 cm debout au centre du moule, jusqu'à ce qu'elle tienne toute seule. Remplissez de cire jusqu'en haut du carton.

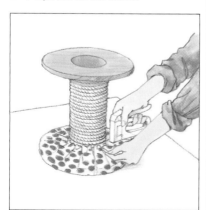

4. Posez la face coussinée sur une pièce de tissu. Taillez-la avec une bordure de 10 cm et fixez celle-ci avec des agrafes.

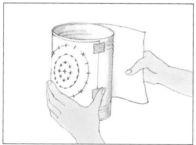

3. Avec un compas, tracez un gabarit sur une feuille de papier (en dessinant des motifs géométriques et les endroits des trous). Collez-le autour de la boîte en fer.

4. Serrez une chute de bois de 5 cm x 10 cm dans un étau et glissez-y la boîte. Trouez le dessin sur la boîte au pointeau et au marteau.

5. Démoulez les bougies des cartons en déchirant ceux-ci, disposez-en une à l'intérieur de chaque boîte perforée, puis disposez les luminaires dans votre jardin.

Carton d'emballage / Table

Plusieurs feuilles de carton ondulé collées ensemble constitueront un meuble à la fois solide et léger.

Le carton d'emballage d'un réfrigérateur plus une ou deux petites boîtes fourniront le matériel pour fabriquer la table présentée ici. La base est constituée de deux rectangles emboîtés l'un dans l'autre et le dessus, d'un carré.

Commencez par découper des morceaux de carton de mêmes dimensions avec un couteau universel et une règle, collez-en quatre épaisseurs l'une sur l'autre avec de la colle blanche en alternant le sens des cannelures.

Vous pouvez donner à la table la forme et la taille que vous désirez. Le modèle proposé ici a 60 cm de haut et 75 cm de large. Les coins

1. Découpez au couteau universel quatre carrés de carton de 75 cm de côté et huit rectangles de 50 cm x 60 cm.

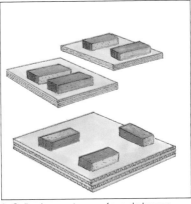

2. Collez les quatre carrés, puis les rectangles en deux groupes de quatre, en alternant le sens des cannelures.

3. Pour le support, faites une fente de 30 cm dans les deux rectangles, suffisamment large pour qu'ils s'emboîtent.

Boîte en carton / Rénovation

Vous transformerez rapidement une simple boîte en carton en un joli casier de rangement en la recouvrant de plastique adhésif.

Le plastique adhésif se vend en rouleaux de 45 cm de large. Pour évaluer la quantité nécessaire, mesurez les cinq côtés de la boîte (six si elle comporte un couvercle) et additionnez les chiffres obtenus. Doublez le total car l'intérieur sera aussi tapissé.

Commencez par tapisser le fond intérieur de la boîte en prévoyant 1 cm de plastique de plus de chaque côté pour cacher la jonction des parois du carton. (Pour peler le papier-support, faites rouler un coin entre le pouce et l'index.) Formez des coins propres en donnant un coup de ciseau à angle droit et un second à 45°.

Utilisez une seule longueur pour recouvrir le fond extérieur et deux côtés externes et internes de la boîte : mesurez au ras du fond pour la longueur, mais ajoutez 5 cm à la largeur pour recouvrir les arêtes de chaque côté. Coupez la feuille, pliez-la en deux parties égales, marquez le pli et remettez-la à plat. Retirez les deux tiers du papier-support, puis étalez le plastique, face adhésive sur le dessus.

Centrez la boîte sur le pli marqué, lissez le plastique de bas en haut et du centre vers l'extérieur, fendez les coins et rabattez ce qui dépasse sur la boîte. Retirez le dernier tiers de papier-support et appliquez le reste. Lissez soigneusement. Recouvrez les deux autres côtés de la boîte de la même façon (deux épaisseurs de plastique couvriront le fond) sans rien ajouter dans la largeur cette fois puisque les arêtes sont déjà recouvertes.

Lissez toujours le plastique en allant du centre vers l'extérieur. S'il reste des bulles d'air, piquez-les avec une épingle et aplatissez-les avec les doigts.

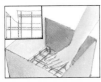

1. Recouvrez le fond en prévoyant une bordure de 1 cm tout autour. Biseautez les coins.

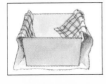

2. Coupez une feuille pour le fond et deux côtés (intérieur et extérieur) en ajoutant 5 cm en largeur.

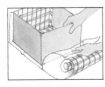

3. Otez les deux tiers du papier-support, centrez la boîte, collez une partie de la feuille, puis l'autre.

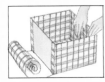

4. Fendez les angles et rabattez les bordures. Recouvrez le reste de la boîte de la même façon.

ont été coupés pour créer un dessus de table octogonal.

Au moment de pratiquer les fentes dans les deux morceaux qui constitueront le support, veillez à ce qu'elles aient rigoureusement la même longueur (sinon votre table sera bancale) et qu'elles soient de même largeur que l'épaisseur du carton encollé. Quatre bandes de carton, pliées en deux dans le sens de la longueur et collées en haut du support, vous permettront d'assujettir solidement le plateau.

Recouvrez les parois du support et le plateau de plastique adhésif. Choisissez un modèle de couleur vive, à fleurs ou à rayures. Vous pouvez également tapisser la table d'un papier blanc épais et en confier la décoration aux enfants.

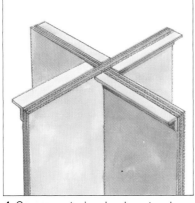

4. Coupez quatre bandes de carton de 22 cm x 8 cm, incisez-les sur le long, pliez-les en deux. Collez-les en haut du support.

5. Coupez des bandes de plastique pour recouvrir les tranches verticales du support, puis tapissez toutes les surfaces.

6. Encollez les bandes de carton déjà fixées au support, installez le plateau par-dessus et laissez sécher sous presse.

Carreaux / Dessous-de-plat

En collant quelques carreaux sur un morceau de contre-plaqué de 30 mm, vous obtiendrez un dessous-de-plat bon marché.

Le modèle présenté ici est composé de quatre grands carreaux, de quatre pièces d'angle et de huit bordures incurvées. Pour les joints, disposez des tés ou des croix entre les carreaux au moment où vous les collez et retirez-les avant d'appliquer le coulis. Biseautez les bords supérieurs du contre-plaqué pour pouvoir coller les bordures incurvées de façon régulière. Fixez quatre petits patins de caoutchouc sur la face en dessous pour que le dessous-de-plat ne glisse pas pendant que vous le fabriquez.

Avant d'étaler l'adhésif sur le contre-plaqué, disposez les carreaux sur la planche afin de bien en repérer l'emplacement. Lorsque les carreaux seront collés et que le jointoiement sera sec, retournez le dessous-de-plat et remplissez les fentes des côtés avec du coulis.

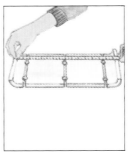

1. Insérez des tés entre deux grands carreaux et deux carreaux incurvés. Mesurez l'intérieur.

2. Taillez du contre-plaqué en ajoutant 6 mm à ces mesures et biseautez les bords en les ponçant.

3. Mesurez les bordures, rayez-en la surface avec une scie à métaux et cassez avec un marteau.

4. Enfoncez un clou au centre de la planche. Étalez l'adhésif avec une truelle crantée.

5. Disposez les carreaux autour du clou en insérant des tés ou des croix, puis ôtez ceux-ci.

6. Jointoyez. Retirez l'excédent de coulis avec une éponge mouillée et polissez une fois sec.

Chaise / Berceuse

Fixez deux lames de bois recourbées aux pieds d'une vieille chaise, vous aurez un nouveau meuble.

Sur du papier quadrillé à 2,5 cm, agrandissez le modèle de lame recourbée dessinée ci-dessous (calculé pour une chaise normale dont l'espacement entre les pieds avant et arrière est de 30 à 35 cm).

Avant d'échancrer les pieds pour y insérer les lames, assurez-vous que la chaise basculera selon un angle confortable en raccourcis-sant les pieds arrière de 15 mm. Vérifiez l'angle en réduisant les pieds petit à petit.

Pour échancrer les pieds de chaise, utilisez une scie circulaire sur table avec un guide de coupe latéral. Agrandissez le guide en le doublant d'une planche rabotée afin que les deux pieds soient toujours en appui selon le même angle et dans le même alignement.

Disposez le guide de manière à centrer les fentes sur les pieds.

Passez la scie plusieurs fois en décalant le guide peu à peu pour que le bois soit dégagé sur la largeur voulue. Les fentes doivent être en parfait alignement avec les lames recourbées posées à la verticale. Si les pieds de la chaise sont légèrement obliques, rectifiez l'inclinaison des fentes en surélevant les deux autres pieds avec une planche. Si vous découpez les fentes à la main, utilisez une scie à dos et un ciseau à bois.

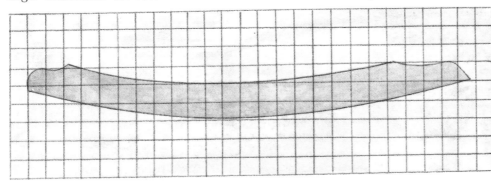

Pour tracer les lames à fixer sous les pieds d'une chaise standard, reproduisez le dessin ci-contre sur du papier quadrillé à 2,5 cm (fabriquez-en vous-même au besoin à la règle et au compas). Pour une chaise plus grande, utilisez des carrés de 3 cm ; pour une plus petite, des carrés de 2 cm.

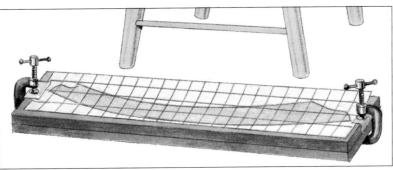

1. Coincez solidement entre deux étaux deux planches en bois dur de 50 mm d'épaisseur. Fixez des feuilles de papier carbone sur la planche du dessus, puis le papier quadrillé et tracez le dessin sur le bois. Découpez les deux planches ensemble.

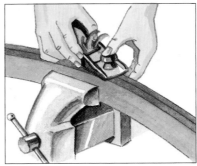

2. Affinez la forme des lames de bois, maintenues dans un étau, avec un rabot, une vastringue ou du papier sablé.

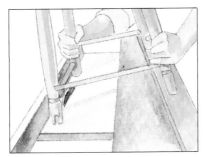

3. Faites des fentes de la même largeur que les lames et de 2 cm de profondeur environ dans les pieds de la chaise.

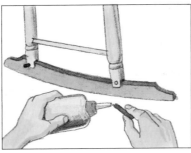

4. Glissez les lames dans les fentes et percez un trou de 5 mm dans chaque pied pour y enfoncer une cheville.

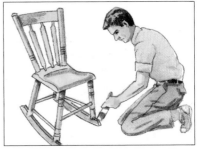

5. Collez les chevilles, laissez sécher et ôtez l'excédent de colle. Teintez les lames à la couleur de la chaise.

Commode / Bibliothèque

Vous disposez d'une vieille commode qui a perdu des tiroirs ? Retirez le dos, procurez-vous quelques planches de pin que vous couperez aux dimensions appropriées, glissez-les en place et vous obtiendrez une bibliothèque à claire-voie qui vous servira à diviser agréablement une pièce. Si la hauteur des tiroirs est inférieure à 20 cm, retirez certains des supports afin que les étagères soient assez espacées pour contenir des livres. Prévoyez un espace plus réduit pour les revues et les grands livres que vous rangerez à plat.

Bouchez les trous avec du mastic à bois et peignez le tout. Ou décorez au pochoir (voir ci-dessous).

1. Ôtez les tiroirs et détachez soigneusement le dos de la commode.

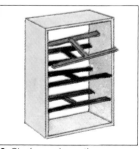

2. Si nécessaire, retirez un support sur deux. Décollez l'appui du tiroir central.

3. Mesurez l'intérieur et coupez des étagères en pin de 20 mm à la mesure.

4. Percez des trous et fixez les étagères aux supports avec des vis n° 8.

Pochoir / TECHNIQUE

Tables, chaises et commodes abîmées sont les candidates idéales pour la technique du pochoir. Peints en blanc mat ou ivoire, puis enduits d'une légère couche de teinture pour accentuer les traces du temps, vos meubles prendront l'allure de véritables antiquités sur lesquelles vous pourrez apposer le décor de votre choix : fleurs, petits cœurs, animaux, etc.

Vous trouverez des pochoirs prêts à l'emploi dans les boutiques spécialisées, mais vous pouvez les créer vous-même selon la technique indiquée ci-contre. Prévoyez suffisamment de sections non coupées (liaisons) pour que l'ensemble se tienne.

Découpez les pochoirs dans du papier ciré. Utilisez des peintures à séchage rapide. Et, si vous souhaitez donner une touche plus professionnelle, utilisez un pinceau rond à poils durs.

Si vous assemblez plusieurs dessins, tracez la totalité du projet sur une feuille de papier de même surface que celle de votre travail. Servez-vous-en comme guide pour positionner vos pochoirs au moment de peindre.

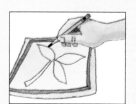

1. Choisissez un motif simple dans un livre ou une revue. Reproduisez-le en plaçant dessous du papier carbone et une feuille de papier blanc. En vous aidant d'une règle, tracez une grille régulière par-dessus.

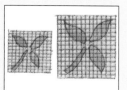

2. Pour modifier la taille de votre dessin, confectionnez une grille plus grande (ou plus petite) sur une autre feuille blanche et reproduisez fidèlement le tracé contenu dans chaque carré de la grille originale.

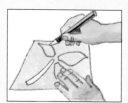

3. Reportez au carbone le dessin sur le papier ciré qui va servir au pochoir. Découpez-le au couteau universel, en prévoyant des liaisons d'au moins 3 mm pour assurer la solidité. Faites vos coupes très nettes.

4. Installez le pochoir sur la surface de travail et recouvrez les bords extérieurs de ruban-cache, ainsi que les éventuelles parties du dessin qui viendraient dans une autre couleur. Lissez bien le tout.

5. Plongez le pinceau dans la peinture et pressez-le sur du papier absorbant. Puis tamponnez-le rapidement dans chaque découpure de haut en bas et des bords au centre. Passez deux couches minces.

6. Soulevez délicatement le pochoir et essuyez la peinture qui aurait débordé avant de poursuivre votre travail. Laissez sécher toute la nuit avant d'appliquer le vernis de finition (mat, satiné ou brillant).

Cartes de Noël / Décorations

Recyclez vos cartes de Noël en objets décoratifs. Fabriquez des petits paniers en papier, remplissez-les de feuillage ou d'ornements et suspendez-les au sapin. Ou bien créez des napperons colorés pour les fêtes.

PANIERS EN PAPIER

Ces paniers colorés seront très originaux sur un arbre de Noël. Avant de coller les bandes de papier ensemble, pliez-les en deux, marquez la pliure et utilisez-la comme repère afin que le panier soit bien régulier. Assurez-vous que l'anse est assez longue pour être accrochée à une branche.

1. Pour chaque panier, coupez neuf bandes de 1 cm x 20 cm et une bande de 1 cm x 28 cm : ce sera l'anse.

2. Collez au centre huit bandes de 20 cm en les disposant comme les rayons d'une roue de vélo. Laissez sécher sous presse.

3. Tenez les bandes en formant un panier. Collez la dernière bande de 20 cm autour du haut et maintenez les bandes avec un trombone le temps du séchage.

4. Collez la bande de 28 cm comme une anse et laissez sécher. Emplissez le panier de feuilles de houx ou de fleurs séchées avant de le suspendre au sapin.

NAPPERONS

De 20 à 25 cartes suffisent pour fabriquer un napperon de 30 cm x 45 cm, aux bords irréguliers.

1. Tracez 28 cercles d'environ 8 cm de diamètre sur la face illustrée des cartes avec un verre ou un compas. Découpez.

2. Disposez 16 à 18 cercles légèrement superposés sur la face collante d'une feuille de plastique adhésif de 30 cm x 45 cm de façon à former un ovale. Mettez les cercles restants au milieu.

3. Recouvrez de plastique adhésif transparent, face collante dessous, et aplatissez bien en partant du centre.

4. Découpez les deux épaisseurs de plastique qui dépassent tout autour pour terminer le napperon.

Vêtements usagés / Descente de lit

Coupez des bandes de tissu dans de vieux vêtements et créez une descente de lit originale. Tout tissu léger fera l'affaire : chemises, jupes, tee-shirts, cravates... Outre cela, vous aurez besoin d'un canevas de tapis à trois brins, d'un crochet pour nouer les bandes sur le canevas et d'un galon de 5 cm de large pour la bordure.

Commencez par couper le canevas à la taille désirée, en comptant 2,5 cm de plus pour la bordure. Recouvrez les bords avec une bande de ruban-cache posé à cheval pour éviter qu'ils ne s'effilochent. Découpez le tissu en bandes de 1,5 cm x 12 cm (ne le coupez pas en biais car il s'effilochera).

À l'aide du crochet à tapis, nouez les bandes de tissu sur le canevas comme indiqué ci-contre, en mélangeant les couleurs, les textures et les motifs. Une fois le tapis terminé, retirez la bande adhésive et recouvrez les bords du tapis avec le galon en le cousant aussi près que possible de la première rangée de tissu noué.

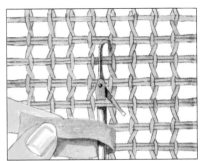

1. Maintenez la bande de tissu autour de la tige du crochet et glissez la tête sous un brin du canevas.

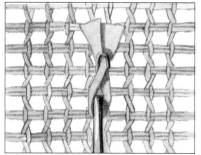

2. Tenez la bande de tissu, laissez le clapet du crochet ouvert et ramenez les extrémités du tissu dans le crochet.

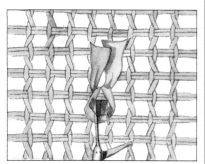

3. Tirez soigneusement le crochet vers le bas. Lorsque le clapet est fermé, relâchez la bande de tissu.

4. Continuez à tirer le crochet vers le bas : les extrémités de la bande de tissu forment un nœud.

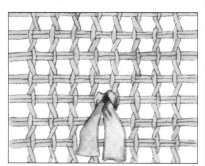

5. Tirez sur les extrémités de la bande pour serrer le nœud en mettant les deux bouts à la même longueur.

Bloc de béton /
Nichoir à oiseaux

Creusez un trou dans un bloc de béton pour fabriquer un nichoir destiné aux merles-bleus. Mais attention, si le trou a plus de 3 cm de diamètre, vous risquez d'y retrouver des étourneaux. Percez le béton avec soin pour que l'ouverture soit bien lisse et ronde.

Utilisez un bloc carré de 20 cm de côté à quatre faces lisses. Posez le nichoir sur un piquet en bois solide ou une section de tuyau enfoncé dans le sol et dépassant de 1,20 à 1,60 m. Pour un effet plus décoratif, utilisez une grosse branche d'arbre ou un bois d'épave.

Installez le nichoir sur son socle, l'ouverture orientée vers l'est. Après le départ de chaque famille d'oiseaux, retirez le nichoir et nettoyez-le.

1. Dessinez au crayon-feutre un cercle de la taille d'un 25¢ centré à environ 5 cm de la base du bloc. Entaillez le contour du cercle avec un pointeau ou un gros clou en acier.

2. Percez plusieurs points à l'intérieur du cercle avec une mèche à béton de 10 mm de diamètre. Avec un burin et un marteau, faites sauter la partie intérieure et arrondissez l'ouverture.

3. Découpez deux carrés de 25 cm de côté dans du contre-plaqué d'extérieur. Collez le premier en guise de toit sur le bloc de béton avec de la colle époxyde et clouez ou vissez le second sur le piquet pour constituer un socle.

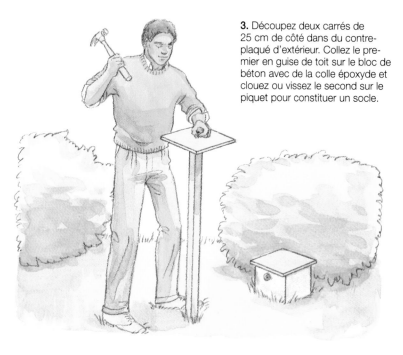

351

Chaise en toile / RÉNOVATION

Remettez à neuf les chaises en toile qui ont souffert d'une exposition prolongée au soleil ou à la pluie.

Faites sauter les agrafes ou les clous avec une tenaille et détachez l'ancien tissu en veillant à ne pas le déchirer afin de garder les mêmes mesures pour la nouvelle garniture.

Poncez le bois avec du papier sablé moyen en insistant particulièrement sur les taches noires ou les taches de rouille laissées par le métal. Peignez le bois ou teintez-le. Si vous utilisez les chaises à l'extérieur, appliquez un vernis (mat ou satiné) au polyuréthane.

Choisissez une toile de tente ou tout autre tissu épais (évitez les tissus synthétiques, ils se détériorent rapidement au soleil).

Déployez le nouveau tissu sur l'ancien et coupez-le aux mêmes dimensions. Tendez-le le plus possible avant de l'agrafer.

1. Soulevez les agrafes avec un tournevis et détachez-les avec une pince. Arrachez les clous avec une tenaille.

2. Nettoyez le bois à l'alcool. Poncez-le si nécessaire, puis peignez ou teintez et vernissez.

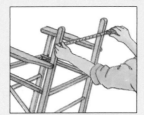

3. Utilisez l'ancien tissu comme patron ou ajoutez à l'écart entre les montants 10 cm pour l'agrafage.

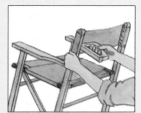

4. Ourlez les bords coupés. Rabattez le tissu sur le bois de la chaise et fixez-le avec une grosse agrafeuse.

Bureau / Établi

1. Mesurez la surface du bureau. Découpez aux mêmes dimensions deux feuilles de contre-plaqué de 20 mm et un panneau de masonite de 6 mm. Taillez aussi quatre planches de 5 cm x 10 cm pour les placer en largeur et deux autres pour les intercaler.

Un ancien bureau est la base idéale pour fabriquer un établi à tiroirs. Plutôt que de le surélever à une hauteur fonctionnelle, couvrez-le avec du contre-plaqué de 20 mm, surmonté d'un panneau de carton-fibre (masonite) encastré. Vous ménagerez ainsi un espace additionnel de rangement.

Pour réaliser le renfoncement destiné à recevoir le panneau de masonite, bordez le tour du plateau en contre-plaqué d'une baguette en pin dépassant de 6 mm. Fabriquez les rebords avant et arrière avec deux tasseaux de 2,5 cm x 15 cm de section et de même longueur que le plateau. Pour exécuter la finition des côtés, utilisez deux tasseaux de 2,5 cm x 20 cm de section et de 4 cm plus longs que la largeur du plateau.

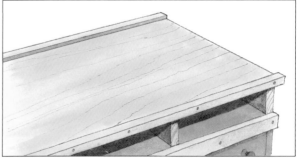

4. Sciez deux baguettes de 2,5 cm x 3 cm pour les rebords avant et arrière. Collez-les et clouez-les aux bords du contre-plaqué en les faisant dépasser de 6 mm au-dessus pour l'encastrement du panneau de masonite.

Napperons / Coupes

En les passant simplement dans un mélange de sucre et d'eau, vous pouvez transformer vos napperons de dentelle crochetée en autant de petites coupes délicates et originales pour contenir des bonbons ou des fruits. Les proportions données sont pour un seul napperon d'environ 20 cm de côté.

Quand vous plongez le napperon dans l'eau sucrée, pressez-le doucement du bout des doigts pour répartir uniformément le mélange. Refaites l'opération deux ou trois fois jusqu'à ce qu'il soit bien imbibé. Utilisez un bol retourné sur une serviette en guise de moule.

Pour restituer au napperon sa forme originale, rincez-le sous l'eau chaude chaude jusqu'à ce qu'il ne colle plus et lavez-le ensuite avec un savon doux.

1. Versez ½ tasse de sucre dans un bol, puis ajoutez ¼ de tasse d'eau bouillante. Remuez 3 minutes, jusqu'à l'obtention d'un mélange presque opaque.

2. Plongez un napperon sec dans le mélange, puis pressez-le pour en ôter l'excédent. Recouvrez-en le moule et épinglez les bords sur la serviette.

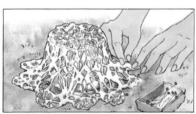

3. Laissez sécher au moins 6 heures. Ôtez les épingles et décollez doucement le napperon du moule avec des doigts humides, en commençant par le bord.

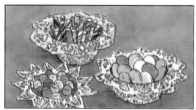

4. Séparez délicatement le napperon du moule. Pour empêcher les petits objets de glisser dans les trous, doublez la coupe d'une pellicule de plastique transparent.

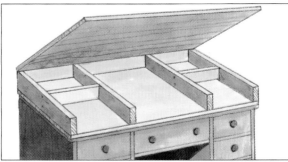

2. Collez et clouez un plateau sur le bureau ; collez et clouez-y les parois verticales, c'est-à-dire deux bordures, deux cloisons et deux traverses de renfort. Ensuite, collez et clouez le second plateau sur le dessus des cloisons.

3. Coupez une baguette de 2,5 cm x 5 cm de la même longueur que le plateau pour servir de rebord au nouveau coffrage. Avant de la clouer toutefois, vérifiez que la baguette ne gêne pas l'ouverture des tiroirs.

5. Pour les côtés, coupez deux tasseaux de 2,5 cm x 20 cm en prévoyant un rebord à l'avant. Fixez-les en les faisant dépasser de 6 mm sur le dessus pour prolonger l'encastrement. Ils devraient aussi recouvrir l'ancien bureau de 6 cm environ.

6. Coupez des baguettes de 2,5 cm x 2 mm et utilisez-les pour border la partie apparente des cloisons verticales. Encastrez le panneau de masonite et fixez votre étau au coin du plateau.

Poignée de porte / Cendrier

Avec une poignée de porte et un couvercle de casserole, faites un cendrier original dont la pièce centrale servira à éteindre les mégots ou à secouer les pipes. Si vous ne fumez pas, faites-en un plat à bonbons ou à noix.

Tout type de poignée fera l'affaire : laiton, porcelaine ou verre. Le couvercle peut être d'aluminium anodisé ou de tout autre métal calorifuge, de préférence de couleur laiton.

Un carré de bois dur servira de socle. Découpez-y un trou pour recevoir le couvercle à l'envers ; sa-

blez et vernissez. En guise de pieds et pour dégager l'espace que réclame la tige du bouton de porte, posez des boutons de tiroirs en laiton.

Ôtez la poignée du couvercle et agrandissez le trou à 1,5 cm. Fixez la tige sur le couvercle au moyen d'un collier de tuyau — un écrou ordinaire ne suffira pas. Au besoin, collez la rondelle avec de la colle époxyde. Pour appuyer les cigarettes, creusez la couronne du couvercle en quatre endroits avec une pince, en coussinant les mâchoires pour ne pas égratigner le métal.

Bouton de porte
Vis de fixation
Tige
Rondelle
Couvercle
Rondelle
Collier de tuyau
Socle en bois dur
Boutons de tiroirs en laiton

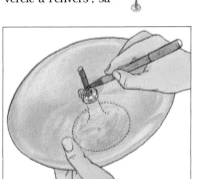

1. Percez un trou de 1,5 cm dans le couvercle ; assemblez les pièces pour voir où couper la tige. Coupez-la, mettez la poignée en place et collez au besoin.

2. Découpez dans du bois dur un carré de 5 cm de plus que le couvercle ; à la scie sauteuse, découpez-y un cercle de 2,5 cm de moins que le diamètre du couvercle.

3. Avec une râpe ou une scie sauteuse, donnez un angle de 30° au périmètre du cercle pour qu'il soit en biseau ; adoucissez les angles du socle et poncez.

4. Appliquez une couche de teinture et deux de polyuréthane. Laissez sécher. Dessous, vissez des boutons de tiroirs ; dessus, posez le couvercle déjà monté.

Portes / Paravent

Montez ensemble sur des charnières deux ou trois vieilles portes pour fabriquer un paravent qui divisera une pièce ou cachera un coin. Décorez-le en vous essayant aux techniques de la marbrure (ci-contre) ou du pochoir (voir p. 349).

Il vous faut des charnières à double action (dites charnières de paravent) d'une largeur appropriée aux portes, et du mastic à bois.

Si les portes ne sont pas de la même hauteur, étalez le paravent ouvert sur des tréteaux, fixez une planche en haut des portes, en l'alignant sur la plus courte, pour guider votre coupe. Coupez les pans qui dépassent à la scie circulaire.

1. Décapez ou poncez les portes. Retirez les vieilles charnières et bouchez les trous au mastic à bois en débordant légèrement. Poncez après séchage.

2. Alignez les portes et posez les charnières à 15 cm du haut et du bas. Si les portes sont très lourdes, installez d'autres charnières au milieu.

Marbrure / TECHNIQUE

Grâce à cette technique, donnez l'aspect du marbre à vos murs, vos lambris, ou vos meubles.

Choisissez six teintes de peinture acrylique : une pour le fond ; deux autres (dites « dérivées »), de même couleur mais plus foncées ; deux autres pour les veines ; et du noir ou une autre couleur contrastante. Ajoutez du pigment blanc en poudre et du liant.

Commencez par poncer la surface à peindre et nettoyez-la avec une peau de chamois. Appliquez deux couches de fond, puis une couche de vernis acrylique mat.

Utilisez quatre assiettes pour vos couleurs.

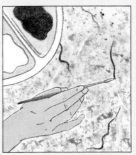

1. Pressez les tubes de couleurs « dérivées » sur une assiette en carton plastifié ; étalez-les d'un mouvement circulaire. Ajoutez le pigment blanc et le liant. Remuez l'assiette afin que tous les ingrédients s'étalent sans trop se mélanger. Pour peindre, utilisez une éponge mouillée et essorée. Pressez-la sur la surface et faites-la tourner pour faire des traînées.

2. Quand cette peinture est sèche, versez une petite quantité des deux teintes destinées aux veines sur une autre assiette et mélangez chacune avec du pigment blanc et du liant. Avec un pinceau fin, soulignez les contrastes du fond par quelques veines, en combinant coups de pinceau réguliers et nervures. Progressez par traits rapides, de haut en bas.

3. Pour créer un mouchetis sur les traînées et les veines, plongez une brosse à dents dans la peinture de coloris contrastant, puis effleurez les poils de la brosse avec la lame d'un couteau. N'exagérez pas : quelques éclaboussures bien placées devraient suffire. Lorsque la peinture aura séché, appliquez deux couches de vernis polyuréthane satiné. Poncez et dépoussiérez.

Tuyau de drainage / Réflecteur au sol

Un éclairage posé à même le sol, parmi des plantes par exemple, crée un effet très théâtral en amplifiant les ombres.

Un simple bout de tuyau de drainage en grès rouge vous permettra de réaliser un réflecteur de ce type. Tout ce dont vous aurez besoin en plus sera un disque de contreplaqué de 12 mm, que vous insérerez dans le tuyau, et un ensemble de lampe qui se vend en quincaillerie et comprenant une douille, un manchon de laiton fileté, des rondelles, des écrous et un fil.

Si le fil est muni d'un interrupteur, vous n'aurez pas chaque fois à brancher et débrancher.

1. Mesurez le diamètre du tuyau de drainage et découpez à la scie sauteuse un disque de même dimension moins 2 mm dans un contreplaqué de 12 mm.

2. Percez un trou de 8 mm au centre du disque puis un autre de 6 mm au bas du tuyau. Utilisez des mèches appropriées aux matières à percer.

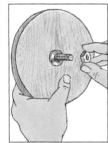

3. Enfilez un manchon fileté mesurant 3,7 cm à travers le disque et fixez-le à l'aide d'écrous et de rondelles d'acier de chaque côté.

4. Glissez l'extrémité dénudée d'un cordon électrique pour lampe dans le tuyau puis dans le manchon du fond du réflecteur.

5. Enroulez les deux fils, dans le sens des aiguilles d'une montre, aux bornes de la douille. Vissez la douille au manchon.

6. Insérez le disque de contre-plaqué dans le fond du tuyau en le glissant latéralement ; installez une ampoule.

Séchoir à linge /
Porte-cravates

Le dessus d'un séchoir à linge peut faire un astucieux porte-cravates que vous fixerez à l'intérieur d'une des portes de votre penderie avec des charnières et des chaînettes. Pour y poser ou choisir une cravate (ou une ceinture), vous placerez le support à l'horizontale. Avant de refermer la porte, il vous suffira de le relever et de l'accrocher avec un petit piton.

La principale modification à apporter à la partie comportant les barreaux est l'ajout d'un tasseau sur l'un des côtés pour pouvoir placer les petites charnières. La largeur et la hauteur de ce tasseau correspondront à celles des tasseaux maintenant les barreaux, et sa longueur sera à déterminer en fonction de la taille du séchoir (vous pouvez utiliser un morceau des barres du pied repliable).

Pour que cet accessoire s'intègre bien à votre mobilier, donnez-lui une bonne allure en le peignant avec une peinture laquée noire ou en le teintant et en le recouvrant d'un vernis brillant ou satiné. Choisissez des petites pièces de quincaillerie en laiton doré ou avec finition bronze ; utilisez aussi des chaînettes dorées.

1. Démontez le dessus du séchoir soit en arrachant les axes, soit en retirant les vis qui le tiennent en place. Attention à vos doigts si le pied se replie.

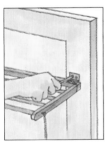

2. Coupez un tasseau à la longueur voulue pour le placer sur un côté long. Fixez-le après avoir scié les extrémités arrondies des barres latérales.

3. Poncez et peignez votre montage. Après séchage, fixez deux charnières, un petit piton (avec chaînette) de chaque côté et un anneau au centre du premier barreau.

4. Présentez le porte-cravates en place. Vérifiez sa position en hauteur (en le repliant contre la porte) et son horizontalité. Faites des avant-trous pour fixer les charnières.

5. Rabattez le support et vissez deux pitons ouverts dans la porte au niveau de ceux du support. Accrochez les chaînettes pour que le porte-cravates soit horizontal.

6. Repliez le support et, sur la porte, fixez un crochet en regard de l'anneau mobile vissé au centre du premier barreau. Ouvrez, puis rangez vos cravates.

Couverts de table /
Carillon

Pour fabriquer un carillon à vent qui éloignera les oiseaux de vos massifs fraîchement semés, utilisez les vieilles cuillères et les vieilles fourchettes d'un service de table plaqué argent.

À l'aide d'un maillet en caoutchouc ou d'un marteau enveloppé dans un chiffon, aplatissez les ustensiles sur un morceau de bois. Prévoyez plusieurs fourchettes car tordre les dents est une opération délicate et vous en casserez sans

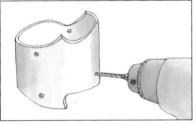

1. Faites des encoches sur les bords d'un morceau de tuyau en PVC de 10 cm. Percez deux trous de 3 mm face à face à 1 cm du haut. Percez quatre trous équidistants à l'autre extrémité.

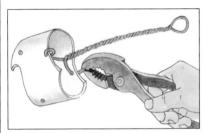

3. Introduisez les extrémités du fil de cuivre dans les deux trous situés en haut du tuyau en PVC, en partant de l'intérieur, et repliez-les sur les bords avec une pince pour bien les fixer.

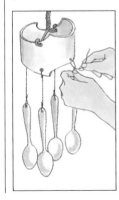

5. Percez un trou de 3 mm au bout du manche de chaque couvert et passez-y un fil de pêche de 30 cm, puis pendez les cuillères aux trous percés dans le morceau de tuyau.

doute quelques-unes avant d'arriver à vos fins.

Outre les cuillères et la fourchette, il vous faudra un morceau de tuyau en PVC de 8 à 10 cm de diamètre et de 10 cm de long, du fil de cuivre robuste, une tige de 1 cm (du tuyau fera l'affaire), qui vous servira de mandrin pour façonner une boucle, et du fil de pêche de 4 lb test. Encochez le bord inférieur du tuyau ou donnez-lui une forme irrégulière pour qu'il arrête le vent et fasse tinter le carillon.

2. Coupez 1 m de fil de cuivre et pliez-le en deux autour d'une tige de 1 cm de diamètre. Coincez la tige dans un étau et, avec une pince, torsadez les deux brins de fil de cuivre jusqu'à 12 cm des bouts.

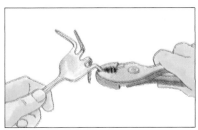

4. Aplatissez une fourchette. Pliez une dent du milieu à angle droit et l'autre en sens inverse. Repliez celles des côtés à angle droit vers l'extérieur. Aplatissez aussi quatre cuillères.

6. Fixez la fourchette au fil de cuivre en veillant à ce que les dents touchent l'ovale des cuillères. Coupez les fils qui dépassent et suspendez le carillon au vent.

Chutes de tissu / Cadeaux et décorations

Utilisez des chutes de tissu pour décorer pots de confiture maison et autres friandises. Ou encore, transformez-les en jolis sacs pour habiller les bonnes bouteilles que vous souhaitez offrir à Noël. Vous pouvez également couper avec des ciseaux à cranter des morceaux de tissu plus grands et, sans les ourler, en faire des serviettes en tissu pour des réceptions. Faites participer les enfants à ces petits ouvrages.

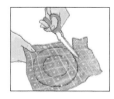

COUVRE-POTS

Ils donneront une petite touche professionnelle à vos pots de confiture ou à vos ketchups faits maison. Employez du vichy à carreaux pour en accentuer l'aspect rustique ou choisissez un tissu de couleur vive et faites une bordure avec un galon de dentelle. Pour offrir en cadeau, ajoutez quelques mini-serviettes assorties dans un panier d'osier.

MINI-SERVIETTES

Découpez-en toute une série dans différents tissus. Vous pouvez les offrir ou les utiliser pour des buffets ou des fêtes d'enfants. Même sans les ourler, ces serviettes résisteront à quatre ou cinq lavages si vous les coupez avec des ciseaux à cranter.

SACS À BOUTEILLES

Avec une machine à coudre, vous confectionnerez l'un de ces petits sacs en 5 minutes. Il suffit d'assembler les bords du tissu sur l'envers au point droit et de retourner le sac pour que la couture ne se voie pas. Fermez avec un ruban ou un lacet.

Fabriquez des sacs de différentes tailles pour emballer d'autres cadeaux : jouets, accessoires de cuisine, sachets d'herbes aromatiques, bonbons, etc. Vous pouvez les décorer en y collant quelques motifs découpés dans du feutre ou des lettres composant un nom ou des félicitations.

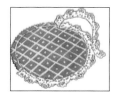

1. Tracez le contour du couvercle sur l'envers du tissu. Ajoutez 5 cm et coupez avec des ciseaux à cranter.

2. Collez le galon sur le couvre-pot. Posez celui-ci sur le pot, entourez d'un élastique, puis d'un ruban.

Découpez un gabarit carré de 25 cm dans du carton. Tracez les contours de la serviette à la craie sur l'envers du tissu. Taillez au ciseau à cranter et repliez.

1. Coupez un rectangle de tissu de 35 cm x 40 cm. Ourlez une largeur sur 1,5 cm.

2. Pliez-le en deux sur le long et sur l'envers. Repassez, puis cousez la partie latérale et le bas au point droit.

3. Mettez à l'endroit et repassez. Glissez la bouteille à l'intérieur et fermez avec un ruban.

Clôture / Tête de lit

Donnez à votre lit un cachet antique en fixant sur les montants, en guise de tête, une section de clôture ou deux portes en fer forgé boulonnées ensemble.

Avec une simple scie à métaux, vous devriez bien réussir à tailler la clôture aux dimensions voulues ; munissez-vous auparavant de quelques lames robustes à 18 dents par 2,5 cm ; elles perdront vite leur mordant. Si le métal est trop épais, allez le faire couper au chalumeau dans un atelier de débosselage.

Si le sommier est déjà muni de pattes de montage, des renforts métallique plats et de quelques robustes boulons à métal suffiront pour installer la tête. Sinon, utilisez des renforts en équerre.

1. Mesurez la largeur du sommier et coupez un joli pan de clôture aux dimensions voulues avec une scie à métaux munie d'une lame robuste.

Table et chaises pliantes / RÉNOVATION

Redonnez fraîcheur et jeunesse à une table et à des chaises pliantes en peignant les structures métalliques et en recouvrant les sièges et le dessus de la table d'une nouvelle garniture.

Retournez les chaises et la table et retirez les vis ou les pattes en métal qui maintiennent le fond des sièges et le plateau de la table (redressez les pattes avec une pince pour les retirer plus facilement). Préparez l'armature métallique comme indiqué ci-dessous, frottez à l'essence minérale et vaporisez de la peinture en aérosol. Évitez les coulures en appliquant deux couches légères. Laissez sécher toute la nuit.

Si les fonds sont en carton, utilisez une grosse agrafeuse de bureau pour fixer le rembourrage et le tissu ; s'ils sont en bois, servez-vous d'une agrafeuse de professionnel ou d'un pistolet à colle. Laissez sécher 12 heures avant de réassembler. Mettez de nouveaux embouts de caoutchouc sur les pieds.

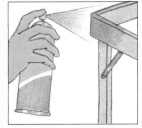

1. Frottez les armatures avec une brosse en fil de fer et poncez ensuite les taches de rouille. Vaporisez une couche d'antirouille.

2. Nettoyez chaises et table à l'essence minérale, puis vaporisez deux couches légères de peinture afin d'éviter les coulures.

3. Coupez du caoutchouc-mousse de 3 mm aux dimensions exactes. Taillez le tissu en ajoutant une bordure de 5 cm. Étalez-le à l'envers.

4. Centrez les pièces de rembourrage sur les pièces de tissu, tendez bien le tissu et agrafez. Replacez sur les armatures.

2. Grattez le métal avec une brosse métallique ; essuyez-le avec du décapant à métaux, posez un apprêt à métaux et appliquez une peinture en aérosol.

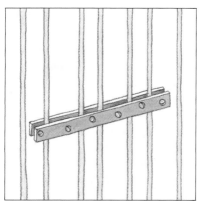

3. De chaque côté de la clôture, à la hauteur du sommier, boulonnez solidement deux plaques métalliques en enfermant solidement trois barreaux.

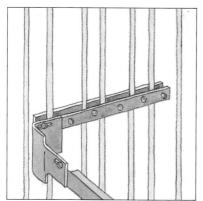

4. Boulonnez des renforts à angle aux plaques de la clôture et à celles qui sont à la tête du lit, sur le sommier. Une rainure permet les ajustements.

Contenant en plastique / Veilleuse

Les contenants qui servent à ranger les aliments au réfrigérateur peuvent se transformer en jolies veilleuses pour la chambre d'enfant ou le corridor. Prenez une vieille lampe ; raccourcissez le tube ; refixez la douille et le cordon ; posez le contenant par-dessus, à l'envers, et fixez-le avec un écrou et une rondelle.

Prenez une lampe avec un socle plat d'au moins 7,5 cm de diamètre. Pour la démonter, enlevez le fourreau de carton, débranchez les fils et dévissez la douille. Enlevez aussi le tube qui est vissé dans le socle, réservez les écrous et les rondelles et retirez le cordon électrique.

Si le pas de vis, sur le tube, ne mesure pas au moins 10 cm de long, achetez un manchon fileté

Vissez une ampoule de 7½ watts dans la douille et posez par-dessus un contenant de plastique à l'envers. Vous pouvez le garnir de décalcomanies et monter un interrupteur sur le cordon.

en laiton, avec les écrous et les rondelles appropriés. Choisissez un plat en plastique dont le couvercle se fixe par pression ou par torsion. Si vous préférez avoir accès à l'interrupteur sans enlever l'abat-jour de la veilleuse, montez un interrupteur sur le cordon. Lorsque la lampe est assemblée, faites un nœud avec le cordon dans le socle de façon qu'on ne puisse, par inadvertance, arracher les fils de la douille.

Pratiquez des trous d'aération dans le plat en plastique et dans le couvercle. Une ampoule de 7½ watts convient à une veilleuse ; pour utiliser une ampoule de 40 watts, vous devrez ménager assez d'espace dans le haut pour que le couvercle ne fonde pas à la chaleur.

1. Avec une scie à métaux, coupez une longueur de 10 cm dans la partie filetée du tube. Vissez-la dans le capuchon métallique de la douille en ménageant un espace pour laisser passer les fils.

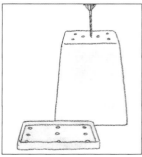

2. Percez un trou de 8 mm au milieu du couvercle en plastique. Percez quatre ou cinq trous d'aération de 6 mm en bordure du couvercle et quatre ou cinq autres au fond du contenant.

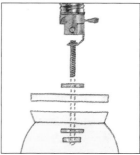

3. Pour monter la lampe, insérez l'extrémité du tube dans une rondelle de 2,5 cm ; enfilez, par-dessus le couvercle à l'envers, le socle de la lampe et une autre rondelle. Fixez le tout avec un écrou.

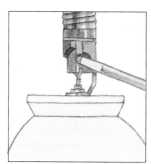

4. Faites passer les fils dénudés du cordon électrique dans le tube, de bas en haut ; vissez-les aux bornes de la douille ; tendez-les pour qu'il n'y ait pas de jeu et remettez le fourreau isolant.

Porte de frigo / Diable

La loi vous oblige peut-être à retirer la porte du congélateur ou du réfrigérateur avant de vous défaire de l'appareil. Plutôt que de la jeter, tirez-en profit ; mettez-y des roulet-tes orientables et faites-en un diable pour transporter des objets pesants. Débarrassez la porte de ses clayettes et de son joint d'étanchéité, vissez-la sur une pièce de contre-plaqué déjà garnie de quatre roulettes et installez une corde. Ce diable vous servira à transporter des appareils ou des meubles lourds ou à déplacer les poubelles.

1. Retirez la poignée. Ôtez le joint d'étanchéité ainsi que le panneau garni de clayette de la contre-porte : vous mettez à jour l'isolant et le cadre métallique qui le tient en place.

2. Découpez du contre-plaqué de 20 mm aux dimensions de la porte. Placez une roulette dans les quatre coins, à 7,5 cm du bord. Marquez et percez les trous ; posez les roulettes.

3. Installez le contre-plaqué à la place de la contre-porte, roulettes à l'extérieur ; percez des trous sur les bords en traversant le cadre métallique ; posez des vis de 4 cm.

4. Percez deux trous de 6 mm à l'avant du diable, entre les roulettes. Mettez le chariot debout ; vissez des pitons dans les trous et attachez-y une corde robuste.

Tuyau d'arrosage / Tuyau d'irrigation

Un tuyau d'arrosage percé peut devenir un bienfait véritable pour votre jardin. Il vous suffit d'y percer d'autres trous et de l'utiliser comme conduit d'irrigation. Il arrosera vos plantes en douceur et en profondeur, de façon plus efficace et plus économique qu'un vaporisateur ou qu'un tourniquet, car l'évaporation sera réduite. Installez-le près des plantes ou cachez-le dans une tranchée. Si vous le destinez à l'arrosage des arbustes et des arbres, percez des trous uniquement dans les sections que vous voulez irriguer.

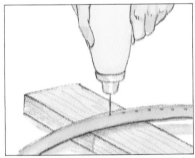

1. Posez le tuyau sur un morceau de bois, et percez des trous de 2 mm en les espa-çant de 5 cm environ.

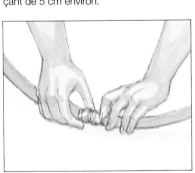

2. Fixez le tuyau percé à un tuyau en bon état avec un raccord en cuivre ou en plastique. Branchez le « bon » tuyau.

3. Bouchez l'extrémité du tuyau d'irrigation avec un embout en plastique. Placez le tuyau près des plantes à arroser ou cachez-le dans une tranchée (n'abîmez pas les racines en creusant). Laissez couler de 30 à 40 min au débit minimum.

Cintres / RÉNOVATION

Vous pouvez confectionner des cintres capitonnés avec de vieux portemanteaux en bois. Tout ce qu'il faut en plus est de la ouate et un joli morceau de tissu.

Cousez deux bandes de tissu froncé sur une bande de tissu tendu. Le tissu froncé sera préférablement de la soie, qui empêche le linge fin de glisser hors du cintre.

Nouez un ruban de couleur contrastée autour du crochet. Vous pouvez aussi y attacher un petit sachet qui parfumera délicatement votre penderie.

Les explications données ici sont valables pour un cintre de 40 cm. Sciez les bouts si votre cintre est plus long.

1. Découpez un morceau de ouate de 25 cm x 45 cm. Incisez le centre, glissez-y le crochet et enroulez la ouate autour du cintre. Faufilez les extrémités et la base.

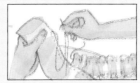

2. Coupez deux bandes de tissu de 10 cm x 30 cm pour le dessus et une bande de 10 cm x 45 cm. Faites un point de fronce des deux côtés des bandes du dessus.

3. Posez les bandes de dessus sur la bande de 45 cm, à l'envers. Froncez les bandes du dessus et cousez-en une sur celle du dessous.

4. Cousez la seconde bande du dessus en laissant un côté largement ouvert pour pouvoir ensuite y insérer le cintre. Tournez l'enveloppe à l'endroit.

5. Enfilez l'enveloppe sur le cintre, d'un côté puis de l'autre, en laissant la ouate bien en place. Cousez l'ouverture à la main et de façon à enserrer le crochet.

6. Nouez un ruban de couleur contrastée sur le crochet pour décorer le cintre. Pour une touche finale, accrochez-y un sachet odorant.

Bacs de crème glacée / Casier mural

1. Sur du contre-plaqué de 12 mm, tracez un triangle équilatéral de 1 m. Coupez et peignez ou vernissez-le.

2. Tracez un second triangle à l'intérieur avec une marge de 7,5 cm. Percez un repère au sommet.

3. Percez un trou au centre d'un bac. Fixez-le au contre-plaqué avec une vis et une rondelle.

Procurez-vous, chez un vendeur de crème glacée, 10 grands bacs avec lesquels vous réaliserez un astucieux élément fourre-tout. Il suffit de recouvrir les bacs avec du plastique adhésif puis de les visser sur un triangle de contre-plaqué. Le tout se fixe au mur pour ranger des jouets ou des lainages d'hiver.

Ces bacs mesurent généralement 24 cm de diamètre. Si les vôtres sont plus grands, ajustez les dimensions du contre-plaqué.

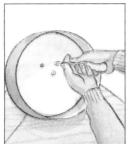

4. Pour plus de solidité, fixez le bac avec deux autres vis placées au-dessus en triangle.

5. Ajustez deux autres bacs au-dessous, sans laisser de jeu. Fixez-les de la même façon.

6. Ajoutez une rangée de trois bacs et une autre de quatre. Fixez le tout au mur avec des vis de 6 cm.

Abat-jour / RÉNOVATION

Rénovez un vieil abat-jour défraîchi en le recouvrant de tissu neuf.

Ne retirez pas l'ancienne garniture, cousez directement la nouvelle dessus. Pour calculer la dimension du tissu, mesurez le diamètre de la base de l'abat-jour et multipliez-le par 3,5 : vous obtiendrez ainsi la longueur. Mesurez la hauteur de l'abat-jour et ajoutez 6 cm pour obtenir la largeur.

Coupez le tissu, cousez les deux extrémités ensemble, puis plissez et épinglez comme indiqué ci-contre.

Décorez les bords avec un biais, un galon ou un ruban autocollants.

1. Pliez le tissu endroit contre endroit et fermez les deux extrémités sur la largeur au point droit, à 1,5 cm du bord. Remettez le tissu à l'endroit.

2. Posez le tissu sur l'abat-jour et plissez-le dans le haut en répartissant bien les plis. Épinglez chaque pli en prenant soin de dissimuler la couture.

3. Retirez le tissu de l'abat-jour et cousez les plis au point droit très serré à 2,5 cm du bord. Ôtez les épingles et reposez le tissu sur l'abat-jour.

4. Fixez-le avec des épingles à linge en alignant la couture sur l'armature. Épinglez les plis dans le bas, retirez le tissu et cousez à 2,5 cm du bord.

5. Replacez l'ouvrage sur l'abat-jour, alignez la couture sur l'armature et fixez la housse au point de surfil. Coupez le tissu qui dépasse.

6. Pour décorer l'abat-jour et cacher les coutures, collez un biais, un ruban ou un galon en haut et en bas de l'ouvrage.

Treillis / Protège-fenêtre

Pour estomper une vue sans intérêt ou filtrer les rayons du soleil, habillez une fenêtre avec du treillis de bois que vous borderez d'un cadre et peindrez d'une couleur s'harmonisant avec la pièce.

Bâtissez le cadre avec des tasseaux de 2,5 cm x 5 cm de section et maintenez le treillis à l'intérieur avec des baguettes de bois de 8 mm, taillées dans le treillis. Posez deux crochets en haut du cadre pour l'accrocher à deux pitons fixés à la traverse supérieure de la fenêtre. Ainsi, vous pourrez facilement retirer le treillis pour ouvrir la fenêtre ou pour la nettoyer.

1. Fabriquez le cadre avec des tasseaux aux mesures de la fenêtre. Coupez le treillis aux mesures intérieures du cadre.

2. Dans le treillis, coupez huit baguettes de 1 cm de large qui maintiendront le treillis en place à l'intérieur du cadre.

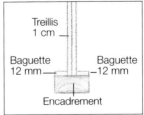

Treillis 1 cm

Baguette 12 mm

Baguette 12 mm

Encadrement

3. Clouez et collez quatre baguettes à l'intérieur du cadre. Placez le treillis. Coincez-le avec les quatre autres baguettes.

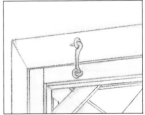

4. Peignez le tout, fixez deux crochets sur le bord supérieur du treillis et deux pitons sur le cadre de la fenêtre.

Bidon / Poêle à bois

Un vieux bidon se transforme facilement en poêle à bois au moyen d'un nécessaire vendu en quincaillerie ; il peut alors servir à chauffer un loft, un petit chalet ou une grange. **Attention :** avant d'entreprendre ces travaux, demandez l'autorisation de votre municipalité.

Le nécessaire comprend une porte en fonte munie d'un volet d'air réglable, un collet de tuyau de poêle, deux jeux de deux pieds et les instructions de montage. Achetez aussi de la colle-ciment à poêle pour le raccordement des pièces.

Ce projet ne demande aucune soudure. Certaines précautions s'imposent pourtant avant de commencer. Le poêle doit avoir son propre conduit de fumée ; vous ne pouvez pas le brancher sur celui du chauffage central. Le bidon (de 115 ou 210 litres) ne doit jamais avoir contenu de matières inflammables ou toxiques. Nettoyez-le à la vapeur. Examinez et ramonez la cheminée avant d'y raccorder le tuyau de

poêle. Les travaux terminés, inspectez souvent le poêle pour repérer tout indice de détérioration. Si vous vous en servez souvent, le bidon ne résistera pas plus de deux ou trois ans ; vous en prolongerez la durée en mettant à l'intérieur un revêtement en brique réfractaire (sans joint au mortier).

Pour avoir un poêle plus performant, installez un second tonneau par-dessus le premier, prévoyez une section additionnelle de tuyau de poêle et un collier ; assujettissez-le au premier tonneau avec deux pieds. Ce double poêle est plus efficace parce que l'appareil supérieur capte et irradie la chaleur normalement perdue.

Vous pouvez installer une rôtissoire dans le tonneau du dessus. (Elle doit être en acier de calibre 24 au moins et comporter des pattes fixées au tambour avec des vis à tôle.) Enfin, le poêle à un seul tonneau peut être surmonté d'une grille métallique pour ainsi servir de cuisinière d'appoint.

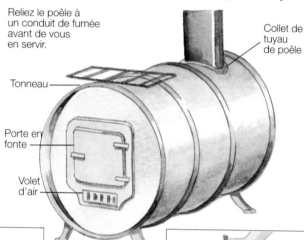

Reliez le poêle à un conduit de fumée avant de vous en servir.

Collet de tuyau de poêle

Tonneau

Porte en fonte

Volet d'air

1. Mettez le bidon debout ; marquez le contour de la porte et celui du volet d'air, sans oublier les trous des boulons.

2. Mettez le bidon en position ; dessinez le collet du tuyau, à l'autre extrémité, et indiquez les positions des boulons.

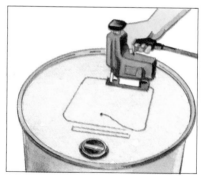

3. Découpez les ouvertures de la porte, du volet d'air et du tuyau avec une scie sauteuse ; limez les arêtes. Percez des trous pour les boulons.

4. Boulonnez la porte ; obturez les fentes avec de la colle-ciment haute chaleur. Installez le collet du tuyau de poêle et boulonnez-le.

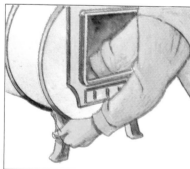

5. Mettez les pattes en place et marquez les trous à pratiquer dans le métal. Posez les boulons de l'intérieur en passant par la porte.

Caisse en bois / Table

Une caisse en bois patinée par le temps peut se transformer en table d'appoint qui s'harmonisera avec un décor rustique. Si le bois vieilli ne vous convient pas, poncez-le, appliquez un apprêt et peignez-le. Ou bien suivez la technique de rénovation du bois (ci-dessous). Couchez la caisse sur le côté pour y travailler. Enfoncez les clous sortis, ôtez ceux qui sont rouillés et remplacez-les. Coupez un morceau de contre-plaqué d'au moins 12 mm d'épaisseur pour fabriquer le dessus. Clouez sous ce plateau quatre cales en contre-plaqué pour le maintenir en place (disposez-les de façon qu'elles viennent s'adapter parfaitement aux angles intérieurs de la caisse).

Complétez son aspect rustique en couvrant cette table d'une grosse toile écrue. Décorez-la d'une lampe ou de fleurs séchées.

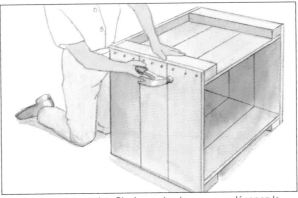

1. Lavez la caisse au jet. Si nécessaire, brossez ou décapez la peinture écaillée. Enfoncez les clous qui dépassent et poncez le bois légèrement ou à fond.

Rénovation du bois / TECHNIQUE

L'accumulation de couches de cire, de vernis ou de peinture finit par encrasser objets et meubles en bois ou par « noyer » leurs fines ciselures sous une croûte disgracieuse. Vous pouvez leur redonner une nouvelle jeunesse en préservant leur cachet ancien.

Commencez par éliminer les anciennes finitions avec un tampon en laine d'acier imbibé de décireur (si le bois est ciré) ou avec un décapant (s'il est verni ou peint) ; attention, les décapants à base de soude ou de potasse font noircir les bois riches en tanin (chêne, châtaignier...). Vous appliquerez ensuite un éclaircisseur (ou du jus de citron) pour redonner au bois sa teinte naturelle.

Après séchage (24 heures en atmosphère sèche), poncez le bois pour lui redonner une surface satinée en éliminant les fibres qui se seraient redressées sous l'action des précédents traitements. Dépoussiérez avec une éponge humide (ou avec un pinceau et l'embout brosse de votre aspirateur) avant d'appliquer une nouvelle finition : teinture et patine à la cire en pâte étalée au pinceau. Laissez sécher au moins 12 heures, puis lustrez au chiffon.

1. Décirez le bois, ou appliquez une couche de décapant et laissez agir. Portez des gants et travaillez dans un local bien aéré.

2. Après une première élimination de la peinture ou du vernis, effacez les traces qui subsistent par des applications locales de décapant.

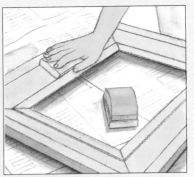

3. Laissez le bois sécher toute une nuit (ou plus). Poncez-le au papier sablé fin et très fin, et dépoussiérez-le. Nettoyez les creux des moulures.

4. Appliquez une huile de finition au chiffon. Si vous cirez, déposez la cire au pinceau sans faire de surépaisseur. Attendez 12 heures avant de lustrer.

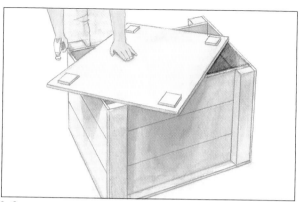

3. Coupez un morceau de toile écrue ou de gros coton imprimé en harmonie avec le style de la table. Pour lui donner un aspect encore plus rustique, tirez quelques fils pour obtenir des franges. Posez cette nappe en biais sur le plateau en laissant pendre les pointes.

2. Coupez un morceau de contre-plaqué de 12 mm d'épaisseur, de dimensions adaptées pour constituer le plateau. Dessous, clouez des cales aux quatre coins.

Tube en carton / Ronds de serviette

Pour transformer un tube en carton en ronds de serviette originaux, coupez-le en tronçons, puis recouvrez ceux-ci avec du tissu, du ruban, du fil de coton. Vos enfants confectionneront les modèles les plus simples et les décoreront de bijoux de pacotille ou de fleurs séchées.

TISSU

Pliez le tissu en deux sur la longueur pour n'avoir à faire qu'une seule couture. Froncez ou plissez le tissu comme pour exécuter des petites manches.

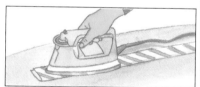

1. Coupez un morceau de tissu de 10 cm x 25 cm, pliez-le en deux et repassez-le.

2. Avec une lame de rasoir, découpez dans un tube une rondelle de 4 cm. Insérez une rondelle dans la pliure du tissu.

3. Cousez les bords du tissu en les fronçant. Nouez le dernier point et coupez l'excédent de tissu.

RUBAN EN BIAIS

Enveloppez chaque rondelle de carton d'un ruban de couleur différente. Cette méthode est si simple que vos enfants pourront réaliser rapidement des quantités de ronds.

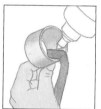

1. Avec une pastille adhésive double face ou de la colle à tissu, fixez le bout d'un ruban de 1,20 m à l'intérieur du tronçon de cylindre.

2. Enroulez le ruban autour du cylindre en l'inclinant légèrement et en recouvrant un tiers de la largeur du tour du ruban précédent.

3. Maintenez le dernier tour avec un point de colle ou quelques points de couture. Fixez une fanfreluche pour masquer l'endroit de la finition.

FIL DE COTON OU FICELLE

Égayez votre réalisation en faisant une rangée de nœuds sur l'un des bords (faites un nœud à chaque tour). Comptez 2 m de fil de coton double ou 1,20 m de ficelle.

1. Collez le bout du fil à l'intérieur du cylindre. Laissez prendre la colle. Commencez à enrouler le fil par le haut.

2. À chaque tour, coincez le fil sous la boucle précédente et faites un nœud. Nouez et serrez bien les spires à chaque tour.

3. Lorsque le cylindre est recouvert, maintenez la dernière boucle par un point de colle ou de couture. Décorez avec un bijou de fantaisie.

Disques / Jardinière

Servez-vous de vieux 45 tours que vous n'écoutez jamais pour créer une jardinière inusitée. (Vous pouvez prendre des 33 tours en modifiant les mesures.)

Vous utiliserez 11 disques, mais prévoyez-en beaucoup plus car vous risquez d'en casser quelques-uns en y perçant des trous. Gardez les meilleurs titres pour les quatre parois extérieures ; ils éveilleront la curiosité de vos invités.

Pour former le socle, collez ensemble sept disques et entaillez les trois du dessus pour y introduire ceux qui vont constituer les parois. Utilisez un ciment-colle silicone de type RTV qui noircit en séchant.

Entaillez les fentes avec une perceuse en déplaçant latéralement le foret le long du bord supérieur du ruban-cache. À mesure qu'il devient chaud, le foret se charge

de particules de plastique ; enlevez-les avec un couteau à mastic avant qu'elles durcissent.

Pour donner une base droite aux parois, tracez une raie profonde avec une pointe, saisissez le disque avec une pince à mâchoires droites et forcez-le dans un sens et dans l'autre jusqu'à ce qu'il casse. Pratiquez les encoches en utilisant le côté du foret comme si c'était un couteau.

Pour plier les côtés des parois, tracez d'abord deux traits profonds espacés de 14,6 cm bien exactement. Appliquez un fer à friser chaud contre l'un des traits, du côté externe, pendant 30 secondes. Pliez immédiatement le disque en prenant appui sur le bord d'une planche.

Laissez sécher l'adhésif pendant 24 heures avant de mettre une plante dans la jardinière.

1. Découpez un carré de 14,6 cm de côté dans du carton ; centrez-le sur un disque. Gravez un trait de 2 cm centré sur chacun des quatre côtés et soulignez-le avec du ruban-cache.

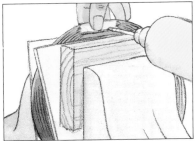

2. Mettez le disque entre deux cartons et maintenant-le dans un étau avec un tasseau bien droit. Entaillez-le avec un foret de 1,5 mm en suivant la lisière interne du ruban-cache. Retirez le ruban-cache.

3. À ce disque, attachez-en deux autres avec du ruban-cache. Mettez-les dans l'étau et refaites la même opération en suivant l'entaille déjà pratiquée. Ébarbez les fentes avec une lime à ongles.

4. Collez les trois disques de façon que les fentes soient l'une par-dessus l'autre. Laissez sécher au moins 8 heures. Rajoutez quatre disques sous les premiers. Collez et laissez sécher.

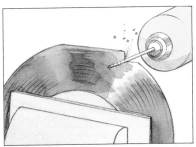

5. Prenez quatre disques ; équarrissez-les d'un côté en enlevant 4,5 mm de plastique ; pratiquez des encoches de 6 mm aux extrémités : les pattes vont entrer dans les fentes du socle.

6. Montez deux disques l'un devant l'autre, dans le socle. Collez ; laissez sécher. Rayez les bords des deux autres disques ; pliez-les à 90° avec un fer à friser et collez-les dans les fentes.

Clôture / Treillis d'espalier

Utilisez les sections d'une vieille clôture de bois ou palissade pour fabriquer des treillis de jardin : assemblées deux à deux pour former des structures en A, elles vous fourniront un espalier pour vos haricots, pois, tomates et concombres ; un pan de clôture fixé verticalement derrière un bac à fleurs fera de même pour les rosiers et autres plantes grimpantes.

TREILLIS EN A

Deux pans de clôture de taille égale suffisent pour construire ce treillis. Attachez-les avec du fil de fer pour un démontage facile.

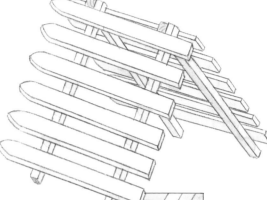

1. Découpez deux sections de clôture d'au moins 1 m, de manière que les traverses dépassent de 5 cm de chaque côté des lames verticales. Formez un A avec les deux sections en les disposant de façon que les traverses affleurent l'une contre l'autre.

2. Percez un trou de 8 mm au travers des deux traverses et fixez-les avec des boulons de 8 mm maintenus par un écrou (avec une rondelle).

3. Si la hauteur dépasse 1,8 m, enfoncez des piquets en bois dans le sol et clouez-y le pied des traverses.

TREILLIS POUR BAC À FLEURS

Achetez un bac à fleurs ou construisez-le avec des planches de 25 mm sur 25 à 30 cm de largeur. Le bac doit être légèrement plus large que le morceau de clôture utilisé. Scellez les pores du bois pour l'imperméabiliser.

1. Détachez un pan de clôture et retirez-en deux lames à un bout. Sciez les pointes des autres lames. Poncez et appliquez deux couches de peinture d'extérieur.

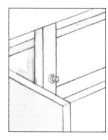

2. Positionnez les traverses dénudées au fond du bac et percez des trous de 8 mm. Boulonnez le pan de clôture. Remplissez le bac de terre.

Ponçage / TECHNIQUE

Avez-vous du mal à poncer les creux et les courbes d'un meuble ? Quelques objets d'usage courant peuvent vous faciliter la tâche.

RUBAN ADHÉSIF

Pour poncer des pièces rondes, taillez un bout de ruban adhésif de 15 cm plus long que votre papier sablé et collez-le au dos de celui-ci, sur un des côtés. Repliez le ruban contre la partie abrasive en guise de poignées et coupez le papier de verre à la largeur du ruban.

CARTES À JOUER

Pour poncer des endroits d'accès difficile comme les coulisseaux d'un tiroir, enroulez du papier sablé autour d'un jeu de cartes de façon à obtenir un bloc qui ne soit pas très rigide. Appuyez le côté du bloc sur la pièce à poncer ; les cartes prendront la forme voulue.

BROSSE À TABLEAU

Pour poncer des parties planes, enroulez du papier sablé sur une brosse pour tableau noir. Côté bois, le ponçage est mordant ; côté coussiné, il est doux.

Cadre / Plateau

Vous pouvez transformer des encadrements de tableaux en plateaux originaux. Avec un grand cadre, vous confectionnerez un plateau pour service à café ou à thé et, avec des petits cadres, des plateaux individuels pour les hors-d'oeuvre et les desserts.

Un morceau de carton-fibre (masonite) constituera le fond de votre plateau. Recouvrez-le d'une mince feuille de liège. Pour le rendre plus attrayant et plus facile à nettoyer, recouvrez le fond avec du tissu ou une illustration, puis avec une plaque de verre. Scellez les contours

avec un filet de calfeutrant de silicone transparent avant de mettre le verre en place.

Utilisez des clous de tapissier pour maintenir le carton-fibre dans le cadre. Collez du liège ou de la feutrine en dessous du plateau afin qu'il ne raye pas la table.

1. Retirez la vitre, le tableau et le carton du fond. Coupez un morceau de carton-fibre (masonite) aux dimensions du carton du fond ou selon les mesures prises à l'intérieur des feuillures.

2. Avec de la colle-contact, collez une mince feuille de liège vernie (qualité liège pour sol) sur le carton-fibre, en la laissant déborder légèrement tout autour. Avec un couteau universel, arasez ce qui dépasse.

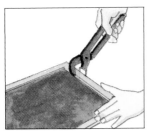

3. Insérez le carton-fibre dans le cadre, côté liège sur le dessus. Fixez-le en enfonçant des clous de tapissier dans le cadre à l'aide d'une paire de pinces coussinées avec du carton.

4. À l'aide d'un petit marteau et d'un chasse-clou, rabattez les clous pour enchâsser le carton-fibre. Collez un morceau de feutrine adhésive ou de liège en dessous de votre plateau.

Flacons de pharmacie / Étagère à épices

Conservez les flacons de pharmacie en plastique ou en verre, préférablement de teinte foncée, pour y mettre des épices et des fines herbes. Ceux qu'on voit ici mesurent 5 cm de diamètre et contiennent généralement des vitamines. L'étagère de 2,5 cm x 15 cm x 27,6 cm conçue pour leur rangement est en pin ; avec suffisamment d'habileté, on peut la réaliser en bois dur. Vous pouvez peindre ou teindre le bois, ou encore le frotter à l'huile après l'avoir poncé. Vous pouvez aussi le travailler à l'éponge (p. 369) pour lui donner un aspect grené.

Calculez les orifices en fonction du diamètre des flacons. Ceux qui

sont illustrés ici mesurent 5,4 cm de diamètre ; on calcule 4 cm entre le centre des orifices et le bord de l'étagère ; et, sur la longueur, 4 cm depuis le côté de l'étagère jusqu'au milieu du premier orifice et 10,5 cm jusqu'au milieu du second orifice. Découpez

les orifices avec un accessoire peu coûteux : un emporte-pièce monté sur une perceuse électrique.

Lavez et asséchez parfaitement les flacons avant d'y mettre les épices et les fines herbes. Identifiez les flacons avec un lettrage décoratif sur des étiquettes d'apothicaire que vous trouverez à la papeterie.

1. Dans du pin ou du bois dur de 2,5 x 15 cm, coupez deux longueurs de 27,6 cm et deux autres de 10,8 cm pour constituer les éléments de l'étagère.

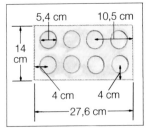

2. Sur l'un des deux grands panneaux, marquez le centre de chacun des huit orifices qui logeront les flacons en ayant soin de les répartir également.

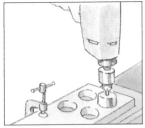

3. Fixez le panneau avec des serres sur une pièce de bois. Pratiquez des trous de 3 mm plus grands que le diamètre des flacons.

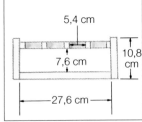

4. Montez l'étagère avec de la colle et des clous à finir 4d en évitant d'obstruer les orifices. Donnez à l'étagère la finition de votre choix.

Édredon / Napperons

Dans un édredon usé, découpez les morceaux non abîmés et utilisez-les comme napperons ou faites-en des poignées pour le four. Pour un napperon, il vous faut un rectangle de tissu de 30 cm x 45 cm environ ; pour les poignées, des carrés de 20 à 25 cm de côté. Il suffit de coudre sur les bords un biais préplié en guise de galon. Calculez la longueur nécessaire en ajoutant 7,5 cm au périmètre d'un napperon ; ajoutez 20 cm à celui d'une poignée pour le four, pour confectionner une attache suffisamment longue pour la suspendre.

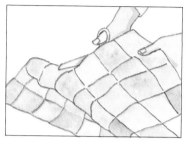

1. Découpez un morceau d'édredon non endommagé et mesurez-en le périmètre. Coupez un large biais préplié à la mesure en ajoutant 7,5 cm pour un napperon et 20 cm pour une poignée.

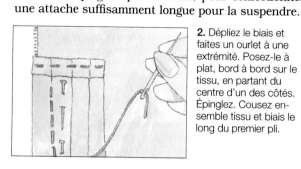

2. Dépliez le biais et faites un ourlet à une extrémité. Posez-le à plat, bord à bord sur le tissu, en partant du centre d'un des côtés. Épinglez. Cousez ensemble tissu et biais le long du premier pli.

3. Épinglez et cousez le biais sur les autres côtés, un à la fois. Faites des coins en onglet. Repliez l'extrémité et faites une piqûre. Ôtez les épingles.

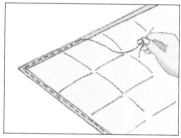

4. Rabattez le biais de l'autre côté du tissu de manière qu'il forme un pli double sur l'envers du napperon ou de la poignée. Cousez ce rabat à la main avec un point devant au milieu du pli.

Peinture à l'éponge / TECHNIQUE

Avec une simple éponge naturelle ou végétale (n'utilisez pas d'éponge en mousse synthétique) et de la peinture acrylique, vous pouvez réaliser des effets décoratifs sur des petits objets, des meubles ou, même, sur des murs entiers. Attention : les accessoires et ustensiles de cuisine peints ainsi ne pourront servir que comme éléments de décoration.

Choisissez deux ou trois couleurs qui s'harmonisent bien entre elles : une (la plus claire) comme couche de base et une ou deux autres pour le « glacis » appliqué à l'éponge qui donnera l'aspect grenu.

Pour obtenir un aspect uniforme et net, allégez la peinture avec du diluant ou un solvant.

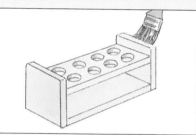

1. Appliquez deux couches d'une couleur de fond plus claire que le glacis. Laissez-la bien sécher avant de poursuivre.

2. Découpez une éponge en carrés de 5 cm. Imbibez un morceau avec la peinture diluée. Essorez l'excédent de peinture.

3. Tamponnez la surface avec l'éponge, en la réimbibant souvent, puis tamponnez chaque passe à l'éponge sèche.

4. Lorsque la peinture est sèche, passez un vernis au polyuréthane mat ou satiné pour rendre la surface étanche.

Rubans / Pochette

Entrelacez ensemble de jolis rubans anciens de manière à obtenir une pièce de tissu soyeux. Montez cette pièce sur une doublure et faites-en une
pochette grand chic pour accompagner vos toilettes.

Il n'y a presque rien à piquer. Tissez les rubans sur un morceau de toile thermocollante de 30 cm sur 50 ; fixez les extrémités avec des épingles.
Repassez à fer chaud. Le travail sera encore plus facile si vous posez l'en-
toilage sur une surface coussinée comme une serviette de bain.

Une fois la pièce doublée et montée en pochette, posez un bouton pression ou une boucle et un bouton de fantaisie pour fermer le rabat.

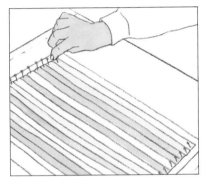

1. Sur une toile thermocollante, épinglez
assez de rubans de 48 cm de long pour
couvrir 28 cm en largeur.

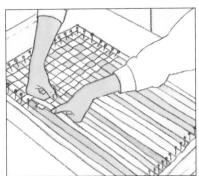

2. Dans cette chaîne, entrelacez des
rubans de 28 cm de long. Serrez-les
les uns contre les autres. Épinglez.

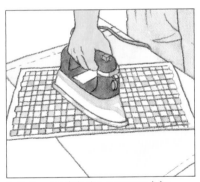

3. Retirez les épingles, repassez à fer
chaud. Dans cette pièce, découpez un
rectangle de 25 cm x 45 cm.

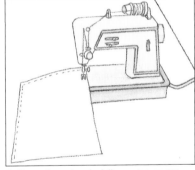

4. Posez le rectangle à l'envers sur une
doublure de 27 cm x 47 cm. Piquez sur
trois côtés.

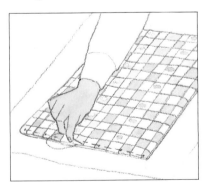

5. Retournez les pièces pour que l'endroit
soit sur le dessus. Piquez le dernier côté
en rentrant 1 cm.

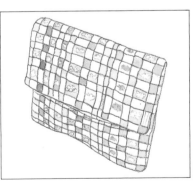

6. Repliez une extrémité de 17 cm et
piquez les côtés pour les fermer. Ramenez
le rabat ; posez un fermoir.

Carte routière / Revêtement

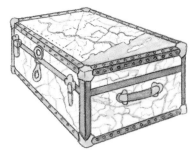

Les vieilles cartes routières empi-
lées dans votre armoire peuvent se
substituer au papier peint pour tapisser une boîte, une malle ou un
coin particulier d'une pièce.

Avec de la colle pour vinyle et un
bon apprêt, vous ne les trouverez
pas plus difficiles à poser que le
plastique adhésif du commerce.

1. Nettoyez la surface à couvrir et appliquez une couche d'apprêt en vous
servant d'un pinceau large. Laissez
sécher 3 heures.

3. Placez la carte en position. Collez-la
en lissant avec le plat de la main, du
centre vers les côtés, pour la faire adhérer
en évitant les bulles d'air.

Pour créer un effet plus ancien, teintez la carte avec du café dilué ou du thé passé à l'éponge. Une fois qu'elle est bien sèche, appliquez-y une couche de vernis à craqueler (qu'on trouve dans les magasins de fournitures pour artistes). Séchez le vernis, puis passez une cire en pâte de teinte foncée pour remplir et souligner les craquelures.

Songez aussi à employer des cartes marines, des feuilles de musique ou des pages de revues. Si le papier est très mince, il sera peut-être difficile de le tailler sans qu'il craque. Si cela est le cas, posez d'abord le papier en place puis laissez-le sécher avant de le découper. Marquez de l'ongle la ligne de coupe avant que la colle sèche.

2. Appliquez une colle pour papier peint sur le dos de la carte avec un petit rouleau ou un pinceau. Pliez les grandes cartes dos à dos en attendant de les poser.

4. Découpez ce qui déborde avec une lame de rasoir en vous aidant d'un large couteau à mastic. Si le papier est mince, attendez qu'il soit sec avant de le couper.

Peinture sur vêtement / TECHNIQUE

Les peintures pour tissus, en vente dans les boutiques spécialisées, vous permettront de rajeunir vos t-shirts, jeans ou chaussures en toile défraîchis. Décorez-les de motifs colorés ou ornez-les de votre nom. Vous pouvez utiliser ces peintures pour personnaliser vos nappes et vos serviettes.

Les peintures deviennent indélébiles par fixation à chaud : elles résisteront au lavage. Pour décorer des chaussures de toile, tracez les motifs sur du carton, découpez-les, puis tracez-en les contours sur vos chaussures avec un crayon. Remplissez ces dessins avec de la peinture pour tissu.

1. Glissez un morceau de carton dur sous la surface à peindre. Épinglez-y le tissu dans les coins et sur les bords. Laissez le carton en place jusqu'à la fin de votre ouvrage.

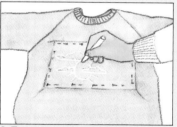

2. Tracez votre dessin à l'aide d'une craie (blanche pour les tissus foncés, de couleur s'ils sont clairs ou blancs). Effacez vos erreurs en frottant légèrement avec un linge mouillé.

3. Peignez votre dessin en utilisant des pinceaux de différentes tailles pour varier les effets et les formes. Appliquez la peinture avec parcimonie et laissez sécher au moins 12 heures.

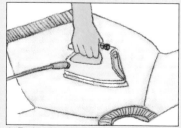

4. Retirez le carton, retournez le vêtement et glissez une serviette sous la surface peinte. Repassez à sec l'envers de votre peinture avec un fer aussi chaud que possible.

Rouleau à pâtisserie / Porte-accessoires

Que peut-on faire d'un rouleau à pâtisserie qui ne sert plus ? À l'aide d'un support en bois, on peut le transformer en un porte-accessoires pivotant. Fixé au mur et paré de quelques crochets et de pinces diverses, il fera un fourre-tout pratique et ingénieux pour vos clés, cartes d'affaires, messages divers...

Le support consiste en un socle et en deux appuis perforés pour maintenir le rouleau. Réalisez-le de préférence avec des morceaux de planche en bois blanc massif (hêtre, pin ou sapin). Dessinez le socle et les appuis en fonction de la taille du rouleau à pâtisserie. Ajoutez-y quelques courbures ou arrondis, ou même des ciselures, puis découpez-les à la scie sauteuse. Biseautez les bords à la ponceuse. Percez ensuite des trous pour les quatre vis destinées à fixer les appuis sur

le socle et pour les quatre vis de fixation au mur. Poncez toutes les pièces avant de les assembler.

Sur le rouleau, vous fixerez des pince-feuilles et des pitons à crochets, mais vous pouvez aussi faire des entailles de scie inclinées à 30° pour y glisser les cartes d'affaires.

Avant d'assembler les éléments, teintez ou peignez le support ainsi que le rouleau en respectant l'harmonie des teintes. Ensuite, appliquez deux couches de vernis de finition au polyuréthane, mat ou satiné. Ou encore, vous pouvez donner à votre objet insolite une finition grenée (voir p. 373) pour qu'il revête un cachet ancien.

Fixez l'ensemble au mur avec des vis en laiton et des chevilles adaptées à la nature de la cloison. Placez-le à un endroit où il sera facilement repérable et accessible.

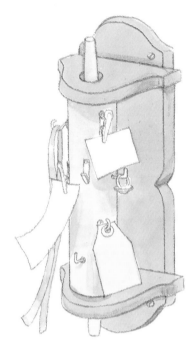

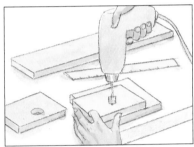

1. Dans du bois de 20 mm d'épaisseur, découpez le socle de 10 cm x 40 cm (soit 2,5 cm plus long que votre rouleau) et les deux appuis de 10 cm x 12,5 cm. Percez chaque appui d'un trou de 2,5 cm de diamètre à 3,5 cm du bord.

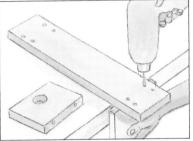

2. À chaque extrémité du socle, percez deux avant-trous destinés aux vis n° 4 qui attacheront le socle au mur. Déterminez la position des appuis et percez deux avant-trous pour vis n° 4 dans chacun à travers le socle.

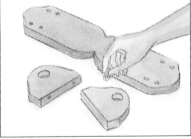

3. Biseautez les bords du bois à la forme souhaitée. Poncez, teintez, puis appliquez deux couches de vernis satiné au polyuréthane. Collez une grosse rondelle en fibre sur le trou de l'appui inférieur pour faciliter la rotation du rouleau.

4. Percez plusieurs avant-trous sur le pourtour du rouleau pour y fixer des pitons à crochets et des vis n° 2. Servez-vous des vis pour accrocher des pince-feuilles et fixez des pinces crocodile avec de plus petites vis.

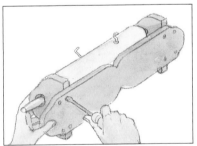

5. Fixez l'appui supérieur sur le socle avec des vis n° 4 vissées sur l'envers. Insérez un des manches du rouleau dans le trou, puis glissez l'appui inférieur sur l'autre manche et vissez-le comme vous l'avez fait pour l'appui supérieur.

6. Tenez l'ensemble contre le mur à l'endroit où vous voulez l'installer et marquez l'emplacement des trous pour ensuite percer des avant-trous dans le mur. Fixez l'ensemble avec des vis n° 10 et accrochez-y vos clés, vos cartes, vos notes.

Saladier / Mangeoire à oiseaux

Deux saladiers de tailles différentes, en plastique rigide transparent ou en bois, vous permettront de fabriquer une mangeoire à oiseaux qui aura l'avantage de tenir les écureuils à l'écart. Aucune mangeoire n'est totalement à l'abri de ces éternels fureteurs mais le dôme glissant de celle-ci leur rendra la tâche beaucoup plus difficile.

Les saladiers sont maintenus ensemble par une tige filetée et fixés par des écrous et des rondelles. Pour suspendre la mangeoire à un arbre, repliez l'extrémité de la tige filetée de manière à former un crochet ou bien fixez une attache de lustre avec un écrou sur le dessus.

Le type d'oiseaux que vous attirerez dépendra de l'écartement entre les saladiers : large pour de gros oiseaux ou réduit pour réserver l'accès de la mangeoire aux plus petits visiteurs.

Finition grenée / TECHNIQUE

Voici comment donner au bois la jolie finition grenée qui lui confère un aspect vieillot. Appliquez d'abord au pinceau une peinture à l'alkyde quelconque et essuyez-la immédiatement avec un chiffon de jute.

La couleur recommandée est le blanc cassé. Peignez une petite surface à la fois et essuyez tout de suite d'un mouvement léger et uniforme. Selon la teinte initiale du bois et l'effet désiré, il peut être nécessaire de répéter le traitement après avoir laissé bien sécher la peinture. Poncez doucement entre les couches. Protégez la finition avec une application de polyuréthane satiné.

1. Enlevez le vieux fini. Pour obtenir une surface douce, appliquez d'abord un bouche-pores et laissez sécher à fond.

1. Choisissez un grand saladier pour le toit et un autre, moitié plus petit, pour les graines. Percez un trou de 6 mm au centre de chaque saladier.

2. Placez un écrou et une rondelle près de l'extrémité de la tige filetée, puis insérez-la dans le grand saladier. Serrez-la avec un boulon et une rondelle.

2. Avec un pinceau large, étalez de la peinture à l'alkyde blanc cassé sur une petite surface. Essuyez avec un chiffon de jute.

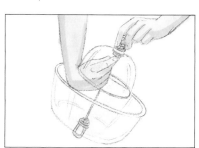

3. Faites passer la tige dans le petit saladier posé à l'envers et placez un boulon et une rondelle à l'autre extrémité de la tige. Fixez le petit saladier.

4. Repliez la tige au-dessus pour former un crochet ou fixez une attache de lustre. Remplissez le petit saladier avec des graines et suspendez la mangeoire.

3. Avant de poser une seconde couche, poncez la surface légèrement. Terminez avec une couche de polyuréthane satiné.

Nappe / Tapis de table et serviettes

Dans une nappe tachée ou usée, découpez un panneau en bon état pour en faire un tapis de table ; utilisez des pièces plus petites pour réaliser des napperons et des serviettes. Si la nappe est en toile, vous pouvez y découper des linges à vaisselle. Laissez libre cours à votre imagination.

Taillez d'abord le tapis de table en lui donnant 37,5 cm de largeur. Les napperons seront des rectangles de 37,5 cm x 45 cm et les serviettes, un carré de 40 cm. (Utilisez de la craie foncée pour tracer les figures sur un tissu pâle et vice versa.) Une fois ourlé, votre tapis de table aura 35 cm de largeur, vos napperons mesureront 42,5 cm x 35 cm et vos serviettes auront 37,5 cm de côté. Faites les coins en onglet, comme sur l'illustration.

1. Faites un rentré de 1,5 cm sur les bords et repassez pour bien marquer le pli.

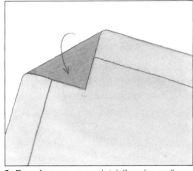

2. Pour former un onglet à l'angle, repliez la pointe sur elle-même et repassez la pliure.

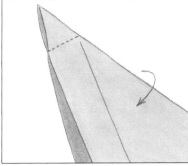

3. Dépliez la pointe, puis rabattez le tissu endroit contre endroit et faites une piqûre en suivant la diagonale de l'angle.

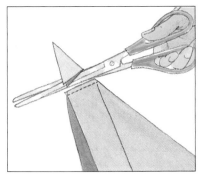

4. Coupez l'excédent de tissu et retournez sur l'endroit. Repassez pour former un angle bien net.

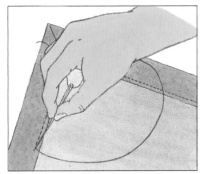

5. Cousez l'ourlet à la machine ou à la main en faisant un petit rentré. Au coin suivant, formez un autre onglet.

Boîtes de conserve / Récipients

Voici l'un des recyclages les plus simples : celui des boîtes de conserve. Décorez-les et servez-vous-en pour offrir des bonbons, des chocolats et d'autres friandises. Transformez les boîtes équipées d'un couvercle en plastique en tirelires (un travail manuel facile et passionnant pour les enfants). Des boîtes collées ensemble feront un rangement pratique pour vos petits accessoires de bureau.

Pour décorer vos boîtes, utilisez des peintures en aérosol qui vous permettent divers effets : moucheté (dit « imitation pierre »), pailleté, dégradé, etc. ; collez des images, puis vernissez-les.

ENSEMBLE DE RANGEMENT

Choisissez des boîtes de hauteurs et de diamètres différents. Vaporisez-les avec une peinture en aérosol et attachez-les les unes aux autres à l'aide d'un pistolet à colle. Pour une présentation plus soignée, collez de la feutrine à l'intérieur.

TIRELIRE

Utilisez une boîte équipée d'un couvercle en plastique. Peignez l'extérieur et collez un disque de feutrine sur le fond intérieur. Au centre du couvercle, découpez au couteau universel une fente de 5 mm de large et de 3 cm de longueur. Laissez à votre enfant le loisir de décorer la boîte peinte avec des autocollants.

BOÎTES À CADEAUX

Utilisez les boîtes munies d'un couvercle en plastique ou fabriquez un couvercle en découpant (avec des ciseaux à denteler) un morceau de tissu que vous attacherez avec une cordelette de couleur. Une pellicule plastique décorée d'autocollants fera aussi l'affaire. Pour rendre votre travail plus net, ne peignez pas les rebords de la boîte : protégez-les avec un ruban de papier-cache pendant que vous vaporisez. (Vous pouvez faire de même avec l'ensemble de rangement et la tirelire.) Appliquez des couches fines pour éviter les coulures.

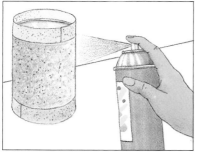

1. Donnez à votre travail un aspect professionnel en protégeant les rebords de la boîte avec un ruban de papier-cache avant d'y vaporiser une peinture en aérosol.

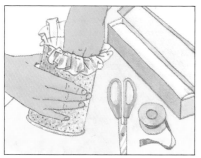

2. Lorsque la peinture est sèche, tapissez l'intérieur avec une pellicule plastique. Une fois la boîte remplie, posez le couvercle ou fixez le tissu avec une cordelette.

Peinture en aérosol / TECHNIQUE

Vaporiser des petits objets est une tâche délicate, car il faut pouvoir les maintenir immobiles sous la pression du jet de peinture. Si vous placez les objets sur une surface plane, vous constatez que, après séchage, l'objet peint est collé à son support par la peinture... Par ailleurs, le « nuage » de peinture vaporisé ne doit pas se disperser partout et souiller les alentours de la zone de travail. Résolvez ces problèmes en utilisant des objets courants.

SUPPORT CLOUTÉ

Enfoncez quelques clous de finition dans une planchette d'aggloméré ou une tuile acoustique : ils serviront de support pour de petits objets. Si ces derniers sont dotés d'un creux (comme les poignées de porte), enfoncez-les sur les clous. Sinon, plantez les clous au 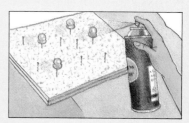 travers de la plaque pour que leurs pointes soient vers le haut, et piquez les objets à peindre sur ces pointes. Pour peindre toutes les faces d'un objet, faites-le reposer sur trois clous, puis vaporisez la peinture de tous côtés et par-dessous.

PLATE-FORME EN GRILLAGE

Prenez un morceau de grillage métallique à petites mailles de 50 cm x 60 cm, découpez des carrés de 10 cm à chaque coin, puis repliez les bords pour former les côtés de manière à lui donner la forme d'une boîte. Le dessus fera une plate-forme idéale pour peindre  des objets plats en bois ou en carton. Vaporisez la peinture doucement, surtout si les objets sont légers. Quand la peinture est bien sèche, retournez les objets et peignez l'autre face. Auparavant, nettoyez le grillage en frottant la peinture avec un chiffon imprégné de diluant cellulosique.

CABINE DE PULVÉRISATION

Fabriquez-la avec une grande boîte en carton, une tige de bois et des pinces à linge. Cette cabine vous permettra de peindre de petits objets sous tous leurs angles et d'obtenir un travail propre en préservant les alentours.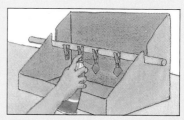

Découpez la boîte au couteau universel pour qu'elle ait la forme illustrée. Faites deux encoches pour la tige de bois, puis fixez des pinces à linge à la tige avec de la colle époxyde à prise rapide. Accrochez les objets aux pinces et vaporisez la peinture en passes successives. Pour peindre les autres côtés, posez la tige dans l'autre sens. Laissez bien sécher avant de manipuler les objets.

Branches d'arbre / Supports rustiques

Il est possible de tirer parti des grosses branches de bois coupées pour en faire des supports d'aspect aussi naturel qu'inattendu. Voici quelques exemples, mais libre à vous de laisser courir votre imagination pour trouver d'autres applications.

Pour l'enseigne, il faudra trouver une branche robuste et bien droite et deux autres branches plus petites pour former l'équerre où suspendre l'enseigne. Le poteau de la boîte aux lettres sera une grosse branche fourchue avec un diamètre approprié au fond de la boîte. La poignée requiert une mince branche tordue.

En règle générale, choisissez une branche un peu plus lourde que vous ne l'auriez cru nécessaire. Examinez-la attentivement pour vous assurer qu'elle est exempte de parasites et qu'elle n'a pas commencé à pourir. Badigeonnez la partie qui sera enterrée et la coupe supérieure avec du goudron ou de la créosote pour faire barrage aux parasites.

Toutes les essences de bois dur peuvent être utilisées. Les poteaux doivent être enfoncés comme sur l'illustration, à une profondeur suffisante pour échapper à l'action du gel.

ENSEIGNE

Prenez une grosse branche de 1,5 à 2 m de long et deux plus petites pour former l'équerre où l'enseigne sera pendue. Percez un orifice en haut du poteau de manière à y enfoncer une petite branche à l'horizontale. Consolidez ce support à l'aide d'une branche naturellement incurvée que vous attacherez à la première avec des vis et au poteau avec une grosse corde. Suspendez l'enseigne à deux courtes chaînes.

SUPPORT DE BOÎTE AUX LETTRES

Coupez une planche de la taille du fond concave de votre boîte aux lettres et prenez-la avec vous en forêt pour trouver une branche fourchue ayant les bonnes dimensions pour s'y insérer.

Ancrez le poteau dans le béton (voir ci-dessous). Clouez ou vissez

la base de la boîte posée à plat sur les deux portions de la fourche, Clouez la boîte par-dessus avec des clous galvanisés que vous enfoncerez dans la bride.

POIGNÉE DE PORTE

Il vous faudra une branche qui se tienne bien dans la main. Taillez-y une section de 45 cm de façon qu'elle ait la forme qu'on voit sur l'illustration

(les coupes doivent être en parfait alignement) : allouez assez de place pour pouvoir glisser la main entre la poignée et la porte. Pour fixer cette poignée rustique, percez un trou en haut et un en bas, en face de la partie qui sera appliquée sur la porte. Utilisez des vis longues et masquez les têtes avec du mastic.

INSTALLER UN POTEAU

1. En guise de poteau, choisissez une grosse branche droite. Mesurez-en le diamètre et creusez un trou au moins trois fois plus profond.

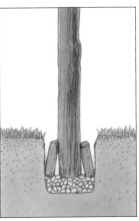

2. Déposez un lit de cailloux au fond du trou. Écorcez la base du poteau et enduisez-la de goudron. Mettez le poteau en place et calez-le.

3. Préparez un petit sac de béton prémélangé et bourrez-en le trou en le tassant autour des cales. Remplissez jusqu'au ras du sol et faites déborder.

4. Avec une truelle, lissez le béton à la base du poteau en lui donnant l'angle voulu pour amener l'eau à s'écouler dans un plus large rayon.

Meuble en osier / RÉNOVATION

Ne jetez pas un meuble en osier dont quelques morceaux sont cassés ou effilochés : ces dégâts sont relativement faciles à réparer.

Les meubles dits « en osier » sont en réalité composés de diverses fibres végétales rigides (bambou) et souples (osier et rotin). Tous ces matériaux se retrouvent dans les boutiques spécialisées en fourniture d'artisanat. Apportez des morceaux des parties à refaire pour les appareiller très exactement .

Procurez-vous du rotin avec une face lisse pour réparer les pieds des chaises ; du jonc pour réparer les tiges brisées ici et là. Vous aurez aussi besoin d'un marteau, d'une cisaille, de semences de tapissier et de ruban-cache.

Nettoyez le meuble avec une brosse souple et de l'eau chaude additionnée de détergent. Rincez très brièvement au tuyau d'arrosage réglé au jet fin, puis essuyez. Ou bien dépoussiérez le meuble avec le tube inversé de l'aspirateur. Faites tremper les nouvelles tiges de rotin et d'osier pendant 24 heures avant de les mettre en place.

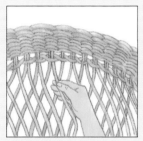
1. Égouttez les tiges trempées dans l'eau. Coupez les bouts en pointe et posez-les en place en les entrelaçant.

2. Pour recouvrir un pied de chaise, couchez-la et fixez le rotin en haut du pied avec un clou de tapissier.

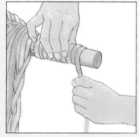
3. Enroulez le rotin autour du pied en serrant bien. Coupez le bout avec une cisaille et collez-le.

4. Fixez le bout collé avec un clou de tapissier. Tenez-le en place avec un ruban-cache jusqu'à ce qu'il soit sec.

Bouteille de vin / Lampe

Avec une simple bouteille de vin ou, mieux, une bouteille de forme insolite, vous pouvez fabriquer une lampe. Pour ce faire, vous aurez besoin d'un nécessaire pour lampe spécialement conçu pour les bouteilles (en vente chez tous les quincailliers) et d'un abat-jour. Parce que le cordon électrique est apparent, cette lampe sera généralement destinée à une chambre à coucher ou un chalet de campagne. Vous pouvez toutefois faire passer le fil à l'intérieur de la lampe, mais cela représente une opération délicate : percez la bouteille avec une mèche spéciale pour verre ou une mèche à maçonnerie dotée d'une pointe en carbure de tungstène que vous utiliserez en rotation lente et sans percussion. Marquez l'emplacement du trou avec un crayon gras, amorcez le perçage « à sec » avec la mèche, puis entourez la partie à percer avec un cordon de mastic pour faire un cratère dans lequel vous verserez un peu d'huile de vaseline. Percez dans le bain d'huile en maintenant la bouteille pour qu'elle ne bouge pas.

Si la bouteille est haute et fine, lestez-la avec des petits cailloux ou du sable. Si le verre est très clair, vous pouvez y verser des couches de graviers colorés.

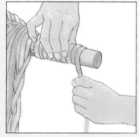
1. Choisissez un adaptateur ayant le même diamètre que le goulot de la bouteille. Placez-le comme un bouchon et bloquez-le en serrant l'écrou posé sur le tube fileté.

2. Vissez le papillon de la lyre, puis le capuchon de la douille, sur le tube fileté et serrez en place avec la vis latérale. Insérez le cordon par la base et dénudez-en les fils.

3. Enroulez les fils dans le sens des aiguilles d'une montre autour des bornes de la douille et serrez les vis. Enfilez le fourreau sur la douille et enclenchez celle-ci dans son capuchon.

4. Coiffez la lampe d'un abat-jour. Si la bouteille est très haute, il vaut mieux retirer la lyre et se servir d'un abat-jour qui se pince directement sur l'ampoule.

Couvercle de wok / Suspension

Le couvercle de métal brillant d'un wok assure un joli éclairage au-dessus d'une table. Il suffit d'y percer un trou pour laisser passer le fil d'un ensemble de suspension qui s'achète tel quel chez le quincaillier. L'ensemble consiste d'une douille en plastique, d'une barre de fixa-tion, d'une ampoule ronde givrée et d'un fil de suspension, avec prise de courant et commutateur.

À défaut, servez-vous d'un nécessaire pour lampe ordinaire (voir *Tuyau de drainage / Réflecteur au sol,* p. 355). Dans ce cas, il suffira de percer un trou de 2 cm.

1. Ôtez la poignée et placez le couvercle à l'envers sur une planche de bois. Percez un trou de 4 cm au centre du wok avec une scie à cloche.

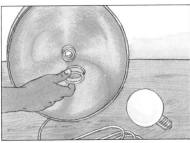

2. Insérez la douille dans le trou et centrez-la très exactement.. Assujettissez-la ensuite en vissant la rondelle qui la maintient en place.

3. Vissez une ampoule sphérique dans la douille. Vissez un piton à crochet directe-ment au-dessus du point à éclairer et un autre au-dessus de la prise murale.

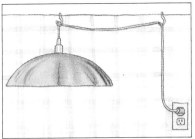

4. Suspendez l'abat-jour dans le premier crochet, laissez-le descendre à la hauteur désirée puis faites passer le fil dans le second crochet avant de le brancher.

Impression à la pomme de terre / TECHNIQUE

Découpez un dessin dans une demi-pomme de terre, puis appliquez-la sur un tampon encreur ou une feuille de papier ciré enduite de peinture et servez-vous-en comme d'un tampon à imprimer. L'impression rappellera celle des réalisations artisanales.

Vous pouvez personnaliser vos emballages de cadeaux (utilisez du simple papier blanc à étagères) ou imprimer vos dessins sur des meubles peints ou des objets en bois comme le bougeoir illustré à la page 379. Sur le bois ou le carton, protégez vos œuvres avec un vernis satiné. Si vous imprimez une rangée de dessins identiques, faites un repère dans la pomme de terre pour leur garder à tous le même sens.

1. Sur une moitié de pomme de terre, tracez un dessin au crayon. Avec un petit couteau pointu ou un couteau universel, retirez sur une profondeur de 4 à 5 mm tout ce qui ne fait pas partie du dessin.

2. Appliquez la pomme de terre sur un tampon encreur, puis pressez-la sur la surface à imprimer en réen-crant à chaque fois. Variez les couleurs ou « encrez » avec de la peinture acrylique.

Chutes de bois / Planches à dessin et bougeoirs

Plutôt que de jeter ou brûler les chutes de tasseau qui traînent dans votre atelier, transformez-les en bougeoirs en escalier : il suffit de découper des bouts de bois en longueurs différentes, de percer un trou pour loger la bougie et d'en coller un certain nombre ensemble. Par ailleurs, un reste d'étagère pourra servir à confectionner une planche à dessin portative. Ces deux projets constitueront de beaux petits cadeaux.

PLANCHE À DESSIN

Confectionnée avec un reste de bois ou de contre-plaqué, cette planche à dessin pour enfant est munie d'une poignée et de quatre marqueurs. Vous y agraferez le dos en carton d'un bloc à dessin.

Pour loger les marqueurs, utilisez de l'élastique à vêtements. Agrafez une extrémité sur la planche, tendez l'élastique, agrafez de nouveau. Taillez l'excédent.

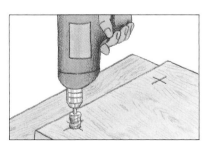

1. Coupez une planchette de 26 cm x 42 cm. Percez un trou de 2,5 cm de diamètre à 7,5 cm du bord et à 3 cm du haut de la planchette.

3. Avec une scie sauteuse, découpez le bois entre les trous pour creuser la poignée. Ôtez les échardes, poncez et vernissez.

5. Agrafez l'extrémité d'une bande élastique juste en dessous du bloc. Placez un marqueur en appui contre l'agrafe.

2. Percez un autre trou juste de l'autre côté, selon les mêmes coordonnées. Tracez des lignes droites pour relier les trous.

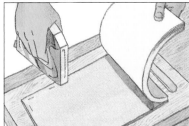

4. Après séchage, centrez un bloc à dessin de 20 cm x 27,5 cm sous la poignée et agrafez le dos en carton à la planche.

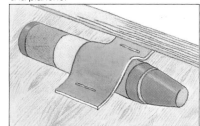

6. Tendez la bande sur le marqueur, puis agrafez-la de l'autre côté. Répétez cette opération avec trois autres marqueurs.

BOUGEOIRS EN ESCALIER

L'objet ci-dessous est réalisé avec des morceaux de tasseau de 5 cm x 5 cm, mais vous pouvez mettre à contribution tout ce qui vous tombe sous la main. **Attention !** Ces bougeoirs en bois sont décoratifs. Il ne faut pas y laisser se consumer des bougies sans surveillance.

1. Posez des chutes de tasseau de section 5 cm x 5 cm (ou autre) dans une boîte à onglets. Coupez-les en morceaux de 5, 10 et 15 cm de longueur.

2. Mesurez le diamètre des bougies que vous utiliserez et percez un trou de même taille (bien centré) à l'une des extrémités de chaque morceau de bois.

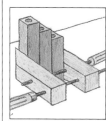

3. Poncez tous les morceaux de bois et fixez-les côte à côte avec de la colle à bois à prise rapide. Serrez-les dans une presse durant le séchage.

4. Après séchage, poncez les bavures de colle, vernissez le bois (après l'avoir teinté ou non) ou peignez-le. Installez-y des bougies.

Échelle en bois / Coffre à jouets

Pour ranger jouets et objets encombrants, fixez horizontalement une vieille échelle en bois contre un mur, puis, entre les barreaux, pendez de grands sacs en toile de couleur vive. Une échelle comportant cinq ou six barreaux suffit, mais un modèle plus long peut convenir.

Vous aurez besoin de vis et de chevilles et de deux ou trois supports : des tasseaux en pin clair de 30 mm taillés en largeur de 7 cm, qui constitueront des pieds pour la partie en façade. La hauteur idéale est de 45 cm pour que les sacs restent à la portée des enfants.

Poncez l'échelle, puis fixez-la au mur à chaque extrémité à l'aide de vis de 7,5 cm. Si l'échelle mesure plus de 1,20 m, ajoutez un troisième support au centre.

Des sacs d'environ 40 cm sur 55 cm rempliront l'espace entre les barreaux. Fixez-les à chaque coin avec une vis et une rondelle, puis fixez chaque côté au centre des barreaux.

Une solution plus élégante : fixez les sacs sur les barreaux avec des semences de tapissier ou des agrafes et collez un galon pour dissimuler les fixations.

1. Pour fabriquer les pieds de l'échelle, sciez deux (ou trois) morceaux de bois de section 30 mm x 7 cm et de 40 à 45 cm de long.

2. Fixez les pieds aux extrémités de l'échelle avec des boulons à tête ronde et collet carré, des écrous et des rondelles.

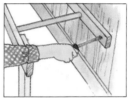

3. Posez l'échelle contre le mur et fixez-la avec des vis à bois ou avec des chevilles adaptées à la nature de la cloison.

4. Placez un sac entre chaque paire de barreaux et percez des trous de 3 mm aux coins et au milieu des deux barreaux.

5. Avec des vis n° 8 à tête ronde et des rondelles, fixez chaque sac aux quatre coins ainsi qu'au centre des barreaux.

6. Sciez des morceaux de contre-plaqué de 6 mm d'épaisseur et posez-les au fond des sacs pour les maintenir à plat.

Fer forgé / RÉNOVATION

Il ne suffit pas d'appliquer une couche de peinture pour rénover des meubles de jardin en fer forgé. Il est indispensable de les débarrasser tout d'abord des traces de rouille et des écailles de vieille peinture, et de boucher tous les trous.

Il faut employer des produits antirouille et de la peinture de préférence de la même marque pour être sûr qu'ils seront compatibles entre eux.

1. Frottez le fer forgé avec une brosse métallique et beaucoup d'eau. Utilisez un ouvre-canette pour décaper les creux.

2. Avec un petit couteau à enduire et du mastic polyester pour carrosserie, bouchez les trous et les brèches. Poncez après séchage.

3. Appliquez une base antirouille. Le lendemain, couvrez d'une peinture à l'huile ou à l'alkyde. Un fini satiné résistera mieux.

5. FORMULES ET RECETTES

POURQUOI DEVRIEZ-VOUS DÉPENSER POUR DES CHOSES SECONDAIRES COMME UN EMBALLAGE DE FANTAISIE, DES COÛTS DE DISTRIBUTION OU DES PROFITS D'INTERMÉDIAIRES, QUAND VOUS POUVEZ VOUS OFFRIR UN PRODUIT D'UNE QUALITÉ ÉGALE GRÂCE À LA BONNE FORMULE OU À LA BONNE RECETTE ? QU'IL S'AGISSE DE PRODUITS MÉNAGERS COMME LES CIRES, LES SAVONS OU LES DÉTACHANTS, DE PRODUITS ALIMENTAIRES TELS QUE DES MÉLANGES PRÊTS À L'EMPLOI, DES CÉRÉALES OU DES CONDIMENTS, OU ENCORE DE PRODUITS DIVERS COMME DU TERREAU DE REMPOTAGE, UN RINCE-BOUCHE OU UNE SOLUTION POUR PRÉSERVER VOS COUPURES DE JOURNAUX, VOUS TIREREZ D'ÉNORMES SATISFACTIONS EN LES PRÉPARANT VOUS-MÊME, SANS COMPTER LES ÉCONOMIES QUE VOUS RÉALISEREZ.

Anchoïade

Une sauce parfumée et relevée qui donnera du piquant à une salade ou aux petits légumes nouveaux.

200 g d'anchois entiers salés
1 gousse d'ail
2 c. à soupe de moutarde forte
1 c. à soupe de vinaigre de vin
200 ml d'huile d'olive
Poivre

1. Rincez les anchois en les frottant pour en éliminer le sel, puis séparez-les en filets.
2. Pelez la gousse d'ail et passez-la au presse-ail au-dessus du bol du mélangeur. Ajoutez les anchois, le vinaigre, la moutarde, l'huile d'olive, du poivre et 2 c. à soupe d'eau. Actionnez l'appareil 2 min à grande vitesse, jusqu'à obtention d'une émulsion fine. Servez tel quel avec des crudités ou comme base de vinaigrette ; ou tiède sur des légumes ou des pommes de terre cuits à la vapeur. Se conserve 3 mois au réfrigérateur dans un bocal hermétique. Pour 1 tasse environ.

Anticoquerelles

Un insecticide facile à préparer.

2 c. à soupe de borax
1 c. à soupe de farine
1½ c. à thé de cacao en poudre

Mélangez tous les ingrédients dans un petit bol. Répartissez ensuite ce mélange dans des capsules de bouteille ou tout autre petit récipient, et disposez-les dans les endroits infestés.
Attention ! Tenir hors de portée des enfants et des animaux.

Antifourmis

Donnez à ces petits envahisseurs une indigestion définitive.

⅓ de tasse de mélasse
6 c. à soupe de sucre
6 c. à soupe de levure sèche active

Mélangez tous les ingrédients dans un bol pour obtenir une pâte lisse. Recouvrez des bandes de carton avec le mélange ou versez-le dans des capsules de bouteilles. Disposez-les aux endroits infestés.

Antimoustiques

D'un parfum agréable, ne graisse pas la peau.

3 tasses d'alcool à friction
1½ tasse de copeaux
de cèdre rouge
½ tasse de feuilles d'eucalyptus

Mélangez tous les ingrédients dans un grand bol. Couvrez et laissez macérer 5 jours. Filtrez le mélange et ne gardez que le liquide. Appliquez sur la peau quand vous voulez la protéger des moustiques. Conservez le produit dans un récipient hermétique.

Aquarelle

Un bon substitut aux produits vendus dans le commerce.

1 c. à soupe de vinaigre blanc
ou de vinaigre de cidre
2 c. à soupe de bicarbonate
de soude
1 c. à soupe de fécule de maïs
½ c. à thé de glycérine
2 gouttes de colorant alimentaire
1 c. à thé d'eau

Dans un petit bol, mélangez le vinaigre et le bicarbonate. Ajoutez la fécule et la glycérine lorsque le bicarbonate cesse de mousser. Incorporez le colorant et ajoutez de l'eau si la solution vous semble trop épaisse. Gardez dans un récipient hermétique. Pour ¼ de tasse.

Aubergines marinées

Vous aimerez la douceur de l'aubergine et le piquant du gingembre.

2 aubergines oblongues
de 300 g chacune
1 c. à thé de gingembre frais râpé
2 c. à soupe de sucre
5 c. à soupe de vinaigre de vin
1½ c. à soupe de sauce de soja
4 c. à soupe d'huile d'arachide
1 c. à soupe de sel de mer fin

1. Lavez les aubergines, épongez-les et coupez-les en bâtonnets de la taille d'une allumette. Mettez-les dans une passoire inoxydable et salez-les. Laissez-les reposer au moins 15 min, puis pressez-les, rincez-les sous l'eau courante et pressez-les à nouveau.
2. Mettez le sucre, le vinaigre, la sauce de soja et l'huile dans une sauteuse de 26 cm de diamètre. Portez à ébullition, puis plongez-y les aubergines. Dès la reprise de l'ébullition, retirez du feu et laissez refroidir.
3. Lorsque les aubergines sont froides, mettez-les dans un bol et gardez-les au réfrigérateur. Dégustez-les le lendemain, parsemées de gingembre, avec de la viande ou du poisson grillés, chauds ou froids. Se conserve 3 jours au réfrigérateur. Pour 2 tasses environ.

Barres au beurre d'arachide

Le goûter idéal pour les enfants, plein de vitamines et de protéines.

1 tasse de sirop de maïs clair
1 pot (375 g) de beurre
d'arachide croquant
½ tasse de sucre

*4 tasses de céréales de
riz grillées
1 tasse d'arachides non salées,
hachées grossièrement (facultatif)*

1. Versez le sirop dans une grande casserole. Ajoutez le beurre d'arachide et le sucre et portez à ébullition sur feu doux, sans cesser de remuer.

2. Retirez la casserole du feu et ajoutez le reste des ingrédients. Mélangez soigneusement.

3. Versez la préparation dans un moule beurré de 35 cm x 27 cm et laissez refroidir à température ambiante. Coupez en barres de 7 cm x 3 cm. Les barres au beurre d'arachide se conservent 1 semaine à la température ambiante, 2 semaines au réfrigérateur et 3 mois au congélateur. Pour 45 barres.

Bâtonnets au fromage

Exquis à grignoter à l'heure de l'apéritif. Vous pouvez préparer la pâte à l'avance et ne faire cuire que la portion qu'il vous faut.

*250 g de cheddar râpé
2 tasses de beurre doux
ou de margarine,
à température ambiante
2 tasses de farine tamisée
4 pincées de sel
1½ c. à thé de moutarde sèche
4 pincées de piment de
Cayenne en poudre
1 c. à thé de graines de carvi
1 jaune d'œuf
1 c. à thé de lait
2 c. à soupe de parmesan
râpé*

1. Mettez le fromage et le beurre dans le bol du mélangeur et faites tourner 1 min. Ajoutez la farine, le sel, la moutarde sèche, le piment

de Cayenne et les graines de carvi et mixez encore 1 min, jusqu'à l'obtention d'une pâte homogène. Enveloppez-la dans une pellicule de plastique et laissez reposer au moins 2 heures au réfrigérateur. (Cette pâte se conservera pendant 1 semaine au réfrigérateur ou 6 mois au congélateur.)

2. Au moment de l'utilisation, chauffez le four à 180°C. Farinez le plan de travail et étalez-y la pâte au rouleau pour qu'elle ait une épaisseur de 5 mm. Découpez-y des bâtonnets de 10 à 15 cm de long sur 1 cm de large. Déposez-les sur une plaque non graissée.

3. Fouettez le jaune d'œuf et le lait, badigeonnez-en chaque bâtonnet au pinceau et poudrez de parmesan. Faites cuire les bâtonnets au four pendant 10 à 12 min, jusqu'à ce qu'ils soient dorés.

4. Laissez reposer les bâtonnets pendant 1 min, puis faites-les refroidir sur une grille. Servez pendant qu'ils sont encore tièdes. Ces bâtonnets au fromage se conservent 2 jours dans une boîte en métal hermétique. Pour 36 bâtonnets.

Baume pour les lèvres

Pour avoir les lèvres bien douces et éviter les gerçures.

*2 c. à soupe de miel
1 c. à thé de glycérine
1 c. à soupe d'huile
d'olive*

Mélangez bien les différents ingrédients et appliquez sur les lèvres avec un tampon d'ouate. Se conserve au réfrigérateur dans un bocal hermétique.

Beurre d'amandes

Idéal pour tartiner toasts et bouchées à base de crustacés ou de poissons.

*2 tasses d'amandes
mondées
2 c. à soupe d'huile végétale
½ c. à thé de sel*

1. Chauffez le four à 230°C. Étale les amandes sur une plaque à b cuits et glissez-les dans le Faites-les dorer 20 min. Re four et laissez refroidir.

2. Mettez les amandes dan d'un robot et ajoutez l'huile e sel. Faites tourner l'appareil jusqu'à obtention d'un beurre bien lisse. Se conserve pendant 1 mois dans une boîte hermétique, au réfrigérateur.

Si vous aimez retrouver des amandes croustillantes dans le beurre, hachez grossièrement un tiers des amandes et ajoutez-les au mélange. Pour 1 tasse.

Beurre d'arachide

Bien meilleur quand il est fait chez soi.

*2 tasses d'arachides
grillées à sec
4 c. à thé d'huile végétale*

Mettez les arachides dans le bol du mélangeur et ajoutez l'huile. Faites tourner l'appareil jusqu'à obtention d'une purée fine. Se conserve 1 mois au réfrigérateur dans un bocal fermé. Pour 1 tasse.

Pour avoir un beurre croquant, hachez d'abord grossièrement un tiers des arachides et ajoutez-les dans le beurre terminé.

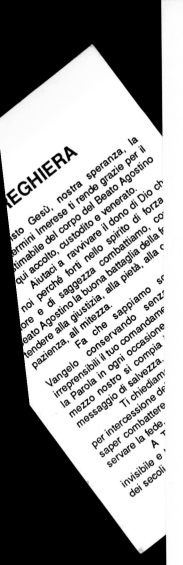

EGHIERA

isto Gesù, nostra speranza, la
ermini Imerese ti rende grazie per il
timabile del corpo del Beato Agostino
qui accolto, custodito e venerato.
Aiutaci a ravvivare il spirito di Dio ch
noi perché forti nello spirito di forza
ore e di saggezza combattiamo, co
eato Agostino la buona battaglia della f
rendere alla giustizia, alla pietà, alla c
pazienza, all mitezza.
Fa che sappiamo s
Vangelo conservando senz
irreprensibili il tuo comandame
la Parola in ogni occasione
mezzo nostro si compia
messaggio di salvezza.
Ti chiediam
per intercessione d
saper combattere
servare la fede.
A T
invisibile e
dei secoli

Beurre de noix

Pour tartiner des craquelins, sandwiches ou canapés.

*2 tasses de noix de Grenoble
décortiquées
1 c. à thé d'huile végétale
½ c. à thé de sel*

Chauffez le four à 140°C. Étalez les noix sur une plaque à biscuits et glissez-la dans le four. Laissez cuire 20 min environ, jusqu'à ce que les noix soient dorées.
2. Laissez refroidir les noix, puis mettez-les dans le bol du robot culinaire avec l'huile et le sel. Faites tourner l'appareil jusqu'à ce que vous obteniez une préparation très crémeuse. Si vous souhaitez une consistance plus croquante, retirez ¼ de tasse de noix du robot lorsqu'elles sont légèrement mixées et incorporez-les au beurre une fois celui-ci terminé. Se conserve 1 mois au réfrigérateur. Pour 1 tasse.

Beurre de pomme

Un tartinage épicé, peu sucré. Les pépins, en cuisant, fournissent de la pectine.

*2 kg de pommes mélangées
(cortland, macintosh, northern spy)
2 tasses de cidre doux
1 gousse de vanille
1 bâton de cannelle
2 clous de girofle*

1. Coupez les pommes en quartiers et mettez-les dans une grande cocotte en fonte. Couvrez et posez sur feu doux. Dès l'ébullition, couvrez et laissez cuire à feu doux pendant 50 min, en remuant de temps en temps, jusqu'à ce que toutes les variétés de pommes soient molles. Ajoutez de l'eau au besoin.
2. Passez les pommes au tamis et versez la purée dans une grande casserole. Ajoutez le cidre, la gousse de vanille, le bâton de cannelle et les clous de girofle. Faites cuire à feu doux, sans couvrir, et remuez

fréquemment. Au bout de 1 h 15 environ, le mélange sera très épais.
3. Laissez tiédir, puis retirez les épices. Versez le mélange encore chaud dans des bocaux chauds de 500 ml et couvrez immédiatement. Se conserve 1 mois. Pour 2½ tasses environ.

Beurres parfumés

Proposez-les à table, tartinez-en du pain grillé, des canapés ; faites-les fondre sur des viandes ou des poissons grillés, des légumes, du riz à l'eau ou dans un potage.

*125 g de beurre mou
2 gousses d'ail, ou 3 c. à soupe
d'aneth ou de ciboulette hachés,
ou 2 c. à soupe de cerfeuil
ou d'estragon hachés
Sel, poivre*

1. Pelez les gousses d'ail et passez-les au presse-ail au-dessus d'un bol. Ajoutez le beurre, du sel, du poivre et mélangez bien. Si vous utilisez les herbes, mélangez-les au beurre avec du sel et du poivre.
2. Moulez le beurre obtenu dans des petits ramequins ou les compartiments d'un bac à glaçons. Ces beurres se conservent 5 jours au réfrigérateur et 4 mois au congélateur. Pour 8 portions.

Biscuits pour chiens

Pour votre chien, un régal dont vous connaîtrez la composition.

*1¾ tasse de nourriture pour
chiens (voir p. 408)
1 tasse de son non traité
1 tasse de flocons d'avoine
à l'ancienne
½ tasse d'huile végétale*

1. Chauffez le four à 110°C. Écrasez la nourriture pour chiens dans un bol pour obtenir un mélange homogène. Ajoutez le son et les flocons d'avoine et mélangez. Incorporez peu à peu l'huile jusqu'à

obtention d'une pâte facile à modeler. Façonnez-la en forme d'os ou en petits pâtés. (Au besoin, ajoutez un peu d'huile.)
2. Mettez à cuire au four pendant 3 h 30. Laissez refroidir et rangez les biscuits dans une boîte munie d'un couvercle. Ces biscuits se conservent 1 mois au réfrigérateur. Pour 16 biscuits de taille moyenne.

Biscuits graham

Vous ne voudrez jamais plus les acheter tout faits.

*1 tasse de farine tout usage
1¼ tasse de farine de blé complète
5 c. à thé de sucre
½ c. à thé de sel
½ c. à thé de bicarbonate de soude
1 c. à thé de levure chimique
¼ c. à thé de cannelle en poudre
3 c. à soupe de beurre froid,
coupé en dés, ou de margarine
¼ de tasse de graisse
végétale réfrigérée
2 c. à soupe de miel
1 c. à soupe de mélasse
¼ de tasse d'eau
1 c. à thé d'essence de vanille*

1. Mélangez les deux farines dans un bol. Ajoutez le sucre, le sel, le bicarbonate, la levure et la cannelle. Mélangez bien, puis ajoutez le beurre et travaillez le tout du bout des doigts jusqu'à l'obtention d'une semoule grossière.
2. Mélangez le miel, la mélasse, l'eau et la vanille dans un autre bol et mouillez petit à petit la préparation précédente de ce mélange. Continuez à travailler la pâte jusqu'à obtention d'une boule légèrement friable. (N'ajoutez pas d'eau.)

Enveloppez-la dans une pellicule de plastique et laissez-la au moins 3 heures au réfrigérateur.

3. Au bout de ce temps, chauffez le four à 180°C. Coupez la pâte en deux et laissez-la reposer 15 min à température ambiante.

4. Parsemez de farine complète une feuille de papier ciré et posez dessus un morceau de pâte. Saupoudrez de farine et posez sur la pâte une seconde feuille de papier ciré. Étalez la pâte au rouleau, entre les deux feuilles de papier, afin de former un rectangle de 18 cm x 36 cm. Si la pâte se brise pendant cette opération, retirez le papier et recollez les brisures en écrasant la pâte entre vos doigts.

5. Retirez la feuille du dessus et piquez la pâte de coups de fourchette tous les centimètres. Découpez des carrés de 6 cm de côté et déposez-les sur une plaque non graissée en les espaçant à peine. Faites cuire 15 min, jusqu'à ce que les biscuits soient à peine blonds sur les bords. Répétez avec la seconde moitié de la pâte. Puis formez une boule avec les retailles et abaissez le restant de la pâte.

6. Laissez refroidir les biscuits sur une grille, et attendez 24 heures avant de les déguster. Ces biscuits se conservent 1 mois dans une boîte métallique ou 6 mois au congélateur. Pour 26 biscuits graham.

Biscuits au lait

Se servent très bien avec l'apéritif.

2 tasses de mélange
tout usage (voir p. 404)
½ tasse de lait ou d'eau

1. Chauffez le four à 230°C. Versez le mélange dans un bol et ajoutez le lait ou l'eau. Mélangez avec une fourchette jusqu'à l'obtention d'une pâte grossière.

2. Farinez légèrement le plan de travail et posez-y la pâte. Pétrissez-la en lui donnant 10 tours.

3. Étalez la pâte sur 5 mm d'épaisseur et découpez-la avec des petits emporte-pièce. Posez les morceaux de pâte sur une plaque non graissée et glissez-les dans le four. Laissez cuire de 10 à 12 min, jusqu'à ce que les biscuits soient blonds. Laissez refroidir sur une grille. Pour 15 à 20 biscuits.

Blanc de chaux

Une peinture bon marché qu'il faut réappliquer fréquemment. Idéale à la ferme, car la chaux est germicide. Utilisez seulement à l'intérieur, sur les murs de cave ou de locaux d'élevage.

2,5 kg de chaux hydratée
4,5 litres d'eau
à température ambiante
700 g de sel
2 litres d'eau chaude

1. Dans un grand bac, mélangez la chaux et l'eau à la température de la pièce. Laissez reposer pendant toute la nuit.

2. Incorporez le sel à l'eau chaude et laissez-le se dissoudre. Ajoutez l'eau salée à la chaux et remuez bien. Pour colorer, ajoutez du pigment en poudre. Gardez dans un récipient hermétique. Pour 10 litres.

Boisson pétillante

Une boisson pétillante pleine de vitamines et très rafraîchissante.

¼ de tasse de jus de fruits surgelé
(orange, citron, pomme ou
raisin concentré)
¾ de tasse d'eau gazeuse
quelques cubes de glace

Mettez le concentré de fruits encore gelé au fond d'un grand verre et ajoutez le quart de l'eau gazeuse. Mélangez jusqu'à ce que le jus soit dissous. Ajoutez des cubes de glace et arrosez du reste de l'eau gazeuse. Mélangez rapidement et servez aussitôt. Pour 1 personne.

Bouche-éraflures

À utiliser sur les surfaces métalliques ou vitrées.

¼ de tasse de glycérine
¼ de tasse de rouge à polir
(potée d'émeri extra-fine)
¼ de tasse d'eau

Mélangez tous les ingrédients dans un bocal en verre de taille moyenne, jusqu'à l'obtention d'une pâte lisse. Appliquez sur les surfaces éraflées avec un chiffon propre et frottez. Rincez à l'eau. Pour boucher des éraflures plus profondes, renouvelez l'opération plusieurs fois. Gardez dans un récipient hermétiquement fermé.

Boulettes de fromage aux noix

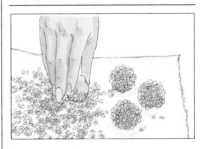

À présenter sur un plateau de fromages ou sur un buffet.

110 g de fromage à la crème
110 g de gorgonzola
ou de fromage bleu
⅔ de tasse de noix hachées
Poivre

1. Mélangez soigneusement les fromages à la fourchette.

2. Prélevez 1 c. à thé bombée de ce mélange et roulez-la entre les paumes de vos mains afin d'obtenir une boulette.

3. Roulez les boulettes dans les noix hachées et rangez-les sur un plateau. Faites-les raffermir au réfrigérateur pendant au moins 2 h, mais il faudra les retirer 30 min avant de les déguster. Se conservent 1 semaine au réfrigérateur ou 1 mois au congélateur. Pour 30 boulettes environ.

Boulettes aux fruits secs

Prêtes en quelques minutes.

1 tasse de noix finement hachées
1 tasse de dattes finement hachées
1 tasse de noix de coco lyophilisée
⅔ de tasse de sucre
2 œufs battus
1 tasse de flocons de maïs écrasés

1. Mettez les œufs, les dattes et le sucre dans une casserole. Posez-la sur feu doux et laissez cuire 5 min en remuant sans cesse, jusqu'à ce que la préparation épaississe. Retirez du feu, laissez reposer 5 min, puis ajoutez les noix et les céréales. Mélangez et laissez refroidir.
2. Versez la noix de coco dans une assiette. Prélevez la préparation par cuillerées à thé et faites rouler les boulettes dans la noix de coco. Servez aussitôt. Ces boulettes se conservent 15 jours au réfrigérateur, dans une boîte hermétique. Pour 36 boulettes environ.

Boulettes au rhum

Des petites friandises qui ne demandent aucune cuisson.

1¾ tasse de gaufrettes à
la vanille finement émiettées
1 tasse de pacanes
finement hachées
¼ de tasse de cacao amer
1 tasse de sucre en poudre
non tamisé
3 c. à soupe de sirop de maïs clair
4 c. à soupe de rhum ambré
⅓ de tasse de sucre en
poudre tamisé

1. Mettez tous les ingrédients, sauf le sucre en poudre, dans un bol et mélangez soigneusement, en utilisant vos mains si nécessaire.
2. Prélevez 1 c. à thé de mélange et roulez-la entre vos doigts afin d'obtenir une boulette bien lisse. Faites de même avec le reste de la pâte.
3. Mettez le sucre en poudre tamisé dans une assiette et roulez-y les boulettes. Se conservent 10 jours au frais dans une boîte hermétique. Pour 36 boulettes environ.

Bretzels

Ces délicieux bretzels se dégustent tièdes, seuls, avec un potage ou du fromage.

1¼ tasse d'eau chaude
4 c. à thé de sucre
1 sachet de levure sèche active
1 c. à thé de sel
¾ de tasse de farine de gluten
ou de farine à pain
2½ tasses de farine tout usage
3 c. à soupe de bicarbonate
de soude
1 c. à soupe de gros sel
ou 1 c. à thé de sel fin

1. Mettez ½ tasse d'eau chaude dans un petit bol avec 1 c. à thé de sucre et la levure sèche. Laissez reposer 10 min, jusqu'à ce que la levure bouillonne.
2. Versez ¾ de tasse d'eau tiède dans le bol du mélangeur ou du robot culinaire; ajoutez le sel, la farine de gluten et 1 tasse de farine tout usage. Actionnez l'appareil pendant 10 min à basse vitesse, pour que le mélange soit homogène. Ajoutez la levure gonflée; battez 4 ou 5 min de plus. Incorporez le reste de la farine.
3. Sur un plan fariné, pétrissez la pâte pendant 5 min pour qu'elle devienne très lisse. Si vous la trouvez trop collante, ajoutez-lui de la farine. Faites-en une boule et déposez-la dans un bol non graissé, recouvert d'un linge à vaisselle. Au bout de 45 min à 1 h, la pâte aura doublé de volume.

4. Lorsque la pâte a levé, chauffez le four à 230°C. Aplatissez la boule de pâte avec votre poing. Coupez-la en 12 morceaux égaux que vous roulerez en les étirant afin qu'ils atteignent 50 cm de longueur. Puis enroulez chaque boudin de pâte en forme de bretzel. Rangez-les au fur et à mesure sur le plan de travail fariné et couvrez-les d'un linge. Laissez-les reposer 20 min.

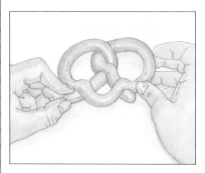

5. Au bout de ce temps, faites bouillir 1 litre d'eau dans une grande casserole et ajoutez le bicarbonate de soude et le reste du sucre. Mélangez et plongez les bretzels trois à la fois dans l'eau frémissante. Laissez-les cuire 20 s, puis retirez-les avec une écumoire et alignez-les sur un linge propre pour qu'ils s'égouttent. Faites cuire ainsi tous les bretzels.
6. Rangez les bretzels sur une plaque à biscuits non graissée et faites-les cuire 15 min environ au four jusqu'à ce qu'ils soient gonflés et bien dorés. Poudrez-les de gros sel dès la sortie du four et dégustez-les tièdes ou à température ambiante. Pour 12 bretzels.

Brownies

Pour varier, employez des grains au beurre d'arachide au lieu des grains de chocolat.

3 tasses de mélange pour
brownies (p. 403)
2 gros œufs battus
½ tasse de grains de
chocolat mi-amer
1 c. à thé d'essence de vanille

1. Chauffez le four à 180°C. Graissez un moule carré de 20 cm de côté.

2. Mettez la préparation pour biscuits dans un bol. Ajoutez les œufs, les grains de chocolat et la vanille et mélangez jusqu'à l'obtention d'une pâte souple.

3. Versez la pâte dans le moule, lissez la surface à la spatule et faites cuire 30 min au four.

4. Retournez le moule sur une grille, démoulez et laissez refroidir complètement avant de découper en carrés. Pour 16 brownies.

Brownies sans blé

La farine de blé est remplacée ici par de la farine de riz, ce qui donne des brownies plus légers.

*⅓ de tasse de margarine,
à température ambiante
1 tasse de cassonade blonde,
bien tassée
2 carrés de chocolat
mi-amer, fondu
1 c. à thé d'essence de vanille
2 œufs, légèrement battus
⅔ de tasse de farine de riz
non tamisée
½ c. à thé de levure chimique
¼ de c. à thé de sel
½ tasse de noix hachées
grossièrement*

1. Chauffez le four à 180°C. Mettez la margarine dans un bol, ajoutez la cassonade et battez au fouet jusqu'à ce que le mélange blanchisse. Ajoutez le chocolat et la vanille en mélangeant sans cesse, puis les œufs, la farine, la levure et

le sel. Remuez jusqu'à obtention d'une préparation lisse. Incorporez les noix.

2. Graissez un moule de 20 cm de côté et versez-y la pâte. Lissez la surface à la spatule et faites cuire au four de 30 à 35 min, ou jusqu'à ce que la lame d'un couteau enfoncée au centre du gâteau en ressorte propre.

3. Démoulez le gâteau sur une grille et laissez-le refroidir avant de le découper en carrés de 5 cm. Ces brownies se conservent 3 jours dans une boîte métallique hermétique. Pour 16 brownies.

Calmant pour l'estomac

La menthe poivrée et les herbes amères soulagent la nausée. Pour un estomac troublé, il vaut mieux sucer un glaçon qu'absorber un liquide.

*1 tasse d'eau
1 sachet d'infusion à
la menthe poivrée
2 tasses de jus de
pomme-canneberge
1 c. à thé d'angostura
bitters*

1. Amener l'eau à ébullition dans une petite casserole. Ajoutez le sachet d'infusion et retirer du feu. Laissez infuser 10 min.

2. Jetez le sac d'infusion. Laissez tiédir le thé pendant 5 min, puis ajoutez le reste des ingrédients.

3. Versez le liquide dans le bac à

glaçons et faites prendre au congélateur.

4. Pour soulager la nausée, sucez un glaçon toutes les 20 min ou frottez-le sur vos lèvres.

Attention ! Consultez le médecin si les vomissements persistent après 24 heures, ou s'ils sont particulièrement violents.

Cataplasme pour jambes lourdes

Pour soulager des jambes enflées ou douloureuses.

*La chair de 1 citrouille
5 c. à soupe de feuilles fraîches
de lierre
1 gros bouquet de cerfeuil*

Passez au mélangeur la chair de citrouille, les feuilles de lierre et le cerfeuil. Étalez la préparation sur un linge. Appliquez sur les jambes. Gardez 30 min.

Cataplasme à la moutarde

Un remède d'autrefois pour décongestionner les poumons.

*1 c. à soupe de moutarde sèche
¼ de tasse de farine
(pour les adultes)
ou 6 c. à soupe (pour les enfants)
Eau tiède*

1. Tamisez la moutarde et la farine dans un bol de taille moyenne. Ajoutez peu à peu suffisamment d'eau pour obtenir une pâte. Étalez celle-ci sur une pièce de gaze ou une toile à fromage assez grande pour couvrir la poitrine. Recouvrez avec une autre pièce de gaze.

2. Placez le cataplasme sur la poitrine (la peau doit être bien sèche). Vérifiez fréquemment les réactions et, dès que la peau commence à rougir, au bout de 10 à 20 min, retirez le cataplasme. (Ne laissez jamais plus de 30 min.) Frottez la poitrine avec de la vaseline pour maintenir la chaleur. Utilisez le cataplasme deux fois par jour jusqu'à la disparition de la congestion.

Attention ! Enlevez immédiatement le cataplasme en cas de réaction allergique.

Céréales du matin

Un mélange riche en protéines et en fibres, qui commence bien la journée.

*2 tasses de gruau d'avoine,
cuisson 1 minute
1 tasse de flocons de blé entier
ou en filaments, écrasés
1 tasse de son
ou de céréales au son
1 tasse de germe de blé
1 tasse de noix non salées
(noix de Grenoble, amandes,
noisettes, pacanes,
noix de cajou), hachées
1 tasse de fruits secs
(pruneaux, abricots,
pommes, poires,
bananes, dattes), hachés
1 tasse de raisins secs
1 tasse de lait en
poudre écrémé*

1. Mélangez dans un grand bol les céréales, le germe de blé et les noix. Ajoutez les fruits secs et mélangez encore afin qu'ils s'enrobent bien de céréales.

2. Ajoutez les raisins et le lait en poudre et mélangez encore. Placez dans une ou plusieurs boîtes métalliques hermétiques, au réfrigérateur. Ces céréales se conservent 2 mois. Pour 10 tasses environ.

Chutney express

Simple et savoureux avec volailles, viandes froides et curries.

*1 boîte (540 ml) d'abricots ou de poires en conserve, en sirop léger
2 c. à soupe de raisins de Smyrne
2 c. à soupe de raisins de Corinthe
1 c. à soupe de vinaigre de cidre
1 c. à thé de moutarde forte
½ c. à thé de gingembre en poudre
½ c. à thé de coriandre moulue
½ c. à thé de sel d'ail (facultatif)
½ c. à thé de sel*

Égouttez les fruits et passez-les brièvement au mélangeur. Mettez-les dans un bol et ajoutez le reste des ingrédients. Mélangez et versez le chutney dans un contenant hermétique. Se conserve au réfrigérateur pendant 6 mois. Pour 2 tasses environ.

Cire pour automobile

Lustrez votre voiture par petites surfaces.

*½ tasse de cire de
carnauba fondue
2 c. à soupe de cire d'abeille
jaune, fondue
2 tasses d'essence de térébenthine
1 c. à soupe d'huile de camphre*

Faites chauffer les deux cires au bain-marie. Remuez, puis laissez refroidir le mélange jusqu'à ce qu'il commence à durcir. Ajoutez l'essence de térébenthine et l'huile de camphre, puis remuez. Appliquez avec un linge doux et faites briller avec un autre linge très doux.

Cire pour bois brut

Idéale pour les ouvrages du type poutres et chevrons. Ne pas utiliser sur du bois vernis.

*1 tasse d'essence de térébenthine
1 tasse de cire d'abeille fondue
1 tasse d'huile de lin bouillie*

Faites chauffer l'essence de térébenthine au bain-marie. Incorporez la cire et remuez jusqu'à ce qu'elle soit dissoute. Ajoutez l'huile. Retirez du feu et passez la cire chaude sur le bois avec un pinceau. Laissez sécher et faites briller avec un linge doux.

Attention ! Cette recette utilisant des matériaux inflammables, le mélange ne doit pas chauffer trop ou éclabousser une surface chaude.

Cire de finition

Finition durable qui imperméabilise le bois et estompe les éraflures.

*1 tasse d'essence de térébenthine
250 g de copeaux de cire carnauba
250 g de copeaux de paraffine*

Faites chauffer la térébenthine au bain-marie ; ajoutez la cire et la paraffine et remuez, jusqu'à ce qu'elles soient fondues. Retirez du feu, versez dans un récipient et laissez refroidir. Si la cire devient trop dure, faites la fondre au bain-marie et ajoutez un peu de paraffine.

Attention ! Cette recette utilisant des matériaux inflammables, le mélange ne doit pas chauffer trop ou éclabousser une surface chaude.

Cire sans polissage

Brille sans que l'on ait à frotter, antidérapante. Convient parfaitement aux sols en carrelage.

*1 litre d'alcool dénaturé
¼ de tasse de gomme arabique
en flocons*

¼ de tasse d'essence de térébenthine
1 tasse de shellac orange

Disposez tous les ingrédients dans un seau et remuez jusqu'à ce que la gomme arabique soit dissoute. Lavez le sol, laissez-le s'assécher, puis appliquez avec un linge, une éponge ou un balai à franges. Laissez sécher 30 min. Après deux ou trois applications, retirez avec de l'eau chaude et du détergent. Se conserve dans un récipient fermé. Pour 5 tasses.

Citronnade

Pour une boisson plus exotique, remplacez le jus de citron par du jus de citron vert. Dans ce cas, augmentez légèrement la quantité de sucre.

1 litre de jus de citron frais (environ 24 gros citrons)
2 tasses de sirop de maïs clair
1 tasse de sucre

Mélangez le jus de citron et le sucre, jusqu'à ce que celui-ci fonde, puis ajoutez le sirop et mélangez encore. Versez dans un flacon et fermez. Secouez avant de servir et, pour ¼ de tasse, ajoutez ¾ de tasse d'eau plate ou gazeuse. Se conserve 15 jours au réfrigérateur. Pour 24 verres.

Colle

Un mélange à l'épreuve de l'eau, idéal pour tissus et papiers.

6 c. à soupe d'eau
2 sachets de gélatine
2 c. à soupe de vinaigre blanc
2 c. à thé de glycérine

1. Dans une petite casserole, portez l'eau à ébullition. Retirez du feu, ajoutez la gélatine et remuez jusqu'à dissolution. Incorporez le vinaigre et la glycérine, et remuez bien. Laissez refroidir, puis versez dans un récipient et couvrez soigneusement.

2. Appliquez la colle chaude. Se conserve plusieurs mois dans un récipient hermétiquement fermé mais se coagule au bout de quelques jours. Faites chauffer le récipient au bain-marie avant usage.

Colle à porcelaine

S'utilise pour réparer les bibelots.

3 c. à soupe de gomme arabique
1 c. à soupe de glycérine
½ c. à thé d'eau

Dans un petit bol, mélangez énergiquement tous les ingrédients. Appliquez une fine couche sur les morceaux, assemblez-les et maintenez-les en place jusqu'à ce que la colle sèche : comptez 1 h environ. Laissez sécher au moins 24 h avant d'utiliser l'objet. Se conserve 1 an dans un récipient hermétique.

Compote de fruits secs

Voici un dessert rapide à préparer et toujours sûr de plaire.

1½ tasse de jus d'orange
⅓ de tasse d'eau
¼ de tasse de sucre
1 bâton de cannelle
1 gousse de vanille fendue
2 clous de girofle
2 rondelles de gingembre frais ou ½ c. à thé de gingembre en poudre
1 pincée de poivre moulu
1¼ tasse de pruneaux dénoyautés
½ tasse de figues sèches
⅓ de tasse d'abricots secs
⅔ de tasse de raisins blonds

1. Mettez le jus d'orange dans une grande casserole et ajoutez l'eau, le sucre, la gousse de vanille et les autres épices. Portez à ébullition et ajoutez les fruits secs. Laissez cuire de 25 à 30 min, jusqu'à ce que les fruits soient tendres. Mélangez plusieurs fois pendant la cuisson.

2. Retirez du feu et éliminez les épices. Laissez refroidir et servez avec de la crème fraîche, du yogourt, du fromage blanc ou de la crème glacée. Se conserve 3 jours dans un flacon hermétique, au réfrigérateur. Pour 8 personnes.

Compote de tomates

Condiment pour viandes et poissons, chauds ou froids, ou pour napper le riz ou les pâtes.

1,5 kg de tomates mûres à point
3 c. à soupe d'huile d'olive
1 c. à soupe de beurre
1 gousse d'ail hachée finement
2 échalotes hachées finement
2 pincées de cannelle en poudre
4 pincées de piment de Cayenne en poudre
4 pincées de noix muscade râpée
4 pincées de sel de céleri
1 c. à thé de sucre
Sel, poivre

1. Ébouillantez les tomates 10 s, pelez-les, coupez-les en deux et hachez-les grossièrement au couteau.

2. Faites chauffer l'huile dans une sauteuse antiadhésive de 24 cm de diamètre. Ajoutez le beurre et le hachis d'ail et d'échalotes. Faites cuire 1 min à feu très doux, en remuant à la spatule. Ajoutez la cannelle, le piment et la muscade, et mélangez 30 s.

3. Versez les tomates hachées dans la sauteuse. Ajoutez sel de céleri, sucre, sel et poivre. Couvrez et laissez cuire 20 min à feu doux, en tournant souvent, jusqu'à obtention d'une compote crémeuse et parfumée. Se conserve 1 semaine au réfrigérateur ou 6 mois au congélateur. Pour 1 kg environ.

Compresses pour varices

Vous trouverez un réel soulagement en les appliquant le soir.

4 c. à soupe de feuilles de noyer
4 c. à soupe de feuilles
de vigne rouge
1 litre d'eau

Faites bouillir les plantes dans l'eau pendant 20 min. Laissez refroidir, puis filtrez. Trempez deux serviettes-éponges dans la décoction et entourez-en vos jambes. Laissez-les pendant 30 min.

Confiture de fraises

Une confiture très parfumée.

½ tasse de jus d'orange frais
½ tasse de sucre
1 kg de fraises lavées et équeutées
2 grosses pommes
(cortland ou golden)

1. Mélangez le jus d'orange et le sucre dans une casserole inoxydable. Ajoutez les fraises, mélangez et laissez reposer 30 min.
2. Pendant ce temps, pelez les pommes, retirez-en le cœur et les pépins et hachez-les.
3. Ajoutez les pommes dans la casserole, mélangez et placez sur feu doux. Portez à ébullition, en remuant délicatement. Laissez cuire 30 min environ à feu moyen, en remuant souvent, jusqu'à ce qu'une goutte de confiture fige instantanément sur une assiette froide.
4. Versez la confiture dans des bocaux chauds, couvrez et laissez refroidir. Cette confiture se conserve 2 mois au réfrigérateur. Pour 2¾ tasses environ.

Confiture d'oignons

Préparez cette confiture en été, quand les oignons sont parfumés ; vous pouvez la réaliser avec des oignons blancs, ou rouges, doux ou forts, mais, de toute façon, ils prendront la jolie couleur du cassis.

600 g de gros oignons frais
2 c. à soupe d'huile végétale
1 c. à soupe de sucre
2 c. à soupe de sirop de cassis
¾ de tasse de vin rouge
4 pincées de cannelle en poudre
2 pincées de clou de girofle
en poudre
3 c. à soupe de jus de citron
Sel, poivre

1. Pelez les oignons et émincez-les.
2. Chauffez l'huile dans une cocotte en fonte de 4 litres et faites-y blondir les oignons 2 min à feu doux. Ajoutez le sucre et laissez caraméliser 2 min en remuant sans cesse.
3. Versez le sirop de cassis et le vin dans la cocotte. Ajoutez la cannelle et le clou de girofle et arrosez de jus de citron. Salez, poivrez et laissez cuire 20 min en remuant de temps en temps.
4. Au bout de ce temps, il n'y a plus de liquide dans la cocotte et les oignons sont confits et parfumés. Cette confiture est excellente chaude, tiède ou froide, avec des viandes grillées ou sautées. Se conserve 1 semaine au réfrigérateur dans un bocal fermé ou 3 mois au congélateur. Pour la consommer, laissez-la dégeler à température ambiante. Pour 6 personnes.

Confiture de pêches

Une confiture légère et peu sucrée.

1,5 kg de pêches bien mûres
⅔ de tasse de jus d'orange frais
⅔ de tasse de jus de
raisin blanc, non sucré
⅔ de tasse de cassonade blonde
3 lanières de zeste d'orange
1 c. à soupe de jus de citron frais
¼ de c. à thé de gingembre
en poudre

1. Pelez les pêches et coupez-les en deux. Retirez le noyau. Coupez chaque demi-pêche en gros cubes et mettez ceux-ci dans une bassine à confiture ou une grande marmite inoxydable.

2. Versez les jus d'orange et de raisin sur les pêches et ajoutez la cassonade, le zeste d'orange, le gingembre et le jus de citron. Laissez reposer 1 h pour que le sucre soit complètement dissous.
3. Au bout de ce temps, posez la bassine sur feu doux et portez à ébullition en remuant doucement. Laissez cuire à feu moyen 30 min environ en remuant souvent, jusqu'à ce qu'une goutte de confiture fige instantanément sur une assiette froide.
4. Versez la confiture dans des bocaux chauds, couvrez et laissez refroidir. La confiture aux pêches se conserve 2 mois au réfrigérateur. Pour environ 3 tasses.

Cornichons express

Un condiment à croquer avec des viandes froides.

2 concombres moyens
½ tasse de vinaigre blanc
2 c. à thé de sucre
2 c. à thé de sel
1 c. à soupe d'aneth ciselé

1. Lavez les concombres, épongez-les et pelez-les tout en conservant quelques lanières de peau. Coupez chaque concombre en quatre dans la longueur et retirez les graines. Coupez ensuite chaque quart de concombre en fines lamelles de 2 mm d'épaisseur.
2. Mettez les concombres dans un bol, ajoutez le sel et couvrez juste d'eau. Mélangez et laissez reposer 30 min.

3. Égouttez les concombres dans une passoire et rincez-les sous l'eau courante. Mélangez le sucre et le vinaigre dans un bol et remuez jusqu'à ce que le sucre soit fondu. Ajoutez les lamelles de concombre et couvrez juste d'eau. Mélangez et posez une assiette sur les concombres de façon à les presser légèrement. Laissez-les reposer 12 h au réfrigérateur avant de les servir, égouttés et parsemés d'aneth. Se conservent 3 jours au réfrigérateur. Pour 750 ml environ.

Côtes de porc panées

Une délicieuse manière de préparer les côtes de porc.

4 côtes de porc
6 c. à soupe de panure
(voir p. 411)
4 c. à soupe d'huile

1. Chauffez le four à 180°C. Huilez légèrement un plat pouvant contenir les côtes à plat.
2. Huilez les côtes de porc sur les deux faces. Mettez la panure dans un sac de papier brun, enfermez-y les côtelettes, une à la fois, et agitez pour bien les enrober.
3. Posez la viande dans le plat et faites cuire au four de 45 min à 1 h 15, selon l'épaisseur de la viande. Pour 4 personnes.

Crème de campagne

Les recettes françaises font souvent appel, surtout pour les sauces, à de la « crème fraîche », une crème qui, comme notre crème de campagne d'antan, a du corps sans avoir été fouettée, parce qu'elle a épaissi naturellement. À défaut de crème de campagne, vous pouvez épaissir une

crème à 35 p. 100 qui servira aussi à agrémenter des fruits frais en coupe.

1 tasse de crème à 35 p. 100
2 c. à soupe de crème sure,
de yogourt naturel
ou de lait de babeurre

Mélangez la crème à 35 p. 100 et la crème sure, le yogourt ou le babeurre dans un bocal moyen et couvrez d'un papier ciré. Laissez reposer à la température ambiante pendant une nuit ou jusqu'à ce que le mélange ait épaissi. Mélangez de nouveau et couvrez cette fois avec un couvercle hermétique. Réfrigérez au moins 2 h avant de servir. Se conserve 1 semaine au refrigérateur. Pour 1 tasse.

Crème fouettée basses calories

Une crème légère et savoureuse.

½ tasse de lait écrémé
2 c. à soupe d'eau froide
1 c. à thé de gélatine en poudre
2 c. à thé de sucre
3 c. à soupe d'huile de maïs

1. Mettez le lait dans un bac à glaçons et placez-le au congélateur environ 20 min, jusqu'à ce qu'il commence à former des paillettes.

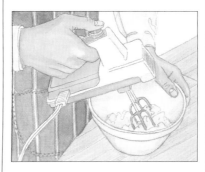

2. Pendant ce temps, mettez l'eau dans une petite casserole et ajoutez la gélatine en remuant. Posez cette casserole dans un bain-marie d'eau bouillante et faites fondre la gélatine pendant 5 min environ. Versez-la ensuite dans un bol et laissez-la tiédir. Puis réfrigérez

pendant 30 min environ, jusqu'à ce que la préparation devienne huileuse.
3. Sortez le lait du congélateur et battez-le au fouet dans un grand bol jusqu'à ce qu'il forme des pics. Incorporez le sucre, l'huile, puis la gélatine, sans cesser de battre. Placez d'abord 10 min au congélateur, puis mettez au réfrigérateur. Vous pouvez ajouter à cette crème quelques gouttes d'essence de vanille. Se conserve 3 jours au réfrigérateur. Pour 4 personnes.

Crème glacée au miel

Préparez cette glace avec un miel très parfumé : millefleurs, forêt, romarin, sarrasin.

½ tasse de miel
1⅓ tasse de lait
4 jaunes d'œufs
3 c. à soupe de crème épaisse,
fouettée

1. Faites bouillir le miel dans une petite casserole. Faites chauffer le lait dans une grande casserole.
2. Mettez les jaunes d'œufs dans un bol. Fouettez-les 1 min au batteur électrique ; versez ensuite le miel bouillant en mince filet, en fouettant sans cesse, puis le lait chaud.
3. Versez le contenu du bol dans la grande casserole et posez celle-ci sur un feu doux. Faites cuire la préparation, sans laisser bouillir, en la tournant sans cesse avec une spatule, jusqu'à ce qu'elle nappe la spatule : comptez 5 ou 6 min.
4. Retirez la casserole du feu et versez la préparation dans un bol, en la filtrant à travers une passoire fine. Incorporez la crème fouettée. Laissez refroidir en remuant de temps en temps.
5. Versez la préparation dans une sorbetière et faites-la prendre pendant 2 h environ ; ou bien versez-la dans un bac à glaçons, mettez-la au congélateur et remuez de temps en temps avec une fourchette afin d'obtenir une glace moelleuse. Si

vous la préparez à l'avance, retirez-la du congélateur 1 h avant de la servir et mettez-la dans la partie la moins froide du réfrigérateur.

Cette crème glacée s'accompagne à merveille d'un mélange de petits fruits rouges : fraises, framboises, bleuets. Se conserve 2 mois au congélateur. Pour 6 personnes.

Crème glacée au thé vert

Un dessert d'une saveur toute nouvelle : le thé vert japonais.

1 tasse de lait
3 jaunes d'œufs
½ tasse de sucre
1 c. à soupe rase de thé vert
½ tasse de crème fouettée

1. Versez le lait dans une casserole et portez à ébullition. Mettez les jaunes d'œufs dans une seconde casserole, ajoutez le sucre et fouettez jusqu'à ce que le mélange blanchisse. Versez le lait chaud dans ce mélange et faites cuire cette crème anglaise à feu doux en remuant avec une spatule, jusqu'à ce que la crème nappe la spatule. Retirez du feu et filtrez la crème au-dessus d'un bol.
2. Mettez le thé dans un bol et ajoutez la crème fouettée. Versez ce mélange dans la crème anglaise. Mélangez bien et mettez dans une sorbetière. Laissez prendre 2 h environ. À défaut de sorbetière, versez la préparation dans un bac et laissez-la prendre au congélateur. Passez-la ensuite au malaxeur pour éliminer les cristaux, puis remettez au congélateur jusqu'au moment de servir. Cette crème glacée se conserve 2 mois au congélateur. Pour 6 personnes.

Crème hydratante

Un hydratant peu coûteux.

1 jaune d'œuf battu
2 c. à soupe de jus de citron

½ tasse d'huile d'olive
½ tasse d'huile végétale

Mélangez le jaune d'œuf et le citron dans un petit bol en vous servant d'un fouet métallique. Versez les huiles en un mince filet et fouettez pour les incorporer jusqu'à ce que le mélange épaississe. Ajoutez un peu de jus de citron si le mélange devient trop épais.

Crème pour les mains

Pour adoucir vos mains et lutter contre le vieillissement de la peau.

¾ de tasse d'eau de rose
1 c. à thé de cire blanche
¾ de tasse de lait d'amande douce
1 c. à soupe de glycérine

Réunissez tous les ingrédients et faites chauffer très lentement au bain-marie dans une casserole en verre pendant 20 min. Massez-vous les mains (et les coudes) chaque soir avec la crème obtenue.

Crème de menthe

Très simple à préparer.

2 tasses de vodka
1 tasse de sirop de maïs clair
½ c. à thé d'extrait de menthe
40 gouttes de colorant vert
(facultatif)

Versez la vodka dans un flacon stérélisé et ajoutez le sirop, l'extrait de menthe et le colorant. Fermez le flacon et secouez avant chaque utilisation. Nappez-en des crèmes glacées, ajoutez-en quelques gouttes

dans une sauce au chocolat ou servez en digestif. Se conserve 1 mois au frais. Pour 3 tasses.

Crème solaire

Cette crème naturelle facilite le bronzage et vous donnera une belle couleur cuivrée.

1 c. à thé de fleurs de
lavande fraîche
1 c. à thé de fleurs de bruyère
¼ de tasse d'huile d'avocat
8 gouttes d'huile essentielle
de cannelle
2 c. à soupe d'huile de carotte

Pilez bien les fleurs dans un mortier, puis mélangez-les aux huiles. Laissez macérer pendant 1 semaine. Agitez la bouteille de temps en temps au cours de la macération. Filtrez. Utilisez avant chaque exposition au soleil.

Crêpe géante au four

Un dessert tout simple, spectaculaire et très rapide à préparer.

½ tasse de lait
2 gros œufs
½ tasse de farine
¼ de c. à thé de muscade
½ c. à thé de sel
¼ de tasse de beurre fondu
1 c. à soupe de sucre en
poudre (facultatif)
¼ c. à thé de cannelle (facultatif)

1. Chauffez le four à 200°C. Mettez les œufs, le lait, la farine, la muscade et le sel dans le bol du mélangeur. Faites tourner l'appareil jusqu'à ce que la pâte soit lisse, sans plus.
2. Déposez le beurre fondu au fond d'une petite lèchefrite. Ajoutez la pâte en un mince filet pour qu'elle se mélange délicatement au beurre. Faites cuire 20 min au four, jusqu'à ce que la crêpe soit bien dorée et gonflée. Retirez le plat du four.

3. Saupoudrez la crêpe de sucre en poudre et de cannelle, au goût. Portez à table dans le plat. Vous pouvez aussi la napper de miel, de sirop d'érable ou de sirop de fruits rouges (voir p. 421), ou accompagnez de confiture ou de compote. Pour 2 à 4 personnes.

Crêpes

Vous pouvez enrichir la pâte de ½ tasse de fruits coupés en lamelles : poire, banane, fraises...

2 tasses de mélange tout usage
(voir p. 404)
1 tasse de lait ou d'eau
2 gros œufs légèrement battus

Mettez le mélange tout usage dans un bol. Ajoutez le lait et les œufs et incorporez rapidement. Chauffez une poêle de 20 cm de diamètre ou une crêpière antiadhésive et versez-y une louche de pâte. Laissez cuire 2 min environ, jusqu'à ce que des bulles se forment à la surface de la crêpe. Retournez-la avec une spatule souple et laissez-la cuire 1 min de l'autre côté. Continuez avec le reste de la pâte. Servez ces crêpes chaudes, nappées de miel, de sirop d'érable ou de sirop de fruits rouges (voir p. 421) ou tartinées de confiture de fraises ou de pêches. Pour 10 à 12 crêpes.

Décoction pour cheveux bruns

Pour donner brillance et beaux reflets aux cheveux bruns.

50 g de feuilles de lierre
3 branches de persil frais
1 litre d'eau

Faites bouillir les feuilles de lierre et le persil pendant 10 min dans l'eau. Filtrez. Après un shampooing, rincez vos cheveux avec cette solution et laissez-les sécher naturellement. Si vous voulez donner à votre chevelure un léger reflet auburn, ajoutez à la préparation

50 g de feuilles de noyer ou les pelures de 5 oignons.

Décolorant pour cheveux

Pour décolorer vos cheveux en douceur et nuancer leur couleur de façon naturelle.

100 g de fleurs de camomille
10 g de feuilles de henné
1 litre d'eau bouillante

Plongez les plantes dans l'eau bouillante et laissez bouillir jusqu'à réduction de moitié. Appliquez la lotion après votre shampooing habituel et laissez sécher. Pour accentuer le blondissement, vous pouvez ajouter un jus de citron à cette préparation.

Démaquillant

Hydrate la peau tout en la nettoyant.

½ tasse de paraffine fondue
(environ 1 barre)
1 tasse d'huile minérale
½ tasse d'eau
2 c. à soupe d'alun

Faites fondre la paraffine à feu doux dans une petite casserole; ajoutez l'huile minérale. Dans une seconde casserole, amenez l'eau à ébullition et faites-y dissoudre l'alun. Lorsque cette eau a refroidi, ajoutez-la au premier mélange encore chaud. En refroidissant, la cire se figera à la surface. Filtrez l'eau et servez-vous de cette cire pour nettoyer la peau du visage. Se conserve dans un récipient couvert. Pour 2 tasses.

Désinfectant

Pour les revêtements et les sols.

4 tasses de détergent à lessive
en poudre
12 tasses d'eau chaude
4 tasses d'huile de pin

1. Dans un seau, mélangez le détergent et l'eau et remuez doucement jusqu'à ce que le détergent soit dissous. S'il se forme de la mousse, cessez de remuer et retirez-la, ou attendez qu'elle disparaisse. Ajoutez peu à peu l'huile de pin. Remuez bien.
2. Au moment de l'utilisation, diluez le désinfectant avec de l'eau, excepté pour nettoyer les surfaces comme les cuvettes de toilette où se concentrent les bactéries. Conservez le produit dans une bouteille à fermeture hermétique et hors de portée des enfants.

Désinfectant pour siphon d'évier

Désodorise et assainit.

1 tasse de bicarbonate
de soude
1 tasse de sel
½ de tasse de crème de tartre

1. Disposez tous les ingrédients dans un récipient muni d'un couvercle et remuez bien.
2. Au moment de l'utilisation, versez directement ¼ de tasse du produit dans la canalisation, suivi de 2 tasses d'eau bouillante. Attendez 1 min, puis faites couler l'eau froide. Renouvelez l'opération une fois par semaine. Conservez le produit dans un endroit sec, dans un récipient hermétiquement fermé.

Désodorisant

Un parfum épicé qui aura raison de toutes les odeurs domestiques.

¼ de tasse de sauge séchée
½ tasse de feuilles de
laurier écrasées
1 tasse d'eau d'hamamélis

Mélangez bien tous les ingrédients dans un récipient. Couvrez et attendez 3 jours. Tamisez ensuite le mélange et versez le liquide obtenu dans un atomiseur.

Désodorisant pour réfrigérateur

Plus efficace et plus agréable que le simple bicarbonate de soude.

½ tasse de charbon de bois écrasé
½ tasse de bicarbonate de soude
2 c. à soupe de zeste d'orange ou de citron râpé
1 c. à soupe de clous de girofle ou de cannelle en poudre
2 c. à soupe d'essence de vanille
De vieux bas de nylon, coupés en carrés de 10 cm
Morceaux de tissu poreux (velours, coton, mousseline ou ratine), coupés en carrés de 10 cm
Ficelles ou rubans d'une longueur de 20 cm

1. Mélangez le bicarbonate, le charbon, le zeste d'orange ou de citron et les clous de girofle dans un bol de taille moyenne en verre ou émaillé. Aspergez avec la vanille, mélangez et laissez reposer 1 h.
2. Disposez 2 c. à soupe du mélange au centre d'un carré de bas de nylon, posé sur un carré de tissu. Relevez les bords pour faire un paquet et liez avec de la ficelle ou du ruban.
3. Attachez un paquet dans un coin du réfrigérateur ou du congélateur. Ou bien placez-le sur une étagère à l'intérieur de la porte. Pour qu'il dure plus longtemps, parsemez-le de quelques gouttes d'essence de vanille et ajoutez 1 c. à thé de bicarbonate au bout de 10 à 12 semaines. Pour 5 à 7 paquets.

Détachant pour la lessive

Élimine les taches tenaces.

¼ de tasse d'ammoniaque
2 c. à soupe de bicarbonate de soude
1 c. à soupe de détergent liquide
4 tasses d'eau

1. Mélangez tous les ingrédients dans un récipient et secouez énergiquement. Versez une partie du mélange dans un vaporisateur. Conservez le reste dans un récipient étiqueté, fermant bien et hors de portée des enfants et des animaux familiers.
2. Vaporisez sur les taches et laissez agir de 5 à 10 min avant de mettre à laver. Si nécessaire, renouvelez l'opération.

Détergent concentré pour voiture

Nettoie et fait briller.

1 tasse de savon liquide pour la vaisselle
¾ de tasse de détergent à lessive en poudre
12 litres d'eau

Mélangez les deux détergents dans une bouteille. Au moment de l'utilisation, mélangez ½ tasse de concentré avec l'eau. Si vous désirez obtenir une solution plus concentrée, réduisez la quantité d'eau.

Eau de Cologne

Une eau subtilement parfumée, bien meilleur marché que les produits du commerce.

1 tasse d'alcool à friction
½ tasse de fleurs de lavande séchées
1 c. à soupe d'huile d'olive
1 tasse d'eau distillée
3 gouttes d'essence de bergamote

Versez l'alcool dans un bocal et ajoutez-y la lavande et l'huile d'olive. Couvrez hermétiquement et laissez reposer 2 jours, en agitant le bocal de temps à autre. Au bout de ce temps, filtrez pour éliminer la lavande et remettez dans le bocal avec l'eau et l'essence de bergamote. Conservez dans un bocal fermé hermétiquement.

Eau florale astringente

Cette lotion très naturelle tonifie la peau et en resserre les pores. Appliquée le matin, elle procure une agréable sensation de fraîcheur et de douceur.

1 c. à soupe de feuilles d'hamamélis
1 c. à soupe de pétales de rose
1 c. à soupe de fleurs de tilleul
½ tasse d'alcool à friction
3 tasses d'eau minérale

Mélangez bien les ingrédients, sauf l'alcool, et laissez-les macérer 24 h dans l'eau. Faites ensuite bouillir le liquide jusqu'à ce qu'il réduise à 1 tasse environ. Laissez refroidir. Ajoutez l'alcool. Se conserve au frais pendant 1 semaine dans une bouteille de verre bien bouchée.

Eau de toilette fruitée

Une eau de toilette à base d'huiles essentielles, pour les femmes sportives et dynamiques aimant avant tout fleurer bon le naturel.

½ tasse d'alcool à friction
5 gouttes d'huile d'orange
50 gouttes d'huile de citron
10 gouttes d'huile de rose

Mélangez les ingrédients. Conservez à l'ombre dans une bouteille hermétiquement fermée, un vaporisateur, par exemple.

Empois

Vite fait et bon marché. Augmentez la dose de fécule selon le degré d'empesage désiré.

1 à 3 c. à soupe de fécule de maïs
2 tasses d'eau froide

Mélangez l'eau et la fécule dans un vaporisateur à jet fin. Conservez hors d'atteinte des enfants. Au moment de l'utilisation, agitez le vaporisateur, vaporisez la pièce de linge et repassez-la aussitôt.

Encre

Achetez du noir de fumée ou fabriquez-le avec une assiette au-dessus d'une bougie allumée.

1 jaune d'œuf
1 c. à thé de gomme arabique
½ tasse de miel
½ c. à thé de noir de fumée
Eau

Mélangez le jaune d'œuf, la gomme arabique et le miel dans un petit bol. Ajoutez le noir de fumée et éclaircissez avec un peu d'eau si nécessaire.

Encre brune

Fabriquez votre encre avec de simples sachets de thé.

½ tasse d'eau bouillante
5 sachets de thé
1 c. à thé de gomme arabique

Dans un bol moyen, versez l'eau sur les sachets de thé. Ajoutez la gomme arabique, remuez et laissez refroidir. Pressez ensuite les sachets de thé pour en extraire tout le tanin. À utiliser avec un pinceau, une plume d'oie, un porte-plume ou un stylo à plume ordinaire. (Voir aussi Encre, ci-contre.)

Enduit pour bois à dorer

S'utilise comme premier enduit sur du bois non verni avant d'appliquer une feuille d'or.

¼ de tasse de colle de peau de lapin
1½ tasse d'eau
de 3 à 4 tasses de poudre de blanchiment tamisée

1. Dans un pot de colle ou bien dans le haut d'un bain-marie en acier inoxydable, mélangez la colle et 1 tasse d'eau. Laissez reposer jusqu'à ce que le mélange gonfle et s'amollisse : comptez 5 min environ. Faites chauffer 15 min au bain-marie. La colle doit fondre et s'éclaircir.
2. Pendant ce temps, mélangez la poudre de blanchiment avec le reste de l'eau dans un grand récipient. Ajoutez les deux tiers de la colle chaude et remuez énergiquement. Le mélange doit avoir une consistance crémeuse. S'il est trop épais, rajoutez de la colle. Cet enduit se conserve 2 jours au réfrigérateur dans un récipient fermé.
Variante : Si vous ajoutez davantage de colle, vous obtiendrez un enduit très liquide appelé « bol ». S'utilise comme dernière couche pour obtenir une surface parfaitement lisse sur laquelle appliquer la feuille d'or.

Enduit pour bois naturel

Un vernis léger et incolore qui protège contre l'humidité, la poussière et les taches grasses. Comme ce vernis n'est pas toxique, il convient parfaitement aux jouets.

1 tasse de blancs d'œufs
1 tasse d'eau
1 pincée de sucre
Gomme arabique

Fouettez les blancs d'œufs et l'eau, ajoutez le sucre. Appliquez au pinceau, laissez sécher 12 h et poncez. Répétez l'opération. Ce vernis est facilement absorbé par le bois ; vous pouvez l'épaissir avec de la gomme arabique. Il faudra sans doute aussi revernir fréquemment. Se conserve 1 semaine au réfrigérateur dans un bocal hermétique.

Engrais pour arbustes

Pour les plantes de sol acide comme les azalées ou les rhododendrons, remplacez la cendre de bois par une poignée de silicate d'alumine.

4 tasses de café moulu
1 tasse de poudre d'os
1 tasse de cendres de bois tamisées

Mélangez bien les ingrédients dans un seau. Épandez ce mélange sur le sol que l'arbuste couvre d'ombre, à raison d'environ 450 g pour chaque 30 cm de diamètre.

Engrais pour fleurs et légumes

Aussi efficace au jardin qu'au potager.

1 part de fiente de volaille
ou 5 parts de fumier de cheval
1 part de poudre d'os
1 part de cendres de bois tamisées

Mêlez tous les ingrédients. Épandez sur le sol au pied des plantes à raison de 2,2 kg pour 10 m².

Engrais rapide pour le gazon

Un engrais printanier rapide.

1 tasse de sel d'Epsom
1 tasse d'ammoniaque
Eau

Mélangez le sel d'Epsom et l'ammoniaque dans un récipient. Pour fertiliser 50m² de terrain, incorporez 2 c. à soupe du mélange à 8 litres d'eau dans un arrosoir. Dans un pulvérisateur, diluez la totalité du mélange avec suffisamment d'eau pour obtenir 1 litre de liquide. Traitez 700 m² avec cette quantité.

Exfoliant pour le visage

Faites-en l'application au-dessus de l'évier de cuisine pour éviter de boucher celui de la salle de bain.

⅓ de tasse de farine de maïs
2 c. à soupe de miel
1 c. à soupe d'amandes
ou de noix pulvérisées

Mélangez les ingrédients dans un petit bol, en ajoutant de l'eau si nécessaire. Appliquez la préparation sur le visage et attendez au moins 5 min. Enlevez avec une débarbouillette d'eau chaude.

Fertilisant

Convient à la plupart des plantes d'intérieur à feuillage ornemental.

1 c. à soupe de sel d'Epsom
1 c. à thé de bicarbonate
de soude
½ c. à thé de nitrate
de potassium (salpêtre)
¼ de c. à thé d'ammoniaque
4 litres d'eau chaude

Dans un petit bol, mélangez le sel d'Epsom, le bicarbonate, le salpêtre et l'ammoniaque. Diluez ce mélange dans un seau avec l'eau chaude, puis versez dans un arrosoir. Arrosez de cette manière une fois par mois.

Pour fertiliser les plantes de sol acide, ajoutez 4 gouttes de vinaigre blanc ou 5 c. à soupe de café noir pour 4 litres de fertilisant.

Fortifiant pour les cils

Pour épaissir et faire pousser vos cils, voici un mélange naturel très simple à fabriquer.

⅔ de tasse d'huile de
vaseline
½ tasse d'huile de ricin
1 c. à thé de rhum

1. Mélangez bien les ingrédients et enduisez vos cils tous les soirs avec ce mélange.
2. Vous pouvez compléter le traitement avec une infusion de feuilles de noyer.

50 g de feuilles de noyer
2 tasses d'eau

Laissez infuser pendant 15 min, filtrez. Lavez vos cils tous les soirs avec cette lotion avant d'appliquer le mélange précédent.

Gargarisme

Soulage les maux de gorge.

1 tasse d'eau chaude
3 c. à soupe de vinaigre
de cidre
2 gouttes de sauce Tabasco
1 pincée de sel

Versez l'eau dans un verre et ajoutez-y les autres ingrédients. Gargarisez aussi souvent que nécessaire. Si vous trouvez la solution trop épicée, ajoutez une cuillerée d'eau. Ne préparez qu'une portion à la fois. Si le mal de gorge persiste, consultez un médecin.

Gâteau au fromage

Moelleux, entouré d'une pâte croustillante, ce gâteau au fromage est une merveille.

POUR LA PÂTE :
1½ tasse de petits-beurre
ou de biscuits graham émiettés
¼ de tasse de sucre
⅓ de tasse de beurre fondu

POUR LA GARNITURE :
1,250 kg (5 paquets) de fromage
à la crème ou de ricotta à
la température ambiante
1¾ tasse de sucre
3 c. à soupe de farine
le zeste râpé de 1 citron
le zeste râpé de 1 orange
¼ c. à thé d'essence de vanille
5 œufs entiers + 1 jaune d'œuf
¼ de tasse de crème épaisse

1. Préparez la pâte : mettez les biscuits dans le bol du robot culinaire et faites tourner l'appareil afin d'obtenir une fine semoule. Ajoutez le beurre et le sucre et actionnez de nouveau, jusqu'à obtention d'une pâte friable.

2. Étalez la pâte dans un moule à fond détachable de 22 cm de diamètre, en la poussant avec vos mains afin qu'elle recouvre le fond et les parois du moule. Laissez le moule 20 min au réfrigérateur.
3. Chauffez le four à 260°C et préparez la garniture : passez le fromage au mélangeur pour le lisser. Incorporez, sans arrêter l'appareil,

le sucre, la farine, la vanille, les zestes d'agrumes, les œufs entiers et le jaune. Ajoutez la crème et mélangez encore.

4. Versez cette garniture dans le moule préparé. Glissez au four. Après 15 min de cuisson, baissez le thermostat à 140°C. Laissez cuire pendant encore 1 h 20. Retirez le gâteau du four et laissez-le refroidir dans son moule. Mettez ensuite au réfrigérateur au moins 6 heures avant de servir.

5. Lorsque le gâteau est bien froid, vous pouvez le démouler sur un plat de service. Il peut se conserver 2 jours au réfrigérateur ou 1 mois au congélateur. Pour le congeler, retirez le bord, mais pas le fond du moule, et enveloppez-le dans plusieurs épaisseurs de papier d'aluminium. Pour 12 personnes.

Gâteau moelleux aux noix

Une texture légère et moelleuse agrémentée d'une surface croustillante de noix et d'épices.

⅓ de tasse de noix
ou de pacanes hachées
⅓ de tasse de cassonade
bien tassée
1½ c. à thé de cannelle
¼ de c. à thé de muscade
en poudre
¼ de tasse de margarine
1 tasse de sucre
2 tasses de farine tamisée
2 c. à thé de levure chimique
1 c. à thé d'essence de vanille
4 pincées de sel
3 blancs d'œufs
¾ de tasse de lait écrémé

1. Mélangez les noix, la cassonade et les épices. Réservez dans un bol pour la garniture.

2. Chauffez le four à 190°C. Beurrez un moule à fond détachable de 22 cm de diamètre. Tamisez la farine, la levure et 2 pincées de sel au-dessus d'un bol.

3. Dans un grand bol, mélangez le beurre en crème en y ajoutant le sucre petit à petit jusqu'à ce que le mélange blanchisse puis ajoutez, en battant toujours, le quart de la farine tamisée et le quart du lait. Continuez à battre jusqu'à ce que toute la farine soit incorporée.

4. Fouettez les blancs d'œufs en neige ferme avec le reste du sel. Incorporez ces blancs dans la pâte, en soulevant à la spatule. Ajoutez l'essence de vanille.

5. Versez la pâte dans le moule et lissez la surface à la spatule. Parsemez du mélange de noix et d'épices. Glissez dans le four chaud et laissez cuire 45 min environ, jusqu'à ce que la lame d'un couteau enfoncée au centre du gâteau en ressorte sèche.

6. Déposez le gâteau sur une grille. Servez encore chaud ou à température ambiante. Se conserve pendant 2 jours enveloppé dans plusieurs épaisseurs de papier d'aluminium ou 2 mois au congélateur. Pour 8 à 10 personnes.

Gaufres

Elles se préparent en un clin d'œil !

1¾ tasse de mélange
tout usage (voir p. 404)
2 gros œufs
1 tasse de lait ou d'eau
3 c. à soupe de beurre fondu
ou de margarine

1. Cassez les œufs en séparant les blancs des jaunes. Mettez les jaunes dans un bol et battez-les au fouet. Ajoutez le mélange tout usage, puis le lait ou l'eau et enfin le beurre ou la margarine. Mélangez bien.

2. Battez les blancs d'œufs en neige ferme et incorporez-les au mélange précédent.

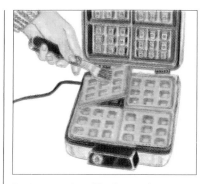

3. Faites chauffer le gaufrier pour y faire cuire les gaufres. Servez tiède avec du beurre et du sirop d'érable. Pour 5 grandes gaufres.

Gelée de fruit

Amusant et bourré de vitamines, c'est le dessert idéal des petits.

2 tasses de jus de fruits
(orange, canneberge, pruneau)
1 tasse de fruits frais coupés
en petits cubes (facultatif)
De 6 à 8 c. à soupe de sucre
2 sachets de gélatine

1. Mettez la gélatine et le sucre dans une petite casserole et incorporez doucement ½ tasse de jus. Laissez reposer 5 min. Chauffez à feu modéré en remuant pour dissoudre la gélatine.

2. Retirez du feu ; ajoutez le reste du jus de fruits. Versez la gelée dans un bol ou dans des moules et laissez refroidir avant de couvrir et de réfrigérer. Ajoutez les petits cubes de fruit lorsque la gelée a pris une consistance sirupeuse. Laissez prendre pendant au moins 3 heures au réfrigérateur. La gelée de fruits se conserve 2 jours dans le réfrigérateur. Pour 4 personnes.

Gelée aux piments forts

Idéal pour accompagner le jambon cuit ou le rôti de porc frais.

2 poivrons rouges moyens,
épépinés et hachés
(environ 1 tasse)

*3 piments jalapeno, épépinés
et hachés finement
2 tasses de vinaigre de cidre
6½ tasses de sucre
6 c. à soupe de pectine liquide*

1. Mettez les poivrons au mélangeur ou au robot, ajoutez 1 tasse de vinaigre et actionnez l'appareil pour les réduire en fine purée. **Attention !** Ne vous touchez pas les yeux avant de vous être lavé les mains soigneusement.

2. Versez la purée dans une grande casserole inoxydable; ajoutez le sucre et le reste du vinaigre. Amenez à ébullition sur feu fort, puis remuez.

3. Retirez la casserole du feu et écumez la surface.

4. Incorporez la pectine en remuant. Remettez la casserole sur le feu et faites bouillir de nouveau pendant 1 min. Répétez l'étape 3.

5. Versez le liquide dans des bocaux de 250 ml ébouillantés. Essuyez les rebords et scellez. Cette gelée se conserve pendant 6 mois. Pour 8 bocaux de 250 ml.

Huile pour cheveux permanentés

Redonne de la vigueur et de la brillance aux cheveux décolorés ou permanentés.

*2 tasses d'huile de vaseline
10 gouttes d'huile essentielle
de romarin
2 c. à soupe d'huile
d'amande douce
2 c. à soupe de cannelle en poudre
3 clous de girofle*

1. Mélangez bien toutes les huiles. Incorporez la cannelle et les clous de girofle et faites tiédir la préparation au bain-marie. Laissez reposer pendant 1 h.

2. Appliquez sur le crâne en massant bien le cuir chevelu. Enroulez la tête dans une serviette chaude et conservez 20 min. Procédez ensuite au lavage des cheveux avec votre shampooing habituel.

Huile rajeunissante

Rend à l'épiderme sa souplesse et son élasticité. Très efficace pour retarder les rides.

*1 c. à soupe d'huile d'olive
1 c. à soupe de miel
1 c. à soupe d'huile de coco
1 c. à soupe d'eau de rose
2 capsules de
vitamine E (400 UI chacune)*

1. Videz le contenu des capsules de vitamine dans un petit bocal et ajoutez-y les autres ingrédients.

2. Agitez la préparation avant chaque application. Étendez quotidiennement sur le visage avec un tampon d'ouate. Se conserve au réfrigérateur avec un couvercle hermétique.

Infusion à la camomille

Une boisson relaxante qui vous aidera à passer une bonne nuit.

*2 c. à soupe de fleurs
de camomille
2 c. à soupe de feuilles
de menthe séchées
1 c. à thé de miel
1 c. à thé de jus de citron
1 tasse d'eau*

Versez l'eau dans une petite casserole et portez à ébullition. Ajoutez la camomille et la menthe et faites bouillir 5 min. Retirez du feu et laissez infuser 5 min. Filtrez dans un bol et ajoutez le miel et le jus de citron avant de consommer. Réchauffez au besoin, mais sans faire bouillir. Pour 1 personne.

Infusion à la cannelle

Cette infusion est particulièrement recommandée pour soulager la nausée.

*1 c. à soupe de fleurs de camomille
1 c. à thé de cannelle en poudre
1 c. à thé de noix muscade râpée
1 c. à thé de clous de girofle
ou ½ c. à thé de clou moulu
1 tasse d'eau bouillante*

1. Mettez la camomille, les clous de girofle, si vous les employez (mais pas le clou moulu) et l'eau bouillante dans un bol. Laissez macérer le tout pendant 15 min.

2. Filtrez la préparation au-dessus d'une casserole. Ajoutez la cannelle, la noix de muscade et le clou moulu, si vous l'utilisez.

3. Remuez à la cuiller et faites chauffer à feu doux. Préparez-en une tasse à la fois et servez immédiatement.

4. Si la nausée persiste, consultez un médecin.

Insecticide

Pour arbustes, fleurs et légumes.

*3 piments forts verts, frais
ou en boîte
2 ou 3 gousses d'ail
3 ou 4 c. à thé de savon liquide
(voir p. 420)
Eau*

Réduisez les piments et l'ail en fine purée. Mettez celle-ci dans un récipient, puis ajoutez le savon liquide et 3 tasses d'eau. Laissez reposer au moins 24 heures ; filtrez. Diluez de moitié avec de l'eau et vaporisez les plantes infestées au pulvérisateur en mouillant bien les deux faces des feuilles. Avant de traiter toute la plante, faites un test sur quelques feuilles pour vérifier qu'elles supportent bien le produit.

Insecticide pour jardin

Pour protéger vos plantes potagères et ornementales contre les insectes, soignez le mal par le mal.

½ tasse d'insectes morts
2 tasses d'eau

Recueillez une poignée des insectes qui infestent les cultures. Broyez-les dans un vieux mélangeur qui ne sert plus à la cuisine en ajoutant l'eau. Filtrez ce liquide avec une gaze fine et diluez-le à raison de ¼ de tasse pour chaque tasse d'eau. Versez dans un pulvérisateur et vaporisez les plantes atteintes. Ce liquide se conserve 1 an au congélateur dans un récipient hermétique.

Insecticide pour plantes d'intérieur

Contre les pucerons, les thrips et les cochenilles.

1 poignée de tabac à pipe
ou à cigarette
4 litres d'eau
4 c. à thé de savon liquide
(voir p. 420)

Faites macérer le tabac toute une nuit dans l'eau. Filtrez, puis jetez le tabac. Ajoutez le savon liquide et mélangez bien. Versez le mélange dans un vaporisateur et aspergez soigneusement les plantes infestées sur les deux faces du feuillage. Ce traitement est plus efficace quand il fait très chaud.
Attention ! N'appliquez pas cet insecticide sur les plants de tomates, sur les pétunias, bégonias ou autre plante à feuillage duveteux. Avant

l'application complète, procédez à un test sur quelques feuilles.

Ketchup

Plus savoureux que les ketchups vendus dans le commerce.

1,5 kg de purée de tomate
en conserve
1 tasse de vinaigre blanc
1 tasse de sucre
2 feuilles de laurier
1 c. à thé de graines de céleri
1 c. à thé de graines de moutarde
1 c. à thé de piment de
la Jamaïque
1 bâton de cannelle
½ c. à thé de poivre en grains
1½ c. à thé de sel

1. Versez la purée de tomates dans une grande sauteuse et portez à ébullition sur feu doux. Laissez frémir 1 h 30.
2. Au bout de ce temps, enfermez les graines de céleri et de moutarde, le piment, le poivre, la cannelle et le laurier dans un carré de toile à fromage. Ajoutez-le dans la purée de tomate, faites cuire 30 min de plus à chaleur minimum.
3. Retirez alors de la sauteuse le sachet d'aromates et ajoutez le sucre, le sel et le vinaigre. Laissez cuire encore 1 h 30 à feu doux, en remuant souvent, jusqu'à ce que la purée soit épaisse et parfumée.
4. Versez le ketchup dans des bocaux ébouillantés et fermez. Se conserve 1 mois au réfrigérateur. Pour 3 tasses environ.

Laque

Appliquer sur le bois teinté avant de cirer. Les produits du commerce se détériorent après 6 semaines et sont souvent éventés à l'achat. Il vaut donc mieux la préparer vous-même.

¾ de tasse de shellac
en flocons
1 tasse d'alcool éthylique
ou d'alcool dénaturé

Disposez les flocons de laque dans un récipient ; mouillez avec l'alcool. Couvrez et laissez reposer au moins 8 h. Secouez le flacon de temps à autre, jusqu'à ce que les flocons soient dissous. Remuez bien et appliquez au pinceau. Si vous utilisez un linge ou un pistolet, diluez le mélange en y ajoutant de l'alcool. Se conserve 6 semaines dans un récipient hermétiquement fermé.
Attention ! Rangez hors de portée des enfants.

Laxatif

Une seul verre de cette potion nutritive devrait avoir raison d'une constipation modérée.

2 tasses de jus de tomate
ou de jus de légumes
1 tasse de jus de choucroute
½ tasse de jus de carottes

Mélangez tous les ingrédients dans un petit pichet. Buvez-en un verre pour commencer et mettez le reste au réfrigérateur. Pour 3½ tasses.

Lemon curd

Une parfaite garniture citronnée pour les tartes et les gâteaux. Vous pouvez aussi bien la préparer avec du jus de citron vert.

⅔ de tasse de jus de citron frais
(environ 4 gros citrons)
Le zeste râpé de 2 citrons
125 g de beurre
4 œufs légèrement battus
2 tasses de sucre
1 pincée de sel

1. Faites fondre le beurre à feu doux dans une casserole. Retirez du feu et ajoutez le sucre, le zeste et le jus de citron, les œufs et le sel. Mélangez vigoureusement, remettez sur feu très doux et laissez cuire 8 min sans atteindre l'ébullition, en remuant sans cesse, jusqu'à ce que le lemon curd épaississe.

2. Filtrez-le à travers une passoire et laissez refroidir en remuant de temps en temps. Se conserve en bocal 1 mois au réfrigérateur. Pour 2½ tasses environ.

Liqueur de café

Facile et bon marché. Nappez-en une crème glacée ou servez comme pousse-café.

*1½ tasse de poudre de
café instantané
3 tasses d'eau
6 tasses de sucre
1 gousse de vanille
1 bouteille (750 ml)
de vodka*

1. Versez l'eau dans une grande casserole et portez à ébullition. Ajoutez le café et mélangez jusqu'à ce qu'il soit dissous. Ajoutez alors la gousse de vanille et le sucre. Laissez frémir pendant 15 min environ, jusqu'à ce que le mélange devienne sirupeux. Retirez du feu et laissez refroidir.
2. Versez alors la vodka dans la casserole et mélangez bien. Répartissez la liqueur dans des bouteilles, fermez et laissez reposer au moins 30 jours avant de consommer. Pour 2 litres environ.

Liqueur de framboise

Très colorée, très parfumée, cette liqueur se boit avec de la glace ou sert à napper des glaces ou des sorbets.

*2 tasses de framboises fraîches
ou 1 paquet (300 g) de
framboises congelées sans sucre
¾ de tasse de sucre
½ tasse d'eau
3 lanières de zeste de citron
1 gousse de vanille
1 c. à thé de jus de citron
1½ tasse de vodka*

1. Mettez le sucre et l'eau dans une grande casserole. Ajoutez les framboises, le zeste de citron et la gousse de vanille fendue en deux. Laissez cuire à feu très doux en remuant doucement à la cuillère en bois, jusqu'à ce que le sucre soit complètement fondu.
2. Augmentez la chaleur et laissez bouillir 3 min. Retirez alors la casserole du feu, couvrez et laissez reposer 30 min.
3. Filtrez la préparation dans une passoire doublée d'une toile à fromage. Éliminez zeste et vanille. Vous obtenez environ 1½ tasse de liquide. Ajoutez-y le jus de citron et la vodka et mélangez bien. Versez la liqueur dans des bouteilles et fermez-les. Laissez refroidir. Cette liqueur n'a pas besoin de macérer. Se conserve 1 mois au réfrigérateur. Se consomme, selon le goût, rafraîchie ou à la température ambiante. Pour 3 tasses.

Liquide à bulles

Une distraction bon marché et inoffensive pour les enfants.

*½ tasse de savon liquide
pour la vaisselle
1 tasse d'eau
2 gouttes de colorant alimentaire
Quelques gouttes
de glycérine*

Mélangez tous les ingrédients dans un récipient et couvrez. Utilisez une pipe à bulles ou un tube à bulles achetés dans le commerce ou de fabrication maison. Conservez à température ambiante dans un flacon hermétiquement fermé. Pour 1½ tasse.

Lotion antiacnéique

Cette lotion désinfectante reste très douce pour la peau tout en luttant efficacement contre l'acné.

*3 c. à soupe de lait
10 gouttes d'alcool camphré
1 c. à soupe de teinture de benjoin
1 tasse d'eau de rose*

1. Mélangez le lait à l'alcool camphré et tamponnez doucement les parties affectées du visage.
2. Rincez ensuite avec le mélange eau de rose et teinture de benjoin, puis laissez sécher.

Lotion antipelliculaire

Combat la démangeaison et la desquamation.

*1 tasse d'eau d'hamamélis
1 c. à soupe de romarin séché
1 c. à soupe de lavande séchée
1 c. à soupe de racine
de camphre broyée*

Faites macérer les herbes séchées dans l'eau d'hamamélis pendant 48 h. Filtrez la préparation. Frictionnez le cuir chevelu et laissez sécher avant chaque shampooing. Se conserve au réfrigérateur dans un bocal hermétique.

Lotion après-bain

Pour adoucir votre peau, aspergez-vous en sortant du bain.

*1 poignée de lavande fleurie
1 poignée de feuilles de sauge*

*1 poignée d'écorce d'orange
(broyée et séchée)
1 poignée de menthe
poivrée
1 jus de citron
1 litre de vinaigre
de cidre*

Laissez macérer pendant 1 mois tous les ingrédients dans le vinaigre. Filtrez. Versez le tout dans une bouteille munie d'un bouchon à vis. Si votre peau rougit facilement, vous pouvez ajouter, après la période de macération, des pétales de rose séchés et 10 gouttes d'essence d'amande. Le vinaigre peut aussi être légèrement dilué avec de l'eau minérale que vous ajouterez au moment de l'utilisation, soit 1 c. à soupe par tasse.

Lotion après-rasage

Pour calmer le feu du rasoir, adoucir et parfumer la peau.

*2 tasses d'eau minérale
1 poignée de cerfeuil frais
1 c. à soupe de glycérine
1 c. à soupe de lavande
séchée
3 clous de girofle
broyés*

1. Faites bouillir l'eau 5 min avec le cerfeuil. Filtrez cette eau, puis incorporez les autres ingrédients.
2. Laissez macérer la préparation pendant 3 ou 4 jours et filtrez à nouveau. Cette lotion se conservera 1 semaine au frais dans une bouteille bien fermée. Pour 2 tasses environ.

Lotion calmante pour coups de soleil

Soulage une brûlure superficielle

*4 sachets de thé
2 tasses de feuilles
de menthe fraîches ou
1 tasse de feuilles séchées
4 tasses d'eau*

1. Mettez tous les ingrédients dans une casserole moyenne et amenez à ébullition à feu vif.
2. Réduisez le feu et laissez mijoter 5 min. Retirez la casserole et laissez infuser 15 min. Filtrez le liquide au-dessus d'un bocal et laissez refroidir.

Appliquez la lotion avec un tampon d'ouate ou une débarbouillette. Vous pouvez aussi l'ajouter à l'eau du bain; videz alors les sacs de thé dans un carré de mousseline, ajoutez les feuilles de menthe, et faites-en un sachet que vous tremperez dans le bain. Détentez-vous dans cette eau pendant 10 ou 15 min. Répétez au besoin.

Attention : Si la brûlure est profonde, mieux vaut consulter un médecin.

Lotion pour cuticules

À utiliser tous les jours pour assouplir les cuticules et rendre les ongles plus forts et plus brillants.

*3 c. à soupe de paraffine
½ tasse d'huile minérale*

*1 c. à soupe d'huile de coco
1 c. à soupe de glycérine*

1. Au bain-marie, faites chauffer à feu doux les trois premiers ingrédients pour qu'ils forment un mélange homogène. Ajoutez la glycérine, remuez et retirez du feu. Laissez refroidir.

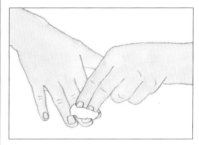

2. Appliquez directement sur le cuticule avec une ouate imbibée ou bien trempez les doigts 5 min dans la solution. Conservez au réfrigérateur (le mélange épaissira).

Lotion pour les mains

Appliquée sur les mains tous les jours, elle décolore doucement les taches de vieillissement et ralentit aussi leur apparition.

*4 c. à soupe de feuilles
(ou d'écorce) de bouleau blanc
4 tasses d'eau*

Faites bouillir le mélange pendant 10 min. Laissez ensuite infuser pendant 15 min. Filtrez.

Masque à l'argile

Pour assainir votre peau et désincruster les points noirs. Tonifiant pour l'épiderme.

*2 c. à soupe de lait
2 c. à soupe d'argile
20 gouttes d'huile de noisette*

Mélangez l'argile et le lait. Ajoutez quelques gouttes d'huile de noisette. Appliquez le masque pendant 20 min. Nettoyez bien à l'eau tiède, puis tamponnez le visage avec de l'eau froide pour le raffermir.

Masque astringent

Si vos pores sont très dilatés et que votre masque habituel ne fasse plus vraiment d'effet à cause de l'accoutumance de la peau aux produits, vous pouvez, en alternance, utiliser ce masque simple et naturel.

1 œuf
20 gouttes de jus de citron

Battez le blanc d'œuf en neige. Ajoutez ⅓ du jaune, le jus de citron et mélangez doucement pour ne pas faire tomber l'émulsion. Appliquez sur le visage en évitant bien le contour des yeux. Laissez sécher le masque pendant 15 min, puis ôtez-le avec de l'eau tiède.

Masque cicatrisant

Contre les traces de boutons mal cicatrisés sur le visage, préparez-vous ce masque réparateur.

2 c. à thé de crème de lanoline
1 c. à thé d'huile d'amande douce ou amère
Eau de rose

Mélangez la crème de lanoline et l'huile d'amande. Étendez sur le visage en évitant le pourtour des yeux et gardez 7 ou 8 min. Ôtez avec du papier absorbant et nettoyez avec de l'eau de rose.

Masque au concombre

Recommandé pour les peaux couperosées, le masque au concombre n'a plus à faire ses preuves.

Quelques tranches de concombre
10 gouttes de jus de citron
1 c. à thé d'huile d'amande douce ou amère
Eau de rose

Pelez, coupez et écrasez les tranches de concombre, ajoutez l'huile d'amande douce ou amère et le jus de citron. Appliquez sur le visage et le cou. Gardez le masque pendant 15 min environ et retirez avec un tampon d'ouate imprégné d'eau de rose.

Masque aux fruits

Les masques aux fruits ont la propriété de débarrasser la peau de ses impuretés et d'adoucir l'épiderme.

1 ou 2 grosses fraises (½ pêche)
1 c. à thé de jus de citron
Eau de rose

Écrasez 1 ou 2 grosses fraises (ou ½ pêche) au mélangeur. Ajoutez ensuite le jus de citron. Appliquez sur le visage à l'aide d'un morceau de gaze après avoir entouré votre visage d'une serviette pour éviter l'écoulement dans les cheveux. Conservez le masque pendant 15 à 20 min. Ôtez avec de l'eau tiède et nettoyez votre visage avec un coton imbibé d'eau de rose.

Masque à l'œuf

Pour adoucir et hydrater votre peau.

1 œuf
½ tasse d'huile de noix de coco
1 c. à soupe de miel

1. Dans un petit bol, battez l'œuf, puis incorporez peu à peu l'huile et le miel, en battant bien jusqu'à ce que le mélange prenne la consistance d'une mayonnaise. Plantez un rouleau de papier toilette vide bien droit dans un bol et remplissez-le avec le mélange à l'aide d'une cuillère. Laissez au congélateur toute la nuit.

2. Au moment de l'utilisation, retirez une partie du carton, et appliquez le bâton glacé sur votre visage, en frottant doucement. Au bout de 5 à 10 min, rincez à l'eau chaude. Après utilisation, recouvrez la partie du bâton exposée avec un morceau de pellicule plastique et remettez au congélateur.

Masque pour les paupières

Un masque spécifique pour la partie la plus sensible du visage.

1 c. à thé de germe de blé
½ tasse d'eau de rose
½ c. à thé d'huile d'amande
Eau de fleur de bleuet

Diluez le germe de blé dans l'eau de rose et mélangez l'huile d'amande. Faites pénétrer par légers tapotements. Relaxez-vous totalement pendant 12 à 15 min, jambes et pieds surélevés. Essuyez soigneusement avec du coton à démaquiller, puis posez un tampon d'ouate imbibé d'eau de fleur de bleuet sur les paupières.

Masque pour points noirs

Particulièrement recommandé aux personnes qui ont tendance à développer des points noirs.

1 blanc d'œuf
1 c. à soupe de farine de maïs
Eau florale camphrée

Battez le blanc d'œuf en neige, ajoutez la farine de maïs. Appliquez 15 min sur le visage.

Pour enlever le masque, frottez la peau avec une débarbouillette douce ou une éponge à démaquiller. Rincez à l'eau fraîche et terminez en tamponnant la peau avec un tampon d'ouate imbibé d'eau florale camphrée.

Masque revitalisant

Convient parfaitement aux épidermes fins et secs car il est rééquilibré par des éléments adoucissants.

1 pomme
10 gouttes de jus de citron
20 gouttes d'huile
d'amande douce
Eau de rose

Pelez la pomme et passez-la au mélangeur. Ajoutez le jus de citron et l'huile d'amande douce. Appliquez sur le visage et le cou et gardez pendant 20 min. Rincez à l'eau fraîche, puis tamponnez avec un tampon d'ouate imbibé d'eau de rose.

Mayonnaise basses calories

Avec seulement 18 calories par cuillerée à soupe, cette mayonnaise reste crémeuse et savoureuse. Vous pouvez y ajouter quelques gouttes de ketchup (voir p. 399) ou de sauce chili (voir p. 418).

2 tasses d'eau froide
2 c. à soupe de fécule
de maïs
¼ de tasse d'huile d'olive
¼ de tasse de vinaigre blanc
¼ de tasse de yogourt
écrémé
2 c. à thé bombées de
moutarde préparée
2 c. à thé de raifort
préparé

1. Versez l'eau dans une petite casserole et délayez-y la fécule. Portez à ébullition et laissez cuire environ 2 min en remuant sans cesse, jusqu'à ce que la préparation épaississe. Laissez refroidir et versez dans un bol.
2. Ajoutez dans le bol, en battant au fouet à main, le reste des ingrédients dans l'ordre. Versez dans un bocal. Cette mayonnaise se conserve 15 jours au réfrigérateur. Pour 2 tasses environ.

Mélange pour Bloody Mary

Ne cherchez plus les proportions au dernier moment... Le jus de tomate est prêt, assaisonné, dans votre réfrigérateur.

4 tasses de jus de tomate
2 c. à soupe de jus de citron
2 c. à soupe de raifort préparé
2 c. à soupe de
sauce Worcestershire
¼ à ½ c. à thé de sauce Tabasco
1 c. à thé de sel

1. Mélangez tous les ingrédients et versez dans un pichet. Se conserve 4 jours au réfrigérateur.
2. Servez ce jus de tomate tel quel sur de la glace pilée ou additionnez-le de vodka, selon votre goût. Ajoutez une tranche de citron frais et une branche de céleri pour remuer. Pour 1 litre ou 6 verres de Bloody Mary.

Mélange pour brownies au chocolat

Naturel et facile à préparer.

2½ tasses de farine
3½ tasses de sucre
2 tasses de graisse végétale
1½ tasse de cacao non sucré
2 c. à thé de levure chimique
1½ c. à thé de sel

1. Tamisez la farine et la levure, le cacao, le sucre et le sel au-dessus d'un bol. Mélangez.

2. Ajoutez la graisse végétale en l'émiettant puis, à l'aide de deux couteaux, mélangez jusqu'à ce que la préparation ressemble à une grosse semoule. Si nécessaire, divisez le mélange pour le travailler.
  Se conserve 2 mois au réfrigérateur dans une boîte en métal ou 6 mois au congélateur. Pour 48 brownies. (Voir Brownies, p. 386.)

Mélange d'herbes pour riz

Un mélange savamment dosé pour assaisonner tous les types de riz.

2½ c. à soupe
d'oignons lyophilisés
¾ de c. à thé de flocons de céleri
1 feuille de laurier
¾ de c. à thé de basilic séché
½ c. à thé de paprika
½ c. à thé d'ail en poudre
1 pincée de zeste de citron râpé
1¼ c. à thé de sel

Mettez tous les ingrédients dans un sac en plastique, fermez-le et secouez-le. Versez le mélange dans un contenant hermétique. Se conserve 6 semaines dans un endroit frais et sombre. Pour 1⅓ tasse. (Voir Riz aux herbes, p. 417.)

Mélange d'herbes pour vinaigrette

Pour une salade parfumée naturellement, même au cœur de l'hiver.

½ tasse de persil séché
¼ de tasse d'origan séché

¼ *de tasse de basilic séché*
¼ *de tasse de marjolaine séchée*
2 c. à soupe de sucre
2 c. à soupe de graines de
fenouil pilées
2 c. à soupe de moutarde
en poudre
1 c. à thé de poivre
1 c. à thé de sel

Mélangez tous les ingrédients dans un bocal hermétique d'une contenance de 1 litre. Ce mélange d'herbes se conserve 6 semaines dans un endroit frais et sombre. Pour 2 tasses environ. (Voir Vinaigrette aux herbes, p. 423.).

Mélange pour sauce blanche

Permet de préparer en un clin d'œil une sauce réussie à tout coup.

1 tasse de farine
1 tasse de lait écrémé
en poudre
1½ c. à thé de sel

Mélangez tous les ingrédients dans un bocal hermétique. Se conserve au frais. Pour 2 tasses de mélange sec, soit 8 tasses de sauce. (Voir Sauce blanche, p. 418.)

Mélange tout usage

Ayez toujours de ce mélange sous la main pour préparer en un éclair des biscuits pour l'apéritif, des crêpes ou des gaufres.

6 tasses de farine
1 tasse de lait écrémé
en poudre
1 tasse de graisse végétale
3½ c. à soupe rases de
levure chimique
1 c. à thé de sel

1. Mettez la farine, le lait, la levure et le sel dans le bol du mélangeur et faites tourner l'appareil.
2. Ajoutez la margarine en morceaux dans le bol et continuez d'actionner jusqu'à obtention d'une grosse semoule.

3. Enfermez ce mélange dans un contenant hermétique. Gardez-le dans un endroit frais. Vous n'utiliserez chaque fois que la quantité nécessaire pour la recette. (Voir Biscuits au lait, p. 385 ; Crêpes, p. 393 ; Gaufres, p. 397.) Ce mélange se conserve 6 mois dans un endroit frais. Pour 8 tasses.

Moutarde

Légèrement pimentée, délicatement épicée, cette moutarde est parfaite avec les viandes froides rouges ou blanches.

⅓ *de tasse de graines*
de moutarde
3 c. à soupe de moutarde sèche
¼ *de tasse de cassonade*
blonde bien tassée
½ *tasse de vinaigre de cidre*
½ *tasse de bière brune*
2 gousses d'ail
finement hachées
½ *c. à thé de gingembre*
en poudre
¼ *c. à thé de piment de*
la Jamaïque moulu
¾ *de c. à thé de sel*

1. Mettez les graines de moutarde, la moutarde sèche et le vinaigre dans un petit bol, mélangez, couvrez et laissez reposer 3 h.
2. Au bout de ce temps, versez le contenu du petit bol dans une casserole. Ajoutez le piment, le gingembre, l'ail, la bière, le sucre et le sel. Mélangez, portez à ébullition sur feu doux et faites frémir 5 min en remuant souvent.
3. Retirez du feu et versez dans un bocal stérilisé encore brûlant. Scellez et laissez refroidir avant de réfrigérer. Cette moutarde se conserve 1 mois au réfrigérateur. Pour 1 tasse environ.

Moutarde sans sel

Cette moutarde pour régime pauvre en sodium est tellement parfumée qu'on en oublie l'absence de sel.

⅓ *de tasse de graines*
de moutarde
⅓ *de tasse de vin blanc sec*
½ *tasse de vinaigre blanc*
½ *tasse d'eau*
2 c. à soupe de miel
¼ *de c. à thé de piment de*
la Jamaïque moulu
1 pincée de cannelle en poudre
1 pincée de gingembre
en poudre

1. Mélangez les graines de moutarde, le vin et le vinaigre dans le bol du mélangeur et laissez reposer 3 h à température ambiante.

2. Ajoutez alors le reste des ingrédients et fouettez jusqu'à obtention d'une crème très souple.
3. Versez cette crème dans la partie supérieure d'un bain-marie et laissez mijoter 10-12 min, jusqu'à ce que la crème épaississe. Versez dans des bocaux stérilisés encore brûlants et laissez refroidir avant de sceller. Se conserve 1 an au réfrigérateur. Pour 2 tasses environ.

Neige de Noël

Peignez les branches de votre sapin de Noël et profitez d'un Noël enneigé, même s'il fait près de 25°C dans la pièce.

⅔ *de tasse d'empois liquide*
2 tasses de savon en poudre
ou de détergent en granules
De 2 à 4 c. à soupe d'eau
Colorant alimentaire bleu

Dans un bol de taille moyenne, mélangez l'amidon et le savon, puis ajoutez l'eau. Fouettez au batteur à œufs jusqu'à obtention d'un mélange très épais. Ajoutez ensuite le colorant avec un compte-gouttes, en battant bien, jusqu'à ce que la « neige » prenne une couleur blanc glacé. Une fois l'arbre peint, ajoutez un éclairage blanc pour lui donner une apparence cristalline.

Nettoyant pour acier inoxydable

Plus puissant que le savon et l'eau. Fait briller les ustensiles ternis.

½ tasse de savon en poudre
¼ de tasse d'un agent de blanchiment
2 c. à soupe d'ammoniaque
2 c. à soupe d'eau

1. Mélangez tous les ingrédients dans un bol de taille moyenne. Transvasez dans un bocal et fermez bien. Étiquetez et gardez hors de portée des enfants.
2. Pour nettoyer l'acier inoxydable, étalez le nettoyant avec un linge doux et propre et frottez. Rincez à l'eau et faites briller. Pour 1 tasse.

Nettoyant pour aluminium

Retire la pellicule terne et graisseuse sur l'aluminium domestique.

½ tasse de crème de tartre
½ tasse de bicarbonate de soude
½ tasse de vinaigre blanc
¼ de tasse de savon en poudre

Mélangez la crème de tartre et le bicarbonate de soude dans un bol de taille moyenne. Ajoutez le vinaigre et remuez jusqu'à obtention d'une pâte lisse. Ajoutez le savon et versez le tout dans un bocal fermant bien. Étiquetez. À l'utilisation, appliquez avec un tampon de laine d'acier fine, puis rincez. Rangez hors de portée des enfants. Se conserve de 1 à 2 ans. Pour 1½ tasse environ.

Nettoyant pour argenterie

Un mélange tous usages servant à la fois à nettoyer et à protéger contre les égratignures.

1 tasse de savon en poudre
1 tasse de bicarbonate de soude
1 c. à soupe d'ammoniaque
2 tasses d'eau bouillante

Mélangez le savon, le bicarbonate et l'ammoniaque dans une casserole en verre ou en fonte émaillée. Ajoutez l'eau bouillante et mélangez, jusqu'à ce que les particules solides soient dissoutes. Laissez le mélange refroidir, puis transvasez-le dans un récipient en verre d'une contenance de 1 litre. Étiquetez, fermez hermétiquement avec un bouchon, et conservez hors de portée des enfants.

Au moment de l'utilisation, remuez bien ; lavez l'argenterie au savon et à l'eau chaude, puis appliquez le nettoyant avec un linge doux ou une éponge. Frottez doucement, rincez avec de l'eau chaude et séchez bien.

Nettoyant pour bijoux

Meilleur marché et tout aussi efficace que les produits vendus dans le commerce.

1 c. à soupe de détergent à vaisselle
1 c. à soupe de carbonate de sodium (cristaux à lessive)
1 c. à soupe d'ammoniaque
3 tasses d'eau chaude

1. Mélangez tous les ingrédients dans un bol de taille moyenne, puis versez dans un récipient en verre. Étiquetez, couvrez et conservez hors de portée des enfants.
2. Au moment de l'utilisation, trempez les bijoux dans la solution pendant 1 à 10 min selon le degré de ternissure. Si les bijoux sont de forme complexe ou comportent de multiples entailles et interstices, plongez-les dans la solution et agitez-les. Pour les objets de taille importante, utilisez une brosse à dents douce. Pour les plus petits,

405

une brosse à mascara. Rincez et assécher avec un linge doux.

3. N'immergez jamais les perles : frottez-les plutôt doucement avec une peau de chamois imbibée d'un peu de solution.

Attention ! Ne mélangez pas ce nettoyant avec des produits contenant du chlore (eau de Javel) : des gaz nocifs se dégageraient.

Nettoyant pour carrelage

Élimine les marques de savon qui se forment sur et entre les carreaux de la salle de bains.

½ tasse de bicarbonate de soude
⅓ de tasse d'ammoniaque
¼ de tasse de vinaigre blanc
7 tasses d'eau chaude

Mélangez les ingrédients dans un bidon en plastique, bouchez et agitez vigoureusement. Étiquetez et gardez hors de portée des enfants. Pour les petits travaux, remplissez un petit pulvérisateur avec la solution ; vaporisez directement sur la surface. Essuyez ensuite avec une éponge humide.

Attention ! Ne mélangez pas ce nettoyant avec des produits contenant du chlore (eau de Javel) : des gaz nocifs se dégageraient.

Nettoyant pour cheminée

Aide à éliminer la suie et la poussière de charbon.

2 pains (170 g chacun)
de savon à la naphta
3 litres d'eau chaude
650 g de pierre ponce en poudre
1½ tasse d'ammoniaque

1. Râpez le savon et faites-le fondre dans l'eau chaude. Laissez refroidir, puis incorporez la pierre ponce et l'ammoniaque et remuez jusqu'à obtention d'un mélange homogène.
2. Au moment de l'utilisation, passez le nettoyant avec un pinceau

sur les surfaces couvertes de suie et laissez agir 1 h environ. Retirez ensuite le mélange avec une brosse dure et du savon, ou du détergent liquide. Rincez à l'eau et à l'éponge.

Nettoyant pour cuivre

Enlève les taches de graisse et les particules alimentaires.

½ tasse de farine
½ tasse de sel
½ tasse de détergent en poudre
¾ de tasse de vinaigre blanc
¼ de tasse de jus de citron
½ tasse d'eau très chaude

1. Mélangez la farine, le sel et le détergent dans un grand bol en verre. Ajoutez les autres ingrédients et remuez. Versez le mélange dans un récipient en verre d'une contenance de 1 litre, fermez soigneusement et étiquetez. Gardez hors de portée des enfants.
2. Au moment de l'utilisation, secouez énergiquement, puis versez quelques gouttes du nettoyant sur l'objet et frottez doucement avec un linge. Grattez les taches résistantes avec une vieille brosse à dents ou un tampon à récurer en plastique (faites d'abord un essai sur une petite surface). Rincez à l'eau courante, essuyez et faites briller avec un linge doux. Ce nettoyant convient aussi au laiton.

Nettoyant pour cuvettes

Utilisez régulièrement pour nettoyer et désinfecter les cuvettes de salles de bains.

1 c. à soupe d'ammoniaque
1 tasse de peroxyde
2 litres d'eau

Mélangez les ingrédients dans un seau, puis versez lentement la solution dans les toilettes. Laissez reposer 30 min, puis frottez l'intérieur de la cuvette et tirez la chasse

d'eau. Pour les taches tenaces, laissez agir la solution pendant plusieurs heures.

Nettoyant pour four

Convient aussi aux barbecues.

2 c. à soupe de savon liquide
(voir p. 420) ou de détergent
en poudre
2 c. à thé de borax
1½ tasse d'eau chaude
¼ de tasse d'ammoniaque
Poudre à récurer sans chlore

1. Versez l'eau, le savon et le borax dans un vaporisateur. Secouez et laissez reposer jusqu'à ce que les cristaux soient dissous. Ajoutez l'ammoniaque.
2. Disposez des journaux sur le sol devant le four. Assurez-vous que la cuisine est bien ventilée. Mettez des lunettes de protection avant de vaporiser le liquide à l'intérieur du four.
3. Laissez agir 10 min environ, puis parsemez d'un peu de poudre à récurer et frottez avec un tampon en laine d'acier. Si nécessaire, ajoutez de la poudre. Pour les taches tenaces, grattez avec une pierre ponce ou une lame de rasoir, en faisant d'abord un essai sur une petite surface. Rincez à l'eau, essuyez avec une éponge ou du papier absorbant et séchez.

Attention ! Avant d'utiliser la préparation, vérifiez dans le manuel d'entretien de votre four s'il supporte ce genre de produits. Ne pas utiliser sur un four autonettoyant ou à nettoyage continu.

Nettoyant pour marbre

Un agent de nettoyage non abrasif.

¾ de tasse de sulfate de sodium
¼ de tasse de sulfite de sodium

Mélangez les deux ingrédients dans un petit bol. Pour nettoyer, versez sur le marbre par petites quantités, frottez avec une éponge humide, puis essuyez avec un linge propre. Conservez dans un bocal hermétique, hors d'atteinte des enfants. Pour 2 tasses.

Nettoyant pour meubles

Créez votre propre mixture pour retirer la poussière et la saleté à la surface des meubles.

1 tasse d'huile de lin bouillie
¾ de tasse d'essence
de térébenthine
⅓ de tasse de vinaigre blanc

Dans un grand bol, mélangez énergiquement tous les ingrédients. Appliquez sur le bois avec un linge doux, en frottant pour retirer la saleté et l'excédent de cire. Pour les taches particulièrement tenaces, utilisez un tampon de laine d'acier extra-fine. Conservez dans un récipient fermé hermétiquement, hors de portée des enfants.

Nettoyant pour pare-brise

Particulièrement efficace pour se débarrasser des insectes collés.

½ tasse de craie en poudre
¼ de tasse de bicarbonate
de soude
1 tasse de terre diatomique
Eau

Mélangez tous les ingrédients dans un récipient. Remuez doucement et ajoutez de l'eau en quantité suffisante pour former une pâte. Appliquez le mélange directement sur le pare-brise sale avec une éponge. Si la voiture est restée en plein soleil, laissez-la d'abord se refroidir et mouillez le pare-brise avant d'étaler le nettoyant. Laissez sécher, puis faites briller avec un linge sec non pelucheux.

Nettoyant pour peigne et brosse

Bien mieux que le savon, cette solution dégraisse à fond.

½ tasse d'ammoniaque
1 litre d'eau
½ c. à thé de shampooing
ou de détergent doux

Mélangez tous les ingrédients dans un bol. Laissez tremper peigne et brosse de 5 à 10 min dans le mélange, puis retirez-les et nettoyez la brosse avec le peigne et vice versa. Rincez-les sous l'eau courante et laissez-les sécher.

Nettoyant pour planchers de bois

Élimine la saleté encrassée et protège le bois.

4½ tasses d'huile minérale
1½ tasse d'acide oléique
¼ de tasse d'ammoniaque
¾ de tasse d'essence de
térébenthine

Réunissez tous les ingrédients dans un bocal à large ouverture. Au moment de l'utilisation, versez 1 tasse de la solution dans 2 litres d'eau chaude. Utilisez cette eau pour laver le plancher au balai-éponge ; il n'est pas nécessaire de rincer.

Attention ! Conservez cette solution hors d'atteinte des enfants et à l'abri des sources de chaleur. Pour ½ litre de concentré.

Nettoyant pour porcelaine

Pour retirer les taches sur les assiettes et les figurines.

Pain (170 g) de savon
à la naphta
8 litres d'eau très chaude
½ tasse d'essence minérale

Râpez le savon avec un petit couteau. Déposez au fond d'un grand bol, Ajoutez l'eau, le savon et l'essence minérale et remuez jusqu'à ce que le savon soit dissous. Étalez le nettoyant sur les taches au pinceau. Rincez.

Nettoyant pour revêtement vinyle

N'appliquez jamais un nettoyant pour cuir sur du vinyle. Utilisez plutôt cette lotion.

¼ de tasse de détergent en poudre
½ tasse de bicarbonate de soude
2 tasses d'eau chaude

Mélangez le détergent et le bicarbonate, puis ajoutez l'eau. Mouillez un linge rugueux avec un peu de solution et frottez la surface en vinyle. Rincez bien et essuyez. Pour 2½ tasses.

Nettoyant tout usage

Permet de se débarrasser des taches tenaces sur les comptoirs de cuisine, le bois ou le carrelage.

½ tasse d'ammoniaque
3 c. à soupe de carbonate de sodium (cristaux à lessive)
7 tasses d'eau très chaude

1. Mélangez l'ammoniaque, les cristaux à lessive et 1 tasse d'eau dans un bidon en plastique de 2 litres. Bouchez, secouez énergiquement, puis ajoutez le reste de l'eau chaude. Étiquetez.
2. Au moment de l'utilisation, mélangez ½ tasse du produit avec environ 6 litres d'eau chaude. Pour les revêtements délicats comme les papiers peints, testez d'abord sur une petite surface moins exposée. Pour environ 2 litres de concentré.

Nettoyant pour vitres

S'utilise même à des températures sous 0°C.

½ tasse d'alcool à friction
½ tasse d'ammoniaque
7½ tasses d'eau

Versez l'alcool et l'ammoniaque dans un seau, puis ajoutez l'eau et mélangez bien. Au moment de l'utilisation, mettez le mélange dans un vaporisateur. Aspergez les vitres avec le produit, laissez agir 30 s, puis essuyez avec du papier journal. À conserver dans un récipient hermétiquement fermé, hors de portée des enfants.

Noix de coco pimentée

Un condiment à la fois doux et piquant, à servir avec les plats au curry.

½ tasse de noix de coco râpée
1 c. à thé de piment de Cayenne en poudre

1. Étalez la noix de coco dans une grande poêle antiadhésive. Posez sur feu doux et laissez cuire 2 min environ, en remuant sans cesse à la spatule, jusqu'à ce que la noix de coco soit blonde.
2. Ajoutez le piment de Cayenne et mélangez 1 min, afin que la noix de coco dore. Retirez du feu et laissez refroidir. Se conserve dans un bocal fermé hermétiquement, dans un endroit sombre et frais, pendant 3 mois. Pour ½ tasse.

Nourriture pour chats

Une nourriture équilibrée répondant aux besoins quotidiens en vitamines et en minéraux de votre chat.

450 g de bœuf haché cuit
100 g de foie de bœuf ou de foie de porc, cuit et coupé en dés
1 tasse de riz, cuit et non salé
1 c. à thé d'huile végétale
1 c. à thé de carbonate de calcium (pastilles d'antiacide écrasées)

Mélangez soigneusement tous les ingrédients dans un grand bol. Pour 700 g environ.

Nourriture pour chiens

Une alimentation équilibrée pour votre chien.

500 g de bœuf haché (non dégraissé)
2 œufs durs
6 tranches de pain émiettées
4 tasses de riz cuit
2 c. à thé de carbonate de calcium (pastilles d'antiacide écrasées)

Faites cuire la viande dans un poêlon couvert jusqu'à ce qu'elle perde sa teinte rosée. (Gardez le gras fondu.) Puis mélangez-la soigneusement aux autres ingrédients dans un grand bol. Si le mélange est trop sec, ajoutez de l'eau (et non du lait). Prévoyez une ration quotidienne de 250 g pour un chien pesant 2,5 kg, 350 g s'il pèse 4,5 kg, 500 g pour un chien qui pèse 9 kg, 700 g s'il pèse 18 kg, 1,2 kg si le chien pèse 28 kg, et 1,4 kg s'il pèse 35 kg et plus. Pour 1,2 kg.

Nourriture diététique pour chats

Une cure de santé pour votre chat.

1,2 kg de foie de bœuf ou de volaille, cuit et haché
2 tasses de riz cuit
2 c. à thé d'huile végétale
2 c. à thé de carbonate de calcium (pastilles d'antiacide écrasées)

Disposez tous les ingrédients dans un grand bol et mélangez bien. Prévoyez une ration quotidienne de 130 g pour un chat de 2,5 kg, de 150 g pour un chat pesant entre 3 kg et 3,5 kg, et de 250 g s'il pèse 4,5 kg et plus. Se conserve 5 jours au réfrigérateur dans un récipient fermé, 3 mois au congélateur. Pour 1,6 kg environ.

Nourriture diététique pour chiens

Ce mélange bien équilibré contient les vitamines et les minéraux nécessaires à votre chien.

250 g de bœuf haché maigre
125 g de fromage cottage
à 0 ou 10% de matières grasses
4 tasses de carottes cuites
4 tasses de haricots verts cuits
3 c. à thé de poudre d'os (nutritif)

Faites bouillir la viande jusqu'à ce qu'elle ait perdu sa couleur rosée. Laissez-la refroidir. Dans un bol de taille moyenne, mélangez-la avec les autres ingrédients. Prévoyez 250 g de nourriture quotidienne pour un chien pesant 2,5 kg, 350 g s'il pèse 4,5 kg, 500 g s'il pèse 9 kg, 800 g s'il pèse 20 kg, 1,2 kg s'il pèse 25 kg, et, finalement, 1,4 kg pour un chien de 35 kg et plus. Se conserve 5 jours au réfrigérateur dans un récipient fermé, 3 mois au congélateur. Pour 1,2 kg environ.

Nourriture pour oiseaux

Aidez les oiseaux de votre jardin à supporter les rigueurs et la pénurie de l'hiver.

350 g de lard gras
1 tasse de graines de sésame
1 tasse de graines de
tournesol décortiquées
1 tasse de biscuits soda écrasés
3 c. à soupe de raisins secs
2 c. à soupe de beurre
d'arachide

Faites fondre le lard à feu doux au bain-marie. Laissez-le tiédir, puis déposez-le dans un bol de taille moyenne. Ajoutez les graines de sésame et de tournesol, les miettes de biscuit et les raisins, et mélangez. Ajoutez le beurre d'arachide et mélangez bien. Laissez le mélange durcir toute la nuit au réfrigérateur. Disposez-le ensuite dans une mangeoire ou dans un filet en plastique aux mailles suffisamment larges pour que les oiseaux puissent attraper la nourriture. Vous l'accrocherez à une branche. Pour 1½ tasse environ.

Onguent pour l'érythème du bébé

Soulage l'irritation due aux couches.

1 c. à soupe de
céraiste vulgaire
1 c. à soupe de racine
de guimauve séchée
1 c. à soupe de racine de
camphre séchée
1 pincée de poudre d'hydrastis
1 tasse d'huile
d'amandes douces
60 g de cire d'abeille

Mettez tous les ingrédients dans une casserole moyenne, sauf la cire d'abeille. Faites ramollir de 5 à 10 min à feu doux. Ajoutez alors la cire pour qu'elle fonde complètement. Filtrez le tout à travers une toile à fromage. Fermez le bocal hermétiquement et réfrigérez pour que l'onguent se solidifie. Utilisez à chaque changement de couche. Se conserve 2 mois dans un endroit frais. Pour 20 applications.

Attention ! Si l'éruption n'a pas

complètement disparu après 3 ou 4 applications, consultez le pédiatre pour savoir si vous devez continuer le traitement.

Pain de courgettes

Ce pain succulent se sert aussi bien au petit déjeuner qu'au dessert ou à l'heure du thé.

3 tasses de farine tout usage
2 c. à thé de levure chimique
1 c. à thé de sel
½ c. à thé de bicarbonate de soude
1 c. à thé de cannelle
½ c. à thé de piment
de la Jamaïque
2 œufs
1 tasse d'huile végétale
¾ de tasse de sucre
½ tasse de cassonade blonde
bien tassée
2 c. à soupe de zeste
d'orange râpé
2 c. à soupe de gingembre confit,
émincé
2 tasses de courgettes râpées,
non pelées (environ 500 g)
1 tasse de noix hachées
grossièrement

1. Graissez et farinez deux petits moules à pain de 22 cm x 12 cm. Chauffez le four à 180°C. Tamisez ensemble la farine, la levure chimique, le sel, le bicarbonate de soude, la cannelle et le piment de la Jamaïque au-dessus d'une feuille de papier ciré.

2. Dans un grand bol, fouettez les œufs avec l'huile, le sucre, la cassonade, le zeste d'orange et le gingembre pour que le mélange soit homogène. Incorporez la farine tamisée, puis les courgettes râpées et les noix.

3. Emplissez les moules avec la préparation. Faites cuire de 45 à 50 min, jusqu'à ce qu'un cure-dents inséré au centre du gâteau en ressorte sec. Posez le moule sur une grille et laissez tiédir 15 min avant de démouler. Ce pain se conserve 1 semaine au réfrigérateur, bien enveloppé dans du papier d'aluminium, ou 3 mois au congélateur. Pour 2 pains.

Pain au cumin

Un pain très rapide à préparer.

1 tasse de farine
1 c. à soupe de graines de cumin
2 c. à thé de levure chimique
1 œuf
¾ de tasse de lait tiède
4 c. à soupe d'huile d'arachide
1 c. à thé de sucre
1 pincée de sel
1 noix de beurre

1. Chauffez le four à 200°C. Beurrez un moule à pain de 22 cm.
2. Mettez la farine, la levure, le sel, le sucre, l'œuf et l'huile dans le bol du mélangeur. Ajoutez le lait. Actionnez l'appareil 1 min à grande vitesse, jusqu'à obtention d'une pâte lisse et homogène. Ajoutez le cumin et mixez encore 30 s.
3. Versez la pâte dans le moule et faites cuire 55 min au four, jusqu'à ce que le pain soit doré.
4. Démoulez le pain et laissez-le tiédir avant de le découper en tranches. Ce pain accompagne très bien le jambon, le tarama et les fromages de toutes sortes. Se conserve pendant 3 jours enveloppé dans plusieurs épaisseurs de papier d'aluminium. Pour 6 personnes.

Pain de maïs

Un pain délicieux à consommer, encore tiède, avec du beurre, au petit déjeuner.

3½ tasses de préparation pour pain de maïs (voir p. 415)
3 œufs battus
1 tasse d'eau
1 noix de beurre

1. Chauffez le four à 220°C. Graissez à fond un moule carré de 20 cm de côté.
2. Mettez le mélange dans un bol et ajoutez les œufs et l'eau. Mélangez à la spatule, jusqu'à l'obtention d'une pâte souple. Versez celle-ci dans le moule et faites cuire au four pendant 20 min, jusqu'à ce que la lame d'un couteau plantée au centre du pain en ressorte sèche.
3. Coupez le pain tout chaud en carrés et servez aussitôt. Ce pain se conserve 3 jours au réfrigérateur, enveloppé dans du papier d'aluminium, ou 2 mois au congélateur. Pour 8 personnes.

Pain au parmesan et au jambon

Idéal pour un buffet ou pour emporter en pique-nique.

2 tasses de farine tout usage
½ tasse de farine de maïs
100 g de parmesan finement et fraîchement râpé
(1 tasse + 2 c. à soupe)
120 g de jambon cuit, haché grossièrement
(¾ de tasse)
2 c. à thé de levure chimique
¾ de tasse de lait
⅓ de tasse d'huile d'olive
2 œufs
½ c. à thé de sel
¼ de c. à thé de poivre moulu
1 noix de beurre

1. Chauffez le four à 190°C. Beurrez un moule à pain de 22 cm x 12 cm.
2. Tamisez les deux farines, le sel et la levure au-dessus d'un bol.

Ajoutez le jambon et 1 tasse de parmesan, poivrez et mélangez.

3. Fouettez les œufs, le lait et l'huile dans un bol. Ajoutez ce mélange à la préparation au jambon et mélangez bien. Saupoudrez les 2 c. à soupe de parmesan qui restent. Versez dans le moule et glissez au four. Laissez cuire 50 min environ, jusqu'à ce que la lame d'un couteau plantée au centre du pain en ressorte sèche.

4. Laissez reposer le pain 20 min avant de le démouler. Servez tiède ou à température ambiante. Se conserve pendant 1 semaine emballé dans plusieurs épaisseurs de papier d'aluminium ou 3 mois au congélateur. Pour 1 gros pain.

Pain perdu

Préparez ce dessert la veille, mais ne le faites cuire qu'à la dernière minute.

14 tranches de pain rassis de 2 cm d'épaisseur
1½ tasse de lait
3 œufs
2 c. à soupe de beurre doux, fondu, ou margarine
3 c. à soupe de cassonade
½ c. à thé de zeste de citron râpé
4 pincées de cannelle en poudre
4 pincées de noix muscade râpée
1 c. à soupe de sucre en poudre

1. Fouettez les œufs avec le lait, le beurre, la cassonade, le zeste de citron et les épices. Versez la moitié de ce mélange dans un plat à four de 27 cm x 37 cm et disposez les tranches de pain sur une seule couche. Pressez la surface avec une fourchette.

2. Versez le reste de préparation au lait dans le plat et laissez reposer au moins 2 h ou toute la nuit.

3. Dans le four chauffé à 180°C, laissez cuire de 50 min à 1 h, jusqu'à ce que le dessus du plat soit doré. Poudrez de sucre en poudre et servez chaud tel quel, ou nappé de sirop ou de miel. S'accompagne fort bien de fruits frais et de yogourt. Pour 4 à 6 personnes.

Panure

Bon marché et facile à préparer, elle se garde longtemps.

2 tasses de farine
2 c. à thé de thym émietté
2 c. à thé de marjolaine
1 c. à thé de romarin émietté
1 c. à soupe de paprika
4 c. à thé d'oignon lyophilisé
1 c. à thé de sel

Mettez tous les ingrédients dans un sac de plastique ou de papier brun, fermez le sac et secouez-le afin de bien les mélanger. Se conserve 6 mois, dans un bocal hermétique, dans un endroit frais et sombre. Pour 20 côtes de porc ou 4 poulets en morceaux.

Variante pour le poisson : Ajoutez aux 2 tasses de farine : 2 c. à thé d'estragon séché, 1 c. à soupe d'aneth séché, 2 c. à thé de persil séché, 2 c. à thé d'oignon lyophilisé, 2 c. à thé de sel et 1 c. à thé de paprika. Procédez comme précédemment. Se conserve de la même façon. Pour 30 filets de poisson environ.

Papier mâché

Un moyen simple de fabriquer des objets en papier mâché.

1 tasse de farine
⅔ de tasse d'eau
Bandes de papier journal
(d'une largeur de 4 cm environ)

1. Mélangez la farine et l'eau dans un bol. Le mélange doit atteindre la consistance d'une colle épaisse. Au besoin, ajoutez de la farine.

2. Plongez les bandes de papier une à une dans la pâte, et faites-les passer doucement entre vos doigts pour en retirer l'excédent de pâte. Appliquez ces bandes sur la surface que vous souhaitez recouvrir (bouteilles, poteries, contenants de carton). Répétez au besoin.

3. Quand le papier mâché est sec, décorez avec de la peinture (gouache, acrylique ou aérosol) et appliquez un vernis. (Voir aussi Pâte pour papier mâché, p. 412.)

Papier tue-mouches

Efficace et facile à fabriquer.

¼ de tasse de sirop
d'érable
1 c. à soupe de cassonade
1 c. à soupe de
sucre blanc

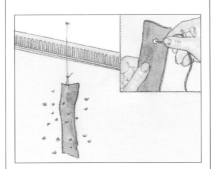

Mélangez tous les ingrédients. Faites un trou au bout de petites bandes de papier brun et passez-y une ficelle. Versez le mélange sur les bandes et laissez prendre.

Pâte dentifrice

Tout particulièrement conseillée si vos dents ont tendance à jaunir.

¼ de tasse de poudre de marante
¼ de tasse de racine d'iris
¼ de tasse d'eau
1 c. à thé d'essence de clou
de girofle
½ c. à thé d'huile de cannelle
1 c. à thé de feuilles de sauge

Mélangez les ingrédients dans un petit bol et rajoutez de l'eau si la pâte est trop épaisse. Ce dentifrice peut se garder à la température ambiante dans un pot fermé.

Pâte à modeler

Une pâte artisanale idéale pour les enfants. Peut servir à la confection des décorations de Noël... ou autres.

½ tasse de sel de table
½ tasse d'eau chaude
½ tasse d'eau froide
½ tasse de fécule de maïs
Colorants alimentaires
(facultatif)

1. Mélangez le sel et l'eau chaude dans une grande casserole et portez à ébullition sur feu vif.

2. Versez l'eau froide dans un petit bol et incorporez la fécule. Mélangez bien. Ajoutez quelques gouttes de colorant (de couleurs différentes selon les sujets à modeler).

3. Incorporez la fécule délayée à l'eau salée bouillante et remuez énergiquement pour éviter les grumeaux. Faites cuire à feu doux en remuant sans cesse, jusqu'à ce que la pâte épaississe.

4. Retirez du feu et, à l'aide d'une grande cuillère, étalez le mélange sur une planche de bois. Laissez refroidir, puis pétrissez la pâte jusqu'à ce qu'elle devienne lisse. Vous pouvez l'utiliser immédiatement ou l'envelopper dans de la pellicule plastique et la conserver dans un récipient hermétique. Si vous désirez conserver vos modelages, faites-les sécher pendant 3 jours à la température de la pièce ou passez-les 2 h au four à 90°C.

5. Pour fabriquer des décorations de Noël, déroulez la pâte sur une épaisseur de 6 mm, puis, à l'aide d'un couteau pointu ou d'un emporte-pièce, découpez des formes variées. Avec un cure-dents, percez un trou en haut de chaque figurine par lequel vous pourrez passer une ficelle ou un fil de fer. Faites cuire 2 h au four à 90°C. Décorez.

Pâte pour papier mâché

Une pâte parfumée, idéale pour les objets en papier mâché.

1½ tasse de farine
½ tasse de sucre
1 tasse d'eau froide
2 tasses d'eau bouillante
1 c. à soupe d'alun
1 c. à thé d'essence de cannelle

Mélangez la farine et le sucre dans une casserole et incorporez l'eau froide. Ajoutez peu à peu l'eau bouillante et portez à ébullition sans cesser de remuer. Lorsque le mélange a pris, retirez du feu et incorporez l'alun et l'essence de cannelle. Si nécessaire, éclaircissez avec de l'eau bouillante. (Voir aussi Papier mâché, p. 411.)

Patine pour cuivre

Donnez à vos cuivres neufs une patine à l'ancienne.

Dissolvant pour vernis et laque,
huile minérale ou alcool à brûler
15 g de fleur de soufre

60 g de sulfate de cuivre
8 litres d'eau chaude

1. Décapez l'objet en cuivre avec le dissolvant.
2. Mélangez la fleur de soufre et la moitié de l'eau dans un seau de taille moyenne. Mélangez ensuite le sulfate de cuivre et le reste de l'eau dans un autre seau. Agissez avec prudence car le sulfate de cuivre est toxique.
3. À l'aide d'un crochet pour tenir l'objet en cuivre et les mains protégées par des gants, plongez rapidement l'objet dans la première, puis dans la seconde solution. Ne rincez pas entre les deux opérations. Recommencez autant de fois que vous le le jugez souhaitable, puis rincez l'objet à l'eau courante. Laissez sécher. Pour améliorer encore la patine, frottez doucement le cuivre avec un tampon de laine d'acier extra-fine afin de faire ressortir les parties en relief. Protégez par une couche de cire incolore.

Peinture au lait

À utiliser sur du bois. S'enlève, mais difficilement, avec un décapant à base de potasse. À ne pas employer sur les objets précieux.

500 g de chaux hydratée
4½ litres de lait écrémé
1 tasse d'huile de lin
1,8 kg d'une poudre
de blanchiment

Mélangez la chaux avec un peu de lait jusqu'à obtention d'une crème épaisse. Incorporez peu à peu l'huile de lin, le reste du lait et la poudre de blanchiment. Ajoutez un pigment pour colorer la peinture, si vous le désirez. Cette peinture se conserve de 2 à 3 jours au réfrigérateur. Pour 4 litres environ.

Peinture à utiliser avec les doigts

Un moyen coloré pour occuper vos enfants. S'élimine facilement à l'eau et au savon.

1¼ tasse de farine
1 tasse d'eau
3 c. à soupe de glycérine
Colorants alimentaires assortis

Dans un bol de taille moyenne, mélangez la farine et l'eau. Répartissez le mélange dans 3 petits bols. En remuant constamment, ajoutez 1 c. à soupe de glycérine et un peu de colorant. Utilisez aussitôt.

Petits pains au beurre

Délicieux petits pains chauds à déguster au petit déjeuner, au goûter, à table avec des mets délicats, ou à préparer en savoureux sandwiches pour un lunch rapide.

4 tasses de farine tout usage,
tamisée
125 g de beurre mou
1 tasse de lait, chauffé puis refroidi
1 sachet de levure sèche active
2 c. à soupe d'eau tiède
2 c. à soupe de cassonade
2 œufs battus
1 c. à thé de sel
¼ de tasse de beurre fondu
(facultatif)

1. Versez l'eau dans un petit bol et ajoutez 1 c. à soupe de cassonade. Mélangez jusqu'à ce que le sucre soit fondu, puis ajoutez la levure en pluie. Mélangez et laissez reposer dans un endroit tiède, jusqu'à ce que la levure bouillonne, au bout d'environ 5 min.

2. Mettez 125 g de beurre et le reste du sucre dans le bol du mélangeur ou du robot. Faites tourner suffisamment pour que le beurre devienne crémeux et léger (3 min au mélangeur, 30 s au robot). Ajoutez le lait, les œufs et la levure. Actionnez encore l'appareil pour alléger (1 min au mélangeur, 15 s au robot), puis ajoutez la farine et le sel et continuez jusqu'à l'obtention d'une pâte homogène (1 min au mélangeur, 15 s au robot). Vous obtiendrez une pâte très molle.

3. Formez une boule avec la pâte et mettez-la dans un grand bol légèrement beurré; faites-la rouler pour en graisser toute la surface et couvrez-la d'une pellicule de plastique. Laissez reposer pendant environ 1 h 15, dans un endroit tiède, jusqu'à ce que la pâte ait doublé de volume.

4. Posez la pâte sur le plan de travail fariné et dégonflez-la d'un coup de poing. Étalez-la au rouleau sur 1 cm d'épaisseur, puis découpez, à l'emporte-pièce, des disques de 6 à 7 cm de diamètre.

5. Posez la moitié des disques sur une plaque non graissée. Faites fondre le reste du beurre et badigeonnez-en ces disques au pinceau. Posez un disque non beurré sur chaque disque beurré et badigeonnez à nouveau de beurre. Couvrez d'une pellicule de plastique et laissez lever 25 min environ dans un endroit tiède.

6. Chauffez le four à 200°C. Lorsque les petits pains sont gonflés,

faites-les cuire au four 5 min environ, jusqu'à ce qu'ils soient d'une belle couleur blonde.

7. Laissez-les refroidir, enveloppez-les de papier d'aluminium, étiquetez et congelez. Les petits pains précuits se conservent 3 mois au congélateur.

8. Au moment de l'utilisation, chauffez le four à 200°C. Développez les petits pains et déposez-les sur une plaque non graissée. Faites-les cuire 10 à 12 min pour qu'ils dorent. Se consomment de préférence chauds.

Pizza plume

Facile et rapide à préparer, cette pizza est plus légère que la véritable pizza. Vous pouvez varier la garniture en utilisant des champignons sautés, de la saucisse cuite émiettée ou des épinards cuits à l'étuvée.

POUR LA PÂTE :
½ tasse de farine
3 ou 4 c. à soupe d'eau
1½ c. à thé de levure chimique
1 pincée de sel

POUR LA GARNITURE :
⅓ de tasse de sauce marinara
peu salée
12 olives noires dénoyautées
¼ de tasse de mozzarella écrémée
½ poivron vert ou rouge
1 c. à soupe de basilic ciselé
2 c. à soupe d'huile d'olive
Sel, poivre

1. Préparez d'abord la pâte : tamisez la farine, le sel et la levure dans un petit bol. Ajoutez l'eau et mélangez jusqu'à obtention d'une pâte homogène. Si la pâte devient très épaisse, ajoutez 1 ou 2 c. à soupe d'eau. Pétrissez la pâte pendant 2 min pour l'assouplir, roulez-la en boule et laissez-la reposer 5 min à température ambiante, recouverte d'un linge.

2. Pendant ce temps, coupez la mozzarella en lamelles fines. Coupez le poivron en rondelles fines et les olives en lamelles.

3. Allumez le gril. Étalez la pâte sur le plan de travail fariné en un disque de 30 cm de diamètre. Repliez les bords afin d'obtenir une bordure lisse. Huilez légèrement un plat à pizza ou un moule à tarte de 28 cm de diamètre et faites-le chauffer 1 min. Glissez-y le disque de pâte. Piquez celui-ci à la fourchette puis couvrez-le d'une feuille d'aluminium lestée de haricots secs pour l'empêcher de trop gonfler. Faites cuire 15 min, puis retirez les haricots et l'aluminium.

4. Nappez de sauce, salez et poivrez légèrement et répartissez les olives. Couvrez de fromage, puis distribuez le poivron. Versez l'huile en filet, glissez sous le gril et laissez cuire 2 ou 3 min, jusqu'à ce que le fromage soit fondu.

5. Parsemez de basilic et servez chaud ou tiède. Pour 4 à 6 portions.

Poisson pané au four

Facile à préparer et très tendre.

1 kg de filets de poisson blanc
6 c. à soupe de panure
(voir p. 411)
4 c. à soupe d'huile ou
de beurre fondu

1. Chauffez le four à 190°C. Graissez un plat à four pouvant contenir les filets sur une seule couche.

2. Enduisez les filets d'huile ou de beurre sur les deux faces. Versez la panure dans un plat creux et passez-y les filets de poisson pour bien les enrober.

3. Alignez les filets dans le plat et faites cuire au four de 10 à 20 min selon l'épaisseur des filets. Pour 4 personnes.

Pomme d'ambre

Donne un agréable parfum à vos armoires et débarras.

*De 150 à 200 g de clous
de girofle
1 pomme, 1 citron ou 1 orange
2 c. à soupe de racine d'iris
2 c. à soupe de cannelle
en poudre*

Plantez les clous de girofle dans le fruit que vous avez choisi, en les serrant bien de manière à recouvrir entièrement la peau du fruit. Dans un bol de taille moyenne, mélangez la racine d'orris et la cannelle. Roulez le fruit piqué de clous de girofle dans le mélange, jusqu'à ce qu'il soit complètement recouvert. Enveloppez-le dans une gaze ou un filet, puis suspendez-le dans le débarras ou placez-le dans l'armoire, enveloppé dans du papier de soie.

Pop corn caramélisé

Préparez ce pop corn quand il fait beau, car l'humidité risque de faire cristalliser le sucre.

*4,5 litres de maïs pour pop corn
(environ 1½ tasse de grains)
1 tasse de sirop de maïs clair*

*1½ tasse de cassonade blonde
115 g de beurre
2 c. à thé de vinaigre de cidre
¼ de c. à thé de sel
½ c. à thé de bicarbonate
de soude
1 c. à thé d'essence
de vanille*

1. Faites éclater le maïs dans une grande casserole couverte. Étalez-le ensuite au fond d'un plat de 22 cm x 32 cm.

2. Mettez le sirop de maïs dans une grande casserole. Ajoutez la cassonade, le beurre, le vinaigre et le sel. Posez la casserole sur feu moyen et laissez cuire en remuant, jusqu'à ce que le sucre et le beurre soient fondus.

3. Montez légèrement le feu et laissez cuire jusqu'à ce que le sirop atteigne 130°C au thermomètre à sucre, ou jusqu'à ce qu'une gouttelette de sirop plongée dans de l'eau froide forme une boule ferme.

4. Retirez la casserole du feu et ajoutez la vanille et le bicarbonate de soude. Mélangez le tout et nappez le pop corn de ce sirop. Remuez avec une cuillère en bois. Laissez refroidir sur une feuille de papier ciré après avoir formé des boules de la taille d'une balle de tennis. Pour 24 boules.

Pot-pourri

Retrouvez chez vous le parfum des fleurs du jardin.

*10 fleurs de souci
6 feuilles de géranium
5 boutons de rose
2 c. à thé de lavande
séchée
2 c. à thé de racine d'iris
2 gouttes d'essence
de rose*

Mélangez tous les ingrédients dans un bol de taille moyenne. Répartissez le mélange dans de petites soucoupes et disposez-les dans la salle de bain, la salle à manger ou les chambres.

Pot-pourri au pin

Un bouquet d'odeurs de la forêt.

*4 c. à soupe de feuilles de laurier
5 c. à soupe d'aiguilles de
sapin baumier
1 poignée de pommes de
pin miniatures
3 c. à soupe de cynorhodons
(fruits de rosier ou d'églantier)
2 c. à thé de racine d'iris
2 gouttes de fixatif parfumé au pin*

Dans un bol de grande taille, mélangez ensemble le laurier, les aiguilles de sapin, les pommes de pin et les cynorhodons. Ajoutez l'iris et le fixatif, et mélangez le tout soigneusement. Transvasez dans un récipient décoratif.

Poudre de bébé

Pour lui garder les fesses douces et bien au sec.

*2 c. à soupe de fleurs de
camomille séchées, émiettées
¼ de tasse de fécule de maïs
1 c. à soupe de racine d'iris
½ c. à thé d'alun*

Mélangez ensemble tous les ingrédients. Versez dans une grosse salière ou dans une boîte de poudre vide. Ne pas utiliser cette poudre sur une peau irritée. Pour ½ tasse.

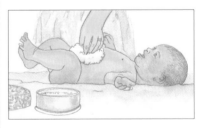

Poudre de curry

Voici la recette de base. Vous pouvez ajouter d'autres épices.

*¼ de tasse de coriandre
en poudre
2 c. à soupe de curcuma en poudre*

2 c. à thé de cumin en poudre
2 c. à thé de gingembre en poudre
2 c. à thé de piment de
la Jamaïque
1 c. à thé de cannelle en poudre
1 c. à thé de graines de céleri
en poudre
1 c. à thé de poivre moulu
¼ de c. à thé de piment de
Cayenne en poudre

Mélangez tous les ingrédients. Se conserve 6 mois dans un bocal fermé dans un endroit frais et sombre. Pour environ ½ tasse.

Poudre à récurer

Nettoie éviers, pots et casseroles, mais ne s'utilise pas avec les ustensiles d'un poli brillant.

¼ de tasse de savon
en poudre
1 c. à soupe de borax
1 c. à soupe de cendres de
bois tamisées
7 c. à soupe de pierre ponce fine
en poudre

Disposez tous les ingrédients dans un bol de taille moyenne et mélangez bien. Passez au tamis très fin. Au moment d'utiliser, mouillez la surface à nettoyer avec de l'eau chaude, poudrez avec le mélange et passez un chiffon humide. Rincez sous l'eau courante.

Poulet pané au four

Pauvre en matières grasses et riche en goût.

1 poulet de 1,5 kg coupé en 8
½ tasse de panure (voir p. 411)
8 c. à soupe d'huile végétale

1. Chauffez le four à 180°C. Huilez légèrement un plat à four pouvant largement contenir les morceaux de poulet côte à côte.
2. Huilez les morceaux de poulet avec un pinceau. Versez la panure dans un grand sac en papier et ajoutez deux morceaux de poulet. Tenez le sac fermé et secouez pour bien enrober les morceaux de poulet de panure. Posez-les dans le plat et procédez de la même manière avec les autres morceaux.
3. Faites cuire 1 h au four en retournant les morceaux à mi-cuisson. La chair brune demande 5 ou 10 min de cuisson additionnelle. Piquez les morceaux avec une fourchette. Le jus qui s'écoule ne doit pas être rose. Pour 4 personnes.

Poulet pané grillé

Aussi savoureux que le poulet frit, mais sans l'inconvénient de la pleine friture.

2 poitrines de poulet
(300 g chacune), coupées en deux,
peau enlevée
1 gousse d'ail hachée
¼ de c. à thé d'origan séché
¼ de c. à thé de gingembre
en poudre
½ c. à thé de basilic séché
1 tasse de flocons de blé ou de
son, écrasés grossièrement
2 c. à soupe de farine
2 c. à soupe de lait
6 gouttes de sauce chili
(voir p. 418)
½ c. à thé de sel

1. Chauffez le four à 180°C. Mettez l'ail, l'origan, le gingembre, le basilic, la farine et le sel dans un sac de papier brun et secouez-le afin que tous les ingrédients se mélangent.
2. Un à un, mettez les morceaux de poulet dans le sac et secouez pour bien les enrober du mélange d'épices.
3. Mettez le lait et la sauce chili dans une assiette creuse, et la chapelure de céréales dans une autre assiette. Passez les morceaux de poulet dans le lait, puis roulez-les dans les céréales.

4. Placez les morceaux de poulet sur une grille vaporisée d'huile et posez celle-ci sur une lèchefrite. Laissez cuire 15 min au four, jusqu'à ce que les morceaux de poulet soient bien dorés. Servez chaud, tiède ou à température ambiante. Pour 4 personnes.

Préparation pour pain de maïs

Pour préparer en un clin d'œil un gros pain ou des petits pains individuels.

3 tasses de farine tout usage
3 tasses de farine de maïs jaune
1½ tasse de lait en poudre écrémé
¾ de tasse de graisse végétale
3 c. à soupe de sucre (facultatif)
3½ c. à soupe de levure chimique
2½ c. à thé de sel

Mélangez les farines, en les tamisant, le sucre, la levure, le lait en poudre et le sel dans le grand bol du malaxeur. Ajoutez la graisse végétale en morceaux et faites tourner l'appareil jusqu'à l'obtention d'une semoule grossière. Ce mélange se conserve dans un contenant hermétique au réfrigérateur pendant 6 semaines. Pour 8 tasses. (Voir Pain de maïs, p. 410.)

Préservatif pour papier journal

Cette solution empêchera vos coupures de journaux de jaunir, du moment qu'elles ne sont pas exposées aux rayons du soleil.

*2 litres de club soda,
à température de la pièce
2 comprimés de lait de magnésie*

Versez le club soda dans un bol moyen et ajoutez-y les comprimés de lait de magnésie. Laissez dissoudre pendant au moins 12 heures. Au moment de vous en servir, versez une quantité suffisante de solution dans une lèchefrite pour immerger vos coupures de journaux. Laissez-les bien à plat jusqu`à ce qu'elles soient entièrement saturées. Faites sécher à plat également. Pour 2 litres de solution.

Produit extincteur

Plus efficace que l'eau et particulièrement utile au moment de quitter un terrain de camping.

*4 c. à soupe de bicarbonate
de soude
4 c. à thé de sel
2 litres d'eau*

Versez le bicarbonate et le sel dans un bidon. Ajoutez l'eau et mélangez énergiquement. Bouchez avec un bec vaporisateur. Pour éteindre un feu, projetez le mélange à la base des flammes.

Relish de canneberges

Ce condiment aigre-doux convient à merveille à la volaille et au porc.

*⅔ de tasse de moitiés de pacanes
1½ tasse de sucre
⅓ tasse de jus d'orange frais*

*1 bâton de cannelle
1 gousse de vanille, fendue
en deux ou 1 c. à thé d'essence
de vanille
1 orange, pelée et coupée
en dés de 1 cm (environ 1⅔ tasse)
675 g de canneberges frais
ou congelés
¾ de tasse de raisins secs dorés*

1. Chauffez le four à 180°C. Étalez les moitiés de pacanes sur une plaque et faites-les rôtir environ 7 min pour qu'elles soient croustillantes et parfumées. Laissez tiédir avant de hacher grossièrement.
2. Mettez le sucre, le jus d'orange, le bâton de cannelle et la gousse de vanille dans une grande casserole épaisse. (Si vous utilisez de l'essence de vanille, ne l'ajoutez pas pour l'instant.) Placez sur feu moyen et laissez bouillir à découvert, en remuant de temps à autre, jusqu'à ce que le sucre soit fondu et commence à blondir, environ 7 min.
3. Ajoutez les dés d'orange et faites-les ramollir environ 4 min. Ajoutez les canneberges et laissez cuire encore 8 ou 10 min, jusqu'à ce que les baies éclatent.
4. Laissez tiédir à la température ambiante. Grattez la gousse de vanille, puis retirez ce qui en reste, en même temps que le bâton de cannelle (c'est le temps d'incorporer l'essence de vanille). Ajoutez les pacanes et les raisins secs. Couvrez et réfrigérez jusqu'au moment de servir. Se conserve 2 mois au réfrigérateur. Pour 6 tasses.

Relish à hot dog

Exceptionnellement rapide et facile à réaliser.

*1 gros oignon jaune ou rouge,
haché finement
2 c. à soupe de vinaigre
de cidre
2 c. à soupe de sucre
¼ de c. à thé de sel
1 bocal de piments rôtis,
égouttés et hachés*

Mélangez tous les ingrédients dans un bol. Laissez reposer à la température ambiante pendant 30 min avant de servir. Se conserve 1 semaine au réfrigérateur dans un récipient couvert. Pour 1 tasse.

Remède contre la cellulite

Ne supprime pas la cellulite mais évite au moins l'aggravation du mal.

*500 g de fleurs de bouton-
d'or séchées
10 gouttes d'huile essentielle
de sarriette
10 gouttes d'huile essentielle
de sauge
1 litre d'eau bouillante*

Faites une décoction avec les boutons-d'or et l'eau bouillante. Filtrez. Versez dans le bain. Ne restez pas plus de 15 min dans l'eau. Douchez ensuite les parties du corps touchées par la cellulite à l'eau froide (très important). Puis frictionnez au gant de crin sur lequel vous aurez versé les huiles essentielles.

Remède pour le cuir chevelu du bébé

Pour soulager les irritations chez le nouveau-né.

*60 g de racine de camphre
séché, émiettée
1 litre d'eau*

1. Versez l'eau et la racine de camphre dans une casserole moyenne. Couvrez, amenez à ébullition et faites mijoter pendant 20 min. Filtrez le liquide et laissez tiédir.

2. Massez doucement le cuir chevelu de bébé avec un linge doux imbibé de solution. Laissez sécher sans essuyer. Répétez le traitement tous les soirs jusqu'à ce que la guérison soit complète. La solution se conserve 4 jours au réfrigérateur. Faites-la tiédir avant chaque usage. Pour 4 traitements.

Attention ! Si l'irritation persiste au-delà de 7 jours, consultez le pédiatre.

Remède contre la transpiration

Ajoutez le mélange suivant dans votre bain quotidien. (Ces plantes séchées s'achètent chez un herboriste.)

25 g de prêle
25 g de sauge
30 g d'ortie
30 g de valériane

Faites bouillir 2 c. à soupe du mélange dans 2 tasses d'eau pendant 30 min. Filtrez. Versez dans l'eau du bain.

Rince-bouche

Si le goût de la menthe ne vous plaît pas, vous pouvez lui substituer une autre épice.

2 tasses d'eau
1 c. à soupe de persil frais
ou séché
2 c. à thé de clous de
girofle entiers
2 c. à thé de cannelle moulue
2 c. à thé d'essence de menthe

Faites bouillir l'eau dans une petite casserole. Retirez-la du feu ; ajoutez les autres ingrédients. Laissez infuser ; tamisez. Ce rince-bouche se conserve au réfrigérateur dans un bocal hermétique.

Riz aux herbes

Un riz parfumé vite confectionné grâce au mélange préparé à l'avance.

4 c. à soupe de mélange d'herbes
pour riz (voir p. 403)
⅔ de tasse de riz blanc ou brun
2⅔ de tasses d'eau
2 c. à soupe de beurre doux
ou de margarine non salée

Versez l'eau dans une casserole et portez à ébullition. Ajoutez le mélange d'herbes et remuez bien. Ajoutez le riz et laissez-le cuire pendant 20 min environ, jusqu'à ce qu'il soit tendre. Ajoutez le beurre, remuez et servez chaud. Peut accompagner les viandes, les volailles et les poissons grillés mais aussi les sautés de viandes et les curries. Pour 6 personnes.

Sachet odorant

Donne une agréable odeur aux vêtements dans les placards.

10 feuilles de laurier
émiettées
10 c. à soupe en tout de sauge
séchée, d'origan, de basilic,
de thym et de fleurs
de lavande émiettés
3 c. à soupe de romarin
séché, émietté
¼ de tasse de poudre de
racine d'iris

Mélangez tous les ingrédients dans un bol de taille moyenne. Disposez ensuite 3 c. à soupe de mélange sur des carrés de tissu de 10 cm de côté. Refermez les sachets avec un ruban. Suspendez les sachets dans votre penderie ou glissez-les dans vos tiroirs.

Sapin ininflammable

Protégez votre arbre de Noël contre le feu.

2 litres d'eau
½ tasse de sulfate
d'ammoniaque
¼ de tasse d'acide
borique
1 c. à soupe de borax

Mélangez tous les ingrédients dans un seau de taille moyenne. À l'aide d'un vaporisateur, projetez le mélange sur le sapin et versez le reste dans le pot contenant l'arbre.

Sauce barbecue

Utilisez-la aussi bien pour faire mariner les viandes que comme sauce d'accompagnement pour toutes sortes de grillades.

1 gros oignon haché
1 tasse de ketchup
½ tasse de vinaigre de cidre
2 c. à soupe de moutarde
2 c. à soupe de sauce
Worcestershire
¾ de tasse d'eau
2 c. à soupe de sucre
¼ de tasse d'huile végétale
1 c. à thé de sel
½ c. à thé de poivre

1. Mettez tous les ingrédients dans une grande casserole et amenez à ébullition sur feu doux. Laissez frémir 20 min, en remuant souvent, puis laissez refroidir.

2. Versez la sauce dans un récipient étanche. Se conserve 2 mois au réfrigérateur ou 6 mois au congélateur. Pour 2½ tasses.

Sauce blanche

Pour une sauce plus riche, ajoutez une cuillerée de beurre ou de margarine en fin de cuisson.

¼ de tasse de mélange pour sauce blanche (voir p. 404)
1 tasse de lait, entier ou écrémé

Versez la préparation pour sauce blanche dans une casserole et ajoutez le lait en remuant avec un fouet. Posez la casserole sur feu moyen et mélangez jusqu'à ce que la sauce épaississe, pendant 2 min environ. Baissez ensuite le feu et laissez mijoter 2 min. Ne préparez cette sauce qu'au dernier moment. Ajoutez selon votre goût poivre ou noix muscade. Pour 1 tasse.

Variante au fromage : 2 min avant la fin de la cuisson, ajoutez ½ tasse de cheddar râpé et un peu de piment de Cayenne. Pour napper des légumes vapeur ou bouillis.

Variante au curry : Ajoutez 1 c. à thé de curry en poudre à la recette de base. Pour napper le poulet au bouillon, les poissons vapeur ou les œufs durs.

Variante aux champignons : en fin de cuisson, ajoutez 1 tasse de champignons émincés et préalablement sautés au beurre. Excellent avec des volailles ou des viandes blanches rôties.

Variante au paprika : en fin de cuisson, ajoutez 1 c. à thé de paprika doux en poudre et mélangez bien. Pour napper le poulet ou le veau rôtis.

Variante à la moutarde : délayez 2 c. à soupe de moutarde forte dans le lait, puis faites cuire la sauce

comme indiqué. Pour napper des côtes de porc grillées, un rôti de porc ou du jambon chaud.

Variante au persil : ajoutez au lait 2 c. à soupe de persil ciselé et suivez la recette. Excellent avec des légumes ou des poissons vapeur.

Sauce butterscotch

Un nappage original pour les tartes, crèmes glacées, gâteaux aux fruits frais ou secs...

1 tasse de cassonade foncée, bien tassée
¼ de c. à thé de sel
1 tasse de sirop de maïs clair
½ tasse de crème moitié-moitié ou de lait concentré
2 c. à soupe de margarine ou de beurre
2 c. à thé d'essence de vanille

1. Versez la cassonade, le sel, le sirop et la crème dans une casserole. Portez à ébullition et mélangez jusqu'à ce que le sucre soit fondu.

2. Augmentez le feu, laissez bouillir 5 min, puis retirez du feu et ajoutez le beurre et la vanille. Remuez jusqu'à ce qu'il soit fondu.

3. Servez sans attendre. Vous pouvez aussi verser la sauce dans un bocal ébouillanté : laissez refroidir avant de sceller le bocal. Se conserve 1 mois au réfrigérateur. Faites réchauffer dans un bain-marie d'eau chaude (et non bouillante). Pour 1½ tasse environ.

Sauce chili

Plus épicée que le ketchup, voici une base de sauce idéale autant pour les viandes et la volaille que pour le poisson et les crustacés froids.

540 ml de tomates en conserve
725 ml de purée de tomates
¼ de tasse de vinaigre de cidre
1 gros oignon haché
2 gousses d'ail en lamelles
1 c. à thé de piment de la Jamaïque
½ c. à thé de piment en flocons
2 c. à thé de sucre
2 c. à soupe de fécule de maïs
2 c. à soupe d'eau froide
2 c. à thé de sel

1. Réduisez les tomates en purée au mélangeur. Versez cette purée dans une grande casserole et placez celle-ci à feu modéré. Ajoutez-y tous les autres ingrédients, sauf la fécule et l'eau.

2. Délayez la fécule dans l'eau et versez-la dans la casserole sitôt que la sauce aura commencé à faire des bouillons. Remuez pendant 2 ou 3 min, puis réduisez le feu. Laissez cuire 20 min à petits frémissements, sans couvrir, en remuant de temps en temps.

3. Laissez refroidir la sauce, puis versez-la dans des contenants en laissant 1 cm de vide sous le couvercle. Se conserve 8 jours au réfrigérateur ou 3 mois au congélateur. Il vaut mieux congeler cette sauce par petites quantités. Pour 5½ tasses environ.

Sauce au chocolat

À servir chaude, tiède ou à température ambiante pour napper des glaces ou des gâteaux.

2 c. à soupe de cacao hollandais
3 c. à soupe d'eau froide
½ tasse de beurre doux
180 g de chocolat noir
120 g de chocolat mi-amer
1 tasse d'eau bouillante
1 tasse de cassonade blonde, bien tassée
¾ de tasse de sucre
½ tasse de sirop de maïs clair
¼ de c. à thé de sel
1 c. à thé d'essence de vanille

1. Faites dissoudre la poudre de cacao dans l'eau. Mettez le beurre à fondre au-dessus d'un bain-marie placé sur feu doux. Ajoutez-y le cacao dissous, le chocolat noir et le chocolat mi-amer, puis incorporez l'eau bouillante, la cassonade, le sucre, le sirop de maïs et le sel.

2. Placez le haut du bain-marie directement sur un feu modéré et laissez bouillir pendant 5 min, sans couvrir (7 min pour une sauce plus épaisse qui durcira sitôt versée sur la crème glacée). Retirez du feu et ajoutez l'essence de vanille. Pour 2½ tasses environ.

Sauce cocktail

Pour toutes les salades de crustacé et de poisson.

1 tasse de ketchup (voir p. 399) ou
de sauce chili (voir p. 418)
1 c. à soupe de raifort préparé
1 c. à soupe de jus de citron
½ c. à thé de sauce Worcestershire
¼ de c. à thé de Tabasco

Mélangez tous les ingrédients dans un petit bol et laissez au moins 1 h au réfrigérateur avant utilisation. Se conserve 1 mois au réfrigérateur, bien couverte. Pour 1 tasse.

Sauce à la gelée de groseilles

Un accompagnement de choix pour tous genres de volaille.

½ tasse de gelée de groseille
1 c. à soupe de jus de citron
1 c. à thé de moutarde de Dijon
¼ de c. à thé de paprika

Dans une petite casserole, faites ramollir la gelée à feu moyen. Incorporez le jus de citron, puis ajoutez la moutarde et le paprika. Lorsque le tout est bien chaud, versez dans une saucière et servez immédiatement.

Sauce aux noix

Un délicieux nappage pour toutes les crèmes glacées.

1¼ tasse de noix grossièrement
hachées
¾ de tasse de sirop de
maïs clair
½ tasse de sirop d'érable
¼ de tasse de sucre
3 c. à soupe d'eau

Mettez le sirop de maïs, le sirop d'érable, l'eau et le sucre dans une casserole et portez à ébullition sur feu modéré, sans cesser de remuer. Ajoutez les noix, baissez le feu, mélangez et laissez cuire 30 min à feu doux, sans y toucher, casserole à demi couverte. Lorsque la sauce est cuite, laissez-la refroidir, puis versez-la dans un bocal et fermez. Se conserve 4 mois au réfrigérateur. Pour 1½ tasse environ.

Sauce au pistou (pesto)

Une sauce très simple et parfumée, pour les pâtes bien sûr, mais aussi pour napper des pommes de terre ou des légumes vapeur ; mélangée à de la mayonnaise, elle devient une excellente trempette pour les crudités.

2 tasses de feuilles de basilic
½ tasse d'huile d'olive
3 gousses d'ail émincées
3 c. à soupe de pignons de pin
½ tasse de parmesan finement
et fraîchement râpé
½ c. à thé de sel

1. Rincez les feuilles de basilic ; épongez-les avec du papier de cuisine. Empilez-les dans la tasse à mesurer sans les tasser.

2. Mettez le basilic, l'ail, les pignons, le sel et l'huile dans le bol du mélangeur. Faites tourner l'appareil jusqu'à obtention d'une fine purée. Versez la sauce dans un bol, ajoutez le parmesan et 3 c. à soupe d'eau tiède (si vous l'utilisez pour assaisonner des pâtes, employez l'eau de cuisson des pâtes). Se conserve 1 semaine au réfrigérateur et 6 mois au congélateur. Laissez un vide de 1 cm sous le couvercle du bocal. Pour 1 tasse (quantité suffisante pour assaisonner 500 g de pâtes).

Variante : Pour une sauce plus légère, supprimez les pignons de pin et remplacez la moitié du basilic par autant de persil plat.

Saucisses

Sans aucun additif de conservation et beaucoup moins grasses que les saucisses proposées dans le commerce.

500 g de porc haché
(pas trop maigre)
1 c. à thé de sauge en poudre
½ c. à thé de marjolaine en poudre
½ c. à thé de piment en poudre
½ c. à thé de sariette en poudre
¼ de c. à thé de poivre moulu
1 c. à thé de sel

1. Mélangez les épices et le sel dans un bol. Ajoutez à la viande et mélangez bien.

2. Moulez la viande en saucisses de 20 cm de long. Enfermez-les dans une pellicule transparente, puis dans une feuille d'aluminium. Laissez 6 h au moins au réfrigérateur afin que les épices parfument la viande.

3. Faites griller ces saucisses au barbecue ou tranchez-les et faites-les cuire 10 min de chaque côté dans une poêle, sans graisse. Additionnez-les, selon votre goût, de fines herbes (persil, ciboulette, menthe, coriandre) ciselées, d'ail ou d'oignons frais hachés, de paprika, de cumin, ou de marrons, de noix ou de noisettes hachés. Ces saucisses se conservent 48 heures au réfrigérateur ou 2 mois au congélateur. Pour 4 personnes.

Savon pour cuir

Assouplit le cuir tout en le nettoyant.

7 tasses d'eau
1½ tasse de savon en poudre
1 tasse de paraffine fondue
ou de cire d'abeille
½ tasse d'huile de pied de bœuf

1. Portez l'eau à ébullition dans une grande casserole, puis réduisez le feu et incorporez peu à peu le savon.
2. Dans la partie supérieure d'un bain-marie, faites chauffer la cire et l'huile de pied de bœuf en remuant. Retirez du feu et ajoutez l'eau savonneuse. Remuez jusqu'à ce que le mélange soit épais.
3. Transvasez dans de petits récipients (des boîtes de cirage vides, par exemple). Appliquez sur le cuir avec une éponge mouillée, puis faites briller avec un linge doux.
Attention ! L'huile de pied de bœuf et la paraffine sont inflammables. L'huile de pied de bœuf peut aussi foncer certains types de cuir ou les rendre moins réceptifs aux cirages ordinaires.

Savon liquide

Râpez de petits morceaux de savon inutilisés et transformez-les en un nettoyant tout usage. Ou utilisez du savon en poudre.

2 tasses de savon en poudre
ou râpé
4½ litres d'eau
2 c. à soupe de glycérine

Mélangez tous les ingrédients dans une casserole et faites chauffer à feu doux, en remuant de temps en temps avec une cuillère en bois, jusqu'à ce que le savon soit bien dissous. Versez dans un récipient, couvrez bien et rangez hors de la

portée des enfants. S'utilise comme savon pour les mains ou pour tous les nettoyages courants dans la maison.
En gel : Pour obtenir un savon plus épais, plus gélatineux, utilisez seulement 2 litres d'eau.

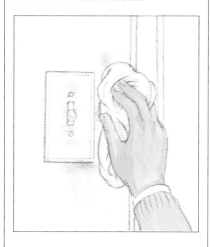

Savon liquide pour linge délicat

Réduisez vos dépenses de nettoyeur.

½ tasse de savon
en poudre
ou de savon râpé
2 tasses d'eau distillée
½ tasse de borax

Mélangez tous les ingrédients dans une casserole. Laissez frémir et remuez, jusqu'à ce que la solution prenne une consistance homogène. Filtrez dans un récipient et couvrez. S'utilise aussi bien avec de l'eau chaude qu'avec de l'eau froide. Convient aux lainages.

Sel de régime

Ce mélange renferme beaucoup d'arôme mais pas la moindre trace de sodium.

4½ c. à thé de crème de tartre
1 c. à soupe d'ail en poudre
1 c. à soupe d'arrowroot
1 c. à soupe de sucre
2 c. à soupe de graines de céleri

2 c. à thé d'oignon lyophilisé
1½ c. à thé d'acide citrique
en poudre
1 c. à thé de poivre blanc moulu
2 c. à soupe de poivre noir moulu
1 c. à thé de thym séché
1 c. à thé de graines d'aneth
1 c. à soupe de zeste d'orange
en poudre
½ c. à thé de zeste de citron
en poudre
½ c. à thé de piment de Cayenne
en poudre

Mettez tous les ingrédients dans le bol d'un hacheur à fines herbes ou dans un moulin à café électrique. Actionnez l'appareil 10 s environ, jusqu'à obtention d'une très fine poudre. Versez le sel par un entonnoir dans un bocal hermétique. Utilisez ce sel par petites quantités dans une salière. Pour 1 tasse environ.

Sel pour trottoirs

Pour faire fondre rapidement la glace et la neige sur l'asphalte.

4 tasses de sel gemme fin
4 tasses de sulfate
de magnésium
4 c. à soupe de sulfate
d'ammonium

Mélangez tous les ingrédients dans un grand seau. Épandez ½ tasse de ce mélange sur le sol tous les 1,50 m. Conservez dans un récipient bien fermé, hors de la portée des enfants. Pour 8 tasses.

Sels de bain

Pour rendre votre peau très douce, une recette naturelle.

1 tasse de sel de mer
1 tasse de bicarbonate
de soude
1 litre de lait
4 c. à soupe d'huile
d'amande douce

Mélangez intimement ces éléments dans un récipient en plastique que vous placerez sous le robinet de la baignoire. Faites couler l'eau et le mélange se dissoudra de lui-même.

Shampooing pour cheveux ternes

Utilisez-le une fois par semaine.

1 œuf
1 c. à soupe de feuilles
de romarin
¾ de tasse d'eau

Faites infuser le romarin pendant 15 min. Filtrez et laissez refroidir. Mélangez l'infusion à l'œuf bien battu. Utilisez immédiatement, à la place de votre shampooing habituel. Rincez abondamment. Pour 1 dose.

Shampooing doux

Utilisez-le si vous vous lavez les cheveux plus de deux fois par semaine.

1 c. à soupe d'huile
d'olive
1 jaune d'œuf
1 jus de citron
2 c. à soupe de savon
en poudre
1 c. à soupe d'huile
d'amande douce

Mélangez tous les ingrédients dans un bol. Massez le cuir chevelu avec ce shampooing, laissez reposer 2 ou 3 min. Rincez abondamment, le dernier rinçage étant fait à l'eau froide pour tonifier les cheveux. Si vos cheveux sont colorés ou permanentés, vous pouvez faire alterner ce shampooing avec votre shampooing spécial.

Shampooing sec

Pour éviter de tacher le tapis, faites-en l'application dans la baignoire ou au-dessus de l'évier de la salle de bain.

2 c. à soupe de farine
de maïs
1 c. à soupe d'amandes
pulvérisées
1½ c. à soupe de racine d'iris

Mélangez tous les ingrédients dans un petit bol. Faites pénétrer 1 c. à thé du mélange dans le cuir chevelu en frictionnant, puis brossez-vous les cheveux. Répétez une seconde fois au besoin.

Shampooing sec pour tapis

Rajeunit vos tapis en les parfumant.

2 tasses de bicarbonate de soude
½ tasse de fécule de maïs
5 feuilles de laurier écrasées et
1 c. à thé de poudre de clou de
girofle ou 1 tasse de pot-pourri
(voir p. 414)

1. Dans un récipient muni d'un couvercle, mélangez bien tous les ingrédients. Gardez hors de portée des enfants.
2. Au moment de l'utilisation, remuez d'abord le produit et saupoudrez-en généreusement le tapis. Laissez agir pendant plusieurs heures (toute une nuit, si possible). Gardez enfants et animaux éloignés du tapis. Passez soigneusement l'aspirateur.

Sirop de petits fruits rouges

Pour napper les crêpes, les salades de fruits frais, les fromages blancs ou les yogourts.

4 tasses de fruits rouges
mélangés ou de fruits rouges
et noirs mélangés
3 tasses de sucre
1 c. à soupe de jus de citron
3 tasses d'eau
2 longues lanières de zeste
de citron

1. Rincez les fruits qui doivent l'être et mettez-les dans une grande casserole inoxydable avec un tiers de l'eau. Posez la casserole sur feu doux et laissez cuire 5 min en mélangeant afin que les fruits éclatent.
2. Laissez tiédir la préparation, puis filtrez-la à travers un linge au-dessus d'une autre casserole en acier inoxydable. Pressez le linge afin que tout le jus des fruits s'écoule bien.
3. Versez le reste de l'eau, le zeste et le sucre dans une autre casserole et portez à ébullition. Laissez cuire 5 min, puis ajoutez le jus des fruits et mélangez encore 2 min. Retirez du feu, laissez refroidir, puis ajoutez le jus de citron.
4. Versez le sirop dans des bocaux et gardez-le au réfrigérateur. Il se conserve 1 mois. Pour 1,5 litre.

Sirop pour la toux

Le jus d'orange empêche le sucre de se cristalliser. Pour un goût plus piquant, remplacez par du jus de citron.

1½ à 2½ c. à thé de racine de
guimauve hachée
2 tasses d'eau
2 tasses de sucre
¼ de tasse de jus d'orange

1. Mettez la racine de guimauve et l'eau dans une petite casserole. Amenez à ébullition sur un feu moyennement vif. Réduisez ensuite la chaleur pour que le liquide mijote pendant 20 min.
2. Passez la décoction au tamis dans une autre casserole (il devrait rester 1 tasse de liquide). Sur un feu doux, incorporez lentement le sucre pour former un sirop épais.

Laissez mijoter encore 5 min pour que le sucre soit complètement dissous. Si le sirop devient trop épais, ajoutez un peu d'eau.

3. Laissez tiédir puis incorporez lentement le jus d'orange. Versez dans un contenant muni d'un couvercle, et couvrez lorsque le sirop a refroidi. Prenez-en 1 ou 2 c. à soupe aux 3 heures.

Variante à la saveur de cerise : Faites bouillir 1 c. à thé d'écorce de cerisier sauvage en même temps que la racine de guimauve ; éliminez le jus d'orange et ajoutez ½ c. à thé rase de crème de tartre en même temps que le sucre.

Solution imperméabilisante

Pour tentes, bâches, housses de voiture et de bateau.

1 tasse d'huile de soja
½ tasse d'essence de
térébenthine

Mélangez les ingrédients dans un seau métallique de taille moyenne. Rangez dans un endroit frais et hors de portée des enfants et des animaux familiers.

Solvant pour la peau

Pour éliminer les taches tenaces.

2 c. à soupe de savon liquide
en gel (p. 420)
3 c. à soupe de farine
de maïs
1 c. à thé de glycérine

Mélangez tous les ingrédients dans un petit bol. Versez la préparation sur vos mains et frottez jusqu'à la disparition des taches ; rincez à l'eau claire.

Teinture pour bois

Fonce tous les bois contenant du tanin comme l'acajou, le noyer, le cerisier ou le chêne.

1 tampon de laine d'acier
2 tasses de vinaigre
de cidre

1. Posez le tampon de laine d'acier dans un récipient en verre ou en plastique ; ajoutez le vinaigre et attendez plusieurs jours jusqu'à dissolution de la laine d'acier.

Attention ! Ne couvrez pas le récipient, le gaz suscité par la réaction entre le vinaigre et la laine d'acier risquerait de le faire exploser.

2. Lorsqu'il est prêt à être utilisé, étendez le produit avec une éponge sur le bois préalablement poncé. S'il faut une seconde couche, humidifiez largement, mais uniformément, et attendez au moins 1 h avant de renouveler l'opération. Laissez sécher une nuit avant d'appliquer une couche de finition.

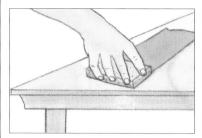

Terreau de rempotage

Pour planter ou rempoter les plantes d'intérieur.

10 litres de terre de jardin
stérilisée
10 litres de tourbe
10 litres de perlite ou
de vermiculite
½ tasse de calcaire dolomitique
ou 1½ tasse de coquilles
d'œufs pilées
3 c. à soupe de superphosphate
1 c. à soupe d'engrais
titrant 10-10-10

Tamisez les ingrédients pour éliminer cailloux et brindilles. Mélangez soigneusement et conservez dans un récipient hermétique jusqu'au rempotage. (Voir aussi Terreau pour violettes africaines, ci-contre.)

Terreau de semis

Un mélange à préparer pendant l'été pour qu'il sèche au soleil et devienne complètement stérile.

16 litres de terre de jardin
8 litres de tourbe
8 litres de sable de maçonnerie
1 c. à soupe de calcaire
dolomitique ou 3 c. à soupe de
coquilles d'œufs pilées
3 c. à soupe de superphosphate

Mélangez la terre, la tourbe et le sable et passez le tout au tamis fin. Ajoutez le calcaire et le superphosphate. Versez le mélange dans des sacs de plastique noir, arrosez jusqu'à saturation, puis enfermez ces sacs à leur tour dans des sacs en plastique transparent. Placez-les au soleil durant plusieurs semaines. Si les sacs restent bien fermés quand vous les entreposerez dans le hangar ou le garage, vous aurez des réserves de semis exemptes de tout germe de maladie jusqu'au printemps suivant.

Terreau pour violettes africaines

Ce mélange convient aussi aux bégonias, aux caladiums et à la plupart des fougères exotiques.

3 parts de tourbe
2 parts de vermiculite
1 part de perlite
5 c. à soupe de coquilles
d'œufs pilées (ou 5 c. à thé de
calcaire dolomitique)

Mélangez tous les ingrédients dans un seau. Au moment de rempoter des violettes, souvenez-vous que leurs racines doivent pouvoir se propager dans tout le terreau, sinon celui-ci demeurera humide et le plant pourrira. Il faut donc que le pot ait un diamètre trois fois plus petit que celui de la plante.

Thé au ginseng

Si vous souffrez de stress ou ressentez le besoin d'un coup de fouet revitalisant, cette recette va vous remettre en forme.

*2 c. à soupe de ginseng
en poudre
1 c. à thé de miel
1 tasse d'eau*

Dans l'eau en ébullition, mettez le ginseng et le miel, laissez infuser quelques minutes, filtrez. Cette infusion étant très efficace, il ne faut pas en abuser et ne jamais en prendre pendant plus de 10 jours d'affilée.

Tonique pour peaux grasses

Excellent tonique pour peaux grasses qu'il convient d'appliquer tous les deux jours.

*½ tasse d'eau de rose
¼ de tasse d'eau d'hamamélis
¼ de tasse de vinaigre blanc
20 gouttes d'huile de noisette
5 gouttes d'alcool à friction*

Mélangez tous les ingrédients en respectant bien les proportions. Placez dans une petite bouteille en verre. Secouez bien le mélange avant chaque application.

Trempette pour crudités

Un délicat parfum oriental, celui de l'huile de sésame, confère à cette sauce un cachet tout particulier.

*1 tasse de mayonnaise
1 c. à thé de sauce de soja
¼ de c. à thé d'huile de sésame
1 gousse d'ail*

Pelez la gousse d'ail et passez-la au presse-ail au-dessus d'un bol. Incorporez l'huile de sésame et la sauce de soja, mélangez, puis ajoutez la mayonnaise. Mélangez encore et servez. Vous trouverez de l'huile de sésame dans les épiceries fines. Pour 1 tasse environ.

Vinaigrette à l'échalote

Une excellente recette pour toutes vos salades vertes.

*1 échalote sèche, pelée et
finement hachée
1 tasse d'huile d'olive
4 c. à soupe de vinaigre de xérès
Sel, poivre*

Mélangez le tout dans un bol et versez dans un bocal. Cette vinaigrette se conserve 1 mois au frais. Pour 1 tasse environ.

Vinaigrette aux herbes

Pour une vinaigrette expresse.

*2 c. à soupe de mélange d'herbes
pour vinaigrette (voir p. 403)
1 tasse d'eau tiède
2 c. à soupe d'huile d'olive
5 c. à soupe de vinaigre de cidre
2 gousses d'ail*

Pelez les gousses d'ail et passez-les au presse-ail au-dessus d'un bol. Ajoutez l'huile, le mélange d'herbes,

le vinaigre et l'eau. Mélangez et laissez reposer 30 min. Se conserve 1 semaine dans un flacon au réfrigérateur. Pour 1½ tasse environ.

Vinaigrette au yogourt

Pour les légumes crus ou cuits.

*½ tasse de yogourt entier
3 c. à soupe d'huile d'olive
2 c. à soupe de vinaigre de xérès
Sel, poivre*

Fouettez le yogourt dans un bol en ajoutant huile, vinaigre, poivre et sel. Versez dans un flacon hermétique. Se conserve 15 jours au réfrigérateur. Pour ¾ de tasse environ.

Yogourt

*1 litre de lait
¼ de tasse de yogourt nature*

1. Versez le lait dans une casserole et posez-la sur un feu doux. Plongez-y un thermomètre à sucre et retirez la casserole du feu dès qu'il atteint 80°. Laissez refroidir jusqu'à 38°C.
2. Mélangez le yogourt au lait, puis versez la préparation dans des pots de verre. Couvrez ceux-ci avec des feuilles d'aluminium pliées en carré et entourées d'un élastique, puis posez-les dans une marmite contenant de l'eau à 38-40°C. Laissez les pots dans cette eau chaude pendant 5 à 6 h, en ajoutant régulièrement de l'eau chaude ; ou encore, placez-les dans un endroit tiède (sur un radiateur, par exemple).
3. Laissez refroidir les yogourts. Se conservent 1 semaine au réfrigérateur. Pour 10 à 12 yogourts.

INDEX

D

J

K L

Q R

W X

Y Z

CRÉDITS ET REMERCIEMENTS

Bantam Doubleday Dell Publishing Group Inc.
The Doubleday Cookbook par Jean Anderson et Elaine Hanna. Copyright © 1975, Doubleday, une division de Bantam Doubleday Dell Publishing Group Inc. Avec autorisation.

Dover Publications, Inc.
The Standard Book of Quilt Making and Collecting par Marguerite Ickis. Copyright © 1949, Marguerite Ickis. Reproduit avec autorisation.

Harmony Books, une division de Crown Publishers
Natural Child Care par Maribeth Riggs. Copyright © 1989, Maribeth Riggs et Rita Aero. Reproduit avec autorisation.

Harper & Row Publishers, Inc.
Better Than Store-Bought par Helen Witty et Elizabeth Schneider Colchie. Copyright © 1979, Helen Witty et Elizabeth Schneider Colchie. *Scarne's Encyclopedia of Games* par John Scarne. Copyright © 1973, John Scarne Games Inc. *Cheaper & Better : Homemade Alternatives to Store-Bought Goods* par Nancy Birnes. Copyright © 1987, Shadow Lawn Press, Inc. Reproduit avec autorisation.

Little, Brown and Company
The Town & Country Cookbook par James Villas. Copyright © 1985, James Villas. Reproduit avec autorisation.

Mark Morris Associates, Topeka, Kansas
High Quality Maintenance Diet of Dogs and Cats. Reproduit avec autorisation.

New American Library, une division de Penguin USA Inc.
Deliciously Simple : Quick and Easy, Low-Sodium, Low-Fat, Low-Cholesterol, Low-Sugar Meals par Harriet Roth. Copyright © 1986, Harriet Roth. Reproduit avec autorisation.

Bibliothèque publique de New York, collection de photographies

Times Books, une division de Quadrangle/The New York Times Book Co., Inc.
The Grass Roots Cookbook par Jean Anderson. Copyright © 1974, Jean Anderson. Reproduit avec autorisation.

Zondervan Corporation
Play It ! par Wayne Rice et Mike Yaconelli. Copyright © 1986, Youth Specialties, Inc. Reproduit avec autorisation.

CONSULTANTS

Ron Alford
Jean Anderson
Richard Asa
David A. Barnebl
Jennifer Birckmayer
Walter F. Burghardt, Jr.
John J. Byrne
Al Carrell
John T. Cavanaugh
Russell B. Clanahan
Trevor J. Cole
John L. Costa
Sheila Danko
Seymour Diamond
Michael M. Dresdner
Ben T. Etheridge
Michele C. Fisher
Todd P. Forte
Michael S. Frank
Jim Fremont
Alan French
Dora Galitzki
Bernard Gladstone
Leon Grabowski
Ray Greenley

Walter A. Grub, Jr.
Elizabeth Hall
Wade A. Hoyt
Robert E. Hueter
Marjorie Grossman Jaffe
John Karl
Roberta Ann Kaseman
William J. Keller
Carolyn Klass
Steven Lamm
Frances La Rosa
Walter LeStrange
Scott Lewis
Cynthia J. Mackay
Jim McCann
Jean McLean
Janet E. Meleney
John Mulligan
Mary E. Purchase
Ruth Raimon-Wilson
Maureen Reardon
Marilyn S. Rogers
Gertrude Rowland
Lauren N. Scheib
Gerry Schremp
Victor J. Selmanowitz

Frances E. Shanahan
Leonard A. Sipes
Stanley H. Smith
Joanne Tunney Stack
Eric Stand
Marjabelle Young Stewart
Martha Strohl
Valerie Sutton
Sidney E. Swallow
John Warde
Paul Weissler
Stephanie Whalen
Thomas A. Wilson
Donald E. Witten

L'éditeur tient à remercier tout spécialement :

American Health and Beauty Aids Institute
American Society of Travel Agents, Inc.
Association canadienne des compagnies d'assurance de personnes

Association canadienne pour l'enseignement à distance
Association des hôpitaux du Canada
Carole Collins
Consommation et Affaires commerciales Canada
Consumer Communications Group
Carol Ennis
Gerald Ferguson
Lester Harrison
Home Owner
Melanie Hulse
Bernard Jacobs
Lothian Lynas
National Institute on Aging
Rosemary Nelson
Revenu Canada
Reynolds Metal Co.
Kelly Riley
Santé et Bien-être Canada
Ruth Savolaine
Salt Institute
The Soap and Detergent Association
The Softness Group